DCG 2

DROIT DES SOCIÉTÉS ET DES GROUPEMENTS D'AFFAIRES

2022-2023

Delphine Burglé
Juriste
Formatrice en droit
Enseignante en DCG à Toulouse School of Management (TSM)

Vuibert

Des ressources numériques OFFERTES sur

dcg.vuibert.fr

POUR LES ÉTUDIANTS

- Les corrigés des QCM et des exercices
- Les schémas de synthèse pour réviser efficacement tous les thèmes de l'épreuve
- Des conseils pour bien préparer l'examen
- Des conseils pour apprendre à utiliser le mindmapping

+ Un sujet type d'examen corrigé

POUR LES PROFESSEURS

- Les corrigés de l'ensemble des activités (QCM, exercices, cas de synthèse, sujets type d'examen)
- Des supports de cours sous forme de diaporamas modifiables
- Des schémas de synthèse vierges à exploiter avec les étudiants
- Des conseils pour apprendre à utiliser le mindmapping

Ces ressources numériques sont accessibles jusqu'à la parution de l'édition suivante.

Le Lab50

Le Lab50 a été fondé par deux institutions professionnelles réunies : la compagnie régionale des commissaires aux comptes de Paris et l'ordre des experts-comptables de Paris Ile-de-France.
Se positionnant comme laboratoire de la transformation de la profession du chiffre, le Lab50 ambitionne d'aider les professionnels à comprendre le nouvel environnement numérique en proposant des solutions concrètes à mettre en place dans leurs structures d'exercice.
Le Lab50 est composé de 3 groupes de travail (GT) :

- le GT client qui réfléchit sur la valeur que peut apporter le professionnel à son client ;
- le GT data qui réfléchit sur l'impact de la donnée sur le quotidien du professionnel ;
- le GT prospective international qui étudie la transformation métier à l'international.

Vuibert et le Lab50 se sont associés pour vous proposer la vidéo d'experts présente dans cet ouvrage.

SOMMAIRE

MODE D'EMPLOI

La collection DCG Vuibert a été conçue pour vous accompagner vers la réussite et la professionnalisation. Vous y trouverez en plus du cours complet des situations professionnelles concrètes et immersives, des exercices, de nombreuses ressources pour rythmer vos révisions (QCM, vidéos, documents, schémas) et un affichage des compétences attendues pour chaque chapitre et chaque activité.

DES FICHES MÉTHODE **pour comprendre les attentes de l'examen**

UN COURS **complet et visuel**

Compétences et savoirs attendus pour se repérer dans le programme

Mise en situation pour contextualiser professionnellement le cours

Schéma ou tableau pour faciliter la mémorisation

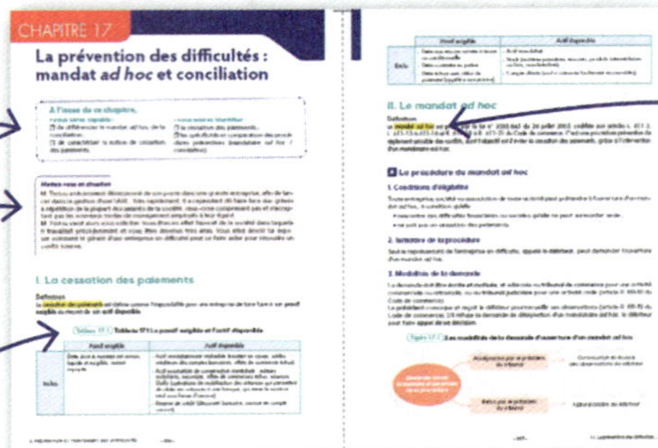

Définition pour apprendre les notions clés

Exemple pour illustrer le cours

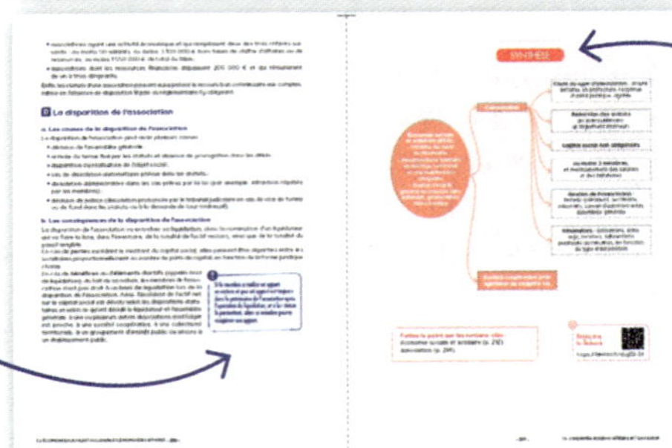

SCHÉMA DE SYNTHÈSE pour retenir l'essentiel

! pour souligner des nuances ou des pièges à éviter

DES ACTIVITÉS PROGRESSIVES **pour s'entraîner de manière intensive**

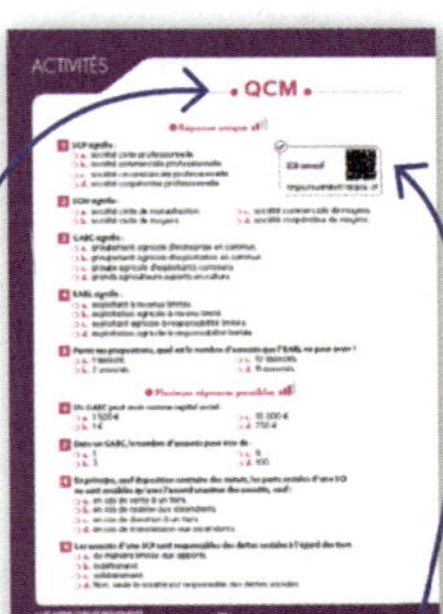

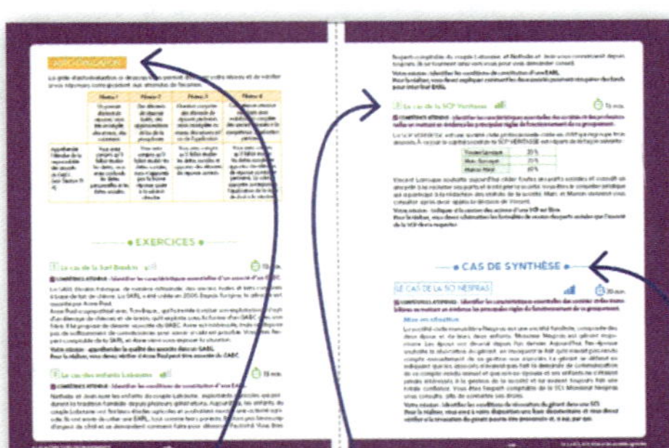

QCM pour tester sa mémoire

Ressource à flasher pour pratiquer et réviser

Cas guidé et corrigé pas à pas avec de la méthode, des conseils et une **grille d'autoévaluation** fidèle à celle du jury

Exercices d'application de difficulté progressive pour s'entraîner

Cas de synthèse pour se projeter vers l'examen

DES SUJETS TYPE D'EXAMEN

Sujets type d'examen pour vous mettre en situation au fur et à mesure de la progression de vos connaissances

Programme

Programme et compétences attendues		Ouvrage
1. L'entreprise en société (40 heures)		
1.1. La notion de société	– Identifier les sources du droit des sociétés – Repérer les grandes évolutions historiques et économiques ayant donné naissance aux différentes formes sociétaires – Repérer l'influence du droit européen en droit des sociétés à travers quelques exemples concrets – Chercher une forme adaptée à la situation patrimoniale de l'entrepreneur (sociétaire, EIRL, entreprise individuelle	Chapitre 1. La notion de société
1.2. La société – contrat	– Identifier les différents éléments constitutifs du contrat de société et les caractériser – Analyser le régime juridique des apports – Distinguer bénéfices et dividendes – Distinguer capital social et capitaux propres – Analyser l'influence du régime matrimonial de l'associé sur le contrat de société – Analyser l'impact du débat de la nature juridique de la société sur la notion d'intérêt social	Chapitre 2. La société contrat
1.3. La société, personne juridique	*1.3.1. La naissance de la société* – Différencier constitution de la société et acquisition de la personnalité juridique – Schématiser le processus administratif aboutissant à l'acquisition de la personnalité morale – Analyser les conséquences d'un acte pris par une société en formation – Repérer les attributs de la personne morale et en analyser le régime juridique	Chapitre 3. La naissance de la société
	1.3.2. Le fonctionnement et les contrôles de la société – Analyser le fonctionnement interne d'une société et sa représentation vis-à-vis des tiers – Distinguer la rémunération liée au mandat social, du salaire lié au contrat de travail – Différencier les conditions et les conséquences de l'engagement de la responsabilité de la société, des dirigeants et des associés – Apprécier les contrôles internes et externes de l'action du dirigeant et leurs conséquences	Chapitre 4. Le fonctionnement et les contrôles de la société
	1.3.3. La disparition de la société – Identifier les causes de dissolution d'une société – Schématiser le processus de dissolution et de liquidation – Analyser les conséquences de la dissolution et de la liquidation pour la personne morale – Analyser les conséquences de la dissolution et de la liquidation pour les associé	Chapitre 5. La disparition de la société
1.4. La société sans personnalité juridique propre	– Distinguer les différentes formes de société sans personnalité juridique – Identifier les conséquences juridiques associées aux différentes formes de société sans personnalité juridique	Chapitre 6. La société sans personnalité juridique propre
Sujet type d'examen 1		

Programme et compétences attendues	Ouvrage
2. Les principaux types de sociétés (60 heures)	
– Schématiser et analyser les règles de fonctionnement de chaque forme sociétaire étudiée – Rédiger des clauses spécifiques des statuts (clause limitative de pouvoir, clause d'inaliénabilité, clause d'agrément) – Repérer dans des statuts les clauses non conformes (clause limitative de pouvoir, clause d'inaliénabilité, clause d'agrément, clause de préemption et clause d'exclusion) et les corriger – Analyser les opérations de contrôle au sein d'une société : rôles du commissaire aux comptes, contrôle des conventions réglementées, contrôle interne, procédure d'alerte – Différencier les principales valeurs mobilières (actions, actions de préférence, obligations) et expliquer leur régime juridique – Distinguer les actions et les parts sociales et justifier les conséquences juridiques de cette distinction – Analyser les opérations d'augmentation et de réduction de capital – Analyser les conditions et les conséquences d'une transformation pour chaque type de sociétés – Identifier les causes et les conséquences d'une dissolution spécifiques à chaque type de sociétés – Justifier le choix d'une forme sociétaire adaptée à une situation donnée»	Chapitre 7. La SARL Chapitre 8. L'EURL Chapitre 9. La SA Chapitre 10. LA SAS et la SASU Chapitre 11. La SNC Chapitre 12. Les sociétés civiles
Sujet type d'examen 2 Sujet type d'examen 7	
3. L'économie sociale et solidaire et le monde des affaires (10 heures)	
– Caractériser l'économie sociale et solidaire – Mettre en évidence à partir d'une documentation l'importance croissante de l'économie sociale et solidaire et son encadrement par la loi – Identifier les principes généraux régissant les associations et les sociétés coopératives – Déterminer les conséquences de l'exercice par une association d'une activité économique – Identifier une structure juridique adaptée à une situation donnée	Chapitre 13. L'économie sociale et solidaire et l'association Chapitre 14. L'économie sociale et solidaire et la société coopérative
Sujet type d'examen 3	
4. Les autres types de groupements (15 heures)	
– Identifier l'utilité de ces groupements dans des situations spécifiques – Mettre en évidence les principales règles de fonctionnement de ces groupements»	Chapitre 15. La SCA, la SEL et le GIE Chapitre 16. La SCI, SCP, SCM et les sociétés agricoles
Sujet type d'examen 4	

Programme et compétences attendues		Ouvrage
5. Prévention et traitement des difficultés (10 heures)		
– Différencier le mandat ad hoc de la conciliation – Caractériser la notion de cessation des paiements – Identifier les conditions d'engagement d'une procédure collective – Présenter les acteurs des procédures collectives – Schématiser les procédures applicables en fonction du degré de la difficulté rencontrée – Déterminer l'issue d'une procédure collective»		Chapitre 17. La prévention des difficultés Chapitre 18. Le traitement des difficultés
Sujet type d'examen 5		
6. Droit pénal des groupements d'affaires (15 heures)		
6.1. La responsabilité pénale	– Identifier la personne pénalement responsable, l'auteur et le complice – Associer une peine à une infraction (amende, emprisonnement...) – Schématiser les grandes étapes de la procédure pénale – Mettre en évidence les grandes règles de la procédure pénale – Identifier la responsabilité pénale du commissaire aux comptes (CAC)	Chapitre 19. La responsabilité pénale
6.2. Les infractions de droit commun applicables aux affaires et les infractions spécifiques du droit pénal des sociétés et groupements d'affaires	– Repérer et nommer les éléments constitutifs de chaque infraction – Distinguer les infractions de droit commun des infractions spécifiques	Chapitre 20. Les infractions de droit commun applicables aux affaires et les infractions spécifiques du droit pénal des sociétés et des groupements d'affaires
Sujet type d'examen 6		

L'épreuve de droit des sociétés et des groupements d'affaires

L'épreuve de droit des sociétés et des groupements d'affaires est une épreuve écrite d'une durée de 3 heures, coefficient 1.

Le sujet se compose généralement de 3 à 5 dossiers qui peuvent être indépendants les uns des autres, mais également reliés.

Depuis la réforme, l'épreuve consiste en la rédaction de solutions à des cas pratiques, à l'aide de vos connaissances et des annexes. Parfois, il est indiqué que « la méthodologie du cas pratique est exigée sauf mention contraire ».

L'énoncé précise que « *si le texte du sujet, de ses questions ou de ses annexes vous conduit à formuler une ou plusieurs hypothèses, il vous est demandé de la (ou les) formuler explicitement dans votre copie* ». Ainsi, la réponse sera complète si l'hypothèse est formulée.

En outre, il faut justifier toutes ses réponses, c'est-à-dire se servir des connaissances, en les développant et en les appliquant au cas de manière argumentée. Une réponse sans justification n'apportera pas de point.

Enfin, il vous est demandé d'apporter un soin particulier à la présentation de votre copie et à la qualité rédactionnelle.

Vous trouverez dans le tableau ci-après l'analyse des sujets et des thèmes du programme. Il apparaît ainsi que certains thèmes sont systématiquement posés (par exemple, les différents types de sociétés). Cependant, il ne faut pas faire l'impasse sur une partie du programme. Les premiers thèmes sont fondamentaux car ils permettent de comprendre la suite du programme : ne les négligez pas.

Bonne préparation et bonne chance pour l'épreuve !

Programme DCG Droit des sociétés»	2008	2009	2010	2011	2012	2013	2014	2015	2016	2017	2018	2019	Sujet 0	2020	2021
1. L'entreprise en société				X											
1.1. La notion de société		X													
1.2. La société – contrat					X				X	X	X		X	X	X
1.3. *La société, personnne juridique (naissance, fonctionnement, disparition)*	X					X	X	X	X		X	X		X	X
1.4. *La société sans personnalité juridique propre*					X				X						
2. Les principaux types de sociétés (SARL, EURL, SA, SAS, SASU, SNC et SC)	X SARL, SAS	X SA dualiste	X SARL, SNC	X SA moniste	X SARL, SA	X SA moniste, SCM	X SARL, SAS»	X SARL, SAS, SA moniste	X SARL	X SA classique, SNC	X SA dualiste, SAS	X SARL, SAS	X SA moniste, SAS	X SAS	X SA
3. L'économie sociale et solidaire et le monde des affaires				X						X			X		
4. Les autres types de groupements (SCA, SEL, GIE, SCI, SCP, SCM et sociétés agricoles)	X SCI	X SEL							X GAEC		X SEM, SCI, SCM	X GIE			
5. Prévention et traitement des difficultés	*au programme de l'UE1 (Fondamentaux du droit)*												X	X	X
6. Droit pénal des groupements d'affaires	X	X	X		X	X	X	X	X	X		X		X	

1. Comprendre le vocabulaire des consignes

Dans le cadre de vos évaluations et de l'examen, vous serez amené à répondre à des questions, dans lesquelles apparaîtront régulièrement un certain nombre de verbes clés, verbes d'action.
Ceux-ci doivent vous devenir familiers et vous permettre de vous orienter facilement dans votre réponse, sans crainte de contresens ou de hors sujet.
La liste ci-dessous n'est pas exhaustive, mais elle reprend un grand nombre de verbes déjà mis en valeur dans les textes officiels du programme et les compétences attendues. Certains termes peuvent avoir un sens proche l'un de l'autre.
Cette liste a pour but d'éclaircir le sens de ces verbes et de vous aider à comprendre ce qui est attendu de vous lors de l'examen.

Analyser : décomposer, étudier, extraire, choisir, comparer

Exemple : « Le liquidateur d'une SARL a procédé à la vente des actifs de la société. Il a repéré un ordinateur tout neuf, dernier cri. N'ayant pas l'intention de commettre une infraction, il ne le vole pas et décide de l'acheter à la société. »

Question posée : analysez la validité de la cession.
Analyser = étudier si la cession du liquidateur à lui-même est valable.
La majeure (principes juridiques) portera sur les conditions d'invalidité de la cession par le liquidateur à lui-même.
La mineure (application au cas) conclura sur l'invalidité de la cession.

Apprécier : évaluer, déterminer la valeur de, estimer, expertiser

Exemple : « Une SARL a un capital de 155 000 €. Sa réserve légale est de 35 500 € et ses autres réserves sont de 12 500 €. Les pertes du dernier exercice sont de 163 000 €. »

Question posée : appréciez le montant des capitaux propres.
Apprécier = déterminer la valeur des capitaux propres dans la SARL.
La majeure (principes juridiques) portera sur la méthode de calcul des capitaux propres.
La mineure (application au cas) conclura sur le montant des capitaux propres dans cette SARL.

Caractériser : spécifier, marquer

Exemple : « Axel et Grégoire possèdent tous les deux de bonnes connaissances techniques et ont décidé de créer une SA non cotée en Bourse, en s'associant avec trois autres personnes. Le capital est réparti de la manière suivante : Axel est titulaire de 300 actions, Grégoire de 300 actions, Yves de 200 actions, Adeline de 150 actions et Émilie de 50 actions. Les statuts indiquent que le nominal de l'action est fixé à 50 €. Par ailleurs, les 200 actions d'Yves sont la contrepartie de l'apport d'un matériel. »

Question posée : caractérisez les différents apports de la SA.
Caractériser = spécifier chaque type d'apport effectué par chaque actionnaire de la SA.
La majeure (principes juridiques) portera sur les caractéristiques de chaque type d'apport.
La mineure (application au cas) confrontera les types d'apports effectués par chaque actionnaire à leur définition.

Différencier : discriminer, distinguer, faire ressortir les différences

Exemple : « M. Pakbo est médecin et s'est engagé bénévolement dans une association. Le président de l'association lui impose de venir en réunion chaque semaine et de partir à l'étranger tous les mois pour le bien de l'association. M. Pakbo s'est même fait réprimander oralement et à l'écrit quand il s'est opposé à toutes ces directives. »

Question posée : différenciez le statut de salarié et de bénévole dans une association.
Différencier = faire ressortir les différences entre salarié et bénévole.
La majeure (principes juridiques) portera sur les caractéristiques du salariat et celles du bénévolat dans une association.
La mineure (application au cas) permettra de qualifier le statut de M. Pakbo dans l'association de salarié.

Discuter : traiter de, critiquer, argumenter dans un sens inverse, mettre en cause

Exemple : « Deux associés d'une SARL, représentant 15 % du capital social, veulent demander la désignation d'un expert pour contrôler l'affectation des bénéfices de la société depuis plusieurs exercices, notamment afin de vérifier l'opportunité d'une affectation systématique des bénéfices à la réserve légale. En effet, en raison de l'importance des réserves, ils considèrent que leur demande d'expertise de gestion est légitime, qu'il est nécessaire qu'ils comprennent la politique d'investissement de la SARL, quelle est l'incidence de l'importance de ces réserves sur la valorisation des parts sociales et, enfin, si cette décision est conforme à l'intérêt social. »

Question posée : discutez de la légitimité de la demande d'expertise de gestion.
Discuter = argumenter par rapport à la légitimité de la demande d'expertise de gestion par ces deux associés.
La majeure (principes juridiques) portera sur les conditions d'éligibilité de la demande d'expertise de gestion.
La mineure (application au cas) conclura sur la légitimité de la demande d'expertise de gestion par ces deux associés.

Établir : fonder, installer, fixer, déterminer

Exemple : « Fanny, Loïc, Raphaël et Flavien n'ont pas encore immatriculé leur SARL au RCS. Loïc a accompli un acte d'achat de matériel, sans avoir reçu de mandat de la part des trois autres associés. Mis au courant, ils souhaitent que Loïc ne reste pas personnellement engagé par cet acte et que celui-ci fasse l'objet d'une reprise automatique par la société au jour de son immatriculation au RCS. Ils proposent de lui rédiger un mandat, lui conférant *"tous pouvoirs pour accomplir les actes nécessaires au démarrage de l'activité"*. »

Question posée : établissez si le mandat envisagé permettra d'effectuer la reprise de l'acte d'achat du matériel.
Établir = déterminer si le mandat permet la reprise de l'acte d'achat dans cette société en formation.
La majeure (principes juridiques) portera sur les caractéristiques du mandat.
La mineure (application au cas) expliquera que le mandat ne permettra pas de reprendre l'acte de la société en formation.

Expliquer : expliciter, exposer, exprimer

Exemple : « Anne a apporté 10 000 € à une SARL. Mariée sous le régime légal, elle avait informé son mari qu'elle allait utiliser cette somme appartenant à la communauté, sans lui demander son accord. Celui-ci n'avait pas exercé son droit de revendication des parts. Il n'avait pas non plus renoncé à la qualité d'associé. Aujourd'hui, elle est en instance de divorce. Elle craint que son époux ne demande la nullité de l'apport. »

Question posée : expliquez pourquoi le mari d'Anne ne peut pas obtenir la nullité de l'apport.
Expliquer = exposer pourquoi le mari d'Anne ne peut pas obtenir la nullité de l'apport.
La majeure (principes juridiques) portera sur l'influence du régime matrimonial de l'associé sur le contrat de société et le régime des nullités en cas d'élément constitutif manquant.
La mineure (application au cas) expliquera pourquoi le mari d'Anne ne peut obtenir la nullité de l'apport.

Hiérarchiser : organiser, classer selon un certain ordre

Exemple : « La SC Gloups regroupe trois associés. Benoît Marchal souhaite aujourd'hui céder toutes ses parts sociales. Il a fait la connaissance d'un ami qui est prêt à lui racheter ses parts et à intégrer la société. »

Question posée : hiérarchisez les formalités de cession des parts sociales de l'associé de la SC Gloups.
Hiérarchiser = classer dans l'ordre les formalités de cession des parts sociales de l'associé de la société civile.
La majeure (principes juridiques) classera les différentes formalités de cession des parts sociales dans une société civile.
La mineure (application au cas) permettra de vérifier si la cession des parts sociales envisagée par Benoît Marchal est possible.

Identifier : reconnaître, déterminer

Exemple : « Les associés de la SARL Rhinoce souhaiteraient transformer leur société en SNC, afin d'avoir plus de crédibilité auprès des banques et de développer la société. Cependant, un des associés n'est pas d'accord, car il ne veut pas prendre de risque sur son patrimoine personnel. »

Question posée : identifiez les conditions pour que la SARL puisse se transformer en SNC.
Identifier = déterminer si la SARL pourra se transformer en SNC.
La majeure (principes juridiques) abordera les conditions de transformation d'une SARL en SNC.
La mineure (application au cas) conclura sur l'impossibilité de la transformation en SNC dans cette situation.

Justifier : rendre légitime, prouver, démontrer, confirmer, motiver

Exemple : « La SARL Poussin comporte trois associés, Aimé (40 %), Lucie (30 %) et Aurélie (30 %). Une clause des statuts prévoit que les parts sociales ne pourront être cédées à un autre associé qu'avec l'agrément de la majorité des associés représentant plus de la moitié des parts sociales. Aujourd'hui, Aurélie souhaite vendre ses parts à Aimé, qui est d'accord pour les lui racheter. Mais Lucie ne voit pas d'un bon œil cette décision car, par ce rachat, Aimé deviendrait majoritaire. »

Question posée : justifiez si Lucie peut s'opposer à la cession des parts sociales entre Aurélie et Aimé.
Justifier = démontrer si Lucie peut s'opposer à la cession des parts sociales.
La majeure (principes juridiques) abordera les conditions de la cession des parts sociales dans une SARL.
La mineure (application au cas) conclura sur l'impossibilité pour Lucie de s'opposer à la cession des parts sociales.

Montrer : afficher, présenter, rendre visible, indiquer, signaler

Exemple : « Quatre commerçants créent une société en participation, afin d'acquérir une machine très onéreuse et de s'en répartir l'usage. Ils rédigent des statuts définissant la part de chaque associé dans son financement, ainsi que les modalités de la répartition entre eux du temps et des périodes d'utilisation de celle-ci. L'un des associés signe seul le contrat d'achat de la machine, alors que, lors des nombreux rendez-vous avec le vendeur, il était toujours accompagné d'un autre associé. »

Question posée : montrez qui est engagé par cet acte d'achat.
Montrer = signaler quel associé est engagé dans la société en participation.
La majeure (principes juridiques) portera sur les conditions d'engagement à un acte dans le cadre d'une société en participation.
La mineure (application au cas) conclura sur quel associé est engagé par l'acte d'achat.

Proposer : suggérer, soumettre à l'appréciation d'autrui, offrir

Exemple : « M. Vinak veut ouvrir un commerce en ligne de prêt-à-porter. Il désire faire un emprunt bancaire en plus de ses apports personnels (financement privé). Il souhaite faire un commerce à grande échelle, en vendant dans le monde entier. Il souhaite s'associer avec un ami et embaucher 10 personnes au départ. »

Question posée : proposez la structure juridique qui conviendrait le mieux à son projet.
Proposer = suggérer la structure juridique la plus adaptée à la situation de M. Vinak.
La majeure (principes juridiques) portera sur les différentes structures juridiques et leurs caractéristiques.
La mineure (application au cas) proposera la structure juridique la plus adaptée à la situation.

Qualifier : nommer

Exemple : « Matthieu, associé unique et gérant de l'EURL, se demande s'il peut conclure un contrat d'approvisionnement avec la SAS Dino, dont il détient 65 % des parts sociales. »

Question posée : qualifiez la convention que Matthieu souhaite conclure.
Qualifier = nommer la convention que Matthieu souhaite conclure.
La majeure (principes juridiques) portera sur les définitions et caractéristiques des conventions réglementées dans une EURL.
La mineure (application au cas) qualifiera la convention comme réglementée et indiquera la procédure à suivre dans l'EURL.

Repérer : situer avec précision, détecter, trouver, découvrir

Exemple : « Quatre commerçants ont décidé d'acquérir ensemble une machine spécialisée pour leur commerce. Ils créent donc une société en participation afin d'acquérir cette machine très onéreuse et de s'en répartir l'usage. Ils rédigent des statuts définissant la part de chaque associé dans son financement, ainsi que les modalités de la répartition entre eux du temps et des périodes d'utilisation de celle-ci. Afin de ne pas payer la machine, l'un des associés conteste par la suite l'existence de la société en participation. »

Question posée : repérez quelles preuves les autres associés pourront apporter, afin de démontrer l'existence d'une société en participation.
Repérer = détecter les différentes preuves possibles à apporter par les associés pour démontrer l'existence de la société en participation.
La majeure (principes juridiques) portera sur les différentes preuves possibles pour démontrer l'existence d'une société en participation.
La mineure (application au cas) conclura sur les preuves possibles à apporter dans cette situation.

Schématiser : représenter avec un schéma, simplifier

Exemple : « Trois associés ont repris une SARL de famille, qui a été créée il y a 98 ans. Un des associés a fait quelques années de droit et se rappelle vaguement qu'il faut anticiper la prorogation de la durée de la société, mais il ne sait plus comment il faut s'y prendre. »

Question posée : schématisez la procédure de prorogation de la durée de la société.

Schématiser = simplifier la procédure de prorogation de la durée de la société.
La majeure (principes juridiques) portera sur les différentes structures juridiques et leurs caractéristiques.
La mineure (application au cas) proposera la structure juridique la plus adaptée à la situation.

Sélectionner : choisir

Exemple : « Vincent souhaite démarrer une activité de ventes de plateaux-repas dans des entreprises de la région. Il projette de se développer d'abord dans sa ville, puis de s'étendre dans la région et peut-être même au niveau national ensuite. Pour mener à bien son projet, Vincent peut compter sur le soutien financier de sa famille, qui lui a consenti une importante somme d'argent à investir dans son projet, ainsi qu'une voiture pour ses déplacements professionnels. Pour lancer l'activité, Vincent a néanmoins besoin de plus de liquidités et souhaite faire un emprunt bancaire. »

Question posée : sélectionnez la structure juridique la plus adaptée au cas de Vincent entre une entreprise ou une société.
Sélectionner = choisir la structure juridique la plus adaptée à la situation de Vincent entre une entreprise et une société.
La majeure (principes juridiques) portera sur les deux formes juridiques et leurs caractéristiques.
La mineure (application au cas) proposera la forme juridique la plus adaptée à la situation entre une entreprise et une société.

Vérifier : soumettre à un examen, expérimenter, contrôler, tester

Exemple : « Sophie et Louis sont partenaires de PACS. Louis a un fonds de commerce qu'ils exploitent tous les deux à temps plein. Mais l'entente n'est plus au beau fixe et Louis devient autoritaire avec Sophie. Le couple se sépare et Sophie se demande si elle peut faire reconnaître une société créée de fait. »

Question posée : vérifiez la nature du contrat liant les partenaires.
Vérifier = contrôler si la situation permet d'être qualifiée de contractuelle.
La majeure (principes juridiques) portera sur les caractéristiques de la société créée de fait.
La mineure (application au cas) conclura sur la possibilité de reconnaître une société créée de fait dans leur situation.

2. Savoir résoudre un cas pratique

Exemple : M. Jean, président de la SAS Hulk, fait face à de très grandes difficultés économiques, à la suite d'absence de paiements de ses débiteurs, tous rentrés en liquidation judiciaire. M. Jean a tout essayé, mais il n'est même plus en mesure de payer ses salariés. Indiquez ce qu'il peut faire.

● Le travail au brouillon

ÉTAPE 1 Schématiser au brouillon les éléments essentiels nécessaires pour traiter le cas (5 min)

Afin de bien comprendre l'énoncé, il faut le lire plusieurs fois, puis faire un schéma au brouillon sur les **éléments essentiels** nécessaires pour traiter le cas et enlever les **éléments parasites** (ceux qui ne vont pas permettre de traiter le cas).

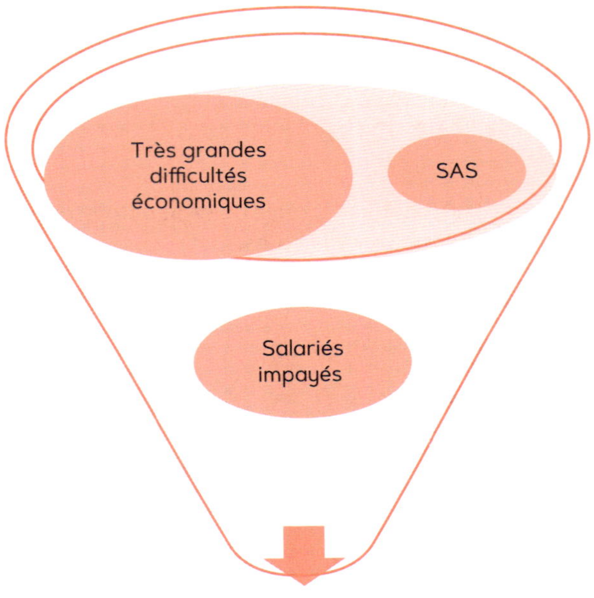

ÉTAPE 2 Analyser juridiquement le cas pratique (5-10 min)

Cette étape permet d'envisager les **éléments de fait** et les **relations** entre les protagonistes de façon juridique. Il faut donc rechercher les situations et les confronter avec le cours, afin d'en faire ressortir les éléments juridiques.

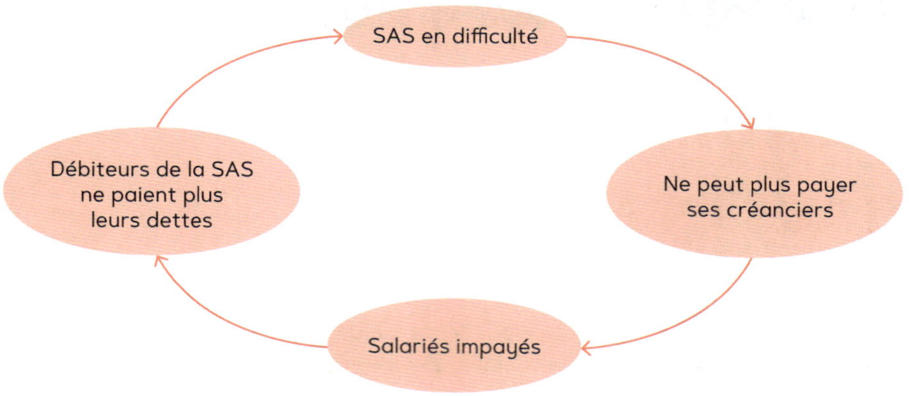

ÉTAPE 3 Déterminer le problème juridique posé (5-10 min)

Grâce aux deux étapes précédentes, il est possible de déterminer le **problème juridique**. Le problème juridique permet de **cibler le sujet**, d'**éviter le hors sujet** et de **comprendre ce qu'attend le correcteur**.
Pour cela, il faut partir de la **mission** et en déterminer un problème juridique.

La **mission** est : « Indiquez ce qu'il peut faire. »

Il est donc possible de **faire le lien** entre les possibilités de procédure qu'un dirigeant d'une entreprise confrontée à de graves difficultés économiques peut utiliser.

« Quelle procédure du droit des entreprises en difficulté peut être intentée par le dirigeant ? »

ÉTAPE 4 Identifier la règle de droit permettant de résoudre le problème (5-10 min)

Une fois le problème posé, il faut identifier la règle de droit permettant de le résoudre. Cette étape nécessite de connaître et maîtriser le cours.
Vous devez indiquer des éléments au brouillon à ne pas oublier (par exemple, définition, condition, effets, etc.).

La procédure de liquidation judiciaire (Chap. 18)

Il vous est parfois demandé d'**utiliser un document** à cette étape (par exemple, un arrêt de la Cour de cassation, des clauses de statuts de société, etc.). Il faut donc absolument mobiliser les éléments du document **en complément** des connaissances de cours.

● Le travail sur la copie

ÉTAPE 1 Rédiger le syllogisme juridique (15-20 min)

Après avoir tout préparé au brouillon, quand vous avez compris le cas et trouvé la règle de droit qui s'applique, il est temps de passer à la phase de **rédaction sur la copie**.

Il vous faut présenter votre rédaction sous la forme d'un **cas pratique juridique**, c'est-à-dire en utilisant le procédé du **syllogisme juridique**, composé de deux étapes :

- Principes juridiques (= *la majeure*) : cette étape est la **retranscription de la règle de droit** nécessaire à connaître pour pouvoir résoudre le cas. Il ne faut pas, à cet endroit, citer le cas, mais seulement le cours (et éventuellement les éléments de la base documentaire).

> La procédure de liquidation judiciaire est la possibilité pour un débiteur en cessation des paiements et sans redressement manifestement possible de mettre fin à l'activité et à la personne morale en vendant les actifs et en payant les dettes, sachant que les salariés sont les créanciers superprivilégiés, donc les premiers à être payés.

- Application de la règle de droit au cas (= *la mineure*) : cette étape est la **démonstration juridique**. Elle permet de confronter les éléments du cas à la règle de droit, afin d'en déterminer une solution.

Attention : il ne faut pas tomber dans le piège de ne donner que la solution. Il faut vraiment démontrer en **confrontant** chaque élément de faits avec chaque élément de la règle de droit correspondant.
En général, on commence la rédaction par « **en l'espèce** ».

> En l'espèce, la société ne peut plus payer ses salariés. Elle semble donc dans une situation de cessation des paiements sans possibilité de redressement, car tous ses débiteurs ont été liquidés. Ainsi, la procédure de liquidation judiciaire va permettre la cession des actifs et le règlement des créanciers, dont les premiers remboursés seront les salariés.

ÉTAPE 2 Prendre le temps de relire votre copie (2 min)

Il est fondamental de présenter une copie propre, bien organisée, sans rature et sans faute d'orthographe.

PARTIE 1

L'ENTREPRISE EN SOCIÉTÉ

Le Lab50

EXPLORER **LE FUTUR** DE **VOTRE MÉTIER** !

www.lienmini.fr/dcg02-01

« La signature électronique est un gain de temps pour l'expert-comptable : elle facilite les procédures des actes juridiques et permet un meilleur accompagnement du client. »

CHAPITRE 1

La notion de société

À l'issue de ce chapitre,

- **vous serez capable :**
  - ❒ d'identifier les sources du droit des sociétés ;
  - ❒ de repérer les grandes évolutions historiques et économiques ayant donné naissance aux différentes formes sociétaires ;
  - ❒ de repérer l'influence du droit européen en droit des sociétés à travers quelques exemples concrets ;
  - ❒ de chercher une forme adaptée à la situation patrimoniale de l'entrepreneur (sociétaire, EIRL, entreprise individuelle).
- **vous saurez identifier :**
  - ❒ la définition de la société ;
  - ❒ les sources et l'évolution du droit des sociétés ;
  - ❒ l'EIRL et entreprise individuelle.

Mettez-vous en situation

Rodolphe, jeune diplômé d'une grande école de commerce, souhaiterait créer un commerce de vente de plaids en fourrure synthétique sur Internet. D'un naturel prudent, il n'a pas beaucoup à investir, et souhaite réaliser le moins de formalités possible, tant à la constitution que pendant la vie de son activité économique. Cependant, il ne sait pas quel choix faire entre les différentes structures juridiques qui s'offrent à lui.

Il se tourne alors vers vous pour vous exposer la situation. Quel serait le statut juridique le plus adapté à sa situation ?

I. La définition de la société

La société permet à une entité d'exercer une activité économique.

A Notion de société

Le droit reconnaît l'existence de deux types de personnes : les personnes physiques (les humains) et les personnes morales (les entités économiques que sont les sociétés). En effet, sur le plan juridique, une société est une **fiction légale** qui lui permet d'acquérir une personnalité juridique.

Définition

La personnalité juridique est la capacité, pour une personne physique ou morale, à être sujet de droit et donc à se voir reconnaître des **droits**, avec la capacité d'en jouir et de les exercer (par exemple, conclure des contrats, ester en justice). Elle est également assujettie à des **obligations**.

L'**article 1832 du Code civil** définit la société comme « *un contrat par lequel deux ou plusieurs personnes conviennent de mettre en commun des biens ou leur industrie, en vue de partager le bénéfice ou de profiter de l'économie qui pourra en résulter* ».

1. La pluralité d'associés

Afin d'exister, la société doit être formée par une ou plusieurs personnes (physiques ou morales). Ces personnes vont décider de mettre en commun des biens, des droits, des capitaux ou des services, dans un même but : la réalisation d'une activité économique.
La suite de l'article 1832 du Code civil prévoit qu'une société peut être constituée par une seule personne, mais cela reste une exception au principe de la pluralité d'associés.

2. La mise en commun d'apports

L'article 1832 du Code civil prévoit que les associés apportent à la société : soit en numéraire (argent), soit en nature (bien), soit en industrie (force de travail, connaissances).
Cet apport conférera à l'apporteur la qualité d'associé et permettra à la société d'exister.

3. La recherche d'un bénéfice ou d'une économie

L'objet commun est l'activité économique de la société, ce que l'on appelle aussi son objet social. Les résultats de cette activité économique vont permettre d'en retirer un bénéfice.

Définition
Le bénéfice est un gain, un profit, un avantage obtenu grâce à l'activité économique de la société.

En effet, le but premier des associés est de rechercher le **profit**. La société a un but lucratif, ce qui lui permet d'exister, pour en retirer des bénéfices et les partager entre ses associés.
Cependant, afin de permettre aux groupements d'intérêt économique (GIE) de se constituer en société, la loi du 4 janvier 1978 a ajouté à l'article 1832 du Code civil que la société pouvait également être instituée en vue de « *profiter de l'économie qui pourra en résulter* ».

B Distinction entre entreprise et société

L'entité économique peut être une **entreprise individuelle** ou une **entreprise sociétaire** (société). Une société est une personne morale, tandis que l'entreprise n'en est pas une. Cela a pour conséquence que la société aura son **patrimoine** propre, des moyens d'expression, une responsabilité personnelle et la capacité d'ester en justice. Alors que l'entreprise est « confondue » avec la personne physique qui l'a créée, les biens et les dettes de l'entreprise sont confondus avec les biens et les dettes de la personne physique. Cependant, la loi du 14 février 2022 prévoit qu'en cas de défaillance professionnelle, seuls les éléments constituant les biens professionnels de l'entrepreneur pourront être saisis par les créanciers, même si l'entrepreneur demeure libre de renoncer à la séparation des biens personnels et professionnels.
Avant 1985, il existait une autre différence entre l'entreprise et la société : l'entreprise n'était possiblement créée que par une personne, alors que la société devait être créée par au moins deux personnes. Or, depuis la loi de 1985, une société peut être créée par une seule personne : ce sont des sociétés unipersonnelles, comme l'entreprise unipersonnelle à responsabilité limitée (EURL) ou encore la société par actions simplifiée unipersonnelle (SASU).

C Définition du droit des sociétés

Le droit des sociétés est une branche du droit privé et du droit des affaires qui regroupe l'ensemble des règles de droit régissant la vie des sociétés : d'abord par la **constitution**, puis par le **fonctionnement**, jusqu'à la **dissolution**. Les relations entre les parties prenantes (associés, dirigeants, administrateurs) et les relations entre la société et les tiers sont également prévues par ce droit.

Le droit des sociétés s'applique aux sociétés commerciales et aux sociétés civiles. La loi et le **contrat de société** (appelé les « statuts ») fixent notamment la forme de la société, son mode de constitution, sa formation du capital social, ainsi que son mode de gestion et d'administration.

Définition
Les statuts sont le contrat fondateur de la société et matérialisent ses caractéristiques comme son mode de fonctionnement vis-à-vis des associés/actionnaires et des tiers. Ils sont obligatoirement écrits.

II. Les sources et l'évolution du droit des sociétés

Le droit des sociétés existe à travers de nombreuses sources et est fortement influencé par le droit européen.

A Sources du droit des sociétés

Le droit des sociétés est présent dans plusieurs sources.

1. Le bloc de constitutionnalité

Le bloc de constitutionnalité désigne l'ensemble des normes de valeur constitutionnelle protégées par le Conseil constitutionnel et qui posent les principes fondamentaux du droit. Il ne comporte donc pas que la Constitution de 1958, mais tous les textes à valeur constitutionnelle. Il s'agit :

- de la Constitution de la Vᵉ République (4 octobre 1958) ;
- du Préambule de la Constitution de la IVᵉ République (27 octobre 1946) ;
- de la Déclaration des droits de l'homme et du citoyen (26 août 1789) ;
- de la Charte de l'environnement (24 juin 2004).

Exemple : Concernant le droit des sociétés, il y est prévu par exemple la liberté d'entreprendre et le principe d'égalité entre associés.

2. Les traités internationaux et européens

a. Au niveau international

Les traités internationaux peuvent avoir pour objectif :

- de régler des conflits de loi nationale ;
- de superposer aux législations nationales une législation uniforme, applicable seulement aux relations internationales entre ces pays ;
- d'uniformiser le droit applicable, tant en ce qui concerne le droit interne que les relations internationales entre ces pays.

b. Au niveau européen

Les dispositions contenues dans les traités instituant la Communauté européenne (traité de Rome du 25 mars 1957, instituant la Communauté économique et européenne [CEE], devenue l'Union européenne [UE] depuis le traité de Maastricht en 1992) ont une influence sur les relations commerciales entre les États membres.
L'objectif n'est pas d'unifier le droit européen des sociétés, mais de créer un espace européen facilitant les relations commerciales entre les États membres de l'UE. Le traité de Rome a permis d'établir un espace sans frontières intérieures, dans lequel est prônée la libre circulation des marchandises, des personnes, des services et des capitaux.

Aux dispositions de ces traités s'ajoute le **droit dérivé**, élaboré par les instances européennes, qui s'expriment par deux sortes de textes communautaires : les **règlements** et les **directives**. En effet, il n'existe pas de droit européen des sociétés codifié, mais les directives et les règlements européens ont pour but d'harmoniser l'environnement des sociétés au sein de l'UE, afin de faciliter les échanges. En 1968, les États membres de l'UE ont signé une convention qui les oblige à reconnaître toutes les formes de sociétés des autres États membres.
En outre, en vertu de la liberté d'entreprendre dans l'espace européen, tout citoyen européen peut créer une société dans l'État membre qu'il souhaite, sans pour autant y résider. Le droit des sociétés de l'État dans lequel il s'établit va cependant s'appliquer.
Les règles européennes vont ensuite plus loin, en imposant notamment des règles sur la protection des intérêts des actionnaires et leurs droits, les offres publiques d'achat pour les sociétés anonymes, l'information financière et la comptabilité, l'accès simplifié à l'information sur les sociétés et certaines formalités de publicité.
Les instances européennes créent également de nouveaux groupements, comme le **groupement européen d'intérêt économique** (GEIE), créé en 1985, ou bien la **société européenne**, créée par un règlement européen en 2001, permettant le transfert du siège social d'un pays européen à un autre sans dissolution de la société, avec un capital social minimum de 120 000 €.

Exemple : La chaîne de télévision Arte, Eurostar, European Business School Paris, Thalys sont des **GEIE**. En France, on compte en 2020 environ 20 à 25 **sociétés européennes**, contre 2 000 en Europe, avec notamment LVMH, Airbus ou Allianz.

En 2003, une directive européenne a créé la **société coopérative européenne**.
Ainsi, le droit des sociétés français est fortement influencé par le **droit européen**.

3. La loi

Émanant du pouvoir législatif, sur proposition de loi (à l'initiative de l'Assemblée nationale ou du Sénat) ou projet de loi (à l'initiative du gouvernement), on trouve la loi, regroupée dans des codes. Concernant le droit des sociétés, plusieurs codes réglementent la matière.

a. Le Code civil

Le Code civil date de Napoléon (1804), mais il a été modifié par une loi du 4 janvier 1978 par rapport aux notions sur les sociétés. On trouve désormais au Titre IX (art. 1832 à 1873) les règles concernant les sociétés.
Le découpage s'effectue comme tel : **dispositions générales sur les sociétés** (art. 1832 à 1844-17), **sociétés civiles** (art. 1845 à 1870-1) et **sociétés en participation** (art. 1871 à 1873).
L'article 1832 du Code civil est fondamental, car il définit la société et ses éléments constitutifs.

L'**article 1843 du Code civil** indique que « *les dispositions du présent chapitre sont applicables à toutes les sociétés s'il n'en est autrement disposé par la loi en raison de leur forme ou de leur objet* ».

Cela signifie que certaines formes de sociétés (sociétés civiles, sociétés en participation) sont soumises à d'autres règles supplémentaires données par le Code civil aux articles suivants, ainsi qu'à d'autres codes (Code de commerce) pour les sociétés commerciales.

b. Le Code de commerce

Le Code de commerce date de Napoléon (1807) et a été profondément refondé par une loi du 24 juillet 1966 (décret d'application du 23 mars 1967). Une ordonnance du 18 septembre 2000 a procédé à une recodification du Code de commerce : aujourd'hui, il est composé de neuf livres.
Il prévoit les **dispositions spécifiques aux sociétés commerciales** (société en nom collectif [SNC], société en commandite simple [SCC], société à responsabilité limitée [SARL], société anonyme [SA], société en commandite par actions [SCA], société par actions simplifiées [SAS], société européenne [SE]) et aux GIE, ainsi que des **dispositions pénales** spécifiques.

c. Le Code monétaire et financier

Le Code monétaire et financier comporte des dispositions spécifiques aux sociétés faisant **appel à l'épargne publique**, c'est-à-dire celles qui émettent des valeurs mobilières. Il encadre la procédure d'offre au public de titres financiers (OPTF) et prévoit les règles à respecter en cas d'émission de valeurs mobilières (actions ou obligations).

4. Les décrets, ordonnances et arrêtés

Émanant du **pouvoir exécutif**, ils éclairent ou complètent les lois.

> **Exemple :** Concernant le droit des sociétés, on peut citer par exemple l'ordonnance n° 2020-321 du 25 mars 2020 portant adaptation des règles de réunion et de délibération des assemblées et organes dirigeants des personnes morales et entités dépourvues de personnalité morale de droit privé, en raison de l'épidémie de Covid-19.

5. Les statuts

Les statuts correspondent au contrat de société et sont obligatoires pour chaque société, puisque ce sont les **règles propres à la société**. Rédigés et signés par les associés, ils correspondent au « pacte contractuel » qui permet de mettre d'accord les associés à la naissance de la société, mais également de faire fonctionner la société tout au long de sa vie juridique.
Parfois, les statuts sont dictés par la loi et il n'est pas possible de les modifier de manière substantielle (par exemple, pour une SARL), alors que, d'autres fois, la loi laisse beaucoup de latitude aux associés dans la rédaction des clauses des statuts (par exemple, pour une SAS). Il est nécessaire de les rédiger de façon rigoureuse, et même de se faire aider dans la rédaction par un professionnel du droit.
Ainsi, les statuts peuvent donc créer des sociétés d'application différente, alors même qu'elles sont de la même forme juridique.

6. Les usages

Les usages sont des **pratiques** non écrites plus ou moins généralisées. Appelé aussi la coutume, l'usage naît de pratiques répétées ou habituelles perpétrées par les professionnels d'un même secteur d'activité ou d'une même région géographique.
Ces usages sont habituellement suivis. Du fait de leur ancienneté, ils sont considérés par les juges comme une règle de droit et ont un caractère impératif, devant le silence des textes sur la question.

> **Exemple :** En droit des affaires, le principe selon lequel la solidarité des codébiteurs est une obligation commerciale est né d'un usage.

7. La jurisprudence

Définition
La jurisprudence constitue l'ensemble des décisions des tribunaux. À chaque fois qu'un magistrat rend une décision, il augmente ainsi la jurisprudence.
Le terme de jurisprudence a également une seconde acception : on dit parfois que cette décision « fait jurisprudence ». Cela signifie que la décision sert de base aux décisions futures. En effet, les décisions des tribunaux peuvent éclairer l'interprétation des textes de loi ou de règlements. Cela constitue donc une source importante de droit, qui n'a pas pour autant, en France, de force obligatoire. Elle ne sert que de guide aux praticiens ou aux magistrats.

En **première instance**, les litiges sont jugés par les **tribunaux de commerce** pour la matière commerciale et les **tribunaux judiciaires** (fusion du tribunal de grande instance et du tribunal d'instance en janvier 2020) pour la matière civile.

En termes de composition, les **tribunaux de commerce** sont formés de juges élus, non professionnels, alors que les **tribunaux judiciaires** sont formés de magistrats professionnels.
En **seconde instance**, la jurisprudence est rendue par les **cours d'appel**. Le rôle de la cour d'appel est de rejuger une affaire et rendre un « arrêt ». Le fait de faire appel « suspend » l'exécution du jugement de première instance ; cela signifie que le jugement n'est pas exécutoire, que l'on attend l'arrêt de la cour d'appel. Il est possible de faire appel pour tous les jugements rendus à plus de 5 000 euros (4 000 euros avant le 1er janvier 2020) et il n'est possible de faire qu'une seule fois appel par affaire.
Enfin, en **dernier recours**, la **Cour de cassation** étudie la bonne application du droit par les instances inférieures ; elle joue un rôle fondamental dans l'interprétation du droit des sociétés et ses décisions sont souvent reprises. La partie qui souhaite porter l'affaire en Cour de cassation doit rédiger un pourvoi, c'est-à-dire indiquer un ou des arguments (appelés « moyen(s) ») qui indiquent pourquoi elle pense que les magistrats ont mal jugé en droit. Dans sa décision, la Cour de cassation rejette le pourvoi pour donner raison aux magistrats ou casse l'arrêt d'appel (sans ou avec renvoi) quand elle considère que les magistrats ont mal jugé en droit.
Parfois, la jurisprudence crée même le droit.

Exemple : En droit des sociétés, la notion d'*affectio societatis* a été créée par les juges.

8. La doctrine

La doctrine regroupe les travaux des **auteurs** du droit (professeurs, juristes, experts, etc.), contenant leurs opinions suite à une réflexion portant sur une règle ou sur une situation juridique.
La doctrine influence les tribunaux, car elle constitue une ressource documentaire riche. Elle ne constitue cependant pas une source de droit officielle et à caractère obligatoire.

Figure 1.1 **La hiérarchie des normes dans les institutions françaises**

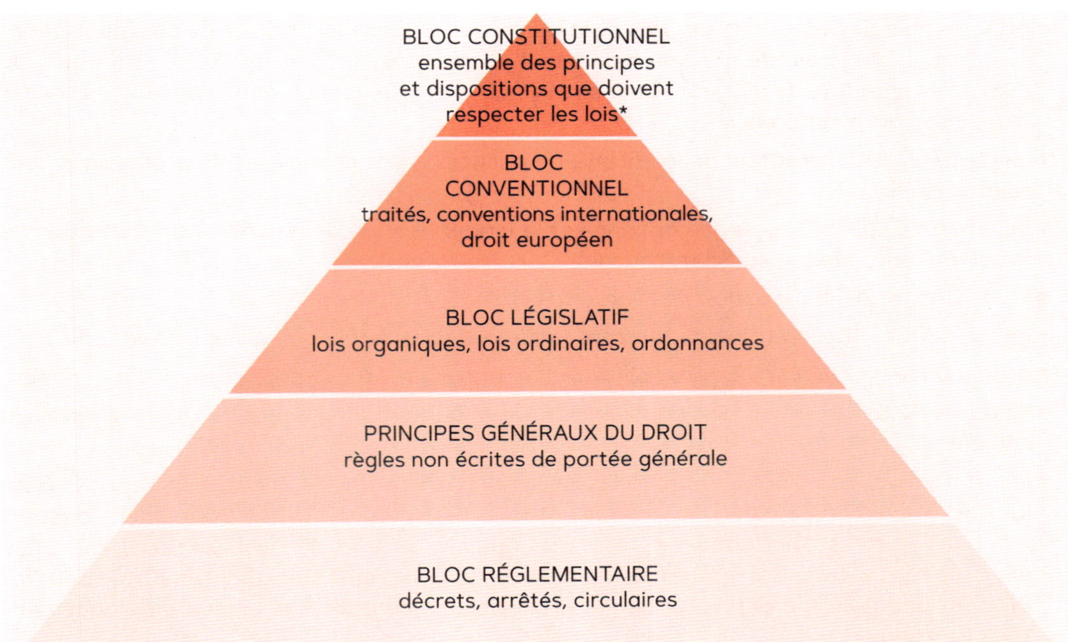

* Le bloc de constitutionnalité comprend la Constitution de 1958, le Préambule de la Constitution de 1946, la Déclaration des droits de l'Homme de 1789, la Charte de l'environnement de 2004.

B Évolutions historique et économique du droit des sociétés

1. Les dates de l'évolution du droit des sociétés

Le droit des sociétés est très ancien. Il a suivi le développement économique, et sa croissance s'est fait ressentir surtout à partir de la Révolution industrielle :

- –6000 avant J.-C. : premières formes de sociétés ;
- Moyen Âge : création des premières sociétés (notamment la SNC ou la société en commandite) ;
- xve siècle (commerçants italiens) : naissance de nouvelles formes sociétales ;
- 1791 : après la Révolution, le décret d'Allarde et la loi Le Chapelier favorisent l'essor de la création d'entreprise, grâce au principe de liberté du commerce et de l'industrie ;
- 1804 : définition du contrat de société et réglementation des sociétés civiles dans le Code civil ;
- 1807 : création du Code de commerce (qui connaît deux types de sociétés par actions : société anonyme et société en commandite par actions) – la création des SA nécessite l'autorisation préalable du Conseil d'État ;
- loi du 07/03/1925 : création de la SARL ;
- loi du 24/07/1966 : réforme du droit des sociétés ;
- loi du 04/01/1978 : création des sociétés coopératives et réforme des sociétés civiles (afin de les rapprocher des sociétés commerciales) ;
- loi du 11/07/1985 : création des sociétés unipersonnelles (EURL) ;
- loi du 03/01/1994 : création de la SAS (en coentreprise) ;
- lois des 23/06 et 12/07/1999 : création des sociétés d'exercice libéral à responsabilité limitée (SELARL) et des SASU, et ouverture de la SAS à toute personne physique ou morale ;
- loi du 15/05/2001 (« relative aux nouvelles régulations économiques » ou NRE) : dissociation possible des fonctions de président du conseil d'administration et de directeur général, fixation d'un nombre maximum de membres du conseil d'administration, limitation du cumul des mandats de dirigeants dans la SA, pouvoirs de gestion et de contrôle du conseil d'administration différenciés ;
- loi du 11/12/2001 : création de la société de participations financières de professions libérales (SPFPL) ;
- loi du 26/07/2005 (« pour la confiance et la modernisation de l'économie ») : création de la société européenne en droit français ;
- loi du 04/08/2008 : création de l'autoentreprise ;
- loi du 15/06/2010 : création de l'entrepreneur individuel à responsabilité limitée (EIRL) ;
- ordonnance du 10/09/2015 : possibilité de création d'une SA non cotée à deux actionnaires ;
- loi du 09/12/2016 : obligation de déclaration des bénéficiaires effectifs à la création de la société ;
- loi relative au Plan d'action pour la croissance et la transformation des entreprises (dite loi Pacte) du 22/05/2019 : simplification de la création et du fonctionnement des entreprises (pactes d'actionnaires, règles de gouvernance et de contrôle, etc.), avec par exemple l'absence de l'obligation de nommer un commissaire aux comptes (CAC) pour les PME, et une nouvelle définition de l'intérêt social (intégrant des enjeux environnementaux et sociaux) ;

- loi du 19/07/2019 : simplification, clarification et actualisation du droit des sociétés (prorogation de la société postérieurement à sa date d'expiration, changement de la règle de calcul de la majorité en assemblée générale des sociétés anonymes, modification des modalités d'adoption et de modification d'une clause d'exclusion dans la SAS).

Figure 1.2 **L'évolution du droit des sociétés en quelques dates**

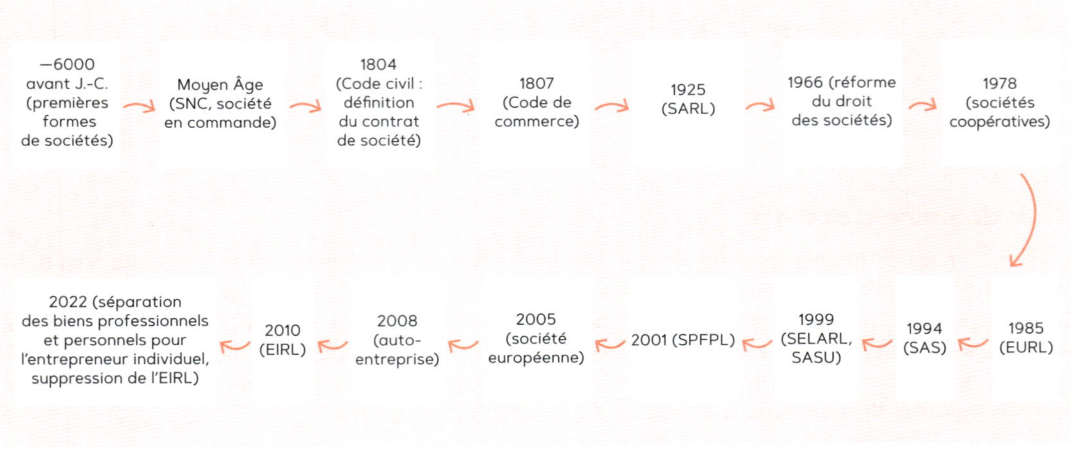

2. Les facteurs de l'évolution du droit des sociétés

Le droit des sociétés évolue beaucoup depuis quelques années, afin de tenir compte de l'augmentation de la création d'activités économiques. Ainsi, il faut légiférer et prendre en compte les intérêts des associés/actionnaires, des dirigeants, des salariés, des tiers contractants ou même de l'État.
En effet, les associés doivent être protégés, car ils apportent à la société, et prennent donc le risque de tout perdre. Les pouvoirs et régimes des dirigeants doivent être délimités, afin de ne pas risquer des abus. Enfin, les sociétés sont source de recettes pour l'État ; il est donc nécessaire de prévoir une fiscalité adaptée.

III. Le choix d'une structure juridique

Avant de commencer une activité économique, il faut choisir une forme adaptée. Cette étape est fondamentale pour la suite de l'activité. Il faut prendre en compte plusieurs critères pour faire ce choix, et non un seul. Cependant, ce choix n'est pas immuable et il est possible de faire évoluer son statut juridique, à condition de respecter les conditions de validité propres à chaque structure.

A Critères propres à l'activité

1. Le but de l'activité

En fonction du but de l'activité, il faut choisir une forme juridique adaptée. Le but de l'activité constitue le fait de vouloir faire des bénéfices ou non, de vouloir partager une partie de ses bénéfices ou non.
Si le but de l'activité est **lucratif**, il faut choisir entre l'entreprise, la société et le GIE. Si le but est **non lucratif**, la structure la plus adaptée sera l'association ou la coopérative.

Figure 1.3 **La forme juridique en fonction du but de l'activité**

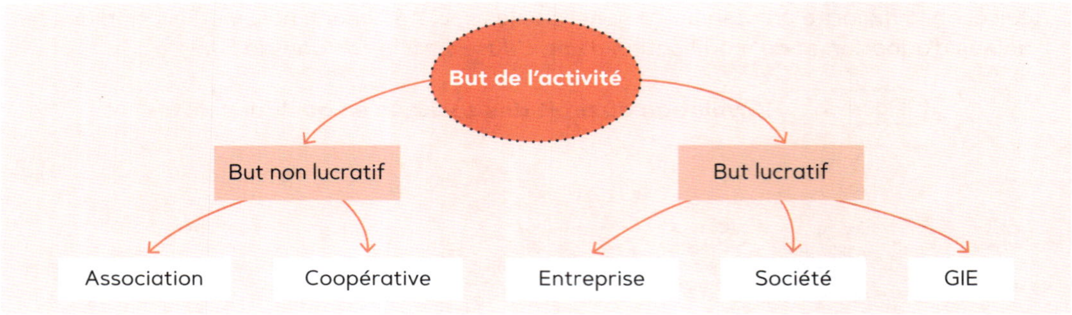

2. Le domaine d'activité

En fonction du domaine d'activité, il faut choisir une forme juridique adaptée. Le domaine d'activité est déterminé en fonction de l'activité même de la société : **civile** ou **commerciale**.
Un entrepreneur qui souhaite exercer une activité **agricole**, **libérale** (avocat, médecin, architecte, etc.) ou **immobilière** devra impérativement se tourner vers une société civile. Alors qu'un entrepreneur qui exerce une activité d'**achat-revente**, de **location**, de **transport** ou encore d'**opérations bancaires** devra se tourner vers une société commerciale.

Si l'activité est **civile**, il faut choisir une société civile (SC) :

- SC de moyens (SCM), SC immobilière (SCI) ;
- SC de placement immobilier (SCPI) ;
- SC professionnelle (SCP) ;
- SC d'exploitation ou d'activité agricole (SCEA) ;
- société d'exercice ou d'activité libérale (SEL) ;
- société en participation (SEP).

Si l'activité est **commerciale**, il faut choisir une société commerciale :

- société en nom collectif (SNC) ;
- société en commandite : société en commandite par actions (SCA), société en commandite simple (SCS) ;
- SARL, EURL, SELARL ;
- société par actions : SA, SAS, SASU ;
- société coopérative : société coopérative de production (SCOP), société coopérative d'intérêt collectif (SCIC).

Figure 1.4 **La forme juridique en fonction du domaine d'activité**

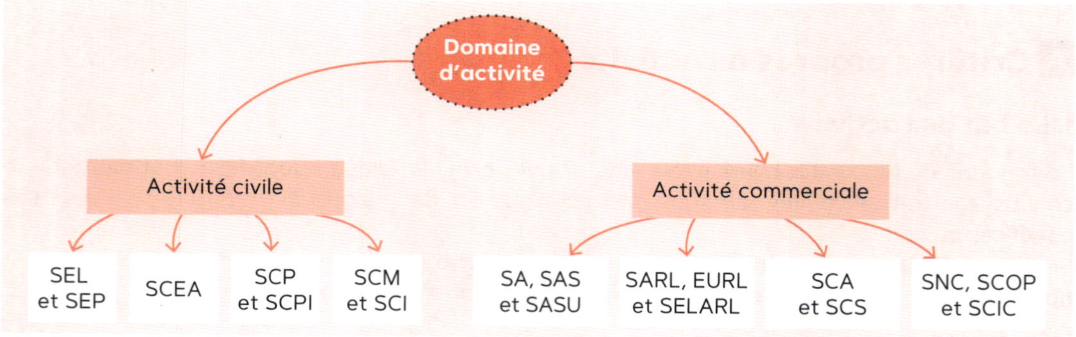

Il existe néanmoins des exceptions à ces principes.

Exemple : Les débits de tabac ne peuvent être exploités qu'en entreprise individuelle ou en SNC.

Les conséquences de l'activité au niveau juridique sont nombreuses.

Tableau 1.1 Les conséquences de l'activité au niveau juridique

	Société civile	Société commerciale
Droit applicable	Droit civil	Droit commercial
Tribunal compétent en cas de litige	Tribunal judiciaire	Tribunal de commerce
Imposition	La société civile est soumise à l'**impôt sur le revenu** (ou, sous certaines conditions et sur option, à l'impôt sur les sociétés).	La société commerciale est soumise à l'**impôt sur les sociétés** (ou, sous certaines conditions et sur option, à l'impôt sur le revenu).
Responsabilité des associés	**Illimitée** (engagement des patrimoines personnels des associés)	**Limitée** aux apports (perte éventuelle de l'apport)

B Critères du nombre d'entrepreneurs

En fonction du nombre d'entrepreneurs, il faut choisir une forme juridique adaptée :

- Si l'on est **seul**, il faut choisir soit une entreprise individuelle (EI ou EIRL), soit une société unipersonnelle (EURL, SASU).
- Si l'on est **plusieurs**, il est possible de choisir entre une société, une association ou un GIE. Si l'on est plus de 100, il ne sera pas possible de choisir la SARL.

Figure 1.5 La forme juridique en fonction du nombre d'entrepreneurs

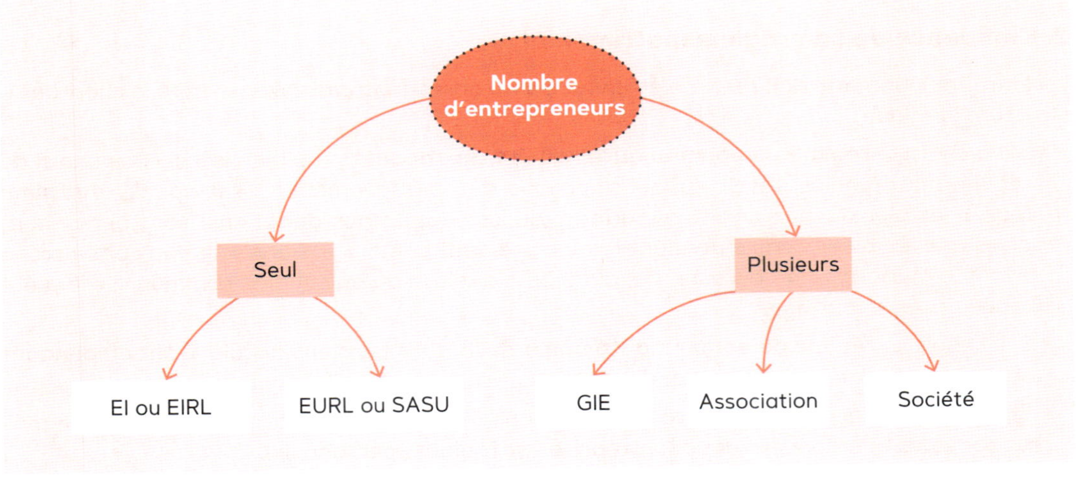

C Critères propres à la situation patrimoniale de l'entrepreneur

1. L'engagement de sa responsabilité personnelle

Les sociétés engagent leur propre patrimoine, sauf dans la SNC (responsabilité indéfinie et solidaire des associés). Avant la loi du 14 février 2022, l'entreprise individuelle permettait d'engager l'ensemble du patrimoine personnel de l'entrepreneur (sauf exception) et l'EIRL permettait de limiter la responsabilité au patrimoine d'affectation (biens du patrimoine personnel de l'entrepreneur affectés à l'entreprise). Depuis la loi du 14 février 2022, seuls les biens professionnels de l'entrepreneur individuel peuvent être saisis par les créanciers professionnels, sauf si l'entrepreneur renonce à cette séparation entre le personnel et le professionnel. Quant à l'EIRL, la loi a supprimé la possibilité de créer de nouvelles structures juridiques sous cette forme.

Figure 1.6 **La forme juridique en fonction de la situation patrimoniale**

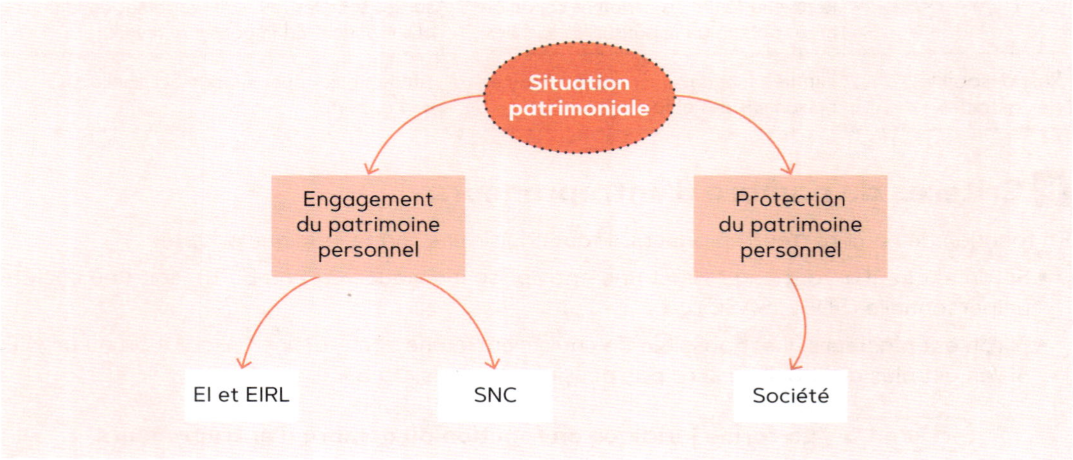

2. L'influence de son régime matrimonial

Un entrepreneur marié doit prendre en compte son régime matrimonial pour faire le choix de sa structure juridique :

- S'il a choisi le **régime de communauté réduite aux acquêts** (ou bien, s'il n'a pas choisi de régime matrimonial, c'est celui qui s'applique automatiquement ; il est appelé le **régime légal**), les biens acquis avant le mariage (ou les successions-donations) sont personnels, alors que les biens acquis pendant le mariage sont communs. Donc une entreprise créée avant le mariage reste personnelle, alors qu'elle relève du patrimoine commun si elle a été créée après le mariage.
- S'il a choisi le **régime de communauté universelle**, tous les biens acquis avant ou pendant le mariage sont mis en commun, donc l'entreprise sera un bien commun.
- S'il a choisi le **régime de séparation des biens**, les biens acquis avant ou pendant le mariage restent personnels, donc l'entreprise est toujours personnelle.

Figure 1.7 **Le choix du régime matrimonial**

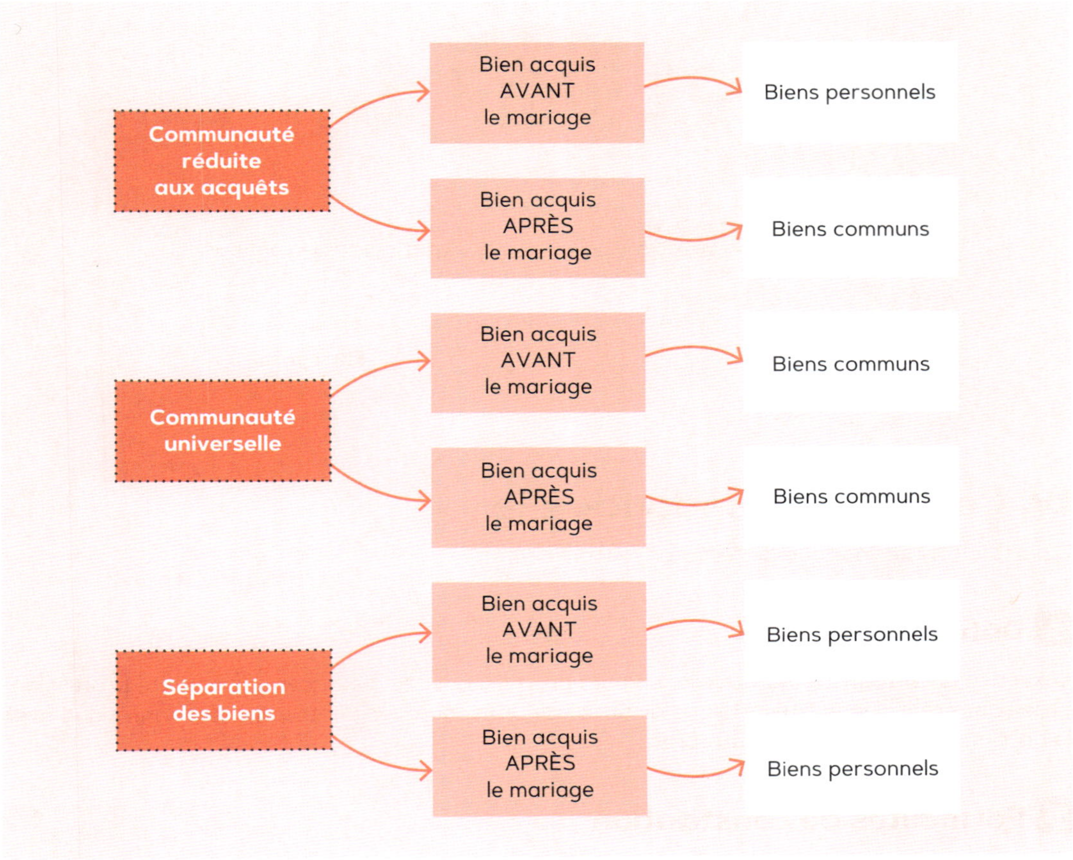

D Critères financiers

Lors de la constitution de l'entreprise, il est nécessaire de prendre en compte les fonds qui seront réservés à l'activité économique et les frais de constitution.

Si l'entrepreneur ne souhaite pas investir de **fonds** dans l'activité économique, alors il lui faut choisir une entreprise (entreprise individuelle ou EIRL), qui ne nécessitera pas d'apports puisqu'elle ne fera pas naître un capital social.

Si l'entrepreneur souhaite investir des fonds à l'activité économique, alors il pourra constituer une société, en faisant un apport à la société (constitution du capital social).

Concernant les **frais de constitution**, ils sont réduits concernant la création d'une entreprise, alors qu'ils sont plus importants pour la création d'une société (éventuels frais liés à la rédaction des statuts, à l'évaluation des apports, à l'obligation de publication dans un journal d'annonces légales, à l'obligation d'immatriculation au Registre du commerce et des sociétés [RCS]).

Figure 1.8 **La forme juridique en fonction des critères financiers**

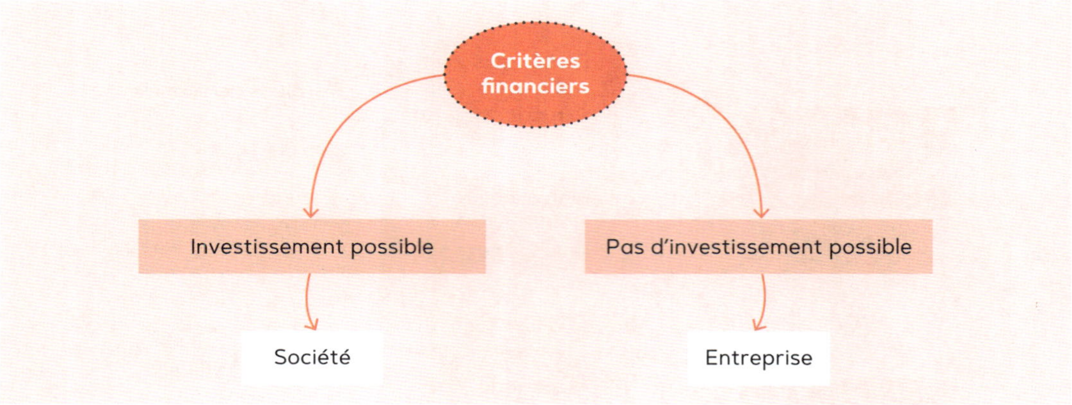

IV. L'entreprise individuelle

L'EI est la forme classique de l'entreprise individuelle.

A Définition

L'exercice en entreprise individuelle, ou nom propre, consiste à exercer une activité professionnelle sans créer une entité juridique distincte de l'entrepreneur. L'entreprise est confondue avec le patrimoine personnel de l'entrepreneur.

B Formalités de constitution

Une personne physique ne peut créer qu'une seule entreprise individuelle. Contrairement à une société, il n'y a ni capital social, ni statuts, ni annonce légale. Sa création est très simple : un formulaire P0 doit être complété avec pièces justificatives et transmis au centre de formalités des entreprises (**CFE**).

Définition

Un centre de formalités des entreprises (CFE) regroupe des interlocuteurs des entreprises et est chargé d'être l'interface entre les administrations et elles. Selon la nature de l'activité professionnelle, il s'agit de la chambre de commerce et d'industrie (CCI) pour une entreprise commerciale, de la chambre des métiers et de l'artisanat (CMA) pour une entreprise artisanale ou une entreprise commerciale qui doit s'inscrire au répertoire des métiers, de la chambre d'agriculture pour une entreprise d'activité agricole, le greffe du tribunal de commerce ou du tribunal judiciaire statuant commercialement pour une société civile ou non commerciale.

C Engagement du patrimoine personnel

1. Avant la loi du 14 février 2022

L'entrepreneur individuel est responsable de manière totale et indéfinie sur l'ensemble de son actif personnel par rapport à son entreprise. Cela signifie que si l'entreprise a des dettes, les créanciers professionnels peuvent saisir les biens personnels de l'entrepreneur.

Cependant, l'entrepreneur peut protéger une partie de ses biens en faisant une **déclaration d'insaisissabilité**. Ce dispositif a été instauré par la **loi Dutreil (2003)** et est facultatif.
Cette déclaration se fait devant notaire pour les biens fonciers (bâtis ou non bâtis) non affectés à l'usage professionnel.
L'objectif est d'empêcher les créanciers professionnels de saisir les biens déclarés en cas de dette de l'entreprise. Seuls les créanciers personnels pourront toujours les saisir.
En outre, depuis la **loi Macron** du **6 août 2015**, si l'entrepreneur est propriétaire de sa résidence principale, alors elle est de plein droit insaisissable par les créanciers professionnels. L'objectif de cette loi est de permettre de dispenser l'entrepreneur de cette formalité, qui avoisine un coût de 600 euros.
Cela signifie que l'entrepreneur qui a créé une entreprise après le 6 août 2015 n'aura pas à faire de déclaration d'insaisissabilité pour protéger sa résidence principale ; elle sera automatiquement protégée de la saisine des créanciers professionnels, sans l'être pour autant des créanciers personnels. Pour ceux qui ont créé leur entreprise avant le 6 août 2015, l'insaisissabilité ne sera opposable qu'aux créanciers dont les droits seront nés après cette date.

2. Depuis la loi du 14 février 2022

La loi n° 2022-172 du 14 février 2022 en faveur de l'activité professionnelle indépendante a été publiée au Journal officiel le 15 février 2022. Elle a créé un nouveau statut pour les entrepreneurs individuels, plus protecteur de leur patrimoine personnel. En effet, la loi a prévu qu'en cas de défaillance de l'entreprise, seuls les biens professionnels de l'entrepreneur pourront être saisis par les créanciers professionnels. Ainsi, ses biens personnels seront insaisissables par ces créanciers. La séparation des patrimoines professionnel et individuel s'effectue automatiquement, sans aucune démarche administrative. Cependant, l'entrepreneur est libre de renoncer à cette séparation en faveur d'un créancier professionnel. Pour les entreprises créées avant la réforme, la dissociation des patrimoines ne s'appliquera qu'aux nouvelles créances, c'est-à-dire celles créées après la publication de la loi.

D Régimes

L'imposition fiscale et sociale est basée sur le bénéfice réalisé.

1. Régime fiscal

Par défaut, l'entreprise individuelle est soumise au régime réel d'impôt sur le revenu, dans la catégorie des bénéfices industriels et commerciaux (**BIC**) en cas d'activités commerciales, artisanales ou industrielles, ou bien des bénéfices agricoles (**BA**) en cas d'activité agricole ou, enfin, des bénéfices non commerciaux (**BNC**) dans les autres cas (activités libérales notamment).
La majorité des entreprises individuelles sont imposées au **régime réel simplifié**, et non au **régime réel normal**. La différence principale entre les deux est que les exigences en termes de comptabilité et de déclarations ne sont pas les mêmes (elles sont plus lourdes pour le régime réel normal).
Le passage du régime réel simplifié au régime normal se fait sur décision de l'entrepreneur ou en fonction du montant du chiffre d'affaires. En effet, l'entrepreneur est affilié de plein droit au régime réel simplifié si le chiffre d'affaires hors taxes n'excède pas :

- 789 000 euros pour une activité d'achat-revente ;
- 238 000 euros pour une activité de prestation de services.

2. Régime social

L'entrepreneur individuel relève du régime social des **travailleurs non salariés** (TNS), appelés aussi **travailleurs indépendants**.

Depuis 2020, il est soumis au régime général de la Sécurité sociale. Il cotise à l'Urssaf au titre de la retraite de base, de la retraite complémentaire, de la maladie-maternité, des indemnités journalières, de l'invalidité-décès et des allocations familiales.

> **!**
> Depuis le 1er novembre 2019, les travailleurs indépendants peuvent bénéficier d'une ouverture du droit au chômage. Un revenu de remplacement a d'ailleurs été spécifiquement créé, l'allocation chômage des travailleurs indépendants (ATI), dont l'accès est soumis au respect de certaines conditions cumulatives. Il convient notamment de justifier d'une activité non salariée pendant une période minimale de deux années consécutives au titre d'une seule et même entreprise, d'être effectivement à la recherche d'un emploi, et de justifier, au titre de l'activité non salariée, de revenus antérieurs d'activité supérieurs à une certaine somme sur les deux dernières années d'exploitation et de ressources inférieures à une certaine somme. L'entreprise doit également avoir fait l'objet d'une procédure de liquidation judiciaire ou de redressement judiciaire (dans ce dernier cas, l'adoption du plan de redressement doit être subordonnée par le tribunal au remplacement du dirigeant).

E Avantages et inconvénients

1. Avantages

Les avantages de l'entreprise individuelle sont importants. Il est tout d'abord simple de la créer : puisque aucune personne morale ne va naître, il n'y a pas de statuts à rédiger et les déclarations sont simplifiées. Ensuite, l'entrepreneur étant seul « maître à bord », le fonctionnement est beaucoup plus simple que dans une société (pas d'assemblée générale, pas d'obligations d'avoir un expert-comptable, etc.), et il n'existe aucun risque de ne pas s'entendre avec soi-même !

2. Inconvénients

L'inconvénient majeur consiste, pour l'entrepreneur, en la prise de risque sur son patrimoine personnel ; en cas de dette professionnelle, l'entrepreneur peut perdre beaucoup. Enfin, une entreprise n'a pas la même crédibilité qu'une société. Les partenaires commerciaux, comme les banques ou les fournisseurs, pourraient être freinés à la contractualisation avec une entreprise plutôt qu'une société.

V. La micro-entreprise

A Définition

Le **1er janvier 2018**, la **micro-entreprise** a remplacé l'**auto-entreprise**, née de la loi du **4 août 2008**. La micro-entreprise est une forme d'entreprise individuelle, et non une société, donc sans création de personnalité juridique. Ainsi elle fonctionne juridiquement de la même façon qu'une entreprise individuelle (concernant les formalités de constitution et de l'engagement du patrimoine personnel). Elle est dispensée d'une immatriculation au RCS. Il est par ailleurs possible d'en faire son activité principale ou bien une activité accessoire à une activité salariée.

B Régimes

Le régime micro-entrepreneur est un régime unique et simplifié résultant de la fusion des régimes micro-social et micro-fiscal. Il permet de bénéficier de formalités simplifiées pour la création de l'activité, mais aussi pour les obligations de déclarations et de paiement.
Ce régime permet d'obtenir un **abattement forfaitaire** sur le chiffre d'affaires, à hauteur de :

- 71 % pour les activités d'achat-revente, de fourniture de logement, de vente à consommer sur place ;

- 50 % pour les prestations de services commerciales ;
- 34 % pour les prestations de services non commerciales (type activités libérales).

C Conditions pour pouvoir en bénéficier

Afin de pouvoir bénéficier de ce régime, il faut ne pas dépasser un certain **seuil de chiffre d'affaires**. Depuis le 1er janvier 2020, les seuils de chiffre d'affaires applicables au régime micro-entrepreneur ont été revalorisés. Ce régime s'adresse aux entrepreneurs individuels dont le chiffre d'affaires hors taxes annuel ne dépasse pas :

- **176 200 euros au maximum** pour les entreprises dont l'activité principale est la vente de marchandises, d'objets, de fournitures de denrées à emporter ou à consommer sur place, ou la prestation d'hébergement (hôtels, chambres d'hôtes, gîtes ruraux, meublés de tourisme, etc.) ;
- **72 600 euros au maximum** pour les prestations de services relevant des bénéfices industriels et commerciaux (BIC) et les professions libérales relevant des bénéfices non commerciaux (BNC).

Ces seuils s'entendent pour une année civile complète, **à compter du 1er janvier**. Si l'activité débute en cours d'année, le chiffre d'affaires sera proratisé.

> **!** Depuis la loi Pacte de 2019, les micro-entrepreneurs sont dispensés :
> – de suivre un stage préalable à l'installation (cas des micro-entrepreneurs artisans) ;
> – d'ouvrir un compte bancaire dédié à l'activité professionnelle (sous réserve que le CA ne dépasse pas **10 000 euros sur deux années civiles consécutives**).

VI. L'EIRL

L'EIRL est une forme particulière d'entreprise individuelle. Bien que supprimée par la loi du 14 février 2022 (aucune structure juridique ne pourra être créée en EIRL trois mois après la publication de la loi), cette structure juridique n'est pas supprimée pour les entrepreneurs individuels qui avaient choisi ce statut.

A Définition

Depuis la loi du 15 juin 2010, le Code de commerce prévoit le statut d'EIRL (art. L. 526-5-1 à L. 526-21).

L'EIRL concerne les activités commerciales, artisanales, agricoles ou libérales. C'est une entreprise individuelle, et non une société, donc sans création de personnalité juridique.

B Formalités de constitution

1. Patrimoine d'affectation

La création d'une EIRL nécessite de créer simultanément un patrimoine d'affectation.

Définition

Le patrimoine d'affectation est une universalité juridique comprenant un ensemble de biens, de droits, d'obligations ou de sûretés qui, séparés idéalement de ses autres biens, répondent seuls des engagements professionnels de celui qui les exploite.

Il comporte des éléments qui sont nécessaires ou utiles à l'exercice de l'activité professionnelle de l'entrepreneur, mais depuis le 23 mai 2019, il est possible de créer une EIRL sans avoir de biens affectés uniquement au patrimoine professionnel. Si un patrimoine est utilisé seulement pour l'activité professionnelle, le fait de ne pas le déclarer n'entraîne pas la suppression du statut EIRL. Le patrimoine d'affectation sera le seul qui pourra être **saisi** en cas de difficultés financières de l'EIRL.

La déclaration d'affectation du patrimoine peut comprendre un bien à usage mixte (une voiture employée à titre personnel et professionnel, par exemple). Il doit pour cela être nécessaire ou utile à l'exercice de l'activité. L'inscription de ces biens n'est pas obligatoire.

2. Déclaration d'affectation

L'entrepreneur devra effectuer une **déclaration d'affectation** auprès d'un registre de publicité légale (greffe du tribunal de commerce, chambre des métiers, etc.). Celle-ci comporte un état descriptif des **biens** (mobiliers ou immobiliers), des **droits** (brevet, fonds de commerce, etc.), des **obligations** ou **sûretés** (gage, hypothèque, etc.) possédés par l'entrepreneur, en détaillant la nature, la qualité, la quantité et la valeur.

> **!** Depuis le 23 mai 2019, l'obligation de faire évaluer tout bien de plus de 30 000 euros est supprimée et l'EIRL n'est pas dissoute si elle n'a pas ou plus de patrimoine d'affectation.

C Protection du patrimoine personnel

1. Gage des créanciers professionnels

Le patrimoine d'affectation devient l'**unique** gage des créanciers professionnels (dont la créance est née à l'occasion de l'activité professionnelle), **après** l'adoption de ce statut. Ainsi, les créanciers professionnels ne pourront saisir que les biens affectés dans le patrimoine d'affectation.

2. Gage des créanciers personnels

Concernant les créanciers personnels, pour ceux dont la créance est étrangère à l'activité professionnelle, ils pourront exercer leur droit de gage sur l'**ensemble du patrimoine personnel**.

Figure 1.9 **Patrimoine personnel et patrimoine d'affectation**

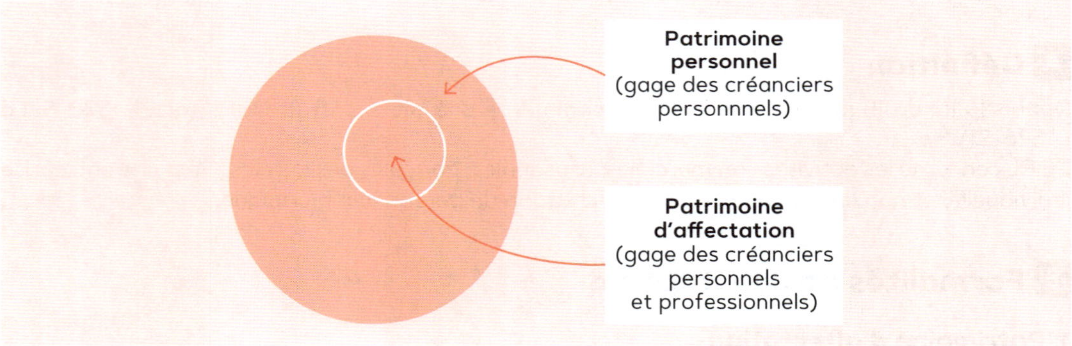

D Régimes

1. Régime fiscal

L'EIRL est soumise à l'**impôt sur le revenu (IR)**, selon la nature de l'activité (BIC, BNC, BA), avec option possible à l'**impôt sur les sociétés (IS)**, pendant deux ans.

2. Régime social

L'entrepreneur relève du régime social des **travailleurs non salariés (TNS),** sans avoir droit à l'assurance chômage.

SYNTHÈSE

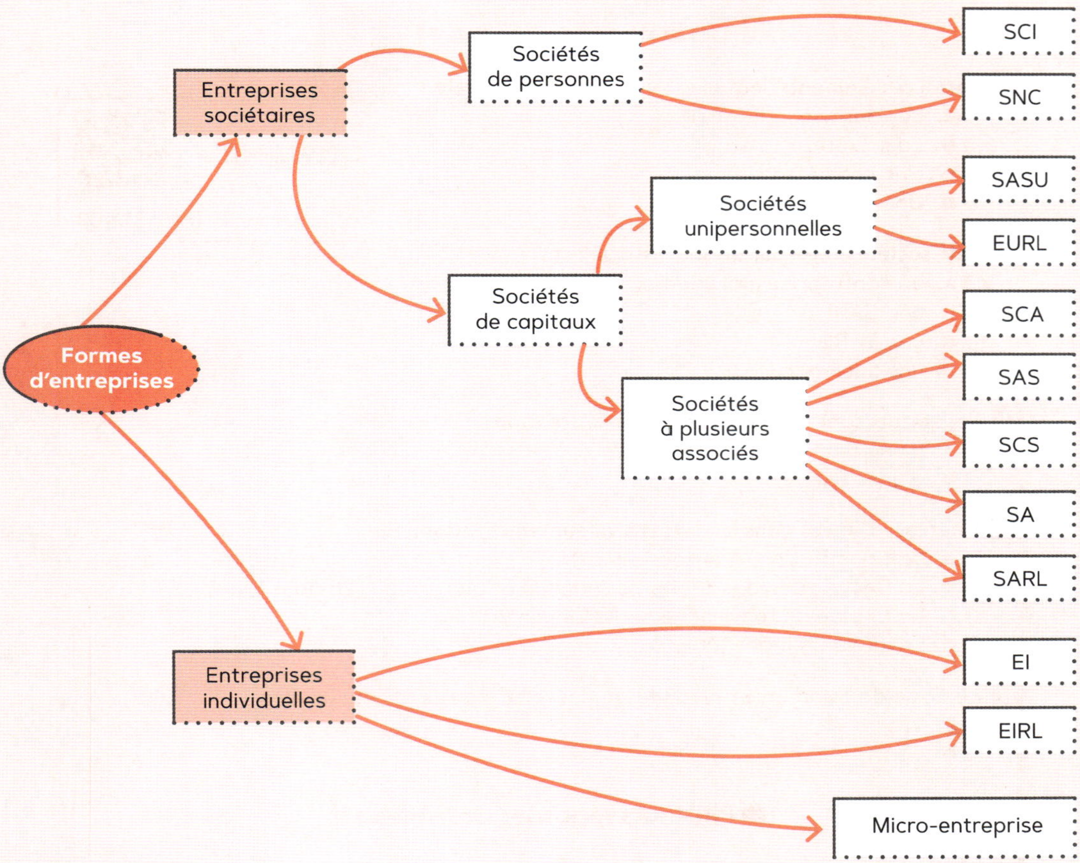

Faites le point sur les notions clés :
personnalité juridique (p. 12), bénéfice (p. 13), statuts (p. 14), jurisprudence (p. 16), centre de formalités des entreprises (p. 24), patrimoine d'affectation (p. 27)

Révisez avec les flashcards

www.lienmini.fr/dcg02-02

QCM

Réponse unique

QCM interactif

www.lienmini.fr/dcg02-03

1 Parmi ces éléments, lequel est une personne morale ?
- ❍ **a.** L'entreprise individuelle.
- ❍ **b.** La société.
- ❍ **c.** Une chose.
- ❍ **d.** Une personne humaine.

2 Une société créée par un seul associé est :
- ❍ **a.** une entreprise individuelle.
- ❍ **b.** une SARL.
- ❍ **c.** une EURL.
- ❍ **d.** une société civile.

3 Les statuts sont obligatoires lors de la création :
- ❍ **a.** d'une entreprise individuelle.
- ❍ **b.** d'une société.

4 Cherchez l'intrus dans les textes à valeur constitutionnelle.
- ❍ **a.** La Constitution (4 octobre 1958).
- ❍ **b.** La Déclaration des droits de l'homme et du citoyen (26 août 1789).
- ❍ **c.** La Charte de l'environnement (24 juin 2004).
- ❍ **d.** La loi du 24 juillet 1966.

5 Le Code de commerce prévoit les règles relatives aux sociétés civiles.
- ❍ **a.** Vrai.
- ❍ **b.** Faux.

Plusieurs réponses possibles

6 La jurisprudence :
- ❍ **a.** concerne notamment les décisions de la Cour de cassation.
- ❍ **b.** ne concerne que les décisions de la Cour de cassation.
- ❍ **c.** est une source à caractère obligatoire.
- ❍ **d.** n'est pas une source à caractère obligatoire.

7 La loi NRE du 15/05/2001 a permis :
- ❍ **a.** la création de la société de participations financières de professions libérales.
- ❍ **b.** la dissociation possible des fonctions de président du conseil d'administration et de directeur général.
- ❍ **c.** la création de l'auto-entreprise.
- ❍ **d.** la fixation d'un nombre maximum de membres du conseil d'administration.

8 Quand le but de l'activité économique est lucratif, les choix qui s'offrent à l'entrepreneur sont :
- ❍ **a.** l'entreprise.
- ❍ **b.** l'association.
- ❍ **c.** la société.
- ❍ **d.** le GIE.

9 **Les exceptions à l'engagement du patrimoine personnel dans le cadre d'une entreprise individuelle avant la loi du 14 février 2022 étaient :**

❍ **a.** la déclaration d'insaisissabilité.
❍ **b.** la loi Macron du 6 août 2015.
❍ **c.** la création d'une micro-entreprise.
❍ **d.** le mariage en régime matrimonial de communauté universelle.

10 **Les avantages de l'entreprise individuelle classique sont nombreux, notamment :**

❍ **a.** la facilité de la constitution.
❍ **b.** une durée de vie plus courte que la société.
❍ **c.** la facilité de la gestion (l'entrepreneur est seul « maître à bord »).
❍ **d.** une imposition plus avantageuse qu'en micro-entreprise.

● Réponse à justifier

11 **Un micro-entrepreneur exerce une activité de vente de marchandises et réalise un chiffre d'affaires annuel HT de 60 000 euros. Il vous demande de calculer son résultat imposable.**

❍ **a.** 17 400 euros.
❍ **b.** 21 400 euros.
❍ **c.** 60 000 euros.
❍ **d.** 42 600 euros.

12 **Un entrepreneur a créé une EIRL. Le patrimoine d'affectation comporte uniquement des biens d'usage courant, comme des ordinateurs. L'EIRL a cependant des dettes. Que peuvent saisir les créanciers professionnels ?**

❍ **a.** Les ordinateurs et tout le reste du patrimoine personnel de l'entrepreneur.
❍ **b.** Uniquement le reste du patrimoine personnel de l'entrepreneur.
❍ **c.** Uniquement les ordinateurs.

13 **Léonie et Paul ont décidé de créer une structure juridique qui a pour objet la vente et la pose de fenêtres auprès des particuliers. Léonie sera la dirigeante et Paul, qui a un BTS Technico-commercial et une expérience de cinq ans dans une société de poses de fenêtres, mettra ses connaissances à disposition de la structure pour organiser le travail. Quelle structure serait la plus adaptée ?**

❍ **a.** Une entreprise individuelle.
❍ **b.** Une société civile.
❍ **c.** Une EURL.
❍ **d.** Une SARL.

14 **Deux amis souhaitent s'associer pour créer un tabac-presse. Cependant, ils ne veulent pas prendre de risque sur leur patrimoine personnel. Quelle société doivent-ils choisir ?**

❍ **a.** L'entreprise individuelle.
❍ **b.** La SNC.
❍ **c.** La SARL.
❍ **d.** La SA.

15 **Raymonde est mariée à Jean depuis de nombreuses années, sans avoir choisi de régime matrimonial. Jean a une entreprise individuelle de menuiserie et il se demande aujourd'hui ce qu'il se passerait pour les biens que Raymonde a acquis pendant le mariage, en cas de dette professionnelle ?**

❍ **a.** Les biens de Raymonde ne peuvent pas être saisis par les créanciers professionnels.
❍ **b.** Les biens personnels de Raymonde acquis avant le mariage peuvent être saisis par les créanciers professionnels.
❍ **c.** Seuls les biens professionnels peuvent être saisis.
❍ **d.** Seuls les biens personnels de Jean peuvent être saisis.

CAS PRATIQUE GUIDÉ

LE COMMERCE DE M. VINAK

M. Vinak veut ouvrir un commerce en ligne de prêt-à-porter. Il désire faire un emprunt bancaire en plus de ses apports personnels (financement privé). Il souhaite faire du commerce à grande échelle, en vendant dans le monde entier. Pour lui, il a trouvé l'affaire du siècle ! Dans un premier temps, il souhaite s'associer avec un ami, un *designer*, qui sera également salarié de la structure. Il veut embaucher dix personnes au départ, en charge du site Internet et de la manutention. Il se pose cependant un certain nombre de questions concernant la meilleure structure à adopter et décide de se tourner vers le centre de formalités des entreprises. Vous êtes en charge de son dossier.

Votre mission : chercher une forme adaptée à la situation patrimoniale de M. Vinak.

Pour la réaliser, vous devez indiquer quelle structure juridique conviendrait le mieux à son projet.

CORRIGÉ

☑ **COMPÉTENCE ATTENDUE :**

– Chercher une forme adaptée à la situation patrimoniale de l'entrepreneur (sociétaire, EIRL, entreprise individuelle).

Méthode

Pour résoudre un cas pratique [voir Fiche méthode 2], vous devez respecter quelques règles essentielles :

- Schématisez, au brouillon, les éléments essentiels nécessaires pour traiter le cas.

- Effectuez le travail d'analyse juridique pour identifier le problème juridique posé par le cas pratique.

- Rédigez le raisonnement juridique (règle de droit + application de la règle de droit aux faits, appelé aussi le syllogisme).

TRAVAIL PRÉPARATOIRE

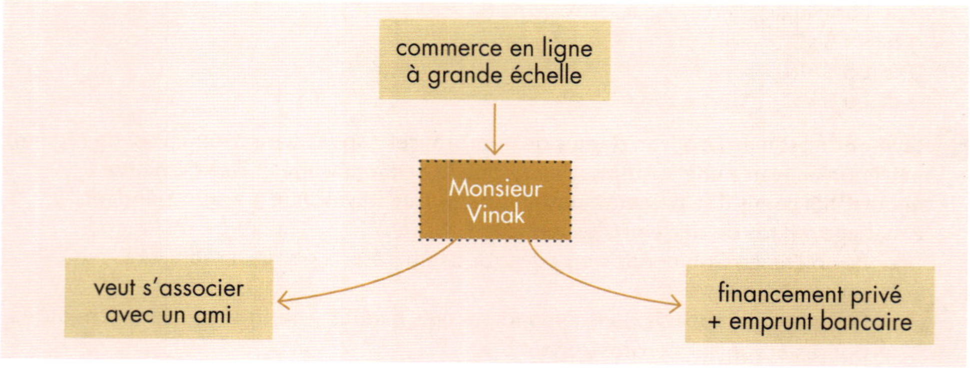

Ces faits soulèvent le problème juridique suivant : quelle structure juridique choisir pour un commerce de grande envergure à deux associés, avec financement privé et besoin d'emprunt bancaire ?

PRINCIPES JURIDIQUES

Selon le Code de commerce, il existe des structures dans lesquelles il est possible de s'associer et d'autres non (entreprises et sociétés unipersonnelles). Parmi les sociétés à activité commerciale, il est possible de s'associer dans une SNC, une SARL, une SAS ou une SA. Le capital social est fixé à 1 euro, à part dans la SA (37 000 euros minimum), qui doit être constituée à sept actionnaires (ou deux si la structure n'est pas cotée en Bourse). Les crédits bancaires se font plus facilement dans les structures à fort capital. Enfin, les appels publics à l'épargne peuvent se faire uniquement dans les SA.

APPLICATION AU CAS

En l'espèce, l'entrepreneur a la volonté de s'associer. Ainsi, il est possible d'éliminer les sociétés unipersonnelles et les entreprises. Il lui reste donc la SNC, la SARL, la SAS et la SA.
En plus de ses financements privés et bancaires, il doit trouver beaucoup de capitaux. En effet, les investissements étant « lourds », mais les perspectives de développement intéressantes, il doit créer une structure avec un capital de départ important, afin d'encourager les partenaires commerciaux. Il peut donc se tourner vers la SA, s'il peut réunir 37 000 euros ; cependant, à deux actionnaires, ils ne pourront pas la coter en Bourse (et donc faire appel à l'épargne publique pour augmenter les capitaux), il faudrait cinq autres actionnaires.
Il lui est possible éventuellement de constituer une SNC. Il n'est cependant pas conseillé de procéder ainsi, car il engagerait de manière indéfinie et solidaire son patrimoine personnel.
Donc, il lui sera conseillé la SA, qui permettra un développement à long terme plus facile, notamment pour l'emprunt bancaire. Cependant, la constitution et le fonctionnement de la SA sont complexes. Il est donc possible de lui conseiller, dans un premier temps, d'opter pour la SAS : l'organisation est plus souple que dans la SA, le statut fiscal est le même et le statut social du président plus intéressant. La seule restriction est l'impossibilité de faire un appel public à l'épargne ; mais dans un premier temps, cela n'est guère envisageable. Dans plusieurs années, si la société a connu un fort développement, il sera toujours possible de la transformer en SA.

Méthode

Un bon raisonnement par syllogisme doit éviter trois défauts récurrents que l'on retrouve dans de nombreuses copies :
- **Se limiter à rappeler les faits : vous devez les qualifier juridiquement.**
- **Entamer le syllogisme en appliquant d'emblée les règles de droit au cas. Cela reviendrait à inverser le raisonnement juridique.**
- **Négliger la partie « règles juridiques », qui représente l'essentiel de la note.**

Il faut lui réserver un traitement rigoureux.

AUTOÉVALUATION

La grille d'autoévaluation ci-dessous vous permet d'évaluer votre niveau et de vérifier si vos réponses correspondent aux attendus de l'examen.

	Niveau 1	Niveau 2	Niveau 3	Niveau 4
	Un premier élément de réponse, mais très incomplet, des erreurs, des contresens	*Des éléments de réponse isolés, des approximations et/ou de la paraphrase*	*Question comprise : des éléments de réponse pertinents, mais incomplets au niveau des savoirs et/ou de l'application*	*Compétence attendue mobilisée avec mobilisation complète des savoirs associés à la compétence. Application pertinente.*
Indiquer quelle structure juridique conviendrait le mieux à son projet. *(voir Sections III, IV et V)*	❒ Vous avez compris qu'il fallait choisir une société et non une entreprise ou une société unipersonnelle, mais le reste n'est pas pris en compte.	❒ Vous avez compris qu'il fallait choisir une société et non une entreprise ou une société unipersonnelle. Vous avez aussi pris en compte la volonté de commerce à grande échelle.	❒ Vous avez compris qu'il fallait choisir une société et non une entreprise ou une société unipersonnelle, et vous avez pris en compte la volonté de commerce à grande échelle. Vous n'avez pas confondu la notion de salarié avec le statut social du dirigeant. Cependant, l'application et le conseil ne sont pas les plus pertinents.	❒ Vous avez compris qu'il fallait choisir unesociété et non une entreprise ou une société unipersonnelle, et vous avez pris en compte la volonté de commerce à grande échelle. Vous n'avez pas confondu la notion de salarié avec le statut social du dirigeant, et l'application et le conseil donné sont pertinents.

• EXERCICES •

1 Le cas Félin

10 min.

☑ **COMPÉTENCE ATTENDUE :**

– Chercher une forme adaptée à la situation patrimoniale de l'entrepreneur.

M. Félin a une formation de moniteur de ski. Il souhaite ouvrir une structure juridique qui lui permette de dispenser des cours et de vendre un peu de matériel. Pour cela, il dispose d'un petit apport et d'un local dans les Pyrénées. Il veut être seul à gérer sa structure, mais n'exclut pas d'embaucher par la suite. Il détient à titre personnel un patrimoine immobilier important, qu'il ne veut pas risquer de perdre, et habite dans un grand chalet avec sa femme et ses trois enfants. Ainsi, il souhaite les protéger. Enfin, pour bénéficier de ce statut qui pour lui est avantageux, il veut être travailleur salarié. Il est un peu perdu et décide de se tourner vers vous.

Votre mission : chercher une forme adaptée à la situation patrimoniale de M. Félin.

Pour la réaliser, vous devez indiquer quelle structure juridique conviendrait le mieux à son projet.

2 Le cas Christophe

15 min.

COMPÉTENCE ATTENDUE :

– Chercher une forme adaptée à la situation patrimoniale de l'entrepreneur.

Christophe est artisan peintre depuis trois ans. Il travaille seul et en entreprise individuelle. Il envisage le développement de son activité. Pour cela, il lui faudrait faire des investissements lui permettant de prendre des chantiers plus importants. Il estime le capital nécessaire à 40 000 euros.

Il dispose d'une épargne personnelle de 25 000 euros. Sa compagne, salariée, lui propose un apport de 12 000 euros. Ils sont pacsés et ont opté pour le régime de séparation des patrimoines. Elle ne veut pas quitter son travail de comptable et souhaite limiter ses risques au montant de son apport. Pierre, un ami d'enfance, est prêt à s'engager pour un apport de 8 000 euros, mais souhaite que sa responsabilité soit limitée également à son apport.

Christophe apporterait également certains actifs (véhicule, matériel, fournitures), évalués à 28 000 euros.

Il envisage de développer encore son affaire, ce qui nécessitera de nouvelles entrées dans le capital de sa société. Il ne veut pas être bloqué par les décisions de ses associés, mais se méfie car il pourrait perdre le contrôle de son entreprise. Il se rend alors dans la chambre de commerce et d'industrie la plus proche de son domicile et c'est vous qui l'accueillez.

Votre mission : proposer la forme la plus adaptée à la situation patrimoniale de Christophe.
Pour la réaliser, vous devez indiquer quelle structure juridique conviendrait le mieux à son projet.

3 Le cas de Marc, Pierre et Jean

20 min.

COMPÉTENCE ATTENDUE :

– Chercher une forme adaptée à la situation patrimoniale de l'entrepreneur.

Marc, Pierre et Jean, amis d'enfance, voudraient regrouper leur énergie et leurs moyens en vue de créer une société qui fabrique des vis pour pièces aéronautiques.

Après trois années d'effort, ils viennent tout juste d'être diplômés d'une grande école de commerce parisienne. Marc dispose de l'aide de ses parents, travaillant tous les deux à Airbus à un poste important, qui acceptent de lui donner la somme de 100 000 euros pour commencer. En outre, il a été major de promo et ses parents jouissent d'une certaine réputation dans le milieu aéronautique. Ensuite, Pierre a reçu une donation d'un montant de 10 000 euros qu'il souhaite investir dans leur projet. Quant à Jean, il vient d'hériter d'un local commercial situé à Toulouse, estimé à 90 000 euros.

Ils souhaiteraient investir tout cela dans la structure, mais ne veulent pas prendre plus de risques ; ils souhaitent donc que leur responsabilité personnelle soit engagée le moins possible. Ils prévoient un développement important à trois ans et veulent obtenir des prêts bancaires facilement.

Votre mission : proposer la forme la plus adaptée à la situation patrimoniale de Marc, Pierre et Jean.
Pour la réaliser, vous devez indiquer quelle structure juridique conviendrait le mieux à leur projet.

CAS DE SYNTHÈSE

LE CAS DE VINCENT

20 min.

COMPÉTENCE ATTENDUE :

– Chercher une forme adaptée à la situation patrimoniale de l'entrepreneur.

Mise en situation

Vincent souhaite démarrer une activité de vente de plateaux-repas dans des entreprises de la région. Il projette de se développer d'abord dans sa ville, puis de s'étendre dans la région, et peut-être même à l'échelle nationale ensuite.

Pour mener à bien son projet, Vincent peut compter sur le soutien financier de sa famille, qui lui a consenti une importante somme d'argent à investir dans son projet, ainsi qu'une voiture pour ses déplacements professionnels. Pour lancer l'activité, Vincent a néanmoins besoin de plus de liquidités et souhaite faire un emprunt bancaire.

Vincent vous contacte car il sait que vous êtes actuellement en stage dans un cabinet d'expertise comptable.

Votre mission : choisir la forme la plus adaptée au cas de Vincent entre une entreprise et une société.

Pour la réaliser, vous avez à votre disposition une documentation juridique (voir document ci-après) et vous devez indiquer la structure juridique la plus adaptée au cas de Vincent : une entreprise ou une société.

DOCUMENT

Formes sociales / Spécificités	Entreprise individuelle	EIRL	EURL	SARL	SA	SAS – SASU
Nombre de personnes	1	1	1	> 1	> ou = 7	> ou = 1
Responsabilité limitée	Oui	Oui	Oui	Oui	Oui	Oui
Apport minimal	Néant	Néant	1 €	1 €	37 000 €	1 €
Régime fiscal – Bénéfices des entreprises						
Assujetti						
Régime de droit commun	Chef d'entreprise	Chef d'entreprise	Associé	Société	Société	Société
Régime sur option		EIRL	Société	Les associés (si tous de la même famille)	Les associés	Les associés

Formes sociales / Spécificités	Entreprise individuelle	EIRL	EURL	SARL	SA	SAS – SASU
Nature de l'impôt						
Régime de droit commun	IR	IR	IR	IS	IS	IS
Régime sur option		IS*	IS	IR	IR**	IR*
Rémunération du dirigeant						
Régime de droit commun	Incluse dans le bénéfice de l'entreprise, imposée en propre	Incluse dans le bénéfice de l'entreprise, imposée en propre	Incluse dans le bénéfice de l'entreprise, imposée en propre	Traitements et salaires	Traitements et salaires	Traitements et salaires
Régime sur option		Traitements et salaires	Traitements et salaires	Incluse dans le bénéfice de l'entreprise, imposée en propre		
Régime social du dirigeant majoritaire						
Nature du régime	Bénéfice	Bénéfice	Bénéfice	Rémunération perçue + dividendes	Rémunération perçue	Rémunération perçue
Base taxable		Rémunération perçue	Rémunération perçue	Quote-part de bénéfice		

* IS = impôt sur les sociétés

** IR = impôt sur le revenu

Source :
« La SAS est la forme juridique privilégiée pour les startups innovantes », www.maddyness.com, 23 octobre 2013.

CHAPITRE 2

La société : contrat

À l'issue de ce chapitre,

- **vous serez capable :**
  - ❒ d'identifier les différents éléments constitutifs du contrat de société et de les caractériser ;
  - ❒ d'analyser le régime juridique des apports ;
  - ❒ de distinguer bénéfices et dividendes ;
  - ❒ de distinguer capital social et capitaux propres ;
  - ❒ d'analyser l'influence du régime matrimonial de l'associé sur le contrat de société ;
  - ❒ d'analyser l'impact du débat de la nature juridique de la société sur la notion d'intérêt social.
- **vous saurez identifier :**
  - ❒ les éléments constitutifs du contrat de société : associé(s), apports, bénéfice ou économie, affectio societatis ;
  - ❒ le régime des nullités en cas d'élément constitutif manquant ;
  - ❒ la terminologie des aspects juridiques intéressant les capitaux et résultats : capital social, capitaux propres, bénéfice / dividendes ;
  - ❒ la nature juridique de la société : contrat, institution ;
  - ❒ l'intérêt social, l'abus de droit.

Mettez-vous en situation

André Bouval et Lucienne Bouval sont frère et sœur. Ils ont décidé de s'associer dans une société de vente de produits agricoles, fabriqués par leurs parents. Ils ne savent cependant pas vers quel type de société se tourner : la SARL ou la SAS ? En effet, ils ne connaissent rien au droit et préfèrent que ce soit la loi qui guide leur mode de fonctionnement.
Ils vous contactent alors afin de déterminer quel choix de société faire, afin que la nature de celle-ci soit plus institutionnelle que contractuelle.

I. Éléments constitutifs du contrat de société

Le contrat de société est caractérisé par les conditions classiques de validité d'un contrat (capacité, consentement, contenu licite et certain), mais également par quatre conditions cumulatives spécifiques, sans quoi il est nul.

A Associé(s)

1. Nombre

Par principe, l'article 1832 du Code civil exige au moins deux associés (mais quatre pour une SCA et sept pour une SA cotée). Cependant, depuis 1985, il est possible de créer une **société unipersonnelle** (EURL, SASU), c'est-à-dire avec un seul associé. Aucun nombre maximum d'associés n'est prévu, sauf pour la SARL (100 associés).

Tableau 2.1 Le nombre d'associés dans les sociétés

	SCA	SA	EURL, SASU	Autres sociétés
Nombre minimum	4	7 (SA cotée), 2 (SA non cotée)	1	2
Nombre maximum	Pas de limite	Pas de limite	1	Pas de limite (sauf la SARL : 100)

2. Capacité

Définition

La capacité juridique est définie comme l'aptitude d'une personne, physique ou morale, à exercer ses droits et obligations (capacité d'exercice et capacité de jouissance).

Concernant le droit des sociétés, tout associé doit être **capable juridiquement**.

a. Cas des mineurs

Le principe est que le **mineur non émancipé** ne peut participer, en qualité d'associé ou d'actionnaire, qu'à des sociétés dans lesquelles les détenteurs de titres n'ont pas la **qualité de commerçant**.

Le mineur non émancipé n'agit cependant pas personnellement, les titres étant souscrits en son nom par son représentant légal : administrateur légal pour le mineur sous le régime de l'administration légale (pure et simple ou sous contrôle judiciaire), tuteur pour le mineur en tutelle.

> **!** La qualité de commerçant n'est pas exigée dans la société à responsabilité limitée, société par actions simplifiée, société anonyme, société en commandite simple ou par actions (pour les associés commanditaires).

Le **mineur émancipé** dispose en principe de la même capacité civile qu'un majeur (article 413-6 du Code civil), mais ne peut toutefois avoir la qualité de commerçant que s'il y est autorisé par le juge des tutelles ou le président du tribunal judiciaire.

Définition

L'émancipation (articles 413-1 à 413-8 du Code civil) est l'acte par lequel un mineur est juridiquement assimilé à un majeur et peut accomplir tous les actes de la vie civile (sauf le vote, la conclusion d'un PACS, conduire seul et entrer dans un casino). La demande est faite au tribunal judiciaire par son ou ses parents, ou, en cas de tutelle du mineur, du conseil de famille, et doit être fondée sur de justes motifs et être dans l'intérêt de l'enfant. Le mineur doit avoir 16 ans révolus.

En conséquence, le mineur émancipé peut participer, en qualité d'associé ou d'actionnaire, à des sociétés dans lesquelles les détenteurs de titres n'ont pas la qualité de commerçant et, en cas d'autorisation, à des sociétés dans lesquelles les détenteurs de titres ont la qualité de commerçant.

> **!** La qualité de commerçant est exigée dans la société en nom collectif et dans la société en commandite simple ou par actions (pour les associés commandités).

Tableau 2.2 **La possibilité pour un mineur d'être associé d'une société**

	Mineur non émancipé	Mineur émancipé
EURL, SASU	OUI	OUI
SARL	OUI	OUI
SA	OUI	OUI
SNC	NON	OUI
SCA, SCS	OUI, pour associé commanditaire NON, pour associé commandité	OUI, sans autorisation pour être commanditaire OUI, avec autorisation pour être commandité
Société civile	OUI	OUI

b. Cas des majeurs sous protection

Concernant les **majeurs**, le principe est la capacité juridique. Cependant, certains majeurs ne sont pas « *sains d'esprit* ».

> L'**article 414-1 du Code civil** prévoit que « *pour faire un acte valable, il faut être sain d'esprit. C'est à ceux qui agissent en nullité pour cette cause de prouver l'existence d'un trouble mental au moment de l'acte.* »

Ainsi, la maladie, le handicap, l'accident peuvent altérer les facultés d'une personne et la rendre incapable de défendre ses intérêts. Le juge peut alors décider d'une mesure de protection juridique, par laquelle une autre personne l'aide à protéger ses intérêts. La protection doit être la moins contraignante possible, et en priorité exercée par la famille. Elle distingue aussi les cas où la personne jouit encore de ses facultés, mais est en grande difficulté sociale.
Il existe plusieurs types de régimes de protection, notamment :

- Les **majeurs sous tutelle** : il s'agit des majeurs atteints d'une altération grave de leurs facultés mentales. Dans ce cas, seul le tuteur peut faire un acte juridique. Il s'agit d'une **représentation juridique**.
  En droit des sociétés, le majeur en tutelle peut participer à des sociétés dans lesquelles les détenteurs de titres n'ont pas la qualité de commerçant. Le majeur en tutelle n'agit cependant pas personnellement, les titres étant souscrits en son nom par son tuteur. Le régime est donc comparable à celui d'un mineur.
- Les **majeurs sous curatelle** : ce sont des personnes qui, en raison de leur intempérance ou de leur oisiveté, ont besoin d'un curateur. Ces majeurs sous curatelle peuvent accomplir certains actes avec l'autorisation du curateur. Il s'agit d'une **assistance juridique** par le curateur.
  En droit des sociétés, le majeur en curatelle est juridiquement incapable de faire seul, sans l'assistance de son curateur, tout acte qui, en cas de tutelle, requiert une autorisation du juge ou du conseil de famille (article 467 du Code civil). En outre, une décision de justice peut énumérer certains actes que la personne en curatelle a la capacité de faire seule ou, à l'inverse, ajouter d'autres actes à ceux pour lesquels l'assistance du curateur est exigée (article 471 du Code civil).
- Les **majeurs sous sauvegarde de justice** : ce sont des majeurs qui, en raison de leur état, ont besoin d'une assistance minimum. Ils peuvent accomplir des actes seuls, mais ces actes peuvent être annulés pour cause de démence.
  En droit des sociétés, le majeur sous sauvegarde de justice conserve l'exercice de ses droits, dans la mesure où il n'a pas donné mandat d'administrer ses biens avant d'être mis sous sauvegarde et où un mandataire n'a pas été désigné en justice. Il peut néanmoins demander en justice, dans un délai de cinq ans, la **rescision pour lésion** ou la réduction pour excès des actes qu'il a passés.

Définition
L'action en rescision pour lésion est un recours juridique mis en œuvre par une partie au contrat, afin de revenir sur les termes d'un contrat déjà conclu. L'action peut aboutir à une redéfinition de l'accord ou même à l'annulation du contrat, si l'une des parties a été lésée.

c. Cas des majeurs aliénés

Dans le cas du majeur aliéné et **sans protection**, ses héritiers peuvent engager une **action en nullité** des actes accomplis dans un délai de **cinq ans** (article 414-2 du Code civil). Cependant, il est alors nécessaire d'apporter la preuve d'un trouble mental au moment des faits incriminés, par exemple lors de la signature des statuts. Une telle preuve est difficile à apporter en l'absence de démence manifeste et notoire.

B Apports

Pour exister, une société doit avoir un **capital social**, défini comme l'ensemble des apports.
Pour obtenir la qualité d'associé et bénéficier de **titres** (parts sociales ou actions), et donc de **droits sociaux**, il faut faire un apport à la société, c'est-à-dire transférer la propriété ou la jouissance à la société d'un bien ou d'une industrie. La **libération**, c'est-à-dire le fait d'effectuer le transfert de propriété du patrimoine de l'associé au patrimoine de la société, peut être progressive.
Selon la loi, il existe trois types d'apports : l'apport en numéraire, l'apport en nature et l'apport en industrie.

Définition
L'apport en numéraire implique que l'associé apporte une somme d'argent à la société.

Cet apport peut être réalisé en plusieurs fois dans la SA et la SARL : c'est ce que l'on appelle la libération du capital. L'apport doit être réel, sérieux et durable.

Définition
L'apport en nature implique que l'associé apporte un bien à la société (par exemple, une créance, un droit, un immeuble, un meuble, un brevet, un fonds de commerce, la clientèle, etc.).

> **!** Il ne faut pas le confondre avec l'apport en compte courant, qui est un prêt effectué par l'associé au bénéfice de la société. L'associé perçoit des intérêts en contrepartie et récupère son argent à la fin du prêt. Il s'agit d'une source de financement en interne, dont les intérêts seront moindres que pour un prêt bancaire.

Ces biens meubles ou immeubles font l'objet d'une procédure stricte : il faut d'abord que l'associé apporte la preuve de la **propriété du bien**. Ensuite, il faut réaliser le **transfert de propriété**. Cette dernière peut être en :

- **pleine propriété :** apport de l'*usus*, du *fructus* et de *l'abusus* ;
- **nue-propriété ou usufruit :** l'associé apporteur récupère la pleine propriété du bien à la dissolution de la société ;
- **jouissance** pour une durée déterminée : l'associé apporteur récupère la pleine propriété du bien à la dissolution de la société.

Enfin, il faut procéder à l'**évaluation** du bien. Les associés peuvent parfois l'évaluer eux-mêmes, par décision unanime et en en assumant la responsabilité. Cependant, dans les **SARL** ou dans les **SAS** (pour elles, seulement depuis la loi Sapin 2 du 9 décembre 2016), le principe est qu'il faut qu'il soit évalué par un **commissaire aux apports**, nommé par principe par le tribunal de commerce ou bien par les associés à l'unanimité. Les associés peuvent cependant décider de ne pas le nommer, quand les trois conditions suivantes sont réunies :

- la décision est prise à l'unanimité des associés ;

- aucun bien apporté n'a une valeur supérieure à 30 000 € ;
- le montant total des apports en nature n'excède pas la moitié du capital social.

Dans une **SNC** ou une **société civile**, il n'existe pas d'exigence d'un commissaire aux apports, puisque la responsabilité des associés est illimitée. Dans une société de capitaux, telle la **SA**, il est obligatoire de faire évaluer le bien par un commissaire aux apports.

Enfin, en cas d'apport d'un **bien commun** dans une société qui émet des parts sociales (SARL, SNC, SC et SCS), les titres remis en échange sont des biens communs. Toutefois, le conjoint doit donner son accord dans l'acte d'apport si le bien est un immeuble ou un fonds de commerce. Si c'est un autre bien (bien meuble, par exemple), le conjoint doit juste en être informé et dispose de deux ans à compter de la connaissance de l'apport pour en demander la nullité. La qualité d'associé revient à l'époux émetteur de l'apport, même si le conjoint peut revendiquer la qualité d'associé à hauteur de la moitié des parts souscrites.

Définition

L'apport en industrie implique que, dans toute société, l'associé peut apporter sa force de travail, son savoir-faire, sa notoriété, son carnet d'adresses, etc.

Cet apport n'est pas évaluable et n'a pas de valeur patrimoniale. Donc, même si la valeur de cet apport figure dans les statuts, il ne concourt pas à l'augmentation du capital social. En échange de l'apport, l'associé reçoit tout de même des parts d'industrie ; il obtient la même part que l'associé qui a le moins apporté, sauf mention contraire des statuts.

Cet apport est cependant interdit dans la SA, interdit pour les associés commanditaires d'une SCA ou d'une SCS, et doit être autorisé dans la SARL et la SAS.

Tableau 2.3 **Les différents types d'apport**

	Définition	Exemples
Apport en numéraire	Apport d'une somme d'argent à la société	1 000 €
Apport en nature	Apport d'un bien à la société (meuble, immeuble, corporel ou incorporel)	Un local, une voiture, un brevet
Apport en industrie	Apport d'une aide à la société, sous forme de prestation de travail, de connaissances, de notoriété, etc.	Des heures de travail, un carnet d'adresses

C L'*affectio societatis*

Définition

Né de la jurisprudence, l'*affectio societatis* est défini comme la réelle volonté de chaque associé de collaborer effectivement à l'entreprise commune (la réalisation de l'objet social), dans un intérêt commun et sur un pied d'égalité avec les autres associés.

Cela correspond donc au rôle actif que revêt chaque associé. Il est fondamental et nécessaire pour remplir la qualité d'associé. Ainsi, l'absence totale d'*affectio societatis* entraîne la nullité de la société. Son appréciation se fait uniquement au moment de la conclusion du contrat de société.

D Participation aux résultats

La participation aux résultats implique que les associés se partagent le **bénéfice** (à travers des dividendes) ou l'**économie** (profitent des gains, sans les redistribuer, par exemple en utilisant des biens ou services communs), mais contribuent également aux **pertes** de la société.

Définitions

Le partage des bénéfices est le résultat de l'activité économique de la société. Si la société est bénéficiaire (résultat comptable positif), elle peut redistribuer une partie de ses bénéfices (non mis en réserves ou reportés), appelés les dividendes, à ses associés, qui vont s'enrichir grâce à cela.

La contribution aux pertes correspond au fait que les associés doivent participer aux pertes sociales au moment de la dissolution et de la liquidation de la société : dans les sociétés à responsabilité limitée, ils peuvent perdre leur apport, alors que dans les autres, ils risquent d'être appelés à rembourser les parts en fonction de leur quote-part dans le capital social.

En cas de **résultat positif**, les associés choisissent ce qu'ils vont faire des bénéfices réalisés : ils peuvent être mis en réserve, mis en report à nouveau ou bien distribués sous forme de dividendes. La distribution sous forme de dividende se fait en fonction de la part de chaque associé dans le capital social, sauf clause contraire des statuts (tout en interdisant les **clauses léonines**, c'est-à-dire celles qui prévoiraient d'attribuer tout le bénéfice à un seul associé ou d'exclure un associé du partage par exemple).
En cas de **résultat négatif**, c'est-à-dire en cas de pertes, il faut vérifier la forme juridique de la société. Dans les sociétés à responsabilité limitée, il n'existe pas d'obligation aux pertes, puisque la responsabilité de l'associé est limitée à son apport. Dans les autres sociétés, les associés peuvent être amenés à contribuer aux dettes de façon indéfinie et solidaire, ou bien de façon conjointe.

Figure 2.1 **Les résultats d'une société**

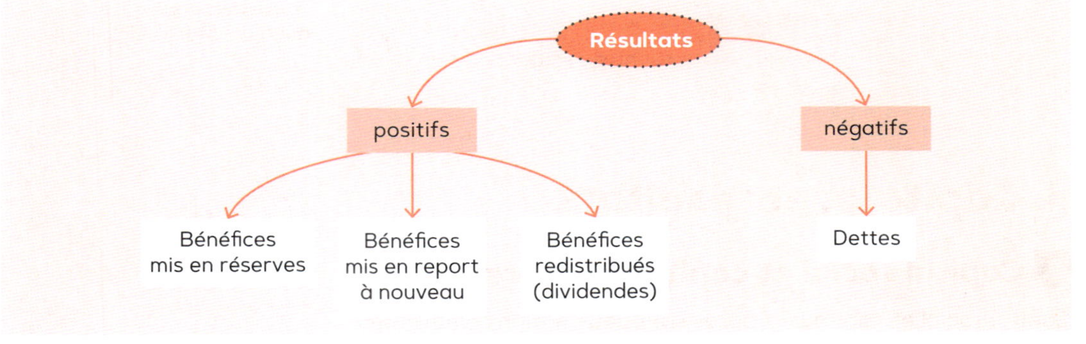

E Nullité en cas d'élément constitutif manquant

La nullité sanctionne un défaut au moment de la constitution de la société, c'est-à-dire dans le cas où il manque une des conditions de validité du contrat de société. Elle se prescrit par **trois ans** à compter du jour où elle est encourue (article 1844-14 du Code civil).
En droit des sociétés, les effets de la nullité ne sont pas rétroactifs, afin de tenir compte des conséquences économiques que cela occasionnerait (article 1844-15 du Code civil). Ainsi, la nullité de la société n'opère que pour l'avenir, de sorte qu'elle n'a pas d'effet rétroactif et ne donnera pas lieu au jeu des restitutions. Il sera uniquement procédé à sa dissolution.

1. Violation d'une condition générale de validité des contrats

En cas de vice du consentement d'une des parties (erreur, dol ou violence) ou encore d'absence de capacité à contracter, la **nullité** est **relative**, car cela ne porte atteinte qu'aux intérêts d'une personne en particulier. Ainsi, seules les personnes protégées (les personnes protégées, leurs représentants légaux, leurs héritiers) peuvent agir en nullité. Cependant, pour les sociétés commerciales, en cas de nullité pour vice de consentement ou incapacité, le Code de commerce

prévoit la possibilité d'une régularisation dans un délai de six mois à compter de la mise en demeure faite par toute personne y ayant un intérêt.
En cas d'absence de consentement ou de contenu licite et certain, la **nullité** est **absolue**, car cela porte atteinte à l'ordre public. Ainsi, toutes les personnes qui ont un intérêt peuvent agir en nullité, y compris le ministère public.

2. Violation d'une condition spécifique de validité des contrats

La nullité est possible en cas d'absence d'apport (ou d'apport fictif), d'absence d'*affectio societatis* ou de non-respect du nombre minimum ou maximum d'associés.

Figure 2.2 Les différents types de nullité

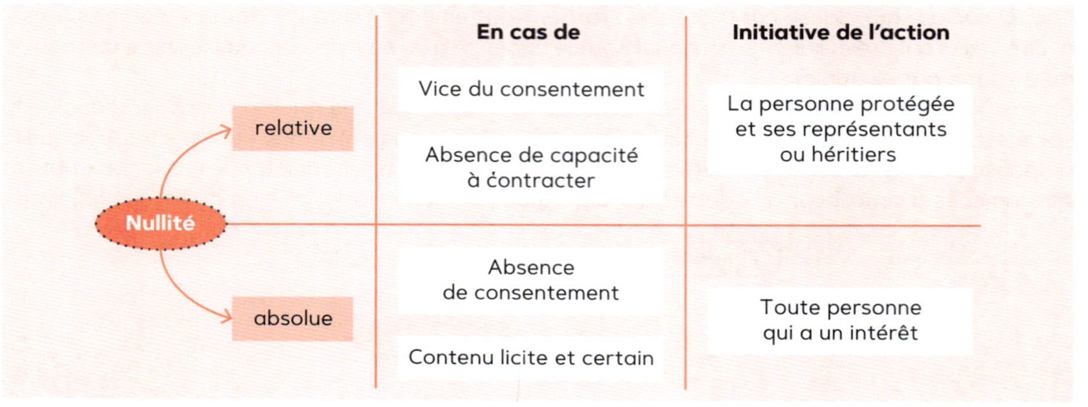

II. Capitaux et résultats

A Capital social et capitaux propres

Capital social et capitaux propres sont deux notions différentes.

1. Capital social

Définition
Le capital social est la somme des apports en nature et en numéraire (libérés ou non) effectués par les associés ou actionnaires, lors de la constitution et durant l'existence de la société (il peut évoluer par une augmentation de capital, par exemple).

Il correspond à la **valeur nominale** des actions ou des parts sociales, telle qu'indiqué dans les statuts de la société. En effet, en contrepartie des apports fait à la société, chaque « apporteur » se voit attribuer des **parts sociales** ou des **actions**, ce qui lui confère la qualité d'associé (s'il s'agit de parts sociales) ou d'actionnaire (s'il s'agit d'actions) de la société. Le capital social, somme de ces apports, est ainsi réparti entre les associés ou les actionnaires de la société.
Le **droit de vote** de chaque associé ou actionnaire aux assemblées générales et le montant du bénéfice à percevoir sous forme de **dividendes**

> **!** Une société peut avoir un capital variable (sauf la SA). Il s'agit d'une société dont le capital social peut soit augmenter par des versements successifs des associés ou l'admission de nouveaux associés, soit diminuer par la reprise totale ou partielle des apports effectués. Cette possibilité résulte d'une clause insérée dans les statuts. Elle ne nécessite pas de vote en assemblée générale extraordinaire (AGE), contrairement aux sociétés à capital fixe.

sont fixés proportionnellement au pourcentage du capital social qu'il détient. Cependant, ce principe de répartition proportionnelle n'est pas intangible ; il peut y être dérogé conventionnellement (prévu dans les statuts) par une distribution différente des pouvoirs et des droits pécuniaires, ou dérogé légalement, dans les sociétés dans lesquelles la considération de la personne est l'élément essentiel du contrat de société, où le vote peut s'effectuer par tête et non de façon proportionnelle par rapport au capital détenu.

2. Capitaux propres

Définition

Les capitaux propres correspondent à la trésorerie, soit les ressources financières possédées par la société et disponibles immédiatement.

Ils sont placés au passif du bilan, permettent de déterminer la valeur comptable de l'entreprise et constituent une garantie de solvabilité pour les créanciers. Ils sont composés du capital social, mais également des profits générés par l'activité de l'entreprise (réserves et résultat). Ils excluent donc les dettes. Il s'agit ainsi d'une représentation du **passif interne** de la société (alors que les dettes représentent le passif externe).

> **!** Capitaux propres = capital social + résultat de l'exercice + réserves + report à nouveau

Dans les SA, SAS et SARL, la loi oblige les sociétés à détenir un montant minimal de **capitaux propres au moins égal à la moitié du capital social**. Dans le cas contraire, la société doit procéder à une assemblée générale dans les quatre mois et décider de son sort : soit dissoudre la société, soit régulariser sa situation dans les deux ans (par exemple, en augmentant le capital, en récupérant des créances ou en augmentant les ventes).
En cas de liquidation de la société, le montant des capitaux propres représente le « *boni* » de liquidation, autrement dit la valeur des biens que les associés ou actionnaires seraient en mesure de se partager à cette occasion.

Exemple : Une SARL a un capital de 30 000 €. Sa réserve légale est de 6 000 € et ses autres réserves sont de 4 000 €. Les pertes du dernier exercice sont de 26 000 €.
Le montant des capitaux propres de la société est de 14 000 € (30 000 + 6 000 + 4 000 – 26 000 = 14 000), ce qui est inférieur à la moitié de la valeur du capital social (qui est de 15 000 €). Le gérant devra convoquer les associés pour qu'ils se prononcent sur la dissolution de la société. Ils pourront choisir de voter contre la dissolution, mais il faudra que la société reconstitue ses capitaux propres à hauteur de 15 000 € ou réduise son capital du montant des pertes qui n'ont pas pu être imputées sur les réserves dans le délai légal.

Figure 2.3 **La distinction entre le capital social et les capitaux propres**

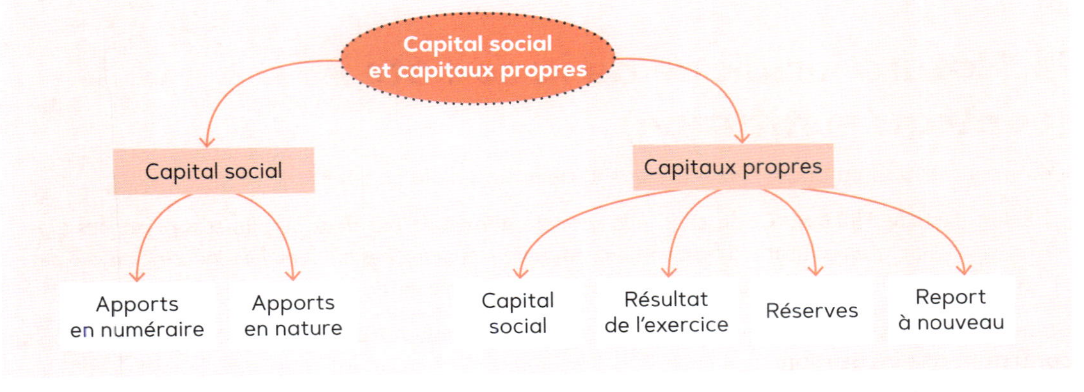

B Bénéfice et dividendes

1. Bénéfice

Pour définir le bénéfice, il faut d'abord comprendre la notion de chiffres d'affaires, puis de résultat. Le **chiffre d'affaires** correspond aux recettes réalisées par l'entreprise. Le **résultat** est la différence entre les recettes et les charges déductibles. Le **bénéfice** correspond à un résultat positif, contrairement au résultat négatif, qui correspond à un déficit.

Définition
Le bénéfice d'une société est constitué lorsque le montant des produits imposables excède celui des charges déductibles.

2. Dividendes

Définition
Les dividendes sont la part des bénéfices nets de l'année précédente d'une société distribués aux associés ou actionnaires, qui ne sont pas réinvestis, mis en réserves ou reportés.

La partie des bénéfices non versés en dividendes est réinvestie dans l'entreprise et comptabilisée dans le compte « réserves ». Il n'y a ainsi pas de versement de dividendes dans deux situations :

- lorsque la société ne dégage pas de bénéfices sur l'année ;
- lorsqu'elle fait le choix de réintégrer l'intégralité de ses bénéfices en réserves.

La distribution des dividendes s'opère en fonction de la participation des associés au capital social ou bien de dispositions statutaires différentes.

Figure 2.4 **Bénéfice et dividendes**

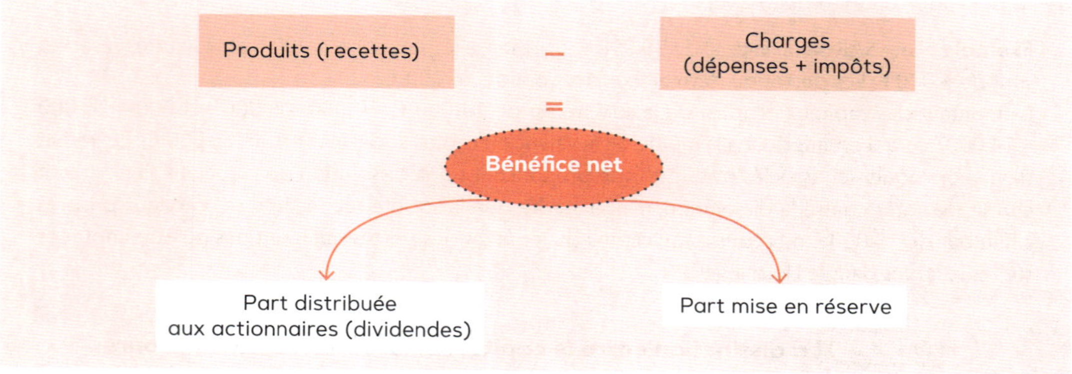

III. Nature juridique de la société (contrat/institution)

C'est l'article 1832 du Code civil qui donne la définition de la société.

> Selon l'**article 1832 du Code civil**, « *la société est instituée par deux ou plusieurs personnes qui conviennent par un contrat d'affecter à une entreprise commune des biens ou leur industrie en vue de partager le bénéfice ou de profiter de l'économie qui pourra en résulter* ».

Dans la conception actuelle, la société possède une double nature juridique : elle est à la fois un **contrat** et une **institution**.

A La société, contrat

La société est constituée par un **contrat** dépendant de la volonté des parties, les associés. Cet acte juridique fait naître la société. Ce contrat correspond aux **statuts** rédigés et signés par les associés. Les clauses des statuts engagent les parties, comme pour tout contrat. Certaines dispositions sont choisies par les associés et régissent le fonctionnement de la société.

B La société, institution

La société est aussi une **institution**, en tant que personne morale. En effet, elle naît par le contrat entre les associés, mais existe en tant que personne morale uniquement au moment de son **immatriculation**. Cela lui confère la personnalité juridique, donc la capacité juridique.

C Les conséquences de cette nature hybride

La société est soumise à des règles de **nature institutionnelle** (la loi réglemente son fonctionnement), mais également de **nature contractuelle** (les statuts, issus de la volonté des parties, prévoient les règles de fonctionnement de la société).
Certains types de sociétés tendent ainsi à une **conception contractuelle** de la société (la SAS, la société de personnes), car la loi a laissé une plus grande marge de manœuvre aux associés dans la rédaction des statuts. D'autres types de sociétés tendent cependant plus à une **conception institutionnelle** de la société (les sociétés de capitaux, comme la SARL ou la SA).

IV. Intérêt social et abus de droit

A L'intérêt social

1. L'intérêt social de la société

Définition
L'intérêt social d'une société est fondamental : c'est son propre intérêt, à distinguer de celui de ses associés.

La société existe en tant que personne morale, mais n'a pas d'existence physique pour pouvoir agir en son propre nom. Ainsi, ce sont ses représentants qui le font pour elle.
La notion d'intérêt social est donc née pour protéger la société contre les agissements de ses représentants qui ne seraient pas utiles ou seraient inopportuns pour elle. Elle est utilisée pour notamment réprimer l'**abus de biens sociaux**. Les associés qui utilisent des biens de la société dans l'intérêt d'une autre société ou pour leur profit personnel doivent ainsi être condamnés si cet usage est contraire à l'intérêt de la société.
La notion d'intérêt social est née de la **jurisprudence**. Les juges se sont fondés sur l'article 1833 du Code civil (« *toute société doit avoir un objet licite et être constituée dans l'intérêt commun des associés* »).

2. L'intérêt social depuis la loi PACTE

La notion d'intérêt social est entrée dans le Code civil depuis la loi PACTE du 22 mai 2019, dans le nouvel alinéa 2 de l'article 1833 du Code civil.

Selon l'alinéa 2 de l'**article 1833 du Code civil**, « *la société est gérée dans son intérêt social, en prenant en considération les enjeux sociaux et environnementaux de son activité* ».

Cependant, le législateur n'a pas défini précisément la notion d'enjeux sociaux et environnementaux, et a laissé cette notion volontairement large et floue, afin de laisser les juges apprécier souverainement au cas par cas.

3. L'intérêt social des associés

L'absence de précision dans la définition légale permet à certains auteurs de continuer à reconnaître une autre notion de l'intérêt social : les associés, pris collectivement, qui s'expriment par la majorité des voix aux assemblées générales. Puisque la société est un contrat entre ces associés, alors l'intérêt de ceux-ci est d'engranger le maximum de dividendes et d'augmenter la valeur de leurs parts sociales ou actions.

B L'abus de droit

Male enim nostro jure uti non debemus : celui qui abuse de son droit doit répondre des dommages qu'il cause à autrui.

Définition
L'abus de droit est le fait de commettre une faute qui peut provenir de plusieurs causes. En droit des sociétés, cela peut être le fait pour le dirigeant ou l'associé de dépasser les limites d'exercice du droit qui lui est donné, en le détournant de son but ou en nuisant à la société.

Le plus fréquent est l'**abus du droit de vote**. Il peut s'agir d'un abus de majorité ou d'un abus de minorité.

1. L'abus de majorité

L'**abus de majorité** est constaté lorsque les associés majoritaires favorisent l'intérêt de la majorité, et ce au détriment de la société et de la minorité. La sanction de cet abus est l'annulation de la décision abusive et l'octroi de dommages-intérêts.

2. L'abus de minorité

Dans certaines situations, certaines décisions ne peuvent être prises qu'à certaines majorités, par exemple l'unanimité. Ainsi, les associés minoritaires disposent d'une minorité de blocage, qui peut paralyser la prise de décision et donc le fonctionnement de la société.
L'**abus de minorité** est constaté lorsque les associés minoritaires bloquent la décision, alors qu'elle est dans l'intérêt social de la société.

> **Exemple :** Lorsqu'un ou des associé(s) minoritaire(s) bloque(nt) la décision d'augmenter le capital social, alors que le montant des capitaux propres est inférieur à la moitié de la valeur du capital social, un abus de minorité peut être caractérisé.

Afin de lever le blocage, les autres associés doivent demander au tribunal de désigner un mandataire *ad hoc*, afin qu'il vote la décision à la place et au nom des minoritaires. La sanction de cet abus peut être également l'octroi de dommages-intérêts.

SYNTHÈSE

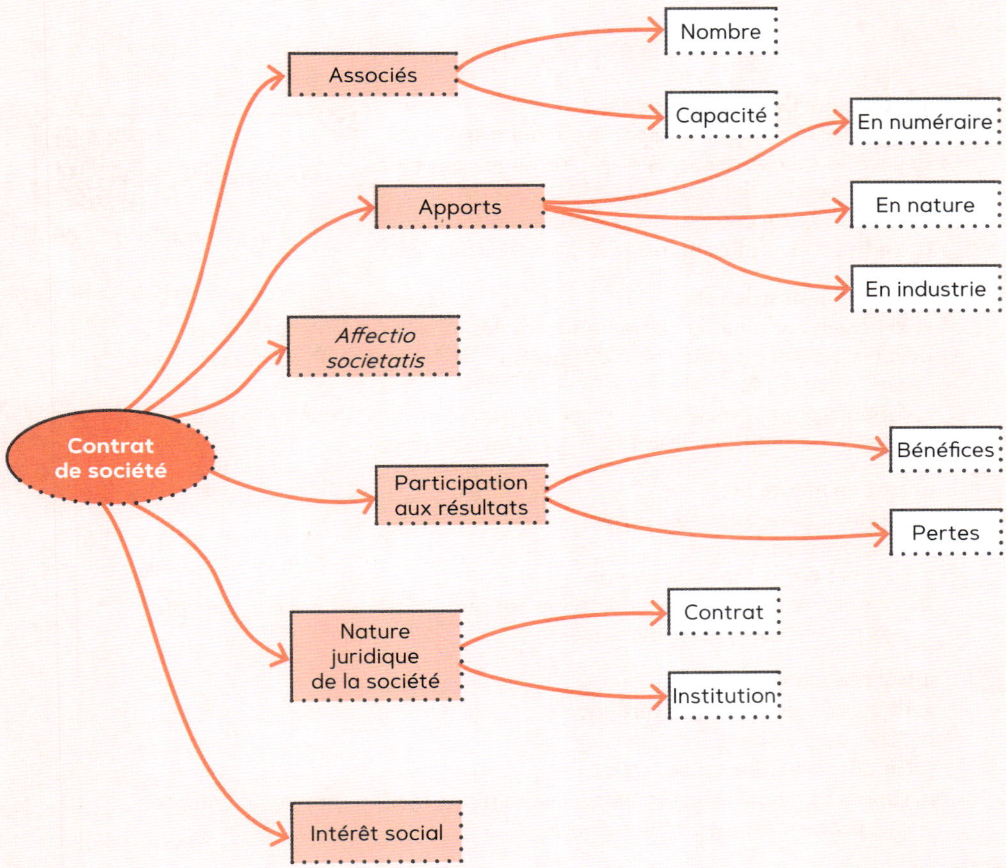

Faites le point sur les notions clés :
capacité juridique (p. 39), émancipation (p. 39), action en rescision pour lésion (p. 41), apport en numéraire (p. 41), apport en nature (p. 41), apport en industrie (p. 42), *affectio societatis* (p. 42), partage des bénéfices (p. 43), contribution aux pertes (p. 43), capital social (p. 44), capitaux propres (p. 45), bénéfice (p. 46), dividendes (p. 46), intérêt social (p. 47), abus de droit (p. 48).

Révisez avec les flashcards

www.lienmini.fr/dcg02-04

QCM

Réponse unique

1 Qu'est-ce que l'*affectio societatis* ?

❍ **a.** La volonté d'intégrer la société française.
❍ **b.** La volonté des associés de partager les bénéfices et les pertes de l'activité.
❍ **c.** La volonté de créer une société par actions.
❍ **d.** Le fait d'être affectueux envers ses coassociés.

QCM interactif

www.lienmini.fr/dcg02-05

2 L'apport en industrie est :

❍ **a.** la possibilité pour l'associé de fournir les locaux de l'entreprise.
❍ **b.** la possibilité pour l'associé d'apporter une somme équivalente au prix des locaux industriels.
❍ **c.** l'apport par l'associé de sa force de travail et de ses compétences.
❍ **d.** l'apport constitué par la fusion de deux sociétés.

3 L'apport en nature est :

❍ **a.** l'apport d'une somme d'argent.
❍ **b.** l'apport d'un bien.
❍ **c.** l'apport de sa force de travail.
❍ **d.** l'apport de nouvelles règles permettant une meilleure prise en compte des problématiques écologiques.

4 L'apport en numéraire est :

❍ **a.** l'apport d'une somme d'argent.
❍ **b.** l'apport d'un bien.
❍ **c.** l'apport de sa force de travail.
❍ **d.** l'apport de nouvelles règles permettant une meilleure prise en compte des problématiques écologiques.

5 La libération de l'apport en numéraire :

❍ **a.** intervient toujours immédiatement.
❍ **b.** intervient toujours en plusieurs fois.
❍ **c.** est toujours librement organisée par les statuts.
❍ **d.** est organisée dans les SA et les SARL.

Plusieurs réponses possibles

6 L'apport en nature démembré peut être :

❍ **a.** en jouissance.
❍ **b.** en pleine propriété.
❍ **c.** en nue-propriété.
❍ **d.** en usufruit.

7 Le contrat de société :

❍ **a.** doit respecter les règles de formation du contrat de société seulement (Code de commerce).
❍ **b.** doit respecter les règles de formation du contrat (Code civil).
❍ **c.** doit être conclu conformément aux statuts.
❍ **d.** est aussi appelé les statuts.

8 **Une SARL peut avoir :**

❍ **a.** 1 associé.
❍ **b.** 2 associés.
❍ **c.** 10 associés.
❍ **d.** 101 associés.

9 **Un mineur non émancipé peut être associé d'une :**

❍ **a.** SA.
❍ **b.** SARL.
❍ **c.** SNC.
❍ **d.** SCA (commandité).

10 **Un mineur émancipé peut, sans autorisation, être associé d'une :**

❍ **a.** SA.
❍ **b.** SARL.
❍ **c.** SCA (commanditaire).
❍ **d.** SCA (commandité).

● Réponse à justifier

11 **Dans une SAS à 10 000 € de capital social, un apport d'une voiture de 4 500 € veut être apporté par Zoé et 5 500 € par Rodolphe. Ils ne veulent pas nommer un commissaire aux apports. Pourquoi ne seront-ils pas obligés de nommer un commissaire aux apports ?**

❍ **a.** Parce que les associés sont unanimement d'accord pour ne pas en nommer un.
❍ **b.** Parce que les associés sont unanimement d'accord pour ne pas en nommer un et que la voiture n'excède pas une valeur de 10 000 €.
❍ **c.** Parce que les associés sont unanimement d'accord pour ne pas en nommer un et que la voiture n'excède pas une valeur de 30 000 €.
❍ **d.** Parce que les associés sont unanimement d'accord pour ne pas en nommer un, que la voiture n'excède pas une valeur de 30 000 € et que le montant total des apports en nature n'excède pas la moitié du capital social.

12 **Mathurin, Marius et Paul veulent s'associer pour créer une SARL. Le premier apporte 10 000 €, le deuxième une voiture estimée à 10 000 € et le troisième son temps de travail, estimé à 10 000 € l'année. De combien s'élève le capital social ?**

❍ **a.** 20 000 €.
❍ **b.** 10 000 €.
❍ **c.** 30 000 €.
❍ **d.** Selon ce qu'ils décident.

13 **Mathurin, Marius et Paul veulent s'associer pour créer une SARL. Le premier apporte 10 000 €, le deuxième une voiture estimée à 10 000 € et le troisième son temps de travail, estimé à 10 000 € l'année. Sachant qu'une part vaut 100 €, quelles sont les parts de chacun, sans mention spécifique dans les statuts ?**

❍ **a.** Mathurin a 10 parts, Marius 10 parts et Paul 10 parts.
❍ **b.** Mathurin a 66,66 parts, Marius 66,66 parts et Paul 66,66 parts.
❍ **c.** Mathurin a 1 000 parts, Marius 500 parts et Paul 500 parts.
❍ **d.** Mathurin a 100 parts, Marius 100 parts et Paul n'a pas de part.

14 **Marius a été dupé par Mathurin, car il pensait qu'ils allaient faire une activité de vente de verres, alors que, finalement, l'activité est la vente de vers. Ainsi, que peut demander Marius ?**

❍ **a.** L'annulation du contrat de société pour l'avenir seulement, sur le fondement de l'erreur.

❍ **b.** L'annulation du contrat de société pour l'avenir seulement, sur le fondement du dol.

❍ **c.** L'annulation du contrat de société pour l'avenir et le passé, sur le fondement de l'erreur.

❍ **d.** L'annulation du contrat de société pour l'avenir et le passé, sur le fondement du dol.

15 **Une SARL a un capital de 10 000 €. Sa réserve légale est de 3 000 € et ses autres réserves sont de 1 001 €. Les pertes du dernier exercice sont de 9 000 €. De combien sont les capitaux propres de la société et quelle est la conséquence ?**

❍ **a.** 3 001 €, ce qui est inférieur à la moitié du capital social, il faut alors dissoudre la société ou régulariser.

❍ **b.** 4 001 €, ce qui est inférieur à la moitié du capital social, il faut alors dissoudre la société ou régulariser.

❍ **c.** 5 001 €, ce qui est supérieur à la moitié du capital social, donc les capitaux propres sont suffisants.

❍ **d.** 9 001 €, ce qui est supérieur à la moitié du capital social, donc les capitaux propres sont suffisants.

CAS PRATIQUE GUIDÉ

LES PERTES DE LA BEAUTÉ DES PIEDS

La SARL La Beauté des pieds possède un capital de 155 000 €. Sa réserve légale est de 35 500 € et ses autres réserves sont de 12 500 €. Les pertes du dernier exercice s'élèvent à 163 000 €. Vous êtes l'expert-comptable de cette société et ses responsables viennent vous voir.

Votre mission : différencier le capital social et les capitaux propres.
Pour la réaliser, vous devez apprécier le montant des capitaux propres et la conséquence pour la société.

CORRIGÉ

☑ **COMPÉTENCE ATTENDUE :**

– **Différencier le capital social et les capitaux propres.**

Méthode

Pour résoudre un cas pratique [voir Fiche méthode 2], vous devez respecter quelques règles essentielles :

– Schématiser, au brouillon, les éléments essentiels nécessaires pour traiter le cas.

– Effectuer le travail d'analyse juridique pour identifier le problème juridique posé par le cas pratique.

– **Rédiger le raisonnement juridique (règle de droit + application de la règle de droit aux faits), appelé aussi le syllogisme.**

TRAVAIL PRÉPARATOIRE

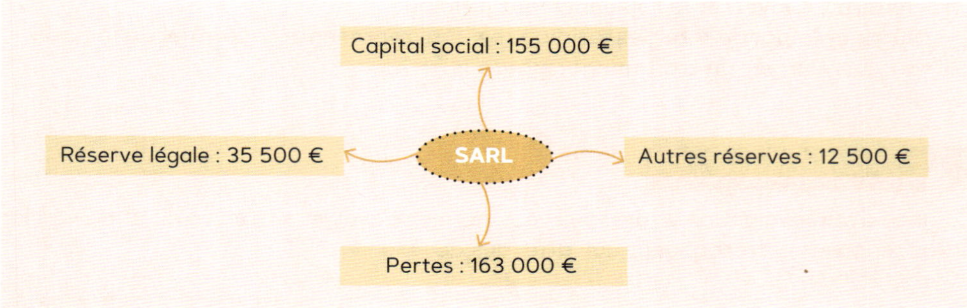

Ces faits soulèvent le problème juridique suivant : quelles sont les conséquences juridiques pour une SARL dont le montant des capitaux propres est inférieur à la moitié du capital social ?

PRINCIPES JURIDIQUES

> ! Dans ce cas, vous devez bien définir chaque notion et prévoir la règle concernant le montant des capitaux propres en SARL.

Selon la loi, le capital social est la somme des apports en nature et en numéraire (libérés ou non) effectués par les associés ou actionnaires. Les capitaux propres correspondent à la trésorerie, soit les ressources financières possédées par la société et disponibles immédiatement. Ils sont composés du capital social, mais également des profits générés par l'activité de l'entreprise (réserves et résultat). Ils excluent donc les dettes.

Dans les SARL, la loi oblige à détenir un montant minimal de capitaux propres au moins égal à la moitié du capital social. Dans le cas contraire, la société doit procéder à une assemblée générale dans les quatre mois et décider de son sort : soit dissoudre la société, soit régulariser sa situation dans les deux ans (par exemple, en augmentant le capital, en récupérant des créances ou en augmentant les ventes).

APPLICATION AU CAS

> ! Dans ce cas, vous ne devez pas confondre les notions de capital social et de capitaux propres, et bien les différencier avec les montants du cas.

En l'espèce, la SARL possède un capital social de 155 000 €. Comme il s'agit d'une SARL, ses capitaux propres doivent être égaux à au moins la moitié de son capital social, soit au moins 77 500 € (155 000/2). Ses capitaux propres sont l'addition de son capital social et de ses réserves, soit 155 000 + 35 500 + 12 500, ce qui fait 203 000 €, auxquels on retire les pertes, soit 203 000 – 163 000 = 40 000 €.

Donc, le montant des capitaux propres de la SARL est de 40 000 €, alors qu'ils devraient être d'au moins 77 500 €. La société doit alors procéder à une AG dans les quatre mois et décider de son sort : soit dissoudre la société, soit régulariser sa situation dans les deux ans (par exemple, en augmentant le capital, en récupérant des créances ou en augmentant les ventes).

Méthode

Un bon raisonnement par syllogisme doit éviter trois défauts récurrents que l'on retrouve dans de nombreuses copies :

– Se limiter à rappeler les faits : il faut les qualifier juridiquement.

– Entamer le syllogisme en appliquant d'emblée les règles de droit au cas. Cela reviendrait à inverser le raisonnement juridique.

– Négliger la partie « règles juridiques », qui représente l'essentiel de la note. Il faut lui réserver un traitement rigoureux.

AUTOÉVALUATION

La grille d'autoévaluation ci-dessous vous permet d'évaluer votre niveau et de vérifier si vos réponses correspondent aux attendus de l'examen.

	Niveau 1	Niveau 2	Niveau 3	Niveau 4
	Un premier élément de réponse, mais très incomplet, des erreurs, des contresens	*Des éléments de réponse isolés, des approximations et/ou de la paraphrase*	*Question comprise : des éléments de réponse pertinents, mais incomplets au niveau des savoirs et/ ou de l'application*	*Compétence attendue mobilisée avec mobilisation complète des savoirs associés à la compétence. Application pertinente.*
Apprécier le montant des capitaux propres et la conséquence pour la société. *(voir Section II)*	❒ Vous avez compris la notion de capital social, mais le reste n'est pas pertinent.	❒ Vous avez compris les notions de capital social et de capitaux propres, mais sans connaître les conséquences pour la société.	❒ Vous avez compris les notions de capital social et de capitaux propres, et connaissez les conséquences pour la société. Cependant, l'application et le conseil ne sont pas les plus pertinents.	❒ Vous avez compris les notions de capital social et de capitaux propres, et connaissez les conséquences pour la société. L'application et le conseil sont pertinents.

• EXERCICES •

1 Le cas Agro Clean

10 min.

☑ **COMPÉTENCE ATTENDUE :**

– Caractériser les différents éléments constitutifs du contrat de société.

Axel Dorindo et Grégoire Embrun sont ingénieurs qualité agroalimentaire. Ils possèdent tous deux de bonnes connaissances techniques dans le process, le produit et ses composantes, ainsi qu'en microbiologie, chimie, biochimie et bactériologie alimentaire. Ils ont décidé de créer une société en s'associant avec trois autres personnes.

Lors de la constitution de la SA Agro Clean (non cotée en Bourse), le capital est réparti de la manière suivante : Axel Dorindo est titulaire de 300 actions, Grégoire Embrun de 300 actions, Yves Lemaire de 200 actions, Adeline Portal de 150 actions et Émilie Pandou de 50 actions. Les statuts indiquent que le nominal de l'action est fixé à 50 €. Par ailleurs, les 200 actions d'Yves Lemaire sont la contrepartie de l'apport d'un matériel.

Ils se posent un certain nombre de questions et décident de se rendre dans la chambre d'agriculture la plus proche, où ils vous rencontrent car vous y travaillez comme juriste.

Votre mission : caractériser les différents éléments constitutifs du contrat de société.
Pour la réaliser, vous devez caractériser les différents types d'apports de la SA Agro Clean.

2 Le cas de la SA Sucrantilles

15 min.

COMPÉTENCE ATTENDUE :

- **Caractériser les différents éléments constitutifs du contrat de société.**

La SA Sucrantilles comprend sept actionnaires.

Répartition du capital

Jean-Louis Lambelly, 58 ans, président du conseil d'administration	4 900 actions
Martin Lambelly, fils de Jean-Louis, 34 ans, administrateur et directeur général	4 900 actions
Auguste Lambelly, 85 ans, administrateur	50 actions
Julie Rousseau, 72 ans	50 actions
Olaf Enrikssen, 61 ans	50 actions
Jocelyne Thibault, 43 ans	25 actions
Guy Bevert, 67 ans	25 actions
TOTAL	10 000 actions

Les actions de la SA Sucrantilles ne sont pas admises aux négociations sur un marché réglementé. Martin Lambelly s'interroge actuellement sur l'opportunité de limiter le nombre d'actionnaires pour faciliter le fonctionnement de la société. Il souhaiterait demeurer seul détenteur du capital social, en compagnie de son père Jean-Louis. Les cinq autres actionnaires de la SA sont d'ailleurs disposés à leur céder leurs titres sociaux. Vous êtes l'expert-comptable de la SA Sucrantilles depuis sa création.

Votre mission : caractériser les différents éléments constitutifs du contrat de société.
Pour la réaliser, vous devez vérifier si le projet de Martin Lambelly est envisageable.

3 Le cas d'Anne Paude

20 min.

COMPÉTENCES ATTENDUES :

- **Analyser l'influence du régime matrimonial de l'associé sur le contrat de société.**
- **Analyser le régime des nullités en cas d'élément constitutif manquant.**

Anne Paude a participé à la création de la SARL Bioskin en 2006 en apportant 10 000 €. Mariée sous le régime légal, elle avait informé son mari qu'elle allait utiliser cette somme appartenant à la communauté, sans lui demander son accord. Celui-ci n'avait pas exercé son droit de revendication des parts. Il n'avait pas non plus renoncé à la qualité d'associé. Aujourd'hui, Anne Paude est en instance de divorce. Elle est soutenue par ses deux coassociés. Elle craint que son époux ne demande la nullité de l'apport. Vous êtes l'avocat d'Anne Paude dans le cadre de son divorce et elle vous questionne sur ses droits concernant cet apport.

Votre mission : analyser la possibilité d'obtenir la nullité de l'apport fait sans l'accord de l'époux.
Pour la réaliser, vous devez expliquer pourquoi le mari d'Anne Paude ne peut pas obtenir la nullité de l'apport.

CAS DE SYNTHÈSE

LE CAS DE L'ÉPOUX D'ANNE PAUDE

30 min.

COMPÉTENCE ATTENDUE :

- **Analyser l'influence du régime matrimonial de l'associé sur le contrat de société.**

Mise en situation

Reprenons le cas d'Anne Paude, vu dans l'exercice précédent.

Anne Paude sait maintenant que son époux ne pourra pas demander la nullité de l'apport, mais elle a peur qu'il puisse revendiquer la qualité d'associé. Elle vous demande conseil.

Votre mission : analyser l'influence du régime matrimonial de l'associé sur le contrat de société.

Pour la réaliser, vous avez à votre disposition une base documentaire et vous devez montrer combien de parts sociales son mari pourrait revendiquer et que le risque qu'il ne devienne associé est très faible.

BASE DOCUMENTAIRE

Document 1

Extrait des statuts de la SARL Bioskin

Article 8 – Capital social

Le capital social est fixé à la somme de 30 000 €.

Il est divisé en 300 parts de 100 € chacune, entièrement libérées, souscrites en totalité par les associés et attribuées à chacun d'eux en proportion de leurs apports respectifs, à savoir :

à Mme Liria BALKAN	100 parts
à M. Redouane MARKAF	100 parts
à Mme Anne PAUDE	100 parts

Article 10 – Décisions collectives des associés

Les décisions collectives des associés sont prises exclusivement en assemblée.

Article 12 – Agrément des cessions

Les cessions de parts sociales aux associés, conjoints, ascendants, descendants doivent être agréées aux conditions légales requises pour les cessions de parts sociales aux tiers. Il en va de même si le conjoint d'un associé revendique ses parts postérieurement à l'apport d'un bien commun, l'époux associé ne participant pas au vote /…/

Document 2

Article 1832-2 du Code civil :

« Un époux ne peut, sous la sanction prévue à l'article 1427, employer des biens communs pour faire un apport à une société ou acquérir des parts sociales non négociables sans que son conjoint en ait été averti et sans qu'il en soit justifié dans l'acte.

La qualité d'associé est reconnue à celui des époux qui fait l'apport ou réalise l'acquisition.

La qualité d'associé est également reconnue, pour la moitié des parts souscrites ou acquises, au conjoint qui a notifié à la société son intention d'être personnellement associé. Lorsqu'il notifie son intention lors de l'apport ou de l'acquisition, l'acceptation ou l'agrément des associés vaut pour les deux époux. Si cette notification est postérieure à l'apport ou à l'acquisition, les clauses d'agrément prévues à cet effet par les statuts sont opposables au conjoint ; lors de la délibération sur l'agrément, l'époux associé ne participe pas au vote et ses parts ne sont pas prises en compte pour le calcul du quorum et de la majorité.

Les dispositions du présent article ne sont applicables que dans les sociétés dont les parts ne sont pas négociables et seulement jusqu'à la dissolution de la communauté. »

Article L. 223-14 du Code de commerce :

« Les parts sociales ne peuvent être cédées à des tiers étrangers à la société qu'avec le consentement de la majorité des associés représentant au moins la moitié des parts sociales, à moins que les statuts prévoient une majorité plus forte.

Lorsque la société comporte plus d'un associé, le projet de cession est notifié à la société et à chacun des associés. Si la société n'a pas fait connaître sa décision dans le délai de trois mois à compter de la dernière des notifications prévues au présent alinéa, le consentement à la cession est réputé acquis.

Si la société a refusé de consentir à la cession, les associés sont tenus, dans le délai de trois mois à compter de ce refus, d'acquérir ou de faire acquérir les parts à un prix fixé dans les conditions prévues à l'article 1843-4 du Code civil, sauf si le cédant renonce à la cession de ses parts. Les frais d'expertise sont à la charge de la société. À la demande du gérant, ce délai peut être prolongé par décision de justice, sans que cette prolongation puisse excéder six mois.

La société peut également, avec le consentement de l'associé cédant, décider, dans le même délai, de réduire son capital du montant de la valeur nominale des parts de cet associé et de racheter ces parts au prix déterminé dans les conditions prévues ci-dessus. Un délai de paiement qui ne saurait excéder deux ans peut, sur justification, être accordé à la société par décision de justice. Les sommes dues portent intérêt au taux légal en matière commerciale.

Si, à l'expiration du délai imparti, aucune des solutions prévues aux troisième et quatrième alinéas ci-dessus n'est intervenue, l'associé peut réaliser la cession initialement prévue.

Sauf en cas de succession, de liquidation de communauté de biens entre époux, ou de donation au profit d'un conjoint, ascendant ou descendant, l'associé cédant ne peut se prévaloir des dispositions des troisième et cinquième alinéas ci-dessus s'il ne détient ses parts depuis au moins deux ans.

Toute clause contraire aux dispositions du présent article est réputée non écrite. »

CHAPITRE 3

La société, personne juridique : la naissance de la société

À l'issue de ce chapitre,

- **vous serez capable :**
  - ❐ de différencier constitution de la société et acquisition de la personnalité juridique ;
  - ❐ de schématiser le processus administratif aboutissant à l'acquisition de la personnalité morale ;
  - ❐ d'analyser les conséquences d'un acte pris par une société en formation ;
  - ❐ de repérer les attributs de la personne morale et d'en analyser le régime juridique.
- **vous saurez identifier :**
  - ❐ la constitution de la société, l'acquisition de la personnalité morale, l'immatriculation de la personne morale ;
  - ❐ l'identité : les attributs de la personne morale (nom, siège, patrimoine, durée, capacité).

Mettez-vous en situation

Victoria a entrepris, avec quelques amis, de constituer une société pour exploiter une nouvelle activité économique. À ce jour, la société n'est pas encore immatriculée au Registre du commerce et des sociétés (RCS). Les statuts ont été signés le mois dernier. Avant cette signature, un contrat de bail a été signé, pour préparer le démarrage de l'activité par Victoria et deux autres futurs associés. Cette conclusion du contrat de bail est intervenue en vertu d'un mandat précis donné par tous les associés au profit des trois associés.
À la suite d'un malentendu, ils viennent vous voir. Ils se demandent en effet qui est engagé à ce jour par la conclusion du contrat de bail.

I. Naissance de la société

A La première étape de constitution de la société : les statuts

Pour exister, la société doit tout d'abord être constituée. C'est le contrat, donc les **statuts**, qui va faire naître la société.

1. Les conditions générales de validité des statuts

D'après l'article 1835 du Code civil, les statuts doivent être rédigés par écrit, au choix soit sous la forme d'un **acte sous seing privé** (acte rédigé entre les associés), soit sous la forme d'un **acte authentique** (acte rédigé par un officier public, comme un notaire).

> **!** L'acte authentique est obligatoire, notamment en cas d'apport d'un bien immobilier ou de création d'une société entre époux.

L'acte doit être signé par tous les associés. En tant que contrat, les statuts doivent respecter les **conditions générales de vali-**

dité de tout contrat, que l'on trouve dans le Code civil : le consentement des associés, la capacité juridique des associés et un contenu licite et certain.

2. Le contenu des statuts

Selon l'article 1835 du Code civil, les statuts doivent contenir :

- la forme juridique de la société ;
- l'identité de chaque associé et son régime matrimonial ;
- les apports de chaque associé (ainsi que le dépôt des fonds pour les apports en numéraire, l'évaluation des apports en nature et les modalités de souscription des parts sociales par apport en industrie) ;
- la répartition précise des parts sociales ou actions entre les associés/actionnaires ;
- le montant du capital social ;
- l'objet social ;
- la dénomination sociale ;
- le siège social ;
- la durée de vie de la société ;
- les modalités de fonctionnement de la société.

> **!** Depuis la loi PACTE du 22 mai 2019, les statuts peuvent prévoir une raison d'être à laquelle la société entend affecter des moyens dans le cadre de la réalisation de son activité.

B Le processus administratif de constitution

Le processus administratif de constitution est prévu par l'article 635 du Code général des impôts (CGI).

1. Le dépôt et blocage des fonds

Après la rédaction et la signature des statuts, les associés doivent ouvrir un compte bancaire et y déposer la somme en espèces (apports en numéraire), avant de préparer le dossier d'immatriculation. La banque réclamera un exemplaire du projet des statuts et la liste des souscripteurs (document qui reprend l'identité des associés et le montant des apports de chacun). Enfin, une fois les fonds déposés, la banque transmettra un **certificat de dépôt de fonds** pour la société en formation, à savoir un document attestant la réception des fonds et la concordance entre les versements et les sommes indiquées sur les statuts et la liste des souscripteurs. Ces fonds seront bloqués jusqu'à l'immatriculation de la société.

2. La publication dans un journal d'annonces légales

Après la rédaction des statuts, il faut publier un **avis** dans un **journal d'annonces légales** (JAL), dans le département du siège social de la société.

Définition
Un journal d'annonces légales (JAL) est un journal habilité chaque année par arrêté préfectoral (ou du représentant de l'État) à publier des annonces judiciaires et légales dans chaque département. Le choix du journal appartient aux associés. Les prix varient en fonction du nombre de lignes d'annonce, en fonction d'un tarif de base fixé par arrêté ministériel, qui diffère selon les départements (par exemple, pour l'année 2020, le tarif de base est de 4,07 € HT et, à Paris, de 5,39 € HT).

Après la publication de l'avis, le journal transmet au déclarant une **attestation** de parution et/ou la copie du journal, nécessaire pour prouver la parution et accomplir d'autres démarches ultérieures.

3. L'enregistrement des statuts auprès de l'administration fiscale

Pour les sociétés commerciales, il est possible de réaliser cette formalité auprès du **Centre de formalités des entreprises** (CFE), qui peut être la chambre de commerce et d'industrie (CCI) : il s'agit d'un guichet unique permettant de déclarer en un seul document l'ensemble des formalités et procédures nécessaires à l'exercice de l'activité (Urssaf, Trésor public, RCS, etc.). Il est possible également de déposer le dossier d'immatriculation directement au **greffe du tribunal de commerce**.

Le **dossier d'immatriculation** est établi à l'aide du formulaire M0 (trois exemplaires) et comprend :

- la dénomination sociale ;
- la forme juridique ;
- le siège social ;
- le montant du capital social ;
- l'objet social ;
- la durée de vie de la société ;
- la date de clôture de l'exercice social en cas d'obligation de publicité de comptes annuels ;
- les identités, domiciles et nationalités des dirigeants.

Il faut y joindre d'autres documents, comme les **statuts**, une attestation de **non-condamnation** pour le dirigeant, un justificatif et une autorisation du propriétaire si le siège social est loué, ainsi que le **CERFA M'BE**.

> **!** Le CERFA M'BE est la déclaration relative au(x) bénéficiaire(s) effectif(s) d'une société : depuis le 1er août 2017, les personnes morales qui s'immatriculent au RCS doivent déclarer les personnes physiques détenant, directement ou indirectement, plus de 25 % du capital ou des droits de vote, ou, à défaut, la personne exerçant un contrôle sur les organes de direction ou de gestion au sein des sociétés.

Le greffe vérifie que le dossier est complet et que la demande est régulière et conforme à la loi. Le cas échéant, il procède à l'**immatriculation** de la société dans un délai franc d'un jour ouvrable, à compter de la réception de la demande. Il envoie au siège social l'extrait **Kbis** de la société, qui est le document regroupant toutes les informations utiles sur la société, permettant de justifier de l'immatriculation au RCS.

Cependant, si le dossier est incomplet, le greffe doit réclamer les informations manquantes dans les cinq jours, et celles-ci doivent être transmises dans les 15 jours.

> L'**article 1839 du Code civil** indique que « *si les statuts ne contiennent pas toutes les énonciations exigées par la législation ou si une formalité prescrite par celle-ci a été omise ou irrégulièrement accomplie, tout intéressé est recevable à demander en justice que soit ordonnée, sous astreinte, la régularisation de la constitution* ». Cette action se prescrit par trois ans.

La dernière formalité, réalisée par le greffe, consiste en la publication d'un avis au *Bulletin officiel des annonces civiles et commerciales* (**BODACC**), dans les huit jours de l'immatriculation.

> **!** Cette publicité n'a pas lieu pour les EURL et les SASU dont l'associé est le dirigeant.

4. La transmission automatique des informations

Le CFE ou le greffe du tribunal de commerce transmet enfin les informations aux organismes suivants :

- INSEE, afin d'obtenir un numéro SIREN (identifiant unique de neuf chiffres attribués à chaque unité légale), un numéro SIRET (identifiant à quatorze chiffres incluant au début les neuf chiffres du SIREN) et le code NAF ;
- INPI ;
- organismes sociaux (Urssaf, CPAM, etc.) ;
- service des impôts des entreprises.

5. L'immatriculation de la personne morale et l'acquisition de la personnalité juridique

L'immatriculation d'une société est primordiale, car c'est ce qui va lui permettre d'exister en tant que **personne morale** et donc de pouvoir exercer ses droits et obligations. En outre, les créanciers ou potentiels investisseurs sont informés des caractéristiques de la société. L'immatriculation est le point de départ de l'exploitation des activités de la société.

Figure 3.1 Le processus administratif de constitution d'une société

C Les actes pris par une société en formation

Pendant la période de constitution, certains actes peuvent être pris pour la société s'ils sont nécessaires à son immatriculation, alors même qu'elle n'existe pas encore juridiquement. Cela ne concerne que les actes préparatoires à l'activité.

> **Exemple :** Les actes préparatoires à une société en formation peuvent relever de l'ouverture d'un compte bancaire, d'un investissement, d'un contrat de travail, d'un bail commercial, etc.

Cependant, tant que la société n'est pas immatriculée, seule la personne qui a accompli un acte au nom et pour le compte de la société en formation est tenue par celui-ci. S'il s'agit de plusieurs personnes, alors elles engagent leur responsabilité de manière indéfinie et solidaire, si la société en formation est une société commerciale.
La société a cependant la possibilité de procéder à la **reprise de ces actes de façon rétroactive**, en assumant leur responsabilité juridique (article L. 210-6 du Code de commerce). La reprise doit être explicite et il faut impérativement respecter l'une des trois formalités prévues sur un plan légal et réglementaire, à savoir :

- Un état indiquant les actes accomplis au nom de la société en formation doit avoir été préalablement annexé à ces statuts lors de leur signature.
- Un mandat spécial et précis doit avoir été donné par tous les associés, dans les statuts ou par acte séparé, avant l'immatriculation, pour prendre des engagements pour le compte de la société.

- Une décision collective à la majorité des associés doit avoir été adoptée après l'immatriculation, sauf clause contraire des statuts, lors d'une assemblée générale ordinaire (AGO), avec vote à la majorité des associés, sauf clause contraire des statuts.

> **!** Si les actes préparatoires accomplis permettent de démarrer l'activité de la société, alors il y a naissance d'une société créée de fait, et les associés sont engagés de façon indéfinie et solidaire.

II. Identité de la société

Tout comme une personne physique, la personne morale est identifiable grâce à ses attributs.

A La dénomination sociale

Définition

La dénomination sociale est à la personne morale ce que le nom est à la personne physique.

Le choix est libre, mais la dénomination ne doit pas être déjà prise par une autre société. C'est elle qui va permettre d'identifier la société. On l'appelle également la **raison sociale**.

Indiquée dans les statuts et enregistrée au **RCS**, la dénomination sociale garantit à la société la protection contre la concurrence déloyale. Elle peut être modifiée en cours de vie sociale par une modification statutaire votée par les associés, accompagnée de l'accomplissement des formalités de publicité légale (publication dans un JAL).

> **!** À l'origine, raison sociale et dénomination sociale étaient deux notions différentes : la dénomination sociale faisait référence aux sociétés commerciales, tandis que la raison sociale renvoyait aux sociétés civiles. Aujourd'hui, cette distinction n'a plus lieu d'être.

> **!** Pour exister en tant que telle, la dénomination sociale de la marque doit, elle, être déposée à l'INPI.

B Le siège social

Définition

Le siège social est à la personne morale ce que le domicile est à la personne physique.

Pour la société, le siège social correspond au centre décisionnel et, éventuellement, à ses services administratifs, même s'il est possible de différencier le **siège social statutaire** (siège de la société prévu dans les statuts) et le **siège social réel** (l'endroit où se situe le centre de direction). Le siège social est libre et peut être le domicile du dirigeant. Cependant, en cas de location, l'accord du propriétaire bailleur est nécessaire.

La modification du siège social est une modification des statuts, nécessitant la tenue d'une assemblée générale extraordinaire (AGE) et le respect de formalités de publicité.

C La nationalité

La nationalité est le lien juridique qui unit la personne à un État. Pour une personne morale, sa nationalité est indiquée par le lieu d'implantation du siège social de la société. Cela permet de déterminer la loi applicable à la société, le tribunal compétent et le lieu des formalités légales de publicité.

D Le patrimoine social

Définition

Le patrimoine social est à la personne morale ce que le patrimoine personnel est à la personne physique. Il est défini comme l'ensemble des biens et des dettes de la société ; c'est donc l'ensemble de l'actif et du passif de la société.

Cette situation patrimoniale se traduit dans le bilan. Cela représente le gage des créanciers sociaux, mais non des créanciers personnels des associés. En effet, le patrimoine social est distinct du patrimoine personnel des associés.

E La durée de vie sociale

La durée de vie de la société constitue la période entre l'immatriculation et la dissolution. Elle peut être prévue dans les statuts. Sa fixation est libre. Il peut s'agir :

- d'une date précise ;
- de la survenance d'un événement suffisamment précis ;
- de la réalisation ou de l'extinction de l'objet social ;
- d'un nombre d'années, sans pouvoir dépasser initialement 99 ans.

Si rien n'est prévu, la durée de vie sociale sera d'office de 99 ans.

La durée commence à courir à compter du jour de l'immatriculation (sauf pour les sociétés nées avant le 1er avril 1967, pour lesquelles la durée commence à courir à la date fixée dans les statuts, en général à la date de signature des statuts).

À l'arrivée du terme, une décision doit être prise quant à la poursuite de son existence. Cette modification est appelée **prorogation** de durée de société, qui aura pour effet de prolonger la durée de la personne morale. Cette prorogation s'effectue **au moins un an** avant la date d'expiration du délai, par décision des associés. En effet, toute clause des statuts prévoyant une reconduction tacite est nulle.

Cette prorogation entraînant une modification des statuts de la société, elle doit être décidée en AGE. En cas de refus de prorogation, la société est dissoute de plein droit à l'expiration de la durée. S'ils souhaitent la faire perdurer, ils doivent choisir une nouvelle durée de vie pour la société, sans pouvoir prévoir plus de 99 ans. Cette prorogation doit faire l'objet d'un **avis de prorogation de durée** publié dans un JAL du département du lieu du siège social.

> **!** La loi de finances pour 2019 a supprimé les droits d'enregistrement auprès des services fiscaux et celle pour 2020 a supprimé la formalité de l'enregistrement. Cependant, un dossier (comprenant le formulaire M2) doit être transmis au CFA ou au greffe du tribunal de commerce.

F La capacité juridique

L'immatriculation donne la capacité juridique à la société, c'est-à-dire la possibilité de jouir pleinement de ses droits : passer des contrats, agir en justice, être titulaire de son propre patrimoine, etc. Il s'agit en réalité d'une **capacité civile de jouissance**. En effet, cette capacité juridique est limitée en ce que la société ne l'exerce pas directement, mais par le biais de son représentant légal.

SYNTHÈSE

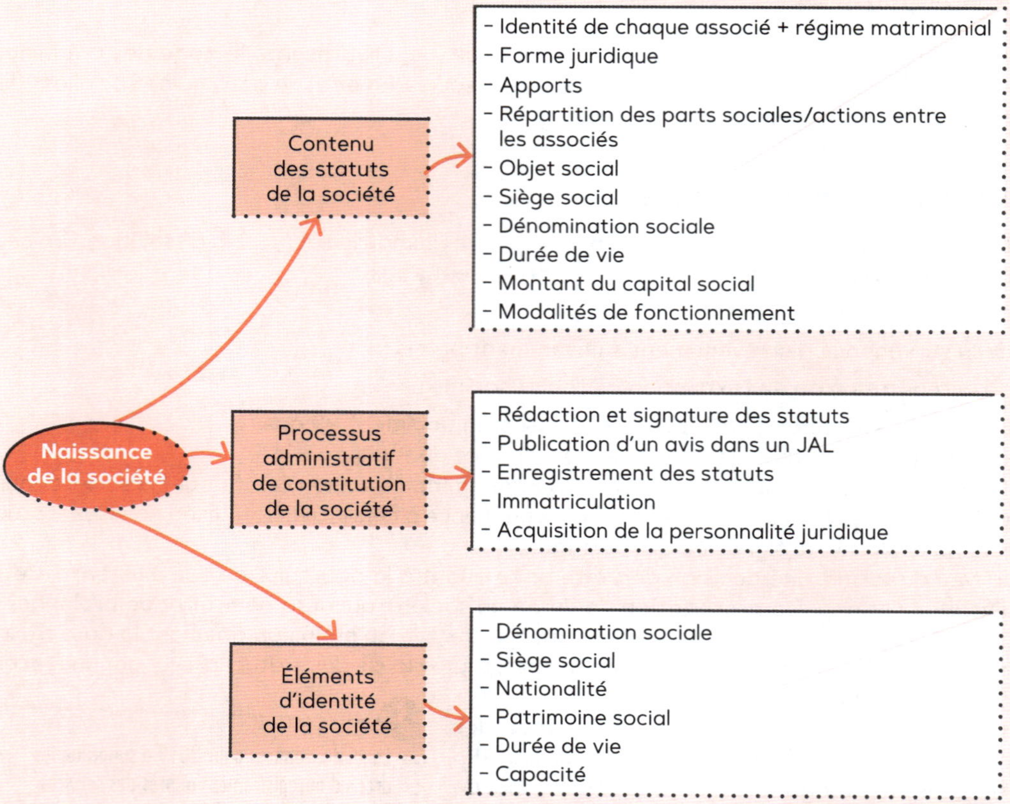

Faites le point sur les notions clés :
journal d'annonces légales (p. 59), dénomination sociale (p. 62), siège social (p. 62), patrimoine social (p. 63).

Révisez avec les flashcards
www.lienmini.fr/dcg02-06

QCM

Réponse unique

QCM interactif

www.lienmini.fr/dcg02-07

1 La durée de la société peut :

❍ **a.** être fixée par les statuts, sans pouvoir dépasser 100 ans.
❍ **b.** être fixée par les statuts, sans pouvoir dépasser 99 ans.
❍ **c.** être librement choisie.
❍ **d.** ne pas être déterminée.

2 Les formalités de publicité peuvent être faites :

❍ **a.** dans n'importe quel journal.
❍ **b.** au CFE.
❍ **c.** au greffe du tribunal de commerce.
❍ **d.** dans un JAL.

3 Le siège social est :

❍ **a.** librement choisi par les associés et précisé dans les statuts.
❍ **b.** le lieu de la production de la société.
❍ **c.** le lieu où sont votées les décisions concernant la société.
❍ **d.** Aucune de ces réponses ne convient.

4 Le lieu du siège social permet :

❍ **a.** au dirigeant de résider dans ce lieu.
❍ **b.** de connaître la nationalité des associés.
❍ **c.** de connaître le tribunal compétent en cas de litige.
❍ **d.** Aucune de ces réponses ne convient.

5 Les statuts doivent respecter :

❍ **a.** les conditions générales des contrats.
❍ **b.** les principes généraux du droit.
❍ **c.** les traités internationaux.
❍ **d.** les règlements européens.

Plusieurs réponses possibles

6 Les formalités de constitution peuvent être faites :

❍ **a.** à la mairie.
❍ **b.** à la préfecture.
❍ **c.** au greffe du tribunal de commerce.
❍ **d.** au CFE.

7 Les statuts doivent contenir :

❍ **a.** la forme juridique de la société.
❍ **b.** l'identité de chacun des associés et leur régime matrimonial.
❍ **c.** la répartition précise des parts sociales ou actions entre les associés/actionnaires.
❍ **d.** le montant du capital social.

8 **Avant de demander l'immatriculation, les associés doivent procéder :**

❍ **a.** au dépôt des fonds sur un compte bancaire.
❍ **b.** à la publication d'un avis dans un JAL.
❍ **c.** à la publication d'un avis au BODACC.
❍ **d.** à la demande du numéro de SIREN à l'INSEE.

9 **L'immatriculation permet à la société :**

❍ **a.** d'exister en tant que personne morale.
❍ **b.** d'agir en justice.
❍ **c.** de pouvoir commencer une exploitation.
❍ **d.** d'avoir son propre patrimoine.

10 **Les actes pris par une société en formation :**

❍ **a.** peuvent être repris ensuite par la société.
❍ **b.** permettent de commencer l'exploitation.
❍ **c.** sont des actes préparatoires à une société en formation.
❍ **d.** sont toujours de la responsabilité de la société.

● Réponse à justifier

11 **Le dirigeant de l'EURL Bounerie se demande s'il a bien fait de commencer l'activité, alors même que le greffe n'avait pas encore transmis le Kbis de la société.**

❍ **a.** Oui, il le pouvait, car les statuts étaient signés.
❍ **b.** Oui, car le greffe avait reçu la demande d'immatriculation.
❍ **c.** Non, il ne le pouvait pas, donc il sera responsable personnellement de tous les actes préparatoires conclus pendant la formation de la société ; la société immatriculée pourra néanmoins les reprendre à son compte de façon rétroactive.
❍ **d.** Non, il ne le pouvait pas, car ce n'est que le dirigeant, or c'est l'associé qui aurait dû passer ces actes.

12 **Un entrepreneur a décidé de créer une SASU. Pour cela, il a déposé les apports en numéraire constituant le capital social sur un compte bancaire, puis envoyé la demande d'immatriculation au greffe du tribunal de commerce. Il attend ensuite le retour du greffe. Sera-t-il positif ?**

❍ **a.** Oui.
❍ **b.** Oui, uniquement s'il n'oublie pas ensuite de faire publier un avis dans un JAL.
❍ **c.** Non, il fallait publier l'avis dans un JAL avant de déposer le dossier au greffe.

13 **Jeannot a décidé de créer une société avec son fils, Jean-Claude. Ils habitent et travaillent en Espagne, mais ils ont envie de profiter du système légal français. Donc, ils se demandent s'ils peuvent installer le siège social en France pour pouvoir en bénéficier.**

❍ **a.** C'est possible, car le siège social statutaire est différent du siège social réel.
❍ **b.** Non, c'est impossible puisque l'activité sera faite en dehors de la France.
❍ **c.** Cela dépend de l'activité.
❍ **d.** C'est possible, à la condition qu'ils viennent vivre en France.

14 Jeannot et Jean-Claude ont finalement créé leur SARL à Paris. Ils continuent toutefois de vivre en Espagne. Ils ont appelé la société JJC, sans que ce nom ne soit déposé à l'INPI. Aujourd'hui, l'avocat de JJC, société toulousaine fondée en 2002, les contacte car il a appris qu'ils utilisent la même dénomination sociale. Est-ce que les associés pouvaient appeler leur société JJC ?

❍ **a.** Oui, tout est possible.
❍ **b.** Oui, mais uniquement s'ils avaient informé la société JJC toulousaine.
❍ **c.** Oui, car les deux sociétés ne sont pas établies dans la même région.
❍ **d.** Non, si la dénomination sociale de la société toulousaine est protégée à l'INPI, il est impossible de constituer une société avec le même nom.

15 Quelques associés de la SARL Belenfant se demandent ce qu'ils doivent faire. En effet, ils ont entendu dire qu'il leur fallait agir, leur société arrivant à expiration dans deux ans. Doivent-ils demander l'avis de tous les associés ?

❍ **a.** Non, c'est inutile si le dirigeant prend la décision.
❍ **b.** Non, c'est inutile si les quelques associés prennent eux-mêmes la décision.
❍ **c.** Oui, il faut réunir les associés en AGE.
❍ **d.** Oui, il faut réunir les associés en AGO.

—• Cas pratique guidé •—

L'ACHAT DE RODOLPHE

Un groupe d'amis a décidé de constituer une société de fabrication, vente et pose de fenêtres. À ce jour, la société n'est pas encore immatriculée au RCS, mais les statuts ont été signés le mois dernier. Avant leur signature, Rodolphe a acheté du matériel. Il a effectué ces achats sans en informer les autres associés. Une fois mis au courant, les autres associés approuvent ces achats. Cependant, ils se rendent comptent, après la signature des statuts, qu'ils ont oublié d'indiquer cet acte dans un état des actes annexé aux statuts. Ils lui ont donc rédigé un mandat très précis, en espérant que, bien que postérieur à la réalisation de l'acte, il permettra une reprise automatique de cet acte par la société lors de son immatriculation au RCS. Ils sont cependant inquiets et se tournent vers vous. Vous êtes en effet le futur expert-comptable de la société et ils comptent sur vous pour les éclairer.

Votre mission : analyser les conséquences d'un acte pris par une société en formation.

Pour la réaliser, vous devez montrer si la régularisation, intervenue après la signature des statuts, permettra à la société, une fois immatriculée, de reprendre l'acte.

CORRIGÉ

☑ **COMPÉTENCE ATTENDUE :**

– **Analyser les conséquences d'un acte pris par une société en formation.**

Méthode

Pour résoudre un cas pratique [voir Fiche méthode 2], vous devez respecter quelques règles essentielles :

- **Schématiser, au brouillon, les éléments essentiels nécessaires pour traiter le cas.**
- **Effectuer le travail d'analyse juridique pour identifier le problème juridique posé par le cas pratique.**
- **Rédiger le raisonnement juridique (règle de droit + application de la règle de droit aux faits), appelé aussi le syllogisme.**

TRAVAIL PRÉPARATOIRE

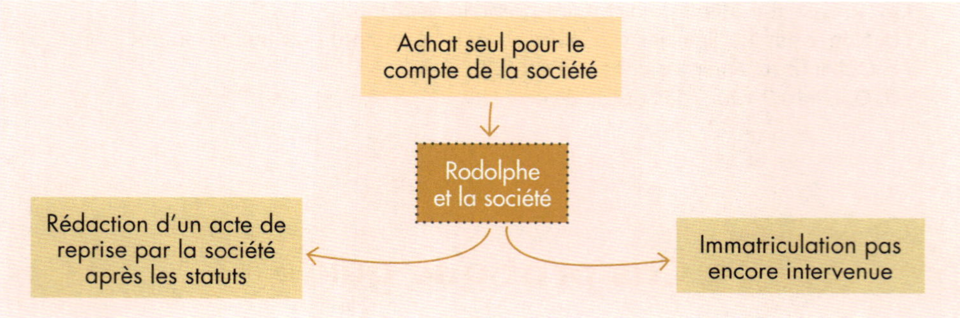

Ces faits soulèvent le problème juridique suivant : un mandat rédigé après la rédaction des statuts par la société non immatriculée, pour reprendre un acte accompli lors de sa formation, constitue-t-il un acte de reprise régulier ?

PRINCIPES JURIDIQUES

> **!** Dans ce cas, l'apparente difficulté concerne le fait que le mandat lui a été donné après la réalisation de l'acte concerné par ce mandat et après la rédaction des statuts. Pourtant, la particularité de cette situation ne change rien quant aux règles applicables.

Un ou plusieurs associés peuvent accomplir des actes pour les besoins de l'activité de la société, et ce avant son immatriculation. Dans ce cas, il(s) engage(nt) sa (leur) propre responsabilité personnelle quant à la conclusion de cet acte. La loi permet cependant un mécanisme de reprise des actes pour la société. Ce mécanisme permet à la société, une fois immatriculée au RCS, de reprendre à son compte l'engagement correspondant à l'acte accompli, et ce de façon rétroactive. Cela permet donc de libérer l'associé qui a agi. Il existe trois modalités de reprise des actes, qui doivent être explicites. En effet, il faut :

- qu'un état indiquant les actes accomplis au nom de la société en formation ait été préalablement annexé à ces statuts lors de leur signature ;
- qu'un mandat spécial et précis ait été donné par tous les associés, dans les statuts ou par acte séparé, avant l'immatriculation, pour prendre des engagements pour le compte de la société ;
- qu'une décision collective à la majorité des associés ait été adoptée après l'immatriculation, sauf clause contraire des statuts, lors d'une AGO (avec vote à la majorité des associés, sauf clause contraire des statuts).

APPLICATION AU CAS

> **!** Dans ce cas, vous devez bien vérifier que le mandat est régulier.

En l'espèce, l'acte accompli avant la signature des statuts n'a pas été intégré dans un état des actes annexé aux statuts, qui aurait permis la reprise automatique de cet acte lors de l'immatriculation. Cependant, une autre méthode de reprise de l'acte par la société est possible : les associés peuvent conférer un mandat très précis à l'associé ayant agi. Les conditions pour que ce mandat soit valable sont les suivantes : le mandat doit être précis et détaillé, être donné par tous les associés et avoir été donné avant l'immatriculation au RCS. Ici, le mandat est détaillé et est donné par tous les associés avant l'immatriculation, donc il remplit les conditions pour constituer une reprise régulière par la société de l'acte en formation. En effet, les règles légales n'imposent nullement que le mandat soit donné avant la réalisation de l'acte. Par conséquent, lorsque la société sera immatriculée, l'acte accompli par l'associé sera automatiquement repris par la société de manière rétroactive, ce qui permettra de libérer l'associé.

Méthode

Un bon raisonnement par syllogisme doit éviter trois défauts récurrents que l'on retrouve dans de nombreuses copies :
- Se limiter à rappeler les faits : il faut les qualifier juridiquement.
- Entamer le syllogisme en appliquant d'emblée les règles de droit au cas. Cela reviendrait à inverser le raisonnement juridique.
- Négliger la partie « règles juridiques », qui représente l'essentiel de la note. Il faut lui réserver un traitement rigoureux.

AUTOÉVALUATION

La grille d'autoévaluation ci-dessous vous permet d'évaluer votre niveau et de vérifier si vos réponses correspondent aux attendus de l'examen.

	Niveau 1	Niveau 2	Niveau 3	Niveau 4
	Un premier élément de réponse, mais très incomplet, des erreurs, des contresens	*Des éléments de réponse isolés, des approximations et/ou de la paraphrase*	*Question comprise : des éléments de réponse pertinents, mais incomplets au niveau des savoirs et/ou de l'application*	*Compétence attendue mobilisée avec mobilisation complète des savoirs associés à la compétence. Application pertinente.*
Montrer si la régularisation, intervenue après la signature des statuts, permettra à la société, une fois immatriculée, de reprendre l'acte. *(voir Section I.C.)*	❒ Vous avez compris que la société peut reprendre l'acte, mais ne savez pas décrire par quel mécanisme.	❒ Vous avez compris ce qu'est un mandat, mais n'en connaissez pas toutes les conditions pour qu'il soit régulier.	❒ Vous avez compris ce qu'est un mandat et connaissez les conditions pour qu'il soit régulier. Cependant, vous n'avez pas soulevé le fait que le mandat ait été réalisé après l'acte et après les statuts ne change rien à la solution.	❒ Vous avez compris ce qu'est un mandat et connaissez toutes les conditions pour qu'il soit régulier. En outre, vous avez bien soulevé le fait que le mandat ait été réalisé après l'acte et après les statuts ne change rien à la solution, et rendez une solution pertinente.

EXERCICES

1 Le cas chez les Albigeois

10 min.

COMPÉTENCE ATTENDUE :

– **Repérer les attributs de la personne morale et en analyser le régime juridique.**

Trois associés ont repris une SARL de famille, Chez les Albigeois, créée il y a 98 ans. Un des associés a fait quelques années de droit et se rappelle vaguement qu'il faut anticiper la prorogation de la durée de la société, mais il ne sait plus comment s'y prendre. Il décide alors de vous contacter.

Votre mission : repérer les attributs de la personne morale et en analyser le régime juridique.

Pour la réaliser, vous devez schématiser la procédure de prorogation de la durée de la société.

2 Le cas de Loïc

15 min.

COMPÉTENCE ATTENDUE :

– **Analyser les conséquences d'un acte pris par une société en formation.**

Fanny, Loïc, Raphaël et Flavien créent une SARL. Ils ont signé les statuts le mois dernier. La société n'a pas encore été immatriculée au RCS. Il y a deux semaines, Loïc a accompli un acte d'achat de matériel, sans avoir reçu de mandat de la part des trois autres associés. Il vient de leur exposer les conditions de l'achat, et ses coassociés sont ravis de cette acquisition, car c'est une bonne opération financière. Ils souhaitent que Loïc ne reste pas personnellement engagé par cet acte et que celui-ci fasse l'objet d'une reprise automatique par la société au jour de son immatriculation au RCS. Ils ont choisi de travailler avec votre cabinet d'expertise comptable dans le cadre de leur SARL et vous contactent afin de vous demander conseil.

Votre mission : analyser les conséquences d'un acte pris par une société en formation.

Pour la réaliser, vous devez indiquer qui est aujourd'hui engagé par l'acte d'achat du matériel.

3 Le cas des associés de Loïc

15 min.

COMPÉTENCE ATTENDUE :

– **Analyser les conséquences d'un acte pris par une société en formation.**

Reprenons le cas de Loïc, vu dans l'exercice précédent.

Comme il est possible que Loïc soit amené à accomplir d'autres actes préparatoires avant que la société ne soit immatriculée au RCS, les trois autres associés se proposent de lui rédiger un mandat, lui conférant « *tous pouvoirs pour accomplir les actes nécessaires au démarrage de l'activité* ». Comme ils en ont maintenant l'habitude, ils font appel à vous.

Votre mission : analyser les conséquences d'un acte pris par une société en formation.

Pour la réaliser, vous devez établir si le mandat envisagé permettra d'effectuer la reprise de l'acte d'achat du matériel.

CAS DE SYNTHÈSE

LE CAS DUVETDOU

20 min.

☑ **COMPÉTENCE ATTENDUE :**

- **Analyser les conséquences d'un acte pris par une société en formation.**

Mise en situation

Trois associés ont décidé de créer DuvetDou, une société de vente sur Internet de produits confectionnés à partir de duvet d'oiseau. Ils vont fabriquer des oreillers, des couettes et autres éléments de décoration à l'aide de ce matériau, qu'ils récupéreront dans des coopératives agricoles. Un des associés est pressé de commencer l'activité et a conclu il y a trois mois un premier contrat avec une coopérative de la région d'un montant de 4 500 €, sans que la société ne soit encore immatriculée. La société a été immatriculée il y a un mois. Elle a contracté un prêt il y a trois semaines pour rembourser le créancier. Cependant, le créancier demande le remboursement de la somme à l'associé, puisque c'est lui qui a passé l'acte. Cependant, celui-ci conteste être débiteur de la somme réclamée et considère que la société a repris l'acte accompli pendant sa formation. Il se tourne alors vers vous, le conseiller juridique auquel les trois associés ont fait appel pour les aider à la création de leur société.

Votre mission : analyser les formes de la régularisation d'un acte pris par une société en formation.

Pour la réaliser, vous avez à votre disposition une base documentaire et vous devez indiquer si la société a effectué une reprise régulière de l'acte conclu par l'un des associés.

DOCUMENT

Arrêt de la Chambre commerciale de la Cour de cassation du 13 décembre 2011

Sur le moyen unique, pris en sa deuxième branche :

Vu les articles L. 210-6 et R. 210-5 du Code de commerce et l'article 6 du décret n° 78-704 du 3 juillet 1978 ;

Attendu, selon le premier de ces textes, que les personnes qui ont agi au nom d'une société en formation avant qu'elle ait acquis la jouissance de la personnalité morale sont tenues solidairement et indéfiniment des actes ainsi accomplis, à moins que la société, après avoir été régulièrement constituée et immatriculée, ne reprenne les engagements souscrits ; qu'il résulte des deux autres textes que la reprise de tels engagements ne peut résulter que soit de la signature par les associés des statuts auxquels est annexé un état des actes accomplis pour le compte de la société, soit d'un mandat donné par les associés avant l'immatriculation de la société à l'un ou plusieurs d'entre eux, ou au gérant non associé, et déterminant, dans leur nature ainsi que dans leurs modalités, les engagements à prendre, soit encore, après l'immatriculation, d'une décision prise, sauf clause contraire des statuts, à la majorité ;

Attendu, selon l'arrêt attaqué, que se prévalant d'un bon de commande signé le 11 mai 2006 par M. X... pour le compte de la société X..., antérieurement à son immatriculation au registre du commerce et des sociétés, intervenue le 20 juin 2006, la société Komatsu France (société Komatsu) a assigné celle-ci en paiement d'une somme correspondant au prix d'une partie du matériel d'exploitation forestière visé par le bon de commande ; que la société X... a contesté être débitrice de la somme réclamée en l'absence de reprise régulière de cet engagement ;

Attendu que pour accueillir la demande de la société Komatsu, l'arrêt retient que la société X... n'a pas seulement procédé à une reprise implicite de l'engagement du 11 mai 2006 en procédant à un remboursement partiel de la tête d'abattage le 22 juin 2006 ; qu'il ajoute qu'en effet, cette société a souscrit le 27 juin 2006, postérieurement à son immatriculation au registre du commerce et des sociétés, un contrat de crédit-bail destiné à financer le matériel objet de la commande ; qu'il relève encore que de la signature de ce second contrat découle la reprise par la société X... de l'engagement du 11 mai 2006 envers la société Komatsu, le crédit-bail se rattachant par un lien nécessaire au contrat assurant la fourniture du bien financé ;

Attendu qu'en se déterminant ainsi, sans avoir constaté l'accomplissement régulier de l'une ou l'autre des formalités précitées, la cour d'appel n'a pas donné de base légale à sa décision ;

PAR CES MOTIFS, et sans qu'il y ait lieu de statuer sur les autres griefs :

CASSE ET ANNULE [...].

CHAPITRE 4

La société, personne juridique : le fonctionnement et les contrôles de la société

À l'issue de ce chapitre,

- **vous serez capable :**
  - ❒ d'analyser le fonctionnement interne d'une société et sa représentation vis-à-vis des tiers ;
  - ❒ de distinguer la rémunération liée au mandat social du salaire lié au contrat de travail ;
  - ❒ de différencier les conditions et les conséquences de l'engagement de la responsabilité de la société, des dirigeants et des associés ;
  - ❒ d'apprécier les contrôles internes et externes de l'action du dirigeant et leurs conséquences.
- **vous saurez identifier :**
  - ❒ les associés : informations, pouvoirs et responsabilités ;
  - ❒ les dirigeants et les organes sociaux : représentant légal, mandataire social, fonctionnement, responsabilités ;
  - ❒ le contrôle et les sanctions.

Mettez-vous en situation

Le dirigeant de la SARL Bouny a signé un contrat la semaine dernière. Plusieurs de ses associés se demandent si cette signature ne va pas avoir pour conséquence la fermeture de la société. Ils vous contactent alors car vous travaillez dans le cabinet d'expertise comptable de la société. Ils aimeraient en effet savoir de quel pouvoir ils disposent pour obtenir des précisions sur cet acte.

I. Les associés

La société étant une personne morale, elle a besoin d'associé(s) pour fonctionner : elle ne peut être constituée ou bien vivre sans associé(s).

Définition

Le fondement juridique de la qualité d'associé est son titre de propriété, détenu par l'apport qu'il a réalisé dans la société. Cela lui donne des droits, mais également des responsabilités.

A Les droits des associés

1. Les droits politiques des associés

a. Le droit à l'information

Afin de pouvoir prendre des décisions en connaissance de cause et suivre la situation et la bonne gestion de la

> **!** En cas d'absence de communication de ces documents, un associé peut demander l'annulation des décisions prises sans qu'il ait eu au préalable toutes les informations nécessaires à la prise de décision.

société, les associés bénéficient d'un **droit à l'information**. En fonction de la forme de la société, il peut s'agir de documents comptables, de rapports écrits, etc.

b. Le droit de vote

Chaque associé dispose d'un droit de vote, qu'il exerce lors des **assemblées générales (AG)** et dont le poids est plus ou moins important en fonction de la part sociale ou action détenue dans le capital social (sauf exception, en cas d'« **action de préférence** », permettant le droit de vote double à certaines catégories d'actions dans les sociétés par actions).
Lors de ces AG, les associés vont devoir faire face à deux types de décisions :

- les **décisions ordinaires**, qui ne modifient pas, en principe, les statuts ;
- les **décisions extraordinaires**, qui modifient les statuts.

Pour exercer ce droit, l'AG est convoquée par l'organe de direction (précisé dans la loi ou dans les statuts), puis les associés présents ou représentés à l'AG exercent leur droit de vote. La décision sera prise en fonction d'un éventuel ***quorum*** et à la **majorité** prévue par la loi ou les statuts.

Définition
Le quorum est le nombre minimum d'associés qui doivent être présents à une assemblée générale afin que le vote soit valable.

Selon l'**article 1844 du Code civil**, « *tout associé a le droit de participer aux décisions collectives* ».

2. Les droits financiers des associés

À chaque fin d'exercice, les associés examinent le **compte de résultat**, faisant apparaître les **bénéfices** ou les **pertes**.
Si le compte de résultat est bénéficiaire, ils doivent choisir de distribuer ce bénéfice (sous forme de dividendes) ou de le mettre en réserve.

a. Les réserves

Définition
Les réserves sont les bénéfices réinjectés dans la société, qui ne pourront pas être distribués aux associés.

Il existe trois types de réserves :

- **Les réserves statutaires :** les statuts de la société peuvent imposer de placer en réserve une partie des bénéfices.
- **Les réserves légales :** elles correspondent à l'obligation faite par la loi de réinjecter une partie des bénéfices dans la société, pour les SARL, EURL et sociétés par actions (SAS, SASU, SA et SCA). Le but est d'inciter les sociétés à améliorer leur situation financière, en les obligeant à affecter en réserve une partie de leurs bénéfices (5 % minimum) jusqu'au seuil de 10 % du capital social.
- **Les réserves facultatives :** les réserves facultatives découlent de la décision des associés prise en AGO de réinjecter une partie des bénéfices dans la société. Cette possibilité doit être prévue par les statuts de la société.

b. Les dividendes

Les dividendes correspondent à la partie des bénéfices d'une société qui, sur décision de l'AGO, est distribuée à chaque associé.

! Les dividendes sont calculés de la manière suivante :
Bénéfice de l'exercice précédent – Pertes – Réserves statutaires, légales ou facultatives + Report bénéficiaire de l'exercice précédent

L'AGO approuve les comptes de l'exercice clos, constate l'existence de bénéfices, apure certains frais et peut ensuite décider des dividendes distribués.

c. Le report à nouveau

Lors de l'approbation des comptes, les associés peuvent choisir de reporter leur décision (mise en réserves ou distribution de dividendes) à un exercice ultérieur. Il s'agit donc d'un **report à nouveau**.

> **!** Le report à nouveau est calculé de la manière suivante : *(Bénéfices disponibles + Reports à nouveau des exercices antérieurs + Prélèvements sur réserves + Bénéfices de l'exercice) – (Affectation des bénéfices + Dividendes versés + Dotations aux réserves)*

d. Le boni de liquidation

Définition

Le boni de liquidation correspond à la somme partagée entre les associés après la liquidation de la société.

Ainsi, une fois les actifs réalisés, les créanciers remboursés et les apports redistribués, il peut rester des dividendes non distribués. C'est cette somme qui pourra être partagée entre les associés.

> **!** À l'inverse, le mali de liquidation correspond aux dettes qu'il reste à rembourser après la liquidation de la société. La responsabilité des associés est déterminée en fonction de la forme de la société. Par exemple, dans les sociétés à responsabilité illimitée, les associés peuvent être appelés à rembourser ce mali de manière indéfinie et solidaire.

3. Les droits patrimoniaux des associés

a. La cession des titres de propriété

Tout associé détient un titre de propriété, qu'il a acquis grâce à l'apport qu'il a effectué. Il peut néanmoins décider de céder ses parts sociales ou ses actions, c'est-à-dire les vendre ou les donner. Cependant, dans certaines structures, la cession n'est pas libre et peut être soumise à **agrément** de l'assemblée générale.

Tableau 4.1 La cession des titres de propriété

<table>
<tr><th></th><th>SNC</th><th>Sociétés civiles</th><th>SARL</th><th>SAS</th><th>SA</th></tr>
<tr><td>À un tiers</td><td rowspan="4">Agrément légal (pas de dérogation statutaire possible)</td><td colspan="2">Agrément légal (pas de dérogation statutaire possible)</td><td rowspan="4">Agrément statutaire possible</td><td rowspan="2">Agrément statutaire possible (mais uniquement dans les SA non cotées)</td></tr>
<tr><td>Entre associés</td><td rowspan="2">Agrément légal (mais dérogation statutaire possible)</td><td rowspan="3">Agrément statutaire possible</td></tr>
<tr><td>Entre conjoints</td><td rowspan="2">Agrément interdit</td></tr>
<tr><td>Entre ascendants/ descendants</td><td>Agrément statutaire possible</td></tr>
</table>

b. La transmission pour cause de mort des titres de propriété

Le titre de propriété peut également être **transmis pour cause de mort** aux héritiers de l'associé ou de l'actionnaire.
Cependant, dans certaines structures, la transmission n'est pas libre et peut être soumise à **agrément** de l'assemblée générale.

Tableau 4.2 La transmission des titres de propriété

<table>
<tr><th></th><th>SNC</th><th>Sociétés civiles</th><th>SARL</th><th>SAS</th><th>SA</th></tr>
<tr><td>Transmission</td><td>Agrément légal (pas de dérogation statutaire possible)</td><td>Agrément légal (mais dérogation statutaire possible)</td><td colspan="2">Agrément statutaire possible</td><td>Agrément interdit</td></tr>
</table>

B Les responsabilités des associés

La responsabilité des associés s'entend comme l'**obligation au passif social** (dettes de la société). L'étendue de la responsabilité des associés par rapport aux **dettes de la société** dépend de la forme sociale. Les différents types de sociétés qui existent peuvent être regroupés en deux catégories : les sociétés à risque limité et les sociétés dites à risque illimité.

1. La responsabilité des associés de sociétés à risque limité

Dans une société à risque limité, l'associé n'est tenu des dettes de la société qu'à concurrence du montant de son apport.
Cela concerne les associés ou actionnaires des **SARL**, **EURL** et des **sociétés par actions** (SA, SAS, SCS et SCA).

Exemple : Dans le cas de dettes sociales d'une SARL, si un associé a apporté 1 000 €, il perd ces 1 000 €, qui serviront à régler la dette sociale. Cependant, on ne peut pas l'appeler à rembourser plus.

2. La responsabilité des associés de sociétés à risque illimité

Dans une société à risque illimité, l'associé est tenu des dettes sociales : il perd son apport et, si cela ne suffit pas à rembourser la dette sociale, il est possible qu'il soit appelé à rembourser le restant dû sur son **patrimoine personnel**.
Cela concerne les associés des **SNC** et **sociétés civiles** :

- Dans une **SNC**, la **responsabilité** de l'associé est **indéfinie et solidaire** : chaque associé est tenu de rembourser la totalité de la dette sociale, et ce personnellement ; à charge pour lui de se retourner ensuite contre les autres associés.
- Dans une **société civile**, la **responsabilité** de l'associé est **indéfinie et proportionnelle** : chaque associé est tenu de rembourser une partie de la dette sociale correspondant à sa part détenue dans le capital social.

! Le créancier social ne pourra poursuivre l'associé qu'après huit jours suivants la mise en demeure de la société par acte extrajudiciaire restée infructueuse.

II. Les dirigeants

La société étant une personne morale, elle a besoin d'organes de direction pour fonctionner.

Définition
Le dirigeant est la personne qui assure au quotidien la gestion de la société, conclut les contrats au nom de la société et représente la société vis-à-vis des tiers.

Le fondement juridique de la fonction de dirigeant est son **mandat social**, confié par les associés de la société.

A Les organes sociaux de direction

Il faut différencier :

- **le dirigeant :** il s'agit du mandataire social (qui peut également avoir le pouvoir de représentation légale) ;
- **le mandataire social :** il agit au nom et pour le compte de la société (le mandant) ;
- **le représentant légal :** il n'agit que dans la limite des pouvoirs qui lui sont confiés, engage la société vis-à-vis des tiers.

Tableau 4.3 **Les organes sociaux de direction d'une société**

	Organe de direction	Qualité
SARL	Gérant(s)	Personne physique
SNC, SC, SCS, SCA	Gérant(s)	Personne physique ou morale
SAS	Président (statuts libres de prévoir d'autres organes de direction)	Personne physique ou morale
SA moniste	Conseil d'administration (et son président)	Personne physique ou morale
	Directeur général (représentant légal)	Personne physique
SA dualiste	Directoire (et son président)	Personne physique ou morale
	Conseil de surveillance	Personne physique ou morale

B La nomination des dirigeants

En principe, le dirigeant est nommé par les associés, dans les statuts ou par acte séparé. La plupart du temps, la décision est votée à la majorité des parts sociales (sauf dans la SCA), mais les statuts peuvent différer.
Toutefois, pour être nommé, le dirigeant doit répondre à plusieurs conditions :

- Être **capable civilement** (sachant que le mineur émancipé peut être dirigeant, mais ne pourra pas exercer une fonction de gestion).
- Être une **personne physique ou morale** (sachant que le gérant de SARL, le président du conseil d'administration de la SA, le directeur général de la SA et les membres du directoire de la SA doivent être des personnes physiques).
- Ne pas être frappé d'**incompatibilité** (par exemple, les fonctionnaires et certaines professions réglementées ne peuvent être titulaires d'un mandat social dans une société commerciale).
- Ne pas être frappé de **déchéance ou** d'**interdiction de gérer ou d'administrer une société commerciale** (suite à certaines infractions, le juge peut la prononcer comme peine complémentaire).
- Ne pas **cumuler les mandats dans la SA** (la limite est à cinq mandats pour une personne physique administrateur ou membre du conseil de surveillance, et à un mandat pour une personne physique directeur général ou membre du directoire).

!

Le dirigeant nommé s'appelle le dirigeant de droit. Ainsi, quand une personne se comporte comme un dirigeant de droit, mais n'a pas été nommée à ces fonctions, la jurisprudence l'appelle dirigeant de fait. Cela permet d'ouvrir sa responsabilité en tant que dirigeant.

C Les pouvoirs des dirigeants

Par ses pouvoirs de gestion, le dirigeant engage la société vis-à-vis des tiers, dans la mesure où il agit au nom et pour le compte de la société.

Tableau 4.4 **Les pouvoirs du dirigeant**

		Représentant légal de SARL, SA, SAS et SCA	Représentant légal de SC, SNC et SCS
Vis-à-vis des tiers	Pouvoirs	Pouvoirs les plus étendus pour agir en toutes circonstances au nom de la société	Pouvoirs d'engager la société pour les actes entrant dans l'objet social
	Cas du dépassement de l'objet social	Société engagée (sauf si le tiers est de mauvaise foi)	Société non engagée
	Cas du dépassement de la clause limitative de pouvoirs	Société toujours engagée (clause inopposable aux tiers, même de mauvaise foi)	
Vis-à-vis des associés	Principe	Pouvoirs de gestion	
	Limites	– Pas d'empiètement sur les pouvoirs des associés – Respect des statuts (objet social, clause statutaire limitative de pouvoirs) – Respect de l'intérêt social	

D La rémunération des dirigeants

La **rémunération** liée au mandat est soumise à l'approbation des associés.

> ! La rémunération liée au mandat est à différencier du salarié : en effet, le salaire lié au contrat de travail est décidé par le dirigeant, sous le contrôle des associés.

E La fin du mandat des dirigeants

Le mandat du dirigeant prend fin par plusieurs causes :

- arrivée du terme du mandat, si un terme est prévu dans les statuts ou par la loi ;
- décès du dirigeant ;
- incapacité, incompatibilité, déchéance ou interdiction du dirigeant ;
- transformation ou dissolution de la société ;
- démission du dirigeant (qui est libre, non motivée, mais qui ne doit pas causer de préjudice à la société) ;
- révocation décidée par les associés (soit par juste motif, soit *ad nutum* [c'est-à-dire sans juste motif], en fonction du type de dirigeant, et ne doit pas être décidée dans des circonstances abusives, sinon le dirigeant révoqué a droit à des dommages-intérêts) ;
- décision du juge (pour cause légitime).

F Les responsabilités des dirigeants

À tout pouvoir s'attachent des responsabilités. Le dirigeant est responsable de manière **civile**, **pénale** et **fiscale**.

1. La responsabilité civile du dirigeant

Le dirigeant doit respecter la loi, les statuts (objet social, éventuelle clause limitative de ses pouvoirs) et l'intérêt social. Quand il ne le fait pas, il commet une **faute**.

Exemple : Une décision contraire à l'intérêt social est une faute de gestion. Mais une faute civile peut également être une violation d'une disposition légale ou réglementaire, une violation des statuts, etc.

Si la faute du dirigeant cause un **préjudice** à une autre personne et qu'il existe un **lien de causalité** entre cette faute et le préjudice subi, alors il est possible d'engager la responsabilité civile du dirigeant (article 1240 du Code civil), permettant l'allocation de dommages-intérêts à la victime. Il peut s'agir de la **société** elle-même, d'un ou de plusieurs **associés** ou d'un **tiers** :

- Quand la victime est un **tiers**, il faut qu'elle démontre une faute grave, intentionnelle et incompatible avec les fonctions de dirigeant.
- Quand la victime est la **société**, un ou plusieurs associés (action ***ut singuli***) ou un ou plusieurs dirigeants (action ***ut universi***, possible uniquement dans la SARL et la SA) peuvent agir pour elle.

> **!** L'action en responsabilité civile se prescrit par trois ans dans les sociétés commerciales et *cinq ans* dans les sociétés civiles.

2. La responsabilité pénale du dirigeant

Si le dirigeant commet une **infraction** (non-respect de la loi) pour le compte de la personne morale, il engage sa responsabilité pénale et risque une peine d'emprisonnement et/ou d'amende.

La responsabilité pénale de la personne morale est également engagée.

3. La responsabilité fiscale du dirigeant

En cas de fraude fiscale ou de manquement aux obligations fiscales, le dirigeant engage sa responsabilité.

En tant que responsabilité subsidiaire, la responsabilité fiscale du dirigeant ne pourra être ouverte qu'en cas de non-paiement par la société.

III. Les contrôles et sanctions

Il existe des **contrôles internes** et des **contrôles externes** de l'action du dirigeant.

A Les contrôles internes

1. Le mécanisme des conventions réglementées

Afin d'éviter que le dirigeant d'une société par actions ne profite de ses fonctions pour conclure à son profit une **convention désavantageuse** pour la société, le Code de commerce prévoit un mécanisme d'**autorisation** de certaines conventions conclues entre la société et l'un de ses dirigeants : c'est le mécanisme des **conventions réglementées**.

Définition

Les conventions réglementées correspondent à toutes les conventions qui ne sont pas qualifiées de courantes, qui ne sont pas conclues à des conditions normales (conventions libres) et qui ne sont pas interdites par la loi (conventions interdites).

Cette procédure vise ces personnes et les personnes qui leur sont liées :

- le gérant et les associés (personnes physiques) de **SARL** ;
- le président et autre dirigeant (personnes physiques) et les associés détenant plus de 10 % du capital de la **SAS** ;
- le gérant, les membres du conseil de surveillance et les associés détenant plus de 10 % du capital de la **SCA** ;

> **!** La loi ne prévoit pas cette procédure pour la SNC, mais les statuts peuvent prévoir le mécanisme.

- les membres du conseil d'administration, du directoire, du conseil de surveillance, le directeur général et le directeur général délégué de **SA** et **société européenne**, ainsi que les actionnaires détenant plus de 10 % du capital de la SA.

Ces conventions sont soumises à une **procédure particulière,** qui diffère selon la forme juridique de la société :

- **SARL :** information du gérant ou du commissaire aux comptes (CAC), rédaction d'un rapport spécial par le gérant ou le CAC, validation *a posteriori* par l'AGO ;
- **SAS :** information du CAC, rédaction d'un rapport spécial par le CAC, validation *a posteriori* par l'AG (néanmoins, les statuts peuvent prévoir une autorisation préalable) ;
- **SA, SCA et SE :** information et autorisation préalables du conseil nécessaires, validation *a priori* effectuée par le conseil, information du CAC, rédaction d'un rapport spécial par le CAC et transmission à l'AGO pour approbation.

2. L'expertise de gestion

L'expertise de gestion est une procédure ouverte à un ou plusieurs associés détenant au moins 10 % du capital social dans les **SARL** (article L. 223-37 du Code de commerce), et à un ou plusieurs actionnaires détenant au moins 5 % du capital social dans les **sociétés par actions** (article L. 225-231 du Code de commerce). Elle vise à la **désignation en justice** d'un expert, afin de faire examiner une ou plusieurs **opérations de gestion déterminées** (et non la gestion globale de la société).

C'est un pouvoir important réservé aux associés/actionnaires minoritaires.

Concernant la procédure, il faut différencier le type de société :

> **!** Des associés/actionnaires qui utiliseraient de manière systématique la procédure d'expertise de gestion, de manière abusive (par exemple, dans un but personnel et contraire à l'intérêt social) peuvent être condamnés pour abus de droit (sanction de dommages-intérêts).

- Dans une **société par actions**, il est nécessaire d'avoir préalablement mis en demeure le dirigeant de répondre à des questions écrites.
- Dans une **SARL**, il n'est pas nécessaire d'avoir préalablement posé des questions écrites au gérant.

3. La procédure d'alerte

Dans la SARL, la SAS et la SA, les associés/actionnaires peuvent exercer leur droit d'alerte deux fois par exercice. Cela consiste en des **questions écrites** et adressées au dirigeant sur tout fait de nature à compromettre la continuité de l'exploitation. Le dirigeant doit y répondre par écrit et dans un délai d'un mois.

B Les contrôles externes : le commissaire aux comptes (CAC)

1. Le rôle du CAC

Le CAC, par son mandat de contrôle, assure la mission d'audit légal ; il vérifie, contrôle les documents comptables et certifie que les comptes sociaux sont réguliers, sincères et reflètent l'image fidèle de la situation financière de la société. Il procède également à l'**établissement de rapports** complémentaires (comme sur les conventions réglementées, sur les documents de gestion, sur les comptes consolidés, etc.).

2. L'obligation ou non de désigner un CAC

Depuis la loi n° 2019-486 du 22 mai 2019, dite loi PACTE, toute forme de société commerciale a l'**obligation de désigner un CAC** :

- dès lors que deux seuils sur les trois suivants sont franchis :
  - montant du **bilan** supérieur à 4 000 000 €,
  - montant du **chiffre d'affaires** supérieur à 8 000 000 € HT,
  - nombre de **salariés** supérieur à 50 ;
- en cas de **demande en justice** par plusieurs associés représentant au moins 10 % du capital social (SARL, SAS, SA et SCA) et d'un associé dans la SNC.

Quand le CAC n'est pas obligatoire, il peut néanmoins être désigné de façon facultative :

- Une AGO peut décider de la désignation du CAC (SA et SCA).
- Un ou plusieurs associés représentant au moins un quart du capital social peu(ven)t demander directement la désignation du CAC (SARL et SNC).

3. Les obligations et pouvoirs des organes de contrôle

Afin d'assurer sa mission, le CAC dispose de plusieurs pouvoirs et obligations :

- Il a **droit à toute communication** de documents et à participer à toute AG.
- Il a l'**obligation d'alerte** : s'il constate un fait de nature à compromettre la continuité de l'exploitation, il exerce la procédure d'alerte en demandant au dirigeant des renseignements sur ce fait.
- Il a l'**obligation de révélation des faits délictueux** au procureur dont il a eu connaissance dans l'exercice de sa mission.

Cependant, il n'a pas le droit de s'immiscer dans la gestion de la société (**principe de non-immixtion**).

4. Les responsabilités des organes de contrôle

Lors de faits commis dans le cadre de sa mission, le CAC engage trois responsabilités : civile, pénale et disciplinaire.

a. La responsabilité civile du CAC

Le CAC engage sa responsabilité civile (réparation sous forme de dommages-intérêts) à l'égard de la société, des associés ou des tiers, sous trois conditions cumulatives :

- en cas de **faute** ou de **négligence** dans l'exercice de sa mission ;
- si cela cause un **préjudice** à la société ou aux associés/actionnaires ;
- si un **lien de causalité** existe entre la faute et le préjudice.

b. La responsabilité pénale du CAC

Si le CAC est auteur ou complice d'**infractions** (voir Chapitre 19), il engage sa responsabilité pénale et encourt une sanction pénale : emprisonnement et/ou amende.

> **Exemple :** Le CAC est responsable pénalement en cas de non-révélation de faits délictueux au procureur, de non-respect du secret professionnel.

c. La responsabilité disciplinaire du CAC

En cas de manquement aux règles de déontologie de la profession, le CAC engage sa **responsabilité disciplinaire ou professionnelle**.

> **!** Le CAC encourt des sanctions comme un avertissement, une suspension ou une radiation par exemple.

SYNTHÈSE

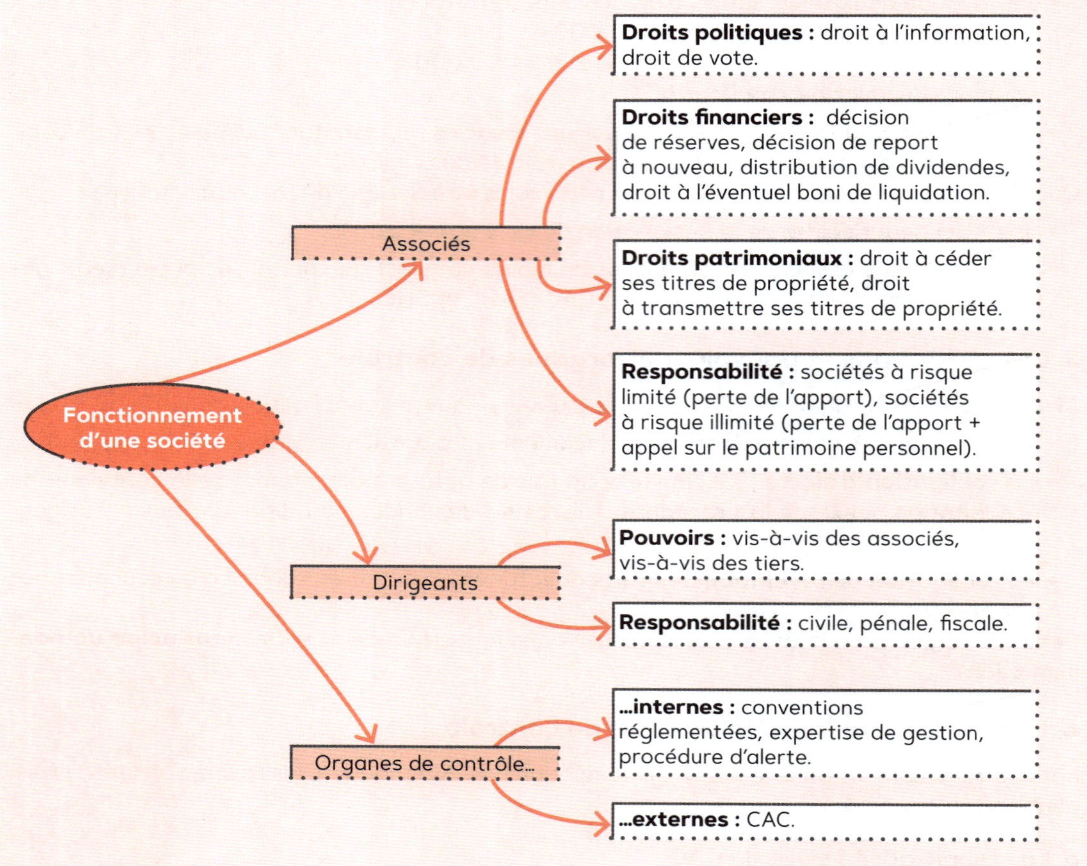

Faites le point sur les notions clés :
associé (p. 73), quorum (p. 74), réserves (p. 74), boni de liquidation (p. 75), dirigeant (p. 76), conventions réglementées (p. 79).

Révisez avec les flashcards

www.lienmini.fr/dcg02-08

QCM

Réponse unique

QCM interactif

www.lienmini.fr/dcg02-09

1 **Parmi ces droits, lequel est le droit politique des associés ?**

- ❍ **a.** Le droit à l'information.
- ❍ **b.** Le droit aux dividendes.
- ❍ **c.** Le droit de céder ses parts.

2 **Une décision ordinaire :**

- ❍ **a.** modifie toujours les statuts.
- ❍ **b.** ne modifie pas, en principe, les statuts.

3 **De combien est le pourcentage de réserves légal minimum ?**

- ❍ **a.** 1 %.
- ❍ **b.** 2 %.
- ❍ **c.** 5 %.
- ❍ **d.** 10 %.

4 **Quel est le bon calcul des dividendes ?**

- ❍ **a.** Bénéfice de l'exercice précédent + Pertes – Réserves statutaires, légales ou facultatives + Report bénéficiaire de l'exercice précédent.
- ❍ **b.** Bénéfice de l'exercice précédent – Pertes + Réserves statutaires, légales ou facultatives + Report bénéficiaire de l'exercice précédent.
- ❍ **c.** Bénéfice de l'exercice précédent – Pertes – Réserves statutaires, légales ou facultatives – Report bénéficiaire de l'exercice précédent.
- ❍ **d.** Bénéfice de l'exercice précédent – Pertes – Réserves statutaires, légales ou facultatives + Report bénéficiaire de l'exercice précédent.

5 **Le boni de liquidation correspond à la somme partagée entre les associés après la liquidation de la société, c'est-à-dire :**

- ❍ **a.** la créance remboursée.
- ❍ **b.** les apports redistribués.
- ❍ **c.** les dividendes non distribués, une fois les actifs réalisés, les créanciers remboursés et les apports redistribués.
- ❍ **d.** l'actif restant avant que les créanciers ne soient remboursés.

Plusieurs réponses possibles

6 **Quelles sont les structures dans lesquelles il existe un agrément légal en cas de cession de parts sociales ou d'actions à un tiers, et pas de dérogation statutaire possible ?**

- ❍ **a.** La SAS.
- ❍ **b.** La SA.
- ❍ **c.** La SNC.
- ❍ **d.** La SARL.
- ❍ **e.** Les sociétés civiles.

7 **Dans quelles situations l'agrément pour céder ses parts sociales ou actions est-il interdit et aucune dérogation statutaire n'est-elle possible ?**

- ❍ **a.** Dans le cadre d'une cession à un tiers dans une SA cotée en Bourse.
- ❍ **b.** Dans le cadre d'une cession entre ascendant et descendant dans une SA cotée en Bourse.
- ❍ **c.** Dans le cadre d'une cession entre ascendant et descendant dans une SA non cotée en Bourse.
- ❍ **d.** Dans le cadre d'une cession à un tiers dans une SA non cotée en Bourse.

8 **Dans quelles sociétés est-il prévu un agrément légal en cas de transmission des parts ou actions pour cause de mort ?**

❍ **a.** La SNC.
❍ **b.** La SA.
❍ **c.** La SARL.
❍ **d.** Les sociétés civiles.

9 **Dans quelles sociétés l'associé est-il engagé de manière indéfinie sur son patrimoine personnel en cas de dette sociale ?**

❍ **a.** La SNC.
❍ **b.** Les sociétés civiles.
❍ **c.** La SA.
❍ **d.** La SARL.

10 **Quel organe de direction doit obligatoirement être une personne physique ?**

❍ **a.** Le gérant d'une SNC.
❍ **b.** Le président d'une SAS.
❍ **c.** Le gérant d'une SARL.
❍ **d.** Le directeur général d'une SA.

Réponse à justifier

11 **M. Joally, gérant d'une SNC spécialisée dans l'organisation de mariages, a conclu un contrat avec un tiers engageant la SNC dans la réception de vêtements tous les mois. Les associés se demandent si la société est engagée.**

❍ **a.** Oui, la société est engagée.
❍ **b.** Non, la société n'est pas engagée.
❍ **c.** Non, la société n'est pas engagée si elle parvient à prouver la mauvaise foi du tiers.
❍ **d.** Non, la société n'est pas engagée si elle parvient à prouver la mauvaise foi du gérant.

12 **Dans la même situation que celle de la question précédente, le contractant se retourne contre M. Joally pour obtenir le paiement des factures mensuelles. M. Joally se demande si c'est possible.**

❍ **a.** Oui, il est responsable de cet acte personnellement, mais subsidiairement avec la société.
❍ **b.** Oui, il est responsable de cet acte personnellement et solidairement avec la société.
❍ **c.** Oui, il est responsable de cet acte personnellement, puisque la société n'est pas engagée.
❍ **d.** Non, seule la SNC est responsable, car l'acte a été passé au nom et pour le compte de la société.

13 **M. Alien, gérant, n'a pas demandé l'approbation aux associés de la SNC avant de conclure un contrat de 12 000 € avec un tiers, alors qu'une clause des statuts exige que le dirigeant obtienne le *quitus* de l'AG des associés pour tout acte de 10 000 € et plus. Les associés se demandent si la société est engagée.**

❍ **a.** Oui, la société est engagée.
❍ **b.** Non, la société n'est jamais engagée.
❍ **c.** Non, la société n'est pas engagée si elle parvient à prouver la mauvaise foi du tiers.
❍ **d.** Non, la société n'est pas engagée si elle parvient à prouver la mauvaise foi du gérant.

14 **La SNC, dont le gérant n'a pas respecté la clause limitative des pouvoirs dans l'acte conclu avec un tiers, compte bien agir en responsabilité contre le gérant. Les associés se demandent comment ils doivent faire.**

❍ **a.** La société ne pourra pas obtenir réparation : elle est engagée par l'acte conclu avec le tiers.

❍ **b.** Un ou plusieurs associés représentant plus de 10 % du capital social peuvent engager la responsabilité civile du dirigeant pour que la société obtienne réparation.
❍ **c.** Un ou plusieurs associés peuvent engager la responsabilité civile du dirigeant pour que la société obtienne réparation.
❍ **d.** Seul un associé peut engager la responsabilité civile du dirigeant pour que la société obtienne réparation.

15 La SA Argentix fabrique et commercialise des bijoux en argent. Elle est associée de la SARL Rentoul, dont l'objet social est l'extraction et la commercialisation d'argent destiné à des professionnels du secteur. La SA souhaiterait passer commande de cette matière première à la SARL, car les prix qu'elle pratique sont intéressants. Elle se demande si elle a besoin d'une quelconque autorisation.
❍ **a.** Oui, elle est associée de la SARL, donc c'est une convention réglementée.
❍ **b.** Oui, car c'est une personne morale, donc elle est toujours soumise à la procédure des conventions réglementées.
❍ **c.** Non, en tant que personne morale, elle n'est pas visée par la procédure des conventions réglementées.
❍ **d.** Non, c'est une convention libre, car courante et conclue à des conditions normales.

— • CAS PRATIQUE GUIDÉ • —

LE GÉRANT DE FARBELLA

La SARL Farbella est spécialisée dans la fabrication de piscines. Depuis son installation près d'Avignon il y a dix ans, son carnet de commandes ne désemplit pas. L'an dernier, elle employait 52 salariés et réalisait un chiffre d'affaires de 9 000 000 € HT. Son bilan était néanmoins de 3 000 000 €, le gérant étant un expert de l'optimisation fiscale. Aujourd'hui, le comité social et économique (CSE) de la SARL indique au gérant qu'il lui faut désigner un commissaire aux comptes (CAC). Le gérant estime cependant que la situation de la SARL permet de ne pas en désigner un. Il vous contacte alors car vous êtes son conseiller fiscal depuis la création de son affaire.

Votre mission : identifier les situations imposant la désignation d'un CAC.
Pour la réaliser, vous devez vérifier si la SARL doit désigner un CAC.

CORRIGÉ

☑ **COMPÉTENCE ATTENDUE :**
– Identifier les situations imposant la désignation du CAC.

Méthode
Pour résoudre un cas pratique [voir Fiche méthode 2], vous devez respecter quelques règles essentielles :
- Schématiser, au brouillon, les éléments essentiels nécessaires pour traiter le cas.

- **Effectuer le travail d'analyse juridique pour identifier le problème juridique posé par le cas pratique.**
- **Rédiger le raisonnement juridique (règle de droit + application de la règle de droit aux faits), appelé aussi le syllogisme.**

TRAVAIL PRÉPARATOIRE

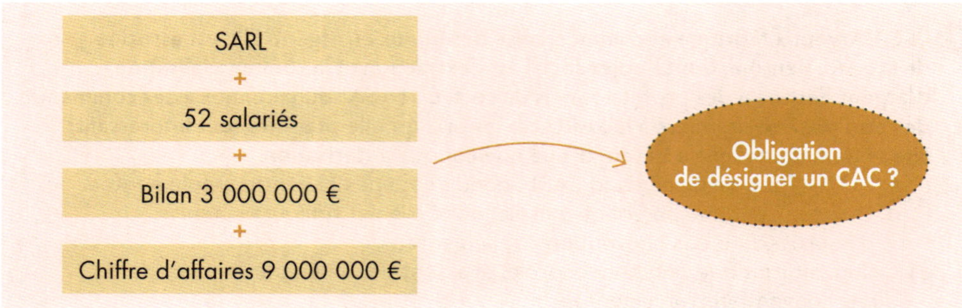

Ces faits soulèvent le problème juridique suivant : quelles sont les conditions que doit remplir la SARL pour avoir à désigner un CAC ?

PRINCIPES JURIDIQUES

Depuis la loi n° 2019-486 du 22 mai 2019, dite loi PACTE, la désignation d'un CAC est **obligatoire** pour toute forme de société commerciale, dès lors que **deux seuils sur les trois suivants** sont franchis :

> **!** Dans ce cas, vous devez indiquer les conditions pour avoir à désigner obligatoirement un CAC.

- montant du **bilan** supérieur à 4 000 000 € ;
- montant du **chiffre d'affaires** supérieur à 8 000 000 € HT ;
- nombre de **salariés** supérieur à 50.

APPLICATION AU CAS

En l'espèce, il s'agit de vérifier si la SARL est dans l'obligation de désigner un CAC :

> **!** Dans ce cas, vous devez vérifier si la SARL remplit les conditions pour avoir à désigner un CAC.

- La SARL emploie 52 salariés, donc plus de 50 : une des conditions est donc remplie.
- Le chiffre d'affaires est de 9 000 000 € HT, donc supérieur au seuil légal de 8 000 000 € HT : une deuxième condition est remplie.

Donc peu importe que le bilan soit inférieur au seuil légal, puisque deux conditions suffisent. Ainsi, la SARL a l'obligation de désigner un CAC.

Méthode

Un bon raisonnement par syllogisme doit éviter trois défauts récurrents que l'on retrouve dans de nombreuses copies :

- **Se limiter à rappeler les faits : il faut les qualifier juridiquement.**

- **Entamer le syllogisme en appliquant d'emblée les règles de droit au cas. Cela reviendrait à inverser le raisonnement juridique.**
- **Négliger la partie « règles juridiques », qui représente l'essentiel de la note.**
Il faut lui réserver un traitement rigoureux.

AUTOÉVALUATION

La grille d'autoévaluation ci-dessous vous permet d'évaluer votre niveau et de vérifier si vos réponses correspondent aux attendus de l'examen.

	Niveau 1	Niveau 2	Niveau 3	Niveau 4
	Un premier élément de réponse, mais très incomplet, des erreurs, des contresens.	*Des éléments de réponse isolés, des approximations et/ou de la paraphrase.*	*Question comprise : des éléments de réponse pertinents, mais incomplets au niveau des savoirs et/ou de l'application.*	*Compétence attendue mobilisée avec mobilisation complète des savoirs associés à la compétence. Application pertinente.*
Vérifier si la SARL doit désigner un CAC. *(voir Section III.B.2)*	❒ Vous avez compris qu'il fallait étudier les conditions qu'impose la loi pour avoir à désigner un CAC, mais vous ne les maîtrisez pas.	❒ Vous avez compris qu'il fallait étudier les conditions qu'impose la loi pour avoir à désigner un CAC, mais vous ne les maîtrisez pas toutes.	❒ Vous avez compris qu'il fallait étudier les conditions qu'impose la loi pour avoir à désigner un CAC, vous les maîtrisez, mais vous les avez mal appliquées à la situation.	❒ Vous avez compris qu'il fallait étudier les conditions qu'impose la loi pour avoir à désigner un CAC et vous apportez des éléments de réponse corrects et pertinents. La solution apportée correspond à l'application de la règle de droit à la situation.

EXERCICES

1 Le cas Instano

10 min.

☑ **COMPÉTENCE ATTENDUE :**

- **Différencier le dirigeant de fait et le dirigeant de droit.**

La SNC Instano a pour gérant M. Lombard. Sa maîtresse, Mme Aline est comptable dans la société. Pourtant, elle a pris de plus en plus de poids dans les décisions prises par M. Lombard pour la SNC. Aujourd'hui, elle a même la signature bancaire, signe les documents administratifs et traite avec certains clients importants pour la société. Seulement, beaucoup de fautes de gestion semblent avoir été commises, au détriment de la SNC. Le gérant se demande s'il peut en être qualifié de responsable.

Votre mission : identifier les caractéristiques et les conséquences du dirigeant de fait.

Pour la réaliser, vous devez vérifier si Mme Aline peut être qualifiée de dirigeant de fait et les conséquences que cela a sur les fautes de gestion commises.

2 Le cas de Pierre Lombard

15 min.

COMPÉTENCE ATTENDUE :

– Identifier l'étendue de l'engagement de la responsabilité des associés.

Reprenons le cas de la société Instano, vu dans l'exercice précédent.

La SNC Instano compte trois associés, un couple et leur enfant. Son capital est réparti de la façon suivante :

M. Pierre Lombard	52 %
Mme Sylvie Lombard	38 %
M. Tony Lombard	10 %

Tony Lombard, 19 ans, fils de Sylvie et Pierre Lombard, est très riche, grâce à sa nouvelle fonction de trader à Londres, ce qui est moins le cas de ses parents, qui se sont endettés pour lui offrir les études qu'il méritait. Suite à de nombreuses fautes de gestion de la comptable, désormais décédée, la SNC croule sous les dettes. Un créancier, M. Rictus, souhaite agir pour tenter de récupérer sa créance de 96 000 €. Pierre Lombard fait à nouveau appel à vous, alors que ses déboires s'accumulent.

Votre mission : identifier l'étendue de l'engagement de la responsabilité des associés d'une SNC.

Pour la réaliser, vous devez indiquer si M. Rictus peut espérer obtenir le remboursement de sa créance.

3 Le cas Padebul

15 min.

COMPÉTENCE ATTENDUE :

– Identifier les pouvoirs et la responsabilité du dirigeant.

La SARL Padebul est spécialisée dans la vente et le montage de pneumatiques. La semaine dernière, le gérant a conclu un contrat avec un fournisseur avec qui il travaille depuis de nombreuses années. Les associés s'inquiètent car, cette fois-ci, il n'a pas commandé des pneus, comme d'habitude, mais des batteries de voiture. Le gérant justifie son acte comme une nécessité pour la société d'évoluer. Les associés viennent alors vous consulter car vous êtes l'expert-comptable de la SARL.

Votre mission : identifier les pouvoirs et la responsabilité du dirigeant.

Pour la réaliser, vous devez indiquer si la société est engagée par l'acte du dirigeant et si elle peut engager sa responsabilité personnelle.

CAS DE SYNTHÈSE

LE CAS LES BONS PLANS

20 min.

COMPÉTENCE ATTENDUE :

– **Identifier les caractéristiques de l'expertise de gestion.**

Mise en situation

Deux associés de la SARL Les Bons Plans, représentant 15 % du capital social, ont décidé d'agir contre le gérant. En effet, ils envisagent de demander la désignation d'un expert pour contrôler l'affectation des bénéfices de la société depuis plusieurs exercices, notamment afin de vérifier l'opportunité d'une affectation systématique des bénéfices à la réserve légale. En effet, en raison de l'importance des réserves, ils considèrent que leur demande d'expertise de gestion est légitime, qu'il est nécessaire qu'ils comprennent la politique d'investissement de la SARL, quelle est l'incidence de l'importance de ces réserves sur la valorisation des parts sociales et, enfin, si cette décision est conforme à l'intérêt social. Vous êtes avocat d'affaires et ces deux associés sollicitent vos services.

Votre mission : identifier les caractéristiques de l'expertise de gestion.

Pour la réaliser, vous avez à votre disposition une base documentaire et vous devez discuter de la légitimité de la demande d'expertise de gestion.

DOCUMENT

Arrêt de la Cour de cassation, Chambre commerciale, 13 septembre 2017, n° de pourvoi 15-25.950

[...] Vu l'article 455 du Code de procédure civile ;

Attendu que pour désigner un expert judiciaire, avec notamment pour cinquième chef de mission de contrôler l'affectation des bénéfices de la société Frabeltra depuis l'exercice clos le 30 septembre 2001 et notamment l'opportunité d'une mise en réserve systématique des bénéfices de la société Frabeltra dans la réserve légale, l'arrêt retient qu'au regard de l'importance des réserves, la demande d'expertise de gestion présente un caractère sérieux afin de déterminer quelle est la politique d'investissement de la société, quelle est l'incidence de l'importance de ces réserves sur la valorisation des parts sociales, et si cette situation est conforme à l'intérêt social ;

Qu'en se déterminant ainsi, sans répondre aux conclusions de M. Jean-Georges X... et de la société Frabeltra qui faisaient valoir que les décisions d'affectation des bénéfices ne constituaient pas des opérations de gestion, et qu'en conséquence, une expertise de gestion ne pouvait être ordonnée au sujet de ces affectations, la cour d'appel a violé le texte susvisé ;

PAR CES MOTIFS, et sans qu'il y ait lieu de statuer sur les autres griefs :

CASSE ET ANNULE, mais seulement en ce qu'il ordonne une expertise de gestion et désigne un expert avec pour mission, [...] en cinquième point, de contrôler l'affectation des bénéfices de la société Frabeltra depuis l'exercice clos le 30 septembre 2001 et notamment l'opportunité d'une mise en réserve systématique des bénéfices de la société Frabeltra dans la réserve légale, les autres réserves et le compte report à nouveau, et vérifier le cas échéant si cette mise en réserve a permis à la société en contrepartie, de réaliser des investissements qu'elle n'aurait pas pu réaliser sans cette mise en réserve des bénéfices, l'arrêt rendu le 16 juillet 2015, entre les parties, par la cour d'appel d'Aix-en-Provence [...].

CHAPITRE 5

La société, personne juridique : la disparition de la société

À l'issue de ce chapitre,

- **vous serez capable :**
  - ❐ d'identifier les causes de dissolution d'une société ;
  - ❐ de schématiser le processus de dissolution et de liquidation ;
  - ❐ d'analyser les conséquences de la dissolution et de la liquidation pour la personne morale ;
  - ❐ d'analyser les conséquences de la dissolution et de la liquidation pour les associés.
- **vous saurez identifier :**
  - ❐ la dissolution et la liquidation ;
  - ❐ l'étendue de la personnalité morale pendant les phases de dissolution et liquidation.

Mettez-vous en situation

Rien ne va plus dans la SARL Montbas. En effet, trois des cinq associés ne s'entendent plus et leur mésentente a pour effet de bloquer les décisions prises en AG. Les deux autres associés, dont le gérant, souhaitent poursuivre l'activité malgré tout. Vous êtes en charge de déterminer si la dissolution de la société peut être prononcée.

I. La dissolution de la société

Définition

La dissolution de la société correspond à la décision des associés ou du juge de faire disparaître la société. L'article 1844-7 du Code civil prévoit les différents motifs de dissolution.

A Les causes de dissolution

1. Les causes communes à toutes les sociétés

a. Arrivée du terme de la société

Le terme de la société est indiqué dans les statuts. La loi prévoit une durée maximale de 99 ans. Ainsi, à l'arrivée du terme, la société prend fin (article 1844-7 1° du Code civil). Cependant, les associés peuvent décider à l'unanimité (sauf disposition statutaire différente), un an auparavant, de proroger la société, c'est-à-dire de prolonger la société (article 1844-6 du Code civil).

> **!** Si, à l'arrivée du terme, la société continue à fonctionner alors que la prorogation n'est pas décidée, la société étant juridiquement dissoute, elle n'a plus la personnalité morale. C'est alors une société créée de fait.

La **loi n° 2019-744** du 19 juillet 2019 ajoute un alinéa à l'article 1844-6 du Code civil : « *Lorsque la consultation n'a pas eu lieu, le président du tribunal, statuant sur requête à la demande de tout associé dans l'année suivant la date d'expiration de la société, peut constater l'intention des associés de proroger la société et autoriser la consultation à titre de régularisation dans un délai de trois mois, le cas échéant en désignant un mandataire de justice chargé de la provoquer. Si la société est prorogée, les actes conformes à la loi et aux statuts antérieurs à la prorogation sont réputés réguliers et avoir été accomplis par la société ainsi prorogée.* »

b. Réalisation ou extinction de l'objet social

Quand l'objet social est réalisé ou éteint, la société prend fin, sans possibilité de prorogation (article 1844-7 2° du Code civil) :

- La **réalisation** de l'objet social est le fait que l'activité prévue par l'objet social est accomplie et terminée.

Exemple : La société Suez avait initialement comme objet social « réalisation d'un canal ». Ainsi, s'il n'y avait pas eu de modification de l'objet social en « réalisation et exploitation d'un canal », la société aurait pris fin.

- L'**extinction** de l'objet social est le fait que l'objet social n'est plus réalisable, pour des raisons indépendantes de la volonté des associés.

Exemple : L'objet social d'une société indiquait « acquisition et exploitation d'un fonds de commerce de vente de type supermarché à (*ville, adresse et enseigne*) à l'exclusion de tout autre ». Or, le bailleur a refusé le renouvellement du bail et, donc, n'a pas permis la continuation de l'exploitation du fonds de commerce. Ainsi, la société a dû être dissoute par extinction de l'objet social (décision de la Cour de cassation, Chambre commerciale, 30 mars 2016, n° de pourvoi 14-13.729).

c. Annulation du contrat de société

S'il manque une condition de validité au contrat de société, alors la société sera annulée (article 1844-7 3° du Code civil). L'annulation ne sera toutefois pas rétroactive.

d. Décision anticipée des associés

La dissolution anticipée volontaire relève de la décision des associés (article 1844-7 4° du Code civil). En tant que **décision extraordinaire**, elle est prise à la même majorité que celle prévue pour la **modification des statuts**.

e. Justes motifs

La décision de dissolution pour justes motifs est une **décision judiciaire** prise à la demande de tout associé, pour justes motifs (article 1844-7 5° du Code civil). La **mésentente entre les associés** est souvent un juste motif. Le juge fait une appréciation souveraine du **juste motif**, mais ce dernier doit être tellement grave qu'il paralyse le fonctionnement des organes sociaux ou met la société en danger de faillite.

> **!** La jurisprudence constante précisait que l'associé à l'origine du trouble ne pouvait pas demander la dissolution. Cependant, par une décision contraire du 10 avril 2019, la Chambre commerciale de la Cour de cassation a précisé que, dès lors que la dissolution est démontrée, elle peut être prononcée, sans que l'origine de la mésentente ne puisse être imputée à l'un ou l'autre des associés.

f. Réunion de toutes les parts sociales dans une même main

Par le fait de céder ou transmettre ses parts sociales, la conséquence peut être qu'une seule personne récupère la totalité des parts sociales ou actions de la société. Cela aura alors pour effet de mettre fin à la société (article 1844-7 6° du Code civil).

Cependant, la réunion de toutes les parts sociales en une seule main n'entraîne pas automatiquement la dissolution de la société. En effet, il faut qu'elle soit demandée en justice, soit par l'associé unique, soit par tout intéressé au bout d'**un an d'absence de régularisation** (article 1844-5 du Code civil).

> **!** Cette cause de dissolution ne s'applique pas à la SARL (qui devient une EURL), à la SAS (qui devient une SASU), à la SELARL (qui devient une SELEURL) et à la SELAS (qui devient une SELASU).

g. Liquidation judiciaire

Si le juge prononce la liquidation judiciaire pour insuffisance d'actif à l'égard de la société, alors la société sera dissoute (article 1844-7 7° du Code civil).

h. Cause statutaire

Si les statuts ont prévu une cause de dissolution spécifique, alors la réalisation de cette cause aura pour effet de dissoudre la société (article 1844-7 8° du Code civil).

> **Exemple :** La cause statutaire de dissolution peut être un changement de nationalité ou une baisse continue du résultat.

i. Sanction pénale de dissolution

Si la société, en tant que personne morale, a été condamnée pour infraction, le juge peut prononcer une peine complémentaire consistant en la dissolution de la société.

2. Les causes spécifiques à certaines sociétés

a. En cas d'événements affectant la personne d'un associé

Dans certaines sociétés (**SNC, SC, SCS et SCA**), le Code de commerce prévoit que, en cas d'événements affectant la personne d'un associé, la société sera dissoute. Cela peut être le décès, l'incapacité ou encore la faillite d'un associé.
Cependant, les **statuts** ou bien les **associés** peuvent décider de la continuation de la société malgré l'événement et, dans ce cas, la société ne sera pas dissoute. S'ils continuent l'activité sans statut le permettant ou décision de leur part, alors les associés sont dans une nouvelle **société créée de fait**.

b. En cas de capital réduit en dessous du minimum légal

Dans la **SA** et la **SCA**, le Code de commerce prévoit que si le capital social est réduit à moins que le minimum légal de 37 000 €, alors tout intéressé peut demander en justice la dissolution de la société, qui sera prononcée en l'absence de régularisation (article L. 224-2).

c. En cas de non-respect du seuil légal du nombre d'associés

Le Code de commerce prévoit des seuils minimum et maximum d'associés / d'actionnaires pour certaines sociétés :

- **SA cotée en Bourse :** 7 au minimum ;
- **SCA :** 4 au minimum ;
- **SARL :** 100 au maximum.

Ainsi, en cas de diminution en dessous du seuil ou de dépassement du seuil, la société sera dissoute dans l'année suivante, en l'absence de régularisation.

d. En cas de perte de la moitié du capital social

La perte de la moitié du capital social correspond à la situation dans laquelle le montant des capitaux propres de la société devient, compte tenu des pertes, inférieur à la moitié du montant de son capital social.

Exemple : Une société a un capital social de 100 000 € et des réserves accumulées de 50 000 €. Lors de la clôture de son exercice comptable, est constatée dans les comptes une perte de 120 000 €. Le montant des capitaux propres s'élève donc à 30 000 €. Il y a par conséquent une perte de la moitié du capital social.

Dans certaines structures, cela a pour conséquence la dissolution de la société. Cela concerne les **SARL** et les **EURL** (article L. 223-42 du Code de commerce), ainsi que toutes les **sociétés par actions**, à savoir les SASU, SAS, SCA et SA (article L. 225-48 du Code de commerce).

L'**article L. 225-48 du Code de commerce** prévoit que « *si, du fait de pertes constatées dans les documents comptables, les capitaux propres de la société deviennent inférieurs à la moitié du capital social, le conseil d'administration ou le directoire, selon le cas, est tenu dans les quatre mois qui suivent l'approbation des comptes ayant fait apparaître cette perte, de convoquer l'assemblée générale extraordinaire à l'effet de décider s'il y a lieu à dissolution anticipée de la société* ».

Les associés doivent décider de la poursuite de l'activité ou de la dissolution anticipée de la société, et ce au plus tard à la clôture du second exercice suivant celui au cours duquel la perte de la moitié du capital social a été constatée.

B Les conséquences de la dissolution

La dissolution de la société met fin à son activité.

1. Pour la société

La dissolution a deux conséquences pour la société :

- la disparition de la personne morale (à la clôture de la liquidation) ;
- la mise en liquidation (voir Section II de ce chapitre).

2. Pour les associés

À compter de la date de dissolution, les associés doivent arrêter l'exploitation de la société. S'ils continuent l'activité, ils font alors naître entre eux une **société de fait** (nouvelle société dépourvue de la personnalité morale).

C Les formalités de dissolution

Lors de la dissolution de la société, des formalités doivent être réalisées, afin qu'elle soit opposable aux tiers :

- tenue d'une AGE ou décision judiciaire ;
- enregistrement de l'acte de dissolution auprès des services fiscaux ;
- publication d'un avis de modification dans un JAL ;
- dépôt du dossier de dissolution au CFE (avec acte de dissolution et désignation du liquidateur) ;
- publication au RCS ;
- publication au BODACC.

II. La liquidation de la société

Définition

La liquidation de la société est la phase qui découle de la dissolution. La liquidation est la réalisation de l'actif (transformer l'ensemble des actifs de la société en numéraire) et l'apurement du passif (payer les dettes, c'est-à-dire désintéresser les créanciers).

L'article 1844-8 du Code civil définit cette phase de liquidation et les articles L. 237-1 à 237-31 du Code de commerce prévoient les règles de liquidation relatives aux sociétés commerciales.

> **!**
>
> Dans le cadre d'une dissolution d'une société unipersonnelle, il n'y aura pas de liquidation, mais une transmission universelle du patrimoine.
> En outre, la liquidation peut être amiable (prévue par les statuts ou décidée par les associés) ou judiciaire (conséquence dans les autres cas de dissolution). Il ne faut toutefois pas confondre cette liquidation judiciaire avec celle prononcée en cas de difficultés (cessation des paiements).

A Les étapes de la liquidation

1. Le rôle du liquidateur

Le liquidateur est la **personne obligatoire** qui va réaliser les **opérations de liquidation**, c'est-à-dire réaliser l'actif pour régler le passif. L'article 1844-8 du Code civil prévoit qu'il est nommé par les statuts, par décision ordinaire de l'AG des associés ou par le juge (et révoqué dans les mêmes conditions). Cette nomination doit faire l'objet d'une **publication**. La **durée** de ses fonctions est fixée par les parties (dans le maximum de trois ans suivant la dissolution).

> **Article 1844-8 du Code civil :** « *Si la clôture de la liquidation n'est pas intervenue dans un délai de trois ans à compter de la dissolution, le ministère public ou tout intéressé peut saisir le tribunal, qui fait procéder à la liquidation ou, si celle-ci a été commencée, à son achèvement.* »

Le liquidateur dispose des **pouvoirs** les plus étendus pour remplir sa mission (article L. 237-24 du Code de commerce) :

- Il représente la personne morale en liquidation.
- Il prend tous les actes de gestion dans l'intérêt de la société et seulement dans le cadre de la procédure de liquidation.
- Il dresse un inventaire de l'actif et du passif de la société.
- Il transforme l'actif en numéraire, c'est-à-dire qu'il procède à la vente des actifs.

> **!**
>
> La liquidation fait face à certaines interdictions : les cessions de tout ou partie de l'actif sont interdites à une personne ayant été associée ou organe de direction dans la société, sauf en cas de consentement unanime des associés ou accord du tribunal (article L. 237-6 du Code de commerce), au liquidateur lui-même, à son conjoint, à ses ascendants ou descendants ou à ses salariés (article L. 237-7 du Code de commerce). Il engage sa responsabilité pénale s'il enfreint ces interdictions.

- Il recouvre les créances, c'est-à-dire qu'il demande à des tiers débiteurs de procéder au paiement de leur dette.
- Il rembourse le passif, c'est-à-dire qu'il paie et désintéresse les créanciers.

> **Article L. 237-24 du Code de commerce :** « *Il est habilité à payer les créanciers et répartir le solde disponible.* »

Dans le cadre de sa mission, le liquidateur engage ses **responsabilités civile et pénale**.

2. La survie de la personne morale

Durant les opérations de liquidation et jusqu'à la publication de la clôture de la liquidation, la personnalité morale survit.

Article 1844-8 du Code civil : « *La personnalité morale de la société subsiste pour les besoins de la liquidation jusqu'à la publication de la clôture de celle-ci.* »

Il est nécessaire que la personne morale subsiste, car cette phase de liquidation nécessite d'accomplir des actes ; le liquidateur réalise l'actif et règle les dettes. La société conserve sa dénomination sociale, mais suivie de la mention « **société en liquidation** ». Tous les actes et documents de la société destinés aux tiers doivent faire figurer cette mention et le nom du liquidateur.

! Tout acte accompli pendant cette phase qui ne serait pas en lien avec la liquidation serait nul, tel que l'engagement dans de nouveaux contrats ou la poursuite de l'exploitation.

B Les conséquences de la liquidation

1. Conséquences patrimoniales pour les associés : le partage

La liquidation a des **conséquences patrimoniales** pour les associés. En effet, les opérations de liquidation ou les actes passés par le liquidateur permettent la **transformation** des droits et obligations contenus dans le patrimoine de la société (par exemple, vente des actifs, recouvrement des créances, etc.), qui va permettre le **paiement des créanciers** (et leur désintéressement).
À la clôture de la liquidation, en cas d'**actif net résiduel**, il va être procédé au **partage** de cet actif entre les associés.

a. Reprise des apports

La première phase du partage consiste en la **reprise des apports en numéraire ou en nature**. Les associés récupèrent le montant nominal des parts ou actions en cas d'apport en numéraire, ainsi que leur apport en nature, si c'est possible, sachant que les statuts peuvent prévoir une attribution conventionnelle de certains biens au bénéfice de certains associés.

Article 1844-9 du Code civil : « *Après paiement des dettes et remboursement du capital social, le partage de l'actif est effectué entre les associés dans les mêmes proportions que leur participation aux bénéfices, sauf clause ou convention contraire.*

Toutefois, les associés peuvent valablement décider, soit dans les statuts, soit par une décision ou un acte distinct, que certains biens seront attribués à certains associés. À défaut, tout bien apporté qui se retrouve en nature dans la masse partagée est attribué, sur sa demande, et à charge de soulte s'il y a lieu, à l'associé qui en avait fait l'apport. Cette faculté s'exerce avant tout autre droit à une attribution préférentielle.* »

* La soulte est la somme d'argent qui doit être payée par celui qui reçoit un lot d'une valeur plus élevée que celle à laquelle ses droits lui permettent de prétendre.

b. Partage du boni de liquidation

La seconde phase du partage consiste en l'éventuel partage du **boni de liquidation**. Il s'agit de la somme restante après paiement des créanciers et remboursement des apports aux associés, qui sera partagée entre les associés, en principe proportionnellement au montant de leurs apports (sauf en cas de disposition statutaire différente ou de décisions des associés).

Article L. 237-29 du Code de commerce : « *Sauf clause contraire des statuts, le partage des capitaux propres subsistant après remboursement du nominal des actions ou des parts sociales est effectué entre les associés dans les mêmes proportions que leur participation au capital social.* »

2. Conséquences pour la société

La liquidation a des conséquences pour la société : c'est l'**extinction** de la personne morale. Ainsi, la société n'existe plus juridiquement, donc ne peut plus passer d'actes juridiques, ester en justice, détenir un patrimoine, etc.

C La clôture de la liquidation

1. L'AG de clôture

Une fois les opérations de liquidation et de partage décidées par le liquidateur, il doit convoquer l'assemblée générale des associés (appelée AG de clôture) dans les six mois de sa nomination, délai rallongé jusqu'à douze mois à sa demande par décision de justice, afin de présenter aux associés un **rapport** sur la situation de la société et sur la **poursuite** des opérations de liquidation. L'AG doit statuer sur le compte définitif de liquidation, le quitus de la gestion du liquidateur, la **fin de son mandat** et la **clôture de la liquidation**.

2. Les formalités

Il faut déposer au greffe du tribunal de commerce les **comptes sociaux définitifs**, ainsi que le **procès-verbal d'AG** de clôture. Ensuite, il faut faire publier un **avis de clôture** dans un JAL.

> ! La publication permet de rendre la clôture de la société opposable aux tiers.

Enfin, il faut demander la **radiation** de la société au RCS dans le délai d'un mois. C'est alors qu'il y aura disparition de la société à la clôture de la liquidation.

SYNTHÈSE

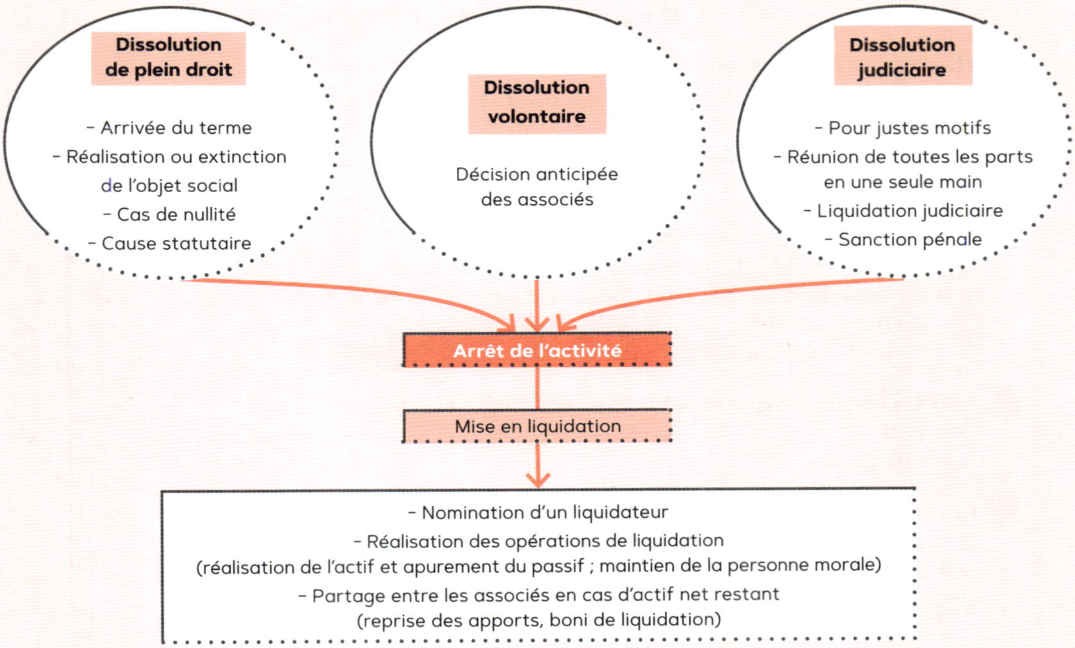

Faites le point sur les notions clés :
dissolution de la société (p. 90),
liquidation de la société (p. 94).

Révisez avec les flashcards

www.lienmini.fr/dcg02-08

QCM

Réponse unique

1 Que signifie la disparition de la société ?
- ❍ **a.** Elle va disparaître temporairement de la scène juridique.
- ❍ **b.** Elle ne peut disparaître que par la décision du juge.
- ❍ **c.** C'est la conséquence de la dissolution et de la liquidation.
- ❍ **d.** Toute société disparaît forcément après 99 ans.

QCM interactif
www.lienmini.fr/dcg02-10

2 Qu'est-ce qu'une cause commune à toutes les sociétés ?
- ❍ **a.** Un événement affectant la personne d'un associé.
- ❍ **b.** La réduction du capital en dessous du minimum légal.
- ❍ **c.** L'arrivée du terme.
- ❍ **d.** La perte de la moitié du capital social.

3 La dissolution nécessite la publication d'un avis dans un JAL.
- ❍ **a.** Vrai.
- ❍ **b.** Faux.

4 La conséquence patrimoniale de la liquidation pour les associés consiste à :
- ❍ **a.** conserver sa personnalité morale.
- ❍ **b.** se partager l'éventuel boni de liquidation.
- ❍ **c.** payer les créanciers.
- ❍ **d.** recouvrer les créances.

5 L'AG de clôture n'est pas obligatoire en cas de liquidation.
- ❍ **a.** Vrai.
- ❍ **b.** Faux.

Plusieurs réponses possibles

6 Quelles sont les causes communes à toutes les sociétés ?
- ❍ **a.** La réalisation de l'objet social.
- ❍ **b.** La décision anticipée des associés.
- ❍ **c.** La réduction du capital en dessous du minimum légal.
- ❍ **d.** La perte de la moitié du capital social.

7 La dissolution en cas de réduction du capital en dessous de la moitié du capital social concerne :
- ❍ **a.** les SARL.
- ❍ **b.** les EURL.
- ❍ **c.** les SAS.
- ❍ **d.** les SA.

8 La dissolution en cas de réunion de toutes les parts sociales dans une même main concerne :
- ❍ **a.** les SA.
- ❍ **b.** les SAS.
- ❍ **c.** les SELARL.
- ❍ **d.** les SARL.

9 **La dissolution en cas d'événements affectant la personne d'un associé concerne :**

❍ **a.** la SNC.
❍ **b.** la SCA.
❍ **c.** la SAS.
❍ **d.** la SCS.

10 **La dissolution en cas de réduction du nombre d'associés en deçà du seuil légal concerne :**

❍ **a.** la SA cotée en Bourse.
❍ **b.** la SA non cotée en Bourse.
❍ **c.** la SAS.
❍ **d.** la SCA.

● Réponse à justifier

11 **Les statuts de la SARL Vitfee prévoient pour la société une durée de dix ans. Un an avant l'arrivée du terme, les associés se demandent s'ils peuvent continuer l'activité.**

❍ **a.** Oui, il faut décider de la prorogation.
❍ **b.** Non, c'est trop tard, il fallait le décider deux ans avant.
❍ **c.** Non, ce n'est pas possible.
❍ **d.** Oui, et la société devra repartir pour 99 ans.

12 **Finalement, les associés de la SARL Vitfee n'ont pas prorogé la société. Le délai d'expiration de la société est passé depuis six mois maintenant. Les associés se demandent ce qu'ils peuvent faire.**

❍ **a.** Seulement un créancier peut demander au président du tribunal de proroger la société.
❍ **b.** Tout associé peut demander au président du tribunal de proroger la société, qui rendra sa décision dans un délai de trois mois.
❍ **c.** Tout associé peut demander au président du tribunal de proroger la société, qui rendra sa décision dans un délai de six mois.
❍ **d.** Tous les associés réunis doivent demander au président du tribunal de proroger la société, qui rendra sa décision dans un délai de trois mois.

13 **Le président du tribunal a statué sur requête et validé la prorogation de la SARL Vitfee. Les associés se demandent ce qu'il en est des actes passés entre la fin de l'expiration du délai d'un an prévu statutairement et la décision du président.**

❍ **a.** Les actes antérieurs à la prorogation n'ont plus d'effet juridique pour l'avenir.
❍ **b.** Les actes antérieurs à la prorogation sont annulés.
❍ **c.** Les actes antérieurs à la prorogation sont réputés réguliers.
❍ **d.** Le président devra valider chaque acte, un par un.

14 **Rien ne va plus dans la SARL Vitfee. Les associés souhaitent mettre un terme à l'activité. Ils se demandent de quel type de décision relève la dissolution anticipée volontaire, afin de savoir quelle majorité est nécessaire.**

❍ **a.** D'une décision ordinaire.
❍ **b.** D'une décision extraordinaire.

15 **Les associés de la SARL Vitfee, après avoir décidé de la dissolution anticipée, se demandent s'ils vont pouvoir récupérer leur apport.**

❍ **a.** Oui, s'ils le décident en AG.
❍ **b.** Non, jamais.
❍ **c.** Oui, toujours, ce sont les premiers créanciers.
❍ **d.** Oui, s'il reste de l'actif net après désintéressement des créanciers.

CAS PRATIQUE GUIDÉ

LA POURSUITE DE L'EXPLOITATION DE LA SNC MARVELOUS

La SNC Marvelous est une société composée de trois associés : le grand-père et ses deux petits-enfants. Le mois dernier, le grand-père est décédé. Les deux petits-enfants décident de poursuivre l'exploitation de la société, sans se préoccuper d'aucune formalité. Pourtant, aujourd'hui, leur oncle leur indique que la SNC a été dissoute. Ils se demandent alors si c'est vrai et se rapprochent de vous, qui êtes l'expert-comptable de la société depuis sa création.

Votre mission : hiérarchiser les causes de dissolution d'une société.

Pour la réaliser, vous devez vérifier si la SNC a été dissoute par le décès d'un associé.

CORRIGÉ

☑ **COMPÉTENCE ATTENDUE :**

- **Identifier les causes de dissolution d'une société.**

Méthode

Pour résoudre un cas pratique [voir Fiche méthode 2], vous devez respecter quelques règles essentielles :

- **Schématiser, au brouillon, les éléments essentiels nécessaires pour traiter le cas.**
- **Effectuer le travail d'analyse juridique pour identifier le problème juridique posé par le cas pratique.**
- **Rédiger le raisonnement juridique (règle de droit + application de la règle de droit aux faits), appelé aussi le syllogisme.**

TRAVAIL PRÉPARATOIRE

Ces faits soulèvent le problème juridique suivant : le décès d'un associé d'une SNC entraîne-t-il la dissolution de la société ?

PRINCIPES JURIDIQUES

Selon la loi, il existe des causes communes et des causes spécifiques de dissolution d'une société. Concernant la SNC, l'article L. 221-15 du Code de commerce indique

> **!** Dans ce cas, vous devez indiquer les causes de dissolution d'une SNC.

que, en cas de décès d'un associé, la société est dissoute, sauf disposition statutaire contraire ou décision unanime des associés.
S'ils continuent l'activité sans statut le permettant ou décision de leur part, alors les associés sont dans une nouvelle société créée de fait.

APPLICATION AU CAS

> Dans ce cas, vous devez vérifier si le décès d'un associé d'une SNC entraîne la dissolution de la société.

En l'espèce, il s'agit de vérifier si le décès d'un associé entraîne la dissolution de la société. La société est une SNC, donc l'article L. 221-15 du Code de commerce s'applique. Ainsi, le décès d'un associé entraîne la dissolution de la société. Il n'est pas fait mention des statuts, ni de décision des associés de proroger la société.
Ainsi, ils sont dans une nouvelle société créée de fait.

Méthode

Un bon raisonnement par syllogisme doit éviter trois défauts récurrents que l'on retrouve dans de nombreuses copies :
- **Se limiter à rappeler les faits : il faut les qualifier juridiquement.**
- **Entamer le syllogisme en appliquant d'emblée les règles de droit au cas. Cela reviendrait à inverser le raisonnement juridique.**
- **Négliger la partie « règles juridiques », qui représente l'essentiel de la note.**

Il faut lui réserver un traitement rigoureux.

AUTOÉVALUATION

La grille d'autoévaluation ci-dessous vous permet d'évaluer votre niveau et de vérifier si vos réponses correspondent aux attendus de l'examen.

	Niveau 1	Niveau 2	Niveau 3	Niveau 4
	Un premier élément de réponse, mais très incomplet, des erreurs, des contresens.	*Des éléments de réponse isolés, des approximations et/ou de la paraphrase.*	*Question comprise : des éléments de réponse pertinents, mais incomplets au niveau des savoirs et/ou de l'application.*	*Compétence attendue mobilisée avec mobilisation complète des savoirs associés à la compétence. Application pertinente.*
Vérifier si la SNC a été dissoute par le décès d'un associé. *(voir Section I.A.1)*	❐ Vous avez compris qu'il fallait étudier les causes de dissolution de la société, mais vous ne connaissez pas les causes spécifiques à la SNC.	❐ Vous avez compris qu'il fallait étudier les causes de dissolution de la société, vous connaissez certaines causes spécifiques, mais pas celle du décès relatif à la SNC.	❐ Vous avez compris qu'il fallait étudier les causes de dissolution de la société, et vous apportez des éléments de réponse corrects.	❐ Vous avez compris qu'il fallait étudier les causes de dissolution de la société et vous apportez des éléments de réponse corrects et pertinents. La solution apportée correspond à l'application de la règle de droit à la situation.

EXERCICES

1 Le cas O'Tocar

10 min.

COMPÉTENCE ATTENDUE :

– Identifier les causes communes de dissolution d'une société.

Un couple a créé la SAS O'Tocar. Cependant, rien ne va plus dans leur couple et ils décident de divorcer. Ils se demandent si c'est une cause valable de dissolution de leur société.

Votre mission : identifier les causes communes de dissolution d'une société.

Pour la réaliser, vous devez vérifier si le divorce des associés met fin à la société.

2 Le cas Batomouch

15 min.

COMPÉTENCE ATTENDUE :

– Identifier les conditions de validité des opérations de partage effectuées par le liquidateur.

M. Picsou, liquidateur de la SARL Batomouch, a procédé à la vente des actifs de la société. Il a repéré un ordinateur tout neuf, dernier cri. N'ayant pas l'intention de commettre une infraction, il ne le vole pas et décide de l'acheter à la société. L'un des associés se demande cependant si cette transaction est possible.

Votre mission : identifier les conditions de validité des opérations de partage effectuées par le liquidateur.

Pour la réaliser, vous devez analyser la validité de la cession.

3 Le cas Marge

15 min.

COMPÉTENCE ATTENDUE :

– Identifier les causes spécifiques de dissolution d'une société.

L'EURL Marge a un capital social de 1 000 € et 500 € de réserves. Lors de la clôture de son exercice comptable, vous, le comptable de la société, constatez une perte de 1 200 € dans les comptes.

Votre mission : identifier les causes spécifiques de dissolution d'une société.

Pour la réaliser, vous devez apprécier le montant des capitaux propres et en conclure si le résultat obtenu peut constituer une cause de dissolution de l'EURL.

• CAS DE SYNTHÈSE •

LE CAS AVOSMARQUES

20 min.

COMPÉTENCE ATTENDUE :

- **Identifier les conditions de l'engagement de la responsabilité du liquidateur.**

Mise en situation

La SAS AVosMarques est en liquidation. Or, le liquidateur a sciemment omis de régler la créance d'une SASU à l'égard de la SAS, car il a entendu parler de malversations commises par le dirigeant de la SASU. Vous êtes l'expert-comptable de la SAS.

Votre mission : identifier les conditions de l'engagement de la responsabilité du liquidateur.

Pour la réaliser, vous avez à votre disposition une base documentaire et vous devez discuter de l'engagement de la responsabilité civile du liquidateur.

DOCUMENT

Arrêt de la Cour de cassation, Chambre commerciale, 6 décembre 2011, n° de pourvoi 10-25.720

Attendu, selon l'arrêt attaqué (Aix-en-Provence, 17 septembre 2010), que par arrêt du 8 avril 2003, la société Imprimerie nouvelles affiches (la société Ina) a été condamnée à payer à Mme X…, en sa qualité de liquidateur judiciaire de la société Omma, la somme de 274 822 euros ; que la société Ina a été dissoute le 11 décembre 2003 sur décision de son assemblée générale extraordinaire, M. Y..., son ancien gérant, étant désigné liquidateur ; que le 13 août 2004, Mme X…, ès qualités, a assigné M. Y... en paiement de dommages-intérêts pour avoir sciemment omis de régler la créance de la société Omma ; que sur déclaration de cessation des paiements effectuée le 22 septembre 2004 par M. Y..., ès qualités, la société Ina a été mise en liquidation judiciaire le 30 septembre 2004, la procédure ayant été clôturée pour insuffisance d'actif le 28 juin 2006 ; que M. Z... a été nommé liquidateur de la société Omma en remplacement de Mme X… ;

Attendu que M. Y... fait grief à l'arrêt confirmatif de l'avoir condamné, en sa qualité de liquidateur amiable de la société Ina, à payer à M. Z..., ès qualités, la somme de 295 738,92 euros à titre de dommages-intérêts alors, selon le moyen :

1°/ que le liquidateur amiable, qui est un mandataire social, n'est, comme n'importe quel autre dirigeant social, responsable à l'endroit d'un tiers à la société, qu'à la condition que ce tiers démontre qu'il a commis une faute détachable de ses fonctions ; qu'en se bornant, pour condamner M. Y... à réparer le préjudice subi par la société Omma, à faire état de circonstances qui ressortissent directement à ses fonctions de liquidateur amiable de la société Ina, la cour d'appel a violé les articles L. 237-12 et L. 237-24 du Code de commerce, ensemble l'article 1382 du Code civil ;

2°/ que le liquidateur amiable, qui est un mandataire social, n'est, comme n'importe quel autre dirigeant social, responsable à l'endroit d'un tiers à la société, qu'à la condition que ce tiers démontre que la faute qu'il lui reproche lui est directement imputable ; qu'en relevant, pour condamner M. Y... à réparer le préjudice subi par la société Omma, qu'il n'administre pas la preuve que les payements préférentiels qui lui sont reprochés sont tous antérieurs à la date à laquelle il a été désigné comme liquidateur amiable, la cour d'appel a violé les articles L.237-12 et L. 237-24 du Code de commerce, ensemble les articles 1382 du Code civil et 9 du Code de procédure civile ;

3°/ que suivant le principe indemnitaire, la victime ne peut pas obtenir l'allocation d'une réparation supérieure à celle que justifie l'indemnisation du dommage que lui a causé directement la faute dont elle se plaint ; qu'en énonçant que M. Y... est « irrecevable » à prétendre que la réparation allouée à la société Omma ne peut pas être supérieure à la perte que la société Omma aurait évitée si la faute reprochée à M. Y... n'avait pas existé, la cour d'appel a violé les articles L. 237-12 du Code de commerce et 1382 du Code civil[1].

Mais attendu qu'en vertu de l'article L. 237-12 du Code de commerce, le liquidateur est responsable à l'égard des tiers des conséquences dommageables des fautes commises dans l'exercice de ses fonctions ; qu'après avoir énoncé que la liquidation amiable impose l'apurement intégral du passif, l'arrêt retient par motifs adoptés, que M. Y... ne pouvait ignorer la situation financière de la société Ina dont il était préalablement le gérant, qu'il a procédé à la déclaration de l'état de cessation des paiements le 23 septembre 2004 soit plus de neuf mois après l'ouverture de la liquidation amiable et qu'en s'abstenant de déclarer l'état de cessation des paiements, M. Y... se reconnaissait être en mesure de payer les dettes certaines, liquides et exigibles comme celle de la société Omma dont il avait connaissance ; qu'il retient encore, par motifs propres, que M. Y... en sa qualité de liquidateur amiable a commis une faute en n'apurant pas le passif de la société Ina, faute qui a causé un préjudice particulier à la société Omma par la volonté délibérée de M. Y... de ne pas remplir son obligation à son égard ; qu'ayant ainsi caractérisé la faute commise par M. Y... dans l'exercice de ses fonctions de liquidateur amiable, la cour d'appel, qui n'a pas dit que M. Y... était irrecevable à prétendre que la réparation allouée à la société Omma ne pouvait pas être supérieure à la perte que la société Omma aurait évitée si la faute n'avait pas existé, a pu statuer comme elle l'a fait ; que le moyen n'est pas fondé ;

PAR CES MOTIFS :

REJETTE le pourvoi.

---

1 Aujourd'hui, l'article 1382 du Code civil est devenu l'article 1240 du même code.

CHAPITRE 6

La société sans personnalité juridique propre

À l'issue de ce chapitre,

- **vous serez capable :**
  - ❒ de distinguer les différentes formes de société sans personnalité juridique ;
  - ❒ d'identifier les conséquences juridiques associées aux différentes formes de société sans personnalité juridique.
- **vous saurez identifier :**
  - ❒ les dispositions régissant l'absence de personnalité juridique de la société ;
  - ❒ la société en participation ;
  - ❒ la société de fait ;
  - ❒ la société créée de fait.

Mettez-vous en situation

Septine et Safer ont vécu ensemble à Fort-de-France de 2001 à 2019. Sur un terrain dont Septine était propriétaire, ils ont exploité diverses activités commerciales, dont celle de bar-restaurant. En 2011, Septine a fait construire sur ce terrain une maison d'habitation. Après une séparation, en 2021, Safer a assigné Septine en déclaration de propriété pour moitié de l'immeuble, montant de sa part dans la société de fait qui aurait existé entre eux. Septine vous consulte en votre qualité d'avocat. Vous devez déterminer si l'on peut considérer qu'est née une société créée de fait entre les concubins.

I. Les dispositions régissant l'absence de personnalité juridique de la société

A Définition et typologie

Par principe, dès qu'elle est immatriculée au RCS, la société est dotée de la **personnalité morale**. Ainsi, une société qui n'est pas immatriculée n'a pas de personnalité juridique : elle n'existe donc pas en tant que personne morale.
En dehors de la société en cours de constitution, il existe trois types de société sans personnalité juridique :

- la **société en participation** ;
- la **société de fait** ;
- la **société créée de fait**.

Figure 6.1 **Les sociétés sans personnalité juridique**

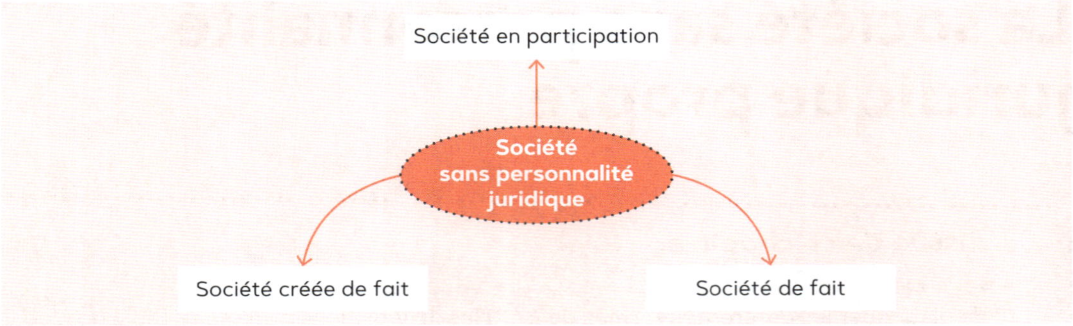

B Naissance

Cette société sans personnalité juridique propre est voulue et peut naître de deux situations :

- **négligence des associés** : les formalités de constitution n'ont pas été faites ;
- **volonté des associés**.

C Conséquences communes

Dépourvue de personnalité morale, la société sans personnalité juridique propre ne pourra pas participer à la vie juridique : elle ne pourra pas contracter, agir en justice ou être poursuivie, ni détenir son propre patrimoine. Ainsi, ce sont ses associés qui seront responsables.
Ces sociétés n'ont pas d'identité et donc d'**attributs d'identification** (dénomination sociale, siège social, patrimoine social, etc.).

II. La société en participation

Avec la société civile, la société en participation est la seule société prévue dans le Code civil (articles 1871 à 1872-2), et ce depuis 1978.

> **Article 1871 du Code civil :** « *Les associés peuvent convenir que la société ne sera point immatriculée. La société est dite alors "société en participation". Elle n'est pas une personne morale et n'est pas soumise à publicité. Elle peut être prouvée par tous moyens. Les associés conviennent librement de l'objet, du fonctionnement et des conditions […].* »

Définition

La société en participation est la volonté de personnes physiques ou morales de s'associer dans une entreprise commune. Cependant, c'est aussi leur volonté de ne pas l'immatriculer, afin que la société n'ait pas de personnalité juridique propre.

Elle est occulte si elle est dissimulée aux tiers, ou ostensible si elle est révélée (par exemple, par la publication dans un JAL ou à certains tiers seulement).

Les **avantages** de la société en participation sont nombreux :

- **simplicité :** souplesse de création, de fonctionnement et de dissolution ; elle peut donc être créée pour un projet ponctuel ;
- **discrétion :** discrétion vis-à-vis des tiers.

Figure 6.2 **La société en participation**

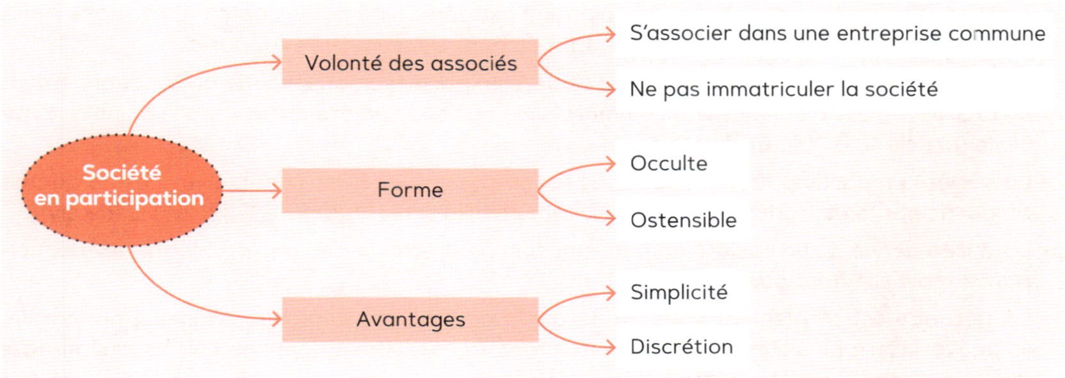

A Naissance

La société en participation naît par une volonté d'entreprise commune, à travers le seul acte qu'est un **contrat de société**. Ce contrat peut ressembler à des statuts, mais pas obligatoirement, puisque rien n'est légiféré. Ainsi, il n'est pas obligatoirement écrit et la société en participation se prouve **par tous moyens** (article 1871 du Code civil) : par exemple, par des échanges de courriers électroniques, des livres de commerce, mais aussi des témoignages.
Aucune formalité n'est donc réalisée, ni publicité légale, sauf la **déclaration à l'administration fiscale** (CERFA n° 11924-01, déclaration d'exploitation en commun). Il faut donc être **au moins deux associés** – personne physique ou personne morale, (appelés **participants**) – et avoir la volonté d'entreprendre en commun, dans le dessein de participer aux bénéfices, mais également aux pertes, et d'avoir un *affectio societatis* (volonté de collaborer sur un pied d'égalité). La répartition se fait de façon libre (sous réserve de respecter la prohibition des clauses léonines).
Il n'y a **pas de capital minimum**. Tous les types d'**apports** sont possibles. Cependant, le participant reste pleinement propriétaire de ce qu'il a apporté à la société, cet apport n'étant que mis à disposition pour les besoins de la société (apport « en jouissance »).
Enfin, l'activité doit être **licite** et ne doit pas relever d'une activité réglementée (par exemple, une société de transport de personnes, une pharmacie, etc.).

Figure 6.3 **Naissance de la société en participation**

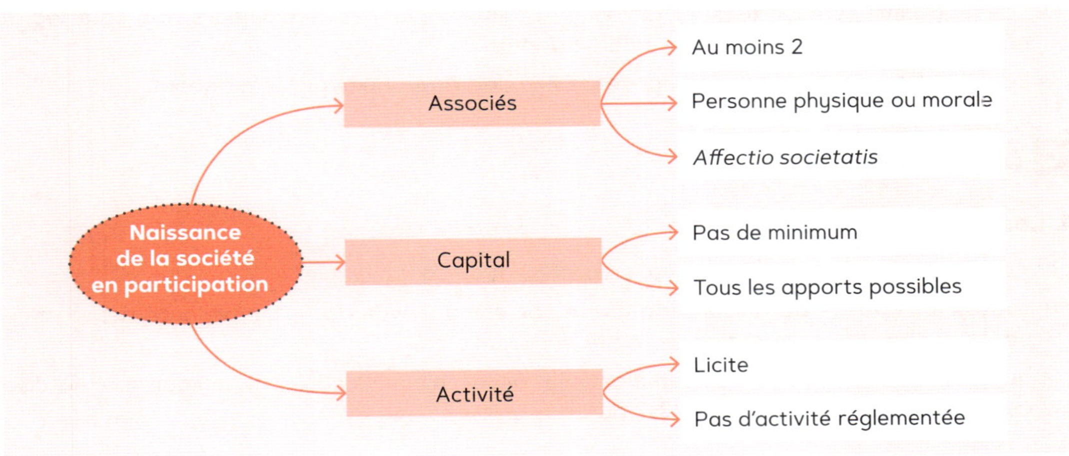

B Fonctionnement

Le fonctionnement de la société en participation est déterminé par le contrat de société. Ainsi, les parties disposent d'une grande liberté dans l'organisation de leurs rapports :

- À défaut de statuts, la loi confère à la société en participation le mode de fonctionnement de la **SNC** – si elle a une activité commerciale – ou de la **société civile** – si elle a une activité civile (article 1871-1 du Code civil).
- La société en participation ne peut pas **ester en justice**, ni être poursuivie. Les dirigeants ou participants devront le faire en leur nom pour la société (article 1872-1 du Code civil).
- La **durée** de vie d'une société en participation peut être limitée par la volonté des participants, mais elle n'est pas limitée à 99 ans.
- La **gérance** est totalement libre : le gérant peut être une personne physique ou morale, ils peuvent être plusieurs à exercer cette fonction et, comme dans la SNC, si aucun n'est désigné gérant, tous les participants bénéficient de ce mandat social de gérant. Le gérant agit dans l'intérêt de la société, mais sans la représenter.
- Tous les **contrats** passés par le dirigeant engagent personnellement chaque participant à l'égard des tiers (article 1872-1 du Code civil). La société n'ayant pas de patrimoine social, elle ne peut être engagée.
- Chaque associé contracte en son **nom personnel** et est seul engagé à l'égard des tiers, à condition que la société ne soit pas révélée à ces derniers. Il en est autrement si les associés agissent en tant que tels au su et au vu des tiers, ou encore si un associé s'immisce dans un contrat passé avec un tiers par un autre associé, ou profite de ce contrat. En ce cas, les associés sont **solidairement** responsables si la société est commerciale (comme s'il y avait une SNC) et ne sont tenus que proportionnellement à leurs apports si la société est civile.

> **!** En cas de société en participation ostensible, la responsabilité des associés est indéfinie et, si l'activité est commerciale, solidaire.

- Les biens acquis grâce à l'activité sont **indivis**, c'est-à-dire qu'ils deviennent la propriété des associés.
- Le mode d'**imposition** est choisi par les participants :
  - une imposition des bénéfices à l'impôt sur les sociétés (régime des sociétés de capitaux) ;
  - une imposition au nom de chaque associé pour la quote-part qui leur revient (régime des sociétés de personnes) ;
  - une imposition mixte.
- Les dirigeants rémunérés sont affiliés au régime social des **travailleurs non salariés** et dépendront donc du régime des indépendants.
- La cotisation foncière des entreprises (**CFE**) doit être payée par le dirigeant.

C Dissolution

1. Les causes de la dissolution

Les causes de dissolution de la société en participation sont multiples :

- **toutes les causes de dissolution d'une société :** arrivée du terme, volonté des participants, réalisation / extinction de l'objet social, etc. ;
- **quand l'activité est civile ou commerciale :** décision d'un participant, qui doit être notifiée aux autres associés (article 1872-2 du Code civil) ;

- **quand l'activité est commerciale :** décès d'un participant ou révocation d'un des gérants (quand ils sont plusieurs). Un arrêt de la Cour de cassation du 27 novembre 2019 indique que cette cause de dissolution n'est pas applicable aux sociétés en participation de professionnels.

Les **procédures collectives** (sauvegarde, redressement, liquidation) ne sont pas applicables à la société en participation, celle-ci n'ayant pas de patrimoine social. La seule **formalité** à remplir est l'information de l'administration fiscale.

2. Les conséquences de la dissolution

La dissolution n'entraîne pas de liquidation, mais un **arrêté des comptes**, ainsi qu'un **partage des biens** et des **bénéfices** entre les associés : chaque participant reprend ses biens et les bénéfices sont distribués en fonction de ce qui est prévu dans les statuts ou, à défaut, proportionnellement aux apports.
La dissolution entraîne également le règlement de l'éventuel **passif** : les pertes sont supportées entre les participants à hauteur de ce qui est prévu dans les statuts ou, à défaut, proportionnellement aux apports.

Figure 6.4 **Dissolution de la société en participation**

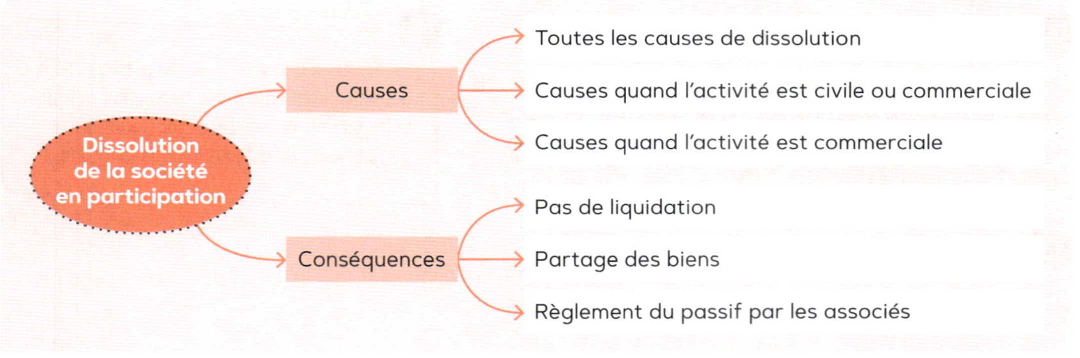

III. La société de fait

La société de fait n'est pas définie par la loi, mais par la jurisprudence.

Définition
La société de fait est créée par la volonté des associés, dans le but d'entreprendre en commun. Elle n'a pas d'existence juridique, et donc de personnalité juridique, dans la mesure où une irrégularité entache son existence. Une société de fait est ostensible si ses membres agissent en tant qu'associés à l'égard des tiers.

A Naissance

La société de fait peut être, à la base, n'importe quelle société constituée et immatriculée au RCS. Le juge prononcera cependant sa **nullité** en cas de non-conformité de sa création avec les dispositions légales de formation des sociétés énoncées par le Code de commerce (vice de constitution).

Exemple : La nullité peut être prononcée si les statuts oublient une mention obligatoire, si le capital social n'a pas été déposé, si l'annonce légale publiée oublie une mention obligatoire ou bien encore si les associés n'avaient en réalité aucune intention de collaborer dans la réalisation d'une entreprise commune et ne comptaient pas partager les bénéfices et les pertes.

Figure 6.5 **Naissance de la société de fait**

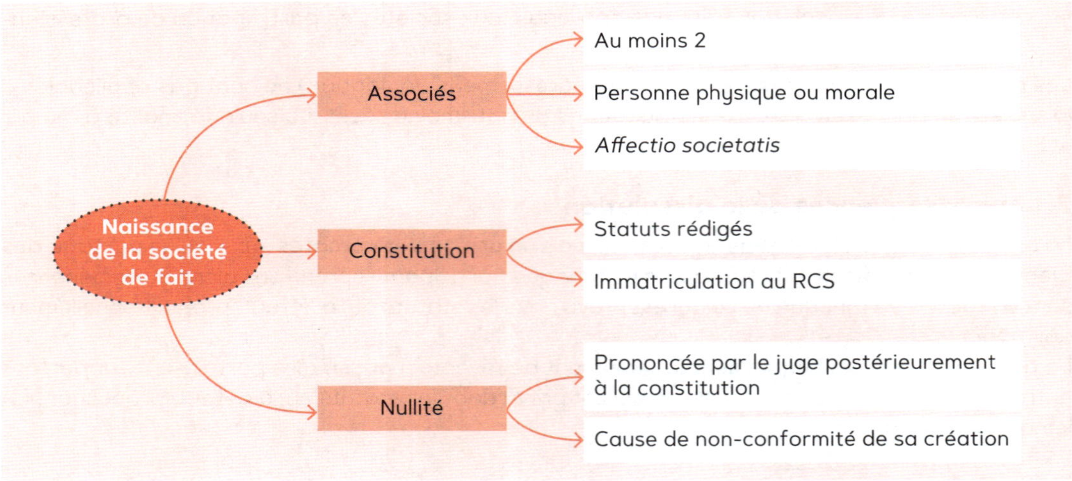

B Fonctionnement

Le fonctionnement est le même que celui de la société en participation, à la différence près que la société de fait est immatriculée et fonctionne normalement jusqu'à son annulation.

> **!** Un associé d'une société de fait n'est pas tenu des obligations nées d'une convention conclue entre un tiers et l'un de ses coassociés, s'il a seulement révélé l'existence de la société.

C Dissolution

1. Les causes de la dissolution

Les causes de la dissolution de la société de fait sont les mêmes que celles de la société en participation.

2. Les conséquences de la dissolution

La société étant annulée, il n'existe plus de patrimoine propre, donc les associés sont responsables personnellement des actes passés par eux pour les besoins de l'activité de la société.

Figure 6.6 **Dissolution de la société de fait**

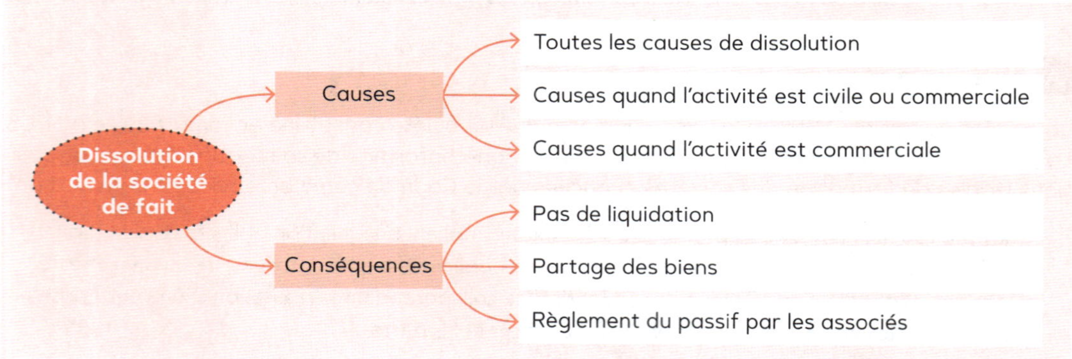

IV. La société créée de fait

La société créée de fait n'est pas définie par la loi, mais par la jurisprudence.

Définition

La société créée de fait correspond à la situation d'au moins deux personnes qui se comportent comme des associés entre elles et à l'égard des tiers, sans avoir créé de contrat de société.

Exemple : Il est courant que des concubins gèrent une société créée de fait.

A Naissance

La société créée de fait nécessite **deux associés au minimum**, personnes physiques ou personnes morales, l'existence d'**apports**, l'**intention de collaborer** sur un pied d'égalité à la réalisation d'un projet commun et l'**intention de participer aux bénéfices ou aux économies**, ainsi qu'aux **pertes** éventuelles pouvant en résulter. Ces **éléments cumulatifs** doivent être établis séparément et ne peuvent se déduire les uns des autres.

La **reconnaissance** de la société est demandée judiciairement par un associé ou par un tiers (par exemple, par un créancier). La **preuve** d'existence peut être apportée par tout moyen.

Le juge va vérifier toutes les conditions générales et spécifiques de la constitution du contrat de société, afin de reconnaître l'existence d'une société créée de fait.

> **!** Il n'y a pas de réel *affectio societatis*, puisque les associés n'ont pas expressément exprimé leur consentement de collaborer à une entreprise commune sur un pied d'égalité, mais le juge le déterminera par le comportement des associés en vue d'œuvrer dans ce but.

Figure 6.7 **Naissance de la société créée de fait**

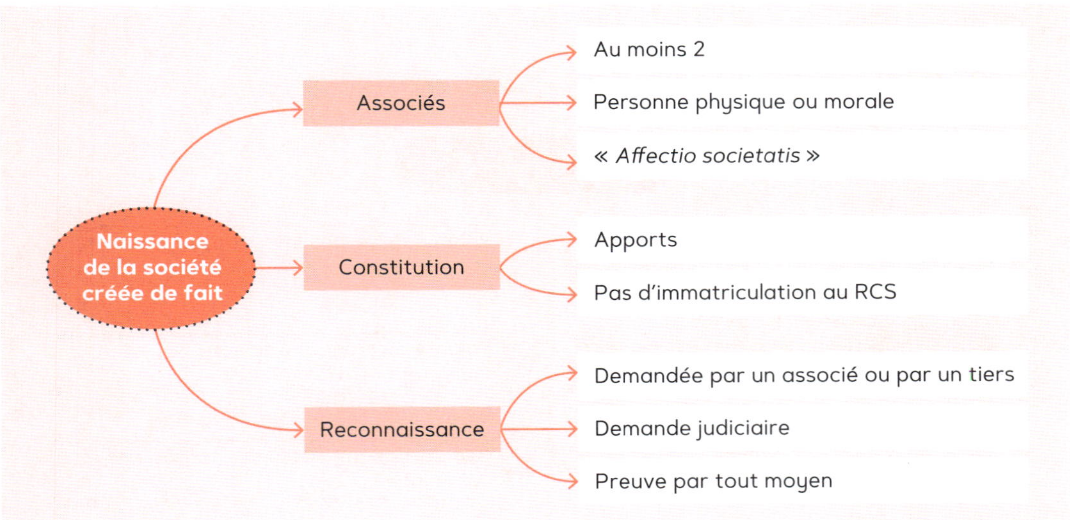

B Fonctionnement

Le fonctionnement est le même que celui de la société en participation, comme l'indique l'article 1873 du Code civil.

C Dissolution

1. Les causes de la dissolution

Les causes de la dissolution de la société créée de fait sont les mêmes que celles de la société en participation.

> **!** La dissolution d'une société créée de fait peut résulter à tout moment d'une notification adressée par l'un des associés à tous les associés, pourvu que cette notification soit de bonne foi et non faite à contretemps, comme le rappelle la Chambre commerciale de la Cour de cassation dans son arrêt du 10 avril 2019.

2. Les conséquences de la dissolution

Chaque associé reprend ses biens mis à disposition de la société et il est opéré un partage des bénéfices ou des pertes. La société créée de fait n'ayant pas de personnalité morale, il n'existe pas non plus de patrimoine social propre. Les associés sont donc **responsables personnellement** des actes passés par eux pour les besoins de l'activité de la société.

Figure 6.8 **Dissolution de la société créée de fait**

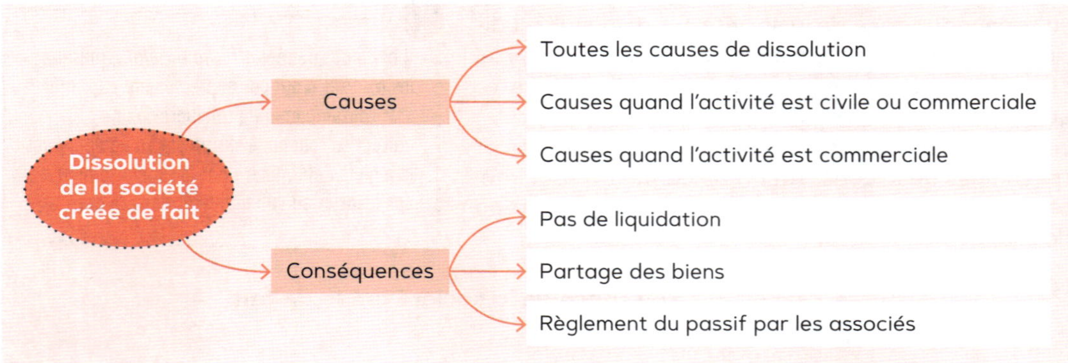

SYNTHÈSE

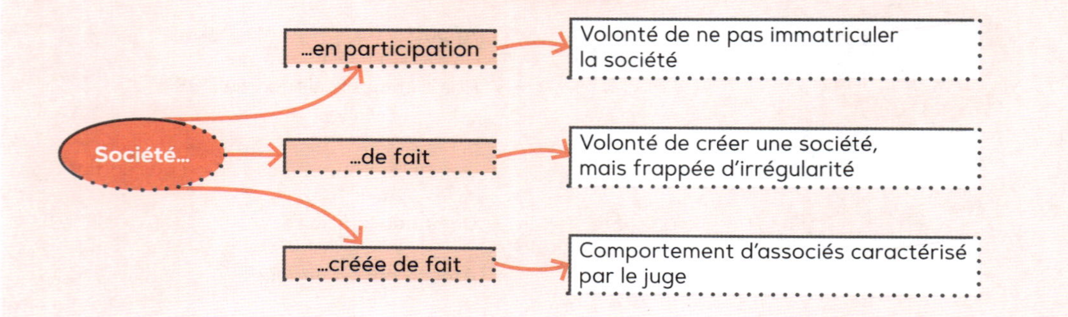

Faites le point sur les notions clés :
société en participation (p. 106), société de fait (p. 109), société créée de fait (p. 111).

Révisez avec les flashcards
www.lienmini.fr/dcg02-11

QCM

Réponse unique

1 Une société peut-elle ne pas avoir de personnalité morale ?
- ❍ **a.** Oui.
- ❍ **b.** Non.
- ❍ **c.** Oui, il s'agit d'une société en participation, d'une société de fait et d'une société créée de fait.
- ❍ **d.** Oui, il s'agit d'une société de fait et d'une société en participation, car elles ne sont pas immatriculées.

QCM interactif

www.lienmini.fr/dcg02-12

2 La société de fait n'est pas une société immatriculée.
- ❍ **a.** Vrai. ❍ **b.** Faux.

3 Une société de fait a été constituée en respectant les formes, mais a ensuite été annulée par décision de justice.
- ❍ **a.** Vrai. ❍ **b.** Faux.

4 Une société créée de fait a été constituée en respectant les formes, mais a ensuite été annulée par décision de justice.
- ❍ **a.** Vrai. ❍ **b.** Faux.

5 Une société de fait est annulée par décision de justice pour :
- ❍ **a.** vice de constitution.
- ❍ **b.** absence de paiement d'impôts.
- ❍ **c.** absence d'assemblée générale annuelle.

Plusieurs réponses possibles

6 Quels sont les principaux intérêts de la société en participation ?
- ❍ **a.** Ne pas révéler aux tiers les raisons poussant les associés à se regrouper et/ou dissimuler l'objet social.
- ❍ **b.** Pouvoir ne pas être imposée à un régime fiscal.
- ❍ **c.** Être simple à gérer pour ses associés.
- ❍ **d.** Aucun intérêt particulier, la société en participation est illégale.

7 Quels sont les principaux intérêts de la société de fait ?
- ❍ **a.** Ne pas révéler aux tiers les raisons poussant les associés à se regrouper et/ou dissimuler l'objet social.
- ❍ **b.** Pouvoir ne pas être imposée à un régime fiscal.
- ❍ **c.** Être simple à gérer pour ses associés.
- ❍ **d.** Aucun intérêt particulier, la société de fait est illégale.

8 Une société en participation ostensible est :
- ❍ **a.** une société immatriculée au RCS.
- ❍ **b.** une société sans personnalité morale et cachée aux yeux des tiers.
- ❍ **c.** une société sans personnalité morale, dont les participants agissent en qualité d'associés vis-à-vis des tiers.
- ❍ **d.** publiée dans un JAL ou communiquée à des tiers.

9 **La société créée de fait est :**

❍ **a.** une société qui fonctionne malgré une menace de nullité.
❍ **b.** un regroupement de personnes qui se comportent comme des associés sans en avoir conscience.
❍ **c.** une société non déclarée, mais qui agit en tant que telle.
❍ **d.** une société immatriculée au RCS.

10 **La société créée de fait :**

❍ **a.** est une société qui n'existe pas.
❍ **b.** est une société non déclarée.
❍ **c.** est une fiction juridique.
❍ **d.** résulte du comportement professionnel de deux ou plusieurs personnes susceptibles d'être qualifiées d'associés sans toutefois avoir eu l'intention délibérée de créer une société.

● Réponse à justifier

11 **Victorine et Pimprenelle ont décidé, après leurs études, de créer des bijoux afin de les vendre ensemble sur Internet. Elles veulent faire les choses bien et ont suivi dans l'ordre les étapes de la procédure pour constituer leur société : rédaction des statuts, publication dans un journal d'annonces légales, puis envoi de la demande d'immatriculation au greffe. La semaine dernière, elles ont reçu l'extrait Kbis. Cependant, aujourd'hui, elles se rendent compte qu'elles ont commis une erreur dans leurs statuts. Elles se demandent alors ce qu'est leur société.**

❍ **a.** Une société en participation.
❍ **b.** Une société de fait.
❍ **c.** Une société créée de fait.

12 **Mathurin est le propriétaire exclusif d'un fonds de commerce, qu'il a exploité en commun pour de la vente de vins, pendant trois ans, avec Rodolphe. Mathurin veut invoquer l'existence d'une société créée de fait entre lui et son ami.**

❍ **a.** Mathurin doit prouver l'existence de chaque élément du contrat de société.
❍ **b.** Mathurin peut se contenter de prouver l'apparence globale de société.
❍ **c.** Mathurin doit notamment prouver que Rodolphe a effectué un apport.
❍ **d.** Mathurin peut se contenter de démontrer son *affectio societatis*.

13 **Une fois la société créée de fait entre Mathurin et Rodolphe reconnue, Mathurin s'empresse de le dire à tous ses fournisseurs. D'ailleurs, il se demande qui va être responsable des actes passés avec des tiers après la révélation de cette société créée de fait.**

❍ **a.** Seul Mathurin.
❍ **b.** Mathurin et Rodolphe solidairement.
❍ **c.** La société créée de fait.
❍ **d.** La société créée de fait, Mathurin et Rodolphe.

14 **Deux commerçants de fruits et légumes de la même rue ont acheté ensemble une camionnette neuve chez un concessionnaire renommé de la ville. Ils ont créé une société en participation, afin de prévoir la part de financement de chacun et la répartition de l'usage de ce bien. Mais l'acte d'achat a seulement été passé par un des deux commerçants. Qui est engagé par cet acte à l'égard du vendeur ?**

❍ **a.** Seul le commerçant qui a signé.
❍ **b.** Les deux commerçants.
❍ **c.** La société en participation.

15 **Matthieu et Sébastien sont frères. Ils décident d'ouvrir un petit magasin de vente de disques. Sébastien apporte le local et est le gérant. Matthieu exploite seul le fonds en tant que vendeur, à mi-temps puis à temps plein. Ils n'ont pas créé de société. Peut-on faire reconnaître une société créée de fait entre eux ?**

❍ **a.** Oui, car tous les éléments constitutifs sont réunis.
❍ **b.** Oui, car ils sont associés, exploitent ensemble l'activité et ont fait un apport.
❍ **c.** Non, car Matthieu est subordonné à Sébastien.

— • ÉTUDE DE DOCUMENTS GUIDÉE • —

LE FONDS DE COMMERCE DE GEORGES

Véronique vit en concubinage avec Georges depuis 10 ans. Le couple n'a pas d'enfant. Georges est propriétaire exclusif d'un fonds de commerce et Véronique l'a exploité avec lui en y travaillant tous les jours. Aucune démarche officielle n'a jamais été faite. Véronique et Georges ne disposent pas d'autres sources de revenus. Malheureusement, Georges est décédé en début d'année. Véronique se demande maintenant quel droit elle a sur ce fonds de commerce. Elle fait appel à vous car vous êtes l'expert-comptable en charge de leurs comptes et vous demande conseil.

Votre mission : chercher les caractéristiques d'une société créée de fait.

Pour la réaliser, vous devez indiquer ce que devra prouver Véronique pour démontrer l'existence d'une société créée de fait.

CORRIGÉ

☑ **COMPÉTENCE ATTENDUE :**

– **Distinguer les différentes formes de société sans personnalité juridique.**

Méthode

Pour résoudre un cas pratique [voir Fiche méthode 2], vous devez respecter quelques règles essentielles :

- **Schématiser, au brouillon, les éléments essentiels nécessaires pour traiter le cas.**
- **Effectuer le travail d'analyse juridique pour identifier le problème juridique posé par le cas pratique.**
- **Rédiger le raisonnement juridique (règle de droit + application de la règle de droit aux faits), appelé aussi le syllogisme.**

TRAVAIL PRÉPARATOIRE

Véronique et Georges

\+

Concubins

\+

Georges, propriétaire d'un fonds de commerce

\+

Véronique travaille dans ce fonds de commerce

→ Société sans personnalité juridique et, si oui, laquelle ?

Ces faits soulèvent le problème juridique suivant : comment faire reconnaître une société créée de fait ?

PRINCIPES JURIDIQUES

> **!** Dans ce cas, vous devez définir la société créée de fait, puis développer toutes ses caractéristiques.

Selon le Code civil, il existe trois structures qui n'ont pas la personnalité juridique : la société créée de fait, la société de fait et la société en participation. La société créée de fait résulte de l'attitude de personnes se comportant entre elles et à l'égard des tiers comme si elles avaient créé une société légalement constituée. Pour exister, la société doit réunir tous les éléments constitutifs des sociétés (pluralité d'associés, apport réalisé par chaque associé, partage du résultat et *affectio societatis*). L'associé qui souhaiterait attester de l'existence de la société créée de fait doit prouver l'existence de chaque élément constitutif du contrat de société. Cette preuve peut être apportée par tous moyens.

APPLICATION AU CAS

> **!** Dans ce cas, vous devez passer en revue toutes les caractéristiques de la société créée de fait, notamment bien apprécier le « travail » de Véronique. C'est ce qui vous permettra de savoir si elle peut faire reconnaître la société créée de fait.

En l'espèce, il s'agit de vérifier tous les éléments constitutifs de la société créée de fait, afin de savoir si la concubine pourra s'en prévaloir. Tout d'abord, Véronique et Georges sont deux et exploitaient ensemble l'activité : il existe donc bien une pluralité d'associés. Ensuite, ils ont réalisé chacun un apport ; en effet, Georges a effectué un apport en nature (le fonds de commerce dont il était propriétaire) et Véronique a effectué un apport en industrie (elle a travaillé pour l'activité commune pendant plusieurs années). Par ailleurs, ils n'avaient que cette source de revenus, donc ils ont souhaité le partage des bénéfices, mais également celui des éventuelles pertes. Enfin, la dernière caractéristique concerne l'*affectio societatis*. Il faut étudier ici si Véronique et Georges collaboraient sur un pied d'égalité ou si Véronique était subordonnée à Georges. S'ils collaboraient sur un pied d'égalité, un *affectio societatis* existait, donc l'existence de la société créée de fait serait établie. Cependant, si Véronique était subordonnée à Georges, il n'y aurait pas d'*affectio societatis*. Ainsi, aucun contrat de société ne pourrait alors exister et la situation serait qualifiée de contrat de travail.

Méthode

Un bon raisonnement par syllogisme doit éviter trois défauts récurrents que l'on retrouve dans de nombreuses copies :

- **Se limiter à rappeler les faits : il faut les qualifier juridiquement.**
- **Entamer le syllogisme en appliquant d'emblée les règles de droit au cas. Cela reviendrait à inverser le raisonnement juridique.**
- **Négliger la partie « règles juridiques », qui représente l'essentiel de la note.**

Il faut lui réserver un traitement rigoureux.

AUTOÉVALUATION

La grille d'autoévaluation ci-dessous vous permet d'évaluer votre niveau et de vérifier si vos réponses correspondent aux attendus de l'examen.

	Niveau 1	Niveau 2	Niveau 3	Niveau 4
	Un premier élément de réponse, mais très incomplet, des erreurs, des contresens	*Des éléments de réponse isolés, des approximations et/ou de la paraphrase*	*Question comprise : des éléments de réponse pertinents, mais incomplets au niveau des savoirs et/ou de l'application*	*Compétence attendue mobilisée avec mobilisation complète des savoirs associés à la compétence. Application pertinente.*
Indiquer ce que devra prouver Véronique pour démontrer l'existence d'une société créée de fait. *(voir Section IV)*	❐ Vous avez compris qu'il fallait étudier la société créée de fait, mais sans en maîtriser ses caractéristiques.	❐ Vous avez compris qu'il fallait étudier la société créée de fait, mais sans en maîtriser la totalité de ses caractéristiques.	❐ Vous avez compris qu'il fallait étudier la société créée de fait, avez passé en revue toutes ses caractéristiques, sans bien appréhender l'*affectio societatis* par rapport au cas (collaborer sur un pied d'égalité ou non).	❐ Vous avez compris qu'il fallait étudier la société créée de fait, en maîtrisez la totalité de ses caractéristiques et avez bien analysé l'*affectio societatis*.

EXERCICES

1 Le cas de la Domative

10 min.

☑ COMPÉTENCES ATTENDUES :

- **Distinguer les différentes formes de société sans personnalité juridique.**
- **Identifier les dispositions régissant l'absence de personnalité juridique de la société.**

Quatre commerçants ont décidé d'acquérir ensemble une machine spécialisée, La Domative, pour leur commerce. Ils créent donc une société en participation, afin d'acquérir cette machine très onéreuse et de s'en répartir l'usage. Ils rédigent des statuts définissant la part de chaque associé dans son financement, ainsi que les modalités de la répartition entre eux du temps et des périodes d'utilisation de celle-ci. Afin de ne pas payer la machine, l'un des associés conteste par la suite l'existence de la société en participation. Vous êtes le conseiller juridique de l'un des commerçants et celui-ci vous expose la situation.

Votre mission : repérer les différents types de preuve de l'existence d'une société en participation.
Pour la réaliser, vous devez repérer quelles preuves les autres associés pourront apporter afin de démontrer l'existence d'une société en participation.

2 Le cas d'Anouk et Lucas

15 min.

☑ **COMPÉTENCE ATTENDUE :**

- **Identifier les conséquences juridiques associées aux différentes formes de société sans personnalité juridique.**

Trois commerçants ont décidé d'acquérir ensemble une machine spécialisée pour leur commerce. Ils créent donc une société en participation, afin d'acquérir cette machine très onéreuse et de s'en répartir l'usage. Ils rédigent des statuts définissant la part de chaque associé dans son financement, ainsi que les modalités de la répartition entre eux du temps et des périodes d'utilisation de celle-ci. L'un des associés (Anouk) signe seul le contrat d'achat de la machine, alors que, lors des nombreux rendez-vous, avec le vendeur elle était toujours accompagnée d'un autre associé (Lucas). Elle se demande tout de même si elle est seule engagée par cet achat.

Votre mission : chercher les conséquences juridiques associées à la société en participation.
Pour la réaliser, vous devez montrer qui est engagé par cet acte d'achat.

2 Le cas de Sophie et Louis

20 min.

☑ **COMPÉTENCES ATTENDUES :**

- **Distinguer les différentes formes de société sans personnalité juridique.**
- **Identifier les dispositions régissant l'absence de personnalité juridique de la société.**

Il y a 15 ans, Sophie et Louis ont conclu un PACS. À part vivre ensemble, ils ont décidé tout de suite de tout faire ensemble. Louis a reçu par succession de son grand-père un fonds de commerce de produits de pêche. L'activité devenant à la mode, ils se disent alors que c'est le moment de reprendre l'affaire. Effectivement, ils ont eu raison, car l'activité ne désemplit pas et les ventes sont au beau fixe ! Sophie peut même, au bout de quelque temps, démissionner de son emploi de comptable en CDI à temps partiel, afin de se consacrer pleinement à l'activité de vente.
Pendant longtemps, tout se passe à merveille. Puis les années passent et l'entente entre Sophie et Louis est de moins en moins bonne. Il faut dire que Sophie a été infidèle il y a trois mois et, même si Louis lui a pardonné, c'est une situation compliquée à vivre pour lui. Louis reproche à Sophie de passer des commandes sans lui en parler, de prendre des décisions hautement stratégiques pour le magasin dans l'agencement, les remises aux clients et d'être trop proche de certains clients... Il devient même désagréable avec elle et veut que toute décision soit validée avec lui. Quant à Sophie, elle en a assez du ton autoritaire de Louis à son égard et du manque d'autonomie qu'il lui laisse.
La semaine dernière, le couple a décidé de se séparer. Sophie se pose alors la question du devenir de l'activité et souhaiterait savoir si elle peut faire reconnaître une société créée de fait. Vous êtes leur expert-comptable et Sophie vous consulte.

Votre mission : vérifier l'existence d'une société en l'absence de tout contrat écrit.
Pour la réaliser, vous devez vérifier la nature du contrat liant les partenaires.

CAS DE SYNTHÈSE

LE CAS DE CÉCILE

20 min.

☑ **COMPÉTENCE ATTENDUE : Identifier les conséquences juridiques associées aux différentes formes de société sans personnalité juridique.**

Mise en situation

Cécile, Jules et Pierre sont frères et sœurs. Ils ont décidé de créer une société pour exploiter un fonds de commerce de conception et vente de bijoux, reçu par leurs parents, mais de ne pas l'immatriculer. Cécile étant l'aînée, elle a été désignée par ses frères comme la gérante. C'est elle qui s'occupe des dessins des bijoux, de toutes les commandes des matériaux avec les fournisseurs, de la mise en vente des produits et du choix de la tarification. Ses frères s'occupent seulement de la fabrication des bijoux. La semaine dernière, une bijouterie renommée a déposé plainte en concurrence déloyale, car Cécile a copié des modèles de cette marque bien connue du grand public. La bijouterie renommée souhaite engager sa responsabilité civile de gérante. Cécile se défend en disant que la responsabilité civile d'un gérant ne peut être engagée par un tiers que si celui-ci prouve une faute du gérant détachable des fonctions. Cécile préfère tout de même vérifier ce qu'elle avance. Elle vient alors vous voir car vous êtes avocat.

Votre mission : apprécier la responsabilité civile du gérant d'une société en participation.

Pour la réaliser, vous avez à votre disposition une base documentaire et vous devez apprécier si la responsabilité civile du gérant de la société en participation peut être engagée par un tiers.

DOCUMENT

Chambre commerciale de la Cour de cassation, 14 février 2014

Sur le quatrième moyen, pris en sa seconde branche :

Attendu, selon l'arrêt attaqué (Paris, 18 octobre 2012), que M. X..., gérant de l'EURL X... (la société X...), a mandaté la société Actigest finance pour rechercher des participations dans des sociétés de personnes qui réaliseraient des investissements éligibles au régime fiscal de faveur prévu par le Code général des impôts ; qu'en vertu d'une convention d'exploitation en commun conclue entre ces sociétés, la société X... a fait un apport de 77 000 euros ; que la société Safy n'ayant pas été en mesure d'exécuter le mandat conformément aux intentions du mandant, elle lui a proposé la réaffectation de l'apport à une souscription ultérieure ou son rachat par un autre investisseur ; que, ne pouvant obtenir la restitution de l'apport, M. X... et la société X... ont fait assigner les sociétés Safy et Actigest finance devant le tribunal de commerce, lui demandant notamment de constater les fautes commises par la société Safy dans la gestion des sociétés en participation concernées par l'opération et de condamner celle-ci au paiement de la somme de 77 000 euros en réparation de la perte de son apport ;

Attendu que la société Safy fait grief à l'arrêt de l'avoir condamnée à payer la somme de 15 000 euros à M. X..., alors, selon le moyen, que faute d'avoir recherché si une faute détachable – seule de nature à engager sa responsabilité – pouvait être imputée à la société Safy agissant comme gérante des sociétés en participation, les juges du fond ont de toute évidence privé leur décision de base légale au regard de l'article 1382 du Code civil ;

Mais attendu que toute faute commise par le gérant d'une société en participation, laquelle est dépourvue de personnalité juridique, constitue une faute personnelle de nature à engager sa responsabilité à l'égard des tiers, peu important qu'elle soit ou non détachable de l'exercice du mandat qui a pu lui être donné par les autres associés ; que la cour d'appel n'avait donc pas à procéder à une recherche inopérante ; que le moyen n'est pas fondé ;

Et attendu que les autres griefs ne seraient pas de nature à permettre l'admission du pourvoi ;

PAR CES MOTIFS :

REJETTE le pourvoi.

SUJET TYPE D'EXAMEN 1

Le sujet se présente sous la forme de trois dossiers indépendants. 3 h

DOSSIER 1 – Le choix déterminant de la structure (6 / 20 points)

DOSSIER 2 – La société en formation (8 / 20 points)

DOSSIER 3 – La dissolution de la société (6 / 20 points)

BASE DOCUMENTAIRE

Document 1 – Arrêt de la Cour de cassation, Chambre commerciale, 13 décembre 2011, n° pourvoi 11-10.699

Sauf mention contraire, la méthodologie du cas pratique est attendue pour chaque question.

Sujet : Le nouveau projet de Charlie

Charlie a un nouveau projet à la suite de la fin de ses études dans l'événementiel. Elle souhaite créer une structure permettant d'aider les entreprises à développer leur communication.

Aujourd'hui, elle a besoin de conseils pour l'accompagner dans certaines problématiques. Dans ce cadre, il vous est demandé, en tant que conseil de Charlie, de réaliser les travaux préparatoires en vue de l'aider à répondre à ces problématiques.

DOSSIER 1 – LE CHOIX DÉTERMINANT DE LA STRUCTURE

Charlie dispose de plusieurs biens et de quelques milliers d'euros. Elle ne sait pas si elle doit investir ces biens et cet argent dans la structure.

Votre mission : indiquer les meilleurs choix à faire lors de la constitution d'une structure juridique.

Pour la réaliser, vous devez :

1.1 **Présenter les avantages de la création d'une entreprise par rapport à une société (*la méthodologie du cas pratique n'est pas exigée pour cette question*).**

1.2 **Indiquer la structure juridique la plus pertinente à constituer pour le projet de Charlie.**

1.3 **Présenter le mécanisme de garantie sur son patrimoine personnel que peut lui demander la banque.**

DOSSIER 2 – LA SOCIÉTÉ EN FORMATION

Charlie a finalement choisi de créer une SARL. Elle a donc demandé à une amie, Alba, de la rejoindre dans ce projet. Puis, trois autres associés les ont rejoints. Le 1er avril dernier, tous les associés ont signé les statuts de leur nouvelle société.
Afin de récolter un capital social suffisamment élevé pour démarrer la structure, Charlie et Alba ont réuni 10 000 €.
Le financement du matériel nécessaire à la société en formation a dû être notamment assuré par un emprunt qui a été souscrit dès le 10 juin par Alba, laquelle a agi « au nom et pour le compte de la société´ en formation ». Les associés ont par ailleurs décidé, le 19 juin, de donner à Charlie un mandat de conclure « tous les engagements qui pourraient être pris par le gérant dans le cadre de l'objet social ». Charlie a ainsi signé le 15 juillet, « au nom et pour le compte de la société en formation », un bail portant sur des locaux. La SARL a finalement été immatriculée le 25 août.
Depuis le 1er septembre, les créanciers réclament ce qui leur est dû (remboursement du prêt et loyers). La SARL a déjà payé le loyer de septembre, mais elle considère que c'est à Charlie d'assumer le reste. Quant au remboursement du prêt, la banque ne veut pas se compliquer la vie et ne le réclame qu'à Alba.

Votre mission : analyser les conséquences des actes de la société en formation.

Pour la réaliser, vous avez à votre disposition une documentation juridique (document 1) et vous devez :

2.1 Indiquer si Charlie devra assumer personnellement les dettes de loyer.

2.2 Indiquer si Alba devra assumer personnellement les dettes du prêt.

2.3 Expliquer ce qu'il faut faire pour que la société se substitue à Charlie et Alba.

DOSSIER 3 – LA DISSOLUTION DE LA SOCIÉTÉ

Quelques années plus tard, la SARL rencontre quelques difficultés. Ainsi les associés décident à l'unanimité de dissoudre la société.
La situation de la société est alors la suivante :

- Capital social : 10 000 € dont un ordinateur appartenant à Charlie d'une valeur de 1 000 €
- Créances de la société : 3 000 €
- Dettes de la société : 25 000 €

Un liquidateur est nommé. Pendant la procédure de liquidation, Charlie a conclu un acte qui engage la société dans un contrat de prospection commerciale, d'une valeur de 1 300 €.

Votre mission : analyser les conséquences de la dissolution d'une SARL.

Pour la réaliser, vous devez :

3.1 **Indiquer si la personne morale disparaît automatiquement lors de sa dissolution.**

3.2 **Expliquer le rôle du liquidateur dans la procédure de dissolution de la SARL *(la méthodologie n'est pas exigée pour cette question)*.**

3.3 **Vérifier si Charlie pourra récupérer son ordinateur.**

3.4 **Montrer si l'acte réalisé par Charlie est valable.**

BASE DOCUMENTAIRE

Document 1 – Arrêt de la Cour de cassation, Chambre commerciale, 13 décembre 2011, n° pourvoi 11-10.699

Vu les articles L. 210-6 et R. 210-5 du code de commerce et l'article 6 du décret n° 78-704 du 3 juillet 1978 ;

Attendu, selon le premier de ces textes, que les personnes qui ont agi au nom d'une société en formation avant qu'elle ait acquis la jouissance de la personnalité morale sont tenues solidairement et indéfiniment des actes ainsi accomplis, à moins que la société, après avoir été régulièrement constituée et immatriculée, ne reprenne les engagements souscrits ; qu'il résulte des deux autres textes que la reprise de tels engagements ne peut résulter que soit de la signature par les associés des statuts auxquels est annexé un état des actes accomplis pour le compte de la société, soit d'un mandat donné par les associés avant l'immatriculation de la société à l'un ou plusieurs d'entre eux, ou au gérant non associé, et déterminant, dans leur nature ainsi que dans leurs modalités, les engagements à prendre, soit encore, après l'immatriculation, d'une décision prise, sauf clause contraire des statuts, à la majorité ;

Attendu, selon l'arrêt attaqué, que se prévalant d'un bon de commande signé le 11 mai 2006 par M. X... pour le compte de la société X..., antérieurement à son immatriculation au registre du commerce et des sociétés, intervenue le 20 juin 2006, la société Komatsu France (société Komatsu) a assigné celle-ci en paiement d'une somme correspondant au prix d'une partie du matériel d'exploitation forestière visé par le bon de commande ; que la société X... a contesté être débitrice de la somme réclamée en l'absence de reprise régulière de cet engagement ;

Attendu que pour accueillir la demande de la société Komatsu, l'arrêt retient que la société X... n'a pas seulement procédé à une reprise implicite de l'engagement du 11 mai 2006 en procédant à un remboursement partiel de la tête d'abattage le 22 juin 2006 ; qu'il ajoute qu'en effet, cette société a souscrit le 27 juin 2006, postérieurement à son immatriculation au registre du commerce et des sociétés, un contrat de crédit-bail destiné à financer le matériel objet de la commande ; qu'il relève encore que de la signature de ce second contrat découle la reprise par la société X... de l'engagement du 11 mai 2006 envers la société Komatsu, le crédit-bail se rattachant par un lien nécessaire au contrat assurant la fourniture du bien financé ;

Attendu qu'en se déterminant ainsi, sans avoir constaté l'accomplissement régulier de l'une ou l'autre des formalités précitées, la cour d'appel n'a pas donné de base légale à sa décision ;

PAR CES MOTIFS, et sans qu'il y ait lieu de statuer sur les autres griefs :

CASSE ET ANNULE, dans toutes ses dispositions, l'arrêt rendu le 15 octobre 2010, entre les parties, par la cour d'appel de Rennes ; remet, en conséquence, la cause et les parties dans l'état où elles se trouvaient avant ledit arrêt et, pour être fait droit, les renvoie devant la cour d'appel de Rennes, autrement composée.

PARTIE 2

LES PRINCIPAUX TYPES DE SOCIÉTÉS

CHAPITRE 7

La SARL

À l'issue de ce chapitre,

• vous serez capable :

- ❒ de schématiser et d'analyser les règles de fonctionnement de chaque forme sociétaire étudiée ;
- ❒ de rédiger des clauses spécifiques des statuts (clause limitative de pouvoir, clause d'inaliénabilité, clause d'agrément) ;
- ❒ de repérer dans des statuts les clauses non conformes (clause limitative de pouvoir, clause d'inaliénabilité, clause d'agrément, clause de préemption et clause d'exclusion) et de les corriger ;
- ❒ d'analyser les opérations de contrôle au sein d'une société : rôles du commissaire aux comptes, contrôle des conventions réglementées, contrôle interne, procédure d'alerte ;
- ❒ de différencier les principales valeurs mobilières (actions, actions de préférence, obligations) et d'expliquer leur régime juridique ;
- ❒ de distinguer les actions et les parts sociales et de justifier les conséquences juridiques de cette distinction ;
- ❒ d'analyser les opérations d'augmentation et de réduction de capital ;
- ❒ d'analyser les conditions et les conséquences d'une transformation pour chaque type de sociétés ;
- ❒ d'identifier les causes et les conséquences d'une dissolution spécifiques à chaque type de sociétés ;
- ❒ de justifier le choix d'une forme sociétaire adaptée à une situation donnée.

• vous saurez identifier :

- ❒ les règles de constitution, de fonctionnement, de contrôle, de transformation et de dissolution de la SARL.

Mettez-vous en situation

Badis et Julie sont deux amis qui souhaitent créer une activité de vente de plaids en fourrure synthétique. Ils ont 4 000 € chacun à investir et Badis dispose d'un local. Ils souhaitent en outre apporter leurs connaissances dans la société, mais ne veulent pas que des investisseurs étrangers puissent y entrer facilement. Ils ne savent pas quelle structure choisir, mais on leur a parlé de la SARL, la société la plus répandue en France. Ils viennent alors vous demander conseil. Vous devez déterminez si la SARL est la société idéale pour leur projet.

I. La constitution de la SARL

Définition

La société à responsabilité limitée (SARL) est une société qui combine la limitation des risques pour les associés avec l'*affectio societatis* des sociétés de personnes.

Elle a été introduite en droit français par une **loi de 1925** et est régie par les articles L. 223-1 à L. 223-43 du Code de commerce.

A Les conditions de fond

1. Les associés

La SARL ne peut compter qu'entre 2 et 100 associés. Si ce nombre est dépassé, alors la loi laisse un an à la société pour ne comporter que 100 associés ou moins, ou bien pour se transformer en une autre forme de société. Au bout d'un an et sans régularisation ou transformation, la société est dissoute (article L. 223-3 du Code de commerce).
Les associés n'ont pas la qualité de commerçant, mais simplement la capacité civile. Ils peuvent donc être **mineurs**. Il peut s'agir de personnes physiques ou de personnes morales.

2. Le capital social et les apports

Selon l'article L. 223-2 du Code de commerce, le capital est déterminé par les statuts et divisé en **parts sociales**. La loi ne prévoit pas de valeur nominale minimale ou maximale pour les parts sociales de SARL, donc ce sont les associés qui fixent librement la **valeur nominale des parts sociales**, en euros (avec centimes d'euros le cas échéant). Toutes les parts sociales doivent avoir la même valeur nominale.
Depuis 2008, la loi n'exige plus de **capital** minimum. Celui-ci peut être composé d'**apport en numéraire, en nature ou en industrie**.

a. Les apports en numéraire

Concernant les **apports en numéraire**, il s'agit d'une somme d'argent. Jusqu'en 2001, ils devaient être immédiatement et intégralement libérés, c'est-à-dire mis à disposition. Depuis la loi relative aux nouvelles régulations économiques (loi NRE) de 2001, au moins 1/5e des apports en numéraire doit être libéré lors de la constitution de la société, et le solde dans les cinq ans qui suivent.

> Selon l'**article L. 223-7 du Code de commerce**, « *les parts sociales doivent être souscrites en totalité par les associés. Elles doivent être intégralement libérées lorsqu'elles représentent des apports en nature. Les parts représentant des apports en numéraire doivent être libérées d'au moins un cinquième de leur montant. La libération du surplus intervient en une ou plusieurs fois sur décision du gérant, dans un délai qui ne peut excéder cinq ans à compter de l'immatriculation de la société au registre du commerce et des sociétés. Toutefois, le capital social doit être intégralement libéré avant toute souscription de nouvelles parts sociales à libérer en numéraire, à peine de nullité de l'opération.* »

b. Les apports en nature

La loi a prévu des règles destinées à prévenir la fraude consistant à surévaluer les **apports en nature**. Ainsi, les statuts doivent contenir l'évaluation de chaque apport en nature ; il s'agit d'un rapport annexé aux statuts et établi sous la responsabilité d'un commissaire aux apports, désigné à l'unanimité des associés (ou, à défaut, par une décision de justice). Cependant, l'article L. 223-9 du Code de commerce permet aux associés de décider de ne pas recourir à un commissaire aux apports.

> Selon l'**article L. 223-9 du Code de commerce**, « *les futurs associés peuvent décider à l'unanimité que le recours à un commissaire aux apports ne sera pas obligatoire, lorsque la valeur d'aucun apport en nature n'excède un montant fixé par décret* et si la valeur totale de l'ensemble des apports en nature non soumis à l'évaluation d'un commissaire aux apports n'excède pas la moitié du capital* ».
>
> * Ce montant est fixé depuis le décret n° 2010-1669 du 29 décembre 2010 à 30 000 € (article D. 223-6-1 du Code de commerce).

L'article L. 223-9 du Code de commerce ajoute enfin qu'en cas d'absence de commissaire aux apports ou si la valeur retenue diffère de celle proposée par le commissaire aux apports, alors les associés sont **solidairement responsables civilement** de cette valeur pendant **cinq ans** à l'égard des tiers.
En outre, lorsque la surévaluation est frauduleuse, toute personne qui ferait attribuer frauduleusement à un apport en nature une évaluation supérieure à sa valeur réelle est passible de **sanctions pénales** (5 ans d'emprisonnement et 375 000 € d'amende), selon l'article L. 241-3 du Code de commerce.

c. Les apports en industrie

Autorisés depuis la loi relative aux nouvelles régulations économiques (NRE) de 2001, les apports en industrie sont donc désormais possibles dans une SARL. Comme dans toutes les sociétés où ils sont admis, les **apports en industrie** donnent la qualité d'associé et des parts sociales, mais ne permettent pas d'augmenter le capital social.

Exemple : Il peut s'agir pour l'associé apporteur en industrie d'apporter au sein de la société son expertise technique, ses services, son expérience, ses connaissances, son carnet d'adresses ou sa notoriété.

En cas d'apport en industrie, les statuts doivent notamment indiquer :

- la nature ainsi que la durée de la prestation effectuée par l'associé ;
- le nombre de parts sociales qu'il reçoit en échange dudit apport ;
- les droits aux dividendes et au partage de l'actif net qui en résultent.

Si l'étendue des droits de l'apporteur n'est pas fixée dans les statuts, la part de l'apporteur en industrie est équivalente à celle de l'associé qui a le moins apporté.
L'apport en industrie représente le coût qu'aurait dépensé la SARL pour acquérir d'une autre manière l'expertise apportée par l'associé. Cependant, compte tenu de la valeur non matérielle de ce type d'apport, son évaluation est souvent difficile à réaliser. Il est alors conseillé de faire intervenir un **commissaire aux apports**.

Exemple : Si le capital social d'une SARL est de 30 000 € et que la société est constituée de trois associés, dont deux ayant fait chacun un apport de 15 000 € et un ayant apporté en industrie sa notoriété, évaluée à 15 000 €, alors le capital social restera de 30 000 €, mais chaque associé bénéficiera d'un tiers des parts sociales.

3. Les obligations nominatives

Selon l'article L. 223-12 du Code de commerce, il est interdit à une SARL d'émettre des **valeurs mobilières**. Elle peut néanmoins émettre des obligations, à six conditions (article L. 223-11 du Code de commerce) :

- Elle ne doit pas procéder à une offre au public de ces obligations.
- Elle doit disposer d'un commissaire aux comptes.
- Les comptes des trois derniers exercices de douze mois ont été régulièrement approuvés par les associés.
- Les obligations doivent être nominatives (contrairement aux obligations au « porteur », dans laquelle la société ne connaît pas le nom du porteur).
- La décision de les émettre doit être prise par l'AG des associés à la majorité ordinaire.
- Elle doit respecter un certain formalisme.

4. L'objet social

Comme pour toute société commerciale, ce sont les statuts qui déterminent l'objet social. La SARL est une **société commerciale** par la forme, et ce même si l'objet social prévoit une **activité civile ou commerciale**.
Toute activité économique peut être exercée sous forme de SARL, mais certains secteurs sont interdits.

> **Exemple :** Les secteurs de la banque, de l'assurance, de la capitalisation et de l'épargne ne sont pas permis en SARL.

5. La dénomination sociale

Les statuts déterminent la dénomination sociale, qui est libre. À la suite de cette dénomination sociale apparaît le sigle « SARL ».

> **Article L. 223-1 du Code de commerce :** « *La société est désignée par une dénomination sociale, à laquelle peut être incorporé le nom d'un ou plusieurs associés, et qui doit être précédée ou suivie immédiatement des mots "société à responsabilité limitée" ou des initiales "SARL" et de l'énonciation du capital social.* »

B Les conditions de forme

Comme pour toute société commerciale, il existe une procédure à suivre pour constituer la SARL.

Figure 7.1 **Les conditions de forme de la SARL**

> Certaines mentions ne sont pas à oublier ! En effet, l'**article L. 241-1 du Code de Commerce** prévoit qu'« *est puni d'un emprisonnement de six mois et d'une amende de 9 000 € le fait, pour les associés d'une SARL, d'omettre, dans l'acte de société, la déclaration concernant la répartition des parts sociales entre tous les associés, la libération des parts ou le dépôt des fonds* ».

II. Le fonctionnement de la SARL

A Les associés

1. Les droits des associés

a. Les droits politiques

Selon l'article L. 223-26 du Code de commerce, les associés ont plusieurs pouvoirs :

- Avant l'assemblée annuelle, et à compter de la convocation (donc au moins quinze jours avant l'assemblée), ils ont droit à la **communication** du rapport de gestion, de l'inventaire et des comptes annuels, ainsi que du texte des résolutions proposées, du rapport du commissaire aux comptes le cas échéant, des comptes consolidés et du rapport sur la gestion du groupe.
- Ils **approuvent** en assemblée le rapport de gestion, l'inventaire et les comptes annuels établis par le gérant, dans le délai de six mois à compter de la clôture de l'exercice.
- Avant l'assemblée annuelle, ils ont le droit de poser des **questions par écrit**, auxquelles le gérant est tenu de répondre au cours de l'assemblée.
- À tout moment, ils peuvent obtenir **communication** des documents sociaux concernant les trois derniers exercices.

Selon les articles L. 223-36 et L. 223-37 du Code de commerce, les associés peuvent également :

- poser des **questions écrites** au gérant, deux fois par exercice, sur tout fait de nature à compromettre la continuité de l'exploitation (la réponse du gérant sera également communiquée au commissaire aux comptes) ;
- demander en justice la **désignation d'un ou plusieurs experts** chargés de présenter un rapport sur une ou plusieurs opérations de gestion (pour cela, la demande doit émaner d'un ou plusieurs associés représentant au moins le dixième du capital social, qui agit individuellement ou en groupe).

b. Les droits pécuniaires

Les associés ont droit aux bénéfices sociaux, c'est-à-dire à la **distribution des dividendes**, en fonction de la répartition des parts sociales ou bien différemment si c'est prévu comme tel dans les statuts ou au moment de l'assemblée générale.
Les associés ont droit au **remboursement de l'apport** et au **boni de liquidation** éventuel, en cas de liquidation de la société et d'actif net restant.

2. Les assemblées des associés

Selon l'article L. 223-27 du Code de commerce, les **décisions** sont prises en **assemblée**, même si les statuts peuvent prévoir qu'elles seront prises par **consultation écrite** des associés.
Les associés sont **convoqués** aux assemblées par le gérant ou, à défaut et s'il existe, par le commissaire aux comptes. En outre, l'article ajoute qu'« *un ou plusieurs associés détenant la moitié des parts sociales ou détenant, s'ils représentent au moins le dixième des associés, le dixième des parts sociales, peuvent demander la réunion d'une assemblée* », sans que les statuts ne puissent modifier cette disposition.
Des points ou projets de résolution peuvent être inscrits à l'ordre du jour par la faculté d'un ou plusieurs associés détenant le vingtième des parts sociales, sans que les statuts ne puissent modifier cette disposition.
Toute assemblée convoquée de manière irrégulière peut être annulée, sauf si tous les associés étaient présents ou représentés lors de cette assemblée.

3. Le vote des associés

Selon l'article L. 223-28 du Code de commerce, tout associé peut participer aux décisions et dispose d'un **nombre de voix égal** à celui des parts sociales qu'il possède. Il peut se faire **représenter** par son conjoint (sauf s'ils sont les deux seuls associés de la SARL) ou par un autre associé (sauf s'ils sont deux associés). S'il veut se faire représenter par un **tiers**, ce ne sera possible que si les statuts ont prévu cette possibilité.

Selon l'article L. 223-29 du Code de commerce, les décisions sont adoptées par **un ou plusieurs associés** représentant **plus de la moitié des parts sociales**. Si la majorité n'est pas obtenue et si les statuts ne l'empêchent pas, les associés peuvent être convoqués une seconde fois et voter les décisions cette fois à la majorité des votes émis, quel que soit le nombre des votants.

Il existe néanmoins des **exceptions** (article L. 223-30 du Code de commerce) :

- En cas de changement de la nationalité de la société, le vote doit se faire à l'**unanimité**.
- En cas d'une autre modification des statuts, le vote doit se faire à la **majorité des trois quarts** des parts sociales (sans que les statuts ne puissent prévoir une majorité plus élevée).
- En cas de décision d'augmenter le capital par incorporation de bénéfices ou de réserves, le vote doit se faire à la majorité d'**au moins la moitié des parts sociales**.

Tableau 7.1 Le vote des associés de SARL

<table>
<tr><th colspan="5">Décisions concernant l'administration de la société (décisions collectives ordinaires)</th></tr>
<tr><td colspan="2">Types de décisions concernées</td><td colspan="3">– Comptes présentés par le gérant : inventaire, comptes annuels, rapport de l'exercice.
– Affectation des résultats proposée par le gérant.
– Rapport concernant les conventions intervenues directement ou par personne interposée entre la société et l'un de ses gérants ou associés (qui ne vote pas).</td></tr>
<tr><td colspan="2">1re consultation</td><td colspan="3">Un ou plusieurs associés représentant plus de la moitié des parts sociales émises par la société (majorité dite « absolue »).
Les statuts peuvent prévoir une majorité plus élevée.</td></tr>
<tr><td colspan="2">2de consultation
(intervient si la majorité n'a pas été obtenue en 1re consultation)</td><td colspan="3">Majorité des votes émis, quel que soit le nombre des votants (présents ou représentés).
Les statuts peuvent prévoir une majorité plus élevée.</td></tr>
<tr><th colspan="5">Décisions modifiant les statuts (décisions collectives extraordinaires)</th></tr>
<tr><td colspan="2">Exception : en cas de changement de la nationalité de la société</td><td colspan="3">Unanimité</td></tr>
<tr><td rowspan="2">SARL créées AVANT la loi du 2 août 2005</td><td rowspan="2" colspan="2">Aucun quorum</td><td colspan="2">Majorité des associés représentant au moins 3/4 des parts sociales.
Toute clause exigeant une majorité plus élevée est réputée non écrite.</td></tr>
<tr><td colspan="2">Mais à l'unanimité, les associés peuvent décider d'adopter de nouvelles règles de quorum et majorité, puis de modifier les statuts en conséquence.</td></tr>
<tr><td rowspan="3">SARL créées APRES la loi du 2 août 2005</td><td colspan="2">Convocation</td><td>Quorum</td><td>Majorité</td></tr>
<tr><td colspan="2">1re</td><td>Au moins 1/4 des parts</td><td rowspan="2">Décisions prises à la majorité des 2/3 des parts détenues par les associés présents ou représentés.</td></tr>
<tr><td colspan="2">2de</td><td>Au moins 1/5e des parts</td></tr>
<tr><td colspan="5">Les statuts peuvent prévoir un quorum ou une majorité plus élevée, sans pouvoir prévoir l'unanimité.</td></tr>
</table>

4. La cession des parts des associés

a. Le type de parts pouvant être cédées ou transmises

Toutes les parts sont cessibles, sauf celles provenant d'apports en industrie, qui sont annulées quand le titulaire quitte la SARL. Contrairement aux actions, les parts sociales ne sont pas des titres négociables : biens meubles incorporels, elles font partie du patrimoine de l'associé et peuvent être **cédées** : vendues, données, louées ou encore données en garantie. Elles peuvent être également **transmises** (en cas de décès).

b. La liberté ou l'agrément dans la cession

Selon l'article L. 223-13 du Code de commerce, les parts sociales sont **librement transmissibles** par voie de **succession** ou en cas de **liquidation de communauté de biens** entre époux.
Elles sont également **librement cessibles** entre **conjoints** et entre **ascendants et descendants**. Cependant, les statuts peuvent prévoir que la cession soit agréée pour être valable (à la majorité des associés représentant au moins la moitié des parts sociales).
Les parts sociales sont également **librement cessibles** entre **associés**, sauf disposition statutaire contraire (article L. 223-16 du Code de commerce).
En ce qui concerne la **cession à des tiers**, l'article L. 223-14 du Code de commerce impose que le cédant obtienne l'**agrément** de la majorité des associés représentant au moins la moitié des parts sociales, sauf majorité plus forte prévue par les statuts.

> ! Le cédant prend part au vote.

Figure 7.2 **La cession des titres sociaux dans une SARL**

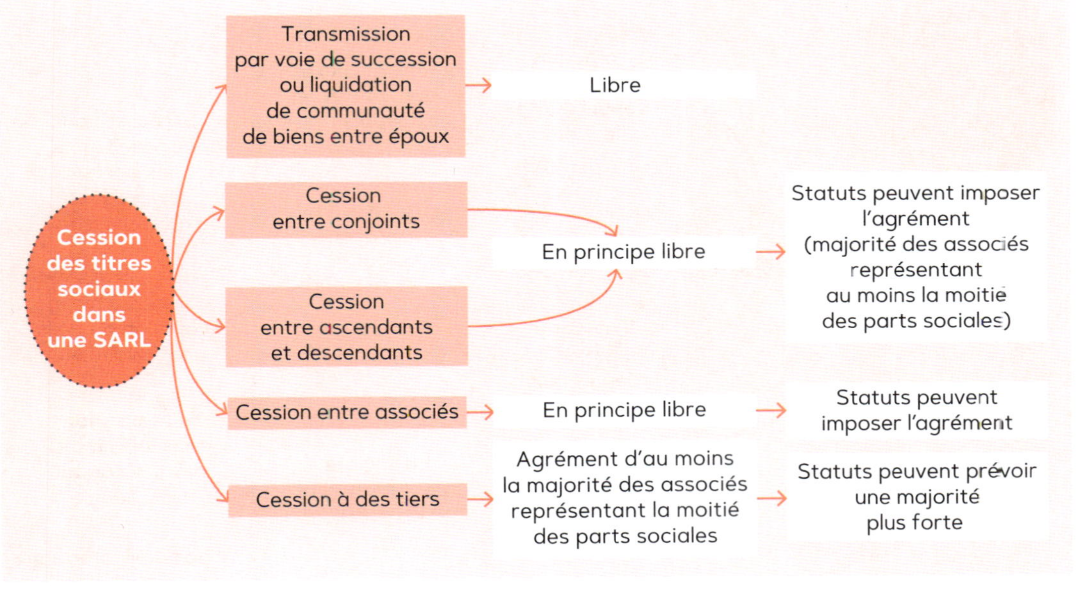

c. La procédure de la cession

Le cédant doit notifier à la société et à chacun des associés son projet de cession (par lettre recommandée avec demande d'avis de réception). Dans les huit jours, le gérant doit convoquer l'assemblée ou consulter les associés par écrit si les statuts l'y autorisent, afin de voter le projet de cession. La société doit alors faire connaître sa décision dans un **délai de trois mois** à compter de la dernière des notifications. Ce délai peut être prolongé à six mois à la demande du gérant.

Il existe deux modes d'autorisation :

- **l'autorisation expresse :** la société autorise la cession et la notifie au cédant par lettre recommandée avec demande d'avis de réception ;
- **l'autorisation tacite :** si la société n'a pas répondu dans le délai, l'agrément est réputé acquis, donc la cession est autorisée.

En cas de **refus d'agrément** notifié par lettre recommandée avec demande d'avis de réception au cédant, le cédant peut renoncer à la cession (« droit de repentir »). S'il ne souhaite pas se repentir et qu'il détient ses parts depuis au moins **deux ans**, deux possibilités existent dans les trois mois du refus :

- Les associés doivent acquérir ou faire acquérir les parts à un prix fixé par un expert. Ce délai peut atteindre six mois, si le gérant demande une prolongation au président du tribunal de commerce.
- La société peut, avec le consentement du cédant, racheter les parts au prix déterminé par un expert, et ainsi réduire le capital du montant de la valeur nominale des parts du cédant.

Enfin, si aucune des deux possibilités n'est réalisée dans le délai de trois mois, alors la cession au tiers peut avoir lieu (**autorisation par déchéance**).

Figure 7.3 **Le refus d'agrément de la cession à un tiers des titres sociaux dans une SARL**

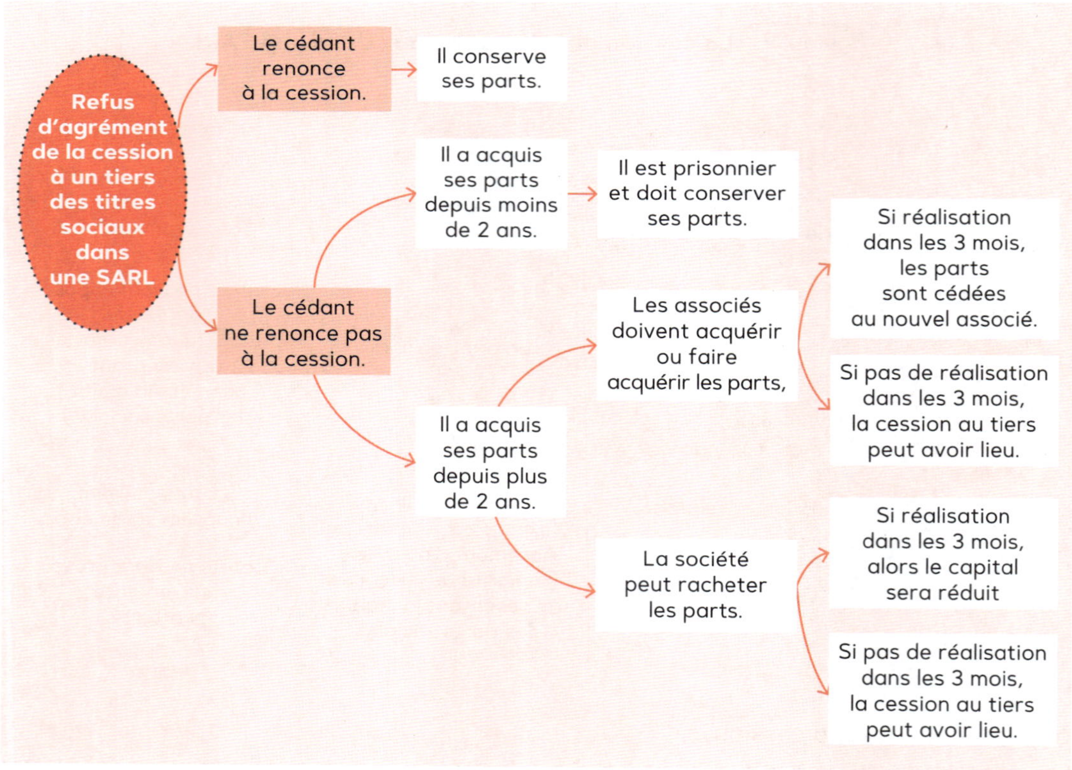

5. La responsabilité des associés

Selon l'article L. 223-1 du Code de commerce, les associés ne supportent les pertes qu'à concurrence de leurs apports. Ainsi, leur responsabilité est limitée aux apports qu'ils ont réalisés.

Exemple : Si un associé a apporté 10 000 € dans la société et que la société a des dettes sociales, ces 10 000 € peuvent être utilisés pour rembourser les dettes de la société. Cependant, on ne pourra pas demander à l'associé de rembourser plus si la dette est plus importante et ne peut être réglée par la société.

B La gérance

1. Les qualités du gérant

Selon l'article L. 223-18 du Code de commerce, contrairement à l'associé, le gérant est obligatoirement une **personne physique** (contrairement à une SA ou une SAS, où il peut être une personne morale). Il doit être **capable juridiquement**, donc cela exclut les mineurs non émancipés, les majeurs placés sous mesure de protection (tutelle ou curatelle) et le majeur frappé d'une interdiction d'exercer une activité commerciale. Il peut s'agir d'un **associé** ou bien d'un **tiers** (un étranger à la société). Il peut y avoir **un ou plusieurs** gérants (article L. 221-4 du Code de commerce sur renvoi de l'article L. 223-18 du même code), et les statuts peuvent prévoir une limite d'âge, même si la loi n'en prévoit pas.

2. La désignation du gérant

Sa **désignation** se fait dans les statuts ou par un acte séparé en cours de vie sociale. La décision est « ordinaire », donc doit être adoptée par un ou plusieurs associés représentant **plus de la moitié des parts sociales** (article L. 223-29 du Code de commerce). Sauf disposition prévue par les statuts, il est nommé pour la **durée** de la société.

3. Les pouvoirs du gérant

Concernant ses **pouvoirs**, il est prévu que :

- dans les **rapports entre associés**, le gérant peut faire tout acte de gestion dans l'intérêt de la société, sauf si les statuts délimitent ses pouvoirs (article L. 223-18 du Code de commerce renvoyant à l'article L. 221-4 du même code, relatif aux pouvoirs des gérants de SNC) ;
- dans les **rapports avec les tiers**, le gérant est investi des pouvoirs les plus étendus pour agir en toutes circonstances au nom de la société, sous réserve de respecter la loi et les statuts.

Dans l'hypothèse où le gérant engage la SARL dans un acte avec un tiers sans respecter les statuts, il faut envisager plusieurs situations :

- Le gérant engage la société dans un acte sans respecter l'objet social de la SARL : la société est engagée par cet acte, « *à moins qu'elle ne prouve que le tiers savait que l'acte dépassait cet objet ou qu'il ne pouvait l'ignorer compte tenu des circonstances, étant exclu que la seule publication des statuts suffise à constituer cette preuve* ».
- Le gérant engage la société dans un acte sans respecter la clause qui limitait ses pouvoirs : la société reste engagée par cet acte, même si le tiers connaissait l'existence de cette clause. En effet, cette clause est inopposable aux tiers.

Dans tous les cas, si la société reste engagée par cet acte, elle peut toujours engager la **responsabilité civile** du gérant, en démontrant que l'acte est préjudiciable pour elle.

Figure 7.4 **L'acte du gérant dans les rapports avec les tiers**

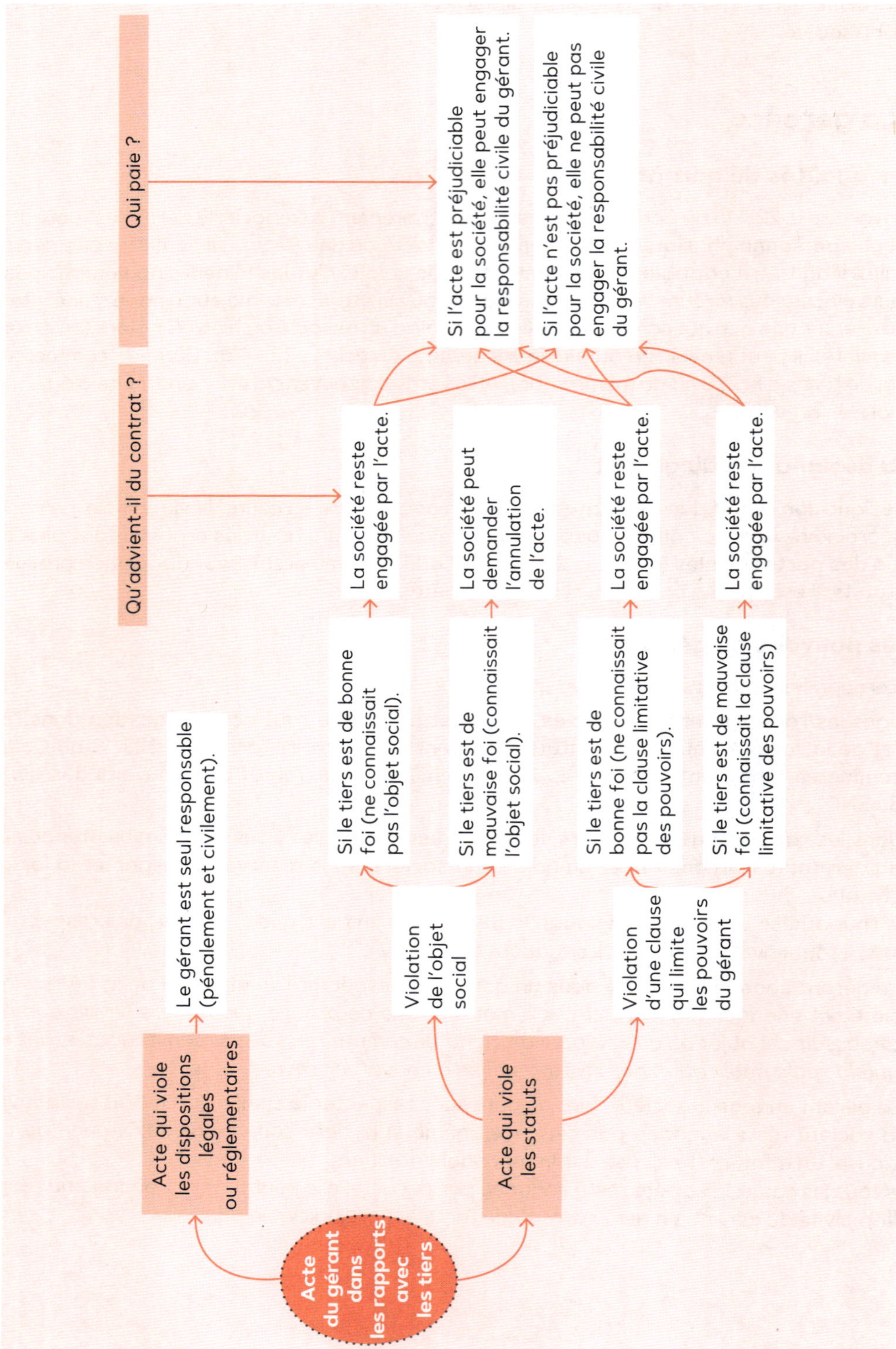

4. La responsabilité du gérant

a. La responsabilité civile du gérant

Selon l'article L. 223-22 du Code de commerce, le gérant est responsable envers la société ou envers les tiers :

- des infractions aux lois et règlements applicables aux SARL ;
- des violations des statuts ;
- des fautes commises dans sa gestion.

> **!** Toute clause des statuts qui subordonne l'exercice de l'action sociale à la vie ou à l'autorisation de l'assemblée ou qui comporte par avance renonciation à cette action est réputée non écrite.

Les associés peuvent demander réparation du préjudice subi personnellement – il s'agit d'une **action individuelle** –, mais ils peuvent également intenter une **action sociale**, seul ou à plusieurs (détenant au moins un dixième du capital), permettant de faire réparer le préjudice subi par la société.

L'article L. 223-23 du Code de commerce prévoit que la **prescription** est de **trois ans** à compter du fait dommageable ou, s'il a été dissimulé, à compter de sa révélation (dix ans pour un crime). L'action doit être intentée devant le **tribunal de commerce**, dès lors que les faits allégués se rattachent directement à la gestion de la société commerciale, peu importe que les personnes visées n'aient pas la qualité de commerçant ni de dirigeant de droit de cette société.

Enfin, dans tous les cas, s'agissant de la **responsabilité civile**, elle n'ouvrira droit à l'octroi de dommages-intérêts que s'il existe un **préjudice** et un **lien de causalité** entre ce préjudice et la faute reprochée au gérant.

b. La responsabilité pénale du gérant

Des sanctions pénales sont applicables aux infractions que les gérants peuvent commettre lors de la constitution de la société, de l'approbation des comptes, de la constitution des filiales et des participations.

En outre, les gérants encourent une responsabilité pénale particulière au titre de leur gestion :

- Selon l'article L. 241-2 du Code de commerce, est puni d'un **emprisonnement de six mois** et d'une **amende de 9 000 €**, le gérant qui a émis, directement ou par personne interposée, pour le compte de la société des valeurs mobilières.
- Selon l'article L. 241-3 du Code de commerce, est puni d'un **emprisonnement de cinq ans** et d'une **amende de 375 000 €**, le gérant qui a :
  - opéré entre associés une **répartition de dividendes fictifs**, en l'absence d'inventaire ou au moyen d'un inventaire frauduleux ;
  - présenté aux associés des comptes annuels ne donnant pas, pour chaque exercice, une image fidèle du résultat des opérations de l'exercice ou de la situation financière ou du patrimoine de la société ;
  - de mauvaise foi, fait des biens et du crédit de la société un usage qu'il savait contraire à l'intérêt de celle-ci à des fins personnelles ou pour favoriser une autre entreprise dans laquelle il était intéressé directement (**abus de biens sociaux**) ;
  - de mauvaise foi, fait des pouvoirs qu'il possédait ou des voix dont il disposait en cette qualité un usage contraire à la société.
- Selon l'article L. 241-4 du Code de commerce, est puni d'une **amende de 9 000 €**, le gérant qui n'a pas, pour chaque exercice, dressé l'inventaire, établi les comptes annuels et un rapport de gestion.
- Selon l'article L. 241-5 du Code de commerce, est puni d'une **amende de 9 000 €**, le gérant qui n'a pas soumis à l'approbation de l'assemblée des associés ou de l'associé unique, l'inventaire, les comptes annuels et le rapport de gestion établis pour chaque exercice.

5. Le cumul mandat social/contrat de travail

Le cumul mandat social et contrat de travail est possible, mais il est encadré par le Code de commerce et la jurisprudence. En conséquence, plusieurs **conditions cumulatives** doivent être réunies pour rendre le cumul licite :

- Un **travail effectif**, c'est-à-dire un travail sérieux et sincère, doit subsister pendant l'exécution du mandat social.
- Les **fonctions exercées** dans le cadre du contrat de travail doivent être distinctes de celles exercées dans le cadre de la fonction de dirigeant (dans le cadre de son contrat de travail, il doit accomplir des fonctions techniques spécifiques).
- Les **rémunérations** des deux fonctions doivent être distinctes ou, s'il est gérant bénévole, il doit recevoir une rémunération au titre de salarié.
- Il faut caractériser l'**existence d'un lien de subordination** entre le dirigeant et la société. L'appréciation de ce lien de subordination, condition d'existence même d'un contrat de travail, relève de la compétence souveraine des juges. En principe, ils font une analyse de la participation du dirigeant dans le capital social s'il est associé ; ainsi, s'il est majoritaire, le lien de subordination n'existera pas, donc le cumul n'est pas possible. En revanche, s'il est minoritaire ou égalitaire, il pourra être subordonné en tant que salarié à l'ensemble des autres associés, donc le cumul sera possible.
- Le contrat ne doit pas comporter de **clauses étrangères** ou trop éloignées des pratiques habituelles du droit du travail (par exemple, une indemnité de licenciement élevée ou un préavis trop long).

La **sanction** en cas de non-respect des conditions du cumul est l'**annulation** du contrat de travail ou la **suspension** s'il est antérieur à la nomination.

6. La révocation du gérant

Le mandat du gérant prend fin normalement par :

- l'**arrivée du terme**, si son mandat a une durée déterminée par les statuts ;
- un **empêchement** (incapacité juridique ou interdiction de gérer prononcée par la justice) ;
- la **démission** du gérant ;
- le **décès** du gérant ;
- la **révocation** du gérant.

En effet, selon l'article L. 223-25 du Code de commerce, les associés de la SARL peuvent décider de faire perdre au gérant son mandat social.

a. Les conditions de forme de la révocation

La décision devra être prise en assemblée générale, par un ou plusieurs associés représentant **plus de la moitié des parts sociales**, vu qu'il s'agit d'une décision ordinaire. Cependant, « *si cette majorité n'est pas obtenue et sauf stipulation contraire des statuts, les associés sont, selon les cas, convoqués ou consultés une seconde fois, et les décisions sont prises à la majorité des votes émis, quel que soit le nombre des votants* » (article L. 223-29 du Code de commerce).

La loi donne la possibilité aux statuts de prévoir une **majorité plus forte**. La jurisprudence a en outre développé la **théorie de l'abus dans la révocation**, permettant l'octroi de dommages-intérêts au gérant révoqué. Il s'agit de circonstances abusives dans la révocation.

> **!** La jurisprudence admet que la révocation puisse être décidée même si elle n'est pas inscrite à l'ordre du jour de l'assemblée.

Exemple : Il y a abus quand il est porté atteinte à l'honneur ou l'honorabilité du gérant ou quand la révocation est faite dans des conditions vexatoires.

Enfin, le **principe du contradictoire** doit être respecté lors de la procédure : le gérant doit être en mesure de pouvoir présenter sa défense. Dans le cas contraire, la révocation n'est pas annulée, mais l'intéressé peut demander l'octroi de dommages-intérêts devant le juge.

b. Les conditions de fond de la révocation

La révocation doit être décidée avec un **juste motif**. La loi ne donne pas de précision sur ce terme, donc la jurisprudence en a dessiné les contours.

Définition

Le juste motif peut être un comportement fautif (par exemple, infraction, faute de gestion, violation des statuts ou de la loi) ou un comportement non fautif (par exemple, la mésentente entre les gérants ou entre le gérant et un ou plusieurs associés, mais à condition que cette mésentente puisse compromettre l'intérêt social et le fonctionnement de la société).

Si la révocation est décidée **sans juste motif**, le gérant révoqué peut obtenir des dommages-intérêts. Cependant, la révocation se fera sans indemnité, sans préavis.

c. La révocation judiciaire

Quand le gérant est associé et détient plus de 50 % du capital social, il est de fait protégé d'une décision de révocation. Afin d'éviter qu'il soit irrévocable, le Code de commerce prévoit que **tout associé** peut demander au tribunal la révocation du gérant. Le tribunal pourra prononcer la révocation pour **cause légitime**.

> ! Lorsque le gérant a été révoqué judiciairement, cette révocation ne peut pas engendrer de dommages-intérêts.

III. Le contrôle de la SARL

A Le commissaire aux comptes

Une SARL ne doit pas obligatoirement désigner un commissaire aux comptes (CAC). Comme pour toute société commerciale, sa désignation devient cependant obligatoire quand la société dépasse deux des trois seuils suivants (seuils révisés par la loi n° 2019-486 du 22 mai 2019, dite loi PACTE et par le décret n° 2019-514 du 24 mai 2019) :

- 4 000 000 € de **total de bilan ;**
- 8 000 000 € de **chiffre d'affaires HT ;**
- **effectif** de 50 salariés.

En outre, la nomination du CAC devra être effectuée, si elle n'est pas rendue obligatoire par la loi, dans les deux situations suivantes :

- sur **décision de justice**, à la demande d'un ou plusieurs associés représentant au moins le dixième du capital ;
- sur **demande motivée** d'un ou plusieurs associés représentant le tiers du capital, pour un mandat qui peut être limité à trois exercices (depuis la loi PACTE de 2019).

> ! À défaut de nomination alors qu'elle est rendue obligatoire, les délibérations prises en assemblée générale sont nulles et le gérant s'expose à une peine de deux ans d'emprisonnement et de 30 000 € d'amende.

La nomination d'un CAC par les associés se fait selon l'article L. 223-29 du Code de commerce, à savoir que la décision est adoptée par **un ou plusieurs associés** représentant **plus de la moitié des parts sociales**. Le CAC a accès aux assemblées (article L. 223-39 du Code de commerce).

En principe, les fonctions du CAC expirent à l'issue de la tenue de l'assemblée générale ordinaire qui statue sur les comptes annuels du **sixième exercice** à compter de celui de sa nomination (sauf si la désignation est volontaire et que les associés ont limité son mandat à trois exercices).

B Les conventions entre l'associé ou le gérant et la société

Afin d'éviter les conflits d'intérêts et que certaines personnes ne tirent un avantage particulier de la SARL du fait de leur qualité d'associé ou de gérant, la loi instaure des règles particulières en matière de contrats. En effet, la loi prévoit **trois types de conventions** : les conventions libres, les conventions interdites et les conventions réglementées.

1. Les conventions libres

L'article L. 223-20 du Code de commerce prévoit les **conventions libres**. Ainsi, les conventions entre la SARL et le gérant ou l'associé sont dites libres si elles portent sur des **opérations courantes** et sont **conclues dans des conditions normales**. Elles ne sont donc pas soumises à une quelconque approbation.

Tableau 7.2 Les conventions libres

Opérations courantes	Opérations conclues dans des conditions normales
Opérations *habituellement effectuées* par la société dans le cadre de son activité (tous les actes de gestion courante : achats, ventes, assurances, emprunts, etc.). En pratique, il faut se référer au caractère conforme de l'opération et à l'objet social, et s'assurer que d'autres opérations de même nature ont déjà été effectuées par la société.	Conditions *habituellement pratiquées* par la société vis-à-vis de ses clients et fournisseurs. En pratique, il faut tenir compte des conditions en usage dans les sociétés de même activité (par exemple, des remises, des délais de paiement, etc.).

2. Les conventions interdites

La loi prévoit les **conventions interdites** (article L. 223-21 du Code de commerce). Le **principe** est qu'il est interdit aux gérants ou associés de contracter, sous quelque forme que ce soit, des **emprunts** auprès de la SARL, de se faire consentir par elle un **découvert** en compte courant ou autrement, ainsi que de faire cautionner ou avaliser par la société leurs engagements envers des tiers. Cette interdiction s'applique également :

- aux représentants légaux des personnes morales associées ;
- aux conjoints, ascendants et descendants des gérants, des associés ou des représentants légaux des personnes morales associées ;
- à toute personne interposée.

Cependant, cette interdiction ne s'applique pas quand l'associé bénéficiaire de la convention est une **personne morale**, afin de permettre la réalisation d'opérations de trésorerie au sein d'un groupe auquel participent des SARL.

Exemple : Une SARL filiale d'une autre société peut consentir des prêts ou des avances à sa société mère ou garantir ses engagements envers des tiers.

Tableau 7.3 Les conventions interdites

Opérations interdites	Personnes visées
– Emprunts auprès de la société. – Découverts en compte courant ou autrement. – Cautions ou avals consentis par la société pour garantir les engagements personnels des personnes visées envers les tiers.	– Gérants, les associés autres que les personnes morales. – Représentants légaux des personnes morales associées. – Conjoints, ascendants et descendants des personnes précitées. – Toute personne interposée.

Ainsi, toute convention conclue en violation de l'interdiction est frappée de **nullité absolue**. Donc un associé, mais également un tiers – comme un créancier –, s'il est en mesure de justifier d'un intérêt à agir, peut demander la nullité de la convention. La nullité de la convention ne pourra cependant pas être opposée par la société aux **tiers de bonne foi**.

3. Les conventions réglementées

La loi prévoit les **conventions réglementées** à l'article L. 223-19 du Code de commerce. Celles qui ne sont ni libres ni interdites sont ainsi des conventions réglementées. Il s'agit des conventions :

- intervenues directement ou par personnes interposées entre la société et l'un de ses gérants ou associés ;
- passées avec une société dont un associé indéfiniment responsable, gérant, administrateur, directeur général, membre du directoire ou membre du conseil de surveillance, est simultanément gérant ou associé de la SARL.

Le gérant, ou le CAC le cas échéant, présente à l'assemblée générale un **rapport** sur ces conventions. Ensuite, l'assemblée vote et approuve ou non cette convention, sachant que le gérant ou l'associé intéressé ne peut pas prendre part au vote et que ses parts ne sont pas prises en compte pour le calcul du quorum et de la majorité. Il s'agit, contrairement à la SA, d'un **contrôle *a posteriori***.
Les **conventions non approuvées** ne sont pas annulées et produisent donc toujours leurs effets. Le gérant ou l'associé doit cependant supporter individuellement ou solidairement (si la convention est passée à plusieurs) les conséquences préjudiciables de cet acte pour la société.
L'article L. 223-23 du Code de commerce prévoit que la **prescription** est de **trois ans** à compter du fait dommageable ou de sa révélation s'il a été dissimulé.
Enfin, le **contrôle *a priori*** existe pour les conventions conclues par un gérant non associé et en l'absence de CAC.

IV. La dissolution de la SARL

A Les causes

Les causes de la dissolution sont nombreuses :

- **dissolution volontaire :** décision unanime des associés ;
- **dissolution involontaire et anticipée :** liquidation, nombre d'associés supérieur à 100 sans régularisation dans l'année ; si les **capitaux propres** de la société deviennent inférieurs à la moitié du capital social, les associés devront décider de la dissolution anticipée dans les quatre mois, à la **majorité des trois quarts** des parts sociales (article L. 223-42 du Code de commerce).

Cependant, l'article L. 223-41 du Code de commerce prévoit que la SARL n'est pas dissoute lorsqu'un associé est frappé d'une liquidation judiciaire, d'une faillite personnelle, d'une interdiction de gérer ou encore d'une mesure d'incapacité, ni par son décès.

> L'**article L. 223-42 du Code de commerce** poursuit : « *Si la dissolution n'est pas prononcée [...], la société est tenue, au plus tard à la clôture du deuxième exercice suivant celui au cours duquel la constatation des pertes est intervenue, de réduire son capital d'un montant au moins égal à celui des pertes qui n'ont pu être imputées sur les réserves, si, dans ce délai, les capitaux propres n'ont pas été reconstitués à concurrence d'une valeur au moins égale à la moitié du capital social.* »

La dissolution peut également être demandée en justice :

- si le gérant ou le CAC n'a pas provoqué une décision ;
- si les associés n'ont pas pu délibérer valablement ;
- si la société n'a pas pu réduire son capital dans le délai.

Toutefois, le tribunal pourra accorder un délai de six mois maximum pour régulariser la situation.

B Les conséquences

La dissolution de la SARL entraîne les mêmes **formalités** que celles prévues pour les sociétés commerciales, ainsi que sa **liquidation**. Quelle qu'en soit la cause, elle ouvre automatiquement la phase de liquidation de la société.
Les SARL sont soumises aux règles de droit commun de la liquidation : règlement du passif par la société, partage des biens et de l'éventuel boni de liquidation.

V. La transformation de la SARL

Selon l'article L. 223-43 du Code de commerce, la SARL peut être transformée en **SNC**, en **SCS** ou en **SCA**. Cette transformation nécessite l'**accord unanime** des associés, au vu surtout de la nouvelle responsabilité qu'auront à subir les associés.
La transformation en **SA** est possible, à la **majorité des trois quarts** des parts sociales ou par décision des associés représentant la **majorité des parts sociales**, à la condition que les capitaux propres figurant au dernier bilan excèdent 750 000 €.

SYNTHÈSE

SARL

- **Constitution** →
  - **Associés :** 2 à 100, personne physique/morale.
  - **Capital social :** pas de minimum, tous les apports.
  - **Objet social :** libre (*certaines activités exclues*).
  - **Dénomination :** libre.
  - **Conditions de forme :** classiques.
- **Fonctionnement** →
  - **Associés :** droits politiques, droits pécuniaires, vote pris en général à plus de la moitié des parts sociales, cession des parts libre (sauf aux tiers), responsabilité limitée.
  - **Gérance :** personne physique, associé ou tiers, tous pouvoirs (possiblement limités dans les statuts), responsabilité civile et pénale, cumul contrat de travail sous conditions, révocation pour juste motif ou judiciaire.
- **Contrôle** → CAC obligatoire à partir des seuils classiques ou sur demande d'un ou plusieurs associé(s) ou sur décision de justice, procédure des conventions réglementées.
- **Dissolution** → Causes et conséquences classiques.
- **Transformation** →
  - Passage en SNC, SCS ou SCA à l'unanimité.
  - Passage en SA à la majorité des 3/4 sous condition.

Faites le point sur les notions clés : SARL (p. 125), juste motif (p. 137).

Révisez avec les flashcards
www.lienmini.fr/dcg02-14

QCM

Réponse unique

QCM interactif

www.lienmini.fr/dcg02-15

1 Une SARL doit comporter au minimum :

- ❍ **a.** 1 associé.
- ❍ **b.** 2 associés.
- ❍ **c.** 3 associés.
- ❍ **d.** 4 associés.

2 En cas de modification des statuts de la SARL, la décision doit être votée à :

- ❍ **a.** l'unanimité.
- ❍ **b.** la majorité des trois quarts des parts sociales, sauf disposition des statuts prévoyant une majorité plus élevée.
- ❍ **c.** la majorité des trois quarts des parts sociales, sans que les statuts ne puissent prévoir une majorité plus élevée.

3 Pour cumuler contrat de travail et mandat social, un gérant associé de SARL doit être :

- ❍ **a.** majoritaire.
- ❍ **b.** minoritaire.

4 Un gérant de SARL doit obligatoirement être une personne physique.

- ❍ **a.** Vrai.
- ❍ **b.** Faux.

5 La SARL peut avoir pour objet social :

- ❍ **a.** conception et vente de vêtements de ski.
- ❍ **b.** activité bancaire.
- ❍ **c.** activité d'assurance.
- ❍ **d.** activité d'épargne.

Plusieurs réponses possibles

6 Qui peut être associé d'une SARL ?

- ❍ **a.** Un bien.
- ❍ **b.** Une SA.
- ❍ **c.** Une SARL.
- ❍ **d.** Une personne physique.

7 À qui un associé de SARL peut-il céder ses parts sociales librement, sauf mention contraire des statuts ?

- ❍ **a.** À un tiers.
- ❍ **b.** À son conjoint.
- ❍ **c.** À son enfant.
- ❍ **d.** À un autre associé.

8 En cas de refus d'agrément de cession des parts sociales d'un associé de SARL qui détient ses parts depuis plus de deux ans :

- ❍ **a.** les associés doivent acquérir ou faire acquérir les parts.
- ❍ **b.** la société peut racheter les parts.
- ❍ **c.** l'associé cédant est prisonnier et doit conserver ses parts.
- ❍ **d.** l'associé cédant peut tout de même vendre ses parts, car il les détient depuis plus de deux ans.

9 **La SARL doit nommer un commissaire aux comptes quand deux des trois seuils suivants sont franchis :**

❍ **a.** 10 salariés.
❍ **b.** 3 000 000 € de total de bilan.
❍ **c.** 4 000 000 € de total de bilan.
❍ **d.** 8 000 000 € de chiffres d'affaires HT.

10 **La révocation du gérant dans une SARL doit être décidée :**

❍ **a.** *ad nutum*.
❍ **b.** avec son accord.
❍ **c.** par le tribunal pour cause légitime.
❍ **d.** pour juste motif.

● Réponse à justifier

11 **Dans le cadre de la constitution d'une SARL, Albert apporte 10 000 € en numéraire et Bernard apporte en nature un véhicule d'une valeur de 5 000 €.**

❍ **a.** Albert est, comme Bernard, associé égalitaire (1/2 des titres).
❍ **b.** Albert est associé majoritaire (2/3 des titres) et Bernard est associé minoritaire (1/3 des titres).
❍ **c.** Albert est associé minoritaire (1/3 des titres) et Bernard est associé majoritaire (2/3 des titres).
❍ **d.** Albert est associé minoritaire (2/3 des titres) et Bernard est associé majoritaire (1/3 des titres).

12 **La SARL Nasao a un capital social de 100 000 € divisé en 1 000 parts sociales. La valeur nominale de chaque part sociale est fixée à 100 €. Par rapport à cette valeur nominale, chaque part sociale a une valeur réelle :**

❍ **a.** égale à la valeur nominale.
❍ **b.** supérieure ou inférieure, suivant la valeur de la société.

13 **La SARL Ridel a trois associés : Bérénice (20 % des parts), Cécile (55 % des parts), Vincent (25 %). Bérénice veut vendre ses parts sociales à Édouard, le conjoint de Cécile. Vincent est d'accord, mais ce n'est pas le cas de Cécile.**

❍ **a.** La cession est libre, car Édouard est le conjoint de Cécile.
❍ **b.** La cession est possible, car Bérénice et Vincent sont d'accord (majorité d'associés).
❍ **c.** La cession n'est pas possible, car le fait que Cécile s'y oppose empêche l'agrément.

14 **Bérénice n'a pas pu obtenir l'agrément de la SARL Ridel pour vendre ses parts. La SARL existe depuis six mois. Elle se demande si elle va devoir rester prisonnière de la société.**

❍ **a.** Oui, car elle ne détient pas ses parts sociales depuis au moins deux ans.
❍ **b.** Non, la société doit lui proposer un rachat de ses parts sociales.
❍ **c.** Non, elle peut vendre ses parts à un tiers après les six mois de la notification de la cession.

15 **Dans la SARL Pibou, un nouveau gérant doit être désigné suite à la démission du précédent. Les trois associés minoritaires ont proposé M. Richous, mais le quatrième associé, qui est majoritaire, ne l'apprécie pas. M. Richous peut-il être désigné le gérant le SARL Pibou ?**

❍ **a.** Oui, c'est possible, si trois associés sur quatre sont d'accord.
❍ **b.** Non, car l'associé majoritaire n'est pas d'accord.
❍ **c.** Non, car il faut l'unanimité des associés.

CAS PRATIQUE GUIDÉ

LA VENTE DES PARTS D'AURÉLIE

La SARL Poussin compte trois associés ; Aimé, Lucie et Aurélie, qui détiennent respectivement 40 %, 30 % et 30 % de parts sociales. Une clause des statuts prévoit que les parts sociales ne pourront être cédées à un autre associé qu'avec l'agrément de la majorité des associés représentant plus de la moitié des parts sociales. Aujourd'hui, Aurélie souhaite vendre ses parts à Aimé, qui est d'accord pour les lui racheter. Mais Lucie ne voit pas d'un bon œil cette décision car, par ce rachat, Aimé deviendrait majoritaire. Lucie vient alors vous voir car vous travaillez dans un cabinet d'avocats et vous demande conseil.

Votre mission : identifier les conditions de cession de parts sociales dans une SARL.

Pour la réaliser, vous devez justifier si Lucie peut s'opposer à la cession de parts sociales entre Aurélie et Aimé.

CORRIGÉ

☑ **COMPÉTENCE ATTENDUE :**

– Identifier les règles de cession des parts sociales dans une SARL.

Méthode

Pour résoudre un cas pratique [voir Fiche méthode 2], vous devez respecter quelques règles essentielles :

- **Schématiser, au brouillon, les éléments essentiels nécessaires pour traiter le cas.**
- **Effectuer le travail d'analyse juridique pour identifier le problème juridique posé par le cas pratique.**
- **Rédiger le raisonnement juridique (règle de droit + application de la règle de droit aux faits), appelé aussi le syllogisme.**

TRAVAIL PRÉPARATOIRE

Aimé (40 %)
Lucie (30 %)
Aurélie (30 %)

Clause des statuts : « *Les parts sociales ne pourront être cédées à un autre associé qu'avec l'agrément de la majorité des associés représentant plus de la moitié des parts sociales.* » → **Cession des parts sociales possible ?**

Aurélie veut vendre ses parts à Aimé, mais Lucie s'y oppose.

Ces faits soulèvent le problème juridique suivant : quelles sont les conditions de cession des parts sociales à un autre associé dans une SARL ?

PRINCIPES JURIDIQUES

> **!** Dans ce cas, vous devez indiquer les conditions de cession des parts sociales à un associé, en n'oubliant pas la clause des statuts de cette SARL.

Selon l'article L. 223-16 du Code de commerce, les parts sociales sont librement cessibles entre associés. Cependant, les statuts peuvent prévoir que la cession soit agréée pour être valable. Une clause des statuts de la SARL prévoit que les parts sociales ne pourront être cédées à un autre associé qu'avec l'agrément de la majorité des associés représentant plus de la moitié des parts sociales. Il faut savoir que l'associé cédant prend part au vote.

APPLICATION AU CAS

> **!** Dans ce cas, vous devez vérifier si les parts sociales peuvent être cédées dans cette SARL.

En l'espèce, il s'agit de vérifier si Aurélie peut vendre ses parts sociales à Aimé.
Aimé étant aussi associé, la cession est en principe libre. Cependant, une clause des statuts de la SARL prévoit que les parts sociales ne pourront être cédées à un autre associé qu'avec l'agrément de la majorité des associés représentant plus de la moitié des parts sociales, sachant que l'associé cédant prend part au vote. La SARL comprend trois associés, et Aimé et Aurélie ont à eux deux 70 % des parts sociales. Ainsi, deux associés sur trois qui détiennent 70 % des parts sociales sont d'accord pour la cession ; la cession sera alors agréée.
Lucie ne peut donc s'opposer à la cession et Aimé deviendra associé majoritaire, avec 70 % des parts, contrairement à Lucie qui n'en aura que 30 %.

Méthode

Un bon raisonnement par syllogisme doit éviter trois défauts récurrents que l'on retrouve dans de nombreuses copies :
– Se limiter à rappeler les faits : il faut les qualifier juridiquement.
– Entamer le syllogisme en appliquant d'emblée les règles de droit au cas. Cela reviendrait à inverser le raisonnement juridique.
– Négliger la partie « règles juridiques », qui représente l'essentiel de la note. Il faut lui réserver un traitement rigoureux.

AUTOÉVALUATION

La grille d'autoévaluation ci-dessous vous permet d'évaluer votre niveau et de vérifier si vos réponses correspondent aux attendus de l'examen.

	Niveau 1	Niveau 2	Niveau 3	Niveau 4
	Un premier élément de réponse, mais très incomplet, des erreurs, des contresens.	*Des éléments de réponse isolés, des approximations et/ou de la paraphrase.*	*Question comprise : des éléments de réponse pertinents, mais incomplets au niveau des savoirs et/ ou de l'application.*	*Compétence attendue mobilisée avec mobilisation complète des savoirs associés à la compétence. Application pertinente.*
Justifier si Lucie peut s'opposer à la cession de parts sociales entre Aurélie et Aimé. *(voir Section II.A. 1)*	❐ Vous avez compris qu'il fallait étudier la cession des parts sociales, mais ne connaissez pas les conditions de la cession.	❐ Vous avez compris qu'il fallait étudier la cession des parts sociales, et avez vu que les statuts prévoyaient l'agrément, mais n'avez pas bien appliqué au cas.	❐ Vous avez compris qu'il fallait étudier la cession des parts sociales, et avez vu que les statuts prévoyaient l'agrément, avez bien appliqué au cas, mais il manquait une condition sur les deux (soit le nombre d'associés, soit le nombre de parts sociales).	❐ Vous avez compris qu'il fallait étudier la cession des parts sociales, et avez vu que les statuts prévoyaient l'agrément, avez bien appliqué au cas les deux conditions pour que la cession soit valable.

EXERCICES

1 Le cas Rhinoce

10 min.

COMPÉTENCE ATTENDUE :

– Identifier les conditions essentielles de la transformation d'une SARL.

Les associés de la SARL Rhinoce souhaiteraient transformer leur société en SNC, afin d'avoir plus de crédibilité auprès des banques et de développer la société. Cependant, un des associés n'est pas d'accord car il ne veut pas prendre de risque sur son patrimoine personnel. Il vient alors vous consulter, en votre qualité de juriste.

Votre mission : étudier son cas et le conseiller.

Pour la réaliser, vous devez identifier les conditions pour que la SARL puisse se transformer en SNC.

2 Le cas Chez la Mama

15 min.

COMPÉTENCE ATTENDUE :

– Identifier les conditions relatives à la cession des parts sociales dans une S.

La SARL Chez la Mama comprend cinq associés. Le capital social d'un montant de 100 000 € est réparti de la façon suivante :

Sophie (gérante)	3 000 parts	Jean	1 000 parts
Charly	2 100 parts		
Fabien	3 000 parts	Pascal	900 parts

Fabien, associé depuis 2010, souhaite revendre 2 500 de ses parts sociales à une de ses amies, Mado. Pascal et Jean sont d'accord avec cette opération, mais Sophie et Charly y sont défavorables. Vous êtes l'expert-comptable de la SARL et ils vous demandent conseil.

Votre mission : identifier les conditions relatives à la cession des parts sociales dans une SARL

Pour la réaliser, vous devez repérer si Sophie et Charly peuvent s'opposer à la cession et expliquer l'ensemble des conditions procédurales nécessaires pour autoriser ou empêcher la cession des parts sociales à Mado.

3 Le cas BVG

15 min.

COMPÉTENCE ATTENDUE :

– Identifier les pouvoirs des gérants dans la SARL.

La société BVG est une SARL qui comprend cinq associés. Son objet social est la conception et la vente de plats cuisinés confectionnés à partir de produits de « luxe », comme le foie gras et le caviar. Le capital social, d'un montant de 10 000 €, est réparti de la façon suivante :

Eva Marqué	300 parts	**Cécile Hon**	100 parts
Alain Provist	210 parts		
Beth Rave	300 parts	**Elsa Dorsa**	90 parts

Eva Marqué est gérante de la SARL depuis 2018. Beth Rave est également salariée dans la société, car elle assure une grande partie de la recherche et développement. Les autres associés ne sont que des investisseurs.

Il y a deux mois, Beth Rave apprend qu'Eva Marqué a signé un partenariat avec une enseigne de la grande distribution spécialisée dans le discount. Elle n'est pas du tout en accord avec cette décision, car une clause des statuts de la SARL prévoit que tout projet de partenariat devra obtenir l'autorisation des associés représentant les deux tiers du capital social. Elle est de plus inquiète des conséquences pour la société de ce partenariat car, selon elle, il faut conserver une bonne image de marque grâce à une distribution sélective. Elle se tourne alors vers vous ; vous êtes en effet le conseiller juridique de la société.

Votre mission : vérifier si la société est engagée par les actes des dirigeants.

Pour la réaliser, vous devez vérifier si l'acte passé par le gérant peut être annulé.

CAS DE SYNTHÈSE

LE CAS DE LA SARL L'ATELIER DU BRICOLAGE

40 min.

☑ COMPÉTENCE ATTENDUE :

– **Identifier les caractéristiques essentielles des SARL en mettant en évidence les principales règles de fonctionnement de ce groupement.**

Mise en situation

La semaine dernière, les associés de la SARL L'atelier du bricolage, mis au courant d'une décision du gérant qui viole les statuts, se sont réunis en assemblée générale. Le gérant n'a même pas pu défendre son point de vue, les quatre autres associés sont tous tombés d'accord pour dire que c'est une grave erreur... Ils décident alors, lors de cette assemblée, de révoquer le gérant, en invoquant cette erreur. Ils lui demandent de partir sur le champ, changent les clés de son bureau et, le lendemain de l'assemblée générale, le gérant a retrouvé ses affaires dans un carton devant la porte, sans pouvoir entrer dans la société et saluer une dernière fois les salariés. Il se décide à faire appel à un avocat et vient vous consulter.

Votre mission : identifier les conditions de révocation du gérant de SARL.

Pour la réaliser, vous avez à votre disposition une base documentaire et vous devez expliquer si la révocation du gérant est régulière.

DOCUMENT

Arrêt de la Cour de cassation, Chambre commerciale, 9 novembre 2010, n° de pourvoi 09-71.284

Sur le moyen unique :

Attendu, selon l'arrêt attaqué (Paris, 15 septembre 2009), que M. X..., qui exerçait les fonctions de gérant de la SARL Un Point Trois (la société), a été révoqué lors de l'assemblée générale des associés réunie le 10 mars 2000 ; que, faisant notamment valoir que cette révocation avait été décidée sans juste motif et dans des circonstances vexatoires, il a assigné la société ainsi que six associés, MM. Y…, Z…, A…, B… et C… et Mme E… (les consorts Y…), en paiement de dommages-intérêts ainsi que d'une autre somme en exécution des décisions de l'assemblée générale des associés ;

Attendu que la société et les consorts Y… font grief à l'arrêt d'avoir accueilli ces demandes, alors, selon le moyen :

1°/ que l'arrêt attaqué a relevé que plusieurs mois avant la révocation de M. X... les relations entre lui et certains associés étaient « tellement tendues » que pour obtenir une modification de l'« *attitude sociale* » de ceux-ci il « *menaçait* » de démissionner, qu'il disait avoir voulu se démarquer du comportement des associés qu'il jugeait « *irresponsable* » et « *incohérent* », qu'il a « *mis en garde* » les associés contre des décisions selon lui contraires à l'intérêt social, et que devant le refus des associés de suivre ses « *mises en garde* », il a pris une position « *particulièrement violente* » ; qu'ainsi, était caractérisée une mésentente grave et persistante entre le gérant et les associés, de nature à compromettre l'intérêt social et le bon fonctionnement de la société ; qu'en jugeant, au contraire, que la révocation de M. X... n'était pas fondée sur un juste motif, au prétexte que ce dernier avait obtenu quitus de sa gestion, irréprochable selon la cour d'appel, et que deux associés sur huit n'avaient pas voté sa révocation, la cour d'appel a violé l'article L. 223-25 du Code de commerce ;

2°/ qu'en estimant vexatoires les conditions de la révocation du gérant au motif que les clés de l'entreprise lui avaient été immédiatement reprises, sans rechercher si M. X..., dont elle a constaté qu'il menaçait de partir depuis plusieurs mois, n'avait pas porté la question de sa révocation à l'ordre du jour de l'assemblée générale au cours de laquelle il a été révoqué, s'il n'échouait pas à prouver que l'accès à l'entreprise lui avait été refusé après reprise des clés, et si sa rémunération n'avait pas été maintenue pendant deux mois après sa révocation, la cour d'appel a privé sa décision de base légale au regard de l'article 1382 du Code civil ;

3°/ que pour écarter le moyen formulé par la société Un Point Trois et ses associés, pris de la nullité de la transaction conclue avec M. X..., portant sur les congés payés de ce dernier et rappelée dans les procès-verbaux d'assemblée générale, la cour d'appel a retenu que cette transaction aurait constitué en réalité un accord d'aménagement des conditions d'exécution du contrat de gérance ; qu'en statuant ainsi, en relevant un moyen d'office et sans solliciter les explications des parties, elle a violé l'article 16 du Code de procédure civile ;

Mais attendu, d'une part, qu'après avoir rappelé qu'il est du devoir d'un gérant de mettre en garde les associés contre des décisions qu'il estime devoir nuire à l'intérêt social, l'arrêt retient que c'est ce à quoi s'est employé M. X... en écrivant les 20 décembre 1999 et 5 janvier 2000 aux associés ; qu'il ajoute que cette attitude qui, du fait du refus de certains associés de suivre ses mises en garde, s'est traduite dès cette époque par des prises de position particulièrement violentes, loin de constituer une faute de gestion ou d'être de nature à compromettre l'intérêt social ou le fonctionnement de la société, montrait clairement que l'intéressé entendait préserver les intérêts de cette société contre les dérives de certains des associés qui poursuivaient un but personnel en désirant prélever des fonds tandis que la société devait faire face, de manière imminente, à des engagements immobiliers importants ; qu'en l'état de ces constatations et appréciations, la cour d'appel a, abstraction faite des motifs surabondants critiqués par le moyen, légalement justifié sa décision ;

Attendu, d'autre part, qu'ayant relevé, par motifs propres et adoptés, que M. X..., qui exerçait depuis dix ans les fonctions de gérant, avait dû, dès l'issue de l'assemblée générale ayant voté sa révocation, remettre l'ensemble des clefs en sa possession donnant accès à l'entreprise, la cour d'appel a pu décider, sans avoir à faire d'autre recherche, que cette révocation était intervenue dans des conditions vexatoires ;

Attendu, enfin, que M. X... ayant soutenu que la société n'était pas fondée à conclure au rejet de sa demande en paiement d'une somme s'élevant à 55 206,35 euros dès lors que son principe et son montant avaient été validés d'année en année en assemblée générale et que, si son contrat de travail avait été qualifié de fictif, il n'en demeurait pas moins qu'il s'agissait du seul document fixant la rémunération et les modalités de la gestion qui lui avait été confiée, c'est sans méconnaître le principe de la contradiction que la cour d'appel a estimé qu'il apparaissait, à la lecture des résolutions successives prises par l'assemblée des associés, que la créance de M. X... ne procédait pas d'une transaction mais d'un simple aménagement des conditions d'exécution de ses fonctions de gérant ;

D'où il suit que le moyen n'est fondé en aucune de ses branches ;

PAR CES MOTIFS :

REJETTE le pourvoi.

CHAPITRE 8

L'EURL

À l'issue de ce chapitre,

- **vous serez capable :**

❒ de schématiser et d'analyser les règles de fonctionnement de chaque forme sociétaire étudiée ;
❒ de rédiger des clauses spécifiques des statuts (clause limitative de pouvoir, clause d'inaliénabilité, clause d'agrément) ;
❒ de repérer dans des statuts les clauses non conformes (clause limitative de pouvoir, clause d'inaliénabilité, clause d'agrément, clause de préemption et clause d'exclusion) et de les corriger ;
❒ d'analyser les opérations de contrôle au sein d'une société : rôles du commissaire aux comptes, contrôle des conventions réglementées, contrôle interne, procédure d'alerte ;
❒ de différencier les principales valeurs mobilières (actions, actions de préférence, obligations) et d'expliquer leur régime juridique ;
❒ de distinguer les actions et les parts sociales et de justifier les conséquences juridiques de cette distinction ;
❒ d'analyser les opérations d'augmentation et de réduction de capital ;
❒ d'analyser les conditions et les conséquences d'une transformation pour chaque type de sociétés ;
❒ d'identifier les causes et les conséquences d'une dissolution spécifiques à chaque type de sociétés ;
❒ de justifier le choix d'une forme sociétaire adaptée à une situation donnée.

- **vous saurez identifier :**

❒ les règles de constitution, de fonctionnement, de dissolution de l'EURL ;
❒ la distinction entre le gérant associé unique et le gérant tiers.

Mettez-vous en situation

M. Rodolphe se rend à la Chambre de commerce et d'industrie la plus proche de chez lui. Il souhaite en effet créer une structure juridique pour vendre ses produits artisanaux sur Internet. Il est seul dans l'activité, est marié (séparation de biens) et ne souhaite pas beaucoup investir. Il n'a pas non plus envie de prendre de risque sur son patrimoine personnel. Il préférerait être à l'impôt sur le revenu. Vous êtes la personne qui le prend en charge et vous devez déterminer quelle structure juridique lui conviendrait le mieux.

I. La constitution de l'EURL

Depuis la loi du 11 juillet 1985, l'entreprise unipersonnelle à responsabilité limitée (EURL) est un type de société.

Définition

L'entreprise unipersonnelle à responsabilité limitée (EURL) a pour avantage de protéger le patrimoine personnel de l'associé. Il s'agit en fait d'une SARL à associé unique et dont le fonctionnement est simplifié. Sa forme juridique est elle aussi régie par les articles L. 223-1 à L. 227-43 du Code de commerce.

A Les conditions de fond

1. L'associé

À la différence de la SARL, l'EURL n'a qu'**un seul associé**. Cet associé n'ayant pas la qualité de commerçant, il peut être **mineur**. Il peut s'agir d'une **personne physique** ou de toute autre **personne morale** (avant 2014, une autre EURL ne pouvait pas être l'associé unique d'une autre EURL ; c'est désormais possible).

> **!** Si l'associé est marié sous le régime de la communauté (universelle ou réduite aux acquêts), il doit demander l'autorisation à son époux. Et si ce dernier revendique la qualité d'associé, alors l'EURL ne sera pas possible : il faudra créer une SARL.

2. Le capital social et les apports

Le capital est déterminé par les statuts et divisé en **parts sociales**. Comme pour la SARL, la loi n'exige pas de **capital** minimum. Celui-ci peut être composé d'**apports en numéraire, en nature ou en industrie**.
Comme dans une SARL, au moins un cinquième des apports en numéraire doit être libéré lors de la constitution de la société, c'est-à-dire mis à disposition, et le solde dans les cinq ans qui suivent.

> **!** L'apport en industrie donne la qualité d'associé et des parts sociales, mais son évaluation étant impossible ; il ne permet pas d'augmenter le capital social.

3. Les obligations nominatives

Comme pour la SARL, il est interdit à une EURL d'émettre des **valeurs mobilières**. Elle peut néanmoins émettre des obligations à six conditions :

- Elle ne doit pas procéder à une offre au public de ces obligations.
- Elle doit disposer d'un commissaire aux comptes.
- Les comptes des trois derniers exercices de douze mois ont été régulièrement approuvés par les associés.
- Les obligations doivent être nominatives (contrairement aux obligations au « porteur », dans laquelle la société ne connaît pas le nom du porteur).
- La décision de les émettre doit être prise par l'AG des associés à la majorité ordinaire.
- Elle doit respecter un certain formalisme.

4. L'objet social

Comme pour toute société commerciale, ce sont les statuts qui déterminent l'objet social. L'EURL est une société commerciale par la forme, et ce même si l'objet social prévoit une **activité civile ou commerciale**.

5. La dénomination sociale

Comme pour la SARL, ce sont les statuts qui déterminent la dénomination sociale, qui est libre et doit être précédée ou suivie du sigle « EURL » ou « SARL unipersonnelle ».

Exemple : « EURL Pascal Maçonnerie » ou « MJ EURL ».

B Les conditions de forme

1. Le principe

Les conditions de forme sont les mêmes que pour la SARL.

Figure 8.1 Les conditions de forme de l'EURL

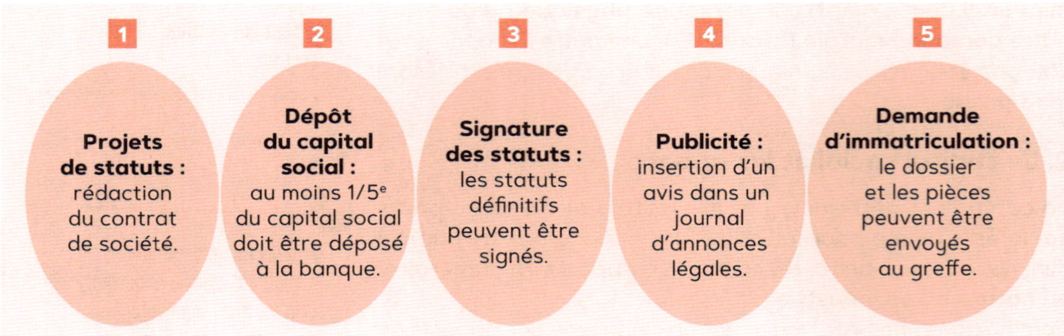

2. Les exceptions

Si l'associé unique est gérant, alors il y a dispense d'insertion au BODACC et adoption possible du modèle légal de statuts types (les mêmes que pour la SARL).
En cas de réunion de toutes les parts sociales d'une SARL entre les mains d'un seul associé, il y aura transformation automatique de la SARL en EURL, selon l'article L. 223-1 du Code de commerce.

II. Le fonctionnement de l'EURL

A Les décisions de l'associé unique

L'associé étant seul, il se prononce par voie de décision unilatérale, dès que la loi impose une décision collective des associés (article L. 223-1 al. 2 du Code de commerce).
En lieu et place de l'assemblée générale, toutes ses décisions sont mentionnées dans un registre (article L. 223-31 du Code de commerce), que l'on appelle le **registre des décisions**. Ce registre doit être tenu au siège social de la société, et est coté et paraphé (article R. 223-26 Code du commerce) soit par un juge du tribunal de commerce, soit par un juge du tribunal judiciaire, soit par le maire ou un adjoint au maire de la commune du siège social.
Quand l'associé unique est aussi le gérant, le dépôt des comptes au tribunal de commerce vaut approbation.

B La gérance

Contrairement à l'associé, le gérant est obligatoirement une **personne physique**. Il peut s'agir de l'associé unique lui-même ou bien d'un tiers (étranger à la société). Sa désignation se fait dans les statuts ou par un acte séparé en cours de vie sociale. Le gérant associé unique est par définition irrévocable, mais si c'est un tiers, il doit être révoqué pour **juste motif**, comme pour le gérant de SARL.

Exemple : Le gérant de l'EURL qui n'est pas l'associé unique peut être révoqué par la décision de l'associé unique en cas de juste motif de faute de gestion, infraction ou mésentente avec lui qui perturbe le fonctionnement de la société.

En cas de révocation, le **principe du contradictoire** doit être respecté : le gérant doit être en mesure de présenter sa défense. Dans le cas contraire, la révocation n'est pas annulée, mais l'intéressé peut demander l'octroi de dommages-intérêts devant le juge.
Le gérant peut être bénévole ou rémunéré ; dans ce cas, sa rémunération est fixée par les statuts ou par décision de l'associé.
Il a les mêmes pouvoirs et la même responsabilité qu'un gérant de SARL.

C Le régime fiscal

Contrairement à la SARL, soumise par défaut à l'impôt sur les sociétés (IS), l'EURL est en principe soumise à l'impôt sur le revenu (IR). Toutefois, si l'associé est une personne morale, l'EURL sera obligatoirement soumise à l'IS. Si l'associé est une personne physique, l'EURL peut opter pour l'IS, mais cette option est irrévocable.

III. Le contrôle de l'EURL

A Le commissaire aux comptes

La nomination d'un commissaire aux comptes par l'associé unique n'est pas obligatoire. Cependant, comme pour toute société commerciale, elle devient obligatoire quand la société dépasse deux des trois seuils suivants :

- 4 000 000 € de **total de bilan** ;
- 8 000 000 € de **chiffre d'affaires HT** ;
- un **effectif** de 50 salariés.

B Les conventions entre l'associé ou le gérant et la société

La loi prévoit les conventions interdites.

Article L. 223-21 du Code de commerce : « *À peine de nullité du contrat, il est interdit aux gérants ou associés autres que les personnes morales de contracter, sous quelque forme que ce soit, des emprunts auprès de la société, de se faire consentir par elle un découvert, en compte courant ou autrement, ainsi que de faire cautionner ou avaliser par elle leurs engagements envers les tiers. Cette interdiction s'applique aux représentants légaux des personnes morales associées. L'interdiction s'applique également aux conjoint, ascendants et descendants des personnes visées à l'alinéa précédent ainsi qu'à toute personne interposée.*

Toutefois, si la société exploite un établissement financier, cette interdiction ne s'applique pas aux opérations courantes de ce commerce conclues à des conditions normales. »

Ainsi, les **conventions** entre l'EURL et le gérant ou l'associé sont dites **libres** si elles portent sur des opérations courantes et sont conclues dans des conditions normales. Celles qui ne sont pas libres, ni interdites, sont des **conventions réglementées** :

- Si l'associé unique est gérant, la convention réglementée est mentionnée sur le registre des décisions.

- Si le gérant n'est pas l'associé unique et s'il n'y a pas de commissaire aux comptes, la convention réglementée doit être préalablement approuvée par l'associé unique.

IV. La dissolution de l'EURL

A Les causes

Les causes de la dissolution sont les mêmes que pour la SARL.
En cas de décès de l'associé unique, il y aura transmission des parts sociales, donc la société ne disparaît pas.

B Les formalités

Les formalités de la dissolution sont les mêmes que pour la SARL.

C Les conséquences

La loi prévoit que si l'associé unique est une **personne physique**, il n'y aura pas transmission du patrimoine de l'EURL à l'associé. L'EURL sera liquidée, selon les conditions de droit commun (article 1844-5 du Code civil).
Cependant, si l'EURL dissoute a pour associé unique une **personne morale**, alors il y aura transmission universelle de patrimoine à l'associé personne morale ; donc il n'y aura pas de liquidation.

V. La transformation de l'EURL ou d'une société en EURL

A La transformation de l'EURL dans une autre société

L'EURL peut être transformée en SARL ou SAS (ou SASU). Dans ce cas, l'associé unique devra le mentionner par décision unilatérale, avec un changement des statuts.
Un commissaire aux comptes doit établir un rapport à la transformation. Ce rapport permet d'évaluer les biens de l'actif social et d'attester que le montant des capitaux propres est au moins égal à celui du capital social.

B La transformation d'une SARL en EURL

Une SARL peut être transformée en EURL en cas de réunion des parts sociales en une seule main, selon l'article L. 223-1 du Code de commerce.
La transformation est réalisée après le dépôt d'un original de l'acte de cession au siège social ou signification par voie d'huissier à la société, ainsi qu'après le dépôt au greffe du tribunal de commerce de l'acte de cession.

SYNTHÈSE

EURL

Nombre d'associés :
1 seul (personne physique ou morale).

Capital social :
libre (minimum 1 euro), dont 1/5e versé à la création et le reste dans les 5 années suivantes.

Dirigeant :
- Le gérant doit être une personne physique, soit l'associé unique, soit un tiers.
- Ses pouvoirs sont limités s'il n'est pas l'associé.

Régime social du dirigeant :
- TNS si le gérant est l'associé unique
- TS si le gérant est un tiers.

Régime fiscal :
IR, option possible pour l'IS.

Faites le point sur les notions clés : EURL (p. 148).

Révisez avec les flashcards

www.lienmini.fr/dcg02-14

QCM

Réponse unique

QCM interactif

www.lienmini.fr/dcg02-16

1 Une EURL doit comporter :

- ❍ **a.** 1 associé.
- ❍ **b.** 2 associés.
- ❍ **c.** 3 associés.
- ❍ **d.** 4 associés.

2 L'associé d'une EURL peut faire :

- ❍ **a.** des apports en industrie.
- ❍ **b.** des apports en nature.
- ❍ **c.** des apports en numéraire.
- ❍ **d.** tout type d'apport.

3 Les apports en numéraire doivent être totalement libérés à la constitution de l'EURL.

- ❍ **a.** Vrai.
- ❍ **b.** Faux.

4 Un gérant d'EURL doit obligatoirement être une personne physique.

- ❍ **a.** Vrai.
- ❍ **b.** Faux.

5 Le gérant d'une EURL doit être associé dans la structure.

- ❍ **a.** Vrai.
- ❍ **b.** Faux.

Plusieurs réponses possibles

6 Qui peut être associé d'une EURL ?

- ❍ **a.** Un bien.
- ❍ **b.** Un animal.
- ❍ **c.** Une EURL.
- ❍ **d.** Une personne physique.

7 Lors d'une dissolution d'une EURL, le patrimoine est transmis à l'associé unique :

- ❍ **a.** si l'associé unique est une EURL.
- ❍ **b.** si l'associé unique est une SARL.
- ❍ **c.** si l'associé unique est une personne morale.
- ❍ **d.** si l'associé unique est une personne physique.

8 L'imposition d'une EURL est à :

- ❍ **a.** l'impôt sur le revenu en principe.
- ❍ **b.** l'impôt sur les sociétés en principe.
- ❍ **c.** l'impôt sur les sociétés si l'associé est une personne morale.
- ❍ **d.** l'impôt sur les sociétés si l'associé, personne physique, a opté pour.

9 L'EURL doit nommer un commissaire aux comptes quand deux des trois seuils suivants sont franchis :

- ❍ **a.** 10 salariés.
- ❍ **b.** 3 000 000 € de total de bilan.
- ❍ **c.** 4 000 000 € de total de bilan.
- ❍ **d.** 8 000 000 € de chiffres d'affaires HT.

10 L'EURL peut révoquer le gérant non associé :

❍ **a.** *ad nutum.*
❍ **b.** avec son accord.
❍ **c.** par décision de l'associé unique.
❍ **d.** pour juste motif.

● Réponse à justifier

11 Rémi est le gérant de l'EURL Rythmes, dans laquelle il s'épanouit depuis quelques années. La semaine dernière, l'associé unique a brusquement décidé de sa révocation, sous prétexte qu'il ne s'entend plus avec lui. Rémi est étonné et se demande si la révocation est valable.

❍ **a.** Non, car elle ne comporte pas de juste motif.
❍ **b.** Oui, l'associé unique peut révoquer le gérant quand il le souhaite.
❍ **c.** Oui, l'associé unique avait un juste motif de révocation.
❍ **d.** Non, jamais, il doit donner son accord pour être révoqué.

12 La SA Invest souhaite créer une EURL pour ses activités de conseil en placement financier. Les dirigeants de la SA ne souhaitent pas que le gérant de l'EURL soit quelqu'un d'autre que la SA. Est-ce possible ?

❍ **a.** Oui, c'est possible.
❍ **b.** Non, le gérant de l'EURL doit être une personne physique.

13 Hakim Erwan était propriétaire de 40 % des parts d'une SARL, avec la SAS Rido qui était propriétaire des 60 % restants. Hakim, qui a décidé de changer de vie et a donc besoin d'argent, a vendu ses parts sociales à la SAS Rido. La SAS se demande alors ce qu'il advient de la SARL.

❍ **a.** La SARL devient une EURL automatiquement, après formalités.
❍ **b.** La SARL est dissoute.
❍ **c.** Ce n'est pas possible, Hakim devait vendre ses parts à quelqu'un d'autre.

14 L'EURL Nidem a quelques difficultés financières, car les objets qu'elle vend ne sont plus à la mode. Son associée unique et gérante, Kelly Diotte, se demande si elle va devoir payer les dettes sociales.

❍ **a.** Oui, l'associée unique est engagée sur son patrimoine personnel concernant les dettes sociales.
❍ **b.** Non, l'associée unique n'est pas engagée sur son patrimoine personnel concernant les dettes sociales.
❍ **c.** Oui, elle peut être responsable des dettes sociales en sa qualité de gérante de l'EURL.

15 Quand Bastien Larroche a ouvert son EURL, il a fait le choix de l'impôt sur les sociétés. Aujourd'hui, les résultats de la société ne sont plus bons et il souhaiterait donc rebasculer à l'impôt sur le revenu. Il se demande si c'est possible.

❍ **a.** Oui, c'est possible.
❍ **b.** Oui, c'est possible, s'il ne dépasse pas deux des trois seuils prévus par la loi.
❍ **c.** Non, il ne pouvait revenir en arrière que dans la première année du choix de l'imposition.
❍ **d.** Non, c'est une option irrévocable.

— CAS PRATIQUE GUIDÉ —

LA SOCIÉTÉ DE LÉA

Après ses études dans la mode, Léa souhaiterait monter une activité de création et de vente de bijoux sur Internet. Pour cela, elle pense créer une EURL, mais elle se demande si elle remplit toutes les conditions. Elle décide alors de vous consulter.

Votre mission : identifier les conditions de constitution d'une EURL.

Pour la réaliser, vous devez vérifier si Léa réunit les conditions pour créer une EURL.

CORRIGÉ

☑ **COMPÉTENCE ATTENDUE :**
– Analyser les règles de constitution et de fonctionnement de l'EURL.

Méthode
Pour résoudre un cas pratique [voir Fiche méthode 2], vous devez respecter quelques règles essentielles :
- Schématiser, au brouillon, les éléments essentiels nécessaires pour traiter le cas.
- Effectuer le travail d'analyse juridique pour identifier le problème juridique posé par le cas pratique.
- Rédiger le raisonnement juridique (règle de droit + application de la règle de droit aux faits), appelé aussi le syllogisme.

TRAVAIL PRÉPARATOIRE

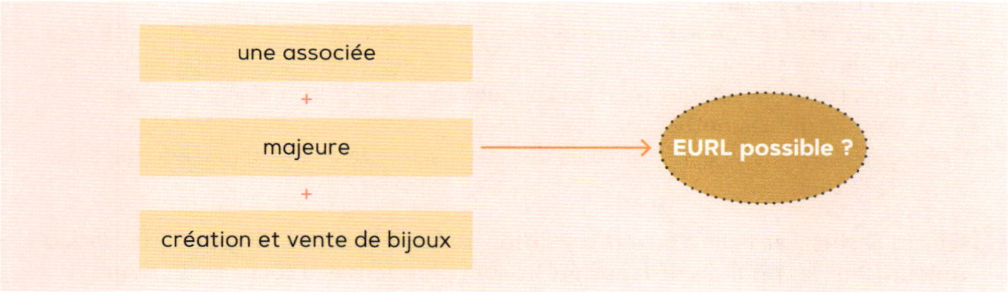

Ces faits soulèvent le problème juridique suivant : quelles sont les conditions de création d'une EURL ?

PRINCIPES JURIDIQUES

Selon le Code de commerce, les règles de constitution d'une EURL sont les mêmes que celles de la SARL, sauf celle concernant le nombre d'associés : l'EURL n'a qu'un seul associé.

> **!** Dans ce cas, vous devez indiquer les conditions de constitution d'une EURL.

Ainsi, le capital social est d'un euro minimum et l'objet social peut prévoir une activité civile ou commerciale.

APPLICATION AU CAS

En l'espèce, il s'agit de vérifier si Léa peut constituer une EURL.
Léa serait l'associé unique, elle n'a besoin que d'un euro dans son capital social et l'activité qu'elle choisirait est bien une activité commerciale, qui entre dans le champ de l'EURL.
Ainsi, Léa peut constituer une EURL.

> ! Vous devez vérifier si une EURL peut être constituée dans ce cas.

Méthode

Un bon raisonnement par syllogisme doit éviter trois défauts récurrents que l'on retrouve dans de nombreuses copies :
– Se limiter à rappeler les faits : il faut les qualifier juridiquement.
– Entamer le syllogisme en appliquant d'emblée les règles de droit au cas. Cela reviendrait à inverser le raisonnement juridique.
– Négliger la partie « règles juridiques », qui représente l'essentiel de la note. Il faut lui réserver un traitement rigoureux.

AUTOÉVALUATION

La grille d'autoévaluation ci-dessous vous permet d'évaluer votre niveau et de vérifier si vos réponses correspondent aux attendus de l'examen.

	Niveau 1	Niveau 2	Niveau 3	Niveau 4
	Un premier élément de réponse, mais très incomplet, des erreurs, des contresens.	*Des éléments de réponse isolés, des approximations et/ou de la paraphrase.*	*Question comprise : des éléments de réponse pertinents, mais incomplets au niveau des savoirs et/ou de l'application.*	*Compétence attendue mobilisée avec mobilisation complète des savoirs associés à la compétence. Application pertinente.*
Vérifier si Léa réunit les conditions pour créer une EURL. *(voir Section I.A)*	❒ Vous avez compris qu'il fallait étudier l'EURL, mais n'en connaissez pas les conditions de fond.	❒ Vous avez compris qu'il fallait étudier l'EURL, mais ne connaissez pas toutes les conditions de fond.	❒ Vous avez compris qu'il fallait étudier l'EURL, avez présenté toutes les conditions de fond, mais n'avez pas bien appliqué au cas.	❒ Vous avez compris qu'il fallait étudier l'EURL, avez présenté toutes les conditions de fond, et avez appliqué au cas de façon pertinente.

EXERCICES

1 Le cas Barakouda

10 min.

☑ **COMPÉTENCE ATTENDUE :**

– Identifier les caractéristiques essentielles de la transformation d'une SARL en une EURL.

Erwin, Pierre et Matthieu sont associés de la SARL Barakouda, spécialisée dans la vente de poissons. Depuis quelque temps, les vues des associés sur le développement de leur société apparaissent quelque peu divergentes, ces derniers ne parvenant plus à se mettre d'accord sur les mesures à adopter. Afin de reprendre la gestion sociale en main, Matthieu propose à ses deux associés qu'ils lui cèdent leurs parts, sachant qu'il est déjà associé majoritaire. Ceux-ci ne sont *a priori* pas contre, mais aimeraient avoir davantage de détails. Vous êtes l'expert-comptable de la société et ils font appel à vous.

Votre mission : identifier les conséquences de la réunion des parts sociales en une seule main.

Pour la réaliser, vous devez caractériser la conséquence de la réunion des parts sociales entre les seules mains de Matthieu.

2 Le cas Matthieu

15 min.

☑ **COMPÉTENCE ATTENDUE :**

– Identifier les conditions relatives à l'approbation des comptes d'une EURL.

Reprenons le cas de la SARL Barakouda, vu dans l'exercice précédent.

Matthieu étant désormais l'associé unique et le gérant de l'EURL, il se demande comment se présente la procédure d'approbation des comptes dans l'EURL. Il fait à nouveau appel à vous.

Votre mission : identifier les conditions relatives à l'approbation des comptes d'une EURL.

Pour la réaliser, vous devez expliquer la procédure d'approbation des comptes que devra suivre Matthieu.

3 Le cas Dino

15 min.

☑ **COMPÉTENCE ATTENDUE :**

– Identifier les caractéristiques essentielles des EURL en mettant en évidence les principales règles de fonctionnement de ce groupement.

Reprenons le cas de la SARL Barakouda, vu dans les deux exercices précédents.

Matthieu, associé unique et le gérant de l'EURL, se demande s'il peut conclure un contrat d'approvisionnement avec la SAS Dino, dont il détient 65 % des parts sociales.

Votre mission : identifier les conditions des conventions réglementées dans l'EURL.

Pour la réaliser, vous devez qualifier la convention que Matthieu souhaite conclure et indiquer ses conditions de validité.

CAS DE SYNTHÈSE

LE CAS DE PASCAL

20 min.

☑ **COMPÉTENCE ATTENDUE :**

– Identifier les caractéristiques essentielles des EURL en mettant en évidence les principales règles de fonctionnement de ce groupement.

Mise en situation

Reprenons le cas de la SARL Barakouda, vu dans les trois exercices précédents.

Finalement, Matthieu, a décidé de nommer Pascal comme co-gérant. Cependant, après quelques mois d'exercice, Matthieu se rend compte que Pascal gère très mal l'EURL. Il décide alors de le révoquer. Cependant, Pascal n'a pas l'intention de se laisser faire. Il souhaite contester la révocation, au motif que les statuts prévoient que les assemblées sont convoquées « *par la gérance* » ou par un ou plusieurs associés « *après une mise en demeure faite par lettre recommandée au gérant* », ce qui n'a pas été le cas en l'espèce.

Votre mission : identifier les conditions de révocation du gérant d'une EURL.

Pour la réaliser, vous avez à votre disposition une base documentaire et vous devez vérifier si la révocation du gérant est régulière.

DOCUMENT

Arrêt de la Cour de cassation, Chambre commerciale, 9 mars 2010, n° de pourvoi 09-11.631

Sur le moyen unique :

Attendu, selon l'arrêt attaqué (Paris, 2 décembre 2008), que la société Inter Clamp est devenue l'associé unique de la société à responsabilité limitée Oetiker (la société Oetiker) par la réunion de toutes les parts entre ses mains ; qu'elle a décidé de mettre fin au mandat de co-gérant de M. X... ; que celui-ci, soutenant que sa révocation de ses fonctions de co-gérant avait été décidée sans juste motif et dans des circonstances abusives et vexatoires, a assigné la société Oetiker et la société Inter Clamp en paiement de dommages-intérêts ;

Attendu que M. X... fait grief à l'arrêt d'avoir rejeté sa demande, alors, selon le moyen :

1°/ que M. X... exposait page 7 de ses écritures que l'assemblée générale ayant décidé de sa révocation était irrégulière pour avoir été convoquée par l'associé unique de la SARL, en violation de l'article 13 des statuts prévoyant que les assemblées sont convoquées « *par la gérance* » ou par un ou plusieurs associés « *après une mise en demeure faite par lettre recommandée au gérant* » ; qu'en déboutant M. X... de ses demandes d'indemnisation au motif adopté que « *le seul associé détenant par définition plus de la moitié des parts sociales* » a procédé à la décision de révocation, de telle sorte que la révocation serait conforme aux articles L. 223-25 et L. 223-29 du Code de commerce, la cour d'appel qui a statué par un motif inopérant au regard de la procédure statutaire de révocation, lors d'une assemblée qui n'avait été ni convoquée par le gérant ni après mise en demeure de celui-ci, a privé sa décision de base légale au regard des textes cités, ensemble les articles 1382, 1835 et 1836 du Code civil ;

2°/ que la révocation du gérant décidée en méconnaissance des stipulations statutaires prévoyant que les assemblées sont convoquées « *par la gérance* » ou par un ou plusieurs associés « *après une mise en demeure faite par lettre recommandée au gérant* » porte atteinte au principe du contradictoire ; qu'en déboutant M. X... de ses demandes d'indemnisation au motif adopté que « *le seul associé détenant par définition plus de la moitié des parts sociales* » a procédé à la décision de révocation, de telle sorte que la révocation serait conforme aux articles L. 223-25 et L. 223-29 du Code de commerce, la cour d'appel qui a statué par un motif inopérant au regard de la procédure statutaire de révocation, lors d'une assemblée qui n'avait été ni convoquée par le gérant ni après mise en demeure de celui-ci, a privé sa décision de base légale au regard des textes cités, ensemble les articles 1382, 1836 et 1836 du Code civil et le principe du contradictoire ;

3°/ que M. X... exposait page 5 de ses écritures que la convocation de l'assemblée générale ayant décidé de sa révocation n'avait pas respecté le délai de 15 jours devant précéder la convocation de ladite assemblée ; qu'en déboutant M. X... de ses demandes d'indemnisation au motif adopté que « *le seul associé détenant par définition plus de la moitié des parts sociales* » a procédé à la décision de révocation, de telle sorte que la révocation serait conforme aux articles L. 223-25 et L. 223-29 du Code de commerce, la cour d'appel qui a statué par un motif inopérant au regard de la procédure statutaire de révocation, a violé l'article R. 223-20 du Code de commerce, ensemble le principe du contradictoire et l'article 1382 du Code civil ;

4°/ que M. X... rappelait, page 10 de ses écritures, en produisant la pièce citée, qu'à l'avertissement donné à l'associé unique de la SARL sur les risques de redressement auxquels il refusait d'exposer la société et sa responsabilité de gérant, M. Z..., au nom dudit associé, lui avait répondu le 23 janvier 2006 « *que les remarques du commissaire aux comptes ne sont pas à prendre en considération tant qu'elles n'ont pas été confirmées par un contrôle fiscal* » ; qu'en jugeant qu'il « *n'est justifié d'aucun redressement ou condamnation quelconque en relation avec les risques ainsi identifiés, que la société Oetiker et la société Inter Clamp ont ainsi été mises en mesure de corriger* », sans vérifier, comme il lui était demandé et comme l'établissaient l'ensemble des pièces versées aux débats, si la société Oetiker n'avait pas au contraire refusé de corriger les risques dénoncés, la cour d'appel a privé sa décision de base légale au regard de l'article L. 223-25 du Code de commerce, ensemble l'article 1382 du Code civil ;
Mais attendu que dans le cas où la société ne comporte qu'un seul associé, celui-ci est habile à prendre la décision de révoquer le gérant non associé aux lieu et place de l'assemblée des associés ; que l'arrêt retient que la société Oetiker étant une société à responsabilité limitée à associé unique, il appartenait à celui-ci de se prononcer sur la cessation des fonctions de co-gérant de M. X... par une décision unilatérale et relève que ce dernier avait été informé du projet de révocation le concernant et mis en mesure de présenter ses observations avant la prise de la décision de révocation ; qu'en l'état de ces énonciations et constatations, rendant inopérants les griefs des trois premières branches tirés de la violation des règles de fonctionnement de l'assemblée des associés, la cour d'appel, abstraction faite des motifs surabondants critiqués par la quatrième branche, a justifié sa décision ; que le moyen ne peut être accueilli ;

PAR CES MOTIFS :

REJETTE le pourvoi.

CHAPITRE 9

La SA

À l'issue de ce chapitre,

- **vous serez capable :**

❒ de schématiser et d'analyser les règles de fonctionnement de chaque forme sociétaire étudiée ;

❒ de rédiger des clauses spécifiques des statuts (clause limitative de pouvoir, clause d'inaliénabilité, clause d'agrément) ;

❒ de repérer dans des statuts les clauses non conformes (clause limitative de pouvoir, clause d'inaliénabilité, clause d'agrément, clause de préemption et clause d'exclusion) et de les corriger ;

❒ d'analyser les opérations de contrôle au sein d'une société : rôles du commissaire aux comptes, contrôle des conventions réglementées, contrôle interne, procédure d'alerte ;

❒ de différencier les principales valeurs mobilières (actions, actions de préférence, obligations) et d'expliquer leur régime juridique ;

❒ de distinguer les actions et les parts sociales, et de justifier les conséquences juridiques de cette distinction ;

❒ d'analyser les opérations d'augmentation et de réduction de capital ;

❒ d'analyser les conditions et les conséquences d'une transformation pour chaque type de société ;

❒ d'identifier les causes et les conséquences d'une dissolution spécifiques à chaque type de société ;

❒ de justifier le choix d'une forme sociétaire adaptée à une situation donnée.

- **vous saurez identifier :**

❒ les règles de constitution, de fonctionnement, de contrôle, de transformation et de dissolution de la SA (forme classique et forme moderne).

Mettez-vous en situation

Quatre frères et sœurs ont créé il y a quelques années une SA moniste cotée en Bourse. Ces quatre actionnaires fondateurs souhaiteraient aujourd'hui modifier le statut de leur SA en SNC, car ils ne veulent plus d'investisseurs étrangers dans leur société. Cependant, ils se demandent s'ils doivent obtenir l'accord des autres actionnaires, qui sont très nombreux. Ils se tournent alors vers vous, qui êtes leur conseiller juridique depuis la création de la société. Votre travail consiste ici à déterminer s'ils sont dans les conditions pour pouvoir transformer leur SA en SNC.

I. La constitution de la SA

Définition

La société anonyme (SA) est une société de capitaux et une société commerciale par la forme, quelle que soit la nature de l'activité exercée. C'est une société par actions, donc non conclue *intuitu personae*.

Avec la société européenne et la société en commandite par actions (SCA), elle peut accéder aux marchés financiers pour l'émission d'actions. Cette forme sociétaire est très encadrée par le Code de commerce et le Code monétaire et financier. Elle peut revêtir deux formes d'organisation différentes.

Définitions
La SA moniste est la forme traditionnelle, ou classique, car formée d'un conseil d'administration.

La SA dualiste est la forme moderne, car formée d'un conseil de surveillance et d'un directoire. L'avantage de cette forme, moins répandue toutefois, est la distinction entre sa gestion (assurée par le directoire) et son contrôle (assuré par le conseil de surveillance).

La SA est régie par les articles L. 224-1 à L. 224-3 du Code de commerce en tant que société par actions, et par les articles L. 225-1 à L. 225-270 concernant les règles spécifiques à cette forme sociétaire.
Sa constitution est plus complexe que celle d'une société de personnes en raison de l'exigence de formalités qui s'ajoutent aux conditions générales de constitution de toute société. Elle doit respecter les conditions de fond d'un contrat, mais également des règles spécifiques.

A Les conditions de fond

1. Les actionnaires

Selon l'article L. 225-1 du Code de commerce, la SA doit comporter au moins **deux** actionnaires (modification apportée par l'ordonnance du 11 septembre 2015, ratifiée par la loi du 10 mai 2016). Cependant, la SA cotée en Bourse doit comporter au moins **sept** actionnaires.

La loi ne prévoit pas de nombre maximum d'actionnaires et, compte tenu de la possibilité d'émettre des offres au public, les SA ont vocation à avoir de très nombreux actionnaires. Les actionnaires peuvent être des **personnes morales** ou des **personnes physiques**. Ils n'ont pas la qualité de commerçant, mais simplement la capacité civile. Ils peuvent donc être **mineurs** ou **majeurs incapables**.

2. Le capital social et les apports

Le capital social est déterminé par les statuts et divisé en **actions**. La loi ne prévoit pas de valeur nominale minimale ou maximale pour les parts sociales de SA, donc ce sont les associés qui fixent librement la **valeur nominale des actions**. La loi exige un **capital social** minimum de 37 000 € (article L. 224-2 du Code de commerce).
Le capital social de la SA peut être composé d'apports en numéraire et en nature, mais pas d'apports en industrie.
La SA peut procéder à une offre au public de titres financiers.

a. Les apports en numéraire

Concernant les **apports en numéraire**, il s'agit d'une somme d'argent. Ils doivent être entièrement **souscrits** lors de la constitution. Au moins la moitié des apports en numéraire doit cependant être **libérée** lors de la constitution de la société, c'est-à-dire mis à disposition, et le solde dans les cinq ans qui suivent (article L. 225-3 du Code de commerce).

b. Les apports en nature

Concernant les **apports en nature**, la loi a prévu des règles destinées à prévenir la fraude consistant à les surévaluer. Ainsi, les statuts doivent contenir l'évaluation de chaque apport en nature (article L. 225-14 du Code de commerce) ; il s'agit d'un rapport annexé aux statuts et établi sous la responsabilité d'un **commissaire aux apports**, désigné à l'unanimité des actionnaires

fondateurs ou, à défaut, par une décision de justice à la demande d'un ou plusieurs d'entre eux (article L. 225-8 du Code de commerce).
Cependant, depuis la loi n° 2012-387 du 22 mars 2012 (dite loi Warsmann II), l'article L. 225-8-1 du Code de commerce permet aux actionnaires fondateurs d'une SA cotée en Bourse de décider de ne pas recourir à un commissaire aux apports, dans les conditions suivantes :

- lorsque les apports seront constitués de valeurs mobilières cotées ou d'instruments du marché monétaire, « *s'ils ont été évalués au prix moyen pondéré auquel ils ont été négociés sur un ou plusieurs marchés réglementés au cours des trois mois précédant la date de réalisation effective de l'apport* » ;
- en cas d'apport en nature d'autres types d'éléments d'actif « *ayant déjà fait l'objet d'une évaluation à la juste valeur par un commissaire aux apports dans les 6 mois précédant la date de réalisation effective de l'apport* ».

Cependant, l'article ajoute que la procédure de vérification par un commissaire aux apports redevient obligatoire, lorsque des « *circonstances exceptionnelles* » ou des « *circonstances nouvelles* » ont modifié sensiblement la valeur des éléments d'actif apportés.
Enfin, lorsque la surélévation est frauduleuse, toute personne qui ferait attribuer frauduleusement à un apport en nature une évaluation supérieure à sa valeur réelle est passible de **sanctions pénales** (5 ans d'emprisonnement et 9 000 € d'amende), selon l'article L. 242-2 du Code de commerce.

c. Les apports en industrie

Les apports en industrie, comme la notoriété, la force de travail ou le carnet d'adresses, sont **interdits** dans une SA.

3. L'objet social

Comme pour toute société commerciale, ce sont les statuts qui déterminent l'objet social, qui doit être licite et possible.
Toute activité économique peut être exercée sous forme de SA, sauf celles réservées à une forme juridique bien précise, comme les débits de tabac ou les laboratoires d'analyse médicale, par exemple. Certaines activités doivent en revanche être exercées en SA, comme les activités d'assurance (autre que les mutuelles) ou les sociétés d'économie mixte locale, les sociétés de crédit différé et les sociétés d'investissement en valeurs mobilières.

4. La dénomination sociale

Les statuts déterminent la dénomination sociale, qui est libre. À la suite de cette dénomination sociale apparaît le terme « société anonyme » ou le sigle « SA », comme l'indique l'article L. 224-1 du Code de commerce, relatif aux sociétés par actions.

B Les conditions de forme

Les conditions de forme de la SA sont les conditions classiques de création de société, mais avec quelques formalités en plus à respecter quand la société est cotée en **Bourse**. En effet, dans ce cas, les actionnaires fondateurs doivent adresser une communication aux souscripteurs, présentant une information suffisante sur les conditions de l'offre et titres à offrir, en établissant des documents, qu'ils devront publier :

- un **projet de statuts** (article L. 225-2 du Code de commerce), qui sera déposé au greffe du tribunal de commerce ;
- une **notice** (article L. 225-2 du Code de commerce) comportant des informations sur le montant du capital, la valeur nominale des actions, le délai ouvert pour la souscription, etc. (article R. 225-3 du Code de commerce) et publiée au Bulletin des annonces légales obligatoires (BALO) ;

- une **note d'information** (appelée « prospectus »), autorisée par l'Autorité des marchés financier (AMF), publiée au BALO.

Ensuite, la **souscription** a lieu. Elle est obligatoirement constatée par bulletin de souscription pour les apports en numéraire ; cela atteste l'engagement de devenir actionnaire pour un nombre déterminé d'actions. Le versement se fait chez un dépositaire (la Caisse des dépôts et consignations, une banque ou un notaire), qui établira un **certificat**.
Enfin, les actionnaires fondateurs doivent convoquer les actionnaires huit jours avant l'**assemblée générale constitutive** (article L. 225-7 du Code de commerce). L'assemblée adopte les statuts, statue sur l'évaluation des apports en nature, etc. Les règles de quorum et de vote sont les mêmes que pour une **assemblée générale extraordinaire**.
Pour finir, les formalités de publicité classiques seront réalisées : insertion d'un avis de constitution dans un JAL, dépôt du dossier de demande d'immatriculation au CFE ou au greffe du tribunal de commerce et insertion au BODACC.

Figure 9.1 Constitution de la SA

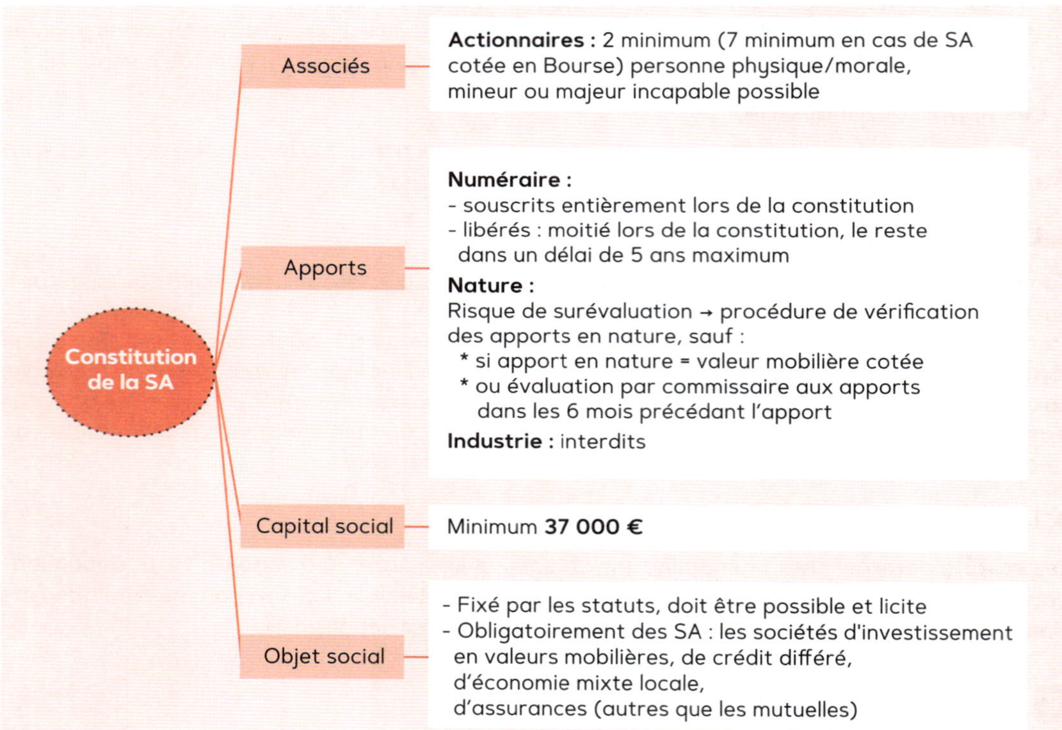

C Les sanctions pour non-respect des conditions de constitution de la SA

En cas de non-respect de ces règles de constitution, des sanctions civiles et pénales peuvent être prononcées.

1. Les sanctions civiles

Le non-respect des conditions de validité entraîne la **nullité** du contrat de société et donc la **dissolution** de la société. Mais la nullité ne vaut que pour l'avenir.

L'inobservation des exigences spécifiques à la constitution de la SA n'est pas sanctionnée par la nullité de la société, mais tout intéressé peut demander la **dissolution** à défaut de régularisation. Le délai de prescription de l'action en nullité est de **trois ans** à compter de la date à laquelle la nullité commence à courir.
L'inobservation des exigences spécifiques à la constitution de la SA peut également engager la **responsabilité civile** des actionnaires fondateurs, des dirigeants et des commissaires aux comptes, ouvrant droit à des dommages-intérêts en cas de préjudice.

> **!** L'article 12 de la directive européenne n° 2009/101 du 16 septembre 2009 écarte le droit commun français des nullités pour harmoniser le droit des sociétés des États membres. Il prévoit que le vice du consentement et l'incapacité juridique ne sont pas de causes de nullité du contrat de société, sauf si cela concerne tous les actionnaires fondateurs.

2. Les sanctions pénales

Certaines omissions ou l'accomplissement irrégulier de certaines formalités prescrites pour la constitution de la SA sont sanctionnés pénalement.

Tableau 9.1 Les infractions relatives à la constitution de la SA

Article du Code de commerce	Infraction	Peine
Art. L. 242-1	Le fait d'émettre ou de négocier des actions ou des coupures d'action sans que les actions de numéraire n'aient été libérées à la souscription de la moitié au moins ou sans que les actions d'apport n'aient été intégralement libérées avant l'immatriculation de la société au RCS	Amende 150 000 €
Art. L. 242-2	Le fait de faire attribuer frauduleusement à un apport en nature une évaluation supérieure à sa valeur réelle	Emprisonnement 5 ans Amende 9 000 €
Art. L. 242-3	Le fait, pour les titulaires ou porteurs d'actions, de négocier des actions de numéraire pour lesquelles le versement de la moitié n'a pas été effectué	Amende 150 000 €

II. Le fonctionnement de la SA

A Le statut des organes de gouvernance

1. La structure traditionnelle : conseil d'administration, président et directeur général

Traditionnellement, la SA moniste est gérée par un organe collégial, le conseil d'administration. Si celui-ci prend les décisions les plus importantes, il ne peut assurer la gestion quotidienne de la société, qui est confiée à un président, qui peut se faire assister par un ou plusieurs directeur(s) général(aux).

Figure 9.2 **Structure traditionnelle de la SA**

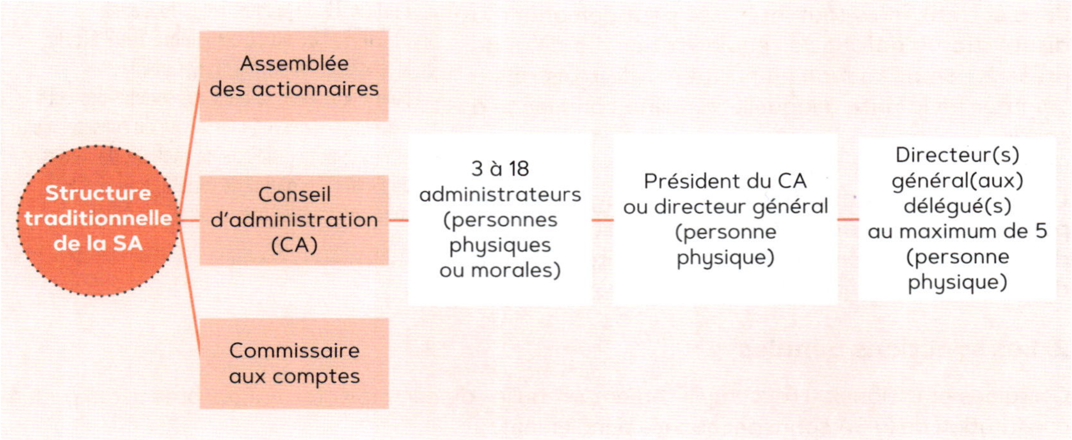

a. Le conseil d'administration

> **!** En cas de fusion de SA, le nombre de membres du conseil d'administration peut dépasser 18, sans aller au-delà de 24, pendant un délai de trois ans à compter de la date de la fusion (article L. 225-95 du Code de commerce).

Composition du conseil d'administration

Selon le Code de commerce, les statuts fixent le nombre des administrateurs, mais le conseil doit au moins être composé de **trois à dix-huit membres** (article L. 225-17 du Code de commerce).
Depuis la loi n° 2011-103 du 27 janvier 2011, le conseil d'administration doit être composé en « *recherchant une représentation équilibrée des femmes et des hommes* » (article L. 225-17 du Code de commerce). Ainsi, la loi sur la **parité en conseil d'administration** vise à instaurer une représentativité équilibrée entre les hommes et les femmes au sein des instances dirigeantes des structures.
Quand la SA est cotée ou bien qu'elle emploie au moins 250 salariés et présente un montant net de chiffre d'affaires ou un total de bilan d'au moins 50 millions d'euros pour le troisième exercice consécutif, les administrateurs femmes doivent représenter **40 %** du total des administrateurs. Quand le conseil d'administration dépasse 18 membres, l'écart entre le nombre d'administrateurs de chaque sexe ne peut être supérieur à 2 (article L. 225-18-1 du Code de commerce).
En cas de non-respect, les conseils d'administration qui ne répondent pas aux exigences de la loi sur la parité encourent des **sanctions financières** qui peuvent se traduire par la suspension temporaire des « jetons de présence », qui sont la rémunération perçue par les membres des conseils d'administration au titre de leur participation. En outre, la **nullité** des délibérations et des nominations, sauf celles concernant un membre féminin, pourra également être prononcée.

Qualité des administrateurs

- Le conseil peut être composé de **personnes physiques ou morales**. Lorsqu'il s'agit d'une personne morale, elle doit désigner un représentant permanent, obligatoirement une personne physique (article L. 225-20 du Code de commerce).
- Depuis la loi du 4 août 2008, les **administrateurs** peuvent être choisis parmi les actionnaires ou non, sauf statuts contraires. Et si, au jour de sa nomination, un administrateur n'est pas propriétaire du nombre d'actions requis par les statuts, il est réputé démissionnaire d'office s'il n'a pas régularisé sa situation dans les six mois (article L. 225-25 du Code de commerce).

- Les statuts doivent prévoir une **limite d'âge** pour l'ensemble des administrateurs ou un pourcentage d'entre eux. S'ils n'en prévoient pas une, alors la loi prévoit que le **tiers** des administrateurs en fonction ne peut pas avoir **plus de 70 ans** (article L. 225-19 du Code de commerce).
- La loi ne formule aucune exigence quant à la capacité professionnelle des administrateurs. Mais l'administrateur doit être **majeur** et **capable**, donc cela exclut les mineurs, les personnes frappées de déchéance, d'interdiction, d'incompatibilité et d'incapacité juridique. Sa mise sous tutelle le rend démissionnaire d'office (article L. 225-19 du Code de commerce). Bien qu'un administrateur n'ait pas la qualité de commerçant, diverses activités sont incompatibles avec un mandat d'administrateur (par exemple, fonctionnaire, parlementaire, membre du gouvernement, huissier, etc.).
- La loi n° 2002-1303 du 29 octobre 2002 a modifié les règles applicables aux **cumuls de mandats**. Ainsi, une **personne physique** ne peut pas exercer **plus de cinq mandats** d'administrateur de SA ayant son siège social en France. En revanche, aucune limite n'est imposée s'agissant de mandat exercé dans les sociétés contrôlées (article L. 225-94-1 du Code de commerce) ou pour les administrateurs personnes morales.

Exemple : Si une société holding U contrôle cinq sociétés V, W, X, Y et Z non cotées (par exemple parce que la société U détient, directement ou indirectement, plus de 40 % des droits de vote dans les sociétés V, W, X, Y et Z), une même personne pourra être à la fois administrateur de chacune des sociétés V, W, X, Y et Z, car ses cinq mandats ne compteront que pour un.

Tableau 9.2 Nombre de mandats d'administrateur

Type de mandat	Nombre de mandats autorisés	Dérogations
Membre du conseil d'administration (administrateur)	5	– Les mandats exercés dans des sociétés contrôlées (filiales) sont illimités. – Les mandats exercés dans des sociétés filiales non cotées ne comptent que pour un.

Nomination des administrateurs

Les premiers administrateurs sont désignés dans les **statuts**. En cours de vie sociale, les administrateurs sont toujours nommés par l'assemblée générale ordinaire (AGO). La décision de nomination doit être publiée au RCS et au JAL dans le mois de la prise de décision, ainsi que déposée au greffe du tribunal de commerce, avec une publication au BODACC pour être opposable aux tiers.

Durée du mandat d'administrateur

La durée de leur fonction est déterminée dans les statuts, sans pouvoir excéder six ans. Au terme du mandat, ils sont rééligibles (article L. 225-29 du Code de commerce).

Rémunération du mandat d'administrateur

Un administrateur peut être **bénévole**. Néanmoins, il est souvent rémunéré au moyen d'une **rémunération**, dont le montant global est fixé par une AGO : cette rémunération est en principe partagée entre les administrateurs en fonction de l'assiduité à ces assemblées. La somme globale est fixée par les actionnaires lors d'une **AGO**.

En outre, il peut percevoir une **rémunération exceptionnelle**. En pratique, il bénéficie d'autres avantages (en nature ou stock-option). Il peut percevoir des intérêts sur les sommes avancées en compte courant à la société et un salaire. Quoi qu'il en soit, les sommes

> **!** La loi PACTE du 22 mai 2019 a remplacé le terme « jetons de présence » par « rémunération » à compter des assemblées générales de 2020 (article L. 225-45 du Code de commerce).

perçues de la société doivent correspondre à des fonctions effectives et ne doivent pas être **excessives, sinon il y a délit d'abus de biens sociaux.**
La rémunération perçue en tant qu'administrateur n'est pas soumise aux cotisations sociales ; elle est imposable dans la catégorie des revenus de capitaux mobiliers (RCM). En effet, un administrateur (non titulaire d'un contrat de travail) ne relève d'aucun régime social.

Cumul des fonctions du mandat d'administrateur avec un contrat de travail
Un administrateur ne peut être salarié de la société que si son contrat de travail est **antérieur** à son mandat social et si le nombre d'administrateurs liés à la société par un contrat de travail n'excède pas le **tiers** des administrateurs en fonction (articles L. 225-21-1 et L. 225-22 du Code de commerce).

> **!** N'ont pas à respecter la condition d'antériorité les SA qui comportent moins de 250 salariés et ont soit un chiffre d'affaires de moins de 50 millions d'euros HT, soit un bilan de moins de 43 millions d'euros (PME).

En outre, le cumul est subordonné à des **conditions strictes classiques** (travail effectif, fonctions distinctes entre le contrat de travail et le mandat social, rémunération distincte, état de subordination du salarié par rapport à la société et clauses dans le contrat de travail non éloignées de la pratique).
Enfin, lorsqu'un salarié devient administrateur, mais n'exerce plus ses fonctions de salarié, le contrat de travail est suspendu.

Cessation des fonctions du mandat d'administrateur
Le mandat d'administrateur peut prendre fin pour atteinte de la limite d'âge, arrivée du terme du mandat, décès, dissolution ou transformation de la société, non-respect du cumul des mandats, démission ou révocation.
S'agissant de la **démission**, elle n'a pas à être motivée, mais elle ne doit pas être donnée de manière intempestive. S'agissant de la **révocation**, les administrateurs peuvent être révoqués à tout moment et ***ad nutum*** par une **AGO**, sans obligation d'inscription à l'ordre du jour. Elle est décidée à la majorité des membres présents ou représentés (sauf clause statutaire prévoyant une majorité plus forte). La jurisprudence reconnaît que si la révocation d'un administrateur n'a pas à être motivée, elle ne doit pas intervenir dans des circonstances injurieuses ou vexatoires, sinon elle ouvrira droit à l'octroi de dommages-intérêts.

b. Le président du conseil d'administration (PCA)

Qualité du PCA
Le PCA est obligatoirement une **personne physique** (article L. 225-47 du Code de commerce). Il doit être **administrateur**. Les statuts doivent prévoir une **limite d'âge**, fixée à **65 ans** si rien n'est prévu par les statuts (article L. 225-48 du Code de commerce).
La loi ne formule aucune exigence quant à la capacité professionnelle du PCA. Mais il doit être **majeur** et capable, donc cela exclut les mineurs, les personnes frappées de déchéance, d'interdiction, d'incompatibilité et d'incapacité juridique.
Sa mise sous tutelle le rend démissionnaire d'office (article L. 225-48 du Code de commerce).

> **!** La loi PACTE du 22 mai 2019 oblige la publication, pour les SA cotées et les SA non cotées mais contrôlées par des SA cotées, d'un comparatif entre la rémunération des dirigeants (PCA, DG et directeur général délégué [DGD]) et le salaire moyen des salariés, ainsi que le salaire médian.

Nomination du PCA
Le PCA est élu par le conseil d'administration (article L. 225-47 du Code de commerce).

Durée du mandat de PCA
Le PCA est élu pour une durée qui ne peut excéder celle de son mandat d'administrateur, sachant qu'il est rééligible (article L. 225-47 du Code de commerce).

Rémunération du mandat de PCA

Un PCA peut être **rémunéré** ou **bénévole**. S'il est rémunéré, il peut s'agir d'une rémunération fixe, spéciale ou variable, fixée par le conseil d'administration, sans pouvoir être excessive.

Cumul des fonctions du mandat de PCA avec un contrat de travail

Il peut cumuler son mandat de PCA avec un contrat de travail dans la SA, dans les mêmes conditions qu'un administrateur.

Cessation des fonctions du mandat de PCA

Le mandat de PCA peut prendre fin pour perte de la qualité d'administrateur, atteinte de la limite d'âge, arrivée du terme du mandat, décès, dissolution ou transformation de la société, non-respect du cumul des mandats, démission ou révocation.

Le PCA peut être révoqué « à tout moment » par le conseil d'administration, cette disposition étant d'ordre public (article L. 225-47 du Code de commerce). La révocation est décidée à la majorité des membres présents ou représentés (sauf clause statutaire prévoyant une majorité plus forte). Le PCA est révocable ***ad nutum***, dans les mêmes conditions qu'un administrateur. Il a droit à des dommages-intérêts si la révocation est réalisée dans des circonstances abusives (vexatoires, injurieuses, etc.).

c. Le directeur général (DG) ou directeur général délégué (DGD)

Il est possible de nommer un ou plusieurs directeurs généraux dans la SA. Ils ont le même statut.

Qualité du DG

Le DG peut être le président et, dans ce cas, il s'agit d'un président-directeur général. Le DG et le président peuvent également être des personnes distinctes (article L. 225-51-1 du Code de commerce).

La loi de 2001 a introduit la possibilité de dissocier les fonctions de président et directeur général. Le choix appartient au conseil d'administration, qui doit en informer les actionnaires et les tiers. Deux modèles sont envisageables :
– la réunion des deux fonctions : dans ce cas, le PCA assume la direction générale de la société et on l'appelle PDG ;
– la dissociation des deux fonctions (président **et** directeur général) : le président représente le conseil d'administration – dont il organise et dirige les travaux –, tandis que le directeur général représente la société à l'égard des tiers et il est investi des pouvoirs les plus étendus pour agir au nom de la société.

Le DG est obligatoirement une **personne physique**. Il n'a pas l'obligation être **administrateur** ou **actionnaire**, sauf disposition contraire des statuts. Les statuts doivent prévoir une **limite d'âge**, fixée à **65 ans** si rien n'est prévu par les statuts.

La loi ne formule aucune exigence quant à la capacité professionnelle du DG. Mais il doit être **majeur** et capable, donc cela exclut les mineurs, les personnes frappées de déchéance, d'interdiction, d'incompatibilité et d'incapacité juridique. Sa mise sous tutelle le rend démissionnaire d'office (article L. 225-54 du Code de commerce).

La loi n° 2002-1303 du 29 octobre 2002 a modifié les règles applicables aux **cumuls de mandats**. Ainsi, une personne physique ne peut pas exercer **plus d'un mandat** de DG de SA cotée en Bourse ayant son siège social en France. En revanche, aucune limite n'est imposée s'agissant de mandat exercé dans les sociétés contrôlées ou non cotées. En outre, il ne peut pas cumuler plus de **cinq mandats** de dirigeants sociaux (tous confondus) (article L. 225-94-1 du Code de commerce).

Il n'existe pas de limite en matière de cumul des mandats pour le DGD. Cependant, un DGD ne peut pas cumuler sa fonction avec celle de PCA.

Tableau 9.3 Le nombre de mandats d'un DG

Type de mandat	Nombre de mandats autorisés	Dérogations
DG dans une SA non cotée en Bourse	2	Possibilité d'exercer un mandat supplémentaire dans une société contrôlée (filiale).
DG délégué dans une SA non cotée en Bourse	2	
DG dans une SA cotée en Bourse	1	
DG délégué dans une SA cotée en Bourse	1	

Nomination du DG
Le DG est nommé par le conseil d'administration.

Durée du mandat de DG
La loi ne prévoit aucune limitation à propos de la durée de ses fonctions. Les statuts peuvent cependant prévoir une durée du mandat.

Rémunération du mandat de DG
Un DG peut être **rémunéré** ou **bénévole**. S'il est rémunéré, il peut s'agir d'une rémunération fixe, spéciale ou variable, fixée par le conseil d'administration, sans pouvoir être excessive.

Cumul des fonctions du mandat de DG avec un contrat de travail
Il peut cumuler son mandat de DG avec un contrat de travail dans la SA, en respectant les conditions classiques du cumul d'un mandat social et d'un contrat de travail. En outre, il faut différencier s'il est administrateur ou non :

- Si le DG est aussi **administrateur**, le contrat de travail doit être **antérieur** à son mandat social.
- Si le DG n'est **pas administrateur**, le contrat de travail peut être **antérieur, concomitant ou postérieur** à son mandat social, mais il doit être préalablement autorisé par le conseil d'administration.

Cessation des fonctions du mandat de DG
Le mandat de DG peut prendre fin pour arrivée du terme du mandat, décès, dissolution ou transformation de la société, non-respect du cumul des mandats, démission ou révocation. Le DG peut être révoqué « à tout moment » par le conseil d'administration, à la majorité des membres présents ou représentés (sauf clause statutaire qui prévoirait une majorité plus forte). Il en est de même pour les directeurs généraux délégués (sur proposition du DG) (article L. 225-55 du Code de commerce). Cependant, contrairement au PCA, le DG est révocable **pour juste motif**, sauf s'il est également PCA.

2. La structure nouvelle : directoire et conseil de surveillance

Les fondateurs d'une SA peuvent adopter la forme nouvelle de SA, la structure moderne, c'est-à-dire la SA dualiste : cette structure consiste à confier la gestion quotidienne de la société au directoire et son contrôle au conseil de surveillance.

Figure 9.3 **Structure moderne de la SA**

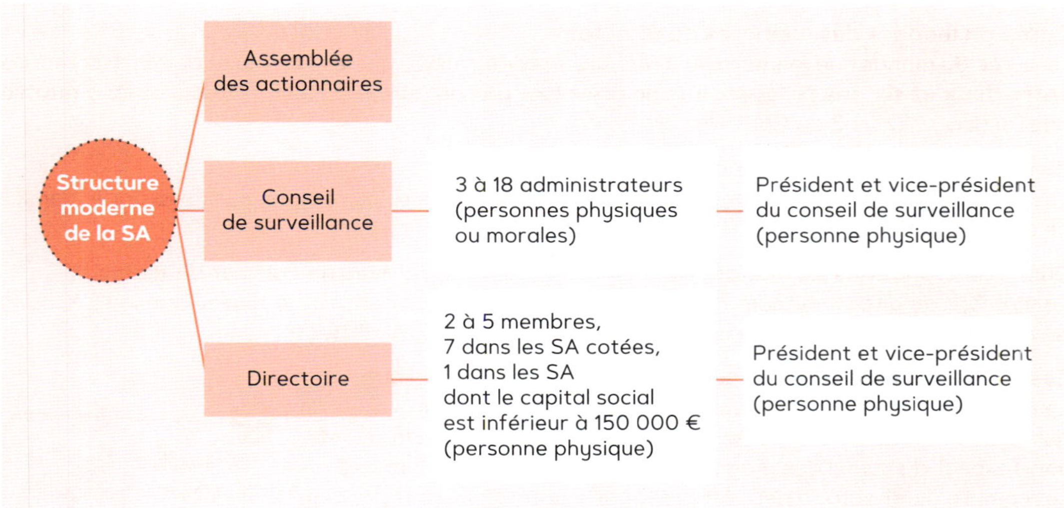

a. Le directoire

Composition du directoire

Selon le Code de commerce, les statuts fixent le nombre de membres du directoire, mais il doit être composé de **cinq membres** au maximum. Ce nombre peut être porté à **sept** quand la société est cotée en Bourse ou bien être réduit à **un** quand le capital social de la SA est inférieur à 150 000 € (article L. 225-58 du Code de commerce) ; il sera alors appelé « directeur général unique » (article L. 225-59 du Code de commerce).
Parmi eux, les membres désignent un **président** (article L. 225-59 du Code de commerce).

Qualité des membres du directoire

Les membres du directoire peuvent être des **personnes physiques** uniquement. Ils ne sont pas obligatoirement actionnaires de la SA (article L. 225-59 du Code de commerce).
Les statuts doivent prévoir une **limite d'âge** pour l'exercice des fonctions de membre du directoire. S'ils n'en prévoient pas une, alors la loi fixe une limite à **65 ans** (article L. 225-60 du Code de commerce).
La loi ne formule aucune exigence quant à la capacité professionnelle des membres du directoire. Mais le membre du directoire doit être **majeur** et **capable**, donc cela exclut les mineurs, les personnes frappées de déchéance, d'interdiction, d'incompatibilité et d'incapacité juridique. Sa mise sous tutelle le rend démissionnaire d'office (article L. 225-60 du Code de commerce).
La loi n° 2002-1303 du 29 octobre 2002 a modifié les règles applicables aux **cumuls de mandats**. Ainsi, une personne physique ne peut pas exercer **plus d'un mandat** de membre de directoire de SA ayant son siège social en France. En revanche, aucune limite n'est imposée s'agissant de mandat exercé dans les sociétés contrôlées. En outre, il ne peut pas cumuler plus de **cinq mandats** de dirigeants sociaux (tous confondus) (article L. 225-94-1 du Code de commerce).

Tableau 9.4 **Le nombre de mandats d'un membre du directoire**

Type de mandat	Nombre de mandats autorisés	Dérogations
Membre du directoire dans une SA non cotée en Bourse	2	Possibilité d'exercer un mandat supplémentaire dans une société contrôlée (filiale).
Membre du directoire dans une SA cotée en Bourse	1	

Nomination des membres du directoire
Les membres du directoire sont nommés par le conseil de surveillance.

Durée du mandat des membres du directoire
La durée du mandat de membre du directoire est déterminée par les statuts et doit être comprise **entre deux et six ans**. Si les statuts ne prévoient pas de durée, elle est fixée par la loi à **quatre ans** (article L. 225-62 du Code de commerce).

Rémunération du mandat de membre du directoire
Les membres du directoire peuvent être rémunérés. Cette rémunération est fixée par le conseil de surveillance.

Cumul des fonctions du mandat de membre du directoire avec un contrat de travail
Le membre du directoire peut cumuler son mandat avec un contrat de travail dans la SA, dans les conditions classiques, donc sans condition d'antériorité, ni d'effectif.

Cessation des fonctions du mandat de membre du directoire
Le mandat de membre du directoire peut prendre fin pour arrivée du terme du mandat, décès, dissolution ou transformation de la société, non-respect du cumul des mandats, démission ou révocation.
Le membre du directoire peut être révoqué par l'AGO, sur proposition du conseil de surveillance ou non et, si les statuts le prévoient, directement par le conseil de surveillance. La révocation est décidée à la majorité des membres présents ou représentés (sauf clause statutaire prévoyant une majorité plus forte). Elle doit être décidée pour **juste motif**, sinon elle peut donner lieu à dommages-intérêts (article L. 225-61 du Code de commerce).

> **!** La révocation du président du directoire doit être faite par le conseil de surveillance et *ad nutum*.

b. Le conseil de surveillance

Composition du conseil de surveillance
Selon le Code de commerce, les statuts fixent le nombre de membres du conseil de surveillance, mais il doit être composé de **3 à 18 membres**.
Depuis la loi n° 2011-103 du 27 janvier 2011, le conseil de surveillance doit être composé en « *recherchant une représentation équilibrée des femmes et des hommes* » (article L. 225-17 du Code de commerce).

> **!** En cas de fusion de SA, le nombre de membres du conseil de surveillance peut dépasser 18, sans aller au-delà de **24**, pendant un délai de **3 ans** à compter de la date de la fusion (article L. 225-95 du Code de commerce).

Ainsi, la loi sur la **parité en conseil de surveillance** vise à instaurer une représentativité équilibrée entre les hommes et les femmes au sein des instances dirigeantes des structures.
Quand la SA est cotée ou bien qu'elle emploie au moins 250 salariés et présente un montant net de chiffre d'affaires ou un total de bilan d'au moins 50 millions d'euros pour le troisième exercice consécutif, les membres du conseil de surveillance femmes doivent représenter **40 %** du total des administrateurs. Quand le conseil de surveillance dépasse 18 membres, l'écart entre le nombre de membres du conseil de surveillance de chaque sexe ne peut être supérieur à 2 (article L. 225-18-1 du Code de commerce).
Parmi eux, les membres du conseil de surveillance désignent un **président** et un **vice-président**, chargés de convoquer le conseil et d'en diriger les débats (article L. 225-81 du Code de commerce).

Qualité des membres du conseil de surveillance
Le conseil de surveillance peut être composé de **personnes physiques ou morales**. Lorsqu'il s'agit d'une personne morale, elle doit désigner un représentant permanent, obligatoirement personne physique (article L. 225-76 du Code de commerce).
Les membres du conseil de surveillance peuvent être choisis parmi les actionnaires ou non, sauf statuts contraires. Et si, au jour de sa nomination, un administrateur n'est pas propriétaire du nombre d'actions requises par les statuts, il est réputé démissionnaire d'office s'il n'a pas régularisé sa situation dans les six mois (article L. 225-72 du Code de commerce).

Les statuts doivent prévoir une **limite d'âge**, pour l'ensemble des administrateurs ou un pourcentage d'entre eux. S'ils n'en prévoient pas une, alors la loi prévoit que **le tiers** des membres du conseil de surveillance en fonction ne peut pas avoir **plus de 70 ans**.
La loi ne formule aucune exigence quant à la capacité professionnelle des membres du conseil de surveillance. Mais le membre du conseil de surveillance doit être **majeur** et capable, donc cela exclut les mineurs, les personnes frappées de déchéance, d'interdiction, d'incompatibilité et d'incapacité juridique. Sa mise sous tutelle le rend démissionnaire d'office (article L. 225-70 du Code de commerce).
La loi n° 2002-1303 du 29 octobre 2002 a modifié les règles applicables aux **cumuls de mandats**. Ainsi, une personne physique ne peut pas exercer **plus de 5 mandats** de membre de conseil de surveillance de SA ayant son siège social en France. En revanche, aucune limite n'est imposée s'agissant de mandat exercé dans les sociétés contrôlées (article L. 225-77 du Code de commerce).

Tableau 9.5 Le nombre de mandats d'un membre du conseil de surveillance

Type de mandat	Nombre de mandats autorisés	Dérogations
Membre du conseil de surveillance	5	– Les mandats exercés dans des sociétés contrôlées (filiales) sont illimités. – Les mandats exercés dans des sociétés sœurs non cotées ne comptent que pour un.

Nomination des membres du conseil de surveillance
Les membres du conseil de surveillance sont nommés par l'**assemblée générale constitutive** ou bien par **l'AGO** (article L. 225-75 du Code de commerce).

> **!** Un membre du conseil de surveillance ne peut être également membre du directoire de la même SA (article L. 225-74 du Code de commerce).

Durée du mandat des membres du conseil de surveillance
La durée du mandat des membres du conseil de surveillance est déterminée par les statuts et doit être d'au maximum **six ans**, sachant qu'ils sont **rééligibles** (article L. 225-75 du Code de commerce).

Rémunération du mandat de membre du conseil de surveillance
Selon l'article L. 225-83 du Code de commerce, l'assemblée générale peut déterminer une rémunération qui sera allouée aux membres du conseil de surveillance.

Cumul des fonctions du mandat de membre du conseil de surveillance avec un contrat de travail
Le membre du conseil de surveillance peut cumuler son mandat avec un contrat de travail dans la SA, dans les mêmes conditions qu'un administrateur (article L. 225-85 du Code de commerce).

Cessation des fonctions du mandat de membre du conseil de surveillance
Le mandat de membre du conseil de surveillance peut prendre fin pour arrivée du terme du mandat, décès, dissolution ou transformation de la société, non-respect du cumul des mandats, démission ou révocation.
Le membre du conseil de surveillance peut être révoqué par l'AGO (article L. 225-75 du Code de commerce). Elle est décidée à la majorité des membres présents ou représentés (sauf clause statutaire prévoyant une majorité plus forte). Elle peut être décidée ***ad nutum***, mais ne doit pas être faite dans des circonstances vexatoires, sinon elle peut donner lieu à dommages-intérêts.

B Les pouvoirs des organes de gouvernance

1. Les pouvoirs du conseil d'administration, président et directeur général

a. Les pouvoirs du conseil d'administration

Selon l'article L. 225-35 du Code de commerce, le conseil d'administration détermine les **orientations de l'activité de la société** et veille à leur mise en œuvre. Il se saisit de toute question intéressant la bonne marche de la société et règle, par ses délibérations, les affaires qui la concernent. La jurisprudence décide que les pouvoirs attribués au conseil par la loi sont d'**ordre public** : ils ne peuvent donc pas être modifiés par les statuts. Les statuts fixent les délais et modalités des réunions du conseil, dont la fréquence est variable selon le type et la taille de la SA. En principe, le conseil est convoqué par son président, qui arrête l'ordre du jour ; mais un tiers des administrateurs peut aussi convoquer le conseil, s'il n'y a pas eu de réunion depuis plus de deux mois.
Préalablement à la tenue du conseil, les administrateurs peuvent demander au président la communication préalable des documents concernant l'ordre du jour. En effet, dans le silence de la loi, la Cour de cassation a reconnu aux administrateurs un **droit à l'information**. Pour assurer une collégialité, la loi exige un **quorum** et prévoit que le conseil ne peut valablement délibérer que si la **moitié des membres est présente**. S'agissant des **délibérations**, le vote se fait par tête et un administrateur empêché peut donner mandat à un autre de le représenter. Les décisions sont prises à la **majorité**.
Le Code de commerce précise que, dans les rapports avec les tiers, la SA est engagée, même par les actes du conseil d'administration qui n'entrent pas dans l'objet social, sauf à prouver que le tiers en avait connaissance ou ne pouvait l'ignorer.

b. Les pouvoirs du président du conseil d'administration

Concernant ses pouvoirs, il représente et se charge du fonctionnement du conseil d'administration, et organise et dirige ses travaux (article L. 225-51 du Code de commerce). Il veille également au bon fonctionnement des autres organes de la société.
Cependant, il exerce ses pouvoirs dans la limite de l'objet social et de toute autre clause statutaire qui limiterait ses pouvoirs.

c. Les pouvoirs du directeur général ou le directeur général délégué

Selon l'article L. 225-56 du Code de commerce, le **DG** est le représentant légal de la société et est en charge des relations extérieures de la société. Il est donc investi des **pouvoirs les plus étendus** pour agir en toutes circonstances au nom de la société. Cependant, il exerce ses pouvoirs dans la limite de l'objet social et de toute autre clause statutaire qui limiterait ses pouvoirs. La SA est engagée, même par les actes du DG qui n'entrent pas dans l'objet social, sauf à prouver que le tiers en avait connaissance ou ne pouvait l'ignorer. En revanche, la SA reste toujours engagée si le DG a outrepassé la clause qui limitait ses pouvoirs.
Les pouvoirs du **DGD** sont déterminés par le conseil d'administration, mais il dispose des mêmes pouvoirs que le DG à l'égard des tiers.

2. Les pouvoirs du directoire et du conseil de surveillance

a. Les pouvoirs du directoire

Le directoire dispose des **pouvoirs les plus étendus pour agir** au nom et pour le compte de la société. Il détermine les orientations de la société, prend les décisions de gestion courante (article L. 225-64 du Code de commerce).
C'est à ce titre que le président du directoire représente la société **à l'égard des tiers**.
Cependant, il exerce ses pouvoirs dans la limite de l'objet social et de toute autre clause statutaire qui limiterait ses pouvoirs. La SA est engagée, même par les actes du président du directoire qui n'entrent pas dans l'objet social, sauf à prouver que le tiers en avait connaissance ou ne pouvait

l'ignorer. Par contre, la SA reste toujours engagée si le président du directoire a outrepassé la clause qui limitait ses pouvoirs (article L. 225-64 du Code de commerce).
Enfin, le directoire est chargé de présenter un **rapport** sur le fonctionnement de la société une fois par trimestre, le **rapport de gestion** à l'assemblée générale des actionnaires et de **convoquer** l'assemblée générale d'approbation des comptes.
Les décisions au sein du directoire sont prises sans qu'il soit nécessaire de respecter un **quorum** et le **vote** se fait la **majorité** simple, sauf disposition contraire des statuts.

b. Les pouvoirs du conseil de surveillance

Le conseil de surveillance dispose du pouvoir d'exercer un **contrôle permanent de la gestion de la société** effectué par le directoire et il dispose également d'un pouvoir de nomination des membres du directoire, de fixation de leur rémunération et du choix du président du directoire (article L. 225-68 du Code de commerce). Cependant, il n'a pas de pouvoir vis-à-vis des tiers et ne peut donc engager la société.
Les décisions au sein du conseil de surveillance sont prises à condition que soit respecté un **quorum** représentant la **moitié** des membres et un **vote** à la **majorité** des membres présents (ou représentés) (article L. 225-68 du Code de commerce).

> **!** L'article L. 225-82-1 du Code de commerce impose, depuis la loi n° 2018-771 du 5 septembre 2018, que le conseil de surveillance délibère annuellement sur la politique de la société en matière d'égalité professionnelle et salariale sur la base des indicateurs relatifs à l'égalité professionnelle entre les femmes et les hommes.

C Les responsabilités des organes de gouvernance

Les organes de gouvernance de la SA engagent tous leur **responsabilité civile et pénale** en cas de manquement aux obligations de leurs fonctions.
Cela concerne les administrateurs, le président du conseil d'administration, le directeur général, le directeur général délégué, les membres du directoire, le président du directoire, les membres du conseil de surveillance, le président du conseil de surveillance.

1. L'engagement de la responsabilité civile

Concernant la **responsabilité civile**, elle est régie par le droit commun et elle peut être engagée par des actionnaires ou tiers en cas de manquement par les organes de gouvernance (soit une faute civile, soit une faute pénale).
La responsabilité civile des organes de gouvernance est individuelle, sauf en présence d'une faute collective : **responsabilité *in solidum*** (article L. 225-251 du Code de commerce).
On distingue deux types d'action en responsabilité, à savoir l'**action sociale** et l'**action individuelle :**

- L'action **individuelle** est celle qui est fondée sur un préjudice individuel, particulier, causé par un membre d'un organe de gouvernance à un actionnaire ou un tiers.
- L'action **sociale** est celle qui est fondée sur un préjudice touchant la société elle-même. Dès lors que la société subit un dommage, ses représentants légaux doivent agir contre le responsable du préjudice (action ***ut universi***). Depuis la loi de 1994, une association d'actionnaires peut aussi exercer cette action sociale ***ut singuli***. Elle permet aux actionnaires de se substituer au dirigeant défaillant pour protéger le patrimoine social. Si l'action sociale aboutie, les dommages et intérêts iront dans le patrimoine de la société (article L. 225-252 du Code de commerce).

La prescription est acquise au bout de **3 ans** à compter du fait dommageable ou de sa découverte (article L. 225-250 du Code de commerce, renvoyant à l'article L. 235-13 du même code).

> **!** Les **membres du conseil de surveillance** ne peuvent pas être responsables de **faute de gestion**, dans la mesure où ils ne prennent pas ce type de décision.

2. L'engagement de la responsabilité pénale

Concernant la **responsabilité pénale**, la loi a érigé en délit des comportements comme l'usage à des fins personnelles des biens de la société (délit d'abus de biens sociaux par exemple), la présentation de faux bilans, la distribution de dividendes fictifs.
Cette responsabilité pénale est engagée uniquement si le dirigeant est auteur de l'infraction ou complice (mais n'empêche pas d'engager également la responsabilité de la société en tant que personne morale).

D Les actionnaires

En contrepartie de l'apport effectué lors de l'entrée dans la société, l'actionnaire dispose d'un titre de capital qui lui confère deux séries de prérogatives de nature différente, mais toutes deux essentielles.

1. Les droits des actionnaires

Ils sont investis de **droits politiques** (appelés aussi extrapatrimoniaux) et **pécuniaires** (appelés aussi patrimoniaux).

a. Les droits extrapatrimoniaux

Ce sont des **droits politiques** qui associent des actionnaires à la vie sociale en leur permettant de recevoir des informations sur l'évolution de la société et de prendre part aux décisions concernant sa politique. Pour ce faire, les actionnaires ont un **droit à l'information**, un **droit à la désignation d'un expert** et un **droit de vote**.

Le droit à l'information

- Droit à l'**information permanente :** à tout moment, les actionnaires peuvent obtenir la communication des documents présentés aux assemblées lors des trois derniers exercices (comptes annuels, bilan, rapport de gestion), ainsi que des procès-verbaux et feuilles de présence des assemblées tenues pendant ces trois exercices (article L. 225-117 du Code de commerce).
- Droit à l'**information occasionnelle** (avant tenue de l'AG) : dans les quinze jours qui précèdent la date des assemblées générales, tout actionnaire a le droit de prendre connaissance de la liste des administrateurs, des comptes, des rapports, des résolutions proposées, du montant global des rémunérations versées aux cinq personnes les mieux payées ou dix si l'effectif dépasse deux cents salariés (articles L. 225-115 et R. 225-89 du Code de commerce).
- **Questions écrites aux dirigeants :** dès la convocation à une AG, tout actionnaire peut poser aux dirigeants des questions écrites.
- **Question écrite (2 fois maximum par exercice)** au président du conseil d'administration sur tout fait de nature à compromettre la continuité de l'exploitation, à la condition de détenir au moins 5 % du capital social.

Le droit à la désignation d'un expert

Il s'agit du droit de demander en justice la **désignation d'un ou plusieurs experts** chargés de présenter un rapport sur une ou plusieurs opérations de gestion. Pour cela, la demande doit émaner d'un ou plusieurs actionnaires représentant au moins 5 % du capital social, qui agit individuellement ou en groupe.

Le droit de vote

Le droit de suffrage est la prérogative la plus importante de l'actionnaire, mais cette affirmation a été remise en question par des nouveaux titres mixtes qui participent de la nature des actions et des obligations.

En principe, tout actionnaire peut prendre part aux votes des décisions soumises aux **AGO** et **AGE**. La loi protège cette liberté de vote car est sanctionné pénalement les trafics ou achat de droits de vote.
Selon le principe de proportionnalité, **toute action vaut une voix**. Ce principe admet des exceptions, car les statuts peuvent limiter le nombre des voix dont peut disposer un actionnaire ou octroyer un droit de vote double.

b. Les droits pécuniaires

Le terme action désigne :

- d'une part, le droit qui permet à un actionnaire d'une SA de participer aux assemblées et de se faire attribuer une fraction des bénéfices ;
- d'autre part, le titre négociable qui constate ce droit et se transmet par simple virement de compte à compte.

Du point de vue pécuniaire, les actions confèrent à leurs titulaires certains droits :

Tableau 9.6 **Les droits conférés au titulaire d'actions**

Un droit aux dividendes (droit de percevoir sa quote-part des bénéfices distribués)	Un droit sur les bénéfices mis en réserve	Un droit préférentiel de souscription
Distribués par la SA dans les conditions énumérées par les statuts ou à défaut, proportionnellement au montant de leurs apports.	Droit à l'attribution gratuite d'actions, en cas d'augmentation de capital par incorporation de réserves et un droit au boni de liquidation.	En cas d'augmentation de capital par apports en numéraire.

Enfin, les actionnaires ont droit au **remboursement de l'apport** et au **boni de liquidation** éventuel, en cas de liquidation de la société et d'actif net restant.

2. Les assemblées des actionnaires

L'assemblée générale d'actionnaires, dans une SA, exprime la position de la collectivité des actionnaires sur les résolutions portées à l'ordre du jour. Sauf exceptions, seuls les actionnaires sont autorisés à y participer.

Tableau 9.7 **Les différentes assemblées générales**

	AGC (assemblée générale constitutive)	AGO (assemblée générale ordinaire)	AGE (assemblée générale extraordinaire)
Spécificités	Obligatoire uniquement si la SA est cotée en Bourse.		
Objet	Adoption des statuts, constatation de la souscription du capital social, nomination des administrateurs, évaluation des apports en nature	– Toutes les décisions courantes qui ne sont pas de la compétence de l'AGE. – Approbation annuelle des comptes.	– Toutes les décisions relatives à la modification des statuts – Modification de la nationalité de la société
Modalités de prise de décision	Similaires à l'AGE		

a. Les modalités de convocation des assemblées

Le droit de convocation dans la SA appartient en principe au conseil d'administration, au directoire ou au directeur général unique (article L. 225-103 I. du Code de commerce) et parfois au conseil de surveillance (article L. 225-103 III du Code de commerce).
La **convocation** doit être **notifiée** aux actionnaires et aux commissaires aux comptes de la société, **au moins 15 jours** avant la date de la réunion. Celle-ci doit mentionner le jour, l'heure et le lieu de l'assemblée, son ordre du jour ainsi que les modalités selon lesquelles elle va statuer.

b. La tenue des assemblées

L'assemblée est présidée par le **président du conseil d'administration** ou **de surveillance** ou en son absence par la personne prévue par les statuts.
Une **feuille de présence** est dressée contenant le nom des actionnaires avec le nombre d'actions et de voix de chacun d'eux (article L. 225-114 du Code de commerce).
Un actionnaire **peut se faire représenter** par un autre actionnaire ou par son conjoint (article L. 225-106 du Code de commerce).
Par ailleurs, **un vote à distance de l'actionnaire est possible** grâce au décret du 3 mai 2002. Dans ce cas, il appartient à l'actionnaire intéressé de faire la demande du formulaire permettant un tel vote, par écrit, par courrier électronique ou télécopie.
L'assemblée ne peut délibérer sur une **question qui n'est pas à l'ordre du jour.** Cependant, elle peut révoquer des administrateurs ou des membres du conseil de surveillance, ou bien leur président ou les directeurs généraux, et procéder à leur remplacement (article L. 225-105 du Code de commerce).
Un **procès-verbal,** dûment signé par les membres présents à l'AG, doit également être établi afin de rendre compte des décisions prises lors de l'assemblée en précisant le nombre de voix réunies des actionnaires. Il doit mentionner la date, le lieu, l'ordre du jour et la composition de la réunion. Le PV est déposé au **greffe du tribunal de commerce**.

c. Les règles de fonctionnement : le droit de vote dans les assemblées

Le quorum

Les différentes conditions de quorum sont fonction du type d'assemblée :

- **Pour les assemblées générales ordinaires (AGO) :**
  - Pour une première convocation, le quorum est de 1/5 des actions de la SA.
  - Pour une deuxième convocation, aucun quorum n'est requis.
- **Pour les assemblées générales extraordinaires (AGE) :**
  - Pour une première convocation, le quorum est de 1/4 des actions de la SA.
  - Pour une deuxième convocation, le quorum est de 1/5 des actions de la SA. Si celui-ci n'est pas atteint, l'assemblée est reportée à un délai qui ne peut excéder 2 mois.

> ! Pour une SA non cotée en Bourse, les statuts peuvent prévoir un quorum plus élevé.

Les conditions de majorité

Chaque actionnaire de la SA peut participer aux délibérations des assemblées. Le nombre de ses actions détermine le nombre de voix dont il dispose. Ainsi une action détenue donne droit à une voix.
Les conditions de majorité sont également déterminées selon la nature de l'AG tenue par la société.

- **Pour les assemblées générales ordinaires (AGO) :** majorité des voix des actionnaires présents ou représentés (sauf disposition statutaire plus stricte).
- **Pour les assemblées générales extraordinaires (AGE) :** majorité des 2/3 des voix dont disposent les actionnaires présents ou représentés.

> ! Les votes blancs ou nuls ne sont pas pris en compte dans le calcul des voix exprimées.

> ! Les votes à distance sont également pris en compte dans le calcul de la majorité requise pour statuer dans les deux types d'assemblées.

3. La cession des actions

a. Le type de parts pouvant être cédées ou transmises

Toutes les parts sont cessibles. Les actions d'une SA peuvent être **cédées** : vendues, données, louées ou encore données en garantie. Elles peuvent être également **transmises** (en cas de décès).

b. La liberté dans la cession

Les actions sont librement transmissibles par voie de succession ou en cas de liquidation de communauté de biens entre époux.
Elles sont également librement cessibles entre conjoints, entre ascendants et descendants, entre associés et à des tiers.

c. Les restrictions à cette liberté aménagées par les statuts

Les **statuts** sont libres de restreindre cette liberté, seulement quand la SA n'est pas cotée en Bourse, par l'insertion d'une **clause d'agrément** (article L. 228-24 du Code de commerce).
La clause d'agrément peut soumettre toutes les cessions d'actions ou une partie d'entre elles à l'autorisation préalable des associés. Ainsi, la clause doit prévoir **l'organe compétent** pour répondre des demandes d'agrément des associés, la **procédure** à suivre pour informer de la vente de cessions d'actions, les **modalités** de vote, possiblement une **limitation de l'agrément** à certains cédants ou cessionnaires, ainsi que les **conséquences** du refus de la clause d'agrément.

Exemple de clause d'agrément : Les actions de la société ne peuvent être cédées, y compris entre actionnaires, qu'avec l'agrément préalable donné par décision collective des associés prise à la majorité des voix des actionnaires disposant du droit de vote sachant que les actions du cédant ne sont pas prises en compte pour le calcul de cette majorité.

La demande d'agrément doit être notifiée par lettre recommandée avec demande d'avis de réception au Président du conseil d'administration (ou autre organe de gouvernance). Elle indique le nombre d'actions dont la cession est envisagée, le prix de cession, les nom, prénoms, adresse, nationalité de l'acquéreur s'il s'agit d'une personne physique, la dénomination, la forme, le siège social, le numéro RCS, le montant et la répartition du capital et l'identité des dirigeants s'il s'agit d'une personne morale. Cette demande d'agrément est transmise par le Président du conseil d'administration (ou autre organe de gouvernance) aux actionnaires.

Les actionnaires disposent d'un délai de trois (3) mois à compter de la réception de la demande d'agrément pour faire connaître leur décision au cédant. Cette notification est effectuée par le Président du conseil d'administration (ou autre organe de gouvernance) par lettre recommandée avec demande d'avis de réception. À défaut de réponse dans le délai indiqué ci-dessus, l'agrément est réputé acquis.

Les décisions d'agrément ou de refus d'agrément ne sont pas motivées.

En cas d'agrément, l'actionnaire cédant peut réaliser librement la cession aux conditions notifiées dans sa demande d'agrément. Le transfert des actions au profit du cessionnaire agréé doit être réalisé au plus tard dans un délai de quinze (15) jours à compter de la notification de la décision d'agrément ; à défaut de réalisation du transfert des actions dans ce délai, l'agrément sera caduc.

En cas de refus d'agrément, la Société doit dans un délai d'un (1) mois à compter de la notification de la décision de refus d'agrément, acquérir ou faire acquérir les actions de l'actionnaire cédant par un ou plusieurs actionnaires ou par des tiers agréés selon la procédure ci-dessus prévue.

Si le rachat des actions n'est pas réalisé du fait de la Société dans ce délai d'un mois, l'agrément du ou des cessionnaires est réputé acquis.

Vous trouverez d'autres clauses que vous pouvez adapter à la SA dans le chapitre 10, section II. A. 3. C.

Lorsque la Société procède au rachat des actions de l'actionnaire cédant, elle est tenue dans un délai de six (6) mois à compter de l'acquisition de les céder ou de les annuler.

Le prix de rachat des actions par un tiers ou par la Société est fixé d'un commun accord entre les parties. À défaut d'accord, le prix est déterminé conformément aux dispositions de l'article 1843-4 du Code civil.

d. La procédure de la cession

La procédure de la cession est prévue librement par les statuts.
La seule obligation prévue par la loi est que lorsque les actions sont rachetées par la SA, celle-ci est tenue de les céder dans un délai de **trois mois** ou de les **annuler**. Si à l'expiration du délai, l'achat n'est pas réalisé, l'agrément est considéré comme donné (article L. 228-24 du Code de commerce).

4. La responsabilité des actionnaires

Selon l'article L. 225-1 du Code de commerce, les actionnaires ne supportent les pertes qu'à concurrence de leurs apports. Ainsi, leur responsabilité est limitée aux apports qu'ils ont réalisés.

Exemple : Si un actionnaire a apporté 10 000 € dans la société et que la société a des dettes sociales, ces 10 000 € peuvent être utilisés pour rembourser les dettes de la société. Cependant, on ne pourra pas demander à l'actionnaire de rembourser plus si la dette est plus importante et ne peut être réglée par la société.

Tableau 9.8 Les droits des actionnaires

Droits extrapécuniaires		Droits pécuniaires			Droits patrimoniaux
Droit à l'information	Droit de vote	Droit aux dividendes	Droit aux réserves	Droit au boni de liquidation	Droit de céder les actions
– Information permanente – Information occasionnelle (avant tenue AG) – Questions écrites aux dirigeants – Question écrite au PCA sur tout fait de nature à compromettre la continuité de l'exploitation (2 fois maximum par exercice), si détient au moins 5 % du capital social – Droit à la désignation d'un expert (rapport sur une ou plusieurs opérations de gestion), si détient au moins 5 % du capital social (seul ou en groupe)	– 1 action = 1 voix (sauf statuts contraires) – AG : –> convocation et fixation de l'ordre du jour par le CA ou directoire (sauf statuts contraires) –> Quorum : – AGO : 1re convocation (1/5 des actions) 2de convocation (pas de quorum) – AGE : 1re convocation (1/4 des actions) 2de convocation (1/5 des actions) –> Majorité : – AGO : majorité des présents (ou représentés) – AGE : majorité des 2/3 des présents (ou représentés)	Distribués par la SA dans les conditions énumérées par les statuts ou, à défaut, proportionnellement au montant de leurs apports	Droit à l'attribution gratuite d'actions, en cas d'augmentation de capital par incorporation de réserves	En cas de liquidation de la société et d'actif net restant	– Cession et transmission libre – Clause d'agrément possible (si refus d'agrément, obligation pour la SA de racheter ou de faire racheter les actions dans un délai de 3 mois)

III. Le contrôle de la SA

A Le contrôle par les actionnaires

Afin de prévenir les abus de majorité, des pouvoirs de contrôle sont donnés aux actionnaires minoritaires. Ainsi, **un ou plusieurs actionnaires représentant** au moins **5 % du capital social** peuvent :

- faire désigner en justice un mandataire chargé de convoquer l'AG (article L. 225-103 du Code de commerce) ;
- poser deux fois par exercice des questions écrites sur « *tout fait de nature à compromettre la continuité de l'exploitation* ». Il s'agit d'une procédure dite d'« ***alerte*** » ;
- obtenir en justice la récusation d'un ou plusieurs commissaires aux comptes désignés par l'AG et la nomination d'autres commissaires aux comptes (article L. 225-233 du Code de commerce) ;
- demander en justice la nomination d'un expert chargé de présenter un rapport sur une ou plusieurs opérations de gestion (article L. 225-231 du Code de commerce) ;
- requérir l'inscription de projets de résolution à l'ordre du jour de l'assemblée.

B Le commissaire aux comptes (CAC)

Une SA était soumise au contrôle d'un commissaire aux comptes, notamment lorsque la société contrôlait une ou plusieurs sociétés ou lorsqu'elle était elle-même contrôle par une ou plusieurs sociétés. Cette disposition a été supprimée par la **loi n° 2019-486 du 22 mai 2019**, dite loi PACTE. Désormais, et selon l'article L. 225-218 du Code de commerce, et comme pour toute société commerciale, la désignation devient obligatoire quand la société dépasse 2 des 3 seuils suivants (seuils révisés par la loi PACTE et par le décret n° 2019-514 du 24 mai 2019) :

- 4 000 000 € de **total de bilan ;**
- 8 000 000 € de **chiffre d'affaires HT ;**
- **Effectif** de 50 salariés.

En outre, la nomination du CAC devra être effectuée, si elle n'est pas rendue obligatoire par la loi, sur **décision de justice**, à la demande d'un ou plusieurs actionnaires représentant au moins le dixième du capital.
Enfin, la nomination d'un CAC doit être faite si elle est prévue par les statuts.
La nomination du CAC se fait en **AGO**.
En principe, les fonctions du commissaire aux comptes **expirent** à l'issue de la tenue de l'assemblée générale ordinaire qui statue sur les comptes annuels du **sixième exercice** à compter de celui de leur nomination.
Les commissaires aux comptes ont pour **mission permanente** :

- de vérifier les livres et les valeurs de la société ;
- de contrôler la régularité et la sincérité des comptes sociaux ;
- de vérifier la sincérité des informations données par le conseil d'administration aux actionnaires (article L. 225-235 du Code de commerce).

À tout moment, ils peuvent opérer **toute vérification et tout contrôle** qu'ils jugent opportuns.
Ils font connaître aux administrateurs le résultat de leurs contrôles, les irrégularités découvertes, leurs observations et conclusions. Ils présentent un rapport à l'assemblée générale annuelle et ont le pouvoir de convoquer cette assemblée.
Enfin, les commissaires aux comptes **doivent révéler au Procureur de la république** les **faits délictueux** dont ils ont connaissance (article L. 225-228 du Code de commerce) et **déclencher une procédure d'alerte**, si des difficultés sociales apparaissent (article L. 621-3 du Code de commerce).

C Les conventions avec la société

Afin d'éviter les conflits d'intérêts, et que certaines personnes ne tirent un avantage particulier de la SA du fait de leur qualité d'actionnaire ou d'organe de gouvernance, la loi instaure des règles particulières en matière de contrats.
En effet, la loi prévoit **trois types de conventions** : les conventions libres, les conventions réglementées et les conventions interdites.

1. Les conventions libres

Le Code de commerce prévoit les conventions libres (article L. 225-39 pour les SA monistes et article L. 225-87 pour les SA dualistes). Elles portent sur des **opérations courantes** et sont **conclues dans des conditions normales**.
Cela concerne également les conventions conclues entre deux sociétés, dont l'une détient, directement ou indirectement, la totalité du capital de l'autre.
Ces conventions sont libres, donc ne sont pas soumises à quelconque approbation.

Tableau 9.9 **Les conventions libres**

Opérations courantes	Conclus à des conditions normales
OPÉRATIONS *habituellement effectuées* par la société dans le cadre de son activité (tous les actes de gestion courante : achats, ventes, assurances, emprunts, etc.) En pratique, il faut se référer au caractère conforme de l'opération et à l'objet social, ainsi que s'assurer que d'autres opérations de même nature ont déjà été effectuées par la société.	CONDITIONS *habituellement pratiquées* par la société vis-à-vis de ses clients et fournisseurs En pratique, il faut tenir compte des conditions en usage dans la société de même activité (par exemple des remises, des délais de paiement, etc.).

2. Les conventions interdites

Le Code de commerce prévoit les **conventions interdites** (article L. 225-43 pour les SA monistes et article L. 225-91 pour les SA dualistes).
Le principe est qu'il est interdit aux administrateurs, membres du directoire et aux membres du conseil de surveillance, autres que les personnes morales, et au directeur général, aux directeurs généraux délégués, de contracter, sous quelque forme que ce soit, des emprunts auprès de la société, de se faire consentir par elle un découvert, en compte courant ou autrement, ainsi que de faire cautionner ou avaliser par elle leurs engagements envers les tiers.
Cette interdiction s'applique également :

- aux représentants légaux des personnes morales administrateurs ou membres du conseil de surveillance ;
- aux conjoints, ascendants et descendants des personnes visées dans cet article ;
- à toute personne interposée.

Cependant, cette interdiction ne s'applique pas quand le bénéficiaire de la convention est une **personne morale**, afin de permettre la réalisation d'opérations de trésorerie au sein d'un groupe auquel participent des SA.

Exemple : Ainsi, une SA filiale d'une autre société peut consentir des prêts ou des avances à sa société mère ou garantir ses engagements envers des tiers.

Tableau 9.10 Les conventions interdites

Opérations interdites	Personnes visées
– Emprunts auprès de la société – Découverts en compte courant ou autrement – Cautions ou avals consentis par la société pour garantir les engagements personnels des personnes visées envers les tiers	– Membres du directoire et membres du conseil de surveillance autres que les personnes morales – Représentants légaux des personnes morales membres du conseil de surveillance – Conjoints, ascendants et descendants des personnes précitées toute personne interposée

Ainsi, toute convention conclue en violation de l'interdiction est frappée de **nullité absolue**. Donc un associé, mais également un tiers, comme un créancier, s'il est en mesure de justifier d'un intérêt à agir, peut demander la nullité de la convention. La nullité de la convention ne pourra cependant pas être opposée par la société aux **tiers de bonne foi**.

3. Les conventions réglementées

Le Code de commerce prévoit les **conventions réglementées** (article L. 225-38 pour les SA monistes et article L. 225-86 pour les SA dualistes).

a. Définition d'une convention réglementée

Celles qui ne sont pas libres, ni interdites, sont des conventions réglementées. Il s'agit des conventions intervenant directement ou par personne interposée entre la société et son directeur général, l'un de ses directeurs généraux délégués, l'un de ses administrateurs, l'un des membres du directoire ou du conseil de surveillance, un actionnaire disposant d'une fraction des droits de vote supérieure à 10 % ou, s'il s'agit d'une société actionnaire, la société la contrôlant.
Il s'agit également des conventions intervenant entre la SA et une société, si le directeur général, l'un des directeurs généraux délégués, l'un des administrateurs de la société, l'un des membres du directoire ou du conseil de surveillance de la société est propriétaire, associé indéfiniment responsable, gérant, administrateur, membre du conseil de surveillance ou, de façon générale, dirigeant de cette entreprise.

b. Procédure d'une convention réglementée

Selon ces articles, ces conventions doivent être soumises à **l'autorisation préalable** du conseil d'administration ou du conseil de surveillance, en fonction du type de SA. Ainsi, il s'agit d'un contrôle ***a priori***, contrairement à la SARL ou à la SAS, dans lesquelles le contrôle s'effectue *a posteriori*.
Selon les articles L. 225-40 et L. 225-88 du Code de commerce, la personne directement ou indirectement intéressée à la convention est tenue **d'informer le conseil d'administration** ou le **conseil de surveillance** dès qu'elle a connaissance d'une convention réglementée.
Le commissaire aux comptes, ou s'il n'y en a pas de désigné, le président du conseil d'administration, présente à l'assemblée générale un **rapport** sur ces conventions. Ensuite, l'assemblée vote et **autorise** ou non cette convention, sachant que la personne intéressée ne peut pas prendre part au vote et ses parts ne sont pas prises en compte pour le calcul du quorum et de la majorité.

c. Conséquence d'une convention réglementée approuvée

Selon les articles L. 225-41 et L. 225-89 du Code de commerce, les conventions par l'assemblée produisent leurs effets **à l'égard des tiers**, sauf lorsqu'elles sont annulées dans le cas de fraude.

d. Conséquence d'une convention réglementée non approuvée ou désapprouvée

Selon les articles L. 225-41 et L. 225-89 du Code de commerce, les conventions désapprouvées par l'assemblée produisent leurs effets **à l'égard des tiers**, sauf lorsqu'elles sont annulées dans le cas de fraude.
Ces articles indiquent également que **toute conséquence préjudiciable** à la société causée par une convention désapprouvée peut être mise à la charge de l'intéressé et, éventuellement, des autres membres du conseil d'administration ou du directoire.

Selon les articles L. 225-42 et L. 225-90 du Code de commerce, les conventions réglementées conclues sans autorisation du conseil d'administration ou du conseil de surveillance peuvent être **annulées** si elles ont eu des **conséquences dommageables** pour la société. L'action en nullité se prescrit par **trois ans**, à compter de la date de la convention. Toutefois, si la convention a été dissimulée, le point de départ du délai de la prescription est reporté au jour où elle a été révélée.

Figure 9.4 **Contrôle de la SA**

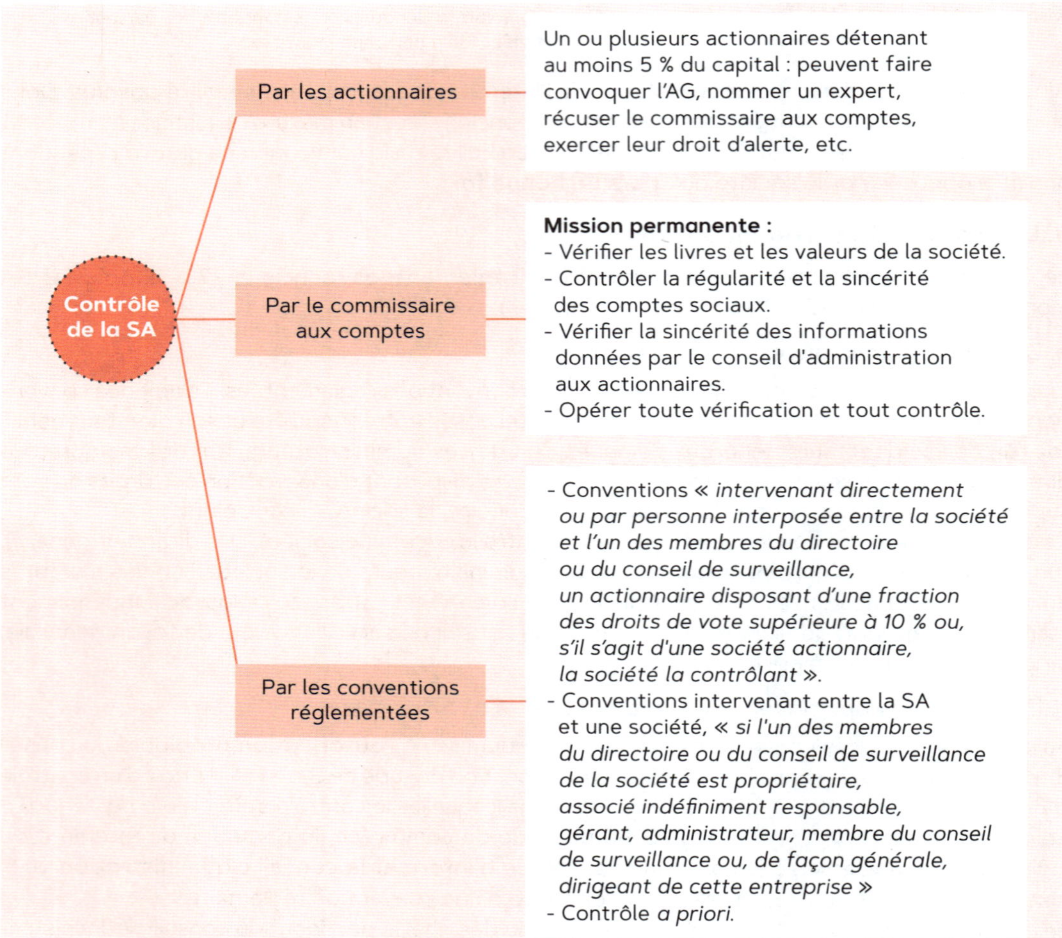

IV. La dissolution de la SA

A Les causes

Les causes de la dissolution sont les causes communes à toutes les sociétés et à certaines causes spécifiques à la SA.
Il existe notamment :

- une dissolution **volontaire** (décision unanime des actionnaires) ;
- une dissolution **involontaire et anticipée** (par exemple, si les **capitaux propres** de la société deviennent inférieurs à la moitié du capital social, si le montant du capital social est inférieur à 37 000 € et n'est pas régularisé).

Sauf clause contraire des statuts, une SA n'est pas dissoute par liquidation judiciaire, faillite personnelle, interdiction, incapacité ou décès d'un actionnaire.

B Les conséquences

La dissolution de la SA entraîne les mêmes **formalités** que celles prévues pour les sociétés commerciales, ainsi que sa **liquidation**.
La dissolution, quelle qu'en soit la cause, ouvre automatiquement la phase de liquidation de la société.
Les SA sont soumises aux règles de droit commun de la liquidation (règlement du passif par la société, partage des biens et de l'éventuel boni de liquidation).
Si la société est cotée, la publication au BALO sera effectuée, en plus des publications classiques au JAL et au BODACC.

V. La transformation de la SA

Il existe des cas de transformation obligatoires et des cas de transformation volontaires.

A La transformation obligatoire

La transformation de la SA est obligatoire quand elle ne comporte plus les caractéristiques de cette forme de société, à savoir le nombre minimum d'actionnaires ou le montant minimum de capital social, sachant que les actionnaires disposent d'un an pour régulariser la situation.
L'article L. 224-2 du Code de commerce prévoit qu'en cas d'absence de transformation, tout intéressé peut demander en justice la dissolution de la société. Cette dissolution sera prononcée par le tribunal uniquement si la régularisation n'a pas eu lieu.

B La transformation volontaire

Selon l'article L. 225-243 du Code de commerce, une SA peut se transformer en une autre forme de société, à deux conditions cumulatives :

- avoir au moins **deux ans d'existence** à la date de la transformation ;
- avoir établi et avoir fait approuver par les actionnaires le **bilan de ses deux premiers exercices**.

> **!** En cas de transformation de la SA en SNC, ces deux conditions ne sont pas exigées (article L. 225-245 du Code de commerce).

La décision de transformation est précédée d'un **rapport du commissaire aux comptes** attestant que le montant des capitaux propres est au moins égal au montant du capital social (article L. 225-244 du Code de commerce). Cette décision doit être soumise à **l'approbation** des assemblées d'obligataires et de l'assemblée des porteurs de parts bénéficiaires ou de parts de fondateur et publiée. Concernant la prise de décision, il dépend de la forme sociétaire choisie :

> **!** En cas de transformation de la SA en SNC (article L. 225-245 du Code de commerce) ou en société européenne (article L. 225-245-1 du Code de commerce), cette condition des capitaux propres égaux au montant du capital social n'est pas exigée.

- transformation de la SA en **SNC** : accord unanime de tous les actionnaires (article L. 225-245 du Code de commerce) ;
- transformation de la SA en **SCS** ou **SCA** : décision prise dans les conditions prévues pour la modification des statuts (AGE) et accord de tous les actionnaires qui acceptent d'être associés commandités (article L. 225-245 du Code de commerce) ;
- transformation de la SA en **SARL** : décision prise dans les conditions prévues pour la modification des statuts (AGE) (article L. 225-245 du Code de commerce) ;

- transformation de la SA en **société européenne** : décision prise dans les conditions prévues pour la modification des statuts (AGE) et projet de transformation à déposer au greffe du tribunal et formalités de publicité à accompli. En outre, « *un ou plusieurs commissaires à la transformation désignés par décision de justice établissent sous leur responsabilité un rapport destiné aux actionnaires de la société se transformant attestant que la société dispose d'actifs nets au moins équivalents au capital augmenté des réserves que la loi ou les statuts ne permettent pas de distribuer* » (article L. 225-245-1 du Code de commerce).

SYNTHÈSE

SA

SA moniste →

CA (administrateurs) – *composition :* 3 à 18 administrateurs (24 en cas de fusion), parité homme/femme, PP ou PM, pas plus d'un tiers à plus de 70 ans (sauf clause contraire), pas plus de 5 mandats (si PP) ;
– *pouvoirs :* détermine les orientations de l'activité de la SA et veille à leur mise en œuvre.

Président du CA – *composition :* PP, administrateur, pas plus de 65 ans (sauf clause contraire) ;
– *pouvoirs :* représente et se charge du fonctionnement du CA, organise et dirige ses travaux, veille au bon fonctionnement des autres organes de la SA.

DG / DGD – *composition :* 1 ou +, PP, président du CA ou non, administrateur ou non, pas plus de 65 ans (sauf clause contraire), pas plus d'un mandat de DG dans les SA cotées, pas plus de 5 mandats de dirigeants sociaux, pas de limite ;
– *pouvoirs :* représentant légal de la SA, en charge des relations extérieures de la SA, pouvoirs les plus étendus pour agir en toutes circonstances au nom de la société (pouvoirs du DGD : déterminés par le CA, mais les mêmes que le DG à l'égard des tiers).

SA dualiste → Directoire ; Conseil de surveillance

Directoire →

- *Composition :* 2 à 5 membres maximum, 7 membres quand la SA est cotée en Bourse, 1 quand le capital de la SA est inférieur à 150 000 €, un président, PP, pas plus de 65 ans (sauf clause contraire) ;
- *Pouvoirs :* les plus étendus pour agir en toutes circonstances au nom de la société (limites = objet et intérêt social et pouvoirs propres des autres organes), président : représente la SA à l'égard des tiers, convocation AG d'approbation des comptes, présentation d'un rapport sur le fonctionnement de la SA 1 fois trimestre, le rapport de gestion.

Conseil de surveillance →

- *Composition :* 3 à 18 administrateurs (24 en cas de fusion), parité homme/femme, PP ou PM, pas plus d'1/3 à plus de 70 ans (sauf clause contraire) ;
- *Pouvoirs :* contrôle permanent de la gestion de la SA, nomination des membres du directoire (et fixation rémunération), choix du président du directoire, autorisation des conventions réglementées, autorisation des cautions, avals ou garanties, pas de pouvoirs vis-à-vis des tiers.

Faites le point sur les notions clés :
SA (p. 161), SA moniste (p. 162), SA dualiste (p. 162).

Révisez avec les flashcards

www.lienmini.fr/dcg02-17

QCM

Réponse unique

1 Une SA cotée en Bourse doit comporter au minimum :

- ❍ **a.** 1 actionnaire.
- ❍ **b.** 2 actionnaires.
- ❍ **c.** 3 actionnaires.
- ❍ **d.** 7 actionnaires.

QCM interactif

www.lienmini.fr/dcg02-18

2 Une SA non cotée en Bourse doit comporter au minimum :

- ❍ **a.** 1 actionnaire.
- ❍ **b.** 2 actionnaires.
- ❍ **c.** 3 actionnaires.
- ❍ **d.** 7 actionnaires.

3 Le capital minimum d'une SA est de :

- ❍ **a.** 1 €.
- ❍ **b.** 3 750 €.
- ❍ **c.** 37 000 €.
- ❍ **d.** 125 000 €.

4 Selon la loi, une SA peut avoir comme organe de gouvernance :

- ❍ **a.** un gérant.
- ❍ **b.** un conseil d'administration seulement.
- ❍ **c.** un conseil d'administration ou un directoire et un conseil de surveillance.

5 Un administrateur doit-il toujours être actionnaire de la SA ?

- ❍ **a.** Oui, toujours.
- ❍ **b.** Non, il ne doit pas l'être.
- ❍ **c.** Il peut l'être, mais ce n'est pas obligatoire.

Plusieurs réponses possibles

6 Qui peut être administrateur d'une SA ?

- ❍ **a.** Un actionnaire de la SA.
- ❍ **b.** Une SA.
- ❍ **c.** Une SARL.
- ❍ **d.** Une personne physique.

7 Selon la loi, à qui un actionnaire de SA peut-il céder ses parts sociales librement, sauf mention contraire des statuts ?

- ❍ **a.** À un tiers.
- ❍ **b.** À son conjoint.
- ❍ **c.** À son enfant.
- ❍ **d.** À un autre actionnaire.

8 Des actionnaires de SA peuvent apporter :

- ❍ **a.** en nature.
- ❍ **b.** en numéraire.
- ❍ **c.** en industrie.
- ❍ **d.** tous les apports.

9 **La SA doit nommer un commissaire aux comptes quand deux des trois seuils suivants sont franchis :**

❍ **a.** 10 salariés.
❍ **b.** 3 000 000 € de total de bilan.
❍ **c.** 4 000 000 € de total de bilan.
❍ **d.** 8 000 000 € de chiffres d'affaires HT.

10 **Selon la loi, la révocation du président du conseil d'administration d'une SA doit être décidée :**

❍ **a.** *ad nutum*.
❍ **b.** avec son accord.
❍ **c.** par le tribunal *ad nutum*.
❍ **d.** pour juste motif.

Réponse à justifier

11 **Dans le cadre de la constitution d'une SA moniste, les trois actionnaires fondateurs – une personne morale et deux personnes physiques – se demandent s'ils peuvent constituer le conseil d'administration tous les trois.**

❍ **a.** Oui, il en faut au moins trois, personnes physiques ou morales.
❍ **b.** Oui, il en faut au moins un, personne physique ou morale.
❍ **c.** Non, il en faut au moins trois, mais uniquement des personnes physiques.
❍ **d.** Non, ils doivent être au moins sept, personnes physiques ou morales.

12 **Les dirigeants d'une SA souhaiteraient que la SA devienne membre du directoire d'une autre SA. Ils se demandent si c'est possible.**

❍ **a.** Oui, une personne morale peut être membre du directoire.
❍ **b.** Non, une personne morale ne peut pas être membre du directoire.

13 **Un conseil d'administration de SA, composé de quatre administrateurs, doit réélire son président après le décès du précédent. Les quatre administrateurs se demandent s'ils peuvent nommer un ami à eux, qui habite à l'étranger.**

❍ **a.** Non, il doit habiter en France.
❍ **b.** Oui, il n'a pas besoin d'habiter en France.
❍ **c.** Oui, il n'a pas besoin d'être administrateur.
❍ **d.** Non, il doit être administrateur.

14 **M. Jean Philippe, président du conseil d'administration d'une SA, vient de fêter ses 65 ans. Les actionnaires se demandent s'il peut rester titulaire de son mandat social.**

❍ **a.** Oui, la loi prévoit un âge limite de 70 ans.
❍ **b.** Non, la loi prévoit un âge limite de 65 ans.
❍ **c.** Oui, il n'y a pas de limite d'âge prévue.
❍ **d.** Oui, si les statuts prévoient une limite d'âge à plus de 65 ans.

15 **M. Jean Édouard n'est plus très investi dans son mandat de président-directeur général de la SA Les Mouettes. Les administrateurs souhaiteraient s'en séparer, mais se demandent comment faire.**

❍ **a.** Ils peuvent le révoquer *ad nutum* et à tout moment.
❍ **b.** Ils peuvent le révoquer *ad nutum* avec un préavis.
❍ **c.** Ils peuvent le révoquer pour juste motif et à tout moment.
❍ **d.** Ils peuvent le révoquer pour juste motif avec un préavis.

— CAS PRATIQUE GUIDÉ —

LE POTENTIEL DE LA SA CHOCOPOURRET

Issus d'une famille de chocolatiers, Jean, Thomas et Mathias ont hérité, à la mort de leurs parents, de l'entreprise familiale alors exploitée sous la forme d'une entreprise individuelle. Convaincus du potentiel de l'affaire, les trois frères ont l'intention de porter l'activité de fabrication et de commercialisation de chocolat à une tout autre échelle en apportant le fonds de commerce qui leur a été légué à la SA ChocoPourret, créée pour l'occasion.

Lors de la constitution, le capital social de la SA a été réparti de la façon suivante :

Associé	Participation
Jean	20 %
Thomas	20 %
Mathias	20 %
Audrey	4 %
Lucien	16 %
Chloé	6 %
Aurore	14 %

Il est prévu d'opter pour une organisation classique de la société, comprenant un conseil d'administration, un président et un directeur général. Jean, Thomas et Mathias ainsi que trois autres personnes extérieures à la société ont été désignés dans les statuts comme les premiers administrateurs de la SA ChocoPourret. La SA comporte 40 salariés. Jean souhaiterait cumuler son mandat d'administrateur avec un poste d'ouvrier dans la SA, car il aime fabriquer les chocolats.

Il fait alors appel à vous car il souhaiterait que vous le conseilliez dans leur démarche. Vous êtes en effet depuis des années l'expert-comptable de l'entreprise de ses parents, il vous connaît bien et vous fait confiance.

Votre mission : analyser les conditions du cumul du mandat social et du contrat de travail.

Pour la réaliser, vous devez apprécier si Jean peut cumuler son mandat d'administrateur avec un contrat de travail.

CORRIGÉ

☑ **COMPÉTENCE ATTENDUE :**

– Analyser les conditions du cumul du mandat social et du contrat de travail.

Méthode

Pour résoudre un cas pratique [voir Fiche méthode 2], vous devez respecter quelques règles essentielles :

- **Schématiser, au brouillon, les éléments essentiels nécessaires pour traiter le cas.**
- **Effectuer le travail d'analyse juridique pour identifier le problème juridique posé par le cas pratique.**
- **Rédiger le raisonnement juridique (règle de droit + application de la règle de droit aux faits), appelé aussi le syllogisme.**

TRAVAIL PRÉPARATOIRE

SA de 40 salariés
\+
Jean est administrateur de la SA → **Est-ce que Jean peut être salarié de la SA ?**
\+
Jean veut être ouvrier dans la SA

Ces faits soulèvent le problème juridique suivant : quelles sont les conditions de cumul d'un mandat social d'administrateur et d'un contrat de travail dans la même SA ?

PRINCIPES JURIDIQUES

> **!** Dans ce cas, vous devez indiquer les conditions du cumul du mandat social et du contrat de travail dans la même SA.

Selon l'article L. 225-21-1 du Code de commerce, un administrateur en fonction ne peut pas conclure de contrat de travail avec la SA. Cependant, il existe une exception en faveur des PME : sont concernées les sociétés employant moins de 250 salariés et qui présentent un total de bilan n'excédant pas 43 000 000 € ou réalisant un chiffre d'affaires inférieur ou égal à 50 000 000 €.
Dans ces conditions de cumul accordé à titre dérogatoire, il est néanmoins nécessaire de respecter une condition supplémentaire : le nombre d'administrateurs bénéficiant d'un contrat de travail ne doit pas dépasser le tiers des administrateurs en fonction (article L. 225-22 alinéa 2 du Code de commerce).
Enfin, il faut respecter les conditions classiques du cumul : un travail effectif, des fonctions distinctes entre le mandat social et le contrat de travail, des rémunérations distinctes, un lien de subordination de l'administrateur envers la SA, des clauses du contrat de travail pas trop éloignées de la pratique habituelle.
Si toutes ces conditions sont réunies, alors le cumul d'un mandat social d'administrateur avec un contrat de travail dans la même SA est possible.

APPLICATION AU CAS

> **!** Dans ce cas, vous devez vérifier si l'administrateur répond aux conditions cumulatives pour cumuler un poste de salarié dans la SA.

En l'espèce, il s'agit de vérifier si l'administrateur peut cumuler un poste d'ouvrier dans la SA. Pour cela, il faut déjà que la SA soit une PME : elle comprend 40 salariés, donc moins de 250 salariés. C'est bien le cas. Quant à la condition du bilan ou du chiffre d'affaires, il n'est pas possible de le connaître, dans la mesure où la SA vient de se constituer.
En outre, le nombre d'administrateurs bénéficiant d'un contrat de travail ne doit pas dépasser le tiers des administrateurs en fonction ; or, ici, il n'est pas connu d'autres salariés dans la SA qui cumulent un mandat social.
Enfin, il faut respecter les conditions classiques du cumul :

- un travail effectif : l'administrateur souhaiterait travailler dans la SA en tant qu'ouvrier qui fabrique des chocolats ; ainsi, le travail semble bien effectif ;

- des fonctions distinctes entre le mandat social et le contrat de travail : le mandat social d'administrateur concerne des fonctions de gestion, alors que le poste d'ouvrier à la fabrication de chocolats concerne des fonctions spécifiques ;
- des rémunérations distinctes : il n'est pas dit s'il est rémunéré en tant qu'administrateur, mais il doit être rémunéré en tant que salarié ;
- un lien de subordination de l'administrateur envers la SA : l'administrateur est actionnaire de la SA, à hauteur de 20 % dans le capital social, il n'est donc pas majoritaire et peut donc être salarié de la SA ;
- des clauses du contrat de travail pas trop éloignées de la pratique habituelle : l'énoncé n'indique pas les clauses du contrat de travail.

Il semble donc possible à l'administrateur de cumuler un poste de salarié dans la SA. Le contrat de travail liant la société à l'un de ses administrateurs, il faudra respecter la procédure des conventions réglementées (article L. 225-38 du Code de commerce) et soumettre la convention en cause à l'autorisation préalable du conseil d'administration.

Méthode

Un bon raisonnement par syllogisme doit éviter trois défauts récurrents que l'on retrouve dans de nombreuses copies :

– Se limiter à rappeler les faits : il faut les qualifier juridiquement.

– Entamer le syllogisme en appliquant d'emblée les règles de droit au cas. Cela reviendrait à inverser le raisonnement juridique.

– Négliger la partie « règles juridiques », qui représente l'essentiel de la note. Il faut lui réserver un traitement rigoureux.

AUTOÉVALUATION

La grille d'autoévaluation ci-dessous vous permet d'évaluer votre niveau et de vérifier si vos réponses correspondent aux attendus de l'examen.

	Niveau 1	Niveau 2	Niveau 3	Niveau 4
	Un premier élément de réponse, mais très incomplet, des erreurs, des contresens.	*Des éléments de réponse isolés, des approximations et/ou de la paraphrase.*	*Question comprise : des éléments de réponse pertinents, mais incomplets au niveau des savoirs et/ou de l'application.*	*Compétence attendue mobilisée avec mobilisation complète des savoirs associés à la compétence. Application pertinente.*
Apprécier si Jean peut cumuler son mandat d'administrateur avec un contrat de travail. *(voir Section II.A.1.a)*	❒ Vous avez compris qu'il fallait étudier le cumul du mandat social et du contrat de travail, mais ne connaissez pas les conditions du cumul.	❒ Vous avez compris qu'il fallait étudier le cumul du mandat social et du contrat de travail, mais ne connaissez que les conditions classiques du cumul ou les conditions spécifiques à l'administrateur de SA et avez oublié les autres.	❒ Vous avez compris qu'il fallait étudier le cumul du mandat social et du contrat de travail, connaissez les conditions classiques et spécifiques du cumul, mais ne les avez pas bien appliquées à la situation.	❒ Vous avez compris qu'il fallait étudier le cumul du mandat social et du contrat de travail, connaissez les conditions classiques et spécifiques du cumul, et les avez bien appliquées à la situation.

EXERCICES

1 Le cas de Vincent

10 min.

☑ **COMPÉTENCE ATTENDUE :**

– Identifier les caractéristiques essentielles des SA en mettant en évidence les principales règles de fonctionnement de ce groupement.

Une SA relative à la création de pièces aéronautiques est en création par 10 amis. Ami d'enfance de Richard, Vincent souhaiterait également intégrer l'actionnariat de la société. Cependant, il n'a pas beaucoup de biens et peu d'argent. Il est en revanche disposé à faire profiter de son carnet d'adresses, ayant travaillé plus de 20 ans chez un constructeur aéronautique renommé. Richard vient alors vous consulter. Vous êtes en effet l'avocat auquel les 10 amis ont fait appel pour la rédaction des statuts.

Votre mission : différencier les différents types d'apport en SA.

Pour la réaliser, vous devez expliquer si Vincent peut devenir actionnaire de la SA en apportant son carnet d'adresses.

2 Le cas de Jérôme, directeur général de SA

15 min.

☑ **COMPÉTENCE ATTENDUE :**

– Identifier les caractéristiques essentielles des SA en mettant en évidence les principales règles de fonctionnement de ce groupement.

À l'issue de sa première réunion, le conseil d'administration d'une SA a procédé à la nomination de Jérôme, occupant par ailleurs un emploi salarié au sein de la SA, aux fonctions de directeur général. Les conditions de cumul sont respectées.

Plusieurs mois après sa prise de fonction, l'ensemble des membres du conseil d'administration regrettent amèrement leur décision dans la mesure où Jérôme s'est révélé décevant dans sa gestion des affaires sociales. Ils se tournent alors vers vous et vous exposent leur problème.

Votre mission : identifier les conditions de révocation d'un directeur général de SA.

Pour la réaliser, vous devez indiquer comment les administrateurs peuvent mettre fin au mandat du directeur général et quelle sera la conséquence sur son contrat de travail.

3 Le cas de la SA Jerbert

20 min.

☑ **COMPÉTENCE ATTENDUE :**

– Identifier les caractéristiques essentielles des SA en mettant en évidence les principales règles de fonctionnement de ce groupement.

La SA Jerbert est une SA à conseil d'administration, avec un président, Romain, et un directeur général, Pierre. Le capital est divisé de la façon suivante : Jean détient 20 %, Pierre 20 %, Matthieu 20 %, Laura 4 %, Romain 16 %, Cécile 6 % et Vinciane 14 %.

Jean, Pierre et Matthieu ont été désignés dans les statuts comme administrateurs de la SA.

La SA a réalisé des bénéfices importants, de sorte que ses dirigeants espèrent désormais poursuivre son développement en augmentant le volume de la production.

Venant d'ouvrir un supermarché de quartier exploité sous la forme d'une EURL, Jean, a passé commande auprès de la SA pour s'approvisionner. La SA lui a accordé un tarif préférentiel. Les autres administrateurs se demandent cependant si la convention nécessitait une quelconque autorisation. Vous êtes l'expert-comptable de la SA et ils viennent vous consulter à ce sujet.

Votre mission : identifier les conditions des conventions réglementées.

Pour la réaliser, vous devez montrer si l'acte passé par l'administrateur nécessitait une procédure particulière.

CAS DE SYNTHÈSE

LE CAS DE JEANNE VERRET

20 min.

COMPÉTENCE ATTENDUE : Identifier les caractéristiques essentielles des SA en mettant en évidence les principales règles de fonctionnement de ce groupement.

Mise en situation

La société Virgulpoint, SA dualiste non cotée en Bourse, a été créée en 2006 par M. Thomas Verret, directeur général. Il souhaiterait aujourd'hui, afin de respecter la parité dans le conseil de surveillance de la SA, que l'une de ses filles, Jeanne Verret, actionnaire, 35 ans, infirmière libérale, intègre le conseil de surveillance.

Votre mission : identifier les qualités pour devenir membre du conseil de surveillance d'une SA.

Pour la réaliser, vous avez à votre disposition une base documentaire et vous devez vérifier si la fille du directeur général peut devenir membre du conseil de surveillance.

DOCUMENT

Extraits des statuts de la SA VIRGULPOINT – au 31 décembre 2006

Article 2 – Objet social

L'objet social de la société est l'organisation de mariages.

Article 5 – Capital social

Le capital social est fixé à la somme de cinq cent mille euros (500 000 €).

Article 6 – Apports

Les soussignés ont effectué les apports en numéraire suivants à la Société :

- **M. Thomas VERRET** (directeur général unique), un apport en numéraire de deux cent mille euros (200 000 €) ;
- **M. Pascal LEBONTEMPS** (membre du conseil de surveillance), un apport en numéraire de cent soixante-dix mille euros (170 000 €) ;
- **M. Léonard VIDAL** (membre du conseil de surveillance), un apport en numéraire de trente mille euros (30 000 €) ;
- **M. Jean-Philippe FONSSEUR**, un apport en numéraire de quarante mille euros (40 000 €) ;
- **Mme Laurence PILPRES**, un apport en numéraire de vingt mille euros (20 000 €) ;
- **La SARL VURIN**, un apport en numéraire de vingt mille euros (20 000 €) ;
- **M. Laurent DELMAS** (membre du conseil de surveillance), un apport en numéraire de dix mille euros (10 000 €) ;
- **Mme Jeanne VERRET**, un apport en numéraire de dix mille euros (10 000 €).

Soit au total la somme de cinq cent mille euros (500 000 €), correspondant à 5 000 actions de cent euros (100 €), souscrites en totalité et intégralement libérées ainsi que l'atteste le certificat du dépositaire établi le 3 décembre 2006 par la Banque COURTOIS de Montpellier.

Cette somme de cinq cent mille euros (500 000 €) a été déposée le 3 décembre 2006 à ladite banque pour le compte de la Société en formation.

Article 12 – Composition du conseil de surveillance

Le conseil de surveillance comprend entre 3 et 6 membres, nommés et révocables par l'assemblée générale ordinaire des actionnaires. Chaque membre de ce conseil doit posséder au moins 100 actions de la Société pendant toute la durée de son mandat.

La limite d'âge des membres du conseil de surveillance est fixée à 60 ans.

CHAPITRE 10

La SAS et la SASU

À l'issue de ce chapitre,

- **vous serez capable :**

❒ de schématiser et d'analyser les règles de fonctionnement de chaque forme sociétaire étudiée ;

❒ de rédiger des clauses spécifiques des statuts (clause limitative de pouvoir, clause d'inaliénabilité, clause d'agrément) ;

❒ de repérer dans des statuts les clauses non conformes (clause limitative de pouvoir, clause d'inaliénabilité, clause d'agrément, clause de préemption et clause d'exclusion) et de les corriger ;

❒ d'analyser les opérations de contrôle au sein d'une société : rôles du commissaire aux comptes, contrôle des conventions réglementées, contrôle interne, procédure d'alerte ;

❒ de différencier les principales valeurs mobilières (actions, actions de préférence, obligations) et d'expliquer leur régime juridique ;

❒ de distinguer les actions et les parts sociales et de justifier les conséquences juridiques de cette distinction ;

❒ d'analyser les opérations d'augmentation et de réduction de capital ;

❒ d'analyser les conditions et les conséquences d'une transformation pour chaque type de sociétés ;

❒ d'identifier les causes et les conséquences d'une dissolution spécifiques à chaque type de sociétés ;

❒ de justifier le choix d'une forme sociétaire adaptée à une situation donnée.

- **vous saurez identifier :**

❒ les règles de constitution, de fonctionnement, de contrôle, de transformation et de dissolution de la SAS et de la SASU.

Mettez-vous en situation

M. Noël et Mme Printemps sont les deux associés d'une SAS. S'ils s'entendent à merveille, ils viennent de comprendre que des associés extérieurs pourraient intégrer leur société, ce qu'ils refusent en bloc. Ils décident alors de prendre les devants et vous contactent.

Votre tâche consiste à déterminer quelles sont les clauses qui peuvent empêcher ou restreindre l'entrée de nouveaux associés dans une SAS.

I. La constitution de la SAS et de la SASU

Définition

La société par actions simplifiée (SAS), la troisième forme de société par actions créée après la SA et la SCA, a été introduite en droit français par la loi du 3 janvier 1994 et est régie par les articles L. 227-1 à L. 227-20 du Code de commerce. Une loi du 12 juillet 1999 a élargi les facultés de recours à la SAS en permettant qu'elle soit constituée entre personnes physiques et en instaurant une seconde forme de société unipersonnelle, la SAS unipersonnelle (SASU).

A Les conditions de fond

1. Les associés

Selon l'article L. 227-1 du Code de commerce, la SAS doit comporter au moins deux associés. La loi du 12 juillet 1999 permet de créer une SASU, donc avec un et un seul associé. La loi ne prévoit pas de maximum, mais compte tenu du fort *intuitu personae* de la SAS, le nombre d'associés de cette structure est généralement peu élevé.
Les associés peuvent être des **personnes morales** ou des **personnes physiques** (depuis la loi de 1999). Ils n'ont pas la qualité de commerçant, mais simplement la capacité civile. Ils peuvent donc être **mineurs**.

2. Le capital social et les apports

Le capital social est déterminé par les statuts et divisé en **actions**. La loi ne prévoit pas de valeur nominale minimale ou maximale pour les actions de SAS, donc ce sont les associés qui fixent librement la **valeur nominale des actions**, en euros (avec centimes d'euros le cas échéant). Toutes les actions doivent avoir la même valeur nominale. La loi n'exige pas de **capital social** minimum.
Comme le prévoit l'article L. 227-2 du Code de commerce, la SAS ne peut faire d'offre au public de titres financiers ou à l'admission aux négociations sur un marché réglementé de ses actions.
Le capital social de la SAS peut être composé d'apport en numéraire, en nature ou en industrie.

a. Les apports en numéraire

Concernant les **apports en numéraire**, il s'agit d'une somme d'argent. Au moins la moitié des apports en numéraire doit être libérée lors de la constitution de la société, c'est-à-dire mis à disposition, et le solde dans les cinq ans qui suivent.

b. Les apports en nature

Concernant les **apports en nature**, la loi a prévu des règles destinées à prévenir la fraude consistant à les surévaluer. Ainsi, les statuts doivent contenir l'évaluation de chaque apport en nature ; il s'agit d'un rapport annexé aux statuts et établi sous la responsabilité d'un **commissaire aux apports**, désigné à l'unanimité des associés (ou à défaut par une décision de justice).
Cependant, l'article L. 227-1 du Code de commerce permet aux associés de décider de ne pas recourir à un commissaire aux apports.

> Selon l'**article L. 227-1 du Code de commerce**, « *les futurs associés peuvent décider à l'unanimité que le recours à un commissaire aux apports ne sera pas obligatoire, lorsque la valeur d'aucun apport en nature n'excède un montant fixé par décret* et si la valeur totale de l'ensemble des apports en nature non soumis à l'évaluation d'un commissaire aux apports n'excède pas la moitié du capital* ».
>
> * Ce montant est fixé depuis le décret n° 2010-1669 du 29 décembre 2010 à 30 000 € (article D. 223-6-1 du Code de commerce).

L'article L. 227-1 du Code de commerce ajoute enfin que, en cas d'absence de commissaire aux apports ou si la valeur retenue diffère de celle proposée par le commissaire aux apports, alors les associés sont **solidairement responsables civilement** de cette valeur pendant **cinq ans** à l'égard des tiers. En outre, lorsque la surélévation est frauduleuse, toute personne qui ferait attribuer frauduleusement à un apport en nature une évaluation supérieure à sa valeur réelle est passible de **sanctions pénales** (cinq ans d'emprisonnement et 9 000 € d'amende), selon l'article L. 244-1 renvoyant à l'article L. 242-2 du Code de commerce (relatif à la SA).

c. Les apports en industrie

Les **apports en industrie** sont possibles dans une SAS. Comme dans toutes les sociétés où ils sont admis, ils donnent la qualité d'associé et d'actions, mais ne permettent pas d'augmenter le capital social.
En cas d'apport en industrie, les statuts doivent notamment indiquer :

- la nature ainsi que la durée de la prestation effectuée par l'associé ;
- le nombre de parts sociales qu'il reçoit en échange dudit apport ;
- les droits aux dividendes et au partage de l'actif net qui en résultent.

Si l'étendue des droits de l'apporteur n'est pas fixée dans les statuts, la part de l'apporteur en industrie est équivalente à celle de l'associé qui a le moins apporté.
L'apport en industrie représente le coût qu'aurait dépensé la SAS pour acquérir d'une autre manière l'expertise apportée par l'associé. Cependant, compte tenu de la valeur non matérielle de ce type d'apport, son évaluation est souvent difficile à réaliser. Il est alors conseillé de faire intervenir un commissaire aux apports.

3. L'objet social

Comme pour toute société commerciale, ce sont les statuts qui déterminent l'objet social. Toute activité économique peut être exercée sous forme de SAS.

4. La dénomination sociale

Les statuts déterminent la dénomination sociale, qui est libre. À côté de cette dénomination sociale apparaît le sigle « SAS ».

B Les conditions de forme

Comme pour toute société commerciale, il existe une procédure à suivre pour constituer la SAS.

Figure 10.1 Les conditions de forme relative à la SAS

II. Le fonctionnement de la SAS et de la SASU

À défaut de stipulation contraire des statuts, les **règles applicables à la SA** s'appliquent à la SAS, sauf celles qui gouvernent la direction, l'administration et les assemblées d'actionnaires, qui sont propres à la SAS.
Le succès de la SAS (environ la moitié des créations de société) provient de sa **grande souplesse**, dans la mesure où elle confère aux associés une **liberté** dans l'organisation de son fonctionnement et leur permet de contrôler étroitement la composition de l'actionnariat, afin de préserver l'***intuitu personae*** qui a présidé à la création de la société.

A Les associés

1. Les droits des associés

a. Les droits politiques

Selon la loi, les associés d'une SAS et l'associé d'une SASU ont plusieurs pouvoirs :

- Pendant l'assemblée générale annuelle d'approbation des comptes, ils ont droit à la **communication** du rapport de gestion, de l'inventaire et des comptes annuels.
- Ils approuvent en **assemblée** le rapport de gestion, l'inventaire et les comptes annuels établis par le gérant, dans le délai de six mois à compter de la clôture de l'exercice.

Selon la loi, les associés peuvent également :

- poser des **questions écrites** au président, deux fois par exercice, s'ils détiennent au moins 5 % du capital social ;
- demander en justice la **désignation d'un ou plusieurs experts** chargés de présenter un rapport sur une ou plusieurs opérations de gestion (pour cela, la demande doit émaner d'un ou de plusieurs associés représentant au moins 5 % du capital social, qui agit individuellement ou en groupe).

b. Les droits pécuniaires

Les associés ont droit aux bénéfices sociaux, c'est-à-dire à la **distribution des dividendes**, en fonction de la répartition des actions ou bien différemment si c'est prévu comme tel dans les statuts ou au moment de l'assemblée générale.
Les associés ont droit au **remboursement de l'apport** et au **boni de liquidation** éventuel, en cas de liquidation de la société et d'actif net restant.

2. Les assemblées des associés

Selon l'article L. 227-9 du Code de commerce, les statuts déterminent les décisions qui doivent être prises collectivement par les associés dans les formes et conditions qu'ils prévoient.
Cependant, certaines décisions sont exercées collectivement par les associés, dans les conditions prévues par les statuts. Cela concerne les attributions dévolues aux AGE et AGO des SA, en matière :

- d'approbation des comptes et d'affectation aux résultats ;
- de nomination du commissaire aux comptes (CAC) ;
- d'augmentation, d'amortissement ou de réduction de capital social ;
- de fusion, de scission, de dissolution de la société ;
- de transformation en une société d'une autre forme ;
- de toute décision devant être prise à l'unanimité.

Les associés sont convoqués aux assemblées par l'organe désigné par les statuts, en général, le président.

Concernant la SASU, l'associé unique approuve les comptes, après rapport du commissaire aux comptes s'il en existe un, dans le délai de six mois à compter de la clôture de l'exercice. Ses décisions sont répertoriées dans un **registre**.
Lorsque l'associé unique est également le président de la SASU, alors la loi permet qu'il n'y ait pas d'assemblée générale d'approbation des comptes.

> **!** Aucune disposition n'est exigée quant à la forme de ce registre, même si le mieux est de le présenter volontairement au greffe du tribunal de commerce pour l'apposition d'un paraphe. Le défaut de tenue du registre expose l'associé unique à une demande en nullité des décisions prises, par tout intéressé.

Article L. 227-9 du Code de commerce : « *Lorsque l'associé unique, personne physique, assume personnellement la présidence de la société, le dépôt, dans le même délai, au registre du commerce et des sociétés de l'inventaire et des comptes annuels dûment signés vaut approbation des comptes sans que l'associé unique ait à porter au registre prévu à la phrase précédente le récépissé délivré par le greffe du tribunal de commerce.* »

Toute décision prise en violation de ces dispositions peut être annulée à la demande de tout intéressé.

3. La cession des parts des associés

a. Le type de parts pouvant être cédées ou transmises

Toutes les **parts** sont cessibles, sauf celles provenant d'apports en industrie, qui sont annulées quand le titulaire quitte la SAS ou la SASU. Les **actions** d'une SAS ou d'une SASU peuvent être cédées : vendues, données, louées ou encore données en garantie. Elles peuvent être également transmises (en cas de décès).

b. La liberté dans la cession

Les actions sont librement transmissibles par voie de succession ou en cas de liquidation de communauté de biens entre époux. Elles sont également librement cessibles entre conjoints, entre ascendants et descendants, entre associés et à des tiers.

c. Les restrictions à cette liberté aménagées par les statuts

Les **statuts** sont libres de restreindre cette liberté, afin d'exercer un réel contrôle sur les mutations de capital de la société et l'introduction de nouveaux associés dans la SAS. En effet, il est possible de prévoir plusieurs **clauses**. Toute cession effectuée en violation des clauses statutaires est nulle (article L. 227-15 du Code de commerce).

> **!** Les clauses statutaires ne sont pas applicables aux SASU (article L. 227-20 du Code de commerce). Ainsi, la liberté de cession des actions règne en maître dans la SASU.

Clauses d'inaliénabilité

Définition

La clause d'inaliénabilité, ou incessibilité, prévoit l'inaliénabilité des actions, c'est-à-dire le fait d'interdire à un ou plusieurs associés de céder ses actions (vente ou donation).

Cependant, selon la loi, cette interdiction ne peut pas excéder **dix ans**. Cette disposition est d'ordre public.

Article L. 227-13 du Code de commerce : « *Les statuts de la société peuvent prévoir l'inaliénabilité des actions pour une durée n'excédant pas dix ans.* »

Selon l'article L. 227-19 du Code de commerce, cette clause ne peut être adoptée ou modifiée qu'à l'**unanimité** des associés.

Exemple de clause d'inaliénabilité : Les actions de la société X sont inaliénables *(ou les actions de tel et tel associé [à énumérer] ou les actions des associés fondateurs, etc.)* pendant une durée de X années.

L'inaliénabilité vise les opérations suivantes : *(énumérer toutes les opérations visées).*

Éventuellement, le président *(ou tout autre organe)* dispose du pouvoir de lever l'inaliénabilité dans les cas suivants *(énumérer les cas).*

Clauses d'agrément

Définition

La clause d'agrément soumet toutes les cessions d'actions ou une partie d'entre elles à l'autorisation préalable des associés.

Article L. 227-14 du Code de commerce : « *Les statuts peuvent soumettre toute cession d'actions à l'agrément préalable de la société.* »

La clause doit prévoir l'**organe compétent** pour répondre des demandes d'agrément des associés, la **procédure** à suivre pour informer de la vente de cessions d'actions, les **modalités** de vote, possiblement une **limitation de l'agrément** à certains cédants ou cessionnaires, ainsi que les **conséquences** du refus de la clause d'agrément.
Selon l'article L. 227-19 du Code de commerce, cette clause ne peut être adoptée ou modifiée que par une **décision collective** des associés, prise dans les conditions et formes prévues par les statuts.

Exemple : La clause d'agrément peut ici être identique à celle vue dans le chapitre 9, à la section II.D.3.c. Il convient toutefois ici de parler d'« associé » et non d'« actionnaire ».

Clauses d'exclusion ou d'éviction

Définition

La clause d'exclusion permet que l'associé sera, sous certaines conditions, obligé de céder ses actions.

Article L. 227-16 du Code de commerce : « *Dans les conditions qu'ils déterminent, les statuts peuvent prévoir qu'un associé peut être tenu de céder ses actions. Ils peuvent également prévoir la suspension des droits non pécuniaires de cet associé tant que celui-ci n'a pas procédé à cette cession.* »

Afin d'être valable, la clause doit prévoir les **conditions** dans lesquelles elle s'appliquera. Par exemple, il peut s'agir d'un comportement fautif d'un des associés, comme la faute de gestion, l'exercice ou la participation à une activité concurrente, la violation d'une clause statutaire (notamment la clause d'inaliénabilité).
Ensuite, la clause doit prévoir l'organe compétent pour décider de l'exclusion, la procédure et les droits de la défense, l'information des autres associés, ainsi que les conditions de rachat des droits de l'associé exclu.
Selon l'article L. 227-19, cette clause ne peut être adoptée ou modifiée que par une **décision collective** des associés, prise dans les conditions et formes prévues par les statuts.

> **!** La loi n° 2019-744 du 19 juillet 2019 a supprimé la règle de l'unanimité. Ainsi, ce sont les statuts qui fixent les règles de majorité du vote.

Exemple de clause d'exclusion : Exclusion de plein droit – tout associé faisant l'objet d'une procédure de dissolution, de redressement ou de liquidation judiciaire est exclu de plein droit.

Par ailleurs, l'exclusion d'un associé peut être également prononcée dans les cas suivants :

- violation des dispositions des présents statuts ;
- exercice direct ou indirect d'une activité concurrente de celle exercée par la Société ;
- révocation d'un associé de ses fonctions de mandataire social ;
- faits ou actes de nature à porter atteinte aux intérêts ou à l'image de marque de la Société, notamment condamnation pénale prononcée à l'encontre d'un associé ;
- changement de contrôle d'une société associée.

Modalités de la décision d'exclusion

L'exclusion d'un associé est prononcée par décision collective des associés statuant **à la majorité** des voix des associés disposant du droit de vote, étant précisé que l'associé objet de la procédure d'exclusion participe au vote et ses actions sont prises en compte pour le calcul de la majorité.

Formalités de la décision d'exclusion

La décision d'exclusion ne peut intervenir que sous réserve du respect des formalités préalables suivantes :

- notification à l'associé concerné par lettre recommandée avec demande d'avis de réception adressée **quinze (15) jours** avant la date prévue pour la réunion de la collectivité des associés, de la mesure d'exclusion envisagée, des motifs de cette mesure et de la date de la réunion devant statuer sur l'exclusion ;
- notification des mêmes informations à tous les autres associés ;
- convocation de l'associé concerné à une réunion préalable des associés tenue au plus tard **huit (8) jours** avant la date prévue pour la réunion de la collectivité des associés statuant sur l'exclusion, afin de lui permettre de présenter ses observations et de faire valoir ses arguments en défense soit par lui-même, soit par l'intermédiaire de son ou de ses représentants légaux ;
- lors de la réunion de la collectivité des associés statuant sur l'exclusion, l'associé concerné peut se faire assister ou représenter par un conseil et requérir, à ses frais, la présence d'un huissier de justice.

Effets de la décision d'exclusion

La décision d'exclusion prend effet à compter de son prononcé. Cette décision doit également statuer sur le rachat des actions de l'associé exclu et désigner le ou les acquéreurs de ces actions ; il est expressément convenu que la cession sera réalisée valablement sans application des clauses d'agrément *(et/ou de préemption)* prévue(s) aux présents statuts.

La décision d'exclusion est notifiée à l'associé exclu par lettre recommandée avec demande d'avis de réception à l'initiative du Président *(ou tout autre organe).*

L'exclusion a pour effet de suspendre les droits non pécuniaires attachés à la totalité des actions de l'associé exclu.

L'associé exclu doit céder la totalité de ses actions dans un délai de **quinze (15) jours** à compter de la décision d'exclusion à toute personne désignée comme il est prévu ci-dessus.

Le prix de rachat des actions de l'associé exclu est fixé d'un commun accord entre les parties ; à défaut d'accord, il est déterminé dans les conditions prévues à l'article 1843-4 du Code civil. Il doit être payé dans un délai de **quinze (15) jours** à compter de la décision de fixation du prix.

Clauses de préemption

Définition

La clause de préemption permet de proposer la vente ou la donation en priorité aux associés déjà présents dans la SAS.

Ainsi, la clause doit prévoir les **conditions** de vote, peut prévoir qu'elle s'applique à tous les associés ou à certains, et peut être limitée à un certain pourcentage du capital social.

Exemple de clause de préemption : À l'expiration de la période d'inaliénabilité visée à l'article XX *(si les statuts prévoient une clause d'inaliénabilité)* :

Toute cession d'actions, même entre associés, est soumise au respect du droit de préemption conféré aux associés dans les conditions définies ci-après.

L'associé cédant notifie au Président *(ou tout autre organe)* et à chacun des associés par lettre recommandée avec demande d'avis de réception son projet de cession en indiquant :

- le nombre d'actions concernées ;
- les informations concernant le cessionnaire envisagé : nom, prénoms, adresse et nationalité, s'il s'agit d'une personne physique ; dénomination, siège social, numéro RCS, montant et répartition du capital, identité des dirigeants, s'il s'agit d'une personne morale ;
- le prix et les conditions de la cession envisagée.

La date de réception de cette notification fait courir un délai de trois (3) mois, à l'expiration duquel, si les droits de préemption n'ont pas été exercés en totalité sur les actions dont la cession est projetée, le cédant pourra réaliser librement ladite cession *(ajouter éventuellement :* sous réserve de respecter la procédure d'agrément prévue à l'article XX des statuts – *si les statuts prévoient une clause d'agrément*).

Chaque associé bénéficie d'un droit de préemption sur les actions dont la cession est envisagée. Ce droit de préemption est exercé par notification adressée au Président *(ou tout autre organe)* dans un délai de deux (2) mois à compter de la réception de la notification du projet de cession. Cette notification est effectuée par lettre recommandée avec demande d'avis de réception indiquant le nombre d'actions que l'associé souhaite acquérir.

À l'expiration du délai de deux mois prévu ci-dessus et avant celle du délai de trois mois fixé ci-dessus, le Président *(ou tout autre organe)* notifie à l'associé cédant par lettre recommandée avec demande d'avis de réception les résultats de la procédure de préemption.

Lorsque les droits de préemption exercés sont supérieurs au nombre d'actions dont la cession est envisagée, les actions concernées sont réparties par le Président *(ou tout autre organe)* entre les associés intéressés au prorata de leur participation au capital de la Société et dans la limite de leurs demandes. Lorsque les droits de préemption sont inférieurs au nombre d'actions dont la cession est envisagée, ils sont réputés n'avoir jamais été exercés et l'associé cédant est libre de réaliser la cession au profit du cessionnaire et dans les conditions mentionnées dans la notification. En cas d'exercice du droit de préemption, la cession des actions doit intervenir dans un délai de quinze (15) jours au prix mentionné dans la notification de l'associé cédant.

d. La procédure de la cession

La procédure de la cession est prévue librement par les statuts. La seule obligation prévue par la loi (article L. 227-18 du Code de commerce) est que lorsque les actions sont rachetées par la SAS, celle-ci est tenue de les céder **dans un délai de six mois** ou de les **annuler**.

4. La responsabilité des associés

Selon l'article L. 227-1 du Code de commerce, les associés ne supportent les pertes qu'à concurrence de leurs apports. Ainsi, leur responsabilité est limitée aux apports qu'ils ont réalisés.

B La direction

L'article L. 227-5 du Code de commerce prévoit que ce sont les statuts qui fixent les conditions dans lesquelles la société est dirigée. La seule exigence de la loi est la nomination d'un **président** (article L. 227-6 du Code de commerce).

1. Les qualités du président

L'article L. 227-7 du Code de commerce prévoit qu'un président d'une SAS peut être une personne morale. Donc, le président peut être une **personne physique ou morale**.

Le gérant doit être **capable juridiquement**, ce qui exclut les mineurs non émancipés, les majeurs placés sous mesure de protection (tutelle ou curatelle) et les majeurs frappés d'une interdiction d'exercer une activité commerciale. Il peut s'agir d'un **associé** ou bien d'un **tiers** (un étranger à la société).

Les statuts peuvent instaurer une limite d'âge, même si la loi n'en prévoit pas, ainsi que la possibilité d'avoir plusieurs présidents, voire un organe collégial de direction.

2. La désignation du président

La **désignation** du président se fait dans les conditions prévues par les statuts, selon l'article L. 227-6 du Code de commerce.

3. Les pouvoirs du président

Concernant ses **pouvoirs**, il est prévu que, dans les **rapports avec les tiers**, le président est investi des pouvoirs les plus étendus pour agir en toutes circonstances au nom de la société, sous réserve de respecter la loi et les statuts, et notamment l'**objet social**.

Dans l'hypothèse où le président engage la SAS dans un acte avec un tiers sans respecter les statuts, il faut envisager plusieurs situations :

- Le président engage la société dans un acte **sans respecter l'objet social** de la SAS : la société est engagée par cet acte, « *à moins qu'elle ne prouve que le tiers savait que l'acte dépassait cet objet ou qu'il ne pouvait l'ignorer compte tenu des circonstances, étant exclu que la seule publication des statuts suffise à constituer cette preuve* » (article L. 227-6 du Code de commerce).
- Le président engage la société dans un acte **sans respecter la clause qui limitait ses pouvoirs :** la société reste engagée par cet acte, même si le tiers connaissait l'existence de cette clause. En effet, cette clause est inopposable aux tiers.

Dans tous les cas, si la société reste engagée par cet acte, elle peut toujours engager la **responsabilité civile** du président, en démontrant que l'acte est préjudiciable pour elle (voir Figure 10.2).

Dans la **SASU**, le président arrête le rapport de gestion, les comptes annuels et, le cas échéant, les comptes consolidés (article L. 227-9 du Code de commerce).

4. La responsabilité du président

a. La responsabilité civile du président

Selon l'article L. 227-8 du Code de commerce, le président est responsable de la même façon que les membres du conseil d'administration et du directoire d'une SA.

Quand le président est une personne morale, les dirigeants de la personne morale sont soumis aux mêmes conditions et obligations que s'ils étaient dirigeants en leur nom propre (article L. 227-7 du Code de commerce). Ils sont responsables :

- des infractions aux lois et règlements applicables aux SAS ;
- des violations des statuts ;
- des fautes commises dans sa gestion.

Les associés peuvent demander réparation du préjudice subi personnellement (il s'agit d'une **action individuelle**), mais également intenter une **action sociale**, seul ou à plusieurs. Cette **action sociale** permet de faire réparer le préjudice subi par la société. Elle est introduite par un associé agissant individuellement ou par des associés détenant au moins 5 % du capital, éventuellement représenté(s) par un ou plusieurs d'entre eux (action *ut singuli*, contrairement

Figure 10.2 **Acte du gérant dans les rapports avec les tiers**

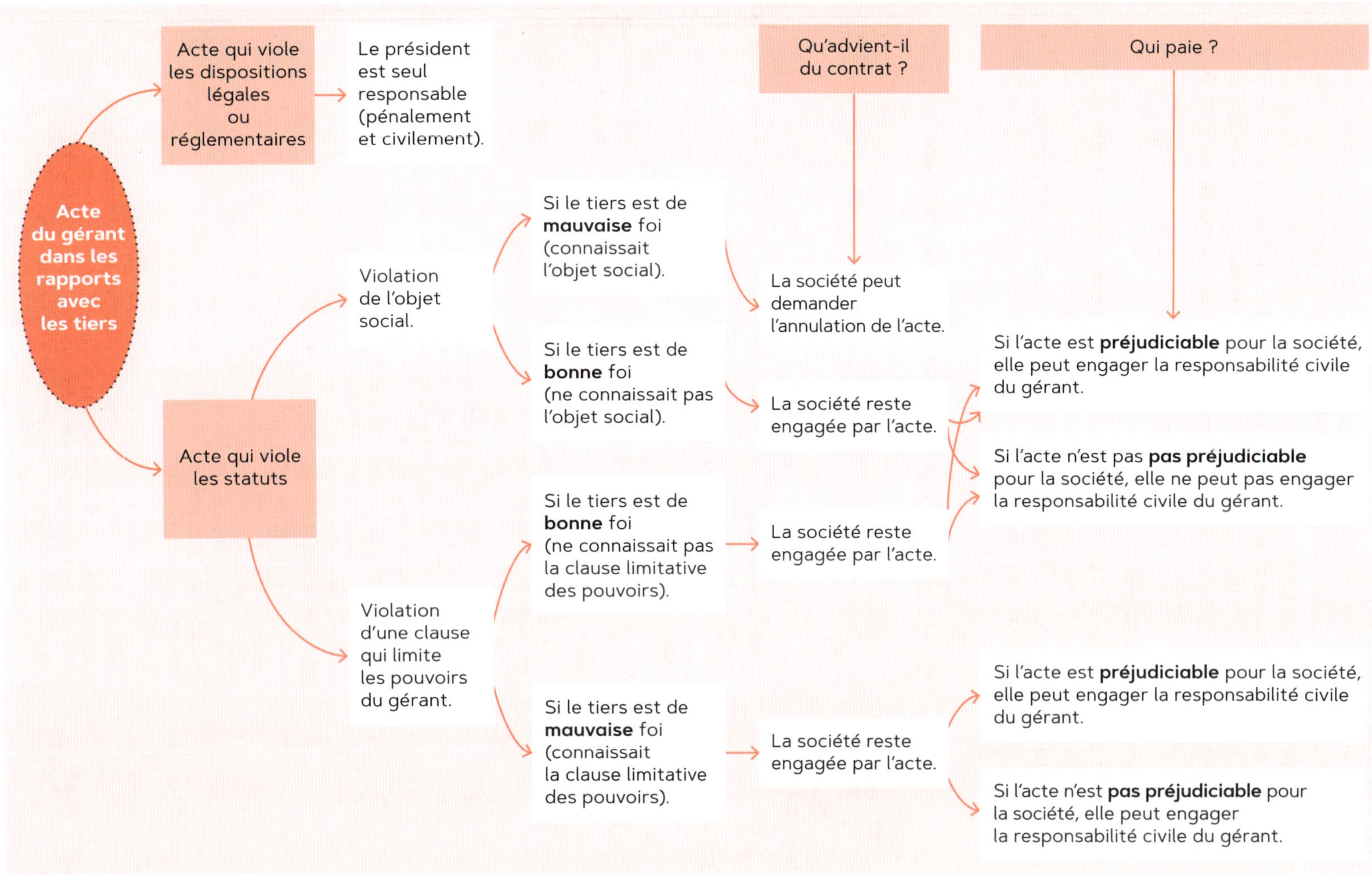

à l'action *ut universi*, engagée par les dirigeants eux-mêmes). Dans ce cas, les dommages-intérêts obtenus reviennent intégralement à la société et non aux associés demandeurs.
L'action doit être intentée devant le **tribunal de commerce**, dès lors que les faits allégués se rattachent directement à la gestion de la société commerciale, peu importe que les personnes visées n'aient pas la qualité de commerçants ni de dirigeants de droit de cette société.
Enfin, dans tous les cas, s'agissant de la **responsabilité civile**, elle n'ouvrira droit à l'octroi de dommages-intérêts que s'il existe un **préjudice** et un **lien de causalité** entre ce préjudice et la faute reprochée au président.

b. La responsabilité pénale du président

Le président d'une SAS encourt une responsabilité pénale **particulière au titre de sa gestion**. En effet, des sanctions pénales sont applicables aux infractions que le président peut commettre lors de la constitution de la société, l'approbation des comptes, les filiales et participations (articles L. 244-1 à L. 244-4 du Code de commerce, renvoyant le plus souvent vers des articles relatifs à la SA).

Tableau 10.1 **La responsabilité pénale du président**

Article du Code de commerce	Infraction	Peine
Art. L. 244-1 renvoyant à :		
l'art. 242-1	Le fait, pour le président, d'émettre ou négocier des actions ou des coupures d'actions sans que les actions de numéraire aient été libérées à la souscription de la moitié au moins ou sans que les actions d'apport aient été intégralement libérées avant l'immatriculation de la société au RCS.	Amende : 150 000 €
l'art. 242-2	Le fait, pour le président, de faire attribuer frauduleusement à un apport en nature une évaluation supérieure à sa valeur réelle.	Emprisonnement : 5 ans Amende : 9 000 €
l'art. 242-6	– Opérer entre associés une répartition de dividendes fictifs, en l'absence d'inventaire ou au moyen d'un inventaire frauduleux. – Présenter aux associés des comptes annuels ne donnant pas pour chaque exercice une image fidèle du résultat des opérations de l'exercice ou de la situation financière ou du patrimoine de la société. – De mauvaise foi, faire des biens et du crédit de la société un usage qu'il savait contraire à l'intérêt de celle-ci à des fins personnelles ou pour favoriser une autre entreprise dans lesquelles il était intéressé directement (abus de biens sociaux). – De mauvaise foi, faire des pouvoirs qu'il possédait ou des voix dont il disposait en cette qualité un usage contraire à la société.	Emprisonnement : 5 ans Amende : 375 000 €
l'art. 242-8	Le fait, pour le président, pour chaque exercice, de ne pas dresser l'inventaire, établir les comptes annuels et un rapport de gestion.	Amende : 9 000 €
Art. L. 244-2	Le fait, pour le président, d'omettre de mentionner sur les actes émanant de la SAS et destinés au tiers, l'indication de la dénomination sociale, précédée ou suivie immédiatement des mots « société par actions simplifiée » ou des initiales « SAS » et de l'énonciation du capital social.	Amende : 3 750 €

Article du Code de commerce	Infraction	Peine
Art. L. 244-2	Le fait, pour le président, de ne pas consulter les associés dans les conditions prévues par les statuts en cas d'augmentation, d'amortissement ou de réduction du capital, de fusion, de scission, de dissolution ou de transformation en une société d'une autre forme, de nomination de commissaires aux comptes, d'approbation des comptes annuels et de répartition des bénéfices.	Emprisonnement : 6 mois Amende : 7 500 €
Art. L. 244-3	Le fait, pour le dirigeant, de faire publiquement appel à l'épargne.	Amende : 18 000 €

5. Le cumul mandat social/contrat de travail

Dans la **SASU**, l'associé unique qui est également président ne peut cumuler son mandat social avec une activité salariée au sein de la SASU. Dans la **SAS**, le cumul mandat social et contrat de travail est possible, mais il est encadré par le Code de commerce et la jurisprudence.
En conséquence, plusieurs **conditions cumulatives** doivent être réunies pour rendre le cumul licite :

- Il doit y avoir un **travail effectif**, c'est-à-dire un travail sérieux et sincère ; ce caractère doit subsister pendant l'exécution du mandat social.
- Les **fonctions exercées** dans le cadre du contrat de travail doivent être **distinctes** de celles exercées dans le cadre de la fonction de dirigeant (dans le cadre de son contrat de travail, il doit accomplir des fonctions techniques spécifiques).
- Les **rémunérations** des deux fonctions doivent être **distinctes** ou, s'il est président bénévole, il doit recevoir une rémunération au titre de salarié.
- Il faut caractériser l'**existence d'un lien de subordination** entre le dirigeant et la société. L'appréciation de ce lien de subordination, condition d'existence même d'un contrat de travail, relève de la compétence souveraine des juges. En principe, ils font une analyse de la participation du dirigeant dans le capital social s'il est associé ; ainsi, s'il est majoritaire, le lien de subordination n'existera pas, donc le cumul n'est pas possible. En revanche, s'il est minoritaire ou égalitaire, il pourra être subordonné en tant que salarié à l'ensemble des autres associés, donc le cumul sera possible.
- Le contrat ne doit pas comporter de **clauses étrangères** ou trop éloignées des pratiques habituelles du droit du travail (par exemple, une indemnité de licenciement élevée ou un préavis trop long).

La **sanction** en cas de non-respect des conditions du cumul est l'**annulation** du contrat de travail ou la **suspension** s'il est antérieur à la nomination.

6. La révocation du président

Le mandat du président prend fin normalement par :

- l'arrivée du terme, si son mandat a une durée déterminée par les statuts ;
- un empêchement (incapacité juridique ou interdiction de gérer prononcée par la justice) ;
- la démission du président ;
- le décès du président ;
- la révocation du président.

En effet, les associés de la SAS peuvent décider de faire perdre au gérant son mandat social. Quant à la SASU, le président associé unique est en fait irrévocable. Il sera révocable uniquement quand il ne sera pas l'associé unique, mais un tiers à la SASU.

a. Les conditions de forme de la révocation

À défaut de précision légale, la décision devra être prise en assemblée générale, dans les **conditions de forme prévues par les statuts**. La jurisprudence a développé la **théorie de l'abus dans la révocation** permettant l'octroi de dommages-intérêts au président révoqué. Il s'agit de circonstances abusives dans la révocation.

> **!** La jurisprudence admet que la révocation puisse être décidée même si elle n'est pas inscrite à l'ordre du jour de l'assemblée.

Exemple : Il y a abus quand il est porté atteinte à l'honneur ou l'honorabilité du président ou quand la révocation est faite dans des conditions vexatoires.

Enfin, le **principe du contradictoire** doit être respecté lors de la procédure : le président doit être en mesure de pouvoir présenter sa défense. Dans le cas contraire, la révocation n'est pas annulée, mais l'intéressé peut demander l'octroi de dommages-intérêts devant le juge.

b. Les conditions de fond de la révocation

À défaut de précision légale, la décision devra être prise en assemblée générale, dans les **conditions de fond prévues par les statuts**. Ainsi, la révocation peut être décidée ***ad nutum*** (comme dans une SA) ou avec **juste motif** (comme dans une SARL), avec ou sans préavis, avec ou sans indemnité. En l'absence de précision des statuts, le président est révocable *ad nutum*.

c. La révocation judiciaire

Quand le président est associé et détient plus de 50 % du capital social, il est de fait protégé d'une décision de révocation. Afin d'éviter qu'il soit irrévocable, le Code de commerce prévoit que **tout associé** peut demander au tribunal la révocation du président. Le tribunal pourra prononcer la révocation pour **juste motif**.

> **!** Lorsque le président a été révoqué judiciairement, cette révocation ne peut pas engendrer de dommages-intérêts.

III. Le contrôle de la SAS et de la SASU

A Le commissaire aux comptes

Une SAS, à l'instar de la SA, était soumise au contrôle d'un commissaire aux comptes, notamment lorsque la société contrôlait une ou plusieurs sociétés ou lorsqu'elle était elle-même contrôlée par une ou plusieurs sociétés. Cette disposition a été supprimée par la **loi n° 2019-486 du 22 mai 2019**, dite loi PACTE.

Désormais, et selon l'article L. 227-9-1 du Code de commerce, et comme pour toute société commerciale, la désignation devient obligatoire quand la société dépasse deux des trois seuils suivants (seuils révisés par la loi PACTE et par le décret n° 2019-514 du 24 mai 2019) :

- 4 000 000 € de **total de bilan** ;
- 8 000 000 € de **chiffre d'affaires HT** ;
- **effectif** de 50 salariés.

En outre, la nomination du CAC doit être effectuée, si elle n'est pas rendue obligatoire par la loi, sur **décision de justice**, à la demande d'un ou plusieurs associés représentant au moins le dixième du capital. Enfin, la nomination d'un CAC doit avoir lieu si elle est prévue par les statuts.

En principe, les fonctions du commissaire aux comptes expirent à l'issue de la tenue de l'assemblée générale ordinaire qui statue sur les comptes annuels du **sixième exercice** à compter de celui de leur nomination.

En outre, pour la **SASU**, le commissaire aux comptes n'est pas obligatoire si l'associé unique, personne physique, assume personnellement la présidence ou si l'associé unique, personne physique, exerçait son activité professionnelle en nom propre avant la constitution de la société (article L. 227-1 du Code de commerce).

B Les conventions entre l'associé ou le président et la société

Afin d'éviter les conflits d'intérêts, et que certaines personnes ne tirent un avantage particulier de la SAS du fait de leur qualité d'associé ou de gérant, la loi instaure des règles particulières en matière de contrats. En effet, elle prévoit **trois types de conventions** : les conventions libres, les conventions réglementées et les conventions interdites.

1. Les conventions libres

L'article L. 227-11 du Code de commerce prévoit les conventions libres. Les conventions entre la SAS et le gérant ou l'associé sont dites libres si elles portent sur des **opérations courantes** et sont conclues dans des conditions normales. Elles ne sont donc pas soumises à une quelconque approbation.

Tableau 10.2 **Les conventions libres**

Opérations courantes	Conclus à des conditions normales
OPÉRATIONS habituellement effectuées par la société dans le cadre de son activité (tous les actes de gestion courante : achats, ventes, assurances, emprunts, etc.) En pratique, il faut se référer au caractère conforme de l'opération et à l'objet social, ainsi que s'assurer que d'autres opérations de même nature ont déjà été effectuées par la société.	CONDITIONS habituellement pratiquées par la société vis-à-vis de ses clients et fournisseurs En pratique, il faut tenir compte des conditions en usage dans les sociétés de même activité (par exemple des remises, des délais de paiement, etc.).

2. Les conventions interdites

L'article L. 227-12 du Code de commerce prévoit les **conventions interdites**, par renvoi à l'article L. 225-43 du Code de commerce. Le **principe** est qu'il est interdit aux présidents, dirigeants ou associés de contracter, sous quelque forme que ce soit, des **emprunts** auprès de la SAS, de se faire consentir par elle un **découvert** en compte courant ou autrement, ainsi que de faire **cautionner ou avaliser** par la société leurs engagements envers des tiers.
Cette interdiction s'applique également :

- aux représentants légaux des personnes morales associées ;
- aux conjoints, ascendants et descendants des gérants, des associés ou des représentants légaux des personnes morales associées ;
- à toute personne interposée.

Cependant, cette interdiction ne s'applique pas quand l'associé bénéficiaire de la convention est une **personne morale**, afin de permettre la réalisation d'opérations de trésorerie au sein d'un groupe auquel participent des SAS.

Exemple : Ainsi, une SAS filiale d'une autre société peut consentir des prêts ou des avances à sa société mère ou garantir ses engagements envers des tiers.

Tableau 10.3 **Les conventions interdites**

Opérations interdites	Personnes visées
– Emprunts auprès de la société. – Découverts en compte courant ou autrement. – Cautions ou avals consentis par la société pour garantir les engagements personnels des personnes visées envers les tiers.	– Présidents, les associés autres que les personnes morales. – Représentants légaux des personnes morales associées. – Conjoints, ascendants et descendants des personnes précitées. – Toute personne interposée.

Ainsi, toute convention conclue en violation de l'interdiction est frappée de **nullité absolue**. Donc un associé, mais également un tiers, comme un créancier, s'il est en mesure de justifier d'un intérêt à agir, peut demander la nullité de la convention. Cette dernière ne pourra cependant pas être opposée par la société aux **tiers de bonne foi**.

3. Les conventions réglementées

La loi prévoit les **conventions réglementées** à l'article L. 227-10 du Code de commerce.
Celles qui ne sont pas libres, ni interdites, sont des conventions réglementées. Il s'agit des conventions « *intervenues directement ou par personne interposée entre la société et son président, l'un de ses dirigeants, l'un de ses actionnaires disposant d'une fraction des droits de vote supérieure à 10 % ou, s'il s'agit d'une société actionnaire, la société la contrôlant* ».
Le commissaire aux comptes, ou le président en cas d'absence de désignation d'un commissaire aux comptes, présente à l'assemblée générale un **rapport** sur ces conventions. Ensuite, l'assemblée vote et approuve ou non cette convention, sachant que le président ou l'associé intéressé ne peut pas prendre part au vote et que ses parts ne sont pas prises en compte pour le calcul du quorum et de la majorité. Il s'agit, contrairement à la SA, d'un **contrôle *a posteriori*.**
Les **conventions non approuvées** ne sont pas annulées. Par conséquent, elles produisent toujours leurs effets, mais le président ou l'associé doit supporter **individuellement** ou **solidairement** (si la convention est passée à plusieurs) les **conséquences préjudiciables** de cet acte pour la société.
Concernant la **SASU**, l'article L. 227-10 du Code de commerce indique qu'il est seulement fait mention au **registre des décisions** de ces conventions.

IV. La dissolution de la SAS et de la SASU

A Les causes

Les causes de la dissolution sont les causes communes à toutes les sociétés ; certaines causes sont cependant spécifiques à la SA.
Il existe notamment :

- une **dissolution volontaire** (décision unanime des associés) ;
- une **dissolution involontaire et anticipée** (par exemple, en cas de liquidation, si les **capitaux propres** de la société deviennent inférieurs à la moitié du capital social, etc.).

Cependant, la réunion en une seule main de toutes les actions n'est pas une cause de dissolution de la SAS, mais une transformation en **SASU**.

L'**article L. 227-4 du Code de commerce** prévoit qu'« *en cas de réunion en une seule main de toutes les actions d'une société par actions simplifiée, les dispositions de l'article 1844-5 du Code civil relatives à la dissolution judiciaire ne sont pas applicables* ».

B Les conséquences

La dissolution de la SAS entraîne les mêmes **formalités** que celles prévues pour les sociétés commerciales, ainsi que sa **liquidation**. La dissolution, quelle qu'en soit la cause, ouvre automatiquement la phase de liquidation de la société. Les **SAS** sont soumises aux règles de droit commun de la liquidation (règlement du passif par la société, partage des biens et de l'éventuel boni de liquidation).

Quant à la **SASU**, sa dissolution entraîne la **transmission universelle du patrimoine** de la société, donc y compris le passif, à l'associé unique **personne morale**. Cela signifie que l'associé, personne morale, supporte la totalité des dettes sociales, ce qui remet en cause la limitation de responsabilité. Depuis la loi NRE, cette solution ne s'applique plus à l'associé unique personne physique.

V. La transformation de la SAS et de la SASU

Selon l'article L. 227-3 du Code de commerce, pour transformer toute société en SAS, il faut toujours l'**accord unanime** des associés. Quant à la **transformation** de la SAS en une autre forme sociale, cela a pour effet la disparition de la première. Cette décision est prise à la **majorité fixée dans les statuts**. À défaut, la transformation requiert l'accord unanime des associés.

La décision de transformation est précédée d'un **rapport du commissaire aux comptes** attestant que le montant des capitaux propres est au moins égal à celui du capital social (article L. 227-1 alinéa 3 du Code de commerce renvoyant à l'article L. 225-244 du Code de commerce), sachant que cette règle est inapplicable en cas de transformation en société en nom collectif (article L. 225-245 alinéa 1 du Code de commerce). En outre, contrairement à la SA, la transformation de la SAS n'exige pas qu'elle ait au moins deux ans d'existence.

SYNTHÈSE

SAS / SASU

- **Constitution**
  - **Associés :** 2 minimum en SAS, 1 seul en SASU, personne physique/morale
  - **Capital social :** pas de minimum, tous les apports
  - **Objet social :** libre
  - **Dénomination :** libre
  - **Conditions de forme :** classiques
- **Fonctionnement**
  - **Associés :** droits politiques, droits pécuniaires, vote pris en fonction des dispositions des statuts, cession des parts libre (sauf disposition contraire), responsabilité limitée aux apports
  - **Direction :** personne physique ou morale, associé ou tiers, tous pouvoirs (possiblement limités dans les statuts), responsabilité civile et pénale, cumul contrat de travail sous conditions, révocation par les associés selon les statuts ou judiciaire
- **Contrôle**
  - CAC obligatoire à partir des seuils classiques, ou sur demande associé(s), ou sur décision de justice, procédure des conventions réglementées
- **Dissolution**
  - Causes communes et spécifiques (notamment capitaux propres inférieurs à la moitié du capital social)
  - Conséquences communes (si associé unique SASU personne morale, supporte les dettes sociales)
- **Transformation**
  - Passage dans une société avec accord des associés, selon majorité prévue par les statuts
  - Passage en SASU avec réunion des actions en une seule main

Faites le point sur les notions clés : société par actions simplifiée (p. 194), clause d'inaliénabilité (p. 198), clause d'agrément (p. 199), clause d'exclusion (p. 199), clause de préemption (p. 200).

Révisez avec les flashcards

www.lienmini.fr/dcg02-19

QCM

Réponse unique

1 Une SAS doit comporter au minimum :
- **a.** 1 associé.
- **b.** 2 associés.
- **c.** 3 associés.
- **d.** 4 associés.

QCM interactif
www.lienmini.fr/dcg02-20

2 Une SASU doit comporter au maximum :
- **a.** 1 associé.
- **b.** 2 associés.
- **c.** 3 associés.
- **d.** 4 associés.

3 Le capital minimum d'une SAS est de :
- **a.** 1 €.
- **b.** 3 750 €.
- **c.** 37 000 €.
- **d.** 125 000 €.

4 Selon la loi, une SAS est représentée vis-à-vis des tiers par :
- **a.** un gérant.
- **b.** un conseil d'administration.
- **c.** un président.

5 La nomination d'un CAC est obligatoire dans une SAS :
- **a.** si la société dépasse deux des trois seuils fixés par la loi.
- **b.** oui, toujours.
- **c.** non, jamais.
- **d.** si un seul associé le demande.

Plusieurs réponses possibles

6 Qui peut être président d'une SAS ?
- **a.** Un associé de la SAS.
- **b.** Une SA.
- **c.** Une SARL.
- **d.** Une personne physique.

7 Selon la loi, à qui un associé de SAS peut-il céder ses parts sociales librement, sauf mention contraire des statuts ?
- **a.** À un tiers.
- **b.** À son conjoint.
- **c.** À son enfant.
- **d.** À un autre associé.

8 Quelles clauses des statuts permettent de restreindre ou d'empêcher la cession des actions dans une SAS ?
- **a.** La clause de retrait.
- **b.** La clause d'exclusion.
- **c.** La clause d'inaliénabilité.
- **d.** La clause d'agrément.

9 **La SAS doit nommer un commissaire aux comptes quand deux des trois seuils suivants sont franchis :**
- ❍ **a.** 10 salariés.
- ❍ **b.** 3 000 000 € de total de bilan.
- ❍ **c.** 4 000 000 € de total de bilan.
- ❍ **d.** 8 000 000 € de chiffres d'affaires HT.

10 **Selon la loi, la révocation du président d'une SAS doit être décidée :**
- ❍ **a.** *ad nutum*.
- ❍ **b.** avec son accord.
- ❍ **c.** par le tribunal pour juste motif.
- ❍ **d.** en fonction de ce qui est prévu par les statuts.

● Réponse à justifier

11 **Dans le cadre de la constitution d'une SAS, Marine apporterait 10 000 € en numéraire et Édouard souhaiterait faire un apport d'un local commercial évalué, selon lui, à 40 000 €. Ils se demandent s'ils sont obligés de nommer un commissaire aux apports.**
- ❍ **a.** Non, s'ils sont tous les deux d'accord pour ne pas en nommer un.
- ❍ **b.** Non, car l'apport en nature n'excède pas 50 000 €.
- ❍ **c.** Oui, car l'apport en nature excède 30 000 €.
- ❍ **d.** Non, car l'apport en nature n'excède pas la moitié du capital social.

12 **Une SAS comporte trois associés : Alfred – détenant 20 % du capital –, Bernadette – détenant 3 % du capital – et Charline – présidente et détenant 77 % du capital social. Bernadette aimerait bien poser des questions à la présidente et que celle-ci lui réponde, et se demande si elle est en droit de le faire.**
- ❍ **a.** Non, car elle ne détient pas 5 % du capital social.
- ❍ **b.** Oui, car elle est associée.

13 **Une SAS comporte trois associés : Alfred – détenant 20 % du capital –, Bernadette – détenant 3 % du capital – et Charline – présidente et détenant 77 % du capital social. La présidente se demande si elle doit les réunir en assemblée générale pour décider de la nomination du commissaire aux comptes.**
- ❍ **a.** Non, cette décision n'est pas obligatoirement prise collectivement.
- ❍ **b.** Oui, la décision de nomination du commissaire aux comptes doit être prise collectivement.

14 **Finalement, la présidente de la SAS n'a pas convoqué les autres associés en assemblée générale pour décider de la nomination du commissaire aux comptes. Elle se demande quel est le risque concernant cette décision qu'elle a prise seule.**
- ❍ **a.** Aucun.
- ❍ **b.** La nullité de la décision demandée par tout intéressé.
- ❍ **c.** La nullité automatique de la décision.

15 **Charline, présidente d'une SAS, a passé un acte de plus de 10 000 € avec un fournisseur, sans respecter la disposition statutaire qui prévoit l'approbation par l'unanimité des associés en cas de dépassement de ce seuil. Le fournisseur se demande si le contrat est toujours valable.**
- ❍ **a.** Cette clause étant inopposable aux tiers, la société reste engagée par cet acte.
- ❍ **b.** Si la société arrive à démontrer que le tiers connaissait l'existence de cette clause, alors l'acte est annulé.
- ❍ **c.** L'acte est annulé, puisqu'il ne respecte pas les statuts.

— CAS PRATIQUE GUIDÉ —

LE RACHAT DES TITRES DE PIERRE PAR LA SA INVESTMENT

La SA Investment, filiale d'un grand groupe spécialisé dans les activités bancaires, a repéré une société au potentiel prometteur, la SAS E-smoke, spécialisée dans la fabrication et la commercialisation de cigarettes électroniques. Celle-ci est aujourd'hui détenue par ses trois associés fondateurs, Martin, Pierre et Lisa, lesquels possèdent respectivement 40 %, 35 % et 25 % de son capital.

Désireuse de mener à bien son projet d'investissement, la SA Investment s'est rapprochée de Pierre afin qu'il lui cède ses titres, ce qu'il a accepté. Devenue associée de la SAS, la SA Investment souhaiterait prévenir toute intrusion d'investisseurs concurrents dans l'actionnariat. À cet égard, les actionnaires de la SA ont entendu dire qu'il était possible d'intégrer dans les statuts des clauses d'agrément et d'inaliénabilité. Ils viennent alors vous consulter. Vous êtes en effet le conseiller juridique attitré de la SA Investment.

Votre mission : analyser les conditions de validité des clauses d'agrément et d'inaliénabilité dans une SAS.

Pour la réaliser, vous devez expliquer la procédure à suivre pour intégrer lesdites clauses aux statuts.

CORRIGÉ

☑ **COMPÉTENCE ATTENDUE :**

– Analyser les conditions de validité des clauses d'agrément et d'inaliénabilité dans une SAS.

Méthode

Pour résoudre un cas pratique [voir Fiche méthode 2], vous devez respecter quelques règles essentielles :

- Schématiser, au brouillon, les éléments essentiels nécessaires pour traiter le cas.

- Effectuer le travail d'analyse juridique pour identifier le problème juridique posé par le cas pratique.

- Rédiger le raisonnement juridique (règle de droit + application de la règle de droit aux faits), appelé aussi le syllogisme.

TRAVAIL PRÉPARATOIRE

SAS avec 3 associés, dont une personne morale

+

Souhait d'ajouter deux clauses :
- agrément
- inaliénabilité

→ **Quelles sont les conditions relatives aux clauses d'agrément et d'inaliénabilité dans les statuts d'une SAS ?**

Ces faits soulèvent le problème juridique suivant : quelles sont les conditions d'insertion dans les statuts d'une SAS des clauses d'agrément et d'inaliénabilité ?

PRINCIPES JURIDIQUES

Selon l'article L. 227-13 du Code de commerce, les statuts peuvent ajouter une clause d'inaliénabilité, qui prévoit l'inaliénabilité des actions, c'est-à-dire le fait d'interdire à un ou plusieurs associés de céder ses actions (vente ou donation). Cependant, pour être valable, cette interdiction ne peut pas excéder dix ans. Cette disposition est d'ordre public. Selon l'article L. 227-19 du Code de commerce, cette clause ne peut être adoptée ou modifiée qu'à l'unanimité des associés.

> **!** Dans ce cas, vous devez indiquer les conditions d'insertion d'une clause d'inaliénabilité et celles relatives à une clause d'agrément dans les statuts d'une SAS.

Selon l'article L. 227-14 du Code de commerce, les statuts peuvent ajouter une clause d'agrément, qui soumet toutes les cessions d'actions ou une partie d'entre elles à l'autorisation préalable des associés. Selon l'article L. 227-19 du Code de commerce, cette clause ne peut être adoptée ou modifiée que par une décision collective des associés, prise dans les conditions et formes prévues par les statuts.

APPLICATION AU CAS

En l'espèce, il s'agit de vérifier les conditions d'insertion des clauses d'agrément et d'inaliénabilité dans les statuts de la SAS. Afin d'ajouter une clause d'inaliénabilité, la décision doit être prise à l'unanimité des associés. Pour ajouter une clause d'agrément, il faut une décision collective des associés, mais dans les conditions prévues par les statuts.

> **!** Dans ce cas, vous devez vérifier si les clauses peuvent être ajoutées aux statuts de la SAS.

Méthode

Un bon raisonnement par syllogisme doit éviter trois défauts récurrents que l'on retrouve dans de nombreuses copies :
- Se limiter à rappeler les faits : il faut les qualifier juridiquement.
- Entamer le syllogisme en appliquant d'emblée les règles de droit au cas. Cela reviendrait à inverser le raisonnement juridique.
- Négliger la partie « règles juridiques », qui représente l'essentiel de la note. Il faut lui réserver un traitement rigoureux.

AUTOÉVALUATION

La grille d'autoévaluation ci-dessous vous permet d'évaluer votre niveau et de vérifier si vos réponses correspondent aux attendus de l'examen.

	Niveau 1	Niveau 2	Niveau 3	Niveau 4
	Un premier élément de réponse, mais très incomplet, des erreurs, des contresens.	*Des éléments de réponse isolés, des approximations et/ou de la paraphrase.*	*Question comprise : des éléments de réponse pertinents, mais incomplets au niveau des savoirs et/ou de l'application.*	*Compétence attendue mobilisée avec mobilisation complète des savoirs associés à la compétence. Application pertinente.*
Expliquer la procédure à suivre pour intégrer lesdites clauses aux statuts. *(voir Section II.A.1)*	❒ Vous avez compris qu'il fallait étudier les clauses d'agrément et d'inaliénabilité, mais ne connaissez pas les conditions de l'insertion de telles clauses dans les statuts.	❒ Vous avez compris qu'il fallait étudier les clauses d'agrément et d'inaliénabilité, mais ne connaissez pas les conditions de l'une ou de l'autre.	❒ Vous avez compris qu'il fallait étudier les clauses d'agrément et d'inaliénabilité, connaissez les définitions de ces clauses, mais avez commis des erreurs dans les conditions de l'une ou de l'autre.	❒ Vous avez compris qu'il fallait étudier les clauses d'agrément et d'inaliénabilité, et connaissez les définitions et les conditions de ces clauses.

EXERCICES

1 Le cas de Victorine Reboul

10 min.

☑ **COMPÉTENCE ATTENDUE :**

– Identifier les caractéristiques essentielles des SAS en mettant en évidence les principales règles de fonctionnement de ce groupement.

L'ancienne présidente d'une SAS, Victorine Reboul, a été révoquée au cours de la dernière assemblée générale annuelle, sans en être prévenue. La décision a été prise par trois associés sur cinq, mais ils ne détenaient pas plus de la moitié du capital. Ils ne lui ont pas laissé la possibilité de s'expliquer, ni de récupérer ses affaires dans son bureau. Elle ne comprend même pas ce qui lui est reproché, car elle avait tout fait pour établir un bilan bénéficiaire et ainsi valoriser la gestion de la société, en minorant certaines charges. Elle souhaite agir en justice contre cette décision et vous contacte.

Votre mission : identifier les conditions de révocation d'un président de SAS.

Pour la réaliser, vous devez discuter des chances de succès de l'action en justice projetée par la présidente.

2 Le cas de Géraldine, présidente d'une SAS

15 min.

☑ **COMPÉTENCE ATTENDUE :**

– Identifier les caractéristiques essentielles des SAS en mettant en évidence les principales règles de fonctionnement de ce groupement.

Une SAS comprend cinq associés. Le capital social, d'un montant de 10 000 €, est réparti de la façon suivante :

Géraldine (présidente)	1 500 parts
Victor	1 050 parts
Pascal	1 500 parts
Pierre	500 parts
Nisrine	450 parts

Récemment, Géraldine a passé plusieurs contrats qui n'avaient pas de rapport avec l'activité de la SAS. Les autres associés sont inquiets de ces engagements, car la SAS n'est pas en mesure de payer ses fournisseurs. Ils viennent vous consulter, en tant qu'expert-comptable de la SAS.

Votre mission : identifier les conditions et conséquences de l'engagement de la responsabilité des dirigeants de SAS.

Pour la réaliser, vous devez apprécier si les associés peuvent agir contre la présidente de la SAS.

3 Le cas de la SAS Magic Garden

15 min.

☑ **COMPÉTENCE ATTENDUE :**

– Identifier les caractéristiques essentielles des SAS en mettant en évidence les principales règles de fonctionnement de ce groupement.

La SAS Magic Garden, spécialisée dans la fabrication et la commercialisation de pelouse en rouleau, est détenue selon la répartition suivante :

Martine	35 %
Bernard	30 %
Marion (présidente)	20 %
Laura	10 %
Romain	5 %

La SCI Immoplus, détenue majoritairement par Marion, possède un local qu'elle souhaite mettre à disposition de la SAS Magic Garden pour entreposer les stocks de graines et semences.

Marion vient alors vous consulter.

Votre mission : vérifier si la convention nécessite l'approbation des associés.

Pour la réaliser, vous devez discuter de la nécessité pour l'acte passé par le dirigeant de respecter une procédure particulière.

CAS DE SYNTHÈSE

LE CAS DE LA SASU BEDEL

20 min.

COMPÉTENCE ATTENDUE :

- **Identifier les caractéristiques essentielles des SASU en mettant en évidence les principales règles de fonctionnement de ce groupement.**

Mise en situation

La SASU Bedel comporte la SARL Xodal comme associé unique. Une banque a consenti une ouverture de crédit à la SASU. La SASU est cependant liquidée par la suite.

La SARL Xodal est inquiète et se demande ce que cette liquidation implique pour elle. Elle fait alors appel à vous, en votre qualité d'expert-comptable.

Votre mission : identifier les conséquences de la dissolution d'une SASU.

Pour la réaliser, vous avez à votre disposition une base documentaire et vous devez indiquer si l'associé de la SASU est tenu par l'engagement.

DOCUMENT

Arrêt de la Chambre commerciale de la Cour de cassation, 19 novembre 2002, n° de pourvoi 00-13.662

Attendu, selon l'arrêt attaqué que la société Ediscan a bénéficié dans les années 1991 et 1992 d'un prêt et d'une ouverture de crédit de la Caisse du Crédit mutuel du Nord, (le Crédit Mutuel) ; que par actes sous seing privé du 30 décembre 1992, MM. X..., Y... et la société X... se sont constitués cautions solidaires de la société Ediscan au bénéfice du Crédit mutuel ; que la société Prismo a acquis, le 1er juin 1994, l'intégralité des parts de la société Ediscan et a prononcé sa dissolution par anticipation à compter du 1er juin 1994 ; que, par jugement du 16 septembre 1994, la société Prismo a été déclarée en redressement judiciaire ; que le 27 septembre 1995, le Crédit mutuel a assigné la société Ediscan, MM. X... et Y... et la société X..., pris en leur qualité de cautions solidaires d'avoir à payer les sommes restant dues au titre du prêt et du compte courant ouvert dans ses livres ;

Sur le premier moyen, pris en ses trois branches : [...]

Mais sur le second moyen, pris en sa première branche :

Vu les articles 1844-5 et 2015 du Code civil ;

Attendu qu'en cas de dissolution sans liquidation d'une société donnant lieu à la transmission universelle de son patrimoine à un associé unique, l'engagement de la caution demeure pour les obligations nées avant la dissolution de la société ;

Attendu qu'en décidant que le cautionnement avait été éteint à la date de la « fusion » alors que la dette cautionnée était un prêt dont le remboursement constituait une obligation à terme souscrite par la société Ediscan avant sa dissolution, peu important qu'elle n'ait pas été exigible à cette date, la cour d'appel a violé les dispositions susvisées ;

PAR CES MOTIFS et sans qu'il y ait lieu de statuer sur la seconde branche du second moyen :

CASSE ET ANNULE, dans toutes ses dispositions, l'arrêt rendu le 20 janvier 2000, entre les parties, par la cour d'appel de Douai.

CHAPITRE 11

La SNC

À l'issue de ce chapitre,

- **vous serez capable :**

❒ schématiser et analyser les règles de fonctionnement de chaque forme sociétaire étudiée ;

❒ rédiger des clauses spécifiques des statuts (clause limitative de pouvoir, clause d'inaliénabilité, clause d'agrément) ;

❒ repérer dans des statuts les clauses non conformes (clause limitative de pouvoir, clause d'inaliénabilité, clause d'agrément, clause de préemption et clause d'exclusion) et les corriger ;

❒ analyser les opérations de contrôle au sein d'une société : rôles du commissaire aux comptes, contrôle des conventions réglementées, contrôle interne, procédure d'alerte ;

❒ différencier les principales valeurs mobilières (actions, actions de préférence, obligations) et expliquer leur régime juridique ;

❒ distinguer les actions et les parts sociales et justifier les conséquences juridiques de cette distinction ;

❒ analyser les opérations d'augmentation et de réduction de capital ;

❒ analyser les conditions et les conséquences d'une transformation pour chaque type de sociétés ;

❒ identifier les causes et les conséquences d'une dissolution spécifiques à chaque type de sociétés ;

❒ justifier le choix d'une forme sociétaire adaptée à une situation donnée.

- **vous saurez identifier :**

❒ les règles de constitution, de fonctionnement, de contrôle, de transformation et de dissolution de la SNC.

Mettez-vous en situation

Après avoir été courtiers, Victor, Leïla et Olivier souhaitent créer une société dans le tournage de films publicitaires avec drone. Ils ont besoin de beaucoup de fonds. Ils sont aisés, mais n'ont pas forcément le souhait de créer une société avec un capital social important. Ils ont en revanche besoin de faire des prêts bancaires pour développer la société. Ils ont entendu parler de la SNC et se demandent si cette structure juridique serait la plus appropriée à leur projet. Ils viennent alors vous demander conseil. Vous allez devoir déterminer si la SNC est la société idéale pour leur projet.

I. La constitution de la SNC

Définition

La société en nom collectif (SNC) est une société de personnes, à responsabilité illimitée pour les associés, donc qui nécessite une grande relation de confiance entre eux.

Elle est régie par les articles L. 221-1 à L. 221-17 du Code de commerce.

A Les conditions de fond

1. Les associés

La SNC doit comporter au minimum **deux associés**, mais la loi n'a pas prévu de nombre maximum. Les associés peuvent être des **personnes physiques** ou **morales**. Si une personne morale est associée de SNC, elle ne peut l'être que par l'intermédiaire de ses dirigeants.
Les associés ont tous la **qualité de commerçant** (article L. 221-1 du Code de commerce), donc doivent avoir la capacité commerciale.

Exemple : Ne peut être associé d'une SNC un mineur non émancipé, un majeur placé sous tutelle ou curatelle, une personne ayant été frappée d'une incompatibilité (par exemple, un fonctionnaire – sauf autorisation –, un avocat, un notaire, etc.), d'une déchéance ou d'une interdiction, une société civile.

2. Le capital social et les apports

Le capital social de la SNC est déterminé par les statuts et divisé en **parts sociales**. La loi ne prévoit pas de valeur nominale minimale ou maximale pour les parts sociales de SARL, donc ce sont les associés qui fixent librement la **valeur nominale des parts sociales**, en euros (avec centimes d'euros le cas échéant). Toutes les parts sociales doivent avoir la même valeur nominale. La loi n'exige pas de **capital** minimum. Celui-ci peut être composé d'apport en numéraire, en nature ou en industrie.

a. Les apports en numéraire

Concernant les apports en numéraire, il s'agit d'une somme d'argent. La loi ne prévoit rien quant à leur libération immédiate et intégrale.

b. Les apports en nature

La loi n'a pas prévu de vérification pour les apports en nature.

c. Les apports en industrie

L'apport en industrie est possible dans une SNC. Comme dans toutes les sociétés où il est admis, l'apport en industrie donne la qualité d'associé et des parts sociales, mais l'apport ne permet pas d'augmenter le capital social.
En cas d'apport en industrie, les statuts doivent notamment indiquer :

- la nature ainsi que la durée de la prestation effectuée par l'associé ;
- le nombre de parts sociales qu'il reçoit en échange dudit apport ;
- les droits aux dividendes et au partage de l'actif net qui en résultent.

Si l'étendue des droits de l'apporteur n'est pas fixée dans les statuts, la part de l'apporteur en industrie est équivalente à celle de l'associé qui a le moins apporté.
L'apport en industrie représente le coût qu'aurait dépensé la SNC pour acquérir d'une autre manière l'expertise apportée par l'associé. Cependant, compte tenu de la valeur non matérielle de ce type d'apport, son évaluation est souvent difficile à réaliser. Il est alors conseillé de faire intervenir un **commissaire aux apports**.
Enfin, il est interdit à une SNC d'émettre des **valeurs mobilières**.

3. L'objet social

Comme pour toute société commerciale, ce sont les statuts qui déterminent l'objet social. La SNC est une **société commerciale** par la forme, et ce même si l'objet social prévoit une **activité civile ou commerciale**. Donc, la compétence judiciaire est celle du tribunal de commerce. Toute activité économique peut être exercée sous forme de SNC, mais certains secteurs sont interdits.

Exemple : Les professions libérales réglementées (experts-comptables, avocats, médecins, etc.), les activités d'assurance, les magasins collectifs de commerçants détaillants, les agences de placement des articles du spectacle, les laboratoires d'analyses médicales ne sont pas permis en SNC.

Certaines activités économiques doivent être exercées sous forme de SNC.

Exemple : La forme juridique de la SNC ou de l'entreprise individuelle est obligatoire pour les débits de tabac.

4. La dénomination sociale

Les statuts déterminent la dénomination sociale, qui est libre. Au début ou à la suite de cette dénomination sociale apparaissent les mots « société en nom collectif » (article L. 221-2 du Code de commerce).

B Les conditions de forme

Comme pour toute société commerciale, il existe une procédure à suivre pour constituer la SNC.

Figure 11.1 **Constitution d'une SNC**

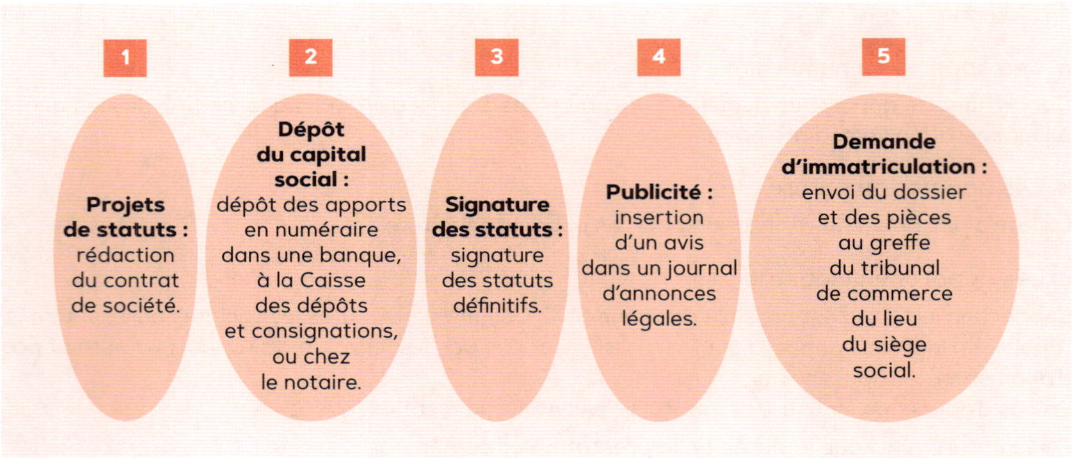

II. Le fonctionnement de la SNC

A Les associés

1. Les droits des associés

a. Les droits politiques

Selon le Code de commerce, les associés ont plusieurs pouvoirs :

- Avant l'assemblée annuelle, et à compter de la convocation (donc au moins 15 jours avant l'assemblée), ils ont droit à la **communication** du rapport de gestion, de l'inventaire et des comptes annuels, ainsi que du texte des résolutions proposées, du rapport du commissaire aux comptes le cas échéant, des comptes consolidés et du rapport sur la gestion du groupe (article L. 221-7).

- Ils approuvent en **assemblée** le rapport de gestion, l'inventaire et les comptes annuels établis par le gérant, dans le délai de six mois à compter de la clôture de l'exercice (article L. 221-7).
- Deux fois par an, ils peuvent obtenir communication des **livres et documents sociaux** (article L. 221-8).
- Deux fois par an, ils peuvent poser des **questions écrites** au gérant sur la gestion sociale, auxquelles il doit être répondu par écrit (article L. 221-8).

b. Les droits pécuniaires

Les associés ont droit aux bénéfices sociaux, c'est-à-dire à la **distribution des dividendes**, en fonction de la répartition des parts sociales, ou bien différemment si c'est prévu comme tel dans les statuts ou au moment de l'assemblée générale.
Les associés ont droit au **remboursement de l'apport** et au **boni de liquidation** éventuel, en cas de liquidation de la société et d'actif net restant.

2. Les assemblées des associés

Selon l'article L. 221-6 du Code de commerce, les **décisions** sont prises en **assemblée**, même si les statuts peuvent prévoir qu'elles seront prises par **consultation écrite** des associés.

3. Le vote des associés

Selon l'article L. 221-6 du Code de commerce, les décisions sont adoptées à l'**unanimité des associés**. Toutefois, les statuts peuvent prévoir des majorités différentes pour certaines décisions.

4. La cession des parts des associés

a. Le type de parts pouvant être cédées ou transmises

Toutes les parts sont cessibles, sauf celles provenant d'apports en industrie, qui sont annulées quand le titulaire quitte la SNC. Contrairement aux actions, les parts sociales ne sont pas des titres négociables. Biens meubles incorporels, elles font partie du patrimoine de l'associé et peuvent être cédées (vendues, données, louées ou encore données en garantie). Elles peuvent être également transmises (en cas de décès).

b. L'absence de liberté dans la cession

Selon l'article L. 221-13 du Code de commerce, les parts sociales ne sont pas librement cessibles. En effet, toute cession de parts sociales d'une SNC doit être réalisée avec le **consentement unanime des associés**, étant précisé que le cédant prend part au vote.
Ainsi, même les cessions entre ascendants et descendants ou celles entre conjoints doivent subir la même procédure.

> ! Les statuts ne peuvent pas modifier cette disposition.

c. La forme de la cession

La cession doit être constatée par écrit. Pour être opposable, il faut procéder aux formalités classiques. En cas de **refus d'agrément** notifié par lettre recommandée avec demande d'avis de réception au cédant, le cédant peut renoncer à la cession (« droit de repentir »). S'il ne souhaite pas se repentir, il n'a **aucun droit au rachat** par un ou plusieurs associés, ou bien par la société elle-même.

5. La responsabilité des associés

Selon l'article L. 221-1 du Code de commerce, les associés sont indéfiniment et solidairement responsables des dettes sociales sur leur patrimoine personnel :

- **solidairement** : le créancier professionnel peut demander le remboursement de la dette sociale à un seul ou plusieurs des associés ;

- **indéfiniment** : les associés sont engagés sur leur patrimoine personnel au remboursement de la totalité de la dette sociale, c'est-à-dire jusqu'à épuisement de celle-ci.

Cependant, cette responsabilité est subsidiaire : les créanciers professionnels doivent d'abord agir contre la société, par acte extrajudiciaire (voie d'huissier). Si, et seulement si, après huit jours, la société n'est pas en mesure d'assurer le paiement de la dette sociale, alors ils peuvent agir contre un associé.

Exemple : Si trois associés ont apporté respectivement 1 000 €, 10 000 € et 1 € dans la société et que la société a des dettes sociales, ces 11 001 € peuvent être utilisés pour rembourser les dettes de la société, ainsi que les biens de la société. Si la société ne peut pas rembourser la totalité de la dette sociale, alors le créancier social peut poursuivre l'un des associés ou plusieurs. Même celui qui a apporté 1 € pourra supporter la totalité de la dette sociale.

Aucune clause des statuts ne peut déroger à ce fonctionnement.
Enfin, l'associé qui a payé le créancier social bénéficie d'un **recours subrogatoire** contre la société (qui sera vain la plupart du temps) ou contre les autres associés, afin de récupérer les sommes qu'il a payées, et ce au prorata de la part de capital social de chacun des associés.

Exemple : Si deux associés ont apporté respectivement 800 € et 200 € dans la société, et que c'est à celui qui a apporté le moins que le créancier demande le remboursement de 100 % de la dette sociale (pour des questions de solvabilité), alors celui-ci peut se retourner contre l'autre associé et lui demander 80 % de la dette sociale qu'il a remboursés, car lui n'avait que 20 % des parts sociales.

! L'associé sortant de la société est tenu de la totalité des dettes sociales antérieures à son départ, mais pas de celles qui naissent après la publication de son retrait au RCS. Quant à l'associé entrant, il répond du passif social, même antérieur à son entrée. Il a donc intérêt à se protéger en prévoyant dans l'acte de cession une « clause de garantie de passif » : elle prévoit que ce sera au cédant de répondre des dettes nées avant la cession qui ne seraient révélées qu'après la cession.

B La gérance

1. Les qualités du gérant

Selon l'article L. 221-3 du Code de commerce, le gérant peut être une **personne physique** ou **morale**. Il doit être **capable juridiquement**, donc cela exclut les mineurs non émancipés, les majeurs placés sous mesure de protection (tutelle ou curatelle) et le majeur frappé d'une interdiction d'exercer une activité commerciale. Il peut s'agir d'un **associé** ou bien d'un **tiers** (un étranger à la société).
La SNC peut comprendre **un ou plusieurs gérants**.

! Quand le gérant est un tiers, il ne devient pas commerçant et n'a pas besoin d'avoir la capacité commerciale ; seule la capacité civile suffit.

Article L. 221-3 du Code de commerce : « *Si une personne morale est gérant, ses dirigeants sont soumis aux mêmes conditions et obligations et encourent les mêmes responsabilités civile et pénale que s'ils étaient gérants en leur nom propre, sans préjudice de la responsabilité solidaire de la personne morale qu'ils dirigent.* »

Il existe une particularité dans la SNC : si les statuts ne désignent pas un ou plusieurs gérants, tous les associés sont gérants.

2. La désignation du gérant

La désignation du gérant se fait dans les statuts ou par un acte séparé en cours de vie sociale. La décision doit être adoptée à l'**unanimité** des associés. Sauf disposition prévue par les statuts, le gérant est nommé pour la **durée** de la société.

3. Les pouvoirs du gérant

Concernant ses **pouvoirs**, il est prévu que :

- dans les **rapports entre associés**, le gérant peut faire tous les actes de gestion dans l'intérêt de la société, sauf si les statuts délimitent ses pouvoirs (article L. 221-4 du Code de commerce) ;
- dans les **rapports avec les tiers**, le gérant engage seulement la société par des actes qui entrent dans l'objet social (article L. 221-5 du Code de commerce).

Dans l'hypothèse où le gérant engage la SNC dans un acte avec un tiers sans respecter les statuts, il faut envisager plusieurs situations :

- Le gérant engage la société dans un acte **sans respecter l'objet social** de la SNC : la société n'est jamais engagée par cet acte, peu importe si le tiers est de bonne ou mauvaise foi, comme dans toute société à risque illimité.
- Le gérant engage la société dans un acte **sans respecter la clause qui limitait ses pouvoirs :** la société reste engagée par cet acte, même si le tiers connaissait l'existence de cette clause. En effet, cette clause est inopposable aux tiers.

Dans tous les cas, si la société reste engagée par cet acte, elle peut toujours engager la **responsabilité civile** du gérant, en démontrant que l'acte est préjudiciable pour elle.

Figure 11.2 **Acte du gérant dans les rapports avec les tiers**

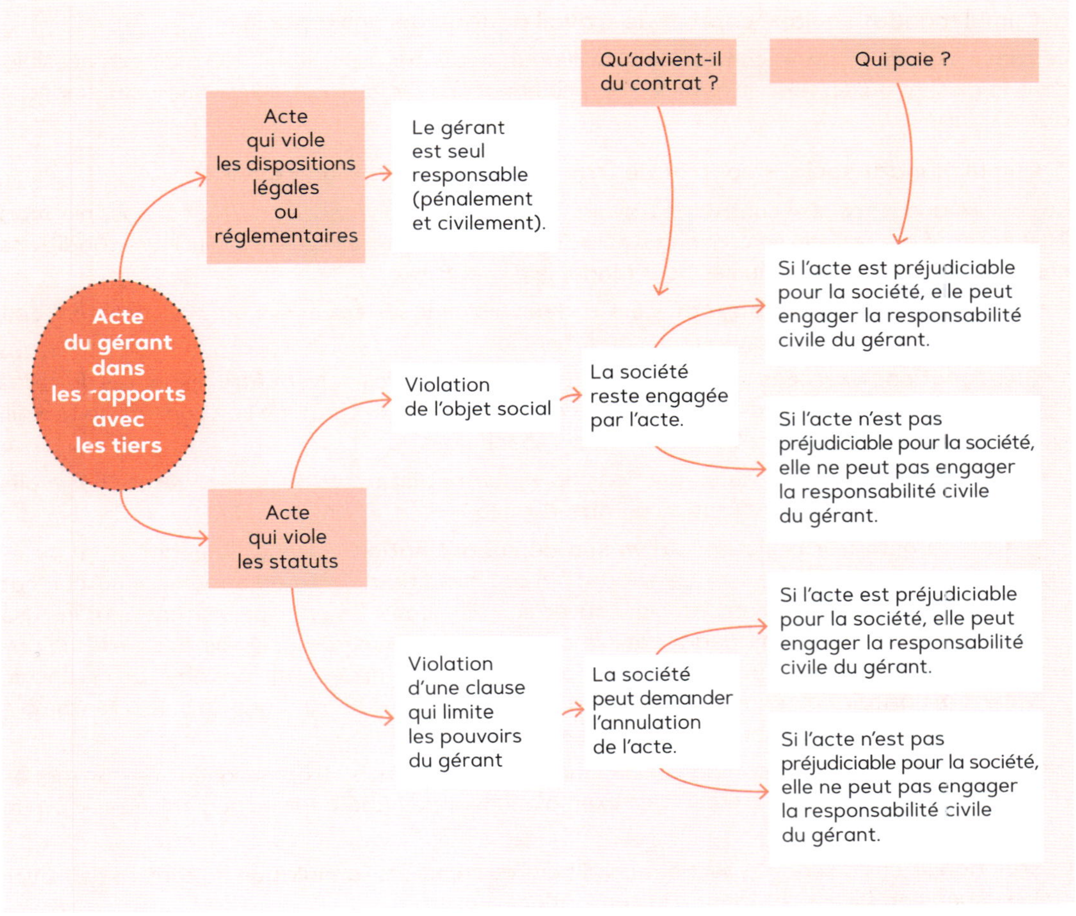

4. La responsabilité du gérant

La loi n'a pas prévu de texte spécifique relatif à la responsabilité des dirigeants de SNC. Ainsi, il faut engager leur responsabilité sur la base du **droit commun** (article 1240 du Code civil). Il est donc possible d'invoquer la **responsabilité du gérant de SNC envers la société ou envers les tiers** lors :

- d'infractions aux lois et règlements ;
- de violations des statuts ;
- de fautes commises dans sa gestion.

Les associés peuvent demander **réparation du préjudice** subi personnellement : il s'agit d'une **action individuelle.**

Ils peuvent également exercer l'**action sociale**, qui permet de faire réparer le préjudice subi par la société. Elle peut être introduite par un associé agissant individuellement. Dans ce cas, les dommages-intérêts obtenus reviennent intégralement à la société et non à l'associé demandeur.

> **!** En l'absence de texte de loi sur la prescription spécifique concernant la mise en cause de la responsabilité du dirigeant, il faut se référer au droit commun, soit cinq ans.

Enfin, dans tous les cas, s'agissant de la **responsabilité civile**, elle n'ouvrira droit à l'octroi de dommages-intérêts que s'il existe un **préjudice** et un **lien de causalité** entre ce préjudice et la faute reprochée au gérant.

5. Le cumul mandat social/contrat de travail

a. Cumul mandat social – contrat de travail pour un gérant associé

Le cumul mandat social et contrat de travail pour un gérant associé de SNC n'est pas possible, dans la mesure où, en tant qu'associé, il est commerçant. Or le statut de commerçant empêche d'être salarié.

b. Cumul mandat social – contrat de travail pour un gérant non associé

Le cumul mandat social et contrat de travail pour un gérant non associé de SNC est possible, mais il est encadré par le Code de commerce et la jurisprudence. En conséquence, plusieurs **conditions cumulatives** doivent être réunies pour rendre le cumul licite :

- Il doit y avoir un **travail effectif**, c'est-à-dire un travail sérieux et sincère : ce caractère doit subsister pendant l'exécution du mandat social.
- Les **fonctions exercées** dans le cadre du contrat de travail doivent être distinctes de celles exercées dans le cadre de la fonction de dirigeant (dans le cadre de son contrat de travail, il doit accomplir des fonctions techniques spécifiques).
- Les **rémunérations** des deux fonctions doivent être **distinctes** ou, s'il est gérant bénévole, il doit recevoir une rémunération au titre de salarié.
- Il faut caractériser l'**existence d'un lien de subordination** entre le dirigeant et la société. L'appréciation de ce lien de subordination, condition d'existence même d'un contrat de travail, relève de la compétence souveraine des juges. En principe, ils font une analyse de la participation du dirigeant dans le capital social s'il est associé ; ainsi, s'il est majoritaire, le lien de subordination n'existera pas, donc le cumul n'est pas possible. En revanche, s'il est minoritaire ou égalitaire, il pourra être subordonné en tant que salarié à l'ensemble des autres associés, donc le cumul sera possible.
- Le contrat ne doit pas comporter de **clauses étrangères** ou trop éloignées des pratiques habituelles du droit du travail (par exemple, une indemnité de licenciement élevée ou un préavis trop long).

La **sanction** en cas de non-respect des conditions du cumul est l'**annulation** du contrat de travail ou la **suspension** s'il est antérieur à la nomination.

6. La révocation du gérant

Le mandat du gérant prend fin normalement par :

- l'arrivée du terme, si son mandat a une durée déterminée par les statuts ;
- un empêchement (incapacité juridique ou interdiction de gérer prononcée par la justice) ;
- la faillite personnelle du gérant ;
- la démission du gérant ;
- le décès du gérant ;
- la révocation du gérant.

En effet, selon l'article L. 221-12 du Code de commerce, les associés de la SNC peuvent décider de faire perdre au gérant son mandat social.

a. Les conditions de forme de la révocation

Quand le gérant est associé, la décision de sa révocation devra être prise en assemblée générale, à l'**unanimité**. L'article L. 221-12 du Code de commerce prévoit que si tous les associés sont **gérants**, la révocation de l'un d'eux de ses fonctions ne peut être décidée qu'à l'unanimité des autres associés ; ainsi, le gérant associé dont la révocation est discutée ne prend pas part au vote. Quand le gérant n'est pas associé, la décision de révocation doit être prise à la **majorité**, sauf disposition contraire des statuts.

La jurisprudence a développé la **théorie de l'abus dans la révocation** permettant l'octroi de dommages-intérêts au gérant révoqué. Il s'agit de circonstances abusives dans la révocation (voir Chapitre 7, exemple de la section II.B.6.a).

Enfin, le **principe du contradictoire** doit être respecté lors de la procédure : le gérant doit être en mesure de pouvoir présenter sa défense. Dans le cas contraire, la révocation n'est pas annulée, mais l'intéressé peut demander l'octroi de dommages-intérêts devant le juge.

> ! La jurisprudence admet que la révocation puisse être décidée même si elle n'est pas inscrite à l'ordre du jour de l'assemblée.

b. Les conditions de fond de la révocation

La révocation doit être décidée avec un **juste motif**.

> **Exemple :** Le gérant de la SNC peut être révoqué en cas de juste motif de faute de gestion, infraction ou mésentente avec un ou plusieurs associés qui a pour objet ou pour effet de perturber le fonctionnement de la société.

Si la révocation est décidée **sans juste motif**, le gérant révoqué peut obtenir des dommages-intérêts. Cependant, la révocation se fera sans indemnité, sans préavis.

c. La révocation judiciaire

Tout associé peut demander au tribunal de commerce la révocation du gérant. Le tribunal pourra prononcer la révocation pour cause légitime.

> ! Lorsque le gérant a été révoqué judiciairement, cette révocation ne peut pas engendrer de dommages-intérêts.

Tableau 11.1 Modalités et effets de la révocation du ou des gérants d'une SNC

		Modalités	Effets
Tous les associés sont gérants ou un ou plusieurs gérants associés ont été désignés dans les statuts.		– Unanimité des autres associés. – Cette règle est d'ordre public.	– Entraîne la dissolution de la SNC, sauf si les statuts ont prévu sa continuation ou si les autres associés le décident à l'unanimité. – Le gérant révoqué peut décider de se retirer en demandant le remboursement de ses droits sociaux.
Gérant(s) non statutaire(s)	Associé(s)	– Selon les conditions fixées par les statuts, à défaut, à l'unanimité des AUTRES associés, gérant ou non.	– N'entraîne pas la dissolution de la SNC. – N'autorise pas l'exercice d'un droit de retrait.
	Non associé(s)	– Selon les conditions fixées par les statuts, à défaut, par une décision des associés prise à la majorité.	Si le gérant est lié à la société par un contrat de travail, cela n'entraîne pas la rupture de ce contrat, sauf s'il existe une cause réelle et sérieuse de licenciement.

III. Le contrôle de la SNC

A Le commissaire aux comptes

Selon l'article L. 221-9 du Code de commerce, une SNC ne doit pas obligatoirement désigner un CAC. Sa désignation devient obligatoire quand la société dépasse deux des trois seuils suivants (seuils révisés par la loi n° 2019-486 du 22 mai 2019, dites loi PACTE, et par le décret n° 2019-514 du 24 mai 2019) :

- 4 000 000 € de **total de bilan** ;
- 8 000 000 € de **chiffre d'affaires HT** ;
- **effectif** de 50 salariés.

En outre, la nomination du CAC devra être effectuée, si elle n'est pas rendue obligatoire par la loi sur **décision de justice**, à la demande d'un associé (article L. 221-9 du Code de commerce).
La nomination d'un CAC par les associés se fait selon l'article L. 221-6 du Code de commerce, à savoir que la décision est adoptée à l'**unanimité**. Le CAC a accès aux assemblées (article L. 221-11 du Code de commerce).
En principe, ses fonctions expirent à l'issue de la tenue de l'assemblée générale ordinaire qui statue sur les comptes annuels du **sixième exercice** à compter de celui de sa nomination (avec possibilité de renouvellement).

B Les conventions entre l'associé ou le gérant et la société

La loi ne prévoit rien concernant les **conventions réglementées** ou les **conventions interdites** dans une SNC. Ainsi, contrairement aux SARL et sociétés par actions, un gérant ou un associé est libre de conclure une convention avec la société.

> **Exemple :** Un gérant ou un associé de SNC est libre de se faire consentir un prêt ou un découvert par la SNC, ou bien de faire cautionner par la société ses engagements envers les tiers.

Cependant, les statuts sont libres de prévoir une procédure d'approbation des conventions conclues entre un gérant ou un associé et la société.

> **!** Un gérant de SNC, selon l'article L. 221-4 du Code de commerce, peut faire tous les actes de gestion dans l'intérêt de la société. S'il conclut une convention avec un tiers dans son propre intérêt, cet acte n'est pas opposable à la société, de sorte que seul le gérant en est responsable.

IV. La dissolution de la SNC

A Les causes

Outre les causes communes de dissolution des sociétés, la SNC peut être dissoute dans certains cas spécifiques :

- le décès de l'un des associés (article L. 221-15 du Code de commerce) ;
- la révocation du gérant associé, sauf disposition contraire des statuts ou si les autres associés décident la continuation de la société à l'unanimité (article L. 221-12 du Code de commerce) ; le gérant révoqué peut demander le remboursement de ses droits sociaux et ne plus être associé dans la SNC ;
- un jugement de liquidation, un plan de cession totale, une mesure d'interdiction d'exercer une profession commerciale ou une mesure d'incapacité prononcée à l'égard de l'un des associés, sauf disposition contraire des statuts ou si les autres associés décident la continuation de la société à l'unanimité (article L. 221-16 du Code de commerce).

!

En cas de décès de l'un des associés sont possibles :

– des clauses de continuation de la société entre les associés survivants (avec rachat des parts aux héritiers par l'un ou plusieurs des associés ou par la société elle-même, avec réduction de capital dans ce dernier cas) ;

– des clauses de continuation de la société entre les héritiers ou des tiers (cela peut être le conjoint survivant ou toute personne désignée dans les statuts ; si personne en particulier n'est désigné, alors la continuation se fait avec tous les héritiers) ;

– des clauses de transformation (prévoit que la société sera continuée, mais sous une autre forme expressément prévue dans les statuts).

B Les conséquences

La dissolution de la SNC entraîne les mêmes **formalités** que celles prévues pour les sociétés commerciales, ainsi que sa **liquidation**. La dissolution, quelle qu'en soit la cause, ouvre automatiquement la phase de liquidation de la société.

Les SNC sont soumises aux règles de droit commun de la liquidation (règlement du passif par la société, partage des biens et de l'éventuel boni de liquidation).

V. La transformation de la SNC

Concernant la transformation de la SNC, la règle est que la décision est prise à l'**unanimité**, sauf disposition contraire des statuts (sauf pour la transformation en une SAS).

La SNC peut être transformée en **SARL** ou **SAS**, en respectant les conditions de création de la forme choisie.

La transformation en **SA** est possible, mais nécessite le respect de conditions de création de cette forme.

SYNTHÈSE

SNC

Constitution

Associés : 2 minimum, commerçants, personne physique/morale

Capital social : pas de minimum, tous les apports

Objet social : libre (certaines activités imposées ou interdites)

Dénomination : libre

Conditions de forme : classiques

Fonctionnement

Associés :
droits politiques, droits pécuniaires, vote pris en général à l'unanimité des associés, aucune cession de parts libre, responsabilité indéfinie et solidaire

Gérance :
personne physique ou morale, associé ou tiers, tous pouvoirs dans la limite de l'objet social (et possiblement limités par les statuts), responsabilité civile, cumul contrat de travail possible sous conditions pour le gérant non associé seulement, révocation pour juste motif ou judiciaire

Contrôle

CAC obligatoire à partir des seuils classiques, ou sur décision des associés, ou sur décision de justice à la demande d'un associé, pas de procédure des conventions réglementées (sauf statut contraire)

Dissolution

- Causes spécifiques : décès d'un associé, révocation du gérant associé, liquidation, incapacité civile ou commerciale d'un associé
- Conséquences classiques

Transformation

Décision à prendre à l'unanimité (sauf clause contraire)

Décisions toujours prises à l'unanimité

Dérogation statutaire possible, sauf en cas de :
- révocation du gérant associé
- continuation de la société malgré la révocation
- cession des parts
- continuation de la société, malgré une incapacité ou une interdiction
- transformation de la SNC en SAS

Faites le point sur les notions clés :
société en nom collectif (p. 218).

Révisez avec les flashcards

www.lienmini.fr/dcg02-19

QCM

Réponse unique

1 Une SNC doit comporter au minimum :
- ❍ **a.** 1 associé.
- ❍ **b.** 2 associés.
- ❍ **c.** 3 associés.
- ❍ **d.** 7 associés.

QCM interactif
www.lienmini.fr/dcg02-21

2 L'associé d'une SNC peut faire :
- ❍ **a.** des apports en industrie.
- ❍ **b.** des apports en nature.
- ❍ **c.** des apports en numéraire.
- ❍ **d.** tout type d'apport.

3 Si les statuts de la SNC ne désignent pas le gérant :
- ❍ **a.** tous les associés sont gérants.
- ❍ **b.** il faut le faire nommer en justice.
- ❍ **c.** ce n'est pas possible, c'est obligatoire.

4 Un gérant de SNC doit obligatoirement être une personne physique.
- ❍ **a.** Vrai.
- ❍ **b.** Faux.

5 Le gérant d'une SNC doit être associé dans la structure.
- ❍ **a.** Vrai.
- ❍ **b.** Faux.

Plusieurs réponses possibles

6 Qui peut être associé d'une SNC ?
- ❍ **a.** Une SARL.
- ❍ **b.** Un mineur.
- ❍ **c.** Une société civile.
- ❍ **d.** Une personne physique.

7 Le gérant d'une SNC doit :
- ❍ **a.** avoir la capacité commerciale.
- ❍ **b.** avoir la capacité civile.
- ❍ **c.** être associé dans la SNC.
- ❍ **d.** être une personne physique.

8 Quelle activité peut être exercée en SNC ?
- ❍ **a.** Un débit de tabac.
- ❍ **b.** Un cabinet comptable.
- ❍ **c.** Un laboratoire d'analyses médicales.
- ❍ **d.** Une vente de produits dérivés sur Internet.

9 La SNC doit nommer un commissaire aux comptes quand deux des trois seuils suivants sont franchis :
- ❍ **a.** 10 salariés.
- ❍ **b.** 3 000 000 € de total de bilan.
- ❍ **c.** 4 000 000 € de total de bilan.
- ❍ **d.** 8 000 000 € de chiffres d'affaires HT.

10 **La révocation du gérant dans une SNC doit être décidée :**

❍ **a.** *ad nutum.*
❍ **b.** avec son accord.
❍ **c.** par le tribunal pour cause légitime.
❍ **d.** pour juste motif.

● Réponse à justifier

11 **Dans une SNC entre trois frères, Alphonse, ne s'entendant plus avec ses deux frères, veut vendre ses parts sociales à l'un des deux. Il se demande à quelle condition ce sera possible.**

❍ **a.** Alphonse doit obtenir le consentement unanime de ses deux frères, sachant qu'il prend part au vote.
❍ **b.** Alphonse doit obtenir le consentement majoritaire de ses deux frères, sachant qu'il prend part au vote.
❍ **c.** Alphonse n'a pas à obtenir le consentement de ses deux frères, dans la mesure où c'est une cession entre associés.
❍ **d.** Alphonse ne peut pas céder ses parts dans une SNC.

12 **Finalement, Alphonse, qui souhaite céder ses parts à un des associés de la SNC, est soulagé : il a constaté que les statuts contenaient une clause qui permet la liberté de cession de parts sociales entre associés.**

❍ **a.** Cette clause est valable, il pourra ne pas obtenir le consentement des associés pour la cession.
❍ **b.** Cette clause n'est pas valable, il devra obtenir le consentement des associés pour la cession.

13 **Une SNC a trois associés : Gérard (60 % des parts) et ses fils, Victor et Clément (20 % des parts chacun). La société a accumulé les dettes et ne dispose plus d'actif social. Un des créanciers souhaite donc agir pour obtenir le remboursement de la créance.**

❍ **a.** Il ne peut rien faire, seule la SNC est responsable.
❍ **b.** Après avoir agi vainement contre la SNC, il peut obtenir le remboursement sur l'un des trois associés qui est le plus solvable.
❍ **c.** Il peut obtenir le remboursement sur l'un des trois associés.
❍ **d.** Il peut obtenir le remboursement sur les trois associés, à hauteur de leur part dans le capital social.

14 **Gérard, qui détient 60 % des parts sociales de la SNC, a été appelé à rembourser la dette sociale. Après l'avoir payée, il souhaite agir. Contre qui peut-il espérer obtenir le remboursement d'une partie de la dette sociale ?**

❍ **a.** Il ne peut pas agir, il a remboursé et est solidaire des dettes sociales.
❍ **b.** Il peut agir contre la société ou contre les autres associés, afin de récupérer 40 % de la dette sociale.
❍ **c.** Il peut agir contre la société ou contre les autres associés, afin de récupérer 50 % de la dette sociale.

15 **Dans une SNC, Émilie, gérante associée, a conclu un acte qui ne respecte pas l'objet social. Les autres associés se demandent si la SNC est engagée par cet acte.**

❍ **a.** Oui, la SNC reste toujours engagée.
❍ **b.** La SNC reste engagée par cet acte si le tiers est de bonne foi.
❍ **c.** La SNC n'est pas engagée par cet acte si le tiers est de mauvaise foi.
❍ **d.** La SNC n'est jamais engagée par un acte qui ne respecte pas l'objet social.

CAS PRATIQUE GUIDÉ

LES DIFFICULTÉS DE LA SOCIÉTÉ LAMBELLY ET FILS

La SNC Lambelly et Fils comprend quatre associés :

Alice Lambelly, 31 ans, gérante statutaire	400 parts
SA Sucrantilles	400 parts
Jean-Louis Lambelly	100 parts
Martin Lambelly	100 parts
TOTAL	1 000 parts

Alice Lambelly, fille de Jean-Louis Lambelly et sœur de Martin Lambelly, est la gérante statutaire de la société.
Depuis quelques mois, la SNC Lambelly et Fils connaît des difficultés de trésorerie en raison d'une concurrence sévère sur le marché du sucre de canne et de tensions intrafamiliales entre Alice, son père et son frère.
La SNC Lambelly et Fils n'a pas honoré dans les délais la facture de son imprimeur, malgré la mise en demeure de celui-ci. Ce dernier connaît bien Aline Lambelly et décide de lui demander de régler personnellement la facture à la place de la société. Vous êtes le conseiller juridique de la société. Alice vient vous consulter au sujet de la demande de l'imprimeur.

Votre mission : caractériser la responsabilité des associés dans une SNC.
Pour la réaliser, vous devez expliquer si Aline Lambelly doit répondre à cette sollicitation.

CORRIGÉ

☑ **COMPÉTENCE ATTENDUE :**
– Caractériser la responsabilité des associés dans une SNC.

Méthode

Pour résoudre un cas pratique [voir Fiche méthode 2], vous devez respecter quelques règles essentielles :
- **Schématiser, au brouillon, les éléments essentiels nécessaires pour traiter le cas.**
- **Effectuer le travail d'analyse juridique pour identifier le problème juridique posé par le cas pratique.**
- **Rédiger le raisonnement juridique (règle de droit + application de la règle de droit aux faits), appelé aussi le syllogisme.**

TRAVAIL PRÉPARATOIRE

SNC
+
4 associés, dont Alice Lambelly, 40 % du capital social
+
Dette sociale

→ **Un associé est-il responsable personnellement et indéfiniment de la dette sociale ?**

Ces faits soulèvent le problème juridique suivant : quelle est la responsabilité d'un associé de SNC ?

PRINCIPES JURIDIQUES

Selon l'article L. 221-1 du Code de commerce, les associés d'une SNC sont responsables indéfiniment et solidairement du paiement des dettes de la société, en cours de vie sociale. Ainsi, un seul associé peut être appelé à payer l'intégralité d'une dette impayée de la société, sur demande d'un créancier.

> **!** Dans ce cas, vous devez indiquer les règles relatives à la responsabilité des associés dans une SNC.

Toutefois, cette action n'est envisageable que si le créancier a, au préalable, mis en demeure la société de payer sa dette, par voie extrajudiciaire (acte d'huissier), sachant que la mise en demeure sera considérée comme vaine si, dans les huit jours, la société n'a pas payé sa dette. L'associé qui a remboursé la dette pourra ensuite se retourner contre ses coassociés, afin qu'ils assument la fraction de la dette qui leur incombe.

APPLICATION AU CAS

En l'espèce, il s'agit de vérifier si Alice Lambelly doit répondre à la sollicitation du créancier de rembourser la dette de la SNC.

> **!** Dans ce cas, vous devez vérifier si l'associé devra rembourser la dette sociale demandée par un créancier de la société.

Alice Lambelly est associée d'une SNC qui a des dettes. Le créancier social (l'imprimeur) peut donc tout à fait exiger d'être payé par cette associée, car elle est engagée indéfiniment et solidairement des dettes sociales. Cependant, le créancier a dû d'abord mettre en demeure la société de régler la facture et n'avoir pas obtenu de remboursement dans les huit jours.

L'associée qui aura payé la facture pourra ensuite se retourner (action subrogatoire) contre les autres associés de la société et demander le remboursement d'une partie de la dette, à hauteur de leur part dans le capital social : elle a 40 % du capital, elle pourra donc récupérer 60 % de la dette sur les autres associés.

Méthode

Un bon raisonnement par syllogisme doit éviter trois défauts récurrents que l'on retrouve dans de nombreuses copies :

- **Se limiter à rappeler les faits : il faut les qualifier juridiquement.**
- **Entamer le syllogisme en appliquant d'emblée les règles de droit au cas. Cela reviendrait à inverser le raisonnement juridique.**
- **Négliger la partie « règles juridiques », qui représente l'essentiel de la note.**

Il faut lui réserver un traitement rigoureux.

AUTOÉVALUATION

La grille d'autoévaluation ci-dessous vous permet d'évaluer votre niveau et de vérifier si vos réponses correspondent aux attendus de l'examen.

	Niveau 1	Niveau 2	Niveau 3	Niveau 4
	Un premier élément de réponse, mais très incomplet, des erreurs, des contresens.	*Des éléments de réponse isolés, des approximations et/ou de la paraphrase.*	*Question comprise : des éléments de réponse pertinents, mais incomplets au niveau des savoirs et/ou de l'application.*	*Compétence attendue mobilisée avec mobilisation complète des savoirs associés à la compétence. Application pertinente.*
Expliquer si Aline Lambelly doit répondre à cette sollicitation. *(voir Section II.A.5)*	❐ Vous avez compris qu'il fallait étudier la responsabilité des associés d'une SNC, mais ne connaissez pas les règles relatives à celle-ci.	❐ Vous avez compris qu'il fallait étudier la responsabilité des associés d'une SNC, mais avez oublié la plupart des règles relatives à celle-ci.	❐ Vous avez compris qu'il fallait étudier la responsabilité des associés d'une SNC, avez compris les règles relatives à celle-ci, mais en avez oublié une (par exemple, le recours subrogatoire ou la mise en demeure de la société à faire par le créancier avant toute action contre un associé).	❐ Vous avez compris qu'il fallait étudier la responsabilité des associés d'une SNC, connaissez parfaitement les règles relatives à celle-ci et avez appliqué au cas de façon pertinente.

EXERCICES

1 Le cas de la SNC Lambelly

10 min.

☑ **COMPÉTENCE ATTENDUE : Identifier les caractéristiques essentielles des SNC en mettant en évidence les principales règles de fonctionnement de ce groupement.**

Lassée par toutes les difficultés rencontrées dans la SNC, Alice Lambelly souhaite quitter la SNC Lambelly et Fils et céder dans quelques mois ses parts à la société Sucres de France. La SA Sucrantilles, associée de la SNC, est opposée à cette cession, qui permettrait l'entrée d'un concurrent au capital de la SNC. Alice fait à nouveau appel à vous, le conseiller juridique de la société.

Votre mission : identifier les conditions relatives à la cession des parts sociales dans une SNC.

Pour la réaliser, vous devez vérifier si la cession des parts sociales pourra avoir lieu.

2 Le cas de la pharmacie du Pont

15 min.

☑ **COMPÉTENCE ATTENDUE : Identifier les caractéristiques essentielles des SNC en mettant en évidence les principales règles de fonctionnement de ce groupement.**

Quatre pharmaciens fraîchement diplômés ont décidé de racheter une pharmacie. Ils créent donc une SNC, dont l'objet social est la vente de médicaments. Quelque temps après le début de l'activité, un des quatre associés décède brutalement. Les trois associés restants sont un peu perdus. Ils viennent alors vous consulter.

Votre mission : repérer les effets du décès d'un associé d'une SNC sur la société.

Pour la réaliser, vous devez expliquer les conséquences du décès de l'associé sur la société.

3 Le cas de la pharmacie de Blois

15 min.

☑ COMPÉTENCE ATTENDUE : Identifier les caractéristiques essentielles des SNC en mettant en évidence les principales règles de fonctionnement de ce groupement.

Trois pharmaciens exercent en SNC à Blois, dont l'objet social est la vente de médicaments. Une clause des statuts prévoit que le gérant doit obtenir le consentement unanime des associés pour tout acte d'un montant supérieur à 50 000 €.

Le gérant associé a pris quelques initiatives, notamment concernant l'achat d'un appareil de mesure de fréquence cardiaque, d'une valeur de 145 000 €. Les deux autres associés ne sont pas d'accord et se demandent ce qu'ils peuvent faire. Vous êtes l'expert-comptable de cette pharmacie et les deux associés mécontents viennent vous demander conseil.

Votre mission : identifier les pouvoirs et la responsabilité du gérant d'une SNC.

Pour la réaliser, vous devez indiquer si les deux associés peuvent demander l'annulation de l'acte passé par le gérant et s'ils disposent d'un recours contre lui.

CAS DE SYNTHÈSE

LE CAS DE LA SNC ABC

20 min.

☑ COMPÉTENCE ATTENDUE : Identifier les caractéristiques essentielles des SNC en mettant en évidence les principales règles de fonctionnement de ce groupement.

Mise en situation

La SNC ABC comporte trois associés, deux personnes physiques et une personne morale – la SARL Reve –, ayant chacun une part égale du capital social. La SARL Reve a vendu ses parts à une autre personne morale, la SARL Vers, sans agrément des associés de la SNC. Les deux associés restants de la SNC ABC vous sollicitent.

Votre mission : identifier les conditions d'une cession de parts sociales dans une SNC.

Pour la réaliser, vous avez à votre disposition une base documentaire et vous devez apprécier si la SARL Vers peut bénéficier de la qualité d'associé de la SNC ABC.

DOCUMENT

Arrêt de la Cour de cassation, Chambre commerciale, 16 mai 2018, n° de pourvoi 16-16.498

Attendu, selon l'arrêt attaqué (Fort-de-France, 2 février 2016), que la société La Goélette SNC (la société La Goélette) comptait trois associés à parts égales, M. X..., Mme A... et la société Immobilière des deux frères (la société Immobilière) ; que par acte enregistré le 27 janvier 1995, la société Immobilière a cédé à la société Farner et Cie les quarante parts sociales qu'elle détenait dans le capital de la société La Goélette ; que la société Immobilière a été dissoute par décision déposée au registre du commerce et des sociétés (RCS) le 4 novembre 1996, son gérant, M. Y..., étant désigné liquidateur ; que les opérations de liquidation ont été clôturées le 27 juin 1997 ; que la société La Goélette, M. X... et Mme A... ont assigné la société Copadig, venant aux droits de la société Farner et Cie, pour voir juger que ni l'une ni l'autre de ces sociétés ne sont ses associées ; que la société Copadig et M. Y..., ce dernier intervenant à l'instance en qualité de mandataire *ad litem* de la société Immobilière, ont demandé reconventionnellement l'annulation de l'assemblée générale du 10 août 2009 d'approbation des comptes sociaux de 2002 à 2008 de la société La Goélette ainsi que des assemblées suivantes, faute d'y avoir été convoqués ;

Sur le moyen unique du pourvoi principal :

Attendu que la société La Goélette, M. X... et Mme A... font grief à l'arrêt de déclarer irrecevable leur demande d'annulation de la cession des parts détenues par la société Immobilière dans la société La Goélette et de rejeter en conséquence la demande de la société La Goélette en répétition d'une somme de 4 500 euros alors, selon le moyen :

1°/ que la nullité d'une cession de parts d'une société en nom collectif n'ayant pas reçu l'agrément unanime des associés peut être invoquée uniquement par la société elle-même ou par ses associés ; qu'en déclarant que la société en nom collectif elle-même et ses associés, tiers à la cession, étaient irrecevables à en demander la nullité, la cour d'appel a violé l'article L. 221-13 du Code de commerce ;

2°/ que la cession des parts d'une société en nom collectif qui n'a pas reçu l'agrément unanime de tous les associés est nulle ; qu'en l'espèce, après avoir constaté que la cession des parts sociales que détenait la société Immobilière des deux frères dans la société La Goélette qui avait été consentie successivement à la société Farner et Cie, puis à la société Copadig, n'avait pas reçu l'agrément des autres associés, M. X... et Mme A..., l'arrêt attaqué ne pouvait pas décider que cette cession était uniquement inopposable aux autres associés et à la société elle-même ; qu'en statuant comme elle l'a fait, la cour d'appel a violé l'article L. 221-13 du Code de commerce ;

Mais attendu que le défaut d'agrément unanime des associés à la cession des parts sociales d'une société en nom collectif n'entraîne pas la nullité de la cession, laquelle est seulement inopposable à la société et aux associés ; que le moyen, qui postule le contraire en sa seconde branche, et critique, en sa première branche, des motifs erronés mais surabondants, ne peut être accueilli ;

Et sur le moyen unique du pourvoi incident :

Attendu que la société Copadig et M. Y..., ès qualités, font grief à l'arrêt de déclarer irrecevable leur demande d'annulation des assemblées générales de la société La Goélette alors, selon le moyen :

[...]

2°/ que lorsqu'une cession, par un associé, de parts sociales d'une société en nom collectif n'a pas reçu l'agrément des autres associés, le juge, saisi par le cédant et le cessionnaire de demandes d'annulation d'une assemblée générale, ne peut, à la fois, pour rejeter ces demandes, opposer au cessionnaire le défaut d'agrément et opposer au cédant la revente de ses parts sociales ; qu'en considérant, pour rejeter la demande de M. Y..., ès qualités de mandataire *ad litem* de la société Immobilière, que cette dernière avait revendu en totalité, antérieurement à sa liquidation, les parts sociales qu'elle détenait dans la société La Goélette, après avoir opposé à la société Copadig le défaut d'agrément des autres associés, la cour d'appel a violé l'article L. 221-13 du Code de commerce ;

Mais attendu que l'arrêt constate que par acte enregistré le 27 janvier 1995, la société Immobilière a cédé les parts sociales qu'elle détenait dans le capital de la société La Goélette, qu'elle a été dissoute par décision du 30 juillet 1996 déposée au RCS le 4 novembre 1996 et que les opérations de liquidation ont été clôturées le 27 juin 1997 ; qu'il retient que M. Y..., au nom de la société Immobilière, est irrecevable à demander l'annulation des assemblées générales d'approbation des comptes du 10 août 2009 pour les exercices 2002 à 2008 inclus et les assemblées postérieures pour l'approbation des comptes de 2009 à 2013 puisque la société dont il est le mandataire *ad litem* ne conserve la personnalité morale que pour les besoins de la liquidation des droits et obligations à caractère social subsistant après la clôture des opérations de sa liquidation ; qu'ayant ainsi fait ressortir que le mandataire *ad litem* n'invoquait aucun droit ou obligation à caractère social de la société liquidée nés avant sa liquidation, c'est à bon droit, abstraction faite des motifs surabondants critiqués par la deuxième branche, que la cour d'appel a déclaré sa demande irrecevable ; que le moyen, pour partie inopérant, n'est pas fondé pour le surplus ;

PAR CES MOTIFS :

REJETTE les pourvois principal et incident.

CHAPITRE 12

Les sociétés civiles de droit commun

À l'issue de ce chapitre,

• vous serez capable :

- ❒ de schématiser et d'analyser les règles de fonctionnement de chaque forme sociétaire étudiée ;
- ❒ de rédiger des clauses spécifiques des statuts (clause limitative de pouvoir, clause d'inaliénabilité, clause d'agrément) ;
- ❒ de repérer dans des statuts les clauses non conformes (clause limitative de pouvoir, clause d'inaliénabilité, clause d'agrément, clause de préemption et clause d'exclusion) et de les corriger ;
- ❒ d'analyser les opérations de contrôle au sein d'une société : rôles du commissaire aux comptes, contrôle des conventions réglementées, contrôle interne, procédure d'alerte ;
- ❒ de différencier les principales valeurs mobilières (actions, actions de préférence, obligations) et d'expliquer leur régime juridique ;
- ❒ de distinguer les actions et les parts sociales et de justifier les conséquences juridiques de cette distinction ;
- ❒ d'analyser les opérations d'augmentation et de réduction de capital ;
- ❒ d'analyser les conditions et les conséquences d'une transformation pour chaque type de sociétés ;
- ❒ d'identifier les causes et les conséquences d'une dissolution spécifiques à chaque type de sociétés ;
- ❒ de justifier le choix d'une forme sociétaire adaptée à une situation donnée.

• vous saurez identifier :

- ❒ les caractéristiques essentielles des sociétés civiles de droit commun.

Mettez-vous en situation

Jules et Prisca sont deux amis d'enfance. En 2010, ils décident de créer une société civile. Jules décède malheureusement quelques années plus tard. Il laisse un héritier. Prisca se demande ce que va devenir la société civile. Un peu perdue, elle vient vous voir. Elle vous fait part de la situation. Votre tâche consiste alors à définir si l'héritier devient associé par transmission pour cause de mort des parts sociales.

I. La définition de la société civile

Définition

Une société civile est celle qui n'accomplit pas d'actes de commerce, mais a une activité civile. Elle n'aura donc pas un objet commercial, mais civil.

Exemples : Une activité agricole, une activité vétérinaire, une activité comptable, etc.

Ainsi, ses règles de fonctionnement sont prévues par le Code civil (Livre III, Titre IX, Chapitre II, articles 1845 à 1870-1) et ses litiges relèvent des juridictions civiles (tribunal judiciaire). La société civile peut être exploitée sous plusieurs formes, notamment (voir Chapitre 16) :

- la société civile immobilière (SCI) ;
- la société civile immobilière de location (SCIL) ;
- la société civile professionnelle (SCP) ;
- la société civile de construction vente (SCCV) ;
- la société civile de portefeuille (SCP) ;
- la société civile de moyens (SCM) ;
- la société civile d'exploitation agricole (SCEA) ;
- la société civile des auteurs multimédia (SCAM) ;
- la société civile des auteurs, réalisateurs et producteurs (SCARP).

II. La constitution de la société civile

A Les associés

La société civile doit comporter au moins deux associés, personne physique ou morale, qui doivent simplement avoir la **capacité civile**. Ils peuvent donc être mineurs. La capacité commerciale n'est pas exigée puisque la société n'accomplit pas d'actes de commerce.
Depuis la loi du 28 mars 2011 (article 1857 du Code civil), les associés de la société civile sont **responsables indéfiniment et conjointement** des dettes de la société, mais subsidiairement, c'est-à-dire qu'« *à l'égard des tiers, les associés répondent indéfiniment des dettes sociales à proportion de leur part dans le capital social à la date de l'exigibilité ou au jour de la cessation de paiement* ».
Ainsi, l'associé est tenu des dettes sociales :

- de manière **indéfinie**, c'est-à-dire en fonction de la dette sociale, mais à proportion de sa part dans le capital social ;

Exemple : Si un associé détient 70 % du capital social et l'autre 30 %, le créancier ne pourra pas demander à celui qui détient 70 % de rembourser plus que 70 % de la dette.

- de manière **conjointe** (le créancier va s'adresser à tous les associés) ;
- de manière **subsidiaire**, c'est-à-dire que le créancier poursuit en priorité la société, puis seulement les associés (article 1858 du Code civil).

! Selon l'article 1857 alinéa 2 du Code civil, l'associé qui n'a fait qu'un apport en industrie est tenu comme l'associé qui détient la part la plus faible.

Figure 12.1 **Les associés de la société civile**

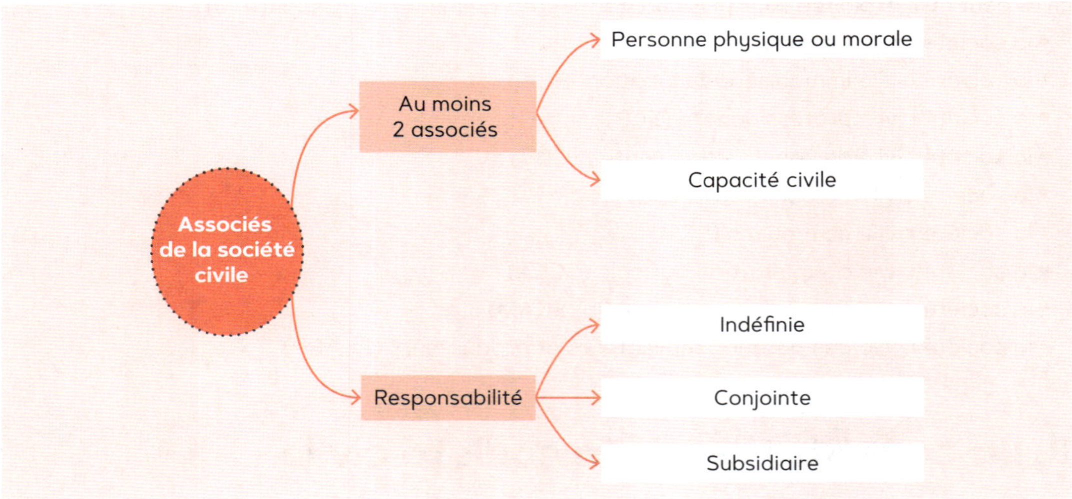

B Le capital social

La loi n'a pas prévu de capital social minimum (sauf dans la société civile de placement immobilier). Tous les **apports** – en numéraire, en nature ou en industrie – sont possibles, sachant que les apports en industrie ne concourent pas à l'augmentation du capital social.
Le capital social est divisé en **parts égales**.

C Les statuts et formalités

La rédaction des statuts est peu légiférée, afin de laisser place à la **liberté contractuelle** des associés. Comme pour une société commerciale, après signature des statuts, les associés doivent faire paraître un **avis de constitution** dans un JAL. Ils doivent ensuite procéder à la **demande d'immatriculation au RCS** de la société (depuis la loi de 1978). À compter de l'immatriculation, la société civile obtient la **personnalité juridique**.

III. Le fonctionnement de la société civile

A La direction de la société civile

Selon l'article 1846 du Code civil, la société civile peut être gérée par une ou plusieurs personnes, physiques ou morales, associé ou tiers, qui détient la capacité civile.
Les statuts organisent la **nomination**, les **pouvoirs** et les règles de **rémunération** du gérant. Cependant, l'article 1849 du Code civil prévoit que les **pouvoirs** du gérant avec les tiers sont d'ordre public ; ainsi, le gérant engage la société par toutes ses décisions qui entrent dans l'objet social, toute clause statutaire contraire étant nulle. Le gérant engage ses **responsabilités** civile et pénale (article 1850 du Code civil), en cas, par exemple, de faute de gestion, violation des statuts, infraction.
Concernant la **révocation**, la décision doit être prise en assemblée générale par des associés représentant plus de la moitié des parts sociales (article 1851 alinéa 1 du Code civil), sauf dispo-

sition contraire des statuts, et avec **juste motif** (par exemple, un refus de prendre une décision importante pour l'intérêt social, une négligence, etc.). Elle peut également être demandée au juge pour **cause légitime**, notamment dans le cas où, le gérant étant majoritaire, il bloquerait la décision de révocation en interne.
La **fin du mandat** aura également lieu en cas de démission, décès ou arrivée du terme du mandat si prévu aux statuts, ou bien encore en cas de dissolution de la société.

B Les décisions collectives de la société civile

Selon l'article 1852 du Code civil, les décisions des associés sont prises à l'**unanimité**, sauf disposition contraire des statuts. Chaque associé ne dispose que d'une voix, sauf disposition contraire des statuts.
Au-delà de ce **droit de vote**, les associés ont un **droit d'information** :

- article 1855 du Code civil : droit d'obtenir, au moins une fois par an, communication des livres et documents sociaux des trois derniers exercices ;
- article 1855 du Code civil : droit de poser, au moins une fois par an, des questions écrites sur la gestion sociale ;
- article 1856 du Code civil : droit d'obtenir communication des comptes sociaux et du rapport de gestion avant l'assemblée générale annuelle d'approbation des comptes.

Figure 12.2 **Les droits des associés de la société civile**

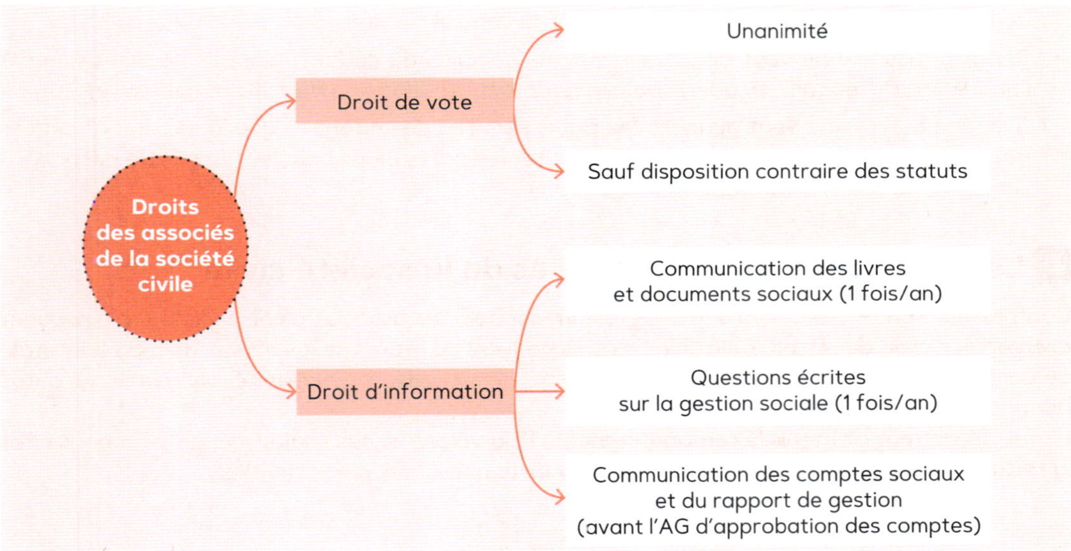

C La cession des parts de la société civile

Les parts ne sont pas cessibles librement. En effet, l'associé cédant doit obtenir l'**accord unanime** des associés pour toute cession à des **tiers**.
Pour céder à un autre **associé** ou à un **conjoint**, il lui faut obtenir l'accord unanime des associés, sauf disposition contraire des statuts. Pour céder ou transmettre ses parts à ses **ascendants**, **descendants** et **héritiers**, la loi ne prévoit pas d'agrément nécessaire ; la cession est donc **libre**. Cependant, les statuts peuvent prévoir d'obtenir un agrément pour rendre la cession ou transmission valable.

Figure 12.3 **La cession des parts de la société civile**

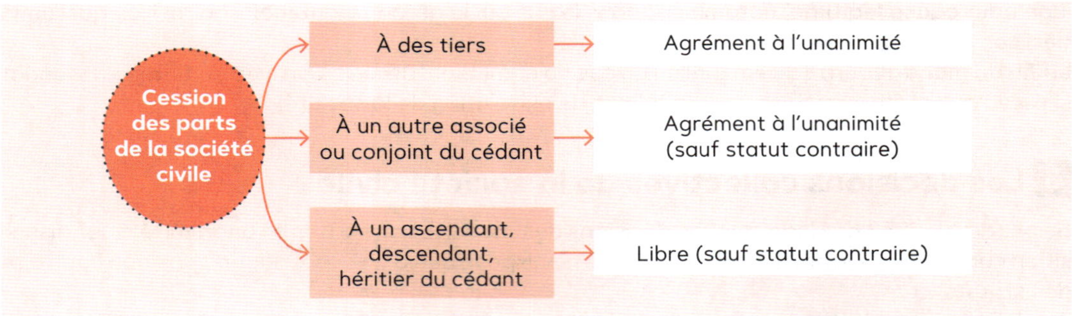

L'**agrément** est donné de manière expresse, c'est-à-dire par vote à la majorité unanime des associés, constaté par écrit. Il est également acquis par **déchéance** au bout de six mois si trois conditions cumulatives sont réunies :

- aucun agrément n'a été donné ;
- aucune offre d'achat n'a été proposée à l'associé cédant ;
- aucun associé ne demande la dissolution anticipée.

En cas de **refus d'agrément**, il existe plusieurs possibilités afin de ne pas faire prisonnier l'associé voulant céder ses parts :

- Si plusieurs associés veulent acquérir les parts sociales, ils peuvent acquérir à proportion du nombre de parts qu'ils détiennent dans le capital social.
- Si aucun associé ne veut acquérir les parts sociales du cédant, alors ils peuvent voter à l'unanimité de les faire acquérir par un tiers (sauf disposition statutaire contraire).
- Si aucun associé ne veut acquérir les parts sociales du cédant et que la cession à un tiers n'est pas votée, alors la société peut racheter les parts et les annuler (en cas de désaccord sur le prix, il faudra faire appel à un expert).

D Le droit de retrait des associés de la société civile

Contrairement aux associés d'une société commerciale, les associés d'une société civile peuvent exercer leur droit de retrait. Cela signifie qu'ils peuvent se retirer de la société, de manière totale ou partielle, après autorisation des autres associés, accordée à l'unanimité, ou bien après autorisation judiciaire pour juste motif.

Le retrait permet d'obtenir le **remboursement** de la valeur de ses droits sociaux et a pour effet la **réduction du capital social** de manière proportionnelle aux parts retirées.

Figure 12.4

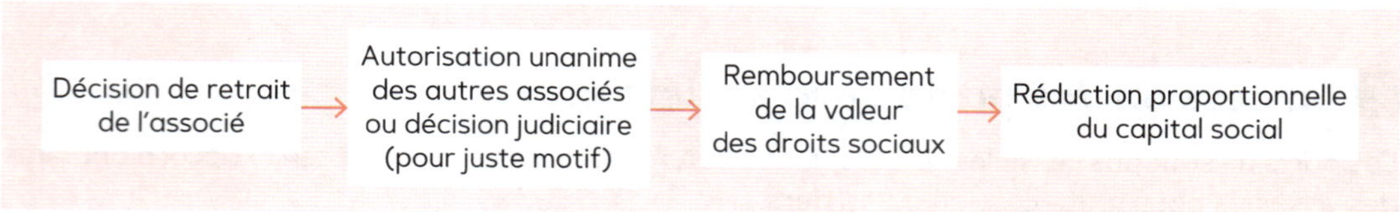

IV. Le contrôle de la société civile

La nomination d'un **commissaire aux comptes** n'est pas obligatoire. Elle le devient cependant quand la société civile franchit deux des trois seuils suivants :

- 4 000 000 € de **total du bilan** ;
- 8 000 000 € de **chiffre d'affaires HT** ;
- **effectif** de 50 salariés au cours de l'exercice social.

Quand la société n'a pas franchi deux de ces seuils, la nomination est par conséquent facultative. Enfin, la nomination peut être le résultat d'une **décision des associés** ou de **justice** (à la demande de tout associé).

V. La disparition de la société civile

A Les causes de la disparition de la société civile

Les causes de dissolution de la société civile sont les mêmes que pour toute société (article 1844-7 du Code civil). Il existe cependant également des causes spécifiques :

- absence de gérant depuis plus d'un an (article 1846-1 du Code civil) ;
- révocation du gérant, si cette cause est prévue par les statuts (article 1851 alinéa 3 du Code civil) ;
- décès d'un associé, si cette cause est prévue par les statuts (article 1870 alinéa 2 du Code civil) ;
- incapacité, redressement ou liquidation d'un associé, si cette cause est prévue par les statuts (article 1860 du Code civil).

B Les conséquences de la disparition de la société civile

La dissolution de la société civile entraîne les mêmes **formalités** que celles prévues pour une société commerciale, ainsi que sa **liquidation,** c'est-à-dire :

- un inventaire du passif et de l'actif par un liquidateur ;
- le recouvrement des créances sociales et la réalisation de l'actif ;
- la répartition de l'éventuel boni de liquidation entre les associés, après règlement des dettes sociales.

Figure 12.5 **Dissolution de la société civile**

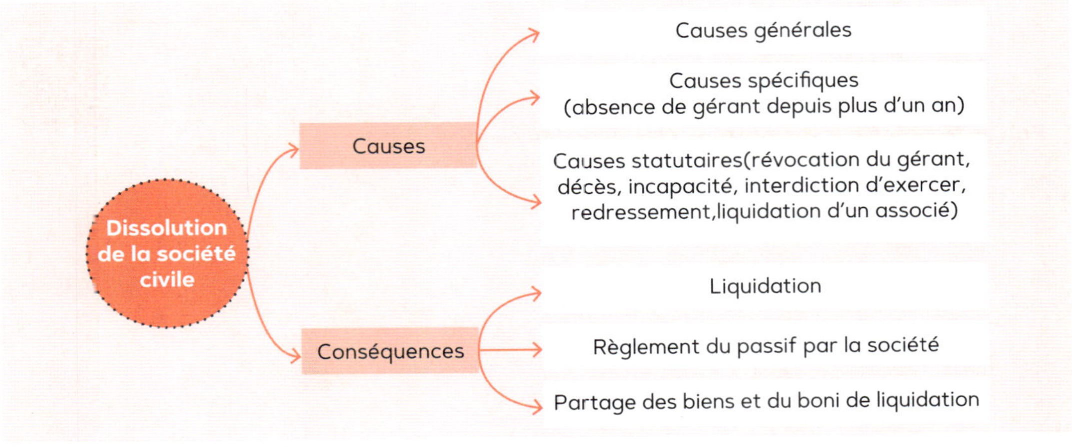

SYNTHÈSE

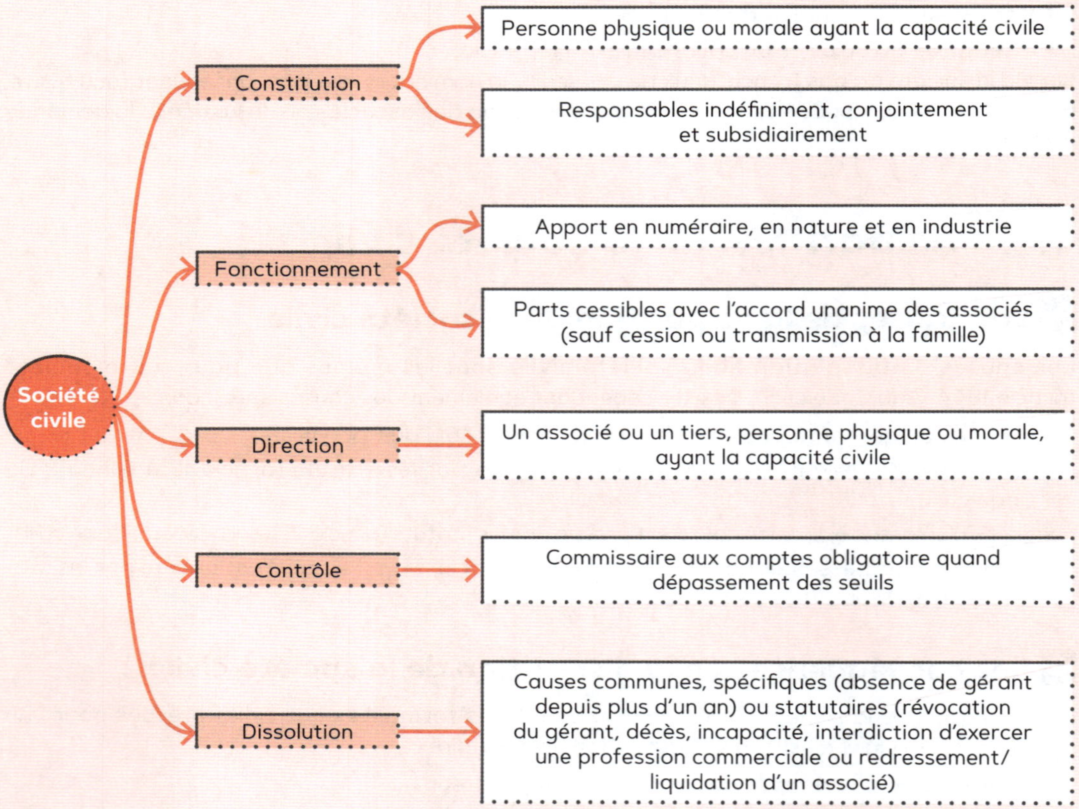

Faites le point sur les notions clés : société civile (p. 236).

Révisez avec les flashcards

www.lienmini.fr/dcg02-19

QCM

Réponse unique

QCM interactif

www.lienmini.fr/dcg02-22

1 SC signifie :
- ❍ **a.** société civile.
- ❍ **b.** société commerciale.
- ❍ **c.** société circonstanciée.
- ❍ **d.** société coopérative.

2 Une SC a besoin d'une autorisation de la préfecture pour exister.
- ❍ **a.** Vrai.
- ❍ **b.** Faux.

3 Pour pouvoir exister, une SC nécessite au minimum :
- ❍ **a.** 1 associé.
- ❍ **b.** 2 associés.
- ❍ **c.** 4 associés.
- ❍ **d.** 7 associés.

4 Une SC peut faire des apports :
- ❍ **a.** en numéraire uniquement.
- ❍ **b.** en nature uniquement.
- ❍ **c.** en industrie uniquement.
- ❍ **d.** Tous les apports sont possibles.

5 Un associé peut se retirer de la SC.
- ❍ **a.** Vrai.
- ❍ **b.** Faux.

Plusieurs réponses possibles

6 Un associé de SC peut être :
- ❍ **a.** une personne physique.
- ❍ **b.** une personne morale.
- ❍ **c.** un bien.
- ❍ **d.** un animal.

7 Dans une SC, le gérant peut être :
- ❍ **a.** une personne physique.
- ❍ **b.** une personne morale.
- ❍ **c.** un bien.
- ❍ **d.** un animal.

8 Dans une SC, le gérant peut être :
- ❍ **a.** un associé.
- ❍ **b.** un tiers.
- ❍ **c.** un incapable juridique.
- ❍ **d.** un associé obligatoirement.

9 En principe, sauf disposition contraire des statuts, les parts sociales d'une SC ne sont cessibles qu'avec l'accord unanime des associés, sauf :
- ❍ **a.** en cas de vente à un tiers.
- ❍ **b.** en cas de cession aux ascendants.
- ❍ **c.** en cas de donation à un tiers.
- ❍ **d.** en cas de transmission aux ascendants.

10 **Les associés d'une SC sont responsables des dettes sociales à l'égard des tiers :**

❍ **a.** de manière limitée aux apports.
❍ **b.** indéfiniment.
❍ **c.** conjointement.
❍ **d.** subsidiairement.

Réponse à justifier

11 **M. Riton et Mme Plabo ont créé une société civile en 1990. Aujourd'hui, M. Riton est décédé et n'a aucune famille ou héritier. Mme Plabo se demande si elle va pouvoir continuer l'activité et ce qu'il va advenir de la société.**

❍ **a.** La SC étant une structure composée d'au minimum deux associés, il faudra que Mme Plabo retrouve un associé.
❍ **b.** La SC est dissoute automatiquement par la disparition d'un des associés, même si ce n'est pas prévu dans les statuts.
❍ **c.** La SC peut continuer et devenir unipersonnelle.

12 **La société civile de la famille Roliq accumule beaucoup de dettes ces derniers temps. Les associés se demandent qui va devoir les payer.**

❍ **a.** Dans une société civile, seule la société est responsable, les associés ne sont pas engagés sur leur patrimoine personnel : la société paiera les dettes.
❍ **b.** Dans une société civile, la responsabilité des associés est limitée à deux fois le montant de leur apport : chaque associé est responsable jusqu'au double de son apport.
❍ **c.** Dans une société civile, la responsabilité des associés est limitée à leur apport dans le capital social : chaque associé est responsable à hauteur de son apport.
❍ **d.** Dans une société civile, la responsabilité des associés est indéfinie, conjointe et subsidiaire : si la société ne peut rembourser la dette sociale, chaque associé est engagé de manière indéfinie et à hauteur de la proportion de capital détenu.

13 **Roger Bridge a constitué une société civile avec plusieurs associés et en est le gérant minoritaire. Cependant, les autres associés lui reprochent des dépenses inconsidérées et inutiles à la société. Ils souhaitent donc le révoquer. Il se demande si c'est possible.**

❍ **a.** C'est possible, car Roger Bridge est minoritaire et que les dépenses inconsidérées et inutiles à la société peuvent constituer un juste motif de révocation.
❍ **b.** C'est impossible, la révocation n'est possible que judiciairement.
❍ **c.** C'est impossible, la décision de révocation du gérant doit être prise à l'unanimité.
❍ **d.** C'est possible, car il n'y a pas besoin d'apporter de motif, la révocation peut se faire *ad nutum*.

14 **Finalement, Roger Bridge est révoqué. Cependant, les associés se rendent compte, en prenant connaissance des statuts, que la révocation du gérant a pour effet de dissoudre la société. Ils se demandent si cette disposition des statuts est valable et ce qu'il va advenir de leur société civile.**

❍ **a.** Les statuts ne peuvent pas prévoir que la société civile sera dissoute par révocation du gérant, donc la société perdure.
❍ **b.** Les statuts peuvent prévoir que la société civile sera dissoute par révocation du gérant, donc la société sera dissoute.

15 **Un couple a constitué une société civile. Mais ils ne s'entendent plus du tout sur la gestion de leur société et décident même de divorcer. Qu'en est-il de la société ?**

❍ **a.** Ils peuvent décider de la dissoudre.
❍ **b.** La société sera dissoute automatiquement par l'effet du divorce.

— CAS PRATIQUE GUIDÉ —

LA SOCIÉTÉ CIVILE SKIVITE

La SC Skivite est gérée par Herbert Vito depuis de nombreuses années, quand celui-ci décède brusquement à l'âge de 72 ans. Les autres associés, qui habitent tous à l'étranger, ne prennent pas la peine de nommer un nouveau gérant. La société civile se retrouve donc sans gérant depuis maintenant onze mois. Les associés se demandent s'ils peuvent continuer ainsi sans que la société ne disparaisse. Ils décident alors de consulter un juriste et font appel à vous.

Votre mission : comprendre les causes de disparition propres à la société civile.
Pour la réaliser, vous devez expliquer si les associés doivent nommer un nouveau gérant pour empêcher la dissolution de la société.

CORRIGÉ

☑ **COMPÉTENCE ATTENDUE :**
– Identifier les caractéristiques essentielles des sociétés civiles.

Méthode

Pour résoudre un cas pratique [voir Fiche méthode 2], vous devez respecter quelques règles essentielles :
- Schématiser, au brouillon, les éléments essentiels nécessaires pour traiter le cas.
- Effectuer le travail d'analyse juridique pour identifier le problème juridique posé par le cas pratique.
- Rédiger le raisonnement juridique (règle de droit + application de la règle de droit aux faits), appelé aussi le syllogisme.

TRAVAIL PRÉPARATOIRE

Société civile
+
Décès du gérant il y a 11 mois
+
Absence de décision de nomination d'un nouveau gérant depuis

→ **Disparition de la société ?**

Ces faits soulèvent le problème juridique suivant : une société civile est-elle automatiquement dissoute par le décès du gérant ?

PRINCIPES JURIDIQUES

Selon le Code civil, la société civile peut être dissoute pour les causes communes de toute société, mais également pour des causes spécifiques, comme notamment l'absence de gérant depuis plus d'un an (article 1846-1 du Code civil).

> **!** Dans ce cas, vous devez indiquer les causes de dissolution d'une société civile.

APPLICATION AU CAS

En l'espèce, il s'agit de vérifier si la société doit être dissoute en l'absence de nomination d'un nouveau gérant.
L'ancien gérant est décédé il y a onze mois et les associés n'ont pas procédé à la nomination d'un nouveau gérant. Ainsi, il n'y a pas de gérant en place depuis onze mois.

Ainsi, si les associés souhaitent continuer l'activité de la société civile, il leur faut nommer un gérant avant l'expiration d'un délai de douze mois à compter du décès du précédent gérant ; donc il leur reste un mois pour le désigner. S'ils ne le font pas, la société civile sera automatiquement dissoute et il sera procédé à une liquidation.

> **!** Dans ce cas, vous devez vérifier si la société civile présente une cause de dissolution.

Méthode

Un bon raisonnement par syllogisme doit éviter trois défauts récurrents que l'on retrouve dans de nombreuses copies :

– Se limiter à rappeler les faits : il faut les qualifier juridiquement.

– Entamer le syllogisme en appliquant d'emblée les règles de droit au cas. Cela reviendrait à inverser le raisonnement juridique.

– Négliger la partie « règles juridiques », qui représente l'essentiel de la note. Il faut lui réserver un traitement rigoureux.

AUTOÉVALUATION

La grille d'autoévaluation ci-dessous vous permet d'évaluer votre niveau et de vérifier si vos réponses correspondent aux attendus de l'examen.

	Niveau 1	Niveau 2	Niveau 3	Niveau 4
	Un premier élément de réponse, mais très incomplet, des erreurs, des contresens.	*Des éléments de réponse isolés, des approximations et/ou de la paraphrase.*	*Question comprise : des éléments de réponse pertinents, mais incomplets au niveau des savoirs et/ou de l'application.*	*Compétence attendue mobilisée avec mobilisation complète des savoirs associés à la compétence. Application pertinente.*
Expliquer si les associés doivent nommer un nouveau gérant pour empêcher la dissolution de la société. *(voir Section IV)*	❒ Vous avez compris qu'il fallait étudier la dissolution de la société, mais ne savez pas qu'il y avait des causes de dissolution automatique de la société.	❒ Vous avez compris qu'il fallait étudier la dissolution de la société, avez compris qu'il y avait des causes de dissolution automatique, mais n'avez pas trouvé la cause de l'absence de gérant depuis un an.	❒ Vous avez compris qu'il fallait étudier la dissolution de la société, avez trouvé la cause de l'absence de gérant depuis un an, mais l'avez mal appliquée au cas.	❒ Vous avez compris qu'il fallait étudier la dissolution de la société, avez trouvé la cause de l'absence de gérant depuis un an, et l'avez très bien appliquée au cas.

• EXERCICES •

1 Le cas de la SC de Marc

10 min.

☑ **COMPÉTENCE ATTENDUE :**

– Identifier les caractéristiques essentielles des sociétés civiles en mettant en évidence les principales règles de fonctionnement de ce groupement.

Trois amis veulent constituer une société civile. Mais, pour bien développer l'activité, ils souhaiteraient que Marc, le petit frère de l'un des associés devienne associé dans leur structure car, même s'il n'a que 12 ans, il gagne beaucoup d'argent par des vidéos qu'il réalise et diffuse sur Internet, et qui rencontrent un franc succès. Comme Marc est mineur, ils se demandent s'il va pouvoir se joindre à eux. Ils décident alors de vous consulter, en votre qualité d'expert-comptable.

Votre mission : identifier la qualité des associés dans une société civile.

Pour la réaliser, vous devez vérifier si Marc peut être associé de la société civile.

2 Le cas de la SC GLOUPS

15 min.

COMPÉTENCE ATTENDUE :

– Identifier les caractéristiques essentielles des sociétés civiles en mettant en évidence les principales règles de fonctionnement de ce groupement.

La SC GLOUPS regroupe trois associés. L'un d'eux, Benoît Marchal, souhaite aujourd'hui céder toutes ses parts sociales. Il a en effet un ami qui est prêt à lui racheter ses parts et à intégrer la société. Les deux autres associés sont cependant méfiants et se demandent si cette démarche est possible.

Votre mission : indiquer si la cession des actions d'une SC est libre.

Pour la réaliser, vous devez hiérarchiser les formalités de cession des parts sociales de Benoît Marchal.

3 Le cas de la SC Toutim

15 min.

COMPÉTENCE ATTENDUE :

– Identifier les caractéristiques essentielles des sociétés civiles en mettant en évidence les principales règles de fonctionnement de ce groupement.

La SC Toutim est une société civile créée en 2018 qui regroupe trois associés.

À ce jour, le capital social de la SC Toutim est réparti de la façon suivante : Jules MARCHAND possède 30 %, Sylvie DUPLAN 30 % et Sophie BREDOUILLE 40 %.

Aujourd'hui, rien ne va plus, les dettes sociales représentent 10 000 € et l'actif social de la société est vide. Vous êtes l'expert-comptable de la société et Jules, Sylvie et Sophie vous contactent afin de vous demander conseil.

Votre mission : identifier la responsabilité des associés en cas de dettes sociales dans une société civile.

Pour la réaliser, vous devez expliquer par qui et comment cette dette sociale va être remboursée.

CAS DE SYNTHÈSE

LE CAS DU GÉRANT DE LA SC XYZ

20 min.

COMPÉTENCE ATTENDUE :

– Identifier les caractéristiques essentielles des sociétés civiles en mettant en évidence les principales règles de fonctionnement de ce groupement.

Mise en situation

La société civile XYZ est une société familiale, composée de deux époux et de leurs enfants. Les époux sont co-gérants. Ils ont divorcé l'an dernier. Aujourd'hui, l'ex-épouse souhaite la révocation du co-gérant, en invoquant le fait qu'il n'avait pas respecté les règles légales concernant les assemblées générales, ni les obligations légales en matière comptable. L'ex-époux ne l'entend pas de cette oreille. Vous êtes l'avocat à qui il avait fait appel dans le cadre de son divorce. Il refait appel à vous aujourd'hui dans le cas de cette affaire.

Votre mission : identifier les conditions de révocation du gérant dans une SC.

Pour la réaliser, vous avez à votre disposition une base documentaire et vous devez vérifier si la révocation du gérant pourra être prononcée et, si oui, par qui.

DOCUMENT

Arrêt de la Cour de cassation, Chambre commerciale, 29 janvier 2014, n° de pourvoi 12-29.972

Attendu, selon l'arrêt attaqué (Grenoble, 30 août 2012), que M. X… et M. Y… ont créé le 27 avril 1989 une société civile immobilière EF (la SCI), dont ils étaient cogérants, pour l'acquisition et l'aménagement de leurs locaux professionnels, donnés à bail à la société Centre d'imagerie médicale Gustave Rivet (la SCM) ; qu'après le départ de M. X… en 1994, M. Y… a assumé seul la gérance ; que M. X… estimant que M. Y… avait une attitude contraire aux intérêts de la SCI, l'a assigné en révocation de ses fonctions de cogérant ; que la SCI est intervenue volontairement à la procédure ;

Sur le moyen unique :

Attendu que M. Y... et la SCM font grief à l'arrêt d'ordonner la révocation de M. Y... de ses fonctions de cogérant de la SCI et de le débouter de ses demandes, alors, selon le moyen :

1°/ qu'en cas de pluralité de gérants, chaque cogérant a le pouvoir d'agir seul et d'accomplir les actes requis par l'intérêt social ; qu'il en résulte qu'en exerçant seul la gestion de la société, M. Y..., n'agissait pas en qualité de gérant de fait ayant confisqué les pouvoirs de son cogérant, mais en qualité de gérant de droit disposant légalement de pouvoirs séparés et que nonobstant l'exercice de ses pouvoirs par M. Y..., M. X... avait de son côté tous les pouvoirs nécessaires pour agir dans l'intérêt de la société, convoquer des assemblées générales, tenir la comptabilité, demander au comptable de la société la communication des pièces comptables et solliciter l'indexation du loyer et le remboursement des charges par le preneur ; qu'en déduisant de la gestion exercée par M. Y... seul, des conséquences quant à l'étendue des pouvoirs de M. X... sur la gestion de la société, et en considérant qu'aucun contrôle de la gestion faite par le seul M. Y... ne pouvait être effectué en l'absence de tenue d'une quelconque assemblée générale ou communication d'un quelconque document par ce dernier, quand il suffisait à M. X... qui n'était pas un simple contrôleur mais un cogérant, d'exercer effectivement ses propres pouvoirs pour y parvenir, la cour d'appel a violé les articles 1848, 1849 et 1851 du Code civil ;

2°/ qu'en statuant comme elle l'a fait sans qu'il résulte de ses constatations que M. Y... aurait d'une manière ou d'une autre, empêché M. X... qui s'est en réalité désintéressé de la gestion de la SCI pendant des années, de se rendre au siège social de la SCI pour y consulter les documents sociaux, de convoquer des assemblées générales ou de solliciter une indexation du loyer et le remboursement des charges par le preneur et d'exercer ses propres pouvoirs de gestion de la société, la cour d'appel qui n'a pas caractérisé autrement que par l'exercice légal de ses pouvoirs séparés par M. Y..., l'« entrave » prétendument faite à un contrôle de la gestion de la SCI par l'autre cogérant, a violé les articles 148, 1849 et 1851 du Code civil ;

3°/ que l'associé cogérant qui n'exerce pas les pouvoirs séparés dont il dispose pour gérer la société, ne peut invoquer la carence de l'autre cogérant à exécuter la fonction qu'il a lui-même délaissée, comme constituant une cause légitime de sa révocation, tandis que lui-même serait maintenu dans ses fonctions ; qu'en statuant comme elle l'a fait après avoir constaté que M. X... en sa qualité de cogérant de la SCI EF n'est jamais intervenu avant sa lettre valant mise en demeure en date du 28 septembre 2006 dans l'exercice de la gestion de la SCI et qu'il n'a lui non-plus, jamais sollicité l'indexation du loyer et le remboursement des charges, l'arrêt attaqué a violé l'article 1851 du code civil ; […]

Mais attendu qu'ayant relevé que M. Y…, qui était à la fois gérant de la SCI bailleresse et de la SCM locataire, n'avait pas communiqué les procès-verbaux d'assemblées générales, les bilans, les décomptes comptables de la SCI, était dans l'incapacité de démontrer qu'il avait respecté les obligations légales relatives à la tenue des assemblées générales, n'avait pas appliqué les réévaluations contractuelles ni sollicité les charges dues par la SCM et avait diligenté à titre personnel, différentes procédures contre la SCI dont il était le gérant, la cour d'appel a pu, par ces seuls motifs, retenir qu'il avait empêché tout contrôle de la gestion de la SCI, faite par lui seul, avait favorisé les intérêts de la SCM au détriment de la SCI et que ces agissements constituaient une cause légitime justifiant la révocation de ses fonctions de cogérant ;

D'où il suit que le moyen n'est pas fondé ;

PAR CES MOTIFS :

REJETTE le pourvoi.

SUJET TYPE D'EXAMEN 2

Le sujet se présente sous la forme de trois dossiers indépendants. 3 h

DOSSIER 1 – Le gérant de la SARL (8 / 20 points)

DOSSIER 2 – La transformation de la SARL (8 / 20 points)

DOSSIER 3 – La disparition de l'EURL (4 / 20 points)

BASE DOCUMENTAIRE

Document 1 – Répartition du capital social de la SARL
Document 2 – Arrêt de la Cour de cassation, Chambre criminelle, 14 juin 1993, n° pourvoi 92-80.763

Sauf mention contraire, la méthodologie du cas pratique est attendue pour chaque question.

Sujet : EURL/SARL Barracuda

Édouard, Pascal et Mathias sont associés de la SARL Barracuda, spécialisée dans la vente de poisson extra-frais. Depuis quelque temps, les vues des associés sur le développement de leur société apparaissent quelque peu divergentes, ces derniers ne parvenant plus à se mettre d'accord sur les mesures à adopter.
Vous trouverez dans le Document 1 la répartition du capital social de la SARL.
Aujourd'hui, les associés ont besoin de conseils pour les accompagner dans certaines problématiques. Dans ce cadre, il vous est demandé, en tant que conseil de la société, de réaliser les travaux préparatoires en vue de les aider à répondre à ces problématiques.

DOSSIER 1 – LE GÉRANT DE LA SARL 8 points

Pascal est gérant de la SARL. Il souhaiterait devenir vendeur dans la société.
En tant que gérant, Pascal prévoit de passer commande, auprès de la SA Extra-Frais, d'une quantité importante de cabillaud congelé. Ce fournisseur présente l'avantage d'être sensiblement moins cher que ses concurrents. Cependant, Mathias est dirigeant actionnaire de ladite société.
Pascal souhaiterait également acquérir un mas dans le sud-est de la France, mais il va devoir emprunter pour cela. Il se demande si la SARL peut l'aider dans son projet.
Quelques mois après la constitution de la SARL, les relations entre Pascal et le reste des associés n'ont fait que se dégrader, ces derniers reprochant au gérant un certain laxisme dans la gestion de la SARL. Ils envisagent de le révoquer.

Votre mission : analyser les droits du gérant de la SARL.

Pour la réaliser, vous avez à votre disposition une base documentaire (voir Document 1) et vous devez :

1.1 Vérifier si Pascal peut cumuler l'exercice d'une fonction de gérance avec un contrat de travail de vendeur dans la SARL.

1.2 Indiquer si l'acte prévu avec la SA Extra-Frais est valable.

1.3 **Vérifier si la SARL peut se porter caution auprès de la banque du gérant pour l'emprunt que ce dernier souhaite contracter pour l'achat du mas.**

1.4 **Expliquer la procédure de révocation du gérant et s'il pourra prendre part au vote.**

DOSSIER 2 – LA TRANSFORMATION DE LA SARL — 8 points

Les relations ne sont plus au beau fixe depuis que Pascal a été révoqué. Mathias ne souhaite pas rester. Édouard souhaiterait reprendre la gestion sociale en main.

Votre mission : analyser les conséquences de la transformation de la SARL.

Pour la réaliser, vous avez à votre disposition une base documentaire (voir Document 2) et vous devez :

2.1 **Présenter la procédure que doit suivre Édouard afin de reprendre la gestion sociale en main.**

2.2 **Expliquer la conséquence de la réunion des parts sociales entre les seules mains d'Édouard.**

2.3 **Indiquer si l'associé unique peut valablement opérer des retraits de liquidités des caisses de la société et les risques pris.**

2.4 **Vérifier si Édouard peut devenir salarié de la société.**

DOSSIER 3 – LA DISPARITION DE L'EURL — 4 points

À la suite d'un violent accident de voiture alors qu'il livrait du poisson, Édouard décède subitement. Or, rien n'avait été envisagé dans les statuts de l'EURL Barracuda quant au décès de l'associé unique. Cependant, deux de ses enfants souhaiteraient reprendre l'activité.

Votre mission : analyser les conséquences du décès d'un associé sur l'EURL.

Pour la réaliser, vous devez :

3.1 **Analyser les conséquences du décès d'Édouard sur la société.**

3.2 **Indiquer si les enfants de l'associé unique décédé peuvent continuer l'activité.**

BASE DOCUMENTAIRE

Document 1 – Répartition du capital social de la SARL

Associés	Nombre de parts sociales
Édouard	520
Pascal	280
Mathias	200
TOTAL	1 000

Document 2 – Arrêt de la Cour de cassation, Chambre criminelle, 14 juin 1993, n° pourvoi 92-80.763

Sur le moyen unique de cassation pris de la violation des articles 4 du Code pénal, 8 de la Déclaration des droits de l'homme et du citoyen du 26 août 1789, 7.1 de la Convention européenne de sauvegarde des droits de l'homme et des libertés fondamentales, 425.4° de la loi du 24 juillet 1966, 591 et 593 du Code de procédure pénale, défaut de motifs, manque de base légale :

« en ce que l'arrêt attaqué a déclaré X… coupable du délit d'abus de biens sociaux et l'a condamné au paiement d'une amende de 10 000 francs ;

« aux motifs que l'octroi d'une rémunération mensuelle de 15 000 et son maintien, au moment où la société X... connaissait de graves difficultés financières, constituait une charge trop lourde pour l'entreprise, tenue de payer les autres salariés ; que le remboursement de la somme de 300 000 francs à l'association Agence Presse Voyages par la société X... s'analysait en un dessaisissement volontaire de la part de cette dernière d'une partie de son actif à un moment défavorable pour la société ; que ces agissements, dont X... percevait les conséquences néfastes pour l'avenir de l'entreprise, avaient été réalisés au détriment de l'intérêt de la société X... et à des fins personnelles ;

« alors que, premièrement, le délit d'abus de biens sociaux ne peut être imputé aux gérants des entreprises unipersonnelles à responsabilité limitée ; que la cour d'appel ne pouvait déclarer X... coupable du délit d'abus de biens sociaux après avoir constaté que celui-ci était le gérant d'une entreprise unipersonnelle à responsabilité limitée ;

« alors que, deuxièmement, faute d'avoir constaté que la somme de 300 000 francs aurait été remise à la société X... pour les besoins de son activité, à charge pour elle d'en restituer ultérieurement l'équivalent, la cour d'appel n'a pas fait apparaître que le paiement, par la société X..., de la somme de 300 000 francs, aurait été contraire à son intérêt ;

« alors que, troisièmement, le dessaisissement de la somme de 300 000 francs était conforme à l'intérêt de la société X... dès lors qu'il constituait l'exécution d'une obligation de remboursement pesant sur cette société » ;

Sur la première branche du moyen :

Attendu qu'en déclarant applicable aux entreprises unipersonnelles à responsabilité limitée (EURL), l'article 425 de la loi du 24 juillet 1966, l'arrêt attaqué n'a pas encouru les griefs du moyen ;

Qu'en effet, selon l'article 34 de cette loi, la société à responsabilité limitée est instituée par une ou plusieurs personnes qui ne supportent les pertes qu'à concurrence de leurs apports ;

Qu'il s'en déduit que l'ensemble des dispositions de cette loi relatives aux gérants des SARL sont applicables aux gérants d'EURL ;

Mais sur les deuxième et troisième branches :

Attendu que tout jugement ou arrêt doit être motivé ; que l'insuffisance des motifs équivaut à leur absence ;

Attendu qu'il appert de l'arrêt attaqué et du jugement qu'il confirme que Guy X... est poursuivi pour abus de biens sociaux en qualité de gérant de l'EURL X... ; qu'il lui est reproché notamment d'avoir déposé au compte de la société une somme de 450 000 francs provenant d'une association dont il était le trésorier et d'avoir ensuite remboursé une somme de 300 000 francs à ladite association dont il craignait des poursuites ;

Attendu que, pour le déclarer coupable d'abus de biens sociaux, la cour d'appel se borne à relever que X... a procédé à ce remboursement alors qu'il connaissait les difficultés financières de l'EURL et qu'il savait qu'il agissait ainsi contrairement à l'intérêt social ;

Mais attendu qu'en l'état de ces seuls motifs, la cour d'appel, qui ne pouvait retenir, sans mieux s'expliquer, que le règlement d'une dette par une société constitue, à l'encontre de son dirigeant, un usage abusif des biens de cette société, n'a pas justifié sa décision ;

Qu'ainsi la cassation est encourue ; qu'en raison de l'indivisibilité existant entre la déclaration de culpabilité et la peine prononcée, la cassation doit être totale et s'étendre à toutes les dispositions de l'arrêt relatives aux abus de biens sociaux, seuls faits pour lesquels le demandeur a été retenu dans les liens de la prévention ;

Par ces motifs :

CASSE ET ANNULE, en ses seules dispositions relatives aux abus de biens sociaux, l'arrêt de la cour d'appel de Caen, en date du 18 décembre 1991, et pour qu'il soit jugé à nouveau conformément à la loi.

PARTIE 3

L'ÉCONOMIE SOCIALE ET SOLIDAIRE ET LE MONDE DES AFFAIRES

CHAPITRE 13

L'économie sociale et solidaire et l'association

À l'issue de ce chapitre,

- **vous serez capable :**

❒ de caractériser l'économie sociale et solidaire ;

❒ de mettre en évidence, à partir d'une documentation, l'importance croissante de l'économie sociale et solidaire et son encadrement par la loi ;

❒ d'identifier une structure juridique adaptée à une situation donnée ;

❒ d'identifier les principes généraux régissant les associations ;

❒ de déterminer les conséquences de l'exercice par une association d'une activité économique.

- **vous saurez identifier :**

❒ l'économie sociale et solidaire ;

❒ l'association.

Mettez-vous en situation

M. Bernard a décidé de quitter son poste de directeur des ressources humaines d'un grand groupe, qu'il occupait depuis fort longtemps. Il souhaite anticiper sa retraite et se rendre utile à la société en s'occupant de jeunes en difficulté, en leur apportant notamment son aide pour la recherche d'un emploi. Mais il ne sait pas quelle structure juridique choisir.

Il vient alors vous solliciter. Vous êtes en effet à la tête du service juridique de l'entreprise qu'il va quitter. Il vous expose son projet et vous allez l'aider à déterminer quelle structure juridique choisir pour exercer dans le domaine de l'économie sociale et solidaire.

I. Les principes de l'économie sociale et solidaire (ESS)

A Une économie sociale et solidaire

Définition

L'économie sociale et solidaire (ESS) représente des entreprises organisées sous forme d'associations, de coopératives, de mutuelles ou encore de fondations, dont le fonctionnement et les activités sont fondés sur un principe de solidarité et d'utilité sociale.

Exemple : Ces entreprises œuvrent pour, par exemple, soutenir des personnes en situation de fragilité, lutter contre les exclusions et les inégalités, aider au développement durable.

B Les chiffres de l'ESS

Selon le ministère de l'Économie, la note d'analyse de l'Observatoire national de l'ESS de novembre 2019 indique que l'économie sociale et solidaire représente :

- 20 % des grandes entreprises ;
- 2,4 millions de salariés, représentant une masse salariale de 54 milliards d'euros ;
- 14 % de l'emploi salarié privé ;
- 10,5 % de l'emploi total ;
- 15 % de l'emploi des femmes ;
- + 25 % de salariés depuis 2000.

C Le cadre juridique de l'ESS

L'ESS obtient un véritable statut juridique par la **loi du 31 juillet 2014**. Cette loi donne une définition des entreprises de l'ESS. Également, elle ouvre l'ESS à des sociétés commerciales qui respectent ses principes ; ces sociétés sont à but lucratif, mais ne doivent pas avoir pour seul but le partage des bénéfices. Pour être labellisées ESS, il faut que ces sociétés poursuivent un objectif d'utilité sociale et adoptent un mode de gouvernance démocratique.
Enfin, cette loi crée l'agrément Entreprise solidaire d'utilité sociale (**ESUS**).

D L'agrément ESUS

Créé et défini par la loi du 31 juillet 2014, l'agrément ESUS permet de labelliser les entreprises qui répondent à des critères sociaux, afin d'attirer des investisseurs privés et de favoriser l'épargne solidaire :

- Le décret n° 2015-719 du 23 juin 2015 détaille l'agrément ESUS.
- L'arrêté du 5 août 2015 fixe la composition du dossier de demande d'agrément.
- L'instruction du 20 septembre 2016 précise les conditions de mise en œuvre du dispositif d'agrément.

Le dispositif d'agrément ESUS est commenté par la direction générale du Trésor et présenté sur le portail economie.gouv.fr, dans un article sur l'agrément ESUS. En 2020, 221 325 structures sont labellisées ESS, dont 165 000 associations et 21 000 coopératives.
Il permet d'accéder plus facilement aux soutiens et financements dédiés à l'ESS, ainsi qu'à des avantages fiscaux pour les donateurs.

E Les organismes de l'ESS

La loi a permis la création d'organismes spécifiques dédiés aux ESUS, car leurs objectifs sociaux et solidaires nécessitent une approche spécifique d'encadrement, de soutien, et d'accompagnement de leur développement, avec notamment :

- le Conseil national des chambres régionales de l'économie sociale (CNCRES) ;
- le Mouvement associatif ;
- Coop FR (coopératives) ;
- le Mouvement des entrepreneurs sociaux (MOUVES) ;
- la Fédération nationale de la mutualité française (FNMF) ;
- le Mouvement pour l'économie solidaire (MES) ;
- la Fédération des entreprises d'insertion ;
- un ministre délégué (depuis 2012).

F Le fonctionnement des ESUS

Une entreprise labellisée ESUS doit suivre certains grands principes. En premier lieu, l'activité exercée doit répondre à un objectif d'utilité sociale ou collective. Il faut ensuite qu'elle adopte un **mode de gouvernance et de gestion démocratique** (une personne = une voix) et **participatif.** Enfin, les **bénéfices** réalisés ne doivent pas ou peu être redistribués, mais réinvestis dans la structure.

Figure 13.1 **Fonctionnement des ESUS**

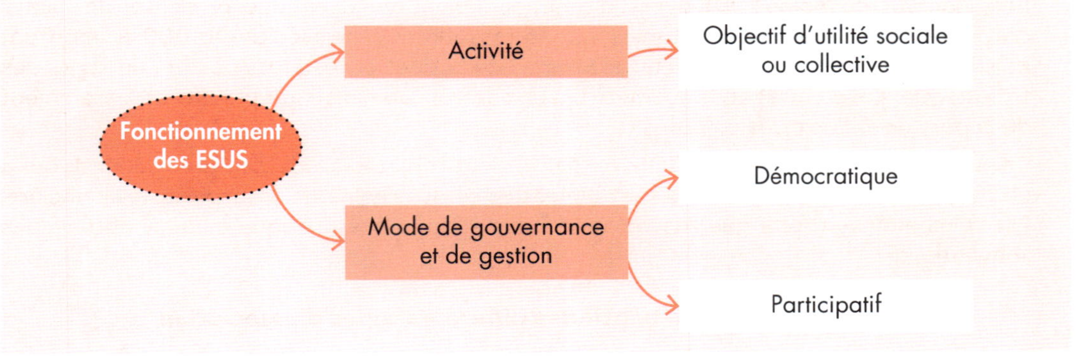

G Le financement de l'ESS

Les ressources financières sont en grande partie publiques, grâce au financement participatif. Il s'agit de prêts solidaires (accordés pour une durée variant de cinq à sept ans), de garanties d'emprunt, de fonds propres versés par des organismes spécialisés ou encore de subventions publiques.

II. L'association

Après avoir été interdite, c'est la loi Waldeck-Rousseau du 1er juillet 1901 qui autorise l'association.

Définition

L'association est une convention entre au moins deux personnes qui mettent en commun, de façon permanente, leurs connaissances ou leur activité dans un but autre que le partage des bénéfices.

! En France, en 2017, on comptait 1,5 million d'associations, avec une progression de 2,4 % par an en moyenne, dont 159 000 sont employeuses (1,8 million de salariés, soit un salarié du secteur privé sur dix). Ils sont 12,5 millions de bénévoles à participer à leurs activités. En outre, au moins un Français sur deux adhère à au moins une association.

A La constitution de l'association

1. La forme juridique

L'association peut revêtir plusieurs formes :

- L'**association « simple »** (article 2 de la loi de 1901), non déclarée en préfecture : elle a une existence juridique et peut donc percevoir des cotisations, mais ne peut ni posséder de patrimoine, ni agir en justice, ni percevoir de subventions, ni conclure des contrats.

- L'**association déclarée en préfecture** (article 5 de la loi de 1901), qui a la personnalité juridique : elle peut donc posséder un patrimoine, percevoir des subventions, conclure des contrats, agir en justice, mais ne peut percevoir ni donations ni legs.
- L'**association reconnue d'utilité publique** (articles 10 et 11 de la loi de 1901), dont l'objet est jugé d'intérêt général et le nombre d'adhérents important : cette reconnaissance par décret en Conseil d'État lui permet de recevoir des donations et des legs (parfois exonérés des droits de mutation), mais elle doit en contrepartie être d'intérêt général, avoir une influence et un rayonnement dépassant le cadre local, avoir un minimum d'adhérents (à titre indicatif, au moins 200), avoir un fonctionnement démocratique, présenter de solides garanties financières (montant minimum de ressources annuelles de 46 000 €, montant de subventions publiques inférieur à la moitié du budget et résultats positifs au cours des trois derniers exercices) et se soumettre à un contrôle administratif plus strict, notamment de la part de la Cour des comptes.
- L'**association agréée** (lois de 2012 et 2015), dont l'objet est jugé d'intérêt général, qui a un fonctionnement démocratique et qui respecte des règles de transparence financière. Elle a les mêmes droits que l'association reconnue d'utilité publique et peut obtenir des subventions.

Tableau 13.1 **Récapitulatif des différents types d'association**

	Association « simple »	Association déclarée en préfecture	Association reconnue d'utilité publique	Association agréée
Déclarée en préfecture	NON	OUI	OUI	OUI
Personnalité juridique	NON	OUI	OUI	OUI
Possibilité d'agir en justice	NON	OUI	OUI	OUI
Possibilité de conclure des contrats	NON	OUI	OUI	OUI
Présence d'un patrimoine	NON	OUI	OUI	OUI
Cotisations	OUI	OUI	OUI	OUI
Subventions	NON	OUI	OUI	OUI
Donation	NON	NON	OUI	OUI
Legs	NON	NON	OUI	OUI
Divers	Existence juridique		Objet d'intérêt général, nombre d'adhérents important, solides garanties, contrôle administratif strict	Objet d'intérêt général, fonctionnement démocratique, règles de transparence financière

2. L'objet social

L'objet social est **libre**, mais uniquement **civil** (même si des actes de commerce à titre accessoire peuvent être faits). La loi exige simplement que le but de l'association ne soit pas de partager des bénéfices. L'activité de l'association est de partager un projet commun dans des domaines comme le sport, la culture, les loisirs, l'action sociale, la défense de causes, de droits ou d'intérêts.

Comme le dit la loi, cet objet social doit être **licite** et ne pas porter atteinte aux bonnes mœurs et à l'ordre public.
La finalité de l'association et son activité sont souvent confondues ; en effet, la finalité de l'association ne doit pas être la recherche du profit, mais l'activité de celle-ci peut être lucrative. Les bénéfices dégagés de son activité doivent par conséquent être réinvestis dans les activités de l'association.

Exemple : Une association peut faire des actes de commerce à titre accessoire. Les bénéfices générés par cette activité sont réinvestis dans les activités de l'association. Si les bénéfices sont partagés entre les membres, l'association sera requalifiée de société créée de fait.

3. Le capital social

La loi n'exige pas de capital minimum pour une association. Cependant, les membres doivent apporter obligatoirement leurs connaissances, leurs activités ou leurs compétences. Tous les autres apports (en numéraire et en nature) sont possibles, mais non obligatoires.

4. Les membres

Une association doit compter au moins deux membres, sans que la loi n'ait prévu de nombre maximum. Toute **personne physique ou morale** peut être membre d'une association. Tout jeune **mineur** peut librement devenir **adhérent** d'une association, si les statuts de celle-ci le permettent. Un mineur peut alors participer aux actions de cette association, y être bénévole, sans autorisation préalable de ses parents. S'il faut acquitter une cotisation, le mineur peut effectuer lui-même le paiement, dès lors que le montant de la cotisation n'est pas excessif.
Quant à la possibilité d'être un **membre actif**, il est aujourd'hui inscrit dans la loi qu'un mineur peut accomplir seul tous les actes utiles à l'**administration** de l'association (par exemple, louer du matériel, demander une subvention, etc.), à l'exception des actes de **disposition** (acquérir un immeuble, etc.).

Tableau 13.2 Le mineur dans une association

Avant 16 ans	Le mineur peut créer ou être élu membre de l'instance de direction (conseil d'administration) d'une association. Mais il doit pour cela, préalablement à toute action de sa part (par exemple, participation à une assemblée générale constitutive, présentation sur une liste pour être élu au conseil d'administration, etc.), demander une autorisation écrite à son représentant légal.
Entre 16 et 18 ans	Le mineur n'a pas besoin d'autorisation préalable pour créer ou être élu dirigeant d'une association. Une fois le jeune élu, un des dirigeants de l'association devra informer le représentant légal du mineur.

Cependant, jusqu'à ses 18 ans, le mineur n'est pas personnellement responsable de ses fautes de gestion, donc son représentant légal sera responsable civilement à sa place.

5. Les statuts

Pour faire naître l'association, le groupement doit rédiger des statuts. Leur contenu est libre, sauf pour les associations reconnues d'utilité publique ou agréées. Un **règlement intérieur** peut être également rédigé, qui permettra de gérer le fonctionnement de l'association.

6. Les formalités

Si l'association est déclarée, il faut le faire auprès du greffe des associations de la préfecture du siège social de l'association (préfecture de police pour les associations situées à Paris). La préfecture remet un récépissé de déclaration dans les cinq jours au plus du dépôt, qui comporte le **numéro du Répertoire national des associations (RNA)**, qui attribue le statut de personne morale à l'association. L'association doit faire publier la déclaration au *Journal officiel des associations et des fondations d'entreprises* (**JOAFE**).

B Le fonctionnement de l'association

1. La gestion de l'association

Une association comporte généralement un **bureau**, un **conseil d'administration** (exclu dans les petites structures) et une **assemblée générale**.

a. Le bureau

Le bureau de l'association n'est pas obligatoire. Ses membres sont désignés par le conseil d'administration. Il comprend trois membres : le **président** (représentant de l'association), le **secrétaire** (responsable des tâches administratives de l'association) et le **trésorier** (responsable des finances de l'association).

Le président

- La loi impose la nomination d'une ou plusieurs personnes physiques chargées de représenter l'association. Nommé soit dans les statuts, soit par les membres de l'association, soit par la première assemblée générale, le président doit avoir la capacité civile, n'est pas obligatoirement de nationalité française, peut être mineur (mais ne pourra pas passer d'acte de disposition et doit avoir l'autorisation écrite du représentant légal), ne doit pas être frappé d'interdiction de gérer ou être privé de ses droits civiques. Il ne peut en revanche pas être militaire si l'association est à caractère politique ou syndical. Il peut être élu ou fonctionnaire, mais il doit alors respecter les principes de neutralité et d'égalité.
- La loi ne fait pas obstacle à sa possibilité de cumuler plusieurs fonctions ou mandats dans une ou plusieurs associations.
- Il n'est normalement pas rémunéré. Cependant, il peut percevoir une rémunération à certaines conditions : notamment, il faut que cette possibilité de rémunération soit prévue dans les statuts, que le montant soit déterminé par un vote excluant le dirigeant, que ce montant ne dépasse pas les trois quarts du SMIC, que cette rémunération corresponde au travail effectué, qu'elle ne constitue pas une répartition des bénéfices déguisée et qu'elle ne soit pas tirée des subventions perçues par l'association.
- Le président représente et gère l'association au quotidien, tout en rendant compte de sa gestion devant l'assemblée générale.
- Son mandat peut prendre fin par l'arrivée du terme du mandat s'il en est prévu un dans les statuts, par son décès ou sa démission, par la dissolution de l'association, par la révocation *ad nutum*.
- Le président est responsable civilement envers l'association en cas de faute de gestion ou infraction (recours devant le tribunal judiciaire), envers les tiers en cas de faute détachable de ses fonctions. Il est responsable pénalement en cas d'infraction.

Le secrétaire

- Il dresse les procès-verbaux des assemblées et tient les registres de l'association.
- Il est en charge du fonctionnement administratif de l'association.

Le trésorier

- Il est en charge du budget de l'association (paiements, recettes), tout en rendant compte de sa gestion devant l'assemblée générale.
- Il est responsable civilement et pénalement de la tenue des comptes.

Figure 13.2 **Le bureau de l'association**

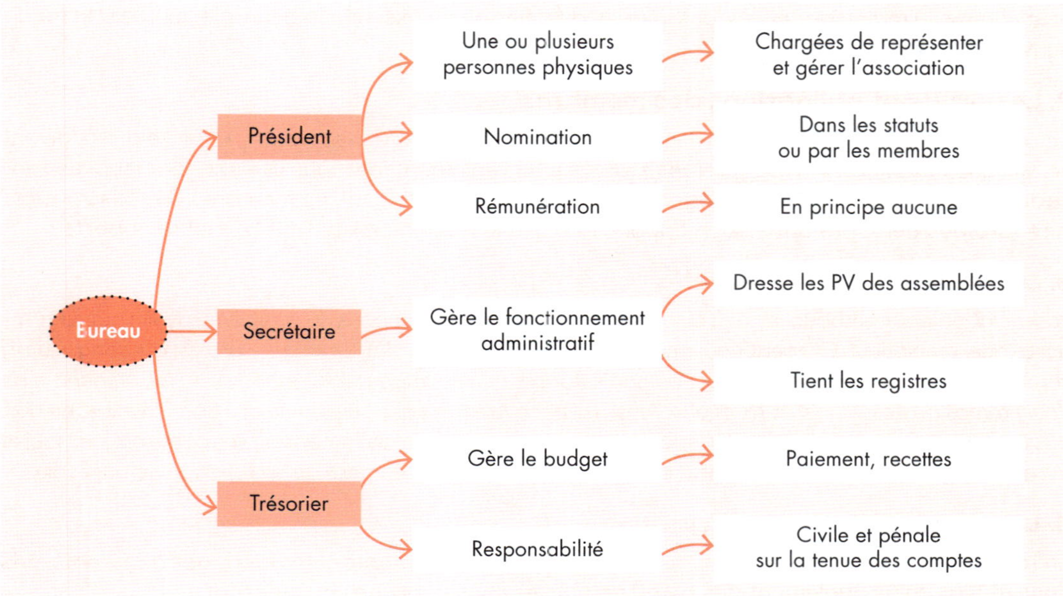

b. Le conseil d'administration

Parfois appelé comité de direction, le conseil d'administration n'est pas obligatoire. Il est composé d'au moins deux membres élus de l'association (ou non, selon les statuts), qui sont des personnes physiques ou morales. Le conseil d'administration :

- représente l'association vis-à-vis des tiers ;
- procède à l'élection du bureau et contrôle ses activités ;
- assure la gestion courante et quotidienne de l'association ;
- vérifie l'application des décisions prises en assemblée générale.

Son fonctionnement est prévu par les statuts de l'association, concernant notamment la durée du mandat de ses membres, les conditions de majorité des votes, etc.

c. L'assemblée générale

L'assemblée générale est la réunion de tous les **membres** de l'association, sauf disposition contraire des statuts.

Exemple : Les statuts d'une association peuvent prévoir que certains membres seront exclus de l'assemblée générale, par exemple dans le cas d'une cotisation non à jour de versement ou bien parce que l'adhésion est trop récente. Ils peuvent également prévoir que certaines personnes, comme le maire ou un ou plusieurs salariés de l'association, feront partie de l'assemblée générale.

Le déroulement d'une assemblée générale passe tout d'abord par la **convocation** des membres par le président ou le conseil d'administration (mention dans les statuts), sans que la loi n'impose un délai entre la convocation et la tenue de l'assemblée ou n'impose la forme de la convocation. La convocation prévoit l'ordre du jour, la date, le lieu et l'heure de l'assemblée générale.

L'assemblée générale doit se tenir au moins une fois par an pour l'approbation des comptes. Elle va devoir délibérer sur tous les points prévus par l'ordre du jour, sans que la séance ne puisse se lever tant que l'ordre du jour n'est pas terminé.

La loi impose que son organisation soit démocratique. Concernant la prise de décision, le quorum et la majorité sont prévus par les statuts. À défaut, le principe « un homme = une voix » s'applique, tout comme la majorité simple dans la prise de décision en assemblée générale, même si la modification des statuts requiert le vote unanime des membres.

2. Les droits et obligations des membres

Les membres peuvent bénéficier des prestations fournies par l'association. Pour cela, ils doivent verser une cotisation et respecter les statuts et le règlement intérieur. Ils engagent leur **responsabilité civile contractuelle** à l'égard de l'association et des autres membres de l'association. À l'égard des tiers, s'ils ont fait un apport, ils ont une responsabilité limitée à leurs apports.

3. Les salariés et les bénévoles

L'association peut embaucher des **salariés**, sous réserve de respecter le droit du travail comme n'importe quel employeur. Elle peut également avoir des **bénévoles**, définis comme ceux « *qui s'engage[nt] librement pour mener à bien une action non salariée, non soumise à l'obligation de la loi, en dehors de [leur] temps professionnel et familial* ». Ainsi, un bénévole n'est pas soumis au droit du travail et ne doit pas être subordonné et rémunéré. Cependant, il est **responsable civilement** de ses actes préjudiciables et **responsable pénalement** en cas d'infraction commise dans le cadre de sa fonction de bénévole.

4. Les ressources de l'association

En fonction de sa forme juridique, l'association peut percevoir des cotisations des adhérents, des dons et legs, mais également des recettes, subventions publiques ou mécénat.

C Le contrôle de l'association

Sont tenues de nommer au moins un commissaire aux comptes et un suppléant, notamment les :

- associations qui reçoivent au moins 153 000 € de subventions publiques (sauf subvention européenne) ;
- associations bénéficiaires de dons dont le montant annuel dépasse 153 000 € et ouvrant droit aux donateurs à une réduction de l'impôt sur le revenu ou de l'impôt sur les sociétés ;
- associations ayant une activité économique et qui remplissent deux des trois critères suivants : au moins 50 salariés, au moins 3 100 000 € hors taxes de chiffre d'affaires ou de ressources, au moins 1 550 000 € de total du bilan ;
- associations dont les ressources financières dépassent 200 000 € et qui rémunèrent de un à trois dirigeants.

Enfin, les statuts d'une association peuvent aussi prévoir le recours à un commissaire aux comptes, même en l'absence de disposition légale ou réglementaire l'y obligeant.

D La disparition de l'association

a. Les causes de la disparition de l'association

La disparition de l'association peut avoir plusieurs causes :

- décision de l'assemblée générale ;
- arrivée du terme fixé par les statuts et absence de prorogation dans les délais ;
- disparition ou réalisation de l'objet social ;
- cas de dissolution automatique prévue dans les statuts ;
- dissolution administrative dans les cas prévus par la loi (par exemple, infraction répétée par les membres) ;
- décision de justice (dissolution prononcée par le tribunal judiciaire en cas de vice de forme ou de fond dans les statuts ou à la demande de tout intéressé).

b. Les conséquences de la disparition de l'association

La disparition de l'association va entraîner sa **liquidation**, donc la nomination d'un liquidateur qui va faire la liste, dans l'inventaire, de la totalité de l'actif restant, ainsi que de la totalité du passif exigible. En cas de **pertes** excédant le montant du capital social, elles peuvent être réparties entre les sociétaires proportionnellement au nombre de parts de capital, en fonction de la forme juridique choisie.

En cas de **bénéfices** ou d'**éléments d'actifs** (appelés boni de liquidation), du fait de sa nature, les membres de l'association n'ont pas droit à un **boni de liquidation** lors de la disparition de l'association. Ainsi, l'excédent de l'actif net sur le capital social est dévolu selon les dispositions statutaires et selon ce qu'ont décidé le liquidateur et l'assemblée générale, à une ou plusieurs autres associations dont l'objet est proche, à une société coopérative, à une collectivité territoriale, à un groupement d'intérêt public ou encore à un établissement public.

> **!** Si le membre a réalisé un apport en nature et que cet apport est toujours dans le patrimoine de l'association après l'opération de liquidation, et si les statuts le permettent, alors ce membre pourra récupérer son apport.

SYNTHÈSE

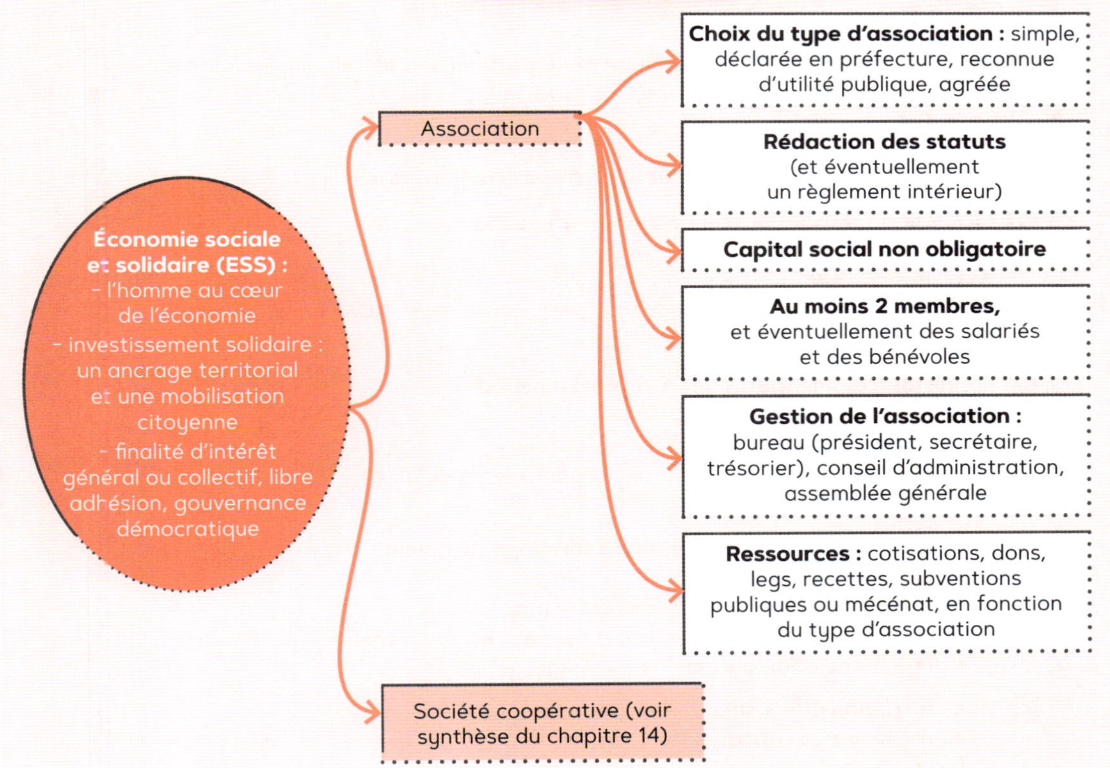

Faites le point sur les notions clés :
économie sociale et solidaire (p. 253), association (p. 255).

Révisez avec les flashcards
www.lienmini.fr/dcg02-24

QCM

Réponse unique

QCM interactif

www.lienmini.fr/dcg02-25

1 **Une association peut ne comprendre qu'une seule personne, le fondateur.**
- ❍ **a.** Vrai.
- ❍ **b.** Faux.

2 **Toute association doit être déclarée à la préfecture.**
- ❍ **a.** Vrai.
- ❍ **b.** Faux.

3 **Toute association doit comprendre une assemblée générale, un conseil d'administration et un bureau.**
- ❍ **a.** Vrai.
- ❍ **b.** Faux.

4 **Le règlement intérieur d'une association n'est pas obligatoire.**
- ❍ **a.** Vrai.
- ❍ **b.** Faux.

5 **En cas de dissolution, une association peut attribuer son patrimoine à ses membres.**
- ❍ **a.** Vrai.
- ❍ **b.** Faux.

Plusieurs réponses possibles

6 **Le mode de gouvernance et de gestion d'une ESS est :**
- ❍ **a.** démocratique.
- ❍ **b.** participatif.
- ❍ **c.** partagé entre le dirigeant et le conseil d'administration uniquement.
- ❍ **d.** réalisé par le dirigeant.

7 **Les ressources financières de l'ESS proviennent de :**
- ❍ **a.** prêts solidaires.
- ❍ **b.** garanties d'emprunts.
- ❍ **c.** fonds propres versés par des organismes spécialisés.
- ❍ **d.** subventions publiques.

8 **Une association peut revêtir plusieurs formes, notamment :**
- ❍ **a.** une association de fait.
- ❍ **b.** une association déclarée en préfecture.
- ❍ **c.** une association appartenant à ses salariés uniquement.
- ❍ **d.** une association agréée.

9 **Une association dite « simple » ne peut pas :**
- ❍ **a.** recevoir des cotisations.
- ❍ **b.** conclure des contrats.
- ❍ **c.** avoir un patrimoine.
- ❍ **d.** agir en justice.

10 **Une association déclarée en préfecture ne peut pas :**
- ❍ **a.** recevoir des cotisations.
- ❍ **b.** recevoir des donations.
- ❍ **c.** recevoir des legs.
- ❍ **d.** avoir un patrimoine.

● Réponse à justifier

11 **Deux amis d'enfance ont créé une association l'an dernier. Ils ont décidé de vendre les produits bio qu'ils ont en surplus dans leur jardin dans des marchés locaux, à des prix dérisoires. À leur grande surprise, les ventes ont été fulgurantes et ils ont généré beaucoup de bénéfices. Ils se demandent quoi en faire.**

❍ **a.** Les bénéfices générés par les actes de commerce réalisés par une association doivent être réinvestis dans les activités de l'association.
❍ **b.** Ils peuvent se les partager.

12 **L'association Greta récolte des denrées alimentaires afin de les envoyer dans des programmes d'aide humanitaire en Afrique. Les membres déménagent et doivent donc modifier les statuts. Ils se demandent quelle majorité s'applique quant à cette prise de décision.**

❍ **a.** La majorité simple.
❍ **b.** La majorité des deux tiers.
❍ **c.** La majorité absolue.
❍ **d.** L'unanimité.

13 **L'association « La Dolce Vita » a été créée pour organiser des soirées festives autour de grands classiques cinématographiques français. Elle possède un bureau, dont font partie un président, un secrétaire et un trésorier. Elle est composée de plusieurs membres, de bénévoles, mais ne compte pas de salariés. Durant les six premiers mois de l'année, les soirées ont permis de rapporter à l'association un bénéfice de 4 400 €. Que peut faire l'association avec ces bénéfices ?**

❍ **a.** Les redistribuer à ses bénévoles.
❍ **b.** Les redistribuer à ses membres.
❍ **c.** Les réinvestir dans la structure.
❍ **d.** Augmenter la rémunération de son président.

14 **L'association « REV 2 GOSSES » permet de faire intervenir des spectacles de clowns et magiciens auprès d'enfants malades dans les hôpitaux. Richard est le président de l'association, Jeanine, la trésorière et Claire, la secrétaire. Les ressources, qui sont de 18 000 € par an, proviennent à 90 % des recettes générées par la publicité de magasins locaux faites lors de ces spectacles. Richard se demande si l'association pourrait prétendre à être reconnue d'utilité publique ?**

❍ **a.** Oui, c'est possible, car l'intérêt est général.
❍ **b.** Non, ce n'est pas possible, car l'association doit avoir au moins 46 000 € de ressources.
❍ **c.** Non, ce n'est pas possible, car l'association n'est pas d'intérêt général.
❍ **d.** Oui, c'est possible, car elle présente des garanties financières importantes.

15 **À la suite d'une interdiction de visiter les enfants malades à l'hôpital, sauf en ce qui concerne la famille proche, l'association n'a plus d'activité et donc plus de ressources. Richard décide alors de dissoudre l'association avant qu'il ne soit trop tard. Il se demande ce qu'il va advenir des 10 000 € restant dans le patrimoine de l'association.**

❍ **a.** Ces 10 000 € sont partagés entre les membres de l'association.
❍ **b.** Ces 10 000 € sont reversés à l'État.
❍ **c.** Ces 10 000 € sont partagés entre toutes les associations locales dont l'objet est proche.
❍ **d.** Ces 10 000 € sont versés, selon ce qu'ont prévu les statuts et décidé le liquidateur et l'assemblée générale, à, par exemple, une ou plusieurs associations dont l'objet est proche.

CAS PRATIQUE GUIDÉ

LA CRÉATION DES AMIS DES ANIMAUX

Frédéric et quatre de ses amis d'enfance ont décidé de créer une association, Les amis des animaux, afin de s'occuper des animaux des propriétaires désireux de partir en vacances sans eux, et ce afin d'éviter les abandons. Les parents d'un des amis leur ont conseillé de déclarer leur association en préfecture, afin d'obtenir des droits. Frédéric et ses amis se demandent si c'est réellement utile. Frédéric vient alors vous voir et vous expose leur projet. Vous êtes en effet expert-comptable et travaillez dans la même entreprise que Frédéric.

Votre mission : analyser, dans une situation donnée, les avantages des associations déclarées.

Pour la réaliser, vous devez vérifier si l'association pourra être déclarée et les droits qui lui seront octroyés si c'est le cas.

CORRIGÉ

☑ **COMPÉTENCE ATTENDUE :**

– Analyser, dans une situation donnée, les avantages des associations déclarées.

Méthode

Pour résoudre un cas pratique [voir Fiche méthode 2], vous devez respecter quelques règles essentielles :

- **Schématiser, au brouillon, les éléments essentiels nécessaires pour traiter le cas.**
- **Effectuer le travail d'analyse juridique pour identifier le problème juridique posé par le cas pratique.**
- **Rédiger le raisonnement juridique (règle de droit + application de la règle de droit aux faits), appelé aussi le syllogisme.**

TRAVAIL PRÉPARATOIRE

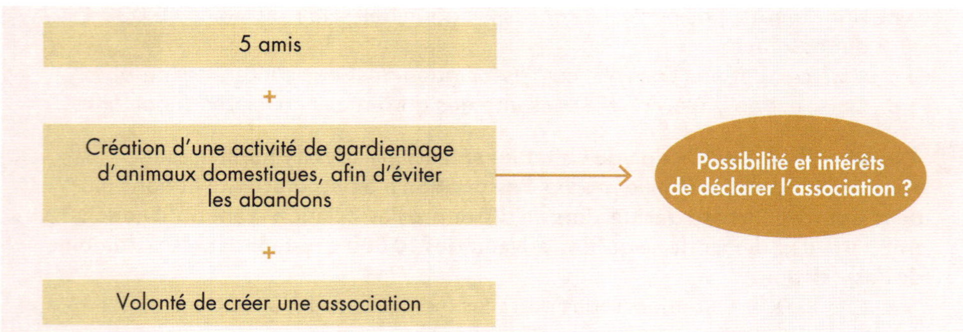

Ces faits soulèvent le problème juridique suivant : quels sont les avantages à déclarer une association ?

PRINCIPES JURIDIQUES

> **!** Dans ce cas, vous devez indiquer les droits octroyés à une association déclarée, mais également les conditions pour pouvoir être déclarée.

Selon l'article 5 de la loi de 1901, il est possible de déclarer l'association en préfecture. Il faut tout d'abord vérifier que « *deux ou plusieurs personnes veulent mettre en commun, d'une façon permanente, leurs connaissances ou leur activité dans un but autre que de partager des bénéfices* ».
Concernant la procédure, comme l'indique l'article 5, « *la déclaration préalable en sera faite au représentant de l'État dans le département où l'association aura son siège social. Elle fera connaître le titre et l'objet de l'association, le siège de ses établissements et les noms, professions et domiciles et nationalités de ceux qui, à un titre quelconque, sont chargés de son administration. Un exemplaire des statuts est joint à la déclaration. Il sera donné récépissé de celle-ci dans le délai de cinq jours.* »
L'avantage de la déclaration est que l'association bénéficiera alors de la personnalité juridique. Elle pourra donc posséder un patrimoine, percevoir des subventions, conclure des contrats, agir en justice, même si elle ne pourra pas percevoir de donations, ni de legs.

APPLICATION AU CAS

> **!** Dans ce cas, vous devez vérifier si les conditions de l'association déclarée sont réunies et de quels droits l'association bénéficiera.

En l'espèce, il s'agit de vérifier si l'activité peut être une association déclarée en préfecture.
Les cinq amis souhaitent créer une activité de gardiennage d'animaux domestiques, dans le but d'éviter des abandons. Il n'est pas mentionné s'ils souhaitent partager les bénéfices de cette activité. Si c'est le cas, alors ils ne pourront pas créer une association, mais devront se tourner vers une société.
Ainsi, si les cinq amis ont un but totalement désintéressé quant aux bénéfices qui pourront être réalisés, alors ils peuvent créer une association.
Afin que l'association bénéficie de la personnalité juridique, et donc qu'elle puisse posséder un patrimoine, percevoir des subventions, conclure des contrats, agir en justice, il sera nécessaire de la déclarer en préfecture, en respectant la procédure de déclaration.

Méthode

Un bon raisonnement par syllogisme doit éviter trois défauts récurrents que l'on retrouve dans de nombreuses copies :

- **Se limiter à rappeler les faits : il faut les qualifier juridiquement.**
- **Entamer le syllogisme en appliquant d'emblée les règles de droit au cas. Cela reviendrait à inverser le raisonnement juridique.**
- **Négliger la partie « règles juridiques », qui représente l'essentiel de la note.**

Il faut lui réserver un traitement rigoureux.

AUTOÉVALUATION

La grille d'autoévaluation ci-dessous vous permet d'évaluer votre niveau et de vérifier si vos réponses correspondent aux attendus de l'examen.

	Niveau 1	Niveau 2	Niveau 3	Niveau 4
	Un premier élément de réponse, mais très incomplet, des erreurs, des contresens.	*Des éléments de réponse isolés, des approximations et/ou de la paraphrase.*	*Question comprise : des éléments de réponse pertinents, mais incomplets au niveau des savoirs et/ou de l'application.*	*Compétence attendue mobilisée avec mobilisation complète des savoirs associés à la compétence. Application pertinente.*
Vérifier si l'association pourra être déclarée et les droits qui lui seront octroyés si c'est le cas. *(voir Section II.A)*	❒ Vous avez compris qu'il fallait étudier l'association, mais ne savez pas faire la différence entre les types d'association.	❒ Vous avez compris qu'il fallait étudier l'association, et savez faire la différence entre les types d'association, malgré des oublis.	❒ Vous avez compris qu'il fallait étudier l'association, et savez faire la différence entre les types d'association, mais n'appliquez pas à la situation.	❒ Vous avez compris qu'il fallait étudier l'association, savez faire la différence entre les types d'association et appliquez de façon pertinente à la situation (vérification du but désintéressé).

EXERCICES

1 Le cas d'AVotBonCœur

10 min.

☑ **COMPÉTENCE ATTENDUE :**

– Identifier les caractéristiques et les éléments distinctifs des associations en mettant en évidence les principales règles de fonctionnement de ce groupement.

Trois amis veulent constituer une association, AVotBonCœur. Mais pour bien développer l'activité, ils souhaiteraient que Pedro, le petit frère de l'un des associés, devienne un membre actif dans leur structure car, même s'il n'a que 12 ans, il a de très bonnes idées. Ils décident alors de se tourner vers vous.

Votre mission : identifier la qualité des associés dans une association.

Pour la réaliser, vous devez vérifier si Pedro peut être membre de l'association.

2 Le cas de Pedro

15 min.

☑ **COMPÉTENCE ATTENDUE :**

– Identifier les caractéristiques et les éléments distinctifs des associations en mettant en évidence les principales règles de fonctionnement de ce groupement.

L'association a été créée avec les quatre amis, dont Pedro, 12 ans, qui a été élu trésorier l'association. Le mois dernier, il est découvert que l'association accumule beaucoup de dettes, dans la mesure où Pedro gère très mal les comptes. Vous êtes à nouveau sollicité.

Votre mission : analyser la responsabilité d'un trésorier mineur.

Pour la réaliser, vous devez établir si Pedro est civilement responsable des dettes de l'association.

3 Le cas de M. Pakbo

15 min.

COMPÉTENCE ATTENDUE :

– Identifier les caractéristiques et les éléments distinctifs des associations en mettant en évidence les principales règles de fonctionnement de ce groupement.

Jean-Michel Pakbo est médecin dans une clinique privée. Depuis deux ans, il est bénévole auprès d'une association d'aide humanitaire. L'association l'envoie souvent en Afrique pour prodiguer des soins à des enfants malades. Il est remboursé de ses frais pour chaque déplacement et touche en plus une indemnité de 300 € par déplacement. L'an dernier, le président de l'association lui a imposé de venir une fois par semaine à des réunions de travail et de partir deux fois par an en Afrique. Jean-Michel lui a indiqué que son travail à la clinique ne lui permettait pas d'être aussi disponible. Le président lui a alors adressé un avertissement écrit pour lui rappeler qu'il fallait respecter les engagements demandés par l'association. Las de cette situation, Jean-Michel ne vient plus aux réunions hebdomadaires imposées. Le président lui a alors notifié la fin de son engagement auprès de l'association. Jean-Michel trouve la situation incongrue et ne souhaite pas se laisser faire ! Il demande alors le versement d'une indemnité de licenciement. Vous travaillez au service juridique de la clinique privée dans laquelle Jean-Michel exerce. Celui-ci vient vous voir et vous expose la situation.

Votre mission : différencier le salarié du bénévole dans une association.

Pour la réaliser, vous devez expliquer si M. Pakbo peut obtenir le versement d'une indemnité de licenciement.

CAS DE SYNTHÈSE

LE CAS DU PRÉSIDENT DE L'ASSOCIATION « LES CHASSEURS BIEN HEUREUX »

20 min.

COMPÉTENCE ATTENDUE :

– Identifier les caractéristiques et les éléments distinctifs des associations en mettant en évidence les principales règles de fonctionnement de ce groupement.

Mise en situation

L'association « Les chasseurs bienheureux », installée dans le Tarn, a décidé, lors d'une assemblée générale ordinaire, de la révocation, non prévue à l'ordre du jour, de son président. Ce dernier demande alors l'annulation de sa révocation, dans la mesure où elle n'avait pas été prévue dans l'ordre du jour. Comme les autres membres de l'association ne l'entendent pas de cette oreille, il décide de venir vous consulter.

Votre mission : identifier les conditions de révocation du président d'une association.

Pour la réaliser, vous avez à votre disposition une base documentaire et vous devez vérifier si la révocation du président était valable.

DOCUMENT

Arrêt de la Cour de cassation, Chambre civile 1, 5 mars 2009, n° de pourvoi 08-11.643

Attendu que, lors de l'assemblée générale ordinaire du 23 août 2005 de l'Association générale des chasseurs d'Andaines (AGCA), la révocation, non prévue à l'ordre du jour, de son président, M. X..., a été décidée ; que, néanmoins, celui-ci a convoqué ultérieurement le bureau de l'association ainsi qu'une nouvelle assemblée générale au cours de laquelle M. Y... a été élu président ; [...]

Sur le second moyen :

Attendu que M. X... fait grief à l'arrêt de refuser d'annuler sa révocation en tant que président, alors, selon le moyen :

1. qu'une décision portant révocation du président de l'association ne peut être décidée en assemblée générale, sans inscription préalable à l'ordre du jour, que si le comportement du président, lors de l'assemblée générale, rend impossible son maintien à la tête de l'association durant le délai nécessaire pour la convocation d'une assemblée générale, sauf à compromettre les intérêts de l'association ; qu'en faisant état d'éléments antérieurs à l'assemblée (refus d'une inscription à l'ordre du jour ou suspicion de sacrifier les intérêts de l'AGCA au profit d'une autre association) ou postérieurs (termes utilisés dans le procès-verbal de l'assemblée générale ou dans un courrier du 29 septembre 2005, ou bien encore attitude de certains membres à la réception du procès-verbal de l'assemblée générale), les juges du fond ont violé les articles 1134, 1984 et 2004 du Code civil, ensemble les règles applicables aux décisions disciplinaires des associations ;

2. qu'une décision portant révocation du président de l'association ne peut être décidée en assemblée générale, sans inscription préalable à l'ordre du jour, que si le comportement du président, lors de l'assemblée générale, rend impossible son maintien à la tête de l'association durant le délai nécessaire pour la convocation d'une assemblée générale, sauf à compromettre les intérêts de l'association ; qu'en s'abstenant de préciser les conditions pour que l'assemblée générale puisse décider d'une révocation immédiate si, en tout état de cause, il était impossible que le président fût maintenu dans ses fonctions durant le délai nécessaire à la convocation d'une nouvelle assemblée générale, les juges du fond ont en tout état de cause privé leur décision de base légale au regard des articles 1134, 1984 et 2004 du Code civil, ensemble les règles applicables aux décisions disciplinaires des associations ;

Mais attendu qu'ayant relevé, par motifs propres et adoptés, à la lecture du procès-verbal d'assemblée du 23 août 2005, d'une part, que les termes à la limite de l'insulte employés témoignaient de la vivacité des incidents graves ayant émaillé cette réunion et traduisaient une perte de confiance des membres de l'association dans leur président sérieusement suspecté de sacrifier l'intérêt de l'AGCA au profit d'une autre association dans laquelle il était impliqué, d'autre part que l'attitude autocratique de M. X..., en conflit avec la majorité des membres de l'AGCA, était devenue un obstacle au fonctionnement de celle-ci, la cour d'appel a pu en déduire que ces faits justifiaient qu'une décision immédiate soit prise quant à son maintien en fonction comme président ;

D'où il suit que le moyen n'est pas fondé.

CHAPITRE 14

L'économie sociale et solidaire et la société coopérative

À l'issue de ce chapitre,

- **vous serez capable :**
  - ❒ de caractériser l'économie sociale et solidaire ;
  - ❒ de mettre en évidence, à partir d'une documentation, l'importance croissante de l'économie sociale et solidaire et son encadrement par la loi ;
  - ❒ d'identifier une structure juridique adaptée à une situation donnée ;
  - ❒ d'identifier les principes généraux régissant les sociétés coopératives.
- **vous saurez identifier :**
  - ❒ l'économie sociale et solidaire ;
  - ❒ la société coopérative.

Mettez-vous en situation

Victor, Jérôme et Pascal sont tous trois salariés dans l'EURL « BOIN 9 », qui a pour objet social la charpenterie, la menuiserie et l'ébénisterie. Cette EURL est détenue et gérée par Roger, qui souhaite aujourd'hui prendre sa retraite. Victor, Jérôme et Pascal désirent reprendre la société sous forme de SCOP, afin de s'y associer et d'y travailler, mais ils ne savent pas quelle forme de SCOP choisir.

Ils se rendent alors à la Chambre des métiers et de l'artisanat la plus proche et viennent vous demander conseil. Vous allez les aider à déterminer s'il vaut mieux qu'ils choisissent une SCOP sous forme de SA ou de SARL.

I. La définition de la société coopérative

La société coopérative existe depuis la loi n° 47-1775 du 10 septembre 1947, notamment modifiée par la loi n° 78-763 du 19 juillet 1978 et la loi du 31 juillet 2014 instituant l'**économie sociale et solidaire** (articles L. 124-1 à L. 124-16 du Code de commerce pour les sociétés coopératives de commerçants détaillants).

Définition

La société coopérative est une société de coopération et de participation des salariés, dont le but est de concilier la satisfaction des besoins personnels de leurs membres et l'intérêt collectif, et non l'unique optimisation des profits, ce qui les différencie des sociétés de capitaux.

Exemple : En France, en 2019, on dénombre 23 000 sociétés coopératives, qui représentent 4,5 % de l'emploi salarié. On peut citer, par exemple, les sociétés Yoplait, Leclerc, Crédit Agricole, Krys, Alternatives économiques, Moulin Roty, ECF école de conduite, Biocoop.

La société coopérative est une structure coopérative qui emprunte son mode de fonctionnement aux sociétés commerciales (SARL, SAS, SA), mais dont les finalités et le mode de gouvernance relèvent de la coopérative. Les associés ne sont pas de simples porteurs de capital, mais participent à l'activité de la société : ils sont aussi salariés, clients ou producteurs.

La société coopérative regroupe en réalité plusieurs types de sociétés :

- la société coopérative classique, née de la loi du 10 septembre 1947 ;
- la société coopérative et participative (**SCOP**), née de la loi du 19 juillet 1978 ;
- la société coopérative d'intérêt collectif (**SCIC**), née de la loi du 17 juillet 2001 ;
- la société coopérative européenne, née de la loi du 3 juillet 2008.

Toutes ces formes répondent aux règles générales de la société coopérative, mais également à des règles spécifiques.

> **!** La CAE (coopérative d'activité et d'emploi), née de la loi du 3 juillet 2014, n'est pas un statut juridique, mais un métier exercé avec un statut coopératif.

II. La constitution de la société coopérative

A La forme juridique

La société coopérative peut choisir la forme juridique qu'elle souhaite (société commerciale ou civile). Cependant, les SCOP et les SCIC ne peuvent se constituer que sous la forme d'une SARL, d'une SAS ou d'une SA.

B L'objet social

La SCOP peut être créée dans tous les secteurs d'activité (commerce, industrie, artisanat, services, etc.), ainsi que dans certaines professions libérales réglementées (architectes, géomètres-experts). L'objet social peut ainsi être **civil** ou **commercial**. Dans tous les cas, le but est la recherche d'une meilleure qualité par rapport à un meilleur profit.

> **Exemple :** Plus de la moitié des SCOP exercent dans le secteur des services. Le commerce, le transport, l'éducation, l'agriculture et la santé recouvrent un quart des SCOP, alors que le BTP et l'industrie ne recouvrent qu'un cinquième des SCOP.

C Le capital social

Le montant du capital social dépend de la forme juridique choisie :

- Dans une **SCOP SARL**, le capital est de **30 € minimum** (au moins deux parts sociales d'une valeur minimale de 15 €) et tous les apports sont possibles.
- Dans une **SCOP SA**, il est de **18 500 € minimum**, libéré d'au moins un quart lors de sa constitution et le reste dans les trois ans (excluant les apports en industrie).

La libération des parts peut se faire par retenue sur rémunération.

Fréquemment, et dans certains cas de façon obligatoire, les statuts prévoient que le capital social est variable, donc sans formalité d'enregistrement, permettant ainsi facilement l'ajout ou le retrait de membres. L'entrée et la sortie des associés se font de manière souple, sans les formalités habituelles en matière d'augmentation ou de réduction du capital des sociétés à capital fixe.

La loi Hamon du 31 juillet 2014 relative à l'ESS a créé un statut de **SCOP transitoire** au statut assoupli, dans le but de faciliter la reprise par les salariés d'entreprises saines, alors même que ceux-ci disposent de moyens financiers limités : ce sont les **SCOP dites « d'amorçage »**. Concrètement, l'entreprise reprise va se transformer en SCOP, et un ou plusieurs investisseurs, associés non coopérateurs, pourront détenir plus de la moitié du capital de cette SCOP, mais pour une durée limitée à sept ans, tout en laissant aux salariés la majorité en voix. En application de ce dispositif, les associés non coopérateurs doivent donc s'engager à céder ou à obtenir le remboursement d'un nombre de titres permettant aux associés coopérateurs d'atteindre le seuil de détention de 50 % du capital au bout de la durée de sept ans (très précisément au plus tard le 31 décembre de la septième année suivant celle de la transformation en SCOP de la société reprise).

D Les membres

1. Les associés salariés

a. Condition pour être membre

La condition pour être membre d'une société coopérative est d'avoir la double qualité : être **associé** de la structure, mais également **coopérateur**, c'est-à-dire salarié.

b. Nombre de membres

Le nombre de membres (ou sociétaires) dépend de la forme juridique choisie. Cependant, des règles particulières s'appliquent pour les sociétés coopératives. En effet, dans une SCOP SA, il faut être sept actionnaires au minimum. Dans une SCOP SARL, il faut être au moins deux et pas plus de 100 associés.

c. Participation des membres au capital social

Les salariés membres doivent posséder au moins **51 % du capital social** et détiennent au minimum **65 % des voix**. Cependant, un même membre ne peut détenir plus de la moitié du capital social. Tout nouvel embauché a vocation à devenir associé s'il le souhaite, et selon les modalités fixées par les statuts de la société.

d. Lien entre qualité de sociétaire et de salarié

Sauf disposition statutaire contraire, la démission et le licenciement (sauf économique) entraînent la perte du statut d'associé. Le fait de perdre la qualité d'associé entraîne la rupture du contrat de travail, sauf disposition contraire des statuts. Dans les deux hypothèses, le départ de la société entraîne le remboursement de la part du salarié-associé.

e. Responsabilité

En cas de dettes sociales, les associés sont responsables de manière limitée, à hauteur de leur apport réalisé dans le capital social, quelle que soit la forme de SCOP choisie.

2. Les associés extérieurs

Dans une SCOP, il peut y avoir, en plus des associés salariés, des associés extérieurs. Il s'agit de personnes physiques ou de personnes morales, qui n'exercent pas d'activité professionnelle dans l'entreprise.

Exemple : Il peut s'agir de clients, fournisseurs, bénévoles.

Ils doivent rester minoritaires. Ils ont 35 % des droits de vote au maximum et détiennent 49 % des parts au maximum.
Leur responsabilité est la même que celle des associés salariés.

E Les statuts

Les membres doivent avoir rédigé et signé les statuts, et les formalités de constitution doivent être réalisées. La société sera dotée de la personnalité juridique à compter de son immatriculation.

F L'agrément

Les SCOP doivent être agréées : la demande de reconnaissance du statut de SCOP est adressée par lettre recommandée avec demande d'avis de réception au ministre du Travail, qui notifie sa décision à la société intéressée dans un délai de deux mois.
La société agréée doit, **tous les ans**, dans les six mois de la clôture de son exercice social, communiquer au ministre du Travail divers documents relatifs au suivi de son activité.

III. Le fonctionnement de la société coopérative

A La gestion par les sociétaires

Le **principe démocratique** est une valeur forte dans les sociétés coopératives. Ainsi, le droit de vote au conseil d'administration est attaché à la personne de l'associé et n'est pas proportionnel à la part de capital qu'il détient. Ainsi, chaque membre dispose de droits égaux dans la gestion de la société : « un homme = une voix », quel que soit le montant de l'apport en capital de chacun.

B Les droits des sociétaires

Les sociétaires bénéficient du droit à l'information et du droit de vote, en fonction de la forme de la société choisie.

C La répartition des « bénéfices »

Le principe qui gouverne les sociétés coopératives est l'**altruisme**. Ainsi, la finalité de ces sociétés n'est pas de rechercher des bénéfices à distribuer. D'ailleurs, pour la société coopérative, la loi ne parle pas de bénéfices, mais d'excédents nets de gestion.
Cependant, en cas d'**excédents nets de gestion**, les sociétaires ont droit au pourcentage du résultat net fixé dans les statuts ou lors de l'assemblée générale d'approbation des comptes, sans pouvoir dépasser le taux moyen de rendement des obligations. C'est ce que l'on appelle la **ristourne coopérative**. Il s'agit d'un avantage consenti au sociétaire, au prorata des opérations faites au sein de la société coopérative.

Exemple : Dans les SCOP, la ristourne s'appelle « part travail », reversée le plus souvent sous forme de participation, d'intéressement ou de prime sur le salaire.

Enfin, il faut savoir que, pour une **SCOP** :

- les associés doivent affecter au moins 15 % des bénéfices à la constitution de la réserve légale et au moins 1 % à la réserve statutaire (fonds de développement) ;
- une part d'au moins 25 % est affectée aux salariés, qu'ils soient associés ou non ;
- les associés doivent percevoir une part des bénéfices qui ne peut pas être supérieure aux réserves ni aux parts octroyées aux salariés.

D Les dirigeants

Le dirigeant est nommé pour une durée maximum par l'assemblée générale des associés salariés, en fonction de la forme juridique choisie.

Exemple : Dans une société coopérative sous forme de SA, le dirigeant est nommé pour six ans au plus, alors que, dans une SARL, il est nommé pour quatre ans au plus.

Selon la forme de coopérative, il doit être sociétaire ou non.

Tableau 14.1 **Les dirigeants de la société coopérative**

SCOP SARL	SCOP SA	SCOP SAS
- Le gérant est élu par les salariés associés pour 4 ans. - Si la SCOP compte plus de 20 associés, un conseil de surveillance doit être institué. - Les membres du conseil de surveillance (3 à 9) sont élus pour 4 ans maximum.	- Les membres du conseil d'administration sont élus pour 6 ans et désignent un président (pour 6 ans). - Les membres du conseil de surveillance sont élus pour 6 ans et désignent un directoire (pour 4 ans).	- Le président est élu par les salariés associés pour 4 ans.

Le dirigeant conserve les **responsabilités civile et pénale**, comme dans toutes les formes juridiques de société.

E Le contrôle de la société coopérative

Il n'y a pas d'obligation de nommer un commissaire aux comptes, sauf en cas de dépassement de deux des trois seuils suivants depuis un décret du 28 décembre 2010, non modifiés par la loi PACTE de 2019 :

- **effectif** d'au moins 10 salariés ;
- un **chiffre d'affaires** supérieur à 534 000 € HT ;
- un **bilan** supérieur à 267 000 €.

IV. La disparition de la société coopérative

A Les causes de la disparition de la société coopérative

La disparition de la société coopérative peut avoir plusieurs causes et correspond à la forme juridique choisie :

- décision de l'assemblée générale ;
- arrivée du terme fixé par les statuts et absence de prorogation dans les délais ;
- réduction du capital social en dessous du minimum légal ;
- décision de justice.

B Les conséquences de la disparition de la société coopérative

La disparition de la société va entraîner sa **liquidation**, donc la nomination d'un liquidateur qui va énumérer dans l'inventaire la totalité de l'actif restant, ainsi que la totalité du passif exigible. En cas de **pertes** excédant le montant du capital social, elles peuvent être réparties entre les sociétaires proportionnellement au nombre de parts de capital, en fonction de la forme juridique choisie. En cas de **bénéfices**, l'actif disponible ne peut être ni directement, ni indirectement réparti entre les associés ou travailleurs. En effet, du fait de la nature coopérative de la société, les membres n'ont pas droit à un boni de liquidation lors de la disparition de la société.
Donc, après paiement du passif, remboursement des parts sociales libérées et, s'il y a lieu, distribution des répartitions différées, l'actif net est dévolu, comme prévu soit par les statuts, soit par l'assemblée des associés, à une ou plusieurs SCOP ou unions ou fédérations de SCOP, à une personne morale de droit public, ou à une œuvre d'intérêt général, coopératif ou professionnel ne poursuivant pas un but lucratif.

SYNTHÈSE

Société coopérative

- Constitution
  - **Forme juridique :** SARL, SAS, SA
  - **Objet :** civil ou commercial
  - **Capital social :** SCOP SARL : 30 € minimum ; SCOP SA : 18 500 € minimum
  - **Membres :** associés salariés/associés extérieurs
- Fonctionnement
  - **Gouvernance et contrôle démocratiques**
  - **Droits :** droit à l'information, droit de vote
  - **Dirigeant :** nommé pour une durée maximum
  - **Excédents nets de gestion :** un pourcentage du résultat net revient aux sociétaires
- Disparition
  - **Causes :** décision de l'assemblée générale ; arrivée du terme fixé par les statuts et absence de prorogation dans les délais ; réduction du capital social en dessous du minimum légal ; décision de justice
  - **Conséquences :** dissolution et liquidation

Faites le point sur les notions clés :
société coopérative (p. 269).

Révisez avec les flashcards
www.lienmini.fr/dcg02-24

QCM

Réponse unique

1 Cherchez l'intrus dans les lois relatives aux sociétés coopératives.
- a. La loi du 22 mai 2019.
- b. La loi du 10 septembre 1947.
- c. La loi du 19 juillet 1978.
- d. La loi du 31 juillet 2014.

QCM interactif
www.lienmini.fr/dcg02-26

2 À qui appartient majoritairement le capital d'une société coopérative ?
- a. Aux clients.
- b. Aux salariés.
- c. Aux actionnaires.
- d. Aux investisseurs extérieurs.

3 La SCIC associe trois types d'associés. Lesquels ?
- a. Les bénévoles, les bénéficiaires et les administrations.
- b. Les bénévoles, les salariés et les bénéficiaires.
- c. Les salariés, les bénéficiaires et une catégorie au choix de la coopérative.

4 Une SCOP sous forme de SARL doit comporter au minimum :
- a. 2 associés.
- b. 1 associé.
- c. 7 associés.
- d. 10 associés.

5 Quelle est la distinction des SCOP par rapport aux autres formes de coopératives ?
- a. Le secteur d'activité.
- b. La finalité lucrative.
- c. Le profil salarié des associés majoritaires.

Plusieurs réponses possibles

6 Parmi ces propositions, lesquelles correspondent à un statut juridique coopératif ?
- a. CAE.
- b. SARL.
- c. SCOP.
- d. SCIC.

7 Parmi ces propositions, quelles décisions sont votées avec les associés en assemblée générale de la société coopérative ?
- a. Remplacer l'ordinateur d'un salarié.
- b. Désigner le dirigeant de la société.
- c. Racheter une société.
- d. Acheter des fournitures de bureau.

8 Parmi ces affirmations sur une société coopérative adhérant aux principes de l'ESS, lesquelles sont vraies ?
- a. L'adhésion aux projets et aux structures est ouverte et volontaire.
- b. Le fonctionnement est démocratique : les décisions en assemblée générale sont prises selon le principe « une personne = une voix ».
- c. Le caractère lucratif est limité : constitution de fonds propres impartageables, excédents peu ou pas redistribuables.
- d. La gestion est dépendante des pouvoirs publics, qui contrôlent la constitution et les comptes des structures de l'ESS.

9 Quelles sont les causes de disparition de la société coopérative ?
- a. Arrivée du terme fixé par les statuts malgré une prorogation dans les délais.
- b. Réduction du capital de 10 %.
- c. Décision de l'assemblée générale.
- d. Décision de justice.

10 **Les conséquences de la liquidation de la société coopérative sont :**

❍ **a.** le partage du boni de liquidation entre les sociétaires.

❍ **b.** l'appel sur le patrimoine personnel des sociétaires à remboursement des dettes sociales.

❍ **c.** la répartition des éventuelles pertes entre les sociétaires, proportionnellement au nombre de parts de capital.

❍ **d.** la dévolution de l'actif net à par exemple une ou plusieurs sociétés coopératives.

● Réponse à justifier

11 **Sascha et Martin ont créé une SCOP (SARL). Ils sont tous les deux associés à 50 % et ont fait 5 000 € d'apport chacun. Tout allait bien au début, cependant, ces derniers mois, les dettes s'accumulent. Ils se demandent qui va devoir payer ces dettes sociales, qui sont de 10 000 €.**

❍ **a.** Ils sont redevables de 50 % de la dette sociale sur leur patrimoine social.

❍ **b.** Ils perdront leur apport de 5 000 €, qui servira à rembourser la dette sociale.

❍ **c.** Ils sont responsables indéfiniment et solidairement de la dette sociale.

❍ **d.** Seul l'un est responsable, si la société ne peut pas assumer la dette sociale.

12 **Bertrand et Marie-Louise veulent créer une SCOP sous forme de SAS. Ils veulent nommer leur fille, Élise, qui va travailler avec eux dans la SCOP, présidente de la SCOP et à durée indéterminée. Ils se demandent si c'est possible.**

❍ **a.** Oui, un président de SCOP (SAS) peut être nommé à vie.

❍ **b.** Non, un président de SCOP (SAS) ne peut être nommé que pour 4 ans.

❍ **c.** Non, un président de SCOP (SAS) ne peut être nommé que pour 6 ans.

❍ **d.** Non, il ne faut pas de lien de parenté entre un président de SCOP (SAS) et ses associés.

13 **Bertrand et Marie-Louise ont créé une SCOP sous forme de SAS. La SCOP comprend aujourd'hui 20 salariés et a réalisé l'an dernier un chiffre d'affaires de 534 000 € TTC et un total du bilan de 260 000 €. Ils se demandent s'ils doivent obligatoirement nommer un commissaire aux comptes.**

❍ **a.** Oui, c'est obligatoire dans une SCOP.

❍ **b.** Oui, ils dépassent deux des trois seuils fixés par la loi.

❍ **c.** Non, ils ne dépassent qu'un seuil sur les trois fixés par la loi.

❍ **d.** Non, ce n'est jamais obligatoire dans une SCOP.

14 **Après un divorce, Bertrand a décidé de démissionner de son contrat de travail, car il était trop dur de voir tous les jours son ex-épouse, Marie-Louise. Celle-ci se demande si Bertrand est toujours associé de la SCOP (SAS).**

❍ **a.** Il perd son contrat de travail en démissionnant, mais ne perd pas sa qualité d'associé.

❍ **b.** Étant donné qu'il a démissionné, il sera obligé de céder ses parts.

❍ **c.** Sauf disposition statutaire contraire, la démission entraîne la perte du statut d'associé.

15 **Liliane et Rose ont créé une SCOP (SARL) pour deux ans. Arrivées au terme de leur société, elles se demandent ce qu'il va advenir des bénéfices restant dans la société.**

❍ **a.** L'actif net restant sera partagé entre elles à hauteur de leur part dans le capital social.

❍ **b.** L'actif net restant sera partagé entre elles de la façon qu'elles l'auront décidé au moment de la liquidation.

❍ **c.** L'actif net sera dévolu, comme prévu par les statuts ou par l'assemblée des associés, à une ou plusieurs SCOP par exemple.

❍ **d.** L'actif net sera dévolu à l'État.

— • CAS PRATIQUE GUIDÉ • —

LA REPRISE DE L'EURL BOFUTON EN SCOP

Alexandre, Pierre et Martin sont tous trois salariés dans l'EURL BOFUTON, qui a pour objet social la fabrication et la revente de futons. Cette EURL est détenue et gérée par Jean-Pierre, qui souhaite aujourd'hui prendre sa retraite. Le capital social de l'EURL est de 10 000 €.

Alexandre, Pierre et Martin désirent reprendre l'entreprise sous forme de SCOP (SARL), afin de s'y associer et d'y travailler. Cependant, ils voudraient obtenir plus de renseignements sur ce type de sociétés. Ils en parlent à Jean-Pierre, qui est ravi de savoir que son entreprise ne fermera pas une fois qu'il aura pris sa retraite. Il décide alors de leur venir en aide et vous contacte.

Votre mission : indiquer les caractéristiques de certaines formes de sociétés coopératives.
Pour la réaliser, vous devez identifier les caractéristiques des SCOP sous la forme SARL.

CORRIGÉ

☑ **COMPÉTENCE ATTENDUE :**

– **Indiquer les caractéristiques de certaines formes de sociétés coopératives.**

Méthode

Pour résoudre un cas pratique [voir Fiche méthode 2], vous devez respecter quelques règles essentielles :

- **Schématiser, au brouillon, les éléments essentiels nécessaires pour traiter le cas.**
- **Effectuer le travail d'analyse juridique pour identifier le problème juridique posé par le cas pratique.**
- **Rédiger le raisonnement juridique (règle de droit + application de la règle de droit aux faits), appelé aussi le syllogisme.**

TRAVAIL PRÉPARATOIRE

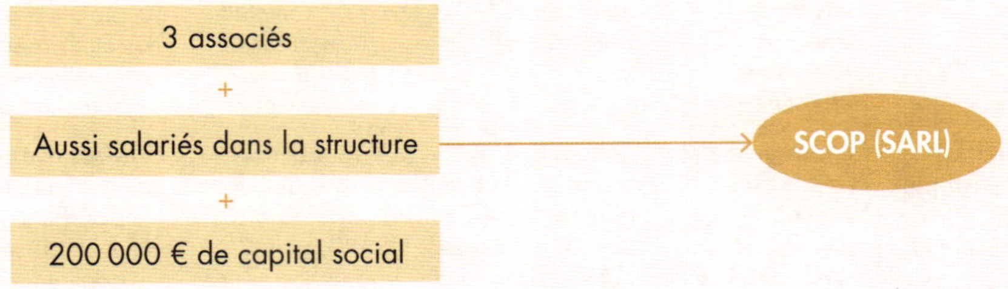

Ces faits soulèvent le problème juridique suivant : quelles sont les caractéristiques d'une SCOP (SARL) ?

PRINCIPES JURIDIQUES

Selon la loi, la SCOP est une forme de société coopérative et participative. Elle peut prendre la forme d'une SARL. Dans ce cas, elle doit avoir un minimum de capital de 30 €, être composée au minimum de deux parts sociales d'une valeur minimale de 15 € chacune, accepter tous les types d'apports et comporter entre deux et 100 associés.

> **!** Dans ce cas, vous devez identifier toutes les caractéristiques d'une SCOP (SARL).

APPLICATION AU CAS

En l'espèce, il s'agit de vérifier si les associés peuvent transformer l'EURL en SCOP (SARL). Ils sont trois associés, donc ils dépassent le minimum de deux ; ils sont tous les trois salariés de la structure, donc détiennent au moins 51 % du capital social. L'EURL actuelle comporte 10 000 € de capital social, donc largement assez pour le minimum exigé par la SCOP (SARL).

Ainsi, si les associés rachètent les parts de l'EURL, ils peuvent constituer une SCOP (SARL).

> **!** Dans ce cas, vous devez vérifier que les caractéristiques d'une SCOP (SARL) peuvent s'appliquer à la situation.

Méthode

Un bon raisonnement par syllogisme doit éviter trois défauts récurrents que l'on retrouve dans de nombreuses copies :

- **Se limiter à rappeler les faits. Vous devez les qualifier juridiquement.**
- **Entamer le syllogisme en appliquant d'emblée les règles de droit au cas. Cela reviendrait à inverser le raisonnement juridique.**
- **Négliger la partie « règles juridiques » qui représente l'essentiel de la note.**
- **Il faut lui réserver un traitement rigoureux.**

AUTOÉVALUATION

La grille d'autoévaluation ci-dessous vous permet d'évaluer votre niveau et de vérifier si vos réponses correspondent aux attendus de l'examen.

	Niveau 1	Niveau 2	Niveau 3	Niveau 4
	Un premier élément de réponse, mais très incomplet, des erreurs, des contresens.	*Des éléments de réponse isolés, des approximations et/ou de la paraphrase.*	*Question comprise : des éléments de réponse pertinents, mais incomplets au niveau des savoirs et/ou de l'application.*	*Compétence attendue mobilisée avec mobilisation complète des savoirs associés à la compétence. Application pertinente.*
Identifier les caractéristiques des SCOP sous la forme SARL. *(voir Section II.)*	❒ Vous avez compris qu'il fallait aborder la SCOP, mais n'avez pas spécifié les conditions de constitution propres à la SCOP sous forme SARL.	❒ Vous avez compris qu'il fallait aborder la SCOP (SARL), mais avez oublié ou confondu des conditions de constitution propres à cette forme.	❒ Vous avez compris qu'il fallait aborder la SCOP (SARL), mais il vous manque une des conditions de constitution propres à cette forme.	❒ Vous avez compris qu'il fallait aborder la SCOP (SARL), et avez présenté et appliqué toutes les conditions de constitution propres à cette forme.

EXERCICES

1 Le cas de la SA Investiravnir

15 min.

COMPÉTENCE ATTENDUE :

– Identifier les principes généraux régissant les sociétés coopératives.

Victor, Pierre et Martin souhaitent créer une SCOP (SARL), mais ne détiennent pas les fonds suffisants. Le beau-frère de Victor, Jacques, serait d'accord pour investir dans la SCOP, par le biais de sa société SA Investiravnir. Ils envisagent une répartition du capital social de cette façon :

Victor :	20 000 €
Pierre :	30 000 €
Martin :	40 000 €
SA Investiravnir :	110 000 €

Jacques fait alors appel à vous car vous êtes l'expert-comptable de sa SA. Vous allez sûrement pouvoir les aider à y voir plus clair.

Votre mission : appréhender les investissements dans une SCOP.

Pour la réaliser, vous devez vérifier si les conditions de répartition du capital sont respectées.

2 Le cas de Victor

15 min.

COMPÉTENCE ATTENDUE :

– Identifier les principes généraux régissant les sociétés coopératives.

Reprenons le cas vu dans l'exercice précédent.

Victor, tout en souhaitant conserver son contrat de travail, voudrait être nommé gérant de la SCOP, aux côtés de la SA Investiravnir.

Votre mission : identifier les conditions de nomination du gérant de la SCOP (SARL).

Pour la réaliser, vous devez indiquer si Victor peut devenir gérant de la SCOP aux côtés de la SA Investiravnir.

3 Le cas de Yohan

20 min.

COMPÉTENCE ATTENDUE :

– Identifier les principes généraux régissant les sociétés coopératives.

Reprenons le cas vu dans les exercices précédents.

Finalement, Victor, Pierre et Martin sont tous trois nommés gérants de la SCOP. Devant la hausse de leur activité, ils souhaitent embaucher Yohan, mais sont réticents à lui octroyer la qualité d'associé, du moins pour le moment.

Votre mission : apprécier les conditions de nomination d'un associé d'une SCOP.

Pour la réaliser, vous devez discuter de la possibilité pour les associés de refuser que le salarié devienne associé.

CAS DE SYNTHÈSE

LE CAS D'INVESTIRAVNIR

25 min.

☑ **COMPÉTENCE ATTENDUE : identifier les principes généraux régissant les sociétés coopératives.**

Mise en situation

Reprenons le cas vu dans les exercices précédents.

Victor, Pierre et Martin ne supportent plus les conditions de travail depuis que la SA INVESTIRAVNIR est devenue associée de la SCOP (SARL). Ils ont tous les trois démissionné de leur poste en CDI. Ils aimeraient tout de même savoir ce que cette action implique pour la société.

Votre mission : identifier les conséquences de la démission des salariés sur la société.
Pour la réaliser, vous avez à votre disposition une base documentaire et vous devez vérifier si la démission des associés peut avoir une conséquence sur la société.

DOCUMENT : extraits des statuts de la SCOP (SARL)

Article 12 – Associés
Les associés sont divisés en deux catégories :
- les associés employés dans la coopérative ;
- les associés extérieurs à la coopérative, personnes physiques ou morales.

Les associés employés dans la coopérative doivent en permanence détenir 65 % des droits de vote, plancher ramené à 51 % si, parmi les associés extérieurs, figurent des sociétés coopératives. Les associés extérieurs, c'est-à-dire ceux qui ont été admis au sociétariat alors qu'ils n'étaient pas employés dans la coopérative et qui ne le sont pas devenus, ne peuvent détenir plus de 35 % des droits de vote. Toutefois, lorsque au nombre de ces associés extérieurs figurent des sociétés coopératives, la limite de 35 % est portée à 49 % sans que les droits de vote de ces associés autres que les coopératives ne puissent excéder la limite de 35 %.
Aucun associé n'est tenu de souscrire et libérer plus d'une part sociale lors de son admission.

1. **Associés employés dans la coopérative :** la coopérative doit comprendre de façon permanente au minimum 2 associés à temps plein dans l'entreprise. Les salariés qui effectuent un nombre d'heures hebdomadaires égal ou supérieur à 4/5e de l'horaire légal ou conventionnel pratiqué dans l'entreprise sont considérés comme employés à temps plein. Les salariés à temps partiel sont pris en compte au prorata du nombre d'heures inscrit au contrat de travail et de la durée légale du travail ou de la durée pratiquée dans l'entreprise, si elle était inférieure.
2. **Associés non employés dans la coopérative :** outre ses propres travailleurs, la coopérative peut admettre comme associés des personnes physiques non employées, et des personnes morales.
3. **Candidature :** toute personne sollicitant son admission comme associé doit présenter sa demande au gérant.

Article 13 – Admission des associés

1. **Candidat employé dans la coopérative :** s'il a moins d'un an d'ancienneté, le gérant peut agréer ou rejeter la candidature. En cas d'agrément, le gérant soumet la candidature à la plus prochaine assemblée générale ordinaire. La candidature présentée par un salarié ayant plus d'un an de présence à la date de la candidature est obligatoirement soumise à la plus prochaine assemblée générale ordinaire. Dans les deux cas prévus ci-dessus, les conditions de majorité sont celles prévues pour les assemblées générales ordinaires.
2. **Candidatures obligatoires :** les contrats de travail écrits, conclus par la coopérative, peuvent prévoir que tout salarié employé par celle-ci depuis 12 mois et qui ne serait pas devenu associé, doit présenter sa candidature comme associé au plus tard un mois avant la plus prochaine assemblée générale ordi-

naire. Il est admis de plein droit comme associé à la date de cette assemblée, si celle-ci n'a pas rejeté sa candidature à la majorité requise pour les modifications des statuts. Si la candidature n'a pas été présentée avant le terme du délai ci-dessus, l'intéressé sera réputé démissionnaire de son emploi, trois mois après mise en demeure restée infructueuse du gérant, à condition que cette disposition figure dans son contrat de travail. Tout nouveau salarié devra obligatoirement être averti de ces dispositions. Les statuts lui seront communiqués et tiendront lieu d'annexe au contrat de travail qui devra y faire référence.

3. **Candidat non employé dans la coopérative :** lorsque le candidat n'est pas employé dans la coopérative, sa candidature est obligatoirement soumise au gérant, qui peut l'agréer ou la rejeter. En cas d'agrément, la candidature est soumise à la plus prochaine assemblée générale ordinaire.

Article 14 – Perte de la qualité d'associé

14-1 – Associé salarié

La qualité d'associé se perd :

1. par la démission de cette qualité, notifiée par écrit au gérant et qui prend effet dès que les conditions prévues à l'article 16-3, sont remplies ; les dispositions de l'article 8 continuent de s'appliquer ; si cette démission est donnée par un associé employé dans la coopérative, celui-ci est réputé démissionnaire de son contrat de travail dès que sa démission devient effective ;
2. par la démission de l'emploi occupé, le cas échéant, dans la société ; dans ce cas, la perte de la qualité d'associé intervient à la date de cessation des fonctions exercées dans l'entreprise ;
3. par le licenciement prononcé pour une cause réelle et sérieuse ; dans ce cas, la perte de la qualité d'associé prend effet à la date du licenciement ;
4. par le décès de l'associé ;
5. par l'exclusion prononcée dans les conditions de l'article 15.

Sous réserve des dispositions de l'article 15, la mise à la retraite, le licenciement pour cause économique et l'invalidité rendant l'intéressé inapte au travail n'entraînent pas la perte de la qualité d'associé. Les dispositions ci-dessus ne font pas échec à celles de l'article 12.

14-2 – Associés extérieurs

Tout associé peut se retirer de la coopérative à la suite d'une notification faite à la gérance par lettre recommandée avec AR.

L'assemblée générale peut décider le remboursement de tout ou partie des parts détenues par un ou plusieurs associés extérieurs.

L'assemblée des associés peut, à tout moment, décider de faire perdre la qualité d'associé à un associé non employé. Les parts sont alors annulées et remboursées dans les conditions des articles 10 et 16.

Article 15 – Exclusion – Retrait

L'assemblée générale statuant dans les conditions de majorité prévues pour les décisions extraordinaires peut toujours exclure un associé pour motif grave.

Seront notamment considérés comme des motifs graves (à titre d'exemple) : la violation des statuts ; le fait de causer un préjudice matériel ou moral à la société ; le fait de nuire ou de tenter de nuire à la société ; la condamnation à une peine criminelle.

Le fait qui entraîne l'exclusion est constaté par le gérant, habilité à demander toutes justifications à l'intéressé.

La décision d'exclusion devra figurer à l'ordre du jour de l'assemblée. L'associé en cause devra être convoqué à cette assemblée, par lettre recommandée avec AR, résumant les griefs invoqués contre lui et l'invitant à présenter sa défense au cours de cette assemblée, soit par lui-même, soit par un autre associé.

La perte de la qualité d'associé intervient dans ce cas à la date de l'assemblée qui a prononcé l'exclusion.

En cas d'événements affectant la capacité d'un associé, la perte d'une qualité nécessaire, sa mise en redressement judiciaire ou sa liquidation, l'assemblée générale prononce le retrait d'office de la qualité d'associé, à la majorité fixée pour la modification des statuts.

Le retrait prend effet trois mois après la décision de l'assemblée générale.

— SUJET TYPE D'EXAMEN 3 —

Le sujet se présente sous la forme de trois dossiers indépendants. 3 h

DOSSIER 1 – La constitution de l'association (6 / 20 points)

DOSSIER 2 – La gestion de l'association (8 / 20 points)

DOSSIER 3 – La dissolution de l'association (6 / 20 points)

BASE DOCUMENTAIRE

Document 1 – Arrêt de la Cour de cassation, Chambre criminelle, 22 novembre 2017, n° pourvoi 16-85.734
Document 2 – Arrêt de la Cour de cassation, Première Chambre civile, 20 mars 2019, n° pourvoi 18-11.652

Sauf mention contraire, la méthodologie du cas pratique est attendue pour chaque question.

Sujet : L'Asso'luce

Après l'annonce de la fermeture de l'épicerie du village de Bézenet, commune de 1 000 habitants de l'Allier, des citoyens du village et des communes environnantes ont décidé de maintenir le service actuel et d'inventer une nouvelle façon de consommer, à travers une association qui sera appelée « l'Asso'luce ».
L'association porte un projet ambitieux : maintenir dans le village le service courant de l'épicerie actuelle, tout en permettant aux habitants qui le souhaitent de participer bénévolement à la gestion quotidienne de ce commerce coopératif. Le consom'acteur/adhérent aura ainsi le contrôle sur la nature, l'origine et la qualité des produits distribués. Par son implication bénévole, il permettra aussi à l'épicerie de diminuer ses coûts de fonctionnement et ainsi de tirer les tarifs vers le bas. D'autres services pourront être offerts en fonction des besoins locaux et des demandes des adhérents.
Aujourd'hui, les futurs créateurs ont besoin de conseils pour les accompagner dans la création, la gestion et le développement de l'association. Dans ce cadre, il vous est demandé, en tant que conseil, de réaliser les travaux préparatoires en vue de les aider à répondre à ces problématiques.

DOSSIER 1 – LA CONSTITUTION DE L'ASSOCIATION 6 points

Nathalie et Annie portent le projet de constitution de l'association. Elles souhaitent donc constituer l'association, qui achètera le fonds de commerce de l'épicerie du village. Elles souhaitent s'inscrire dans une démarche d'économie sociale et solidaire. Pour cela, elles proposeront surtout des produits locaux en vrac, avec des sacs qu'elles pourront coudre elles-mêmes. L'objectif est que chaque participant, de manière bénévole, s'occupe dans l'épicerie de la gestion, de la vente, de la comptabilité, de l'approvisionnement par des producteurs locaux, du ménage, etc.

Pour commencer, elles ont estimé qu'il fallait réunir 40 000 € de budget, afin d'acheter le fonds de commerce et de procéder aux premiers achats. Elles comptabilisent à ce jour 30 % des fonds nécessaires à la reprise, collectés grâce à des dons citoyens. Elles ont lancé des demandes de prêts bancaires, notamment auprès de la NEF, coopérative financière qui offre des solutions d'épargne et de crédit orientées vers des projets ayant une utilité sociale, écologique et/ou culturelle depuis 1988.
La volonté des créateurs de ce projet est une organisation à l'horizontale, afin que tout le monde se sente impliqué et responsable de ce projet.

Votre mission : vérifier la validité de la constitution de l'association.

Pour la réaliser, vous devez :

1.1 Indiquer si l'association remplit les conditions pour jouir de la personnalité morale.

1.2 Vérifier si l'association peut prétendre à être reconnue d'utilité publique et quels en seraient les avantages pour elle.

1.3 Expliquer la procédure de constitution de l'association.

DOSSIER 2 – LA GESTION DE L'ASSOCIATION — 8 points

L'association a finalement été constituée. Nathalie a été désignée présidente, Annie trésorière, et Paul secrétaire.
Tout va pour le mieux depuis quelques années. L'association a dépassé l'an dernier les 250 000 € de ressources financières.
Puis le mois dernier, plusieurs situations critiques se sont produites.
La présidente a d'abord décidé, unilatéralement, de retirer chaque mois 2 500 € à titre de rémunération sur les comptes de l'association. Elle justifie cet acte en indiquant que les ressources financières de l'association sont suffisantes et qu'elle a été obligée de démissionner de son emploi d'ouvrière agricole, afin de pouvoir gérer au quotidien l'association.
Ensuite, l'assemblée générale annuelle de l'association a eu lieu. Certains adhérents avaient bien reçu l'information par SMS deux jours auparavant, mais ce n'est pas le cas de ceux qui n'avaient pas communiqué leur numéro de téléphone.
Enfin, lors de cette assemblée générale annuelle, les bénévoles ont appris que Nathalie était partie en voyage avec les bénéfices générés par les ventes du magasin.

Votre mission : analyser les conséquences des actes de gestion dans une association.

Pour la réaliser, vous avez à votre disposition une base documentaire (voir documents 1 et 2) et vous devez :

2.1 Indiquer si la nomination d'un commissaire aux comptes est obligatoire dans l'association.

2.2 Vérifier si la présidente avait le droit de s'octroyer seule une rémunération.

2.3 Vérifier si la convocation à l'assemblée générale de l'association est valable.

2.4 Présenter la procédure de révocation de la présidente de l'association.

2.5 Expliquer les risques pénaux pris par Nathalie par rapport à son voyage fait grâce aux ressources financières de l'association.

2.6 Présenter à l'association ses possibilités d'action contre Nathalie pour tenter d'obtenir réparation.

DOSSIER 3 – LA DISSOLUTION DE L'ASSOCIATION — 6 points

À la suite de beaucoup de déménagements et de la désertification du village, les clients se font rares et les bénévoles délaissent l'association. Valérie, la nouvelle présidente de l'association, décide unilatéralement de la dissoudre.

Votre mission : analyser les possibilités de dissolution d'une association.

Pour la réaliser, vous devez :

3.1 Expliquer à quelle(s) condition(s) la décision de Nathalie de dissoudre l'association pourrait être valable.

3.2 Analyser les conséquences de la dissolution sur les apports effectués par les bénévoles.

3.3 Vérifier si Valérie, qui avait apporté un véhicule à l'association, pourra récupérer son apport.

BASE DOCUMENTAIRE

Document 1 – Arrêt de la Cour de cassation, Chambre criminelle, 22 novembre 2017, n° pourvoi 16-85.734

Sur le premier moyen de cassation, pris de la violation des articles préliminaires 2, 3 du Code de procédure pénale, 6 de la Convention européenne des droits de l'homme, 1382 du Code civil dans sa rédaction applicable, 593 du Code de procédure pénale, défaut de motif et manque de base légale, violation des droits de la défense et au principe du contradictoire ; [...]

Sur le second moyen de cassation, pris de la violation des articles 2, 3 du Code de procédure pénale, préliminaire au dit code, 1382 du Code civil dans sa rédaction applicable, 593 du Code de procédure pénale, défaut de motifs et manque de base légale ;

« En ce que l'arrêt attaqué a confirmé le jugement entrepris en ce qu'il a condamné M. X... à payer à l'association CKMV la somme de 77 324,29 euros en réparation de son préjudice matériel ;

« Aux motifs qu'il sera en préambule rappelé que la partie civile est en droit de solliciter l'indemnisation de son entier préjudice tel que résultant des faits dont l'appelant a été convaincu à partir et dans la limite de la poursuite ; qu'ainsi qu'il a été justement observé par les premiers juges dont la motivation n'encourt pas la critique, il ressort de l'examen détaillé des tableaux élaborés par les officiers de police judiciaire qu'il convient de retenir, pour chiffrer le préjudice subi par l'association CKMV, les montants des chèques détournés au préjudice de cette partie civile, à l'exception des mouvements bancaires de compte à compte ou de dépôt d'espèces sur les comptes personnels de M. X... dans les établissements bancaires Crédit Mutuel et Banque Populaire à hauteur de 37 455,84 euros pour la période comprise entre le 7 septembre 2006 et le 31 décembre 2008 et avec les mêmes restrictions, le montant des chèques détournés versés sur le compte de l'association Team Va'a Nui à hauteur de 45 514,85 euros pour la période comprise entre le 1er janvier 2007 et le 31 décembre 2008 ; que le tribunal a pertinemment exclu l'année 2009, sans que cette exclusion ne soit critiquée par la partie civile qui demande la confirmation du jugement entrepris, en considérant l'absence de lien de causalité directe avec les infractions reprochées aux prévenus et les premiers juges ont justement retranché la somme de 5 646,10 euros, correspondant à des chèques considérés comme "non justifiés" par les enquêteurs dans la mesure où à l'occasion d'une demande d'acte, M. X... en a établi l'origine s'agissant de la participation à des raids ; qu'en conséquence, la Cour confirmera le jugement entrepris en ce qu'il a condamné M. X... à payer à l'association CKMV la somme de 77 324,59 euros en réparation du préjudice matériel subi causé par les détournements qu'il a commis ; [...]

Les moyens étant réunis ;

Attendu qu'il résulte de l'arrêt attaqué et des pièces de procédure que M. X..., définitivement reconnu coupable par le tribunal correctionnel, notamment d'abus de confiance, pour avoir détourné des chèques destinés à l'association Club de Kayak de Mer et de Va'a de la Baie des Phoques (CKMV) en les portant au crédit de son compte personnel ou à celui de l'association Team Va'a Nui dont il était président, a été condamné à régler au CKMV la somme de 90 885,84 euros en réparation de son préjudice matériel ; que M. X... a interjeté appel de cette décision ; [...]

Attendu que pour condamner M. X... à payer au CKMV les sommes de 77 324,59 euros au titre de l'indemnisation de son préjudice matériel et de 5 000 euros en réparation de son préjudice moral, les juges énoncent qu'ils s'estiment suffisamment renseignés, pour se prononcer, par les éléments dont ils disposent et dont la pertinence a pu être discutée contradictoirement par M. X... tout au long de la procédure ; qu'ils ajoutent n'avoir pris en compte, pour évaluer le dommage, que les chèques détournés au préjudice de la partie civile tels qu'ils apparaissent sur les tableaux récapitulatifs détaillés dressés par les enquêteurs ;

Attendu qu'en l'état de ces énonciations, d'où il résulte que les juges du second degré connaissaient, par l'analyse qui en était faite dans les tableaux récapitulatifs se trouvant au dossier et établis par les enquêteurs qui en reproduisaient les éléments, la teneur des pièces manquantes, et dès lors que l'appelant était en mesure de les contester et qu'il n'a pas précisé en quoi ces tableaux étaient inexacts ou erronés et que la cour d'appel disposait ainsi des données nécessaires pour apprécier souverainement, après débat contradictoire, dans la limite des conclusions des parties, l'étendue du droit à réparation de la partie civile, la cour d'appel, qui n'a pas porté atteinte aux droits de la défense, a justifié sa décision ;

D'où il suit que les moyens ne sauraient être accueillis ;

Et attendu que l'arrêt est régulier en la forme ;

REJETTE le pourvoi.

Document 2 – Arrêt de la Cour de cassation, Premiere Chambre civile, 20 mars 2019, n° pourvoi 18-11.652

Attendu, selon l'arrêt attaqué, qu'à la suite de la mise en examen et du placement sous contrôle judiciaire de M. V..., président de l'association de droit local Association pôle thermal d'Amnéville les Thermes (l'association), le conseil d'administration de celle-ci s'est réuni sur convocation verbale de son commissaire aux comptes, a constaté l'indisponibilité de M. V... et a procédé au remplacement de M. Weil, vice-président, par M. S... ; que ce dernier a convoqué l'assemblée générale, au cours de laquelle M. V... a été révoqué de ses fonctions de membre et d'administrateur de l'association ; que ce dernier a contesté en justice la régularité de ces convocations et délibérations ; [...]

Mais sur les troisième et quatrième branches du premier moyen et sur le second moyen, réunis :

Vu l'article 1134 du Code civil, dans sa rédaction antérieure à celle issue de l'ordonnance n° 2016-131 du 10 février 2016 ;

Attendu que, pour prononcer la nullité de la réunion du conseil d'administration et de l'assemblée générale, ainsi que des délibérations qui y ont été prises, après avoir relevé que le troisième alinéa de l'article 15-VIII des statuts permet la réunion du conseil d'administration sur convocation verbale si tous les membres en exercice sont présents ou représentés et sont d'accord sur l'ordre du jour, l'arrêt retient, d'une part, que le conseil n'a pu valablement se réunir selon cette forme dès lors qu'en l'absence de M. V..., tous les membres en exercice de ce conseil n'étaient pas présents et n'ont pu donner leur accord sur l'ordre du jour, d'autre part, que l'assemblée générale a été convoquée par le vice-président, ce qui n'est pas prévu par les statuts ;

Qu'en se prononçant ainsi, sans rechercher comme il le lui incombait, si les irrégularités constatées étaient expressément sanctionnées de nullité par les statuts ou si elles avaient eu une incidence sur le déroulement et la sincérité des délibérations, la cour d'appel n'a pas donné de base légale à sa décision ;

PAR CES MOTIFS :

CASSE ET ANNULE, sauf en ce qu'il dit que l'article 7 des statuts est réputé non écrit et déclare la demande d'annulation des délibérations de l'assemblée générale ordinaire du 12 mai 2016 recevable, l'arrêt rendu le 30 janvier 2018, entre les parties, par la cour d'appel de Metz ; remet, en conséquence, sauf sur ces points, la cause et les parties dans l'état où elles se trouvaient avant ledit arrêt et, pour être fait droit, les renvoie devant la cour d'appel de Metz, autrement composée.

PARTIE 4

LES AUTRES TYPES DE **GROUPEMENTS**

CHAPITRE 15

La SCA, la SEL et le GIE

À l'issue de ce chapitre,

- **vous serez capable :**
  - ❒ d'identifier l'utilité de ces groupements dans des situations spécifiques ;
  - ❒ de mettre en évidence les principales règles de fonctionnement de ces groupements.
- **vous saurez identifier :**
  - ❒ les caractéristiques essentielles des :
    - sociétés en commandite par actions (SCA) ;
    - sociétés d'exercice libéral (SEL) ;
    - groupement d'intérêt économique (GIE).

Mettez-vous en situation

Marc, Pierre et Jean sont trois comptables exerçant depuis quelques années seuls. Aujourd'hui, ils veulent acquérir un local professionnel, afin de mutualiser leurs charges et de ne plus avoir à travailler chacun de leur côté. Ils ne savent cependant pas quelle structure choisir.

Vous êtes avocat et ami de Pierre depuis de nombreuses années. Vous vous conseillez souvent mutuellement. Pierre n'hésite donc pas à venir vous voir, afin de vous faire part de leur projet. Pour lui venir en aide, vous allez devoir déterminer quelle structure choisir entre la SEL et le GIE.

I. La société en commandite par actions (SCA)

Il existe deux types de sociétés en commandite : la **société en commandite simple** ou la **société en commandite par actions**. Toutes les deux sont originales, car elles permettent de distinguer la gestion du capital de la société et comprennent deux types d'associés.

La SCA se trouve au Chapitre VI du Code de commerce (articles L. 226-1 à L. 226-14 du Code de commerce).

Définition

La société en commandite par actions (SCA) est une société de capitaux et une société commerciale, quel que soit son objet. Les règles de cette structure ressemblent beaucoup à celles de la SA. Elle peut notamment émettre des offres au public de titres financiers.

La SCA réunit deux catégories d'associés :

- Les **commanditaires** : ils font des apports et se partagent le capital social, réparti en actions. Puisqu'ils détiennent des actions, ils peuvent être dénommés « actionnaires ».
- Les **commandités** : ils dirigent la société, mais ne sont pas titulaires d'actions. Toutefois, ils sont titulaires de parts (ne composant pas le capital social) et constituent malgré tout des associés à part entière.

Les commanditaires et les commandités sont soumis à des règles différentes, notamment en termes de responsabilité, d'apports, etc.
L'avantage d'une SCA est que le développement de la société peut se faire grâce à l'appel de capitaux d'un grand nombre d'actionnaires, tout en permettant au groupe de commandités fondateurs de garder la gestion de la société, notamment en cas d'offre publique.

Exemple : Les SCA sont de moins en moins nombreuses aujourd'hui, au profit des SA, mais cette forme de société est utilisée par les grandes entreprises. Par exemple, Hermès, Lagardère, EuroDisney, Etam ou encore Michelon sont des SCA.

A La constitution de la SCA

1. Les conditions de fond relatives à tout contrat

La SCA, en tant que personne morale, fait naître un contrat de société ; celui-ci doit répondre aux trois conditions de validité de tout contrat, à savoir la **capacité**, le **consentement** et le **contenu licite et certain**.

2. Les associés

La SCA est composée d'au **minimum quatre associés**, personne physique ou morale, de nationalité française ou étrangère, qui sont de deux types :

- **Les commanditaires :**
  - Ils apportent les capitaux et veulent réaliser un profit.
  - Ce sont des personnes physiques ou morales.
  - Ils sont assimilés à des actionnaires de SA : ils doivent avoir la capacité civile, donc un mineur non émancipé peut être commanditaire.
  - Ils sont au minimum trois dans la SCA ; il n'y a pas de maximum imposé par la loi.
  - Leur responsabilité est limitée à leurs apports.
- **Les commandités :**
  - Ils ont tout pouvoir de gestion.
  - Ils sont assimilés à des associés de SNC : ils doivent avoir la capacité commerciale puisqu'ils sont considérés comme commerçants, donc un mineur non émancipé ne peut être commandité. Une personne morale peut être commanditée que si elle détient la capacité commerciale.

Exemple : Ainsi, une société civile ne peut être commanditée.

  - Il doit y avoir au moins un commandité dans la SCA, et il n'y a pas de maximum imposé par la loi.
  - Leur responsabilité est indéfinie et solidaire.
  - La loi ne s'oppose pas au fait qu'un commandité puisse être commanditaire également.

Figure 15.1 **Les associés de la SCA**

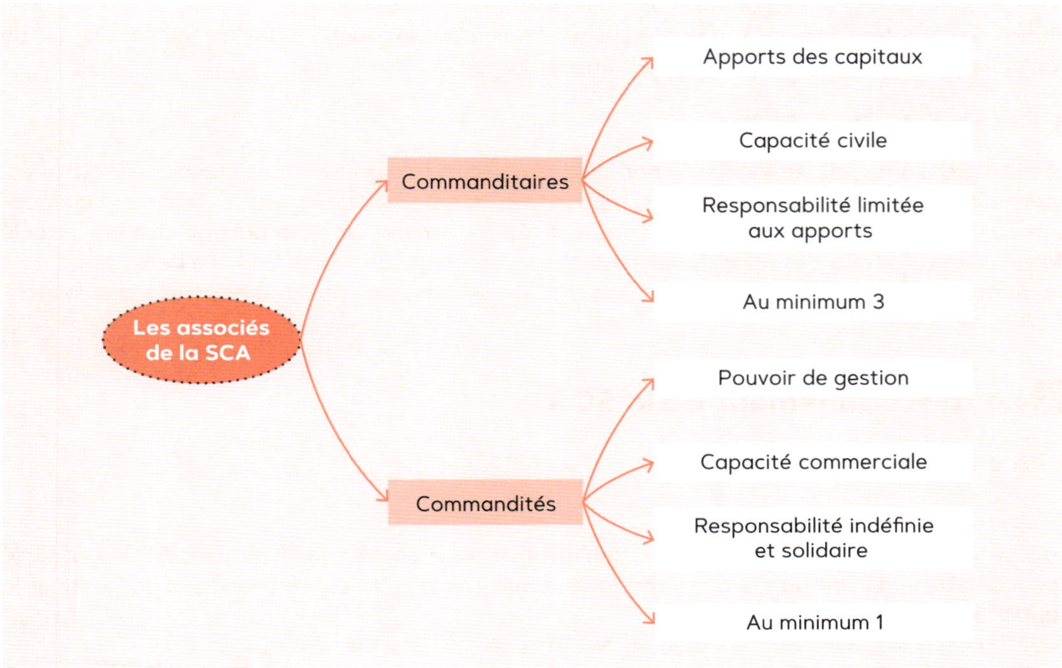

3. Les apports

Les **apports en numéraire** doivent être entièrement souscrits lors de la constitution et libérés pour moitié à ce moment-là ; le reste doit être libéré dans un délai maximum de 5 ans.
Les **apports en nature** doivent faire l'objet d'une évaluation d'un commissaire aux apports, sauf si l'apport est une valeur mobilière cotée ou s'il y a déjà eu une évaluation par un commissaire aux apports dans les six mois précédant l'apport. L'évaluation de ces apports est indiquée dans les statuts.
Les types d'apports autorisés sont différenciés en fonction du type d'associé.

a. Les apports des commandités

Les **commandités** sont autorisés à faire tout type d'apport. Ainsi, un commandité peut apporter en numéraire, en nature ou en industrie. Son apport n'est pas porté au capital social, mais dans un compte spécial.

b. Les apports des commanditaires

Concernant les **commanditaires**, leurs apports ne sont possibles qu'en numéraire et en nature.

4. Le capital social

Le **capital social** de la SCA est de 37 000 € minimum, divisé en actions, qui sont négociables. Le minimum de capital est le même que la société soit ou non sur un marché réglementé.
L'ensemble du capital social est formé par la somme des apports en numéraire et des apports en nature. En effet, les apports en industrie ne concourent pas à la formation du capital social. Le capital social est détenu par les seuls commanditaires, qui sont les actionnaires. Ainsi, les parts détenues par les commandités ne concourent pas à la formation du capital social.
Les règles sur les apports en numéraire et les apports en nature sont les mêmes que pour la SA.

5. La dénomination sociale et la durée

La SCA peut comporter le **nom** d'un ou plusieurs associés commandités, mais pas d'un commanditaire. Comme toute société, la **durée** de la SCA ne peut excéder 99 ans à compter du jour de son immatriculation, mais sa durée peut être prorogée.

6. Les statuts et formalités

Les **statuts** sont rédigés et signés par les associés. Ils comportent des clauses obligatoires, comme le montant des apports de tous les associés, la précision de la qualité d'associé commandité ou commanditaire (à défaut, l'associé est réputé commandité), la part de chaque associé dans le montant total des apports, ainsi que le pourcentage de répartition des bénéfices.
La demande d'immatriculation, comme pour toute société, doit être réalisée, ainsi que les formalités de publicité.

B Le fonctionnement de la SCA

1. La gérance de la SCA

a. Les conditions pour être gérant

La SCA est dirigée par un ou plusieurs **gérants**, associé commandité ou tiers. S'il est associé commandité, le gérant doit avoir la capacité commerciale ; s'il est non associé, il doit détenir la capacité civile.
Ainsi, un associé commanditaire ne peut pas être gérant. En effet, les commanditaires ne peuvent exercer des actes de gestion au nom de la SCA, sous peine de perdre le bénéfice de leur responsabilité limitée au montant de leurs apports ; ainsi, un commanditaire qui exercerait un acte de gestion malgré l'interdiction légale serait alors tenu solidairement avec les associés commandités des dettes sociales qui résulteraient de cet acte.
Le dirigeant peut être une **personne morale** ou une **personne physique**. La limite d'âge est fixée à **65 ans**, sauf clause statutaire contraire.

> **!** Si le gérant est un associé commandité, il doit avoir la capacité commerciale. Si le gérant est un tiers, il doit avoir la capacité civile.

b. La nomination du gérant

Le gérant est nommé par les commanditaires, avec l'accord des commandités. La première nomination se fait dans les statuts et les autres nominations se font par vote des commanditaires en AGO, à la majorité (sauf clause contraire des statuts), avec accord unanime des commandités, selon l'article L. 226-2 alinéa 2 du Code de commerce. Il faut respecter les formalités de publicité concernant sa nomination.

c. Les pouvoirs du gérant

Ses pouvoirs sont les mêmes que pour le conseil d'administration d'une SA, même si la loi laisse une grande liberté aux associés pour déterminer son statut.
Ainsi, dans l'**ordre interne** (les rapports du gérant avec les associés), ses pouvoirs sont déterminés librement par les statuts ; à défaut, il est possible pour le gérant d'accomplir tous les actes de gestion dans l'intérêt de la société. Ainsi, il établit les comptes sociaux, convoque les associés aux assemblées générales et facilite le droit d'information et de communication des actionnaires.

> **!** Contrairement à la SA, la loi n'a pas donné au gérant de la SCA le pouvoir de procéder seul au transfert de siège social, mais a laissé les statuts en disposer autrement.

Dans l'**ordre externe** (les rapports de la SCA avec les tiers), le gérant dispose des pouvoirs les plus étendus pour agir en toutes circonstances au nom de la société.
Ainsi, la société est engagée par les actes du gérant dépassant l'objet social (sauf si le tiers est de mauvaise foi, c'est-à-dire qu'il connaissait le dépassement de l'objet social). Concernant les clauses limitatives de pouvoirs, elles ne sont pas opposables aux tiers ; la société reste donc engagée par l'acte du gérant qui serait passé sans respecter la clause.

d. La rémunération du gérant

La rémunération du gérant est fixée par les statuts. Le Code de commerce prévoit que toute autre rémunération que celle prévue dans les statuts ne peut être allouée que par l'AGO des commanditaires, avec accord unanime des commandités, sauf clause contraire des statuts qui peut fixer, par exemple, une majorité simple ou renforcée (article L. 226-8 du Code de commerce).

e. La responsabilité du gérant

Le gérant engage sa **responsabilité civile** envers la société et envers les tiers de la même façon qu'un administrateur de SA. Ainsi, il est responsable des fautes commises dans sa gestion, de la violation des statuts, etc. Il engage sa **responsabilité pénale** s'il commet une infraction prévue par le Code pénal. Parmi les infractions les plus communes, il existe le délit d'abus de biens sociaux, la présentation de bilan inexact, etc.

f. Le cumul mandat social – contrat de travail

Il peut cumuler son mandat social avec un contrat de travail dans la SCA, selon les conditions classiques, sachant que la règle de l'antériorité ne s'applique pas.

g. La fin du mandat du gérant

Sa fonction prend fin pour les cas classiques (**atteinte de la limite d'âge**, **décès**, **démission** ou **arrivée du terme du mandat** si prévu dans les statuts). Quant à la **révocation**, elle s'opère par le vote des commandités, sur avis motivé du conseil de surveillance (même négatif), selon les modalités librement définies par les statuts, ou bien par décision du tribunal de commerce pour cause légitime sur demande d'un associé ou de la société.

2. Les droits et pouvoirs des associés

a. Les commanditaires

Droits pécuniaires

- Les commanditaires ont droit aux bénéfices et au boni de liquidation, proportionnellement à leurs apports, sauf disposition contraire des statuts.
- Leurs titres sont cessibles et transmissibles librement. Toutefois, les statuts peuvent contenir une **clause d'agrément**, si les conditions suivantes sont réunies : toutes les actions sont nominatives et l'agrément n'est rendu obligatoire que pour les cessions à destination d'un tiers et/ou entre actionnaires (commanditaires).

Droits politiques

- Ils sont les actionnaires de la société. L'assemblée des commanditaires suit les mêmes règles que dans une SA.
- Ils participent aux assemblées et aux décisions collectives, et c'est en ce sens qu'ils disposent d'un droit d'information sur la gestion sociale.
- Ils sont exclus de la gestion externe de la société (défense d'immixtion).

Responsabilité

Les commanditaires, en tant qu'apporteurs de capitaux, ne sont responsables qu'à hauteur du montant de leur apport.

b. Les commandités

Nomination

- Personnes physiques ou morales, ayant le statut de commerçants, et **nommés par les commanditaires**, dans les statuts au départ et en cours de vie sociale, par une AGE.
- L'assemblée des commandités suit les mêmes règles que dans une SNC.

Droits pécuniaires

- Les commandités bénéficient de dividendes prioritaires (généralement un pourcentage net du résultat), afin de récompenser leur prise de risque dans la société (responsabilité solidaire et indéfinie).
- Comme dans la SNC, leurs titres ne sont pas librement cessibles. Leur cession est donc soumise à la règle de l'unanimité des associés commandités et des commanditaires, sauf disposition contraire des statuts. En effet, les statuts peuvent prévoir la majorité en nombre et en capital des commanditaires, à l'exception de la situation d'une cession totale des parts du commandité.

Droits politiques

- Ils participent aux décisions collectives au sein de l'assemblée des commandités.
- Ils ont les pleins pouvoirs pour s'immiscer dans la vie de la société, alors que les commanditaires sont de « simples » financeurs et n'ont aucun pouvoir de décision quant aux actes de gestion et de direction.
- Ils disposent de prérogatives accrues ; ils disposent notamment, sauf clause contraire, d'un droit de veto sur toute modification des statuts et sur la transformation de la société, sur la désignation des gérants ou sur leur révocation.
- Ainsi, contrairement aux commanditaires, ils n'ont pas à exercer le droit d'information, puisqu'ils sont à l'origine des décisions de gestion.

Responsabilité

Les commandités dirigent la société et donc, à cet égard, sont responsables solidairement et indéfiniment des dettes de la société. Ainsi, chaque commandité peut être tenu sur son patrimoine personnel au paiement de l'intégralité de la dette, même si celle-ci dépasse le montant de son apport, comme dans une SNC.

Tableau 15.1 Responsabilité des commandités et des commanditaires dans une SNC

	Commandités	Commanditaires
Étendue de la responsabilité	Indéfinie et solidaire	Limitée au montant des apports
Droit aux dividendes	Oui	Oui
Contribution aux pertes	Oui	Oui
Obligation aux dettes	Oui	Non
Droit de vote	Oui	Oui
Droit d'être gérant	Oui	Non

3. Les assemblées générales

Pour qu'une décision collective soit valide, il faut qu'elle soit adoptée à la fois par :

- **l'assemblée générale des commandités :** leurs décisions sont prises conformément aux règles applicables aux SNC ;

- **l'assemblée générale des commanditaires :** leurs décisions sont prises conformément aux règles applicables aux SA.

Ainsi, il faut organiser des **assemblées générales** (AG) séparées, qui doivent toutes les deux voter la décision afin qu'elle soit valable. Les règles de quorum et de majorité sont les mêmes que pour la SA concernant l'AG des commanditaires et les mêmes que pour la SNC concernant l'AG des commandités.
Si un commandité est aussi commanditaire, il participe aux deux assemblées.

4. Le contrôle de la SCA

a. Le commissaire aux comptes

Sous réserve de ne pas franchir des seuils propres à la SA, la désignation d'un **commissaire aux comptes** n'est pas obligatoire dans la SCA.
La loi PACTE de 2019 a rehaussé et harmonisé ces seuils pour toutes les sociétés, en s'alignant sur la législation européenne. Désormais, la nomination du commissaire aux comptes est obligatoire à la condition de remplir au moins deux critères sur les trois définis, à la clôture de leur exercice social :

- **montant au bilan** de 4 millions d'euros ;
- **chiffre d'affaires** de 8 millions d'euros ;
- **effectif** d'un minimum de 50 salariés.

> **!** L'absence de désignation obligatoire d'un CAC est passible d'un emprisonnement de deux ans et d'une amende de 30 000 €.

Enfin, même si la nomination est facultative parce que la SCA n'atteint pas ces seuils, elle devient néanmoins obligatoire dès lors que des associés représentant au moins un dixième du capital social le demandent. La nomination du CAC s'effectue en AGO par un vote des commandités et des commanditaires.

b. Le conseil de surveillance de la SCA

Le conseil de surveillance est obligatoire dans une SCA. Il est composé exclusivement des commanditaires.

Conditions pour être membre du conseil de surveillance

- Le conseil de surveillance comporte **au moins trois associés commanditaires**, sans que la loi n'ait prévu de maximum. Ainsi, un commandité ne peut pas en faire partie.
- Le Code de commerce impose que les statuts prévoient une **limite d'âge**, qui s'applique soit à l'ensemble des membres du conseil de surveillance, soit à un pourcentage déterminé. À défaut, le nombre de membres ayant atteint l'âge de 70 ans ne peut pas dépasser le tiers des membres.
- La règle du cumul des mandats d'administrateurs ou de membres de conseil de surveillance de SA ne leur est pas applicable ; ainsi, un membre peut appartenir à plus de cinq conseils de surveillance de SCA.

La nomination des membres du conseil de surveillance

- Ils sont nommés par un **vote des commanditaires en AGO**. Les commandités ne peuvent pas participer à cette nomination, afin de conserver l'indépendance de l'organe de contrôle. Ainsi, les commandités qui ont aussi la qualité de commanditaire ne peuvent pas participer à la nomination.
- La réglementation sur la parité hommes/femmes (40 % de femmes au minimum) pour la SA s'applique pour la SCA admise sur les marchés réglementés.

Les pouvoirs du conseil de surveillance

Le conseil de surveillance permet aux associés commanditaires de contrôler de manière permanente les décisions de gestion prises par le gérant, ainsi que les comptes, afin d'en référer aux associés dans un rapport annuel présenté à l'AGO. Le Code de commerce indique que, à cet effet, il a les mêmes pouvoirs que le commissaire aux comptes.

La rémunération des membres du conseil de surveillance

La rémunération des membres du conseil de surveillance est fixée par les statuts.

La responsabilité des membres du conseil de surveillance

Ils ne sont pas **responsables** en raison des actes de gestion et de leur résultat. Cependant, ils sont responsables de fautes personnelles commises dans l'exécution de leur mandat et de délits non révélés commis par le gérant ou en cas de complicité, sachant que le Code de commerce ne prévoit pas de délit spécifique pour les membres du conseil de surveillance.

Le cumul mandat social – contrat de travail des membres du conseil de surveillance

Les membres du conseil de surveillance peuvent cumuler le statut de **salarié** dans la SCA, sans que leur nombre ne dépasse le tiers des membres en fonction.

La fin du mandat des membres du conseil de surveillance

- La **durée** du mandat des membres du conseil de surveillance est de six ans, sauf disposition contraire des statuts.
- Les membres sont **révocables** *ad nutum*, c'est-à-dire de façon discrétionnaire, sans motif, ni préavis, ni indemnité, par l'AG des associés des commandités.

c. Les conventions

Les **conventions interdites** sont nulles de plein droit. Il s'agit par exemple des baux, emprunts, découverts et cautions de la société faits au gérant personne physique de la SCA. Cette interdiction s'applique également aux conjoints, ascendants et descendants des gérants, et aux représentants des personnes morales qui assurent la gestion de la SCA.
Les **conventions libres** sont possibles et ne sont soumises à aucune réglementation : il s'agit des opérations courantes conclues à des conditions normales.
Les **conventions réglementées** sont soumises à l'autorisation préalable du conseil de surveillance, puis approuvées par l'AGO (selon les règles applicables dans la SA) : il s'agit des « *conventions intervenant directement ou par personne interposée entre la société et l'un de ses gérants, l'un des membres de son conseil de surveillance, l'un de ses actionnaires disposant d'une fraction des droits de vote supérieure à 10 % ou, s'il s'agit d'une société actionnaire, la société la contrôlant* » (article L. 226-10 du Code de commerce – renvoyant aux articles L. 225-38 à L. 225-43 du même code relatifs à la SA).
Concernant la procédure des conventions réglementées, il faut respecter cinq étapes pour obtenir le contrôle *a priori* :

- Il faut tout d'abord que l'intéressé par la convention réglementée informe le conseil de surveillance.
- Le conseil de surveillance doit ensuite donner son autorisation préalable. La loi PACTE de 2019 a ajouté que la personne indirectement intéressée ne peut plus voter.
- Il faut ensuite en informer le CAC (délai d'un mois), qui dressera un rapport spécial.
- La loi PACTE de 2019 a ajouté que les SCA (admises sur les marchés réglementés) doivent publier sur leur site Internet des informations concernant les conventions réglementées au plus tard au moment de la conclusion de celles-ci. La liste de ces informations est prévue par le décret n° 2019-1235 du 27 novembre 2019.
- Il faudra obtenir l'approbation lors de l'AGO annuelle (lors de laquelle l'intéressé ne prendra pas part au vote).

C La disparition de la SCA

1. Les causes de la disparition de la SCA

Les causes de dissolution de la SCA sont les mêmes que pour toute société (article 1844-7 du Code civil).
Il existe également des **causes spécifiques** de dissolution de la SCA :

- le **décès**, l'**incapacité**, l'**interdiction d'exercer une profession commerciale**, le **redressement** ou la **liquidation d'un associé commandité** (sauf disposition contraire des statuts) ;
- celles s'appliquant à la SA (par exemple, en cas de réduction du capital le faisant passer en dessous du minimum légal).

!

Si, à la clôture d'un exercice, le montant des capitaux propres est devenu inférieur à la moitié du capital social, il faut immédiatement réunir les associés en AGE dans les quatre mois suivant l'AGO (à défaut de quoi tout intéressé peut demander la dissolution de la SCA). Lors de cette réunion, les associés devront choisir soit de dissoudre la SCA, soit de la continuer.
En cas de décision de continuation, la SCA devra reconstruire ses capitaux propres au plus tard à la clôture du deuxième exercice suivant celui au cours duquel les pertes ont été constatées. À défaut, la SCA réduit le montant de son capital social (tout en respectant le montant minimum de 37 000 €).

2. Les conséquences de la disparition de la SCA

La dissolution de la SCA entraîne les mêmes **formalités** que celles prévues pour la SA, ainsi que sa **liquidation**. Quelle qu'en soit la cause, elle ouvre automatiquement la phase de liquidation de la société.
Les SCA sont soumises aux règles de droit commun de la liquidation.

Figure 15.2 La dissolution de la SCA

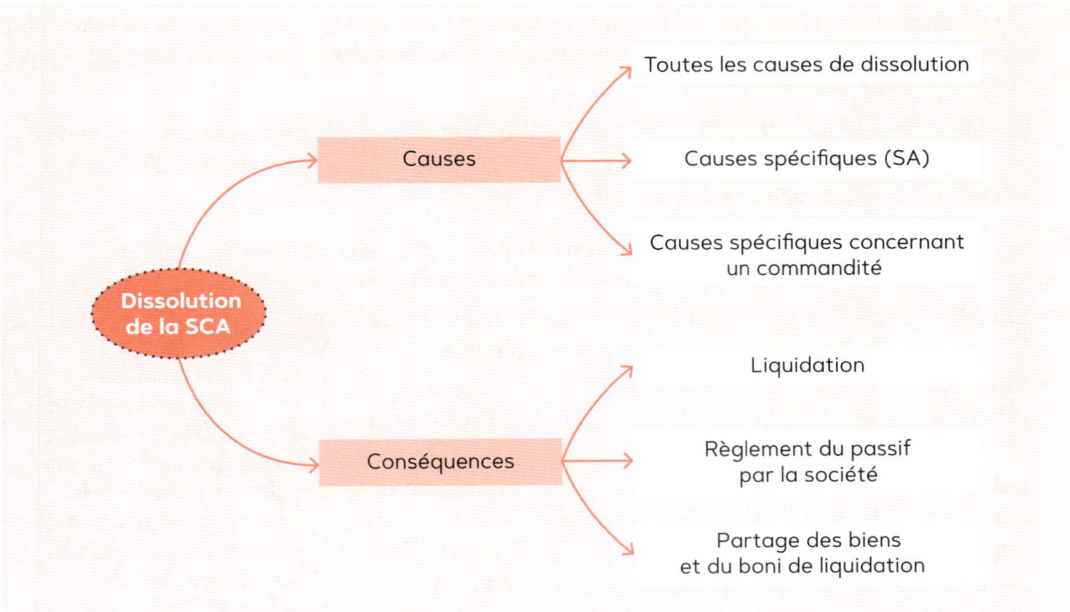

D La transformation de la SCA

La transformation de la SCA est soumise aux mêmes conditions que celle de la SA (deux ans d'existence, approbation des comptes des deux derniers exercices, rapport du CAC).
En cas de transformation en SNC ou SAS, il faut obtenir l'accord de tous les associés. En cas de transformation en SCS, il faut obtenir l'accord de tous les associés commandités. Pour une transformation en SA ou SARL, il faut prendre la décision en AGE par les actionnaires commanditaires et avec l'accord à la majorité des associés commandités.

II. La société d'exercice libéral (SEL)

Avec la SCP, la SEL est l'une des principales possibilités d'exercice pour les professionnels libéraux. Cela leur permet de mutualiser leurs moyens, de trouver des financements, tout en assurant leur indépendance et le respect de règles de déontologie.
La SEL est née de la loi n° 90-1258 du 31 décembre 1990 « *relative à l'exercice sous forme de sociétés des professions libérales soumises à un statut législatif ou réglementaire ou dont le titre est protégé et aux sociétés de participations financières de professions libérales* ». La SEL est toujours régie par cette loi aujourd'hui.

Définition
La société d'exercice libéral (SEL) est une société de capitaux et commerciale (contrairement à la SCP), même si son objet est civil (activité libérale) et que, par conséquent, les juridictions compétentes sont les juridictions civiles.

Les activités libérales concernées par la SEL sont celles soumises à un statut législatif ou réglementaire (par exemple, les notaires, les experts-comptables, les mandataires-liquidateurs, les avocats, etc.) et pour lesquelles un décret d'application a été publié.

Définition
Une activité libérale est définie comme l'exercice à titre habituel, par une personne, de manière indépendante et sous sa responsabilité, d'une activité de nature générale civile, ayant pour objet d'assurer, dans l'intérêt du client ou du public, des prestations principalement intellectuelles, techniques ou de soins, mises en œuvre au moyen de qualifications professionnelles appropriées et dans le respect de principes éthiques ou d'une déontologie professionnelle.

Exemples : Le décret n° 93-492 du 25 mars 1993 permet d'exercer la profession d'avocat sous la forme d'une SEL, le décret n° 93-78 du 13 janvier 1993 celle de notaire, le décret n° 2012-432 du 30 mars 2012 celle d'expert-comptable, etc.

La SEL est une société spécifique qui peut exister sous plusieurs formes de sociétés commerciales, et dont les règles suivront celles des structures existantes :

- **SELARL :** société d'exercice libéral à responsabilité limitée (articles L. 223-1 à L. 223-43 du Code de commerce) ;
- **SELAFA :** société d'exercice libéral à forme anonyme (articles L. 224-2 et L. 225-12 à L. 225-125 du Code de commerce) ;
- **SELCA :** société d'exercice libéral en commandite par actions (articles L. 226-1 à L. 226-13 du Code de commerce) ;
- **SELAS :** société d'exercice libéral par actions simplifiée (articles L. 227-1 à L. 227-20 du Code de commerce).

En outre, des décrets sont publiés pour chaque activité concernée.

> **!** La loi Macron (6 août 2015) a créé la société pluriprofessionnelle d'exercice (SPE), qui a pour objet l'exercice en commun de plusieurs professions. Les modalités de constitution et de fonctionnement de cette structure sont précisées par le décret n° 2017-794 du 5 mai 2017.

A La constitution de la SEL

1. Les associés

a. Les catégories d'associés

La SEL peut regrouper trois différents types d'associés :

- **Les associés exerçant leur profession au sein de la société :** ces associés doivent détenir plus de la moitié du capital social et des droits de vote, sauf mention contraire d'un décret.
- **Les tiers professionnels :** ces associés doivent exercer la même profession, dans une autre structure. Il peut s'agir de personnes physiques ou morales.
- **Les tiers non professionnels :** ces associés sont obligatoirement des personnes physiques :
  - ayant exercé la profession au sein de la société et qui ont été associées pendant dix ans maximum ;
  - ayants droit de ces personnes qui peuvent être associées pendant cinq ans après le décès.

Il peut s'agir aussi d'une personne physique ou d'une personne morale :

- qui exerce une autre profession libérale réglementée ;
- qui détient un quart au plus du capital social (pour les SELARL, SELAS, SELAFA) ou la moitié du capital social (pour les SELCA).

b. Le nombre d'associés

Le nombre d'associés diffère en fonction de la forme :

- **SELARL :** de 2 à 100 ;
- **SELAS :** deux minimum, pas de maximum ;
- **SELCA :** quatre minimum, pas de maximum ;
- **SELAFA :** trois minimum, pas de maximum.

> **!** La SELARL et la SELAS peuvent être constituées d'un seul associé : SELASU (SEL par actions simplifiée unipersonnelle) et SELEURL (SEL unipersonnelle à responsabilité limitée).

c. Le statut des associés

Les conditions pour être associé sont d'avoir la **capacité civile** (et non commerciale), la **capacité propre à la profession réglementée exercée** et d'**être inscrit sur la liste (ou le tableau) professionnel**.
Les associés peuvent être des personnes physiques ou morales, sauf dans les SELCA, dans lesquelles les commandités sont obligatoirement des personnes physiques et qui exercent dans la société.

2. Le capital social

Le montant du capital social diffère en fonction de la forme :

- **SELARL** : libre ;
- **SELAS** : libre ;
- **SELCA** : 37 000 € ;
- **SELAFA** : 37 000 €.

> **!** Depuis la loi Macron du 6 août 2015, la SEL doit adresser annuellement un état de la composition de son capital social à l'ordre professionnel dont elle relève.

En outre, **50 % du capital social** (et donc des droits de vote) doit être détenu par des professionnels exerçant au sein de la société, sauf décret d'application contraire.

> **Exemple :** Il existe une dérogation pour les sociétés du secteur des professions du droit et du chiffre. En effet, plus de la moitié du capital et des droits de vote de la SEL peut être détenue par des personnes établies en France ou dans un autre État membre de l'UE, exerçant hors de la SEL et non pas la profession constituant l'objet social de celle-ci, mais simplement en exerçant l'une des professions juridiques ou judiciaires. Dans ce cas, la SEL devra comprendre au moins un associé exerçant la profession constituant son objet social.

Les **apports** dépendent de la forme juridique choisie. Par exemple, les apports en industrie sont interdits dans la SELAFA et possibles uniquement pour les commandités dans la SELCA.

3. Les statuts et les formalités

Les **statuts** sont rédigés et signés par les associés. La demande d'immatriculation, comme pour toute société, doit être faite, ainsi que les formalités de publicité. Cependant, il n'y a pas d'obligation à insérer un avis de constitution dans un JAL, dans la mesure où la profession réglementée est déjà inscrite sur la liste (ou le tableau) de l'ordre professionnel.

B Le fonctionnement de la SEL

1. La direction de la SEL

Les règles de gouvernance sont les mêmes que celles des sociétés à laquelle la SEL emprunte la structure. La SEL est dirigée par un ou plusieurs dirigeants :

- Dans une **SELARL**, l'organe de direction est un ou plusieurs gérants, obligatoirement une personne physique.
- Dans une **SELCA**, l'organe de direction est un ou plusieurs gérants, personne physique ou morale.
- Dans une **SELAS**, l'organe de direction est au moins un président – même si les statuts peuvent prévoir d'autres dirigeants –, qui est obligatoirement une personne physique.
- Dans une **SELAFA**, l'organe de direction se détermine en fonction de la structure de la société, et peut être une personne physique ou une personne morale :
  - Si la SELAFA est une structure moniste, alors elle est composée d'un conseil d'administration, d'un président du conseil d'administration, et éventuellement d'un ou de plusieurs directeurs généraux et directeurs généraux délégués.
  - Si la SELAFA est une structure dualiste, alors elle est composée d'un conseil de surveillance, d'un président du conseil de surveillance, et éventuellement d'un ou de plusieurs directeurs généraux et directeurs généraux délégués, ainsi que d'un directoire, avec un président du directoire et éventuellement un ou plusieurs directeurs généraux et directeurs généraux délégués.

> **!** Tous les dirigeants d'une SEL doivent exercer leur profession au sein de la société, sauf exception prévue par les textes (par exemple, si la SEL est une forme de SELAS ou SELAFA avec conseil d'administration ou conseil de surveillance, alors l'organe de contrôle doit comporter au moins un membre qui exerce sa profession au sein de la SEL).

Le mandataire social peut cumuler un contrat de travail dans la structure, sans condition à respecter, sauf celles propres au contrat de travail (la fourniture d'une prestation de travail, une rémunération et un lien de subordination).

2. Les associés de la SEL

Dans une **SELAFA**, la loi exige qu'au moins deux tiers des membres du conseil d'administration ou de surveillance soient des associés exerçant leur activité libérale au sein de la société. Les associés se réunissent en **AGO** annuellement pour décider de l'approbation des comptes.
Dans une **SELARL** et une **SELAS**, les décisions sont prises en assemblée générale à la majorité des trois quarts des associés.
Les associés sont responsables dans la limite du montant de leurs apports pour les dettes de la SEL (sauf pour les associés commandités de SELCA). Cependant, chaque associé est responsable personnellement de manière totale et indéfinie en cas de faute dans l'exercice de ses actes professionnels, solidairement avec la société.
La cession des titres sociaux n'est pas toujours libre, un **agrément** est parfois nécessaire.

Figure 15.3 **Cession des titres sociaux dans une SEL**

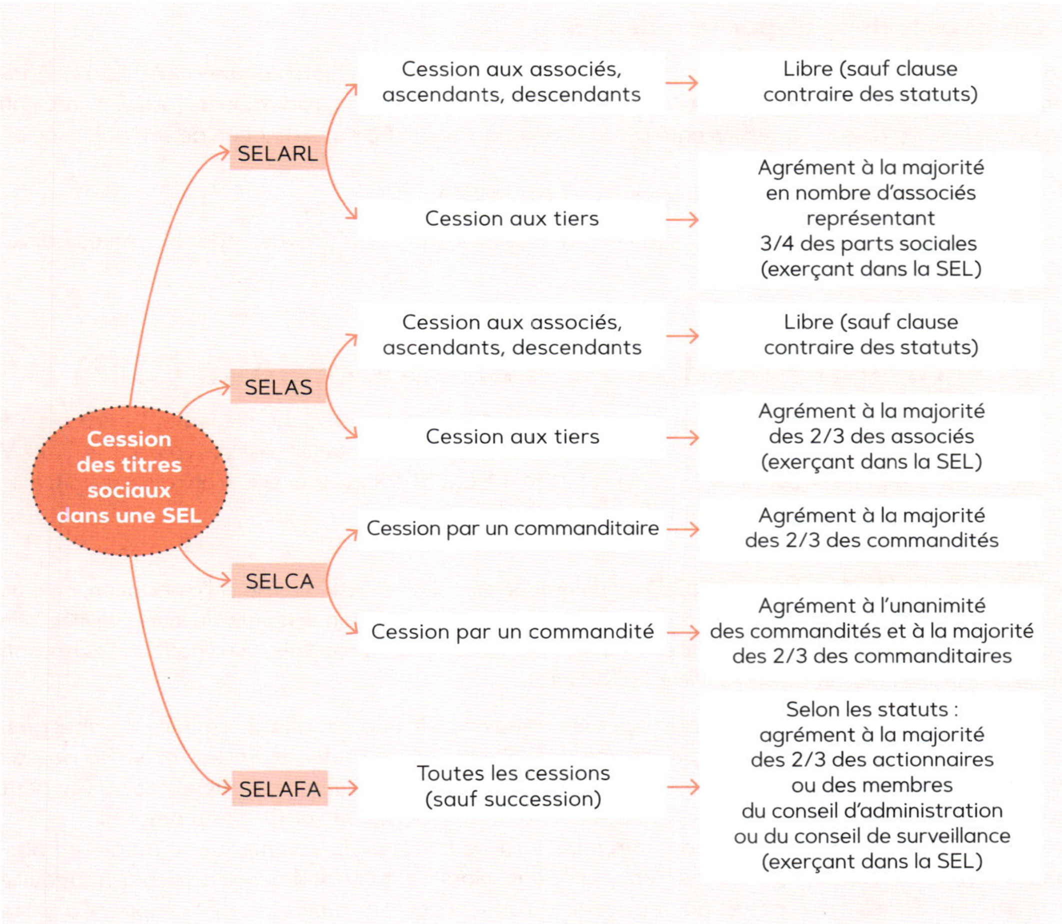

3. Le contrôle de la SEL

Le contrôle dépend de la structure (parfois un conseil d'administration, parfois un commissaire aux comptes). Les ordres professionnels ou l'autorité publique contrôlent également la société.

4. Les conventions

Le contrôle passe également par une procédure d'approbation des conventions conclues entre les dirigeants ou ses associés et la société. Concernant les conventions qui portent sur les conditions d'exercice de la profession de la société, le vote d'approbation de la convention sera réalisé uniquement par les professionnels exerçant dans la structure.

> La **loi du 31 décembre 1990** (article 12) prévoit que « *seuls les professionnels exerçant au sein de la société prennent part aux délibérations prévues par ces textes lorsque les conventions en cause portent sur les conditions dans lesquelles ils y exercent leur profession* ».

Concernant toutes les autres conventions, elles seront votées dans les mêmes formes et conditions que celles prévues par la forme de SEL choisie. Ainsi, les non-professionnels pourront également prendre part au vote de l'approbation de la convention.

C La disparition de la SEL

1. Les causes de la disparition de la SEL

Les causes de dissolution de la SEL sont les mêmes que pour toute **société commerciale**. Il existe également des **causes spécifiques** en fonction de la forme choisie. Enfin, la **radiation** de l'ordre ou tableau professionnel de tous les associés entraîne la dissolution de la SEL par extinction de son objet social.

2. Les conséquences de la disparition de la SEL

La dissolution de la SEL entraîne les mêmes **formalités** que celles prévues pour la forme choisie, ainsi que sa **liquidation**.

III. Le groupement d'intérêt économique (GIE)

Le GIE est né d'une ordonnance du 23 septembre 1967 et, en 1985, un règlement européen a créé le groupement européen d'intérêt économique. Aujourd'hui, le GIE est prévu dans le Titre V du Code de commerce (chapitre I : articles L. 251-1 à L. 251-23 pour le GIE français ; chapitre II : articles L. 252-1 à L. 252-12 pour le GIE européen).

Définition

Le groupement d'intérêt économique (GIE) est un groupement situé entre la société et l'association, doté de la personnalité juridique, permettant à des sociétés de mettre en commun certaines de leurs activités, afin « *de faciliter ou de développer l'activité économique de ses membres, d'améliorer ou d'accroître les résultats de cette activité* », tout en conservant leur individualité.

Cette structure permet donc de partager les moyens et les coûts, afin de réduire les **charges**, tout en assurant une totale **indépendance** dans l'exercice de l'activité. En outre, le GIE n'a pas vocation à réaliser des bénéfices pour lui-même, mais l'action commune des membres du GIE peut générer du profit. Dans ce cas, les bénéfices doivent être distribués entre ses membres.
L'objet du GIE peut être civil ou commercial. S'il fait des actes de commerce de manière habituelle, alors il est commerçant. Si ce n'est pas le cas, alors il est civil. Il doit se rattacher à l'activité économique de ses membres et ne peut avoir qu'un « caractère auxiliaire » par rapport à cette activité (article L. 251-1 du Code de commerce).

Exemple : Cristaline, Ernst & Young, Infogreffe, Orpi, PMU, AXA, sont des GIE.

A La constitution du GIE

1. Les associés

Le GIE doit être constitué avec au minimum deux associés, personnes physiques (majeurs ou un mineurs émancipés) ou morales, ayant la capacité civile. Cela peut concerner tout regroupement, par exemple des activités libérales réglementées, des associations, etc. Les associés du GIE sont **responsables indéfiniment et solidairement** des dettes du GIE, sauf disposition contraire des statuts.

2. Le capital social

Le GIE peut être fondé avec ou sans capital social :

- Quand **il ne comporte pas de capital social**, il fonctionne comme une association : il peut percevoir des cotisations de ses membres. Même en l'absence de capital, il est possible de faire des apports en numéraire, en nature ou en industrie.

- Quand **il existe un capital social**, son montant est libre, ainsi que sa répartition et sa composition. Dans ce cas, les ressources du GIE peuvent être des apports en numéraire, en nature ou en industrie, des avances en compte courant d'associés ou les cotisations des membres (ou droits d'entrée). En cas d'apport en nature, l'évaluation par un commissaire aux apports n'est pas obligatoire. En cas d'apport en numéraire, les fonds n'ont pas à faire l'objet d'un dépôt.

Dans tous les cas, les droits des membres ne peuvent être représentés par des titres négociables.

Figure 15.4 **Les associés et le capital social d'un GIE**

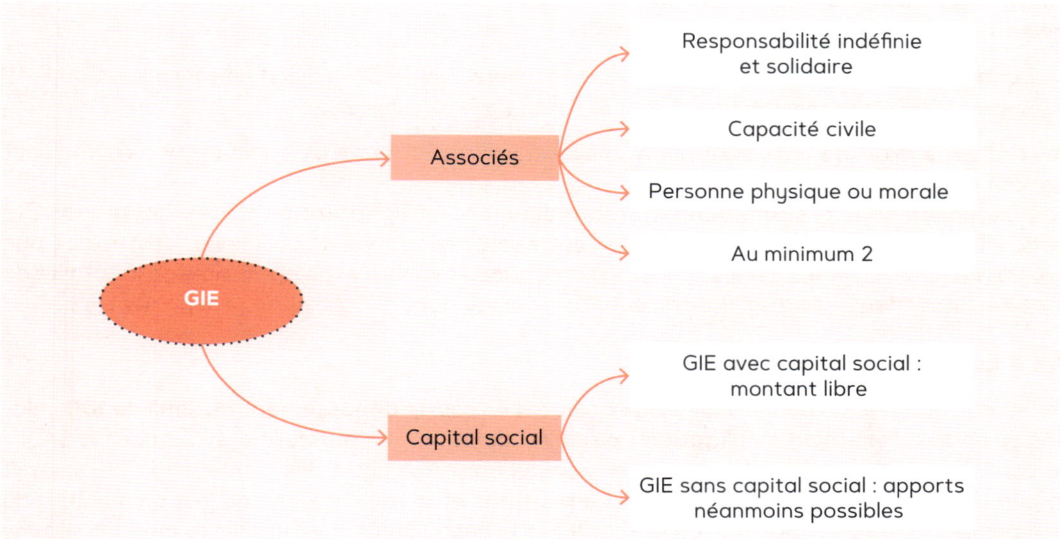

3. La durée

Le GIE doit être constitué pour une **durée déterminée**, avec possibilité de prorogation, sachant que la loi ne prévoit pas de durée maximale.

4. Le contrat de groupement et formalités

Le GIE ne fait pas naître de statuts, mais un **contrat de groupement** (article L. 251-8-I du Code de commerce). Ce contrat est rédigé et signé par tous les membres et prévoit des mentions obligatoires, mais également les règles de fonctionnement du GIE.

La demande d'**immatriculation** au RCS, comme pour toute société, doit être faite, ainsi que l'inscription au BODACC. Cependant, il n'y a pas d'obligation à insérer un avis de constitution dans un JAL.

B Le fonctionnement du GIE

1. La direction du GIE

Le GIE est dirigé par un ou plusieurs « **administrateurs** », personnes physiques ou morales, membres du GIE ou non, sans condition de capacité spécifique (sauf disposition contraire des statuts et sauf si l'objet du GIE est commercial).

Les pouvoirs, responsabilités et modalités de nomination et de révocation sont les mêmes que pour toute société.

Exemple : À l'égard des tiers, le GIE est engagé par tout acte d'un administrateur qui entre dans l'objet du GIE, même si cet acte dépasse ses pouvoirs.

2. Les membres du GIE

Les membres du GIE peuvent tirer profit de l'activité du GIE, tout en respectant les engagements qu'ils ont pris par la signature des statuts. Les règles de **quorum et de majorité** sont prévues par le contrat de groupement. À défaut, les décisions sont prises à l'unanimité. Les membres ont le **droit de céder leurs parts** à un autre membre ou à un tiers, avec l'agrément des membres dans les conditions fixées par le contrat de groupement. Cependant, en cas de refus d'agrément, les membres du GIE doivent racheter leurs parts.

Exemple : L'entrée ou la sortie d'un nouveau membre dans le GIE requiert un vote à la majorité prévue par le contrat constitutif (article L. 251-9 du Code de commerce).

Les règles de **droit de vote** sont quant à elles démocratiques : « un homme = une voix », sauf disposition contraire des statuts.
Les membres sont responsables personnellement et solidairement des dettes du GIE (article L. 251-6 du Code de commerce), et cette responsabilité est subsidiaire, c'est-à-dire que si le GIE ne peut régler les dettes sociales, alors chaque membre est responsable de la totalité de la dette. Cependant, cette solidarité peut être écartée dans le contrat de groupement.

3. Le contrôle du GIE

Le GIE doit nommer un **commissaire aux comptes** en cas de **dépassement du seuil de 100 salariés** ou en cas d'**émission d'obligations**, selon les mêmes règles que celle prévues pour la SA.
Le **contrôleur de gestion** est obligatoire : nommé par l'assemblée des membres du GIE, il s'agit forcément d'une personne physique qui ne peut pas être administrateur. C'est un membre du groupement ou un tiers. Son rôle est de contrôler la gestion effectuée par les dirigeants, comme prévu dans les statuts.
Dans le cas d'un GIE à objet civil seulement, les **conventions** signées entre le GIE et l'un de ses administrateurs ou une société dont un associé est indéfiniment responsable, un gérant, un administrateur ou un actionnaire disposant de plus de 10 % des droits de vote, nécessitent que le commissaire aux comptes établisse un **rapport** sur la convention. Les membres du GIE doivent approuver la convention.

C La disparition du GIE

1. Les causes de la disparition du GIE

Selon les articles L. 251-19 et L. 251-20 du Code de commerce, il existe des cas classiques et des cas spécifiques de causes de dissolution du GIE :

- l'arrivée du terme prévu par le contrat de groupement ;
- la réalisation ou l'extinction de son objet social ;
- la décision de ses membres prise en AG ;
- la décision de justice pour justes motifs ;
- le décès, l'incapacité, la faillite personnelle, l'interdiction d'exercer ou la dissolution (en cas de personne morale) de l'un de ses membres, sauf disposition contraire des statuts.

2. Les conséquences de la disparition du GIE

La dissolution du GIE entraîne sa liquidation. L'éventuel **boni de liquidation** est partagé entre les membres selon les dispositions statutaires prévues ou, à défaut, à parts égales.

D Le groupement européen d'intérêt économique (GEIE)

Créé par un règlement européen de 1985 et une loi du 13 juin 1989, le groupement européen d'intérêt économique (GEIE) est composé d'au moins deux sociétés européennes ayant leur siège social dans des États membres de l'Union européenne différents. Son objectif est de faciliter la coopération transnationale entre sociétés européennes.

Le GEIE ne peut compter qu'un **maximum de 500 salariés**. Ne constituant pas une société, il n'a pas obligatoirement de **capital** et n'a pas pour objet de réaliser de **bénéfices** pour lui-même. Mais s'il en réalise, ils sont répartis entre ses membres, selon le contrat de groupement. La **gérance** est assurée par une ou plusieurs personnes, physiques ou morales.

Les membres du GEIE sont **indéfiniment et solidairement responsables** des dettes contractées par le groupement.

Faites le point sur les notions clés :
société en commandite par actions (p. 287), société d'exercice libéral (p. 296), activité libérale (p. 296), groupement d'intérêt économique (p. 300).

Révisez avec les flashcards

www.lienmini.fr/dcg02-28

SYNTHÈSE

GIE

- **Au moins 2 membres :** personne physique ou morale, exerce une activité professionnelle dans le prolongement de l'activité du GIE, responsable indéfiniment et solidairement.
- **Avec ou sans capital social :** si capital, montant libre et constitué de tous les apports possibles.
- **Au moins 1 dirigeant :** administrateur, membre ou non du GIE.
- **Contrôle de gestion :** un ou plusieurs contrôleurs, personne physique, membre ou non du GIE.

SEL

SELARL

- 2 à 100 associés
- Pas de capital minimum.
- Responsabilité limitée aux apports.
- Gérant exerçant dans la SEL.
- Associé peut céder ses parts après agrément.

SELAS

- 2 associés.
- Pas de capital minimum.
- Responsabilité limitée aux apports.
- Président exerçant dans la SEL.
- Associé peut céder ses parts après agrément.

SELCA

- 3 commanditaires et 1 commandité.
- Au moins 37 000 € de capital.
- Responsabilité limitée aux apports pour les commandités et à hauteur de leur apport pour les commanditaires.
- Gérant exerçant dans la SEL.
- Associé peut céder ses parts après agrément (selon la qualité d'associé).

SELAFA

- 3 actionnaires.
- Au moins 37 000 € de capital.
- Responsabilité limitée aux apports.
- Dirigeant exerçant dans la SEL.
- Actionnaire peut céder ses parts après agrément (selon disposition des statuts).

SCA

- **Au moins 3 commanditaires et 1 commandité :** commandité responsable indéfiniment et solidairement, commanditaire à hauteur de son apport.
- **Capital minimum 37 000 € :** tout type d'apport (sauf industrie pour les commanditaires).
- **Au moins 1 gérant :** un commandité ou un tiers, personne physique ou morale.
- **Contrôle :** conseil de surveillance obligatoire (au moins 3 commanditaires), CAC en fonction des seuils.

QCM

Réponse unique

QCM interactif
www.lienmini.fr/dcg02-29

1 Le capital minimum d'une SCA est de :
- a. 1 €.
- b. 3 700 €.
- c. 7 500 €.
- d. 37 000 €.

2 La SCA est composée d'au moins :
- a. un commandité et un commanditaire.
- b. un commandité et trois commanditaires.
- c. trois commandités et un commanditaire.
- d. quatre associés, commandité(s) et commanditaires.

3 Les commanditaires ne peuvent pas apporter :
- a. en nature.
- b. en industrie.
- c. en numéraire.

4 Le capital d'une SCA est composé :
- a. des apports des commandités.
- b. des apports des commanditaires.
- c. de tous les apports.

5 Un conseil de surveillance est obligatoire dans :
- a. une SCA.
- b. une SEL.
- c. un GIE.

Plusieurs réponses possibles

6 Le gérant de la SCA peut être :
- a. un tiers.
- b. un commanditaire.
- c. un commandité.
- d. Toutes les réponses sont justes.

7 Cherchez le ou les intrus.
- a. SELAF.
- b. SELCAS.
- c. SELAS.
- d. SELAFA.

8 Un GIE :
- a. peut avoir un seul membre.
- b. peut avoir un capital social à 1 €.
- c. peut n'avoir aucun capital social.
- d. voit sa constitution devoir être publiée dans un journal d'annonces légales.

9 Qui a une responsabilité indéfinie et solidaire ?
- a. Les commandités d'une SCA.
- b. Les commanditaires d'une SCA.
- c. Les membres d'un GIE.
- d. Les associés d'une SELAS.

10 Qui, parmi cette liste, ne peut pas être un dirigeant de SELARL ?
- a. Un associé exerçant dans la société.
- b. Un associé n'exerçant pas dans la société.
- c. Un tiers.
- d. Toutes les réponses sont justes.

● Réponse à justifier

11 **Une SCA comprend trois commandités, des amis d'enfance et huit commanditaires, qui ont apporté un capital important afin de permettre le développement de l'activité de la société. Elle a réalisé pour sa première année d'exercice un bilan de 4,5 millions d'euros, un chiffre d'affaires de 7 millions d'euros et emploie 120 salariés. Les associés se demandent s'ils sont obligés de désigner un CAC.**

- ❍ **a.** Oui, car la SCA a franchi deux des seuils fixés.
- ❍ **b.** Non, car la SCA n'a pas franchi deux des seuils fixés.
- ❍ **c.** Non, ce n'est jamais obligatoire, sauf si les associés le demandent.

12 **Chez Legardien SCA, l'article 10 des statuts stipule que les gérants peuvent être révoqués pour incapacité ou toute autre cause « par décision unanime des commandités », après avis du conseil de surveillance. Rien ne va plus dans la SCA et certains commanditaires souhaiteraient révoquer le gérant, Arnaud Legardien, qui dépense trop selon eux, alors que la famille Legardien soutient Arnaud. L'ensemble de la famille, qui détient 10 % du capital social, se demande si Arnaud, lui-même commandité, pourra être révoqué.**

- ❍ **a.** Non, selon les statuts, il faut l'accord unanime des commandités, après accord du conseil de surveillance.
- ❍ **b.** Oui, il faut simplement l'accord de quelques commanditaires.
- ❍ **c.** Non, il faut l'accord unanime des commanditaires.
- ❍ **d.** Non, il faut l'accord majoritaire des commandités seulement.

13 **Des associés d'une SELARL d'activité vétérinaire reprochent au co-gérant et associé de la société des faits permanents de harcèlement moral sur les salariés (lettres de salariés à l'appui), ainsi que d'avoir procédé au licenciement abusif d'une salariée enceinte. Les deux autres associés et le gérant sont convoqués par l'autre gérant en assemblée générale, afin de décider de la révocation du gérant pour ces faits-là. Cependant, le gérant révoqué assigne la société en paiement de dommages-intérêts, estimant que cette révocation ne repose pas sur de justes motifs.**

- ❍ **a.** Il n'y a pas besoin de juste motif, le gérant d'une SELARL peut être révoqué *ad nutum*.
- ❍ **b.** Il faut un juste motif pour révoquer un gérant de SELARL ; or ici, il n'y a pas de juste motif, dans la mesure où les faits de harcèlement ne sont pas prouvés et que la salariée licenciée n'avait pas engagé d'action prud'homale à la date de la décision de révocation.
- ❍ **c.** Il faut un juste motif pour révoquer un gérant de SELARL ; ici, il s'agit bien de justes motifs de révocation, dans la mesure où les lettres des salariés décrivent bien les faits de harcèlement et que les dispositions légales en matière de droit du travail n'ont été respectées par le gérant, indépendamment des conséquences financières éventuelles.

14 **Dans la SELAFA Dentapik, des dentistes se sont associés afin de réduire leurs charges. Aujourd'hui, rien ne va plus, car l'un des dentistes, détenant 20 % des actions, est assigné par l'un de ses patients qui lui demande 120 000 € de dommages-intérêts, pour soins mal effectués, ce qui a causé au patient un lourd préjudice (arrêt maladie, souffrance et altération esthétique de ses dents). Les autres associés se demandent qui va devoir payer.**

- ❍ **a.** Tous les associés sont responsables solidairement.
- ❍ **b.** L'associé ayant commis l'acte et la société sont responsables solidairement.
- ❍ **c.** Seule la société est responsable, vu qu'il s'agit d'une responsabilité limitée aux apports.

15 **Le GIE Chapord a été constitué par trois bijoutiers-joailliers parisiens, Frud, Chamey et Mopussin. Ces trois sociétés détiennent respectivement 70 %, 15 % et 15 % du capital social de 30 000 €. Le contrat constitutif du groupement prévoit la disposition suivante : « L'entrée ou la sortie d'un nouveau membre requiert un vote à la majorité des deux tiers des membres. » Aujourd'hui, un autre bijoutier, Diar, souhaiterait intégrer le GIE, mais les associés de Chamey et de Mopussin ne sont pas d'accord, car ils estiment que Diar ne possède pas une bonne image de marque et ferait perdre toute crédibilité au groupement. Est-ce que Chamey et Mopussin ont le pouvoir de s'opposer à cette entrée ?**

- ❍ **a.** Non, car la majorité étant deux tiers des voix, Frud détenant 70 % du capital social pourra valider seul l'entrée du nouveau membre.
- ❍ **b.** Oui, car il faut une majorité des deux tiers et, selon le principe d'un homme = une voix, si deux s'opposent à l'entrée, alors l'approbation ne sera pas donnée.

— CAS PRATIQUE GUIDÉ —

LA TRANSFORMATION DE LA SARL BRAIDS AND CURLS EN GIE

La société Braids and Curls est une SARL qui comprend cinq associés. Son objet social est la conception et la vente de produits capillaires pour cheveux crépus et bouclés. Ce marché est en forte expansion. Voulant profiter de cet essor, Sabrina, gérante de la SARL, est entrée en pourparlers avec une autre société, la SAS Boucles d'Ébène, dont l'activité comprend, en plus de la commercialisation des produits capillaires, celle de produits de maquillage pour tous les types de peaux. Ces deux sociétés veulent créer un groupement d'intérêt économique (GIE) qui aurait pour objet la distribution de leurs produits auprès des supermarchés de la grande distribution. Sabrina se rapproche de vous car elle sait que vous serez de bons conseils. Vous êtes en effet avocat et avez déjà aidé son frère dans le cadre de la création de sa société.

Votre mission : apprécier les conditions de création d'un GIE.
Pour la réaliser, vous devez analyser la possibilité pour ces deux sociétés de créer ce GIE.

CORRIGÉ

☑ **COMPÉTENCE ATTENDUE :**
- **Identifier les caractéristiques essentielles des GIE.**

Méthode

Pour résoudre un cas pratique [voir Fiche méthode 2], vous devez respecter quelques règles essentielles :
- **Schématiser, au brouillon, les éléments essentiels nécessaires pour traiter le cas.**
- **Effectuer le travail d'analyse juridique pour identifier le problème juridique posé par le cas pratique.**
- **Rédiger le raisonnement juridique (règle de droit + application de la règle de droit aux faits), appelé aussi le syllogisme.**

TRAVAIL PRÉPARATOIRE

2 associés
\+
But de faciliter/développer la vente de produits capillaires et de maquillage
\+
Activité économique : distribution de leurs produits auprès de supermarchés

→ **Possibilité de créer un GIE ?**

Ces faits soulèvent le problème juridique suivant : quelles sont les conditions pour constituer un GIE ?

PRINCIPES JURIDIQUES

> **!** Dans ce cas, vous devez définir le GIE et énumérer toutes ses caractéristiques.

Selon le Code de commerce, le GIE est un groupement doté de la personnalité juridique, permettant à des sociétés de mettre en commun certaines de leurs activités, afin « *de faciliter ou de développer l'activité économique de ses membres, d'améliorer ou d'accroître les résultats de cette activité* », tout en conservant leur individualité.
En outre, il doit se rattacher à l'activité économique de ses membres et ne peut avoir qu'un « caractère auxiliaire » par rapport à cette activité (article L. 251-1 du Code de commerce). Enfin, il doit être constitué avec au minimum deux associés, personnes physiques ou morales, ayant la capacité civile.

APPLICATION AU CAS

> **!** Dans ce cas, vous devez passer en revue toutes les caractéristiques du GIE et vérifier si cela correspond à la situation.

En l'espèce, il s'agit de vérifier si les deux sociétés remplissent les conditions pour constituer un GIE :

- Concernant le but souhaité de ce regroupement, la gérante souhaiterait faciliter la distribution de leurs produits capillaires auprès de supermarchés.
- Concernant l'activité économique, les deux sociétés exercent celle de distribution de leurs produits capillaires auprès de supermarchés. Le GIE aura pour objet de faciliter l'activité des deux sociétés : c'est donc bien une activité auxiliaire par rapport à celle de ses membres.
- Le regroupement veut être opéré entre deux sociétés : cela remplit donc bien la condition de deux associés au minimum, qui sont ici des personnes morales.

Ainsi, le GIE peut être constitué.

Méthode

Un bon raisonnement par syllogisme doit éviter trois défauts récurrents que l'on retrouve dans de nombreuses copies :

– Se limiter à rappeler les faits. Vous devez les qualifier juridiquement.
– Entamer le syllogisme en appliquant d'emblée les règles de droit au cas. Cela reviendrait à inverser le raisonnement juridique.
– Négliger la partie « règles juridiques » qui représente l'essentiel de la note.

Il faut lui réserver un traitement rigoureux.

AUTOÉVALUATION

La grille d'autoévaluation ci-dessous vous permet d'évaluer votre niveau et de vérifier si vos réponses correspondent aux attendus de l'examen.

	Niveau 1	Niveau 2	Niveau 3	Niveau 4
	Un premier élément de réponse, mais très incomplet, des erreurs, des contresens.	*Des éléments de réponse isolés, des approximations et/ou de la paraphrase.*	*Question comprise : des éléments de réponse pertinents, mais incomplets au niveau des savoirs et/ ou de l'application.*	*Compétence attendue mobilisée avec mobilisation complète des savoirs associés à la compétence. Application pertinente.*
Analyser la possibilité pour ces deux sociétés de créer ce GIE. *(voir Section III)*	❒ Vous avez compris qu'il fallait étudier le GIE, mais ne connaissez pas les conditions pour le constituer.	❒ Vous avez compris qu'il fallait étudier les conditions du GIE, mais ne les maîtrisez pas toutes.	❒ Vous avez compris qu'il fallait étudier les conditions du GIE et la plupart des conditions sont développées, mais certaines sont mal développées ou mal appliquées.	❒ Vous avez compris qu'il fallait étudier les conditions du GIE et toutes les conditions sont développées et bien appliquées au cas (but du GIE, activité du GIE, membres du GIE).

EXERCICES

1 Le cas de la SCA Hervé

10 min.

☑ **COMPÉTENCE ATTENDUE :**

- **Identifier les caractéristiques essentielles des SCA en mettant en évidence les principales règles de fonctionnement de ce groupement.**

La SCA Hervé est une grande maison de haute couture française, implantée depuis des années tant en France que dans le monde. À ce jour, la SCA voit son capital social réparti entre cinq commandités, Thierry, Luc, Quentin, Sophie et Catherine, tous membres de la famille Hervé et descendants des fondateurs du groupe, et sept commanditaires, à savoir deux banques (Fortuneyo et Le Crédit du Sud) et cinq fonds d'investissement.

Afin de faire évoluer son modèle économique, la SCA envisage de revoir sa gouvernance et d'insuffler une nouvelle politique de gestion au sein de la société. Thierry Hervé, associé commandité, est gérant de la SCA depuis de nombreuses années. Il est bientôt âgé de 65 ans ; il convient donc de procéder à la désignation de son successeur. La Banque Fortuneyo, associé commanditaire, y voyant là l'opportunité d'être au plus près de son investissement, souhaite être désignée gérante de la SCA. Toutefois, les autres associés hésitent entre Sophie Hervé et Mélissa Carter, tiers à la société, avec une préférence pour la seconde au vu de sa grande expérience auprès d'une maison de haute couture concurrente. Vous êtes l'avocat en charge des affaires de la SCA Hervé.

Votre mission : apprécier les qualités du gérant d'une SCA.

Pour la réaliser, vous devez caractériser qui pourra être désigné gérant de la SCA et qui ne pourra pas l'être.

2 Le cas de Mélissa Carter

15 min.

☑ **COMPÉTENCE ATTENDUE :**

- **Identifier les caractéristiques essentielles des SCA en mettant en évidence les principales règles de fonctionnement de ce groupement.**

Reprenons le cas vu dans l'exercice précédent.

Ayant appris qu'il ne pourrait pas être gérant, le commanditaire Fortuneyo espère pouvoir empêcher la nomination de Mélissa Carter aux fonctions de gérante.

À ce jour, le capital social est réparti de la façon suivante :

Thierry HERVÉ	20 %
Luc HERVÉ	10 %
Quentin HERVÉ	10 %
Sophie HERVÉ	10 %
Catherine HERVÉ	5 %
FORTUNEYO	20 %
CRÉDIT DU SUD	15 %
5 fonds d'investissement	2 % chacun, soit 10 % au total

Votre mission : identifier les conditions du vote de désignation du gérant dans une SCA.

Pour la réaliser, vous devez analyser si l'associé commanditaire Fortuneyo pourra s'opposer à la nomination du gérant.

3 Le cas de la SELAS Capitolivm

15 min.

☑ **COMPÉTENCE ATTENDUE :**

- **Identifier les caractéristiques essentielles des SEL en mettant en évidence les principales règles de fonctionnement de ce groupement.**

La SELAS Capitolivm est une société créée en 2010 qui regroupe cinq avocats, exerçant tous leur activité dans la société.

À ce jour, le capital social de la SELAS est réparti de la façon suivante :

Karl Max	40 %
Olivier Pikbien	40 %
Vanessa Prou	20 %

Olivier Pikbien souhaite aujourd'hui céder toutes ses actions et rejoindre une autre SEL, à la suite de différends concernant la gestion de la société. Il a fait la connaissance de Jean Fabien, qui vient d'obtenir son diplôme d'avocat et qui veut rejoindre une SEL. Vous êtes l'expert-comptable de la société et Olivier vous contacte afin de vous demander conseil.

Votre mission : lui indiquer si la cession des actions d'une SELAS est libre.

Pour la réaliser, vous devez schématiser les formalités de cession des actions à respecter par l'associé de la SELAS.

CAS DE SYNTHÈSE

LE CAS DE GEORGES LUKAS

20 min.

COMPÉTENCE ATTENDUE :

- **Identifier les caractéristiques essentielles des GIE en mettant en évidence les principales règles de fonctionnement de ce groupement.**

Mise en situation

Dans le cadre de l'optimisation de la prise en charge des prestations, de la gestion du risque et du bon usage des produits de santé, les sociétés CNAMTS, CCMSA et CANAM ont décidé de mettre en commun les moyens dont elles disposent en matière d'informations sur les produits de santé. À cet effet, elles constituent un GIE ayant pour but de traiter et d'exploiter tous supports d'informations scientifiques, réglementaires et tarifaires sur les produits de santé et d'élaborer en particulier une base de données sur les produits de santé.

Depuis quelque temps, les résultats du GIE ne sont pas au beau fixe. Georges Lukas, PDG de la société CNAMTS, influence les décisions du dirigeant (le comité directeur) et ne prend aucune décision dans l'intérêt du GIE, mais plutôt dans un intérêt personnel. En effet, il souhaite être nommé dirigeant du GIE. Les autres membres du GIE ne sont pas de cet avis et comptent l'exclure du groupement, mais ils se demandent comment faire. L'un des membres mécontents du GIE vient vous consulter. Vous êtes en effet des amis de longue date et à la tête du service juridique d'un grand groupe. Vous pourrez sûrement lui donner des conseils adaptés.

Votre mission : hiérarchiser les étapes de révocation d'un membre d'un GIE.

Pour la réaliser, vous avez à votre disposition une base documentaire et vous devez discuter de la possible exclusion du membre du GIE.

DOCUMENT

Extraits du contrat de groupement du GIE SIPS

Article 1 : Forme

Il est formé, en application de l'article L 115-5 du Code de la Sécurité sociale, entre les soussignés et toutes autres personnes morales qui seraient admises comme nouveaux membres, un groupement d'intérêt économique régi par l'ordonnance n° 67-821 du 23 septembre 1967 modifiée par la loi n° 89-377 du 13 juin 1989 et tous textes subséquents, ainsi que par le présent contrat.

Ce GIE jouira de la personnalité morale et de la pleine capacité à compter du jour de son immatriculation au Registre du commerce.

Article 2 : Dénomination

Le GIE prend pour dénomination « Système d'Information sur les Produits de Santé ». Tous les actes et documents émanant du Groupement et destinés aux tiers, notamment les lettres, factures, annonces, et publications diverses doivent indiquer lisiblement cette dénomination suivie immédiatement des mots « Groupement d'intérêt économique » ou du signe GIE et de l'énonciation du lieu et de son numéro d'immatriculation au RCS.

Article 3 : Durée

Le Groupement est constitué pour une durée de 20 années, à compter de son immatriculation au Registre du commerce et des sociétés, sauf les cas de dissolution anticipée ou de prorogation prévus ci-après.

Article 4 : Membres fondateurs
Le présent GIE est constitué par la CNAMTS, la CCMSA et la CANAM, qui en sont les membres fondateurs.

Article 5 : Exclusion d'un membre
L'exclusion d'un membre peut être prononcée par décision de l'Assemblée générale pour l'un des motifs ci-après énoncés :

- si le membre contrevient gravement à ses obligations et continue à ne pas les remplir à l'expiration du délai de trois mois à compter de la réception de l'avertissement à lui adressé par lettre recommandée avec demande d'accusé de réception, par le Comité directeur du Groupement ;
- si le membre, dans son activité propre, contrevient à l'ordre public ou exerce ladite activité en contravention des règles déontologiques définies par les autorités administratives compétentes ;
- si le membre contrevient aux dispositions légales et réglementaires visant les GIE.

Dans tous les cas où l'Assemblée Générale doit se prononcer sur l'exclusion, le ou les représentants du membre susceptible d'être exclu sont convoqués par le Président du Comité Directeur un mois au moins à l'avance, par lettre recommandée avec accusé de réception.
Il est procédé à l'examen de l'exclusion du membre tant en présence de ses représentants qu'en leur absence. S'il est représenté, son ou ses représentants pourront donner toutes explications qu'ils jugeront utiles.
La régularisation de sa situation avant l'assemblée peut ne pas être considérée par elle comme susceptible d'éviter l'exclusion.
Lors de cette assemblée, les voix de son ou de ses représentants ne sont prises en considération ni pour le calcul du quorum ni pour celui de la majorité.
Le ou les représentants du membre intéressé ne peuvent donner ni recevoir aucun mandat à cette assemblée. Le vote sur l'exclusion aura lieu en l'absence du ou des représentants de l'intéressé.
La décision de l'assemblée n'est susceptible d'aucun recours et ne peut en aucune façon entraîner l'allocation de dommages et intérêts de la part du Groupement.
Le membre exclu doit indemniser le Groupement de tout préjudice qu'il aurait pu lui causer.
Le cas échéant, il y aura compensation automatique des créances du Groupement et des dettes vis-à-vis du membre exclu.
En conséquence, le Groupement devra indemniser, le cas échéant, le membre sortant des versements qu'il serait amené à faire de ce fait, au titre d'actes passés ou d'obli-6gations contractées entre la date de l'exclusion et celle de sa publication au Registre du commerce et des sociétés, à la condition que le membre considéré n'ait pas participé à la réalisation de l'acte ou à la naissance de la responsabilité incriminée.
Le membre exclu n'a aucun droit sur les provisions, amortissements et réserves.

CHAPITRE 16

La SCI, SCP, SCM et les sociétés agricoles

À l'issue de ce chapitre,

- **vous serez capable :**
  - ❒ d'identifier l'utilité de ces groupements dans des situations spécifiques ;
  - ❒ de mettre en évidence les principales règles de fonctionnement de ces groupements.
- **vous saurez identifier :**
  - ❒ vous saurez identifier :
    - les caractéristiques essentielles des :
    - société civile immobilière, société civile professionnelle, société civile de moyens ;
    - sociétés agricoles : GAEC, EARL.

Mettez-vous en situation

Marcel a changé de métier récemment, afin de réaliser son rêve : devenir agriculteur ! Il a un fils, André, qu'il souhaite voir travailler avec lui. Il se demande quelle structure juridique serait la plus adaptée pour son activité.
Aujourd'hui, Marcel vient vous demander conseil concernant la structure à adopter pour sa nouvelle activité.

I. La société civile immobilière (SCI)

Définition
L'objet de la société civile immobilière (SCI) est de gérer des immeubles, mettre en location des immeubles ou construire des immeubles en vue de leur vente.

A Les règles de constitution et de fonctionnement de la SCI

Les règles de constitution et de fonctionnement de la SCI sont celles de la société civile classique, prévues par le Code civil (Livre III, Titre IX, Chapitre II, articles 1845 à 1870-1) et ses litiges relèvent des juridictions civiles (tribunal judiciaire).

B Les avantages et les inconvénients de la SCI

1. Les avantages de la SCI

a. La détention d'un bien immobilier sans être en indivision

La SCI est propriétaire du bien immobilier et non les associés. Ainsi, les règles de l'indivision ne s'appliquent pas.

Exemple : Quand un bien immobilier est détenu en indivision, si un indivisaire veut sortir de l'indivision, il contraint l'ensemble des autres indivisaires à vendre le bien. Dans une SCI, si un associé ne veut plus en faire partie, il n'a qu'à vendre ses parts sociales, ce qui ne pénalise pas les autres associés.

b. L'application d'avantages fiscaux pour les associés

Les impôts de chaque associé peuvent être diminués par l'effet du déficit foncier de la société reporté sur leur déclaration de revenus. En outre, il existe des abattements en cas de cession de parts sociales.

c. Une libre organisation de la gestion de la société

La SCI doit respecter les règles de fonctionnement imposées par le Code civil, mais ce dernier laisse une grande liberté dans la rédaction des statuts. Ainsi, les associés peuvent décider d'un mode de fonctionnement (gérance, vote, etc.) de manière assez libre.

2. Les inconvénients de la SCI

a. Les coûts de création

La SCI, en tant que société, nécessite des frais à sa création, comme la rédaction des statuts (si elle est faite par un tiers), la réalisation d'apports, l'enregistrement des statuts, la publication d'un avis de création dans un JAL et l'immatriculation au RCS.

b. Le formalisme d'une société

La SCI, en tant que société, nécessite d'être gérée comme telle. Ainsi, il faut procéder à des assemblées générales, voter des décisions en respectant les majorités prévues, et parfois déclarer au greffe du tribunal de commerce toute modification des statuts.

c. La responsabilité des associés

Les associés de la SCI sont responsables de manière indéfinie des dettes sociales, au prorata de leur participation au capital social, ce qui peut occasionner un risque d'engagement de leur patrimoine personnel.

Tableau 16.1 Avantages et inconvénients d'une SCI

Avantages	Inconvénients
– Non-application des règles de l'indivision. – Application d'avantages fiscaux au bénéfice des associés. – Libre organisation de la gestion de la société.	– Coûts de création élevés. – Formalisme d'une société à respecter. – Responsabilité illimitée des associés.

II. La société civile professionnelle (SCP)

Définition

L'objet de la société civile professionnelle (SCP) est de permettre à des personnes physiques d'exercer en commun une profession libérale réglementée.

Cela concerne les professions libérales réglementées suivantes : les administrateurs judiciaires et mandataires liquidateurs, les directeurs de laboratoire d'analyses de biologie médicale, les architectes, les avocats, les avocats au Conseil d'État et à la Cour de cassation, les commissaires-priseurs judiciaires, les conseils en propriété industrielle, les chirurgiens-dentistes, les commissaires aux comptes, les greffiers des tribunaux de commerce, les experts agricoles et fonciers, les experts forestiers, les géomètres-experts, les notaires, les huissiers de justice, les infirmiers ou infirmières, les masseurs kinésithérapeutes, les médecins, les vétérinaires.

A Les règles de constitution et de fonctionnement de la SCP

La SCP est régie par la loi du 29 novembre 1966, complétée par des décrets d'application en fonction de chaque profession concernée. Au-delà de chaque décret d'application, les règles de constitution et de fonctionnement de la SCP sont celles de la société civile classique, prévues par le Code civil (Livre III, Titre IX, Chapitre II, articles 1845 à 1870-1) et ses litiges relèvent des juridictions civiles (tribunal judiciaire).
Cependant, le nombre maximum d'associés est fixé dans chaque décret et seule une **personne physique** exerçant la profession libérale réglementée peut être associée d'une SCP.

Exemple : Une personne morale, comme une autre SCP ou une société commerciale, ne peut pas être associée d'une SCP.

Les **apports en industrie** sont particulièrement importants en SCP, dans la mesure où tous les associés exercent leur activité professionnelle dans la société.

B Les avantages et les inconvénients de la SCP

1. Les avantages de la SCP

a. Le partage de frais entre professionnels d'une même activité

La SCP permet aux professionnels libéraux d'une même activité de se regrouper, afin de partager certains frais qu'ils ont en commun.

b. Une libre organisation de la gestion de la société

La loi laisse une grande liberté aux associés pour fixer dans les statuts le mode de fonctionnement de la SCP (par exemple, la gérance, les modalités de vote, etc.).

> ! Les décisions collectives doivent cependant être prises à la majorité absolue.

2. Les inconvénients de la SCP

a. Les coûts de création

Les coûts de création d'une SCP sont les mêmes que pour une SCI.

b. Le formalisme d'une société

Le formalisme de création d'une SCP est le même que pour une SCI.

c. La responsabilité des associés

Les associés de la SCP sont responsables de manière indéfinie et solidaire des dettes sociales, c'est-à-dire quelle que soit la part détenue dans le capital social.

Tableau 16.2 Avantages et inconvénients d'une SCP

Avantages	Inconvénients
– Partage de frais entre professionnels. – Libre organisation de la gestion de la société.	– Coûts de création élevés. – Formalisme d'une société à respecter. – Responsabilité indéfinie et solidaire des associés.

III. La société civile de moyens (SCM)

Définition

L'objet de la société civile de moyens (SCM) est de faciliter l'exercice de l'activité professionnelle des personnes exerçant des professions libérales, réglementées ou non. Chaque professionnel conserve sa situation juridique indépendante, mais ils mettent en commun dans la SCM leurs moyens d'exploitation, afin de réduire les coûts de fonctionnement.

La SCM ne perçoit pas de bénéfices provenant de la clientèle des professionnels libéraux.

A Les règles de constitution et de fonctionnement de la SCM

La SCM est régie par la loi du 29 novembre 1966, complétée par des décrets d'application en fonction de chaque profession concernée.
Au-delà de chaque décret d'application, les règles de constitution et de fonctionnement de la SCM sont celles de la société civile classique, prévues par le Code civil (Livre III, Titre IX, Chapitre II, articles 1845 à 1870-1) et ses litiges relèvent des juridictions civiles (tribunal judiciaire).

B Les avantages et les inconvénients de la SCM

1. Les avantages de la SCM

a. La mise en commun de moyens et le partage de frais entre professionnels

La SCM permet aux professionnels libéraux d'une même activité de se regrouper, afin de mettre en commun des moyens (personnel, matériel, etc.) et de partager certains frais qu'ils ont en commun. La SCM perçoit comme seules ressources des charges versées par ses associés.

> **Exemple :** Plusieurs avocats se regroupent dans une SCM, afin de faciliter leur exercice : ils ont toujours leur propre indépendance juridique dans l'exercice de leur fonction, mais ils partagent en commun un secrétaire, un local et du matériel de bureau.

b. La conservation d'une indépendance professionnelle

Contrairement à une SCP, la SCM permet de conserver son indépendance professionnelle. En effet, il n'y a pas de mutualisation de la clientèle, pas de perception par la SCM des bénéfices réalisés par les associés. Chaque associé conserve son indépendance juridique et professionnelle.

c. Une libre organisation de la gestion de la société

La loi laisse une grande liberté aux associés pour fixer dans les statuts le mode de fonctionnement de la SCM (par exemple, la gérance, les modalités de vote, etc.).

2. Les inconvénients de la SCM

a. Les coûts de création

Les coûts de création d'une SCM sont les mêmes que pour une SCI.

b. Le formalisme d'une société

Le formalisme de création d'une SCM est le même que pour une SCI.

c. La responsabilité des associés

Les associés de la SCM sont responsables de manière indéfinie et conjointe des dettes sociales. Ainsi, un créancier ne pourra engager la responsabilité de chaque associé que pour la part des dettes correspondant à sa participation dans le capital social.

Tableau 16.3 Avantages et inconvénients de la SCM

Avantages	Inconvénients
– Mise en commun de moyens et partage de frais entre professionnels. – Conservation d'une indépendance professionnelle. – Libre organisation de la gestion de la société.	– Coûts de création élevés. – Formalisme d'une société à respecter. – Responsabilité indéfinie et conjointe des associés.

IV. Les sociétés agricoles

Les sociétés agricoles sont des **sociétés civiles**, dont l'objet est une activité agricole. Elles fonctionnement donc de la même façon que les sociétés civiles (voir Section I.), mais dans des formes différentes.

A Le groupement agricole d'exploitation en commun (GAEC)

Définition

Le groupement agricole d'exploitation en commun (GAEC) permet à des agriculteurs de s'associer, afin de poursuivre la réalisation d'un travail en commun et de mettre en commun des exploitations.

Créé par la loi du 8 août 1962, le GAEC est régi par les articles L. 323-1 à L. 323-16 et 4. 323-8 à R. 323-54 du Code rural et de la pêche maritime, ainsi que les articles 1832 et suivants du Code civil. En 2018, on dénombrait 44 700 GAEC.

1. La durée du GAEC

La durée du groupement est fixée par les **statuts**, dans la **limite de 99 ans**.

2. Le capital social du GAEC

Le **capital social** peut être fixe ou variable et est fixé à 1 500 € minimum, divisé en parts sociales de même valeur nominale, égale ou supérieure à 7,50 €. Tous les **apports** sont admis, même si, comme pour toute société, les apports en industrie donnent droit à des parts sociales incessibles, mais n'augmentent pas le capital social. L'apport en nature n'exige pas l'évaluation par un commissaire aux apports. Les apports en numéraire doivent être libérés d'au moins un quart à la constitution.

3. Les formalités du GAEC

Concernant les **formalités**, les **statuts** doivent être rédigés, puis envoyés avec le dossier de demande d'agrément à la préfecture du lieu du siège social de l'exploitation. Enfin, après agrément préfectoral donné sous trois mois, le GAEC doit signer les statuts définitifs, procéder à l'enregistrement des actes constatant la constitution du GAEC, accomplir les formalités de publicité légale et, enfin, procéder à l'immatriculation au RCS. Le justificatif de l'immatriculation doit ensuite être adressé en préfecture.

4. Les associés du GAEC

Le groupement doit réunir entre **deux et dix associés**, personnes physiques majeures uniquement, agriculteurs à titre principal. Tous les **associés** doivent participer effectivement au travail en commun et à la gestion du groupement (sachant qu'un homme = une voix, sauf disposition contraire des statuts). Ils perçoivent à ce titre une rémunération mensuelle au moins égale à un SMIC, sans pouvoir en dépasser six. La cession des parts est libre entre associés et doit être approuvée en assemblée générale pour une cession à des tiers.
Les associés sont **responsables** des dettes sociales envers les créanciers dans la limite de deux fois la part de capital social possédée, sauf disposition contraire des statuts (qui peuvent prévoir une responsabilité plus grande). Chaque associé est **responsable personnellement et indéfiniment** des faits de son activité professionnelle.

Figure 16.1 **Les associés d'un GAEC**

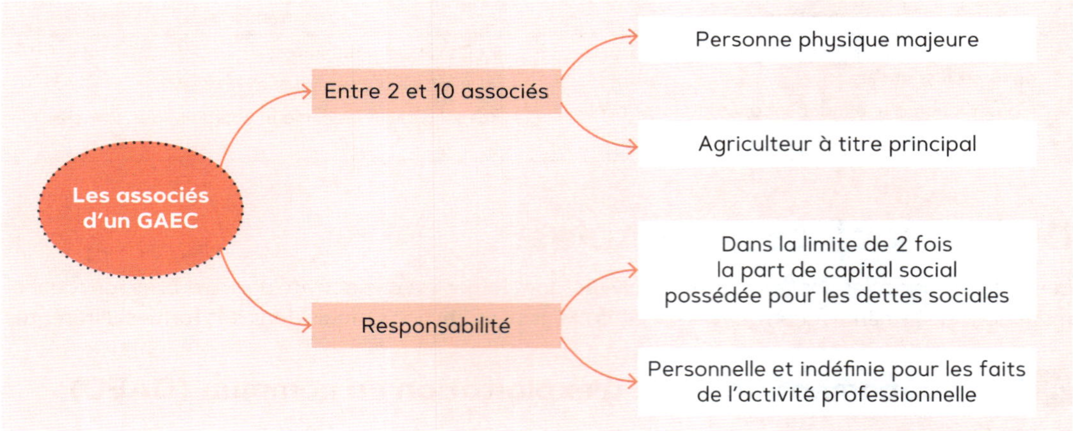

5. Le gérant du GAEC

Le GAEC est dirigé par **un ou plusieurs gérants**, obligatoirement associés. La rémunération du gérant, ses pouvoirs et sa révocation sont prévus par les statuts.

6. La disparition du GAEC

Le GAEC prend fin pour toutes les **causes communes** aux sociétés (article 1844-7 du Code civil), sachant qu'aucun événement touchant la personne d'un associé ne provoque la fin du groupement (comme le décès, la liquidation judiciaire ou le retrait d'un des associés).

B L'exploitation agricole à responsabilité limitée (EARL)

Définition
L'exploitation agricole à responsabilité limitée (EARL) est une forme de société civile à objet agricole, au sens de l'article L. 311-1 du Code rural.

Créée par la loi du 11 juillet 1985, elle est régie par les articles L.324-1 à L.324-10 et D.324-2 à D.324-4 du Code rural et de la pêche maritime et les articles 1832 et suivants du Code civil. En 2016, on dénombrait 79 000 EARL.

1. La durée de l'EARL

La durée de la société est fixée par les **statuts**, sans pouvoir dépasser la **limite légale de 99 ans**.

2. Le capital social de l'EARL

Le **capital social** doit être d'au minimum 7 500 €, sachant qu'il peut être variable. Tous les **apports** sont admissibles. Les apports en **numéraire** ou en **nature** donnent lieu à l'attribution de parts d'intérêts cessibles dans les conditions statutaires. L'évaluation des apports en **nature** est faite par un commissaire aux apports, sauf décision contraire des associés si ces apports en nature représentent moins de la moitié du capital et si aucun apport en nature n'a une valeur supérieure à 30 000 €. Les apports en **industrie** fondés sur une compétence particulière de l'associé donnent lieu à l'attribution de parts d'intérêts incessibles, ne concourant pas à la formation du capital.

3. Les formalités de l'EARL

Les formalités sont les mêmes que pour toute autre société. Après immatriculation au RCS, l'EARL est dotée de la personnalité juridique.

4. Les associés de l'EARL

L'EARL peut être unipersonnelle, donc le nombre d'associés peut varier de un à dix.

Exemple : Dans le cas d'une EARL entre époux, en cas de décès de l'un des époux, l'EARL a l'avantage de continuer à exister et devient unipersonnelle, car toutes les parts sociales de la société peuvent être transmises à l'associé survivant.

Les associés ne peuvent être que des **personnes physiques**. On compte deux types d'associés :

- Les **associés exploitants** : ils doivent être majeurs, participer effectivement aux travaux de l'exploitation, être majoritaires et détenir plus de 50 % des parts de capital, et sont seuls susceptibles d'être gérants de l'EARL.
- Les **associés simples apporteurs en capitaux** : ils ne sont pas exploitants, sont majeurs ou mineurs, et contribuent à la formation du capital social.

Figure 16.2 **Les associés de l'EARL**

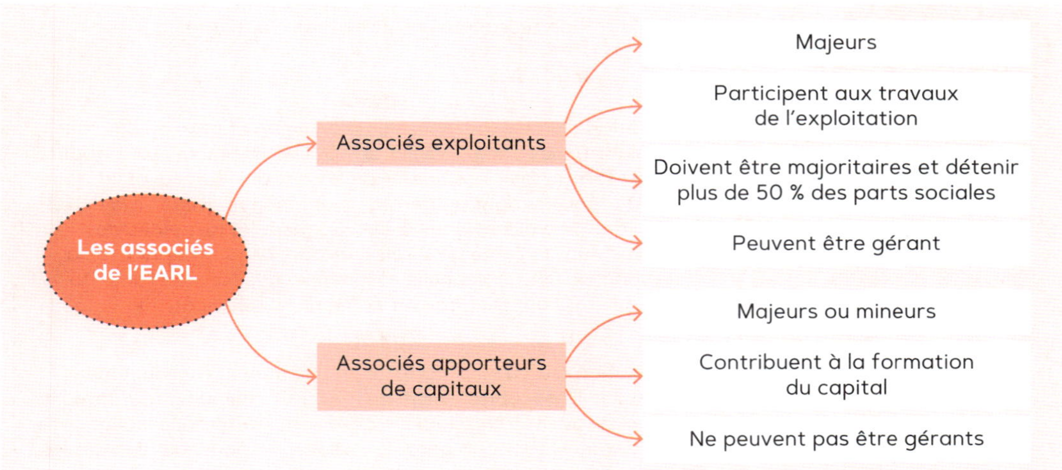

Les associés doivent être de nationalité française ou d'un pays de l'Union européenne. Les **décisions** sont prises de façon proportionnelle à la part détenue dans le capital social, sauf disposition contraire des statuts, qui peuvent adopter la règle d'une voix par associé. Les associés sont responsables des dettes sociales à hauteur de leurs apports (comme dans une EURL ou SARL).

5. Le gérant de l'EARL

Le **gérant** est associé et travaille dans la structure. Il peut y en avoir plusieurs. Il est désigné par un vote des associés en assemblée générale représentant la majorité de plus de la moitié des parts sociales. Ses pouvoirs et sa révocation fonctionnent de la même façon que pour une société civile.

6. La disparition de l'EARL

Les causes de dissolution de l'EARL sont les mêmes que celles du **droit commun** des sociétés civiles. L'EARL prend fin également pour des causes spécifiques, c'est-à-dire lorsque ses conditions de constitution ne sont plus respectées et en l'absence de régularisation dans un délai d'un an (ou de trois ans si l'irrégularité provient d'un décès ou d'une incapacité de travailler).

Exemple : Une EARL prend fin si le gérant n'est plus exploitant, si le capital est inférieur au minimum légal, ou encore si le nombre de parts sociales des associés exploitants n'excède plus la moitié du capital social.

SYNTHÈSE

Sociétés civiles et agricoles

SCI

Gestion, mise en location ou construction d'immeubles en vue de leur vente ; plusieurs types de SCI (de location, familiale, d'attribution, de construction-vente, de jouissance à temps partagé).

SCP

Exercice en commun par des personnes physiques d'une profession libérale réglementée ; mise en commun de moyens matériels et techniques ; la société perçoit les honoraires facturés aux clients et paie les frais de fonctionnement.

SCM

Mise en commun de prestations de services ou fourniture de moyens matériels ; chaque associé perçoit ses revenus ; la société n'a pas de ressources propres (pas d'activité).

GAEC

Réalisation d'un travail agricole en commun et mise en commun des exploitations ; capital social de 1 500 € minimum ; tout apport possible ; formalités classiques + agrément préfectoral obligatoire ; 2 à 10 associés (dont un gérant), personne physique, majeure, agriculteur travaillant dans le GAEC ; responsabilité des dettes sociales dans la limite de 2 fois leur part dans le capital social ; responsabilité personnelle et indéfinie des faits de l'activité professionnelle ; causes communes de disparition.

EARL

Réalisation d'un travail agricole en commun et regroupement souvent familial ; capital social de 7 500 € minimum ; tout apport possible ; formalités classiques + agrément préfectoral obligatoire ; 1 à 10 associés (dont un gérant), associé responsable des dettes sociales à hauteur de son apport ; causes de disparition communes et spécifiques (gérant plus exploitant, capital inférieur au minimum légal, nombre de parts sociales des associés exploitants n'excède plus la moitié du capital social).

Faites le point sur les notions clés :
société civile immobilière (p. 313), société civile professionnelle (p. 314), société civile de moyens (p. 316), groupement agricole d'exploitation en commun (p. 317), exploitation agricole à responsabilité limitée (p. 318).

Révisez avec les flashcards

www.lienmini.fr/dcg02-30

QCM

Réponse unique

QCM interactif
www.lienmini.fr/dcg02-31

1 SCP signifie :
- ❍ **a.** société civile professionnelle.
- ❍ **b.** société commerciale professionnelle.
- ❍ **c.** société circonstanciée professionnelle.
- ❍ **d.** société coopérative professionnelle.

2 SCM signifie :
- ❍ **a.** société civile de mutualisation.
- ❍ **b.** société civile de moyens.
- ❍ **c.** société commerciale de moyens.
- ❍ **d.** société coopérative de moyens.

3 GAEC signifie :
- ❍ **a.** groupement agricole d'entreprise en commun.
- ❍ **b.** groupement agricole d'exploitation en commun.
- ❍ **c.** groupe agricole d'exploitants communs.
- ❍ **d.** grands agriculteurs experts en culture.

4 EARL signifie :
- ❍ **a.** exploitant à revenus limités.
- ❍ **b.** exploitation agricole à revenu limité.
- ❍ **c.** exploitant agricole à responsabilité limitée.
- ❍ **d.** exploitation agricole à responsabilité limitée.

5 Parmi ces propositions, quel est le nombre d'associés que l'EARL ne peut avoir ?
- ❍ **a.** 1 associé.
- ❍ **b.** 2 associés.
- ❍ **c.** 10 associés.
- ❍ **d.** 11 associés.

Plusieurs réponses possibles

6 Un GAEC peut avoir comme capital social :
- ❍ **a.** 1 500 €.
- ❍ **b.** 1 €.
- ❍ **c.** 10 000 €.
- ❍ **d.** 750 €.

7 Dans un GAEC, le nombre d'associés peut être de :
- ❍ **a.** 1.
- ❍ **b.** 3.
- ❍ **c.** 9.
- ❍ **d.** 100.

8 En principe, sauf disposition contraire des statuts, les parts sociales d'une SCI ne sont cessibles qu'avec l'accord unanime des associés, sauf :
- ❍ **a.** en cas de vente à un tiers.
- ❍ **b.** en cas de cession aux ascendants.
- ❍ **c.** en cas de donation à un tiers.
- ❍ **d.** en cas de transmission aux ascendants.

9 Les associés d'une SCP sont responsables des dettes sociales à l'égard des tiers :
- ❍ **a.** de manière limitée aux apports.
- ❍ **b.** indéfiniment.
- ❍ **c.** solidairement.
- ❍ **d.** Non, seule la société est responsable des dettes sociales.

10 Qu'en est-il de la responsabilité des associés d'un GAEC ?

❍ **a.** Ils sont responsables à hauteur de leur apport.
❍ **b.** Ils ne sont pas responsables, seul le GAEC l'est.
❍ **c.** Ils sont responsables des dettes sociales dans la limite de deux fois la part de capital social possédée.
❍ **d.** Ils sont responsables des faits de leur activité professionnelle personnellement et indéfiniment.

● Réponse à justifier

11 M. et Mme Bouval ont créé une EARL en 1990. Aujourd'hui, M. Bouval est décédé. Mme Bouval se demande si elle va pouvoir continuer l'activité et ce qu'il va advenir de la société.

❍ **a.** L'EARL étant une structure composée d'au minimum deux associés, il faudra que Mme Bouval retrouve un associé.
❍ **b.** L'EARL est dissoute automatiquement par la disparition d'un des associés.
❍ **c.** L'EARL peut continuer et devenir unipersonnelle si les parts sociales ont été transmises à l'associé survivant.

12 Le GAEC de la famille Fortex est une société qui élève des bisons dans le Jura. À cause d'une grave épidémie, la plupart du troupeau est tombé malade ; par conséquent, les dettes de la société s'accumulent. La famille Fortex se demande qui va devoir les payer.

❍ **a.** Dans un GAEC, seule la société est responsable, les associés ne sont pas engagés sur leur patrimoine personnel : le GAEC paiera les dettes.
❍ **b.** Dans un GAEC, la responsabilité des associés est limitée à deux fois le montant de leur apport : chaque associé est responsable jusqu'au double de son apport.
❍ **c.** Dans un GAEC, la responsabilité des associés est limitée à leur apport dans le capital social : chaque associé est responsable à hauteur de son apport.
❍ **d.** Dans un GAEC, la responsabilité des associés est indéfinie et solidaire : chaque associé est engagé par rapport à la dette sociale de manière totale et solidairement par rapport aux autres associés.

13 Anne Vannier, photographe de mode, aimerait bien placer son argent. Elle a entendu parler d'une EARL familiale de son village qui cherche des investisseurs. Cependant, elle ne sait pas si elle peut être associée de cette EARL, car elle a entendu dire qu'il fallait être exploitant pour le devenir.

❍ **a.** C'est faux, une EARL peut être composée d'associés exploitants et d'associés simples apporteurs en capitaux.
❍ **b.** C'est faux, les associés d'une EARL ne sont pas exploitants.
❍ **c.** C'est vrai, il faut être exploitant pour devenir associé d'une EARL.
❍ **d.** C'est vrai, il faut être exploitant, mais pas forcément travailler dans l'EARL.

14 Anne Vannier et son mari ont décidé de placer leur argent dans l'EARL familiale de leur village, composée uniquement d'exploitants : le couple Robert et Marie-Thérèse Bruel, ainsi que leur fils Yoan Bruel. Le fils veut se retirer de l'exploitation, afin de commencer des études dans le marketing. Robert Bruel, lui, a envie de prendre sa retraite. Le père et le fils cèdent leur part à Marie-Thérèse. Celle-ci propose au couple Vannier d'acquérir 49 % des parts. Le couple se demande si c'est possible.

❍ **a.** Oui, ils le peuvent, puisqu'ils ne détiendront pas plus de 50 % des parts del'EARL.
❍ **b.** Oui, ils le peuvent, puisque l'EARL sera composée de trois associés et c'est le minimum légal.
❍ **c.** Non, ce n'est pas possible, car les associés exploitants doivent être majoritaires en nombre.
❍ **d.** Non, ce n'est pas possible, car les associés exploitants et les associés apporteurs de capitaux doivent respecter la parité.

15 **Finalement, Anne Vannier a investi seule dans l'EARL, à hauteur de 40 %. Marie-Thérèse Bruel a quant à elle trouvé un second exploitant, Thomas Virenque : ils ont 30 % chacun. Cependant, après quelque temps, rien ne va plus dans l'EARL : les dettes s'accumulent car les produits agricoles qu'ils proposent ne se vendent plus. Ils se demandent qui est responsable des dettes de la société.**

- ❍ **a.** Tous sont responsables des dettes sociales à hauteur de leur apport.
- ❍ **b.** Seuls les deux associés exploitants sont responsables des dettes sociales à hauteur de leur apport.
- ❍ **c.** Seuls les deux associés exploitants sont responsables des dettes sociales et de manière totale et indéfinie.
- ❍ **d.** Tous sont responsables des dettes sociales de manière totale et indéfinie.

— • CAS PRATIQUE GUIDÉ • —

L'ÉLEVAGE DE TOM

Tom Bazac exploite un élevage de chèvres et de brebis avec son frère, sous l'enseigne « GAEC Cherazade ». Il est inquiet car, au cours de la dernière saison, plusieurs bêtes sont tombées malades et les dettes s'accumulent. Vous êtes un ami de la famille et les frères Bazac viennent vous consulter en votre qualité de juriste.

Votre mission : évaluer dans quelle mesure les associés dans un GAEC sont responsables. Pour la réaliser, vous devez appréhender l'étendue de la responsabilité des associés du GAEC.

CORRIGÉ

☑ **COMPÉTENCE ATTENDUE :**

– **Identifier les caractéristiques essentielles des GAEC.**

Méthode

Pour résoudre un cas pratique [voir Fiche méthode 2], vous devez respecter quelques règles essentielles :

- **Schématiser, au brouillon, les éléments essentiels nécessaires pour traiter le cas.**
- **Effectuer le travail d'analyse juridique pour identifier le problème juridique posé par le cas pratique.**
- **Rédiger le raisonnement juridique (règle de droit + application de la règle de droit aux faits), appelé aussi le syllogisme.**

TRAVAIL PRÉPARATOIRE

GAEC
+
2 associés
+
Dettes sociales
→ **Associés responsables des dettes sociales ?**

Ces faits soulèvent le problème juridique suivant : quelle est l'étendue de la responsabilité des associés dans un GAEC ?

PRINCIPES JURIDIQUES

Selon le Code rural et de la pêche maritime, le GAEC permet à des agriculteurs de s'associer afin de poursuivre la réalisation d'un travail en commun et de mettre en commun des exploitations.

> **!** Dans ce cas, vous devez appréhender la responsabilité des associés d'un GAEC.

Les associés sont **responsables** des dettes sociales envers les créanciers dans la limite de deux fois la part de capital social possédée, sauf disposition contraire des statuts (qui peuvent prévoir une responsabilité plus grande). Chaque associé est **responsable personnellement et indéfiniment** des faits de son activité professionnelle.

APPLICATION AU CAS

En l'espèce, il s'agit de vérifier si les deux associés du GAEC sont responsables des dettes.

> **!** Dans ce cas, vous devez vérifier de quelle nature sont les dettes et qui en est responsable.

Les dettes accumulées ne semblent pas provenir des faits de l'activité professionnelle de chaque associé. En effet, les dettes s'accumulent car les bêtes sont tombées malades. Ainsi, il s'agit bien de dettes sociales et non personnelles.

Il n'est pas fait mention des statuts du GAEC, donc il faut appliquer la loi à la situation : dans un GAEC, les associés sont responsables des dettes sociales envers les créanciers dans la limite de deux fois la part de capital social possédée.

C'est le cas des deux associés. Ils pourront donc être appelés à rembourser ces dettes sociales.

Méthode

Un bon raisonnement par syllogisme doit éviter trois défauts récurrents que l'on retrouve dans de nombreuses copies :

- **Se limiter à rappeler les faits : il faut les qualifier juridiquement.**
- **Entamer le syllogisme en appliquant d'emblée les règles de droit au cas. Cela reviendrait à inverser le raisonnement juridique.**
- **Négliger la partie « règles juridiques », qui représente l'essentiel de la note.**

Il faut lui réserver un traitement rigoureux.

AUTOÉVALUATION

La grille d'autoévaluation ci-dessous vous permet d'évaluer votre niveau et de vérifier si vos réponses correspondent aux attendus de l'examen.

	Niveau 1	Niveau 2	Niveau 3	Niveau 4
	Un premier élément de réponse, mais très incomplet, des erreurs, des contresens.	*Des éléments de réponse isolés, des approximations et/ou de la paraphrase.*	*Question comprise : des éléments de réponse pertinents, mais incomplets au niveau des savoirs et/ou de l'application.*	*Compétence attendue mobilisée avec mobilisation complète des savoirs associés à la compétence. Application pertinente.*
Appréhender l'étendue de la responsabilité des associés du GAEC. *(voir Section IV. A)*	❒ Vous avez compris qu'il fallait étudier les dettes, mais avez confondu les dettes personnelles et les dettes sociales.	❒ Vous avez compris qu'il fallait étudier les dettes sociales, mais n'apportez pas la bonne réponse quant à la solution attendue.	❒ Vous avez compris qu'il fallait étudier les dettes sociales et apportez des éléments de réponse corrects.	❒ Vous avez compris qu'il fallait étudier les dettes sociales et apportez des éléments de réponse corrects et pertinents. La solution apportée correspond à l'application de la règle de droit à la situation.

EXERCICES

1 Le cas de la SARL Bioskin

10 min.

COMPÉTENCE ATTENDUE :

– Identifier les caractéristiques essentielles d'un associé d'un GAEC.

La SARL Bioskin fabrique, de manière artisanale, des savons, huiles et laits corporels à base de lait de chèvre. La SARL a été créée en 2006. Depuis l'origine, la gérance est assurée par Anne Paul.
Anne Paul a sympathisé avec Tom Bazac, qui l'a invitée à visiter son exploitation. Il s'agit d'un élevage de chèvres et de brebis qu'il exploite sous la forme d'un GAEC avec son frère. Il lui propose de devenir associée du GAEC. Anne est intéressée, mais ne dispose pas de suffisamment de connaissances pour savoir si cela est possible. Vous êtes l'expert-comptable de la SARL et Anne vient vous exposer la situation.

Votre mission : appréhender la qualité des associés dans un GAEC.
Pour la réaliser, vous devez vérifier si Anne Paul peut être associée du GAEC.

2 Le cas des enfants Labaume

15 min.

COMPÉTENCE ATTENDUE :

– Identifier les conditions de constitution d'une EARL.

Nathalie et Jean sont les enfants du couple Labaume, exploitants agricoles qui perdurent la tradition familiale depuis plusieurs générations. Aujourd'hui, les enfants du couple Labaume ont fini leurs études agricoles et souhaitent monter une activité agricole. Ils ont envie de créer une EARL, tout comme leurs parents. Ils n'ont pas beaucoup d'argent de côté et se demandent comment faire pour démarrer l'activité. Vous êtes l'expert-comptable du couple Labaume. Ils se tournent ainsi vers vous pour vous demander conseil.

Votre mission : identifier les conditions de constitution d'une EARL.
Pour la réaliser, vous devez expliquer comment les deux associés pourront récupérer des fonds pour créer leur EARL.

3 Le cas de la SCP Veritasse

15 min.

COMPÉTENCE ATTENDUE :

– Identifier les caractéristiques essentielles des sociétés civiles professionnelles en mettant en évidence les principales règles de fonctionnement de ce groupement.

La SCP Veritasse est une société civile professionnelle créée en 2018 qui regroupe trois associés. À ce jour, le capital social de la SCP Veritasse est réparti de la façon suivante :

Vincent Larroque	20 %
Marc Barraque	20 %
Marion Miral	60 %

Vincent Larroque souhaite aujourd'hui céder toutes ses parts sociales et connaît un ami prêt à lui racheter ses parts et à intégrer la société. Vous êtes le conseiller juridique qui a participé à la rédaction des statuts de la société. Marc et Marion viennent vous consulter après avoir appris la décision de Vincent.

Votre mission : indiquer si la cession des actions d'une SCP est libre.
Pour la réaliser, vous devez schématiser les formalités de cession des parts sociales que l'associé de la SCP devra respecter.

CAS DE SYNTHÈSE

LE CAS DE LA SCI NESPRAS

20 min.

☑ COMPÉTENCE ATTENDUE : **Identifier les caractéristiques essentielles des sociétés civiles immobilières en mettant en évidence les principales règles de fonctionnement de ce groupement.**

Mise en situation

La société civile immobilière Nespras est une société familiale, composée des deux époux et de leurs deux enfants. Monsieur Nespras est gérant majoritaire. Les époux ont divorcé depuis l'an dernier. Aujourd'hui, l'ex-épouse souhaite la révocation du gérant, en invoquant le fait qu'il n'avait pas rendu compte annuellement de sa gestion aux associés. Le gérant se défend en indiquant que les associés n'avaient pas fait la demande de communication de ce compte-rendu annuel et que son ex-épouse et ses enfants ne s'étaient jamais intéressés à la gestion de la société et lui avaient toujours fait une totale confiance. Vous êtes l'expert-comptable de la SCI. Monsieur Nespras vous consulte, afin de connaître ses droits.

Votre mission : identifier les conditions de révocation du gérant dans une SCI.

Pour la réaliser, vous avez à votre disposition une base documentaire et vous devez vérifier si la révocation du gérant pourra être prononcée et, si oui, par qui.

DOCUMENT

Arrêt de la Cour de cassation, Chambre commerciale, 23 octobre 2019, n° de pourvoi 17-31.653

Sur le moyen unique, pris en ses deuxième et quatrième branches :
Vu les articles 1851 et 1856 du Code civil ;

Attendu, selon l'arrêt attaqué, que la SCI Evaray a été constituée en 1998 entre M. P... H…, son épouse, Mme P… E…, et leurs trois enfants Mme U… H… et MM. G… et L… H…, M. P... H… étant désigné gérant ; qu'un chalet appartenant à la SCI a été vendu le 22 février 2012, moyennant le prix d'un million d'euros ; que, pour le calcul de la plus-value immobilière, la SCI a déduit un montant de 498 959 euros représentant des dépenses de travaux ; qu'un redressement a été notifié sur l'évaluation de la plus-value par l'Administration fiscale qui a réclamé le paiement de 48 911 euros à chacun des trois principaux associés, Mme U… H… et MM. G… et L… H… ; que le jugement du tribunal administratif rejetant leur recours a été frappé d'appel ; que le 29 novembre 2016, Mme E…, Mme U… H… et MM. G… et L… H… (les consorts H…) ont assigné M. P... H… pour voir prononcer sa révocation de ses fonctions de gérant ;

Attendu que pour rejeter la demande de révocation, l'arrêt retient que le grief fait au gérant de ne pas avoir rendu compte annuellement de sa gestion doit être analysé au regard de la situation particulière d'une société familiale, créée près de vingt ans avant l'introduction de la procédure de divorce de Mme E… et de M. P... H…, et que les associés ne rapportent pas la preuve d'avoir régulièrement et vainement sollicité le gérant afin qu'il dépose chaque année le rapport exigé ;

Qu'en se déterminant par de tels motifs, impropres à exonérer, peu important le caractère familial de la société et l'absence de demande de rapport émanant des associés, le gérant de l'obligation résultant du second texte visé et des statuts de la SCI de rendre compte de sa gestion aux associés au moins une fois dans l'année et, en conséquence, à exclure l'existence d'une cause légitime de révocation, la cour d'appel n'a pas donné de base légale à sa décision ;

PAR CES MOTIFS, et sans qu'il y ait lieu de statuer sur les autres griefs :

CASSE ET ANNULE, en toutes ses dispositions, l'arrêt rendu le 3 octobre 2017, entre les parties, par la cour d'appel de Grenoble ; remet, en conséquence, la cause et les parties dans l'état où elles se trouvaient avant ledit arrêt et, pour être fait droit, les renvoie devant la cour d'appel de Chambéry.;

—• SUJET TYPE D'EXAMEN 4 •—

Le sujet se présente sous la forme de trois dossiers indépendants. ⏱ 3 h

DOSSIER 1 – Le gérant de la SC (8 / 20 points)

DOSSIER 2 – Les associés de la SCA (8 / 20 points)

DOSSIER 3 – La disparition de la SCA (4 / 20 points)

BASE DOCUMENTAIRE

Document 1 – Répartition du capital social de la RCA
Document 2 – Arrêt de la Cour de cassation, Chambre commerciale, 23 octobre 2019, n° pourvoi 17-27.659
Document 3 – Extrait des statuts de la SCA HERMESIA

Sauf mention contraire, la méthodologie du cas pratique est attendue pour chaque question.

Sujet : SCA Hermesia

La SCA Hermesia est une grande maison de haute couture française implantée depuis des années tant en France que dans le monde. Fleuron du luxe à la française, la SCA Hermesia doit néanmoins faire face à une concurrence internationale de plus en plus féroce. Afin de faire évoluer son modèle économique, la SCA envisage tout d'abord de revoir sa gouvernance et d'insuffler une nouvelle politique de gestion au sein de la société.

À ce jour, la SCA voit son capital social réparti entre :

- 5 associés commandités : Thierry, Luc, Quentin, Sophie et Catherine, tous membres de la famille Hermesia et descendants des fondateurs du groupe Hermesia ;
- 7 associés commanditaires, dont 2 banques (Fortuneyo et Le Crédit du Sud), et 5 fonds d'investissement.

Vous trouverez dans le document 1 la répartition du capital social de la SCA.

Aujourd'hui, les associés ont besoin de conseils pour les accompagner dans certaines problématiques. Dans ce cadre, il vous est demandé, en tant que conseil de la société, de réaliser les travaux préparatoires en vue de les aider à répondre à ces problématiques.

DOSSIER 1 – LE GÉRANT DE LA SCA

8 points

Thierry Hermesia, associé commandité, est gérant de la SCA depuis de nombreuses années. Il est bientôt âgé de 65 ans, il convient donc de procéder à la désignation de son successeur. La banque Fortuneyo, associé commanditaire, y voyant là l'opportunité d'être au plus près de son investissement, souhaite être désignée gérante de la SCA. Toutefois, les autres associés hésitent entre Sophie Hermesia et Mélissa Carter, tiers à la société, avec une préférence pour la seconde au vu de sa grande expérience auprès de la maison Diar. Fortuneyo espère pouvoir empêcher la nomination de Mélissa aux fonctions susvisées.

Votre mission : analyser les possibilités de gérance de la SCA.

Pour la réaliser, vous avez à votre disposition une base documentaire (voir Documents 1 et 2) et vous devez :

1.1 **Vérifier si la société Fortuneyo peut être désignée gérante.**

1.2 **Indiquer si la société Fortuneyo pourra empêcher la désignation de Mélissa en tant que gérante.**

1.3 **Vérifier si Sophie Hermesia, finalement nommée gérante, peut exercer les fonctions de directrice commerciale dans la SCA.**

1.4 **Présenter les différentes révocations dont la gérante pourrait faire l'objet *(la méthodologie du cas pratique n'est pas exigée pour cette question).***

DOSSIER 2 – LES ASSOCIÉS DE LA SCA — 8 points

Sophie Hermesia veut en finir avec la tradition voulant que seuls les membres de la famille Hermesia puissent être associés commandités et souhaite céder une partie de ses actions à une de ses amies d'enfance, ayant grandement réussi dans le milieu des affaires.
Les autres associés commandités y sont farouchement opposés, mais Sophie peut compter sur le soutien de Fortuneyo et du Crédit du Sud.
À la clôture de l'exercice, la SCA réalise un bénéfice important, mais toutefois en forte baisse en comparaison avec les années précédentes. Fortuneyo, Crédit du Sud, ainsi que Sophie et Catherine Hermesia souhaitent distribuer intégralement le bénéfice réalisé. Thierry, Luc et Quentin y sont opposés et pensent qu'il serait plus sage que la SCA mette en réserve lesdits bénéfices.

Votre mission : analyser les droits des associés d'une SCA.

Pour la réaliser, vous devez :

2.1 **Vérifier si la cession des droits est possible.**

2.2 **Expliquer si les associés commandités peuvent s'opposer à cette affectation des résultats.**

2.3 **Analyser les conséquences de l'éventuelle entrée de la banque Trop Green dans l'actionnariat de la SCA en tant qu'associé commanditaire.**

2.4 **Indiquer si Catherine peut être embauchée dans la SCA en tant que juriste et selon quelle procédure.**

DOSSIER 3 – LA DISPARITION DE LA SCA — 4 points

Thierry Hermesia est décédé brutalement. Sophie se demande si cela aura des conséquences sur la SCA.

Votre mission : analyser les conséquences du décès d'un associé sur la SCA.

Pour la réaliser, vous avez à votre disposition une base documentaire (voir Document 3) et vous devez :

3.1 **Expliquer si le décès de Thierry Hermesia a une conséquence sur la société.**

3.2 **Indiquer la procédure de transformation de la SCA en SNC.**

BASE DOCUMENTAIRE

Document 1 – Répartition du capital social de la RCA

Thierry Hermesia	20 %
Luc Hermesia	10 %
Quentin Hermesia	10 %
Sophie Hermesia	10 %
Catherine Hermesia	5 %
Fortuneyo	20 %
Crédit du Sud	15 %
5 fonds d'investissement	2 % chaque fonds, soit 10 % au total

Document 2 – Arrêt de la Cour de cassation, Chambre commerciale, 23 octobre 2019, n° pourvoi 17-27.659

Attendu, selon l'arrêt attaqué, que M. M... a été nommé gérant de la société en commandite par actions Gimar et Cie par l'unique associée de celle-ci, la société Gimar participation ; que M. M... a été révoqué de son mandat de gérant par une lettre du 21 mai 2015 signée par M. R..., président de la société Gimar participation ; qu'après avoir vainement demandé le paiement de deux factures relatives à ses rémunérations variables, M. M... a assigné les sociétés Gimar et Cie et Gimar participation en paiement de ses commissions et de dommages-intérêts pour révocation abusive et vexatoire ; [...]

Mais sur le second moyen du pourvoi principal, pris en sa première branche :

Vu l'article 1382, devenu 1240, du Code civil ;

Attendu que pour condamner la société Gimar participation à payer à M. M... une somme de 60 000 euros à titre de dommages-intérêts pour révocation abusive, l'arrêt retient que, bien qu'ayant bénéficié d'un délai de trois semaines entre sa convocation et l'entretien au cours duquel lui ont été indiqués les motifs de sa révocation, M. M... a légitimement pu croire, compte tenu de l'échange de courriers électroniques ayant précédé l'entretien, que la convocation n'avait pour but que de renégocier sa rémunération variable, de sorte que le principe du contradictoire n'a pas été respecté, le dirigeant n'ayant pas été informé des motifs de sa révocation, ni de son imminence ;

Qu'en statuant ainsi, alors qu'elle avait relevé que, selon les statuts, la révocation du gérant pouvait intervenir à tout moment sur décision de l'associée unique et n'avait pas à être motivée et constaté que M. M... avait été informé par l'associée qu'elle envisageait de mettre fin à ses fonctions et convoqué à un entretien qui avait eu lieu trois semaines après, et au cours duquel avaient été énoncés les motifs fondant le projet de révocation sur lesquels M. M... avait pu s'expliquer, ce dont il résultait que le dirigeant, qui n'avait pas à être informé préalablement à l'entretien des motifs pour lesquels sa révocation était envisagée, avait été mis en mesure de présenter ses observations devant l'organe compétent pour décider de mettre fin à ses fonctions et que sa révocation était intervenue dans des circonstances excluant toute violation de l'obligation de loyauté par la société Gimar participation, la cour d'appel a violé le texte susvisé ;

PAR CES MOTIFS, et sans qu'il y ait lieu de statuer sur les autres griefs :

REJETTE le pourvoi incident ;

Et sur le pourvoi principal :

CASSE ET ANNULE, mais seulement en ce qu'il confirme le jugement en ses dispositions ayant condamné la société Gimar participation à payer à M. M... une indemnité au titre de sa révocation abusive [...].

Document 3 – Extrait des statuts de la SCA Hermesia

VI – ASSOCIÉS COMMANDITES

ARTICLE 18 – Commandités

[...] 2°) La nomination d'un ou plusieurs nouveaux commandités est décidée par l'assemblée générale extraordinaire des actionnaires, sur proposition unanime des commandités ou du commandité.

3°) En cas de décès ou d'incapacité d'un commandité personne physique, la société n'est pas dissoute. Il en est de même en cas de liquidation d'un commandité personne morale.

4°) Toute personne physique commanditée qui exerce la fonction de gérant perd sa qualité de commanditée, de plein droit et avec effet immédiat, si elle a été révoquée pour cause légitime dans les conditions prévues à l'article 10, 6°.

5°) Toute personne morale associée commanditée perd cette qualité, de plein droit et avec effet immédiat, en cas de réalisation d'une opération de cession ou de souscription d'actions pouvant modifier son contrôle, en l'absence d'agrément de cette opération par le conseil de surveillance, comme prévu par l'article 14, 4°) des présents statuts.

Dans les deux cas, les statuts seront de plein droit modifiés en conséquence ; acte en sera dressé et la publication en sera assurée par un gérant ou, en l'absence de gérant, par un associé commandité ou par le conseil de surveillance.

PARTIE 5

PRÉVENTION ET TRAITEMENT DES DIFFICULTÉS

CHAPITRE 17

La prévention des difficultés : mandat *ad hoc* et conciliation

À l'issue de ce chapitre,

- **vous serez capable :**
  - ❒ de différencier le mandat *ad hoc* de la conciliation ;
  - ❒ de caractériser la notion de cessation des paiements.
- **vous saurez identifier :**
  - ❒ la cessation des paiements ;
  - ❒ les spécificités et comparaison des procédures préventives (mandataire *ad hoc* / conciliation).

Mettez-vous en situation

M. Tintou a récemment démissionné de son poste dans une grande entreprise, afin de se lancer dans la gestion d'une SARL. Très rapidement, il a cependant dû faire face aux grèves à répétition de la plupart des salariés de la société, ceux-ci ne comprenant pas et n'acceptant pas les nouveaux modes de management employés à leur égard.
M. Tintou vient alors vous solliciter. Vous êtes en effet l'avocat de la société dans laquelle il travaillait précédemment. Vous allez devoir lui exposer comment le gérant d'une entreprise en difficulté peut se faire aider pour résoudre un conflit interne.

I. La cessation des paiements

Définition

La cessation des paiements est définie comme l'impossibilité pour une entreprise de faire face à son **passif exigible** au moyen de son **actif disponible**.

Tableau 17.1 **Le passif exigible et l'actif disponible**

	Passif exigible	Actif disponible
Inclus	Dette dont le montant est certain, liquide et exigible, restant impayée.	- Actif immédiatement réalisable (existant en caisse, soldes créditeurs des comptes bancaires, effets de commerce échus). - Actif susceptible de conversion immédiate : valeurs mobilières, escompte, effets de commerces échus, cessions Dailly (opérations de mobilisation des créances qui permettent de céder ses créances à une banque, qui verse le montant total sous forme d'avance). - Réserve de crédit (découvert bancaire, avance en compte courant).

	Passif exigible	Actif disponible
Exclu	- Dette non encore arrivée à terme ou conditionnelle. - Dette contestée en justice. - Dette échue avec délai de paiement (appelé « moratoire »).	- Actif immobilisé. - Stock (matières premières, en-cours, produits intermédiaires ou finis, marchandises). - Compte clients (sauf si créances facilement recouvrables).

II. Le mandat *ad hoc*

Définition

Le mandat *ad hoc* est prévu par la loi n° 2005-845 du 26 juillet 2005, codifiée aux articles L. 611-3, L. 611-13 à 611-16 et R. 611-18 à R. 611-21 du Code de commerce. C'est une procédure préventive de règlement amiable des conflits, dont l'objectif est d'éviter la cessation des paiements, grâce à l'intervention d'un mandataire *ad hoc*.

A La procédure du mandat *ad hoc*

1. Conditions d'éligibilité

Toute entreprise, société ou association de toute activité peut prétendre à l'ouverture d'un mandat *ad hoc*, à condition qu'elle :

- rencontre des difficultés financières ou sociales qu'elle ne peut surmonter seule ;
- ne soit pas en cessation des paiements.

2. Initiative de la procédure

Seul le représentant de l'entreprise en difficulté, appelé le **débiteur**, peut demander l'ouverture d'un mandat *ad hoc*.

3. Modalités de la demande

La demande doit être **écrite et motivée**, et adressée au **tribunal de commerce** pour une activité commerciale ou artisanale, ou au **tribunal judiciaire** pour une activité civile (article R. 611-18 du Code de commerce).

Le **président** convoque et reçoit le débiteur pour recueillir ses observations (article R. 611-19 du Code de commerce). S'il refuse la demande de désignation d'un mandataire *ad hoc*, le débiteur peut faire **appel de sa décision**.

Figure 17.1 **Les modalités de la demande d'ouverture d'un mandat *ad hoc***

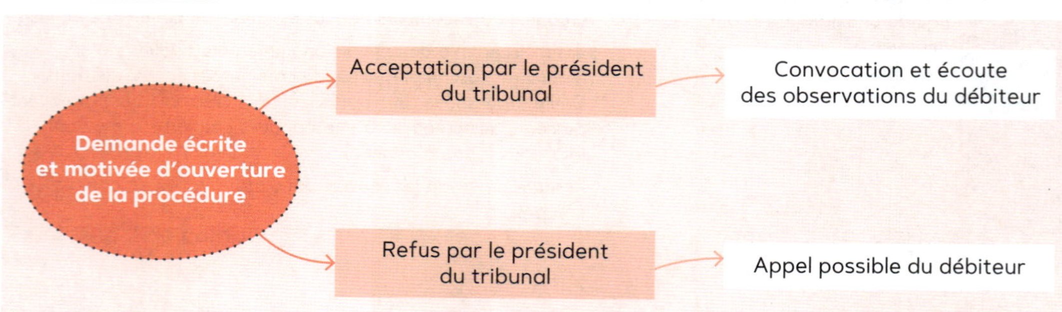

4. Désignation du mandataire *ad hoc*

Le président du tribunal désigne le mandataire *ad hoc*, sur proposition possible du débiteur.

5. Missions du mandataire *ad hoc*

Le mandataire *ad hoc* vise à résoudre les difficultés économiques, juridiques ou sociales rencontrées par une entreprise.

> **Exemple :** Le mandataire *ad hoc* va aider le débiteur à régler un conflit interne ou à négocier avec un créancier un délai supplémentaire de paiement d'une dette.

Les **missions** du mandataire et le **temps** pour les réaliser (pas de maximum légal prévu) sont déterminés par le président du tribunal. Lorsque le débiteur en fait la demande, le président du tribunal met fin sans délai à la mission du mandataire *ad hoc* (article R. 611-21 du Code de commerce).
Les **créanciers** peuvent participer à la procédure, mais n'y sont pas obligés.

6. Gestion de l'entreprise

Pendant toute la durée de la procédure, le **dirigeant** continue d'assurer la gestion de l'entreprise. En effet, le mandataire *ad hoc* a des missions bien précises et ne peut pas s'immiscer dans la gestion globale de l'entreprise.

7. Publicité de la procédure

Aucune publicité de la procédure n'est réalisée, dans la mesure où le mandat *ad hoc* est une **procédure confidentielle**.

B Les issues de la procédure du mandat *ad hoc*

À l'issue de sa mission, le mandataire *ad hoc* remet au président du tribunal un rapport constatant l'échec ou le succès de sa mission.

1. En cas d'échec de la mission du mandataire *ad hoc*

En cas d'échec de la mission menée par le mandataire *ad hoc*, c'est-à-dire dans l'impossibilité de parvenir à un accord avec les parties prenantes, et en cas de poursuite du problème, il est possible de demander l'ouverture d'une procédure de **conciliation** ou bien d'entrer dans une **procédure collective** (sauvegarde, redressement ou liquidation judiciaires).

2. En cas de succès de la mission du mandataire *ad hoc*

En cas de succès de la mission menée par le mandataire *ad hoc*, il sera procédé à la conclusion par l'entreprise d'un **accord amiable** mettant fin à ses difficultés.
Il est également possible de signer un **protocole d'accord** entre les parties prenantes, mais qui ne sera pas homologué.

Figure 17.2 **L'issue du mandat *ad hoc***

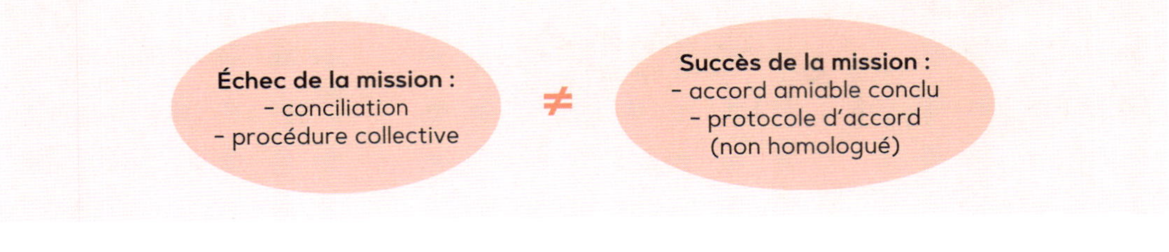

III. La conciliation

Définition

La conciliation est prévue par la loi n° 2005-845 du 26 juillet 2005, codifiée aux articles L. 611-4 à L. 611-16 et R. 611-22 à L. 611-46 du Code de commerce. C'est une procédure préventive de règlement amiable ou des difficultés rencontrées entre l'entreprise et ses principaux créanciers en concluant un accord amiable de conciliation, grâce à l'intervention d'un conciliateur.

A La procédure de la conciliation

1. Conditions d'éligibilité

Toute entreprise, société ou association de toute activité (sauf agricole) peut prétendre à l'ouverture d'une conciliation, à condition qu'elle :

- rencontre des difficultés financières ou sociales qu'elle ne peut surmonter seule ;
- ne soit pas en cessation des paiements ou, si elle l'est, que cette cessation des paiements date de moins de 45 jours (article L. 611-4 du Code de commerce) ;
- n'a pas fait l'objet d'une procédure de conciliation au cours des trois mois précédents.

2. Initiative de la procédure

Seul le représentant de l'entreprise en difficulté, appelé le **débiteur**, peut demander l'ouverture d'une conciliation.

3. Modalités de la demande

La demande se fait par une **saisine** du président du tribunal sur **requête** du débiteur, adressée au **tribunal de commerce** pour une société commerciale ou artisanale, ou au **tribunal judiciaire** pour une activité civile.

La requête expose sa situation économique, financière, sociale et patrimoniale, ses besoins de financement ainsi que, le cas échéant, les moyens d'y faire face (article L. 611-6 du Code de commerce).

Le président **convoque** et reçoit le débiteur et entend sa demande. S'il refuse la demande de désignation d'un conciliateur, le débiteur peut faire **appel de sa décision**.

Figure 17.3 **Les modalités de la demande d'ouverture d'une conciliation**

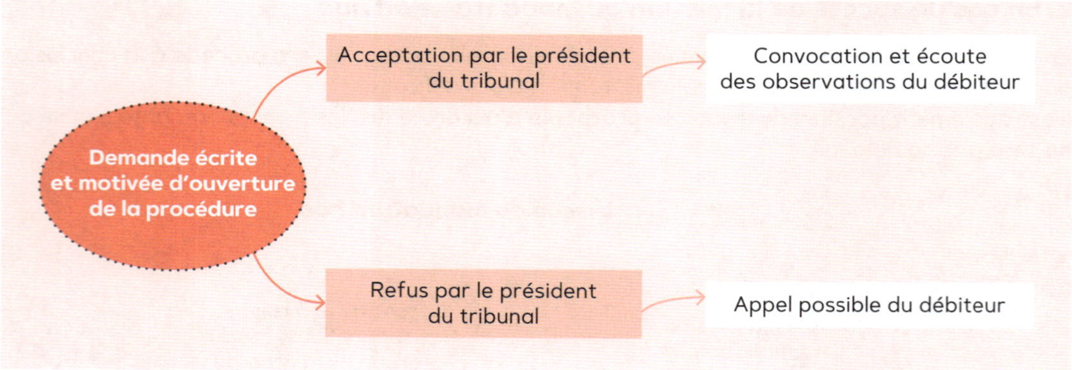

4. Désignation du conciliateur

Le président du tribunal désigne le conciliateur, sur proposition possible du débiteur.

5. Missions du conciliateur

Les **missions** du conciliateur et le **temps** pour les réaliser (**maximum quatre mois**, prorogeables sur demande motivée d'un mois supplémentaire) sont déterminés par le président du tribunal (article L. 611-6 du Code de commerce).
Selon l'article L. 611-7 du Code de commerce, la mission du conciliateur vise à :

- favoriser la **conclusion** entre le débiteur et ses principaux **créanciers**, ainsi que ses **cocontractants** habituels, d'un **accord amiable** destiné à mettre fin aux difficultés de l'entreprise ;
- présenter toute proposition se rapportant à la **sauvegarde de l'entreprise**, à la **poursuite de l'activité économique** et au **maintien de l'emploi** ;
- à la demande du débiteur et après avis des créanciers participants, organiser une **cession partielle ou totale de l'entreprise** qui pourrait être mise en œuvre, le cas échéant, dans le cadre d'une procédure ultérieure de sauvegarde, de redressement judiciaire ou de liquidation judiciaire.

Exemple : Le conciliateur va aider le débiteur à obtenir une remise de dettes, des accords de crédits, etc.

Lorsque le débiteur en fait la demande, le président du tribunal met fin sans délai à la mission du conciliateur (article R. 611-37 du Code de commerce). Les **créanciers** peuvent participer à la procédure, mais n'y sont pas obligés (article L. 611-7 du Code de commerce).

6. Gestion de l'entreprise

Pendant toute la durée de la procédure, le **dirigeant** continue d'assurer la gestion de l'entreprise. En effet, le conciliateur a des missions bien précises et ne peut pas s'immiscer dans la gestion globale de l'entreprise.

7. Publicité de la procédure

Aucune publicité de la procédure n'est réalisée, dans la mesure où la conciliation est une **procédure confidentielle**.

B Les issues de la procédure de conciliation

À l'issue de sa mission, le conciliateur remet au président du tribunal un rapport constatant l'échec ou le succès de sa mission.

1. En cas d'échec de la mission du conciliateur

En cas d'échec de la mission menée par le conciliateur, c'est-à-dire dans l'impossibilité de parvenir à un accord avec les parties prenantes, la mission du conciliateur prend fin et la décision de mettre fin à la procédure de conciliation prise par le tribunal est notifiée au débiteur et communiquée au ministère public.
En cas de poursuite du problème, il est possible d'entrer dans une **procédure collective** (sauvegarde, redressement ou liquidation judiciaires).

2. En cas de succès de la mission du conciliateur

En cas de succès de la mission menée par le conciliateur, il sera procédé à la conclusion par l'entreprise d'un **accord amiable** mettant fin à ses difficultés. Cet accord de conciliation peut, pour rendre la conciliation plus efficace (meilleure protection de l'entreprise, renforcement des garanties des créanciers), être constaté ou homologué (article L. 611-8 du Code de commerce).

a. La constatation de l'accord de conciliation

L'article L. 611-8 I du Code de commerce prévoit la **constatation** de l'accord de conciliation. L'initiative de la demande de constatation doit provenir en commun du **débiteur** et des **créanciers** signataires de l'accord. L'entreprise ne doit pas être en cessation des paiements ou l'accord doit avoir pour objet de mettre fin à la cessation des paiements.
Cette constatation a pour effet de donner **force exécutoire** à l'accord pour les parties signataires et de mettre fin à la procédure de conciliation. Il ne fait l'objet d'**aucune publicité** et n'est pas susceptible de recours.

b. L'homologation de l'accord de conciliation

L'article L. 611-8 II du Code de commerce prévoit l'**homologation** de l'accord de conciliation. L'initiative de la demande d'homologation doit provenir du **débiteur**. L'entreprise ne doit pas être en cessation des paiements ou l'accord doit avoir pour objet de mettre fin à la cessation des paiements. L'accord doit permettre d'assurer la continuation de l'activité de l'entreprise et ne pas nuire aux intérêts des créanciers ou de l'entreprise.
Cette homologation a pour effet de donner **force exécutoire** à l'accord pour les parties signataires et de mettre fin à la procédure de conciliation (article L. 611-10 du Code de commerce). En outre, il a pour effet l'**impossibilité des poursuites** et l'**arrêt des poursuites en cours :** en effet, il empêche tout créancier signataire d'agir individuellement contre l'entreprise et interrompt toute action en cours (article L. 611-10-1 du Code de commerce). Enfin, il a également pour effet la levée d'interdiction des chèques (article L. 611-10-2 du Code de commerce).

> **!** En cas d'accord homologué, le privilège de conciliation permet aux créanciers qui, au cours de la procédure de conciliation, ont apporté à l'entreprise de la trésorerie ou fourni des biens ou services, d'être payés en priorité avec les autres créanciers lors d'une procédure collective ultérieure (article L. 611-11 du Code de commerce).

L'homologation de l'accord de conciliation fait l'objet d'une **publicité** :

- communication de l'accord homologué au comité social et économique dès la demande d'homologation (article L. 611-8-1 du Code de commerce) ;
- communication du jugement d'homologation au greffe du tribunal ;
- publication du jugement d'homologation dans un JAL et au BODACC ;
- information du CAC, le cas échéant.

Figure 17.4 **L'issue de la conciliation**

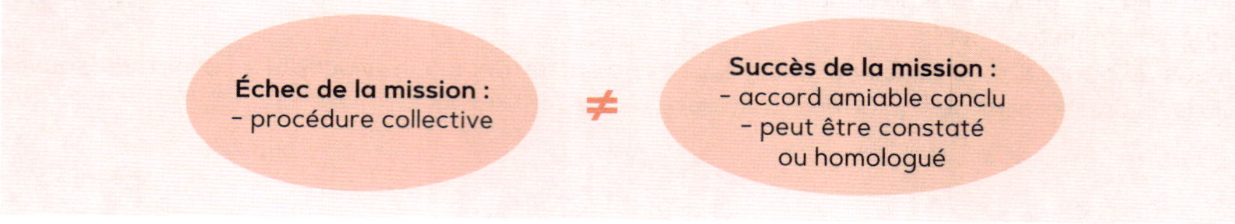

SYNTHÈSE

Prévention des difficultés

- **Tribunal de commerce** (activité commerciale) ou **tribunal judiciaire** (activité civile)
- **Débiteur** à l'initiative de la procédure ; peut faire appel de la décision de refus d'engagement de la procédure ; peut proposer le nom d'un mandataire *ad hoc* / conciliateur ; conserve la gestion de l'entreprise
- **Président du tribunal** convoque et reçoit le débiteur pour recueillir ses observations ; décide du déclenchement ou non de la procédure ; désigne le mandataire *ad hoc* / conciliateur ; décide des missions du mandataire *ad hoc* / conciliateur

Mandat *ad hoc*

Procédure

- À l'initiative du débiteur
- Désignation du mandataire par le président du tribunal
- Résolution des difficultés économique, juridiques ou sociales
- Pas de temps maximal prévu
- Pas de publicité : procédure confidentielle

Issues de la procédure

- Échec : procédure de conciliation ou procédure collective
- Succès: accord amiable ou protocole d'accord (pas d'homologation)

Conciliation

Procédure

- À l'initiative du débiteur
- Saisine par le président du tribunal
- Désignation du conciliateur par le président du tribunal
- Durée maximale de 4 mois (+ 1 mois)
- Accord amiable, sauvegarde de l'entreprise, ou cession partielle ou totale de l'entreprise
- Pas de publicité : procédure confidentielle

Issues de la procédure

- Échec : procédure collective
- Succès : accord amiable constaté ou homologué

Faites le point sur les notions clés :
cessation des paiements (p. 331),
mandat *ad hoc* (p. 332), conciliation (p. 334).

Révisez avec les flashcards
www.lienmini.fr/dcg02-33

QCM

Réponse unique

QCM interactif
www.lienmini.fr/dcg02-34

1 Laquelle de ces propositions est une procédure permettant de prévenir les difficultés (procédure amiable) ?
- ❍ **a.** La sauvegarde.
- ❍ **b.** Le redressement judiciaire.
- ❍ **c.** La conciliation.
- ❍ **d.** Les trois.

2 La cessation des paiements est l'impossibilité pour une entreprise de faire face :
- ❍ **a.** à son passif disponible au moyen de son actif exigible.
- ❍ **b.** à son passif exigible au moyen de son actif exigible.
- ❍ **c.** à son passif au moyen de son actif.
- ❍ **d.** à son passif exigible au moyen de son actif disponible.

3 Laquelle de ces propositions est un exemple de passif exigible ?
- ❍ **a.** Sommes en caisse.
- ❍ **b.** Réserves de crédit.
- ❍ **c.** Dettes liquides.
- ❍ **d.** Effets de commerce échus.

4 Le mandat *ad hoc* et la conciliation ont été prévus par la loi du :
- ❍ **a.** 25 janvier 1985.
- ❍ **b.** 26 juillet 2005.
- ❍ **c.** 23 mai 2019.
- ❍ **d.** 19 juillet 2019.

5 Pour demander la désignation d'un mandat *ad hoc* :
- ❍ **a.** il ne faut pas être en cessation des paiements.
- ❍ **b.** il est possible d'être en cessation des paiements.
- ❍ **c.** il est possible d'être en cessation des paiements, mais depuis moins de 45 jours.
- ❍ **d.** il faut être en cessation des paiements.

Plusieurs réponses possibles

6 L'objectif du mandat *ad hoc* est de :
- ❍ **a.** céder tout ou partie de l'actif.
- ❍ **b.** régler amiablement un conflit.
- ❍ **c.** éviter la cessation des paiements.
- ❍ **d.** faciliter l'ouverture d'une procédure collective.

7 Quelle est la structure juridique qui peut bénéficier du mandat *ad hoc* ?
- ❍ **a.** Une entreprise.
- ❍ **b.** Une société.
- ❍ **c.** Une association.

8 La demande d'ouverture du mandat *ad hoc* doit se faire par le biais :
- ❍ **a.** d'une requête.
- ❍ **b.** d'une demande écrite.
- ❍ **c.** d'un recours au greffe du tribunal.
- ❍ **d.** d'une demande motivée.

9 **Le président du tribunal peut désigner le mandataire *ad hoc* ou le conciliateur :**
- ❍ **a.** selon son choix.
- ❍ **b.** sur proposition du débiteur.
- ❍ **c.** Il s'agit obligatoirement de celui proposé par le débiteur.
- ❍ **d.** Il ne s'agit jamais de celui proposé par le débiteur.

10 **L'accord de conciliation peut être :**
- ❍ **a.** constaté.
- ❍ **b.** entériné.
- ❍ **c.** ratifié.
- ❍ **d.** homologué.

Réponse à justifier

11 **M. Balou, gérant d'une EURL, emploie trois salariés. Cependant, à la suite de diffamation à son égard dans le petit village où est installée l'auto-école, les inscriptions sont en chute libre, de sorte qu'il n'arrive plus, depuis plusieurs mois, à payer le crédit de ses voitures et la location du local commercial. Il se demande s'il est en état de cessation des paiements.**
- ❍ **a.** Oui, depuis qu'il a eu une baisse d'inscriptions.
- ❍ **b.** Oui, depuis que son actif disponible ne lui permet plus de régler son passif exigible.
- ❍ **c.** Non, pas encore.
- ❍ **d.** Cela dépend de la décision du juge.

12 **M. Loupias est entrepreneur individuel. Il a ouvert un garage depuis une dizaine d'années. Aujourd'hui, les factures impayées commencent à se faire de plus en plus nombreuses, mais il arrive encore à faire face. Il sait que la situation financière de l'entreprise risque d'être plus compliquée dans les mois à venir, car il a prévu un congé sabbatique de quelques mois pour visiter la France. Il peut demander au juge :**
- ❍ **a.** la désignation d'un mandataire *ad hoc* ou d'un conciliateur.
- ❍ **b.** la désignation d'un mandataire *ad hoc* seulement.
- ❍ **c.** la désignation d'un conciliateur seulement.
- ❍ **d.** l'ouverture d'une procédure collective seulement.

13 **Le créancier de la SARL Lou est inquiet : la société ne paie plus ses factures. Il se demande s'il peut demander au juge l'ouverture d'un mandat *ad hoc* pour obtenir le règlement de sa créance.**
- ❍ **a.** Non, la SARL doit être en état de cessation des paiements.
- ❍ **b.** Non, la demande appartient seulement au gérant de la SARL.
- ❍ **c.** Oui, il doit.
- ❍ **d.** Oui, il peut.

14 **Aucun accord n'a pu être conclu après l'ouverture d'un mandat *ad hoc* entre la SAS Vita et l'un de ses créanciers impayés. Le dirigeant se demande ce qu'il peut faire.**
- ❍ **a.** Il doit demander l'ouverture d'une conciliation.
- ❍ **b.** S'il veut agir, il ne peut que demander l'ouverture d'une conciliation.
- ❍ **c.** Il peut demander l'ouverture d'une conciliation.
- ❍ **d.** Il ne peut que demander une procédure collective.

15 **Un accord a été conclu entre la SARL Ribal et quelques-uns de ses créanciers impayés. Le gérant est satisfait de cet accord, car le conciliateur a réussi à obtenir des délais de paiement. Cependant, il souhaiterait rendre plus efficace l'accord. Les créanciers ne veulent rien faire. Que peut-il alors faire pour cela ?**
- ❍ **a.** Demander la constatation de l'accord.
- ❍ **b.** Demander l'homologation de l'accord.
- ❍ **c.** Demander la validation de l'accord.
- ❍ **d.** Demander la ratification de l'accord.

—● CAS PRATIQUE GUIDÉ ●—

LES DIFFICULTÉS FINANCIÈRES DE LA SARL COUAC

La SARL Couac rencontre de grandes difficultés financières dans le dernier mois, notamment du fait d'impayés de plusieurs de ses clients. Ceci a fortement affecté sa trésorerie. Elle n'a donc pas pu s'acquitter de ses dernières factures. Elle aurait besoin de délais de paiement de la part de ses créanciers pour assurer la pérennité de son entreprise. Vous êtes le comptable de la SARL et son gérant vous expose la situation.

Votre mission : caractériser la notion de cessation des paiements.

Pour la réaliser, vous devez qualifier la situation juridique de la SARL Couac.

CORRIGÉ

COMPÉTENCE ATTENDUE :

- **Caractériser la notion de cessation des paiements.**

Méthode

Pour résoudre un cas pratique [voir Fiche méthode 2], vous devez respecter quelques règles essentielles :
- **Schématiser, au brouillon, les éléments essentiels nécessaires pour traiter le cas.**
- **Effectuer le travail d'analyse juridique pour identifier le problème juridique posé par le cas pratique.**
- **Rédiger le raisonnement juridique (règle de droit + application de la règle de droit aux faits, appelé aussi le syllogisme).**

TRAVAIL PRÉPARATOIRE

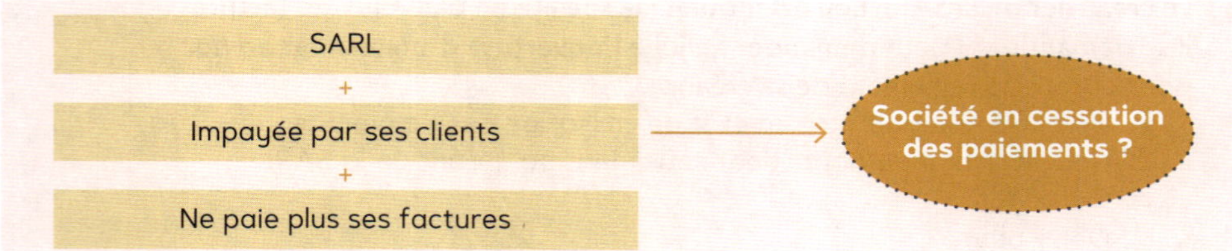

Ces faits soulèvent le problème juridique suivant : une société qui ne peut plus payer ses factures est-elle en cessation des paiements ?

PRINCIPES JURIDIQUES

> **!** *Dans ce cas, vous devez indiquer les conditions pour être en cessation des paiements.*

Selon la loi, la cessation des paiements est le fait que l'actif réalisable et disponible ne puisse plus permettre de faire face au passif exigible. L'actif réalisable est celui qui est susceptible d'être immédiatement converti en monnaie, donc disponible et utilisable immédiatement, ainsi que les réserves de crédit non utilisées. Le passif exigible concerne les dettes. Elles doivent être certaines (incontestables et actuelles), liquides (estimables en argent) et exigibles (arrivées à terme).

APPLICATION AU CAS

En l'espèce, il s'agit de vérifier si la SARL est en cessation des paiements.

> **!** Dans ce cas, vous devez vérifier si la SARL est dans une situation de cessation des paiements.

La SARL rencontre des difficultés financières : elle n'est plus payée par ses clients (donc moins d'actifs disponibles) et ne paie plus ses factures (donc fait face à du passif exigible). Ses disponibilités ne lui ont pas permis de régler des factures, elle n'a pu faire face à son passif exigible avec son actif disponible et réalisable.
La SARL est donc en cessation des paiements.

Méthode

Un bon raisonnement par syllogisme doit éviter trois défauts récurrents que l'on retrouve dans de nombreuses copies :
- **Se limiter à rappeler les faits : il faut les qualifier juridiquement.**
- **Entamer le syllogisme en appliquant d'emblée les règles de droit au cas. Cela reviendrait à inverser le raisonnement juridique.**
- **Négliger la partie « règles juridiques » qui représente l'essentiel de la note.**

Il faut lui réserver un traitement rigoureux.

AUTOÉVALUATION

La grille d'autoévaluation ci-dessous vous permet d'évaluer votre niveau et de vérifier si vos réponses correspondent aux attendus de l'examen.

	Niveau 1	Niveau 2	Niveau 3	Niveau 4
	Un premier élément de réponse, mais très incomplet, des erreurs, des contresens.	*Des éléments de réponse isolés, des approximations et/ou de la paraphrase.*	*Question comprise : des éléments de réponse pertinents, mais incomplets au niveau des savoirs et/ou de l'application.*	*Compétence attendue mobilisée avec mobilisation complète des savoirs associés à la compétence. Application pertinente.*
Qualifier la situation juridique de la SARL Couac. *(voir Section I)*	❒ Vous avez compris qu'il fallait étudier la cessation des paiements, mais n'en connaissez pas la définition.	❒ Vous avez compris qu'il fallait étudier la cessation des paiements, et en connaissez de manière approximative la définition.	❒ Vous avez compris qu'il fallait étudier la cessation des paiements et apportez des éléments de réponse corrects.	❒ Vous avez compris qu'il fallait étudier la cessation des paiements et apportez des éléments de réponse corrects et pertinents. La solution apportée correspond à l'application de la règle de droit à la situation.

EXERCICES

1 Le cas de M. Beaulieu

10 min.

COMPÉTENCE ATTENDUE :

– Caractériser les spécificités des procédures préventives.

M. Beaulieu gère une EURL. Cependant, depuis quelques mois, il fait face à l'impossibilité de communiquer avec un de ses débiteurs, qui ne lui règle plus ses factures. Il se retrouve donc dans une situation financière délicate. Il souhaiterait obtenir de l'aide pour pouvoir discuter avec ce débiteur et trouver une solution de paiements. Cependant, il ne veut pas que cette procédure se sache, car il a peur de perdre des clients qui l'estimeraient, selon lui, trop « procédurier ». Il a donc choisi le déclenchement d'un mandat *ad hoc* et se demande s'il a bien fait. Il vous fait part de ses doutes et vous demande conseil.

Votre mission : caractériser les spécificités des procédures préventives.

Pour la réaliser, vous devez analyser la pertinence de l'action selon les exigences de M. Beaulieu.

2 Le cas de la SARL Vindou

15 min.

COMPÉTENCE ATTENDUE :

– Différencier le mandat *ad hoc* de la conciliation.

Mme Vindou, gérante de la SARL Vindou, rencontre quelques difficultés financières depuis trois semaines, notamment du fait de la liquidation judiciaire de certains des clients de la SARL et de l'absence de paiement de ses créances. Elle n'a pas pu s'acquitter de plusieurs factures et ne sait pas comment elle va pouvoir assurer la pérennité de son entreprise. Elle se demande quelle procédure elle pourrait engager pour se faire aider pour tenter d'obtenir des délais de paiement de la part de ses créanciers. Elle a entendu parler de mandat *ad hoc* et de conciliation, mais ne sait pas vraiment de quoi il s'agit. Elle vient vous consulter, en votre qualité d'expert-comptable de la société.

Votre mission : différencier le mandat *ad hoc* de la conciliation.

Pour la réaliser, vous devez repérer quelle procédure préventive est la plus pertinente pour la SARL.

3 Le cas de l'EURL Maggy

15 min.

COMPÉTENCE ATTENDUE :

– Apprécier les spécificités d'un accord de conciliation homologué.

L'EURL Maggy, suite à des difficultés financières, a obtenu la désignation d'un conciliateur. Le succès de la négociation menée a permis d'obtenir un accord amiable de délais de paiement. Un des créanciers a même fourni des biens à l'EURL, afin qu'elle puisse rapidement s'en sortir. Le gérant a souhaité obtenir l'homologation de l'accord, afin de le rendre plus efficace et que les créanciers s'y conforment. Il y a quelques jours, devant l'impossibilité de payer ses créanciers, l'EURL Maggy a été placé en liquidation judiciaire par le tribunal. Le gérant est très inquiet et vous fait part de ses difficultés.

Votre mission : apprécier les spécificités d'un accord de conciliation homologué.

Pour la réaliser, vous devez analyser les éventuels privilèges des créanciers parties prenantes à l'accord de conciliation homologué.

CAS DE SYNTHÈSE

LE CAS FIDLET

20 min.

☑ **COMPÉTENCE ATTENDUE :**

- **Identifier les spécificités du mandat *ad hoc.***

Mise en situation

La SARL Fidlet endettée a demandé le déclenchement d'un mandat *ad hoc*. Le président du tribunal de commerce a accepté de désigner un mandataire *ad hoc,* qui avait pour mission de négocier des délais de paiement entre la SARL et ses créanciers, notamment des banques qui lui avaient consenti des prêts. Toutes les banques sont d'accord avec la proposition du mandataire, sauf une, qui refuse l'accord amiable. Le gérant de la SARL est furieux et compte agir en abus de droit contre cette banque. Vous êtes le conseiller juridique de la SARL. Son gérant vous expose la situation et vous demande conseil.

Votre mission : identifier les spécificités du mandat *ad hoc*.

Pour la réaliser, vous avez à votre disposition une base documentaire et vous devez discuter des chances de succès de l'action du gérant contre la banque créancière.

DOCUMENT

Arrêt de la Cour de cassation, Chambre commerciale, 22 septembre 2015, n° de pourvoi 14-17.377

Sur le moyen unique :

Attendu, selon l'arrêt attaqué (Paris, 6 mars 2014), que, par ordonnance du 20 avril 2007, le président d'un tribunal de commerce a désigné M. Y..., administrateur judiciaire, en qualité de mandataire *ad hoc* avec mission de négocier des délais de paiement entre la société Multiples et ses établissements de crédit, dont la société Crédit du Nord (la banque) qui lui avait consenti un découvert, garanti par le cautionnement de M. X... ; qu'une procédure de redressement judiciaire ayant été ouverte à l'égard de la société Multiples le 8 septembre 2009, puis convertie en liquidation judiciaire le 12 mars 2011, la banque a assigné M. X...en paiement ;

Attendu que M. X... fait grief à l'arrêt de rejeter des débats l'attestation établie par M. Y... et de le condamner à payer à la banque une certaine somme alors, selon le moyen :

1. que toute personne qui est appelée à la procédure de conciliation ou à un mandat *ad hoc* ou qui, par ses fonctions, en a connaissance est tenue à la confidentialité sans qu'elle soit astreinte à un secret professionnel ; qu'il s'ensuit que la confidentialité à laquelle est tenue le mandataire *ad hoc* peut être levée à la demande de l'entreprise bénéficiaire ou de la caution sans que le créancier puisse s'opposer à la production d'une attestation du mandataire *ad hoc* établie dans l'intérêt du débiteur principal et de la caution à l'occasion du litige qui l'oppose à une banque ; qu'en écartant des débats l'attestation que M. Y...avait établie dans l'accomplissement de son mandat *ad hoc* afin de rapporter la preuve que le Crédit du Nord s'était opposé à tort au moratoire qu'il avait proposé afin de permettre à la société Multiples d'apurer son passif, tandis que tous ses autres créanciers y avaient donné leur accord, et qu'il avait ainsi précipité la déconfiture de la société Multiples, après avoir affirmé que M. Y..., en agissant de la sorte, aurait enfreint tant la confidentialité attachée à la procédure de mandat *ad hoc*, et de conciliation énoncée par l'article L. 611-15 du code de commerce, que le secret professionnel auquel il était tenu, ainsi que le Crédit du Nord l'avait soutenu, la cour d'appel a violé la disposition précitée ;

2. que le créancier est tenu envers la caution d'un devoir de loyauté ; qu'en décidant, abstraction faite de l'attestation de M. Y...qu'elle avait écartée des débats, qu'aucune faute n'était imputable au Crédit du Nord qui était libre de refuser les propositions de M. Y...en vue du règlement du passif de la société Multiples dès lors qu'elles ne présentaient aucun caractère coercitif, sans rechercher si, en l'état de la proposition du mandataire *ad hoc* d'apurer le passif bancaire de la société Multiples par un premier acompte de 50 % de la créance assorti d'un moratoire sur le solde, la société Crédit du Nord n'avait pas fait dégénérer en abus son droit de refuser la renégociation du crédit consenti à la société cautionnée sous la forme d'une autorisation de découvert dès lors que les 17 autres créanciers de la société Multiples y avaient donné leur accord, en l'absence de tout abandon de créance, la cour d'appel a privé sa décision de base légale au regard des articles 1143, alinéa 3, et 1147 du code civil ;

Mais attendu, d'une part, que c'est à bon droit que la cour d'appel a écarté des débats l'attestation remise à la caution de la société débitrice par le mandataire *ad hoc* de celle-ci, dans laquelle, au mépris de l'obligation de confidentialité qui le liait par application de l'article L. 611-15 du Code de commerce, il stigmatisait l'attitude de la banque lors des négociations ;

Et attendu, d'autre part, qu'un créancier appelé à négocier dans le cadre d'une procédure de mandat *ad hoc* n'est pas tenu d'accepter les propositions du mandataire *ad hoc* ; qu'en retenant que la banque pouvait, sans faute de sa part, refuser son accord, la cour d'appel, qui n'avait pas à effectuer la recherche inopérante invoquée par la seconde branche, a légalement justifié sa décision ;

D'où il suit que le moyen n'est pas fondé ;

PAR CES MOTIFS :

REJETTE le pourvoi.

CHAPITRE 18

Le traitement des difficultés : procédure de sauvegarde, redressement et liquidation judiciaires

À l'issue de ce chapitre,

- **vous serez capable :**
  - ❒ d'identifier les conditions d'engagement d'une procédure collective ;
  - ❒ de présenter les acteurs des procédures collectives ;
  - ❒ de schématiser les procédures applicables en fonction du degré de la difficulté rencontrée ;
  - ❒ de déterminer l'issue d'une procédure collective.
- **vous saurez identifier :**
  - ❒ la procédure de sauvegarde (finalités, acteurs, issues) ;
  - ❒ le redressement et la liquidation judiciaire (finalités, initiatives, acteurs, durée, issues).

Mettez-vous en situation

M. Bary, gérant de SARL, se trouve dans la situation délicate de ne plus pouvoir payer ses salariés. En effet, la SARL n'a pas été réglée de ses créances depuis des mois, suite à la liquidation de ses principaux clients.

M. Bary se rapproche alors de vous, son expert-comptable. Une fois qu'il vous a exposé les faits dans le détail, vous allez devoir déterminer quelle procédure collective pourrait être ouverte.

I. La procédure de sauvegarde

Définition

Introduite par la loi n° 2005-845 du 26 juillet 2005 et codifiée aux articles L. 620-1 à L. 628-10 du Code de commerce, la procédure de sauvegarde permet à une entreprise qui fait face à des difficultés insurmontables de pouvoir se réorganiser, afin d'éviter la cessation des paiements.

> **!** La loi n° 2010-1249 du 22 octobre 2010 a prévu une sauvegarde accélérée, à savoir trois mois, accessible à certaines conditions, notamment pour les entreprises ayant bénéficié d'une conciliation et pouvant être en cessation de paiements depuis moins de 45 jours.

A Finalités de la procédure de sauvegarde

Le but est de poursuivre l'activité, maintenir l'emploi et régler les dettes de l'entreprise.

B Conditions d'engagement de la procédure de sauvegarde

Toute entreprise en difficulté, qu'elle ne peut pas surmonter seule, peut demander l'ouverture d'une procédure de sauvegarde. Elle ne doit cependant pas être en cessation des paiements.

C Déroulement de la procédure de sauvegarde

Plusieurs étapes sont nécessaires au déroulement de la procédure de sauvegarde.

1. Demande d'ouverture de la procédure de sauvegarde

La demande d'ouverture doit être faite par le **débiteur** (représentant de l'entreprise). La demande doit être portée devant le **tribunal de commerce** pour toutes les entreprises commerciales et artisanales, et le **tribunal judiciaire** dans les autres cas.

2. Jugement d'ouverture de la procédure de sauvegarde

Le tribunal, après consultation du débiteur et des membres du Comité social et économique (CSE), le cas échéant, va prononcer un **jugement d'ouverture**. Ce jugement fait l'objet de publicité au RCS (ou Registre des métiers, RM), dans un JAL et au BODACC.

3. La période d'observation

La période d'observation est la **phase d'évaluation** de la situation de l'entreprise, débutant à la date du jugement d'ouverture. Le tribunal fixe sa durée, d'un maximum de six mois, prorogeable jusqu'à 18 mois au total.
La période d'observation a pour **effet** :

- la suspension du recouvrement des dettes ;
- la suspension des poursuites individuelles ;
- l'arrêt du cours des intérêts (légaux, conventionnels et de retard) et majorations.

À **l'issue** de la période d'observation, le tribunal a plusieurs choix :

- En cas de disparition des difficultés insurmontables, il met **fin à la procédure** de sauvegarde.
- S'il apparaît que le débiteur était déjà en état de cessation des paiements au moment du jugement, il peut **convertir la procédure** en une procédure de redressement ou liquidation judiciaire.
- Si le débiteur n'est pas en cessation des paiements, mais éprouve des difficultés, il va établir un **plan de sauvegarde**.

Figure 18.1

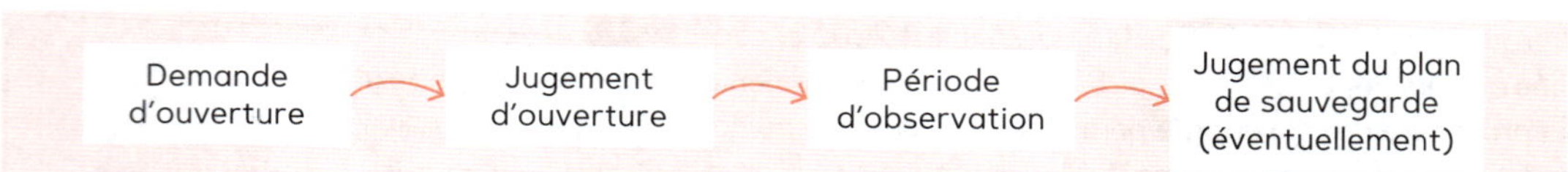

D Rôle des principaux acteurs de la procédure de sauvegarde

1. Le débiteur

Le débiteur, ou le **dirigeant**, continue de gérer l'entreprise, mais il doit respecter certaines mesures :

- Il a interdiction de payer les créances antérieures et les créances postérieures non privilégiées.

Définitions

Une créance antérieure est une créance née avant l'ouverture du jugement d'ouverture.

Une créance postérieure privilégiée est une créance née régulièrement après le jugement d'ouverture pour les besoins du déroulement de la procédure ou de la période d'observation.

Une créance postérieure non privilégiée est une créance née régulièrement après le jugement d'ouverture, mais non utile à l'activité ou à la procédure.

- Il est nécessaire d'obtenir l'autorisation préalable du juge-commissaire pour les actes de disposition qui ne relèvent pas de la gestion courante.

2. L'administrateur judiciaire

L'administrateur judiciaire est obligatoire si l'entreprise comporte au moins 20 salariés et si le chiffre d'affaires est supérieur à 3 000 000 € HT (article L. 621-4 alinéa 4 du Code de commerce renvoyant à l'article R. 621-11 du même code).
Ses missions sont déterminées par le juge. Il peut être investi d'une mission :

- de surveillance de la gestion assurée par le dirigeant (contrôle *a posteriori* des actes du dirigeant) ;
- d'assistance du dirigeant dans ses actes (prise en commun des décisions).

Il décide également de la poursuite ou non des **contrats en cours**, en prenant en compte leur utilité pour le redressement de l'entreprise.

3. Le mandataire judiciaire

Le mandataire judiciaire représente les **créanciers** et agit dans leur intérêt à tous.

4. Le représentant des salariés

Le représentant des salariés est chargé de contrôler le **paiement des salaires**.

5. Le juge-commissaire

Le juge-commissaire s'assure du bon déroulement de la procédure et du respect des intérêts en présence.

6. Les créanciers

Les créanciers sont ceux qui ont une créance envers l'entreprise en difficulté. Ils sont différents en fonction de la **date** de naissance de leur créance et de sa **nature**.

a. Créanciers antérieurs

En cas de créance née avant le jugement d'ouverture, chaque créancier doit **déclarer** sa créance au mandataire judiciaire, qui se charge de la vérifier (si elle est certaine, liquide et exigible, et la véracité de son montant). Le créancier dispose d'un **délai de deux mois** à partir de la publication du jugement d'ouverture pour déclarer sa créance.

b. Créanciers postérieurs non privilégiés

En cas de créance née après le jugement d'ouverture et non utile à l'activité ou à la procédure, le juge-commissaire l'admet ou la rejette. Pendant la phase d'observation, les créanciers postérieurs non privilégiés ne sont pas payés de leur créance, ne peuvent pas agir en paiement contre l'entreprise (et toute action en cours est interrompue) et voient leurs intérêts conventionnels ou de retard interrompus.

c. Créanciers postérieurs privilégiés

En cas de créance née après le jugement d'ouverture et utile à l'activité ou à la procédure, les créanciers sont payés en principe à l'**échéance normale**. Par exception, le tribunal peut décider qu'ils seront payés à l'issue de la procédure, en priorité, avant les créanciers antérieurs et les créanciers postérieurs non privilégiés.

> **Exemple :** Une procédure de sauvegarde a été ouverte le 15 mars dernier pour une SAS et le tribunal a fixé une durée de six mois de période d'observation. La dernière facture de son fournisseur, une SARL, est impayée depuis le 1er février. La SARL, créancier antérieur, doit déclarer sa créance au mandataire judiciaire.
> En avril, la SAS achète à une SA des marchandises utiles à l'activité pour un montant de 1 000 €, exigible au 2 mai. La SA est un créancier postérieur privilégié, donc sera en principe payée à échéance normale (2 mai). Si ce n'est pas possible, elle sera payée en priorité à l'issue de la procédure.

E Issues de la procédure de sauvegarde

1. Le jugement déterminant le plan de sauvegarde

Avant de rendre son jugement, le tribunal examine :

- le **bilan économique et social** établi par l'administrateur judiciaire, qui permet de déterminer les mesures adaptées ;
- le **projet de plan** élaboré par l'entreprise avec l'aide de l'administrateur.

Ensuite, le tribunal adopte le **plan de sauvegarde**, si la sauvegarde de l'entreprise est possible. Cela met fin à la période d'observation.

2. Le contenu du plan de sauvegarde

Le plan de sauvegarde définit les étapes à suivre afin de redresser l'entreprise en difficulté.
Il regroupe les modalités de **mesures économiques et sociales de restructuration de l'entreprise**, comme la cession, l'arrêt ou l'ajout d'une ou plusieurs activités, le changement de structure sociale, la cession d'éléments d'actifs, des licenciements pour motif économique, etc.
Il regroupe également des **mesures d'apurement du passif**, comme des délais de paiements, des remises de dettes.

3. L'exécution du plan de sauvegarde

La **durée** du plan est fixée par le tribunal, sans pouvoir dépasser dix ans. Un **commissaire à l'exécution du plan** est nommé, afin de veiller à la bonne exécution du plan de sauvegarde. C'est lui qui est chargé de payer les créanciers en fonction des modalités prévues par le plan de sauvegarde.
Les **contrats en cours** sont en principe poursuivis, en fonction du choix opéré par l'administrateur judiciaire ou du représentant de l'entreprise, après accord du mandataire judiciaire.

a. En cas d'échec de la procédure

La procédure de sauvegarde peut échouer pour deux raisons :

- Si le débiteur ne respecte pas ses engagements, alors le tribunal peut **mettre fin au plan** de sauvegarde.
- Si la situation de l'entreprise empire, le tribunal va prononcer la résolution du plan et ouvrir une procédure de **redressement** ou **liquidation judiciaire**.

b. En cas de succès de la procédure

Si la situation de l'entreprise s'améliore, alors le plan de sauvegarde qui prend fin met un **terme à la procédure de sauvegarde**.

II. Le redressement judiciaire

Définition

Introduite par la loi n° 85-98 du 25 janvier 1985 et codifiée aux articles L. 631-1 à L. 632-4 du Code de commerce, la procédure de redressement judiciaire permet à une entreprise qui fait face à des difficultés insurmontables, mais dont le redressement paraît envisageable, de pouvoir se réorganiser afin d'éviter la liquidation judiciaire.

A Finalités de la procédure de redressement judiciaire

Le but est de poursuivre l'activité, maintenir l'emploi et régler les dettes de l'entreprise.

B Conditions d'engagement de la procédure de redressement judiciaire

Toute entreprise en difficulté, qu'elle ne peut pas surmonter seule, mais dont la situation n'est pas irrémédiablement compromise, peut demander l'ouverture d'une procédure de redressement judiciaire. Elle doit être en **cessation des paiements**.

C Déroulement de la procédure de redressement judiciaire

Plusieurs étapes sont nécessaires au déroulement de la procédure de redressement judiciaire.

Figure 18.2 Le déroulement de la procédure de redressement judiciaire

Demande d'ouverture → Jugement d'ouverture → Période d'observation → Jugement du plan de redressement

1. Demande d'ouverture de la procédure de redressement judiciaire

La demande d'ouverture doit être faite par le **débiteur,** dans les 45 jours de la cessation des paiements. En cas de carence de sa part, tout **créancier** dont la créance est exigible peut agir. Peuvent également agir le **procureur** et le **tribunal** (en cas de conversion d'une procédure de conciliation ou de sauvegarde). La demande doit être portée devant le **tribunal de commerce** pour toutes les entreprises commerciales et artisanales, et le **tribunal judiciaire** dans les autres cas.

2. Jugement d'ouverture de la procédure de redressement judiciaire

Le tribunal, après consultation du débiteur et des membres du CSE, le cas échéant, va prononcer un **jugement d'ouverture**.
Ce jugement fixe la date de cessation des paiements, qui peut être :

- la date du jugement d'ouverture ;
- une date antérieure (18 mois maximum avant le jugement d'ouverture) ;
- la date de l'accord de conciliation homologué.

Ce jugement fait l'objet de publicité au RCS (ou RM), dans un JAL et au BODACC.

3. La période d'observation

La période d'observation est la **phase d'évaluation** de la situation de l'entreprise, débutant à la date du jugement d'ouverture. Le tribunal fixe sa durée, d'un maximum de six mois, prorogeable jusqu'à 18 mois au total.

La période d'observation a pour **effet** :

- la suspension du recouvrement des dettes ;
- la suspension des poursuites individuelles ;
- l'arrêt du cours des intérêts (légaux, conventionnels et de retard) et majorations.

À l'issue de la période d'observation, le tribunal a plusieurs choix :

- En cas de disparition des difficultés insurmontables, il **met fin à la procédure** de redressement judiciaire.
- S'il apparaît que la situation de l'entreprise est irrémédiablement compromise, il va **convertir la procédure** en une procédure de liquidation judiciaire.
- Si la situation n'est pas irrémédiablement compromise, il va établir un **plan de redressement judiciaire**.

> **!**
> S'ouvre alors une « période suspecte », période entre le début de la cessation des paiements et l'ouverture de la procédure collective, pendant laquelle des actions en nullité des actes peuvent être engagées pour annuler les actes frauduleux (par exemple, disparition des actifs par donation, cession déséquilibrée avantageant certains créanciers ou paiement anticipé, etc.), alors que l'entreprise était déjà en cessation des paiements.

D Rôle des principaux acteurs de la procédure de redressement judiciaire

1. Le débiteur

Le débiteur, ou le **dirigeant**, au choix du tribunal, va soit :

- **être dessaisi** au profit de l'administrateur judiciaire (dessaisissement de tout ou partie de ses pouvoirs de gestion) ;
- **continuer** à gérer l'entreprise, **assisté** par l'administrateur judiciaire ; dans ce cas, il doit respecter certaines mesures :
  - interdiction de payer les créances antérieures et les créances postérieures non privilégiées,
  - autorisation préalable du juge-commissaire nécessaire pour les actes de disposition qui ne relèvent pas de la gestion courante.

2. L'administrateur judiciaire

L'administrateur judiciaire est obligatoire si l'entreprise comporte au moins 20 salariés et si le chiffre d'affaires est supérieur à 3 000 000 € HT (article L. 621-4 alinéa 4 du Code de commerce renvoyant à l'article R. 621-11 du même code).

> **!**
> Depuis la Loi PACTE, le dirigeant peut proposer le nom d'un administrateur judiciaire.

Ses missions sont déterminées par le juge. Il peut être investi d'une mission :

- d'assistance du dirigeant dans ses actes (prise en commun des décisions) ;
- de gestion totale ou partielle de l'entreprise (en cas de dessaisissement du dirigeant).

Il décide également de la poursuite ou non des **contrats en cours**, en prenant en compte leur utilité pour le redressement de l'entreprise.

3. Le mandataire judiciaire

Le mandataire judiciaire représente les **créanciers** et agit dans leur intérêt à tous.

4. Le représentant des salariés

Le représentant des salariés est chargé de contrôler le **paiement des salaires**.

5. Le juge-commissaire

Le juge-commissaire s'assure du bon déroulement de la procédure et du respect des intérêts en présence.

6. Les créanciers

Les créanciers sont ceux qui ont une créance envers l'entreprise en difficulté. Ils sont différents en fonction de la **date** de naissance de leur créance et de la **nature** de leur créance.

a. Créanciers antérieurs

En cas de créance née avant le jugement d'ouverture, chaque créancier doit déclarer sa créance au mandataire judiciaire, qui se charge de la vérifier (si elle est certaine, liquide et exigible, et la véracité de son montant).
Le créancier dispose d'un **délai de 2 mois** à partir de la publication du jugement d'ouverture pour déclarer sa créance.

b. Créanciers postérieurs non privilégiés

En cas de créance née après le jugement d'ouverture et non utile à l'activité ou à la procédure, le juge-commissaire l'admet ou la rejette.
Pendant la phase d'observation, les créanciers postérieurs non privilégiés ne sont pas payés de leur créance, ne peuvent pas agir en paiement contre l'entreprise (et toute action en cours est interrompue) et voient leurs intérêts conventionnels ou de retard interrompus.

c. Créanciers postérieurs privilégiés

En cas de créance née après le jugement d'ouverture et utile à l'activité ou à la procédure, les créanciers sont payés en principe à l'**échéance normale**. Par exception, le tribunal peut décider qu'ils seront payés à l'issue de la procédure, en priorité, avant les créanciers antérieurs et les créanciers postérieurs non privilégiés.

Exemple : Une procédure de redressement judiciaire a été ouverte le 15 mars dernier pour une SAS et le tribunal a fixé une durée de 6 mois de période d'observation. La dernière facture de son fournisseur, une SARL, est impayée depuis le 1er février. La SARL, créancier antérieur, doit déclarer sa créance au mandataire judiciaire.
En avril, la SAS vend à une SA des marchandises pour un montant de 1 000 €, exigible au 2 mai. La SA est un créancier postérieur privilégié, donc sera en principe payé à échéance normale (2 mai). Si ce n'est pas possible, il sera payé en priorité à l'issue de la procédure.

E Issues de la procédure de redressement judiciaire

1. Le jugement déterminant le plan de redressement

Le jugement déterminant le plan de redressement est identique à celui du plan de sauvegarde (voir Section I.E.1).

2. Le contenu du plan de redressement

Le contenu du plan de redressement est identique à celui du plan de sauvegarde (voir Section I.E.2).

3. L'exécution du plan de redressement

La **durée** du plan est fixée par le tribunal, sans pouvoir dépasser dix ans. Un **commissaire à l'exécution du plan** est nommé, afin de veiller à la bonne exécution du plan de redressement. C'est lui qui est chargé de payer les créanciers en fonction des modalités prévues par le plan. Les **contrats en cours** sont en principe poursuivis, en fonction du choix opéré par l'administrateur judiciaire ou du représentant de l'entreprise après accord du mandataire judiciaire.

a. En cas d'échec de la procédure

La procédure de redressement judiciaire peut échouer si la situation de l'entreprise empire, c'est-à-dire que la cessation des paiements se poursuit pendant l'exécution du plan de redressement ; alors le tribunal va prononcer la résolution du plan et ouvrir une procédure de **liquidation judiciaire**. Le tribunal peut également décider la **cession totale ou partielle** de l'entreprise. Enfin, le tribunal peut imposer à un ou plusieurs dirigeants de l'entreprise de céder leurs droits sociaux ou bien les sanctionner par une interdiction de gérer en cas de faute commise.

b. En cas de succès de la procédure

La procédure de sauvegarde peut aboutir pour deux raisons :

- Si le débiteur a pu régler ses dettes, le tribunal constate l'exécution du plan et clôture la procédure.
- Si le débiteur n'a pas pu régler ses dettes, mais n'est plus en cessation des paiements, alors la résolution du plan est facultative.

> **!** Une liquidation judiciaire simplifiée, dont la procédure est rapide (six mois maximum, prorogeable jusqu'à 12 mois au total), est prévue pour les entreprises :
> – sans bien immobilier ;
> – qui n'ont pas plus d'un salarié ;
> – dont le chiffre d'affaires est inférieur à 300 000 € HT.
> Elle est obligatoire depuis la loi PACTE pour les entreprises qui emploient cinq salariés au maximum et qui réalisent moins de 750 000 € HT de chiffre d'affaires.

III. La liquidation judiciaire

Définition

Introduite par la loi n° 85-98 du 25 janvier 1985 et codifiée aux articles L. 640-1 à L. 645-12 du Code de commerce, la procédure de liquidation judiciaire est mise en œuvre pour une entreprise qui fait face à des difficultés insurmontables et dont le redressement est manifestement impossible.

A Finalités de la procédure de liquidation judiciaire

Le but est de mettre fin à l'activité, de céder les actifs sociaux, de régler les créanciers sociaux. Cette procédure a pour effet la disparition de l'entreprise ou sa cession à un tiers.

B Conditions d'engagement de la procédure de liquidation judiciaire

Toute entreprise en difficulté, qu'elle ne peut pas surmonter seule et dont la situation est irrémédiablement compromise (redressement manifestement impossible), peut demander l'ouverture d'une procédure de liquidation judiciaire. Elle doit **être en cessation des paiements**.

C Déroulement de la procédure de liquidation judiciaire

Plusieurs étapes sont nécessaires au déroulement de la procédure de liquidation judiciaire.

Figure 18.3 **Le déroulement de la procédure de liquidation judiciaire**

Demande d'ouverture → Jugement d'ouverture → - Arrêt de l'activité - Vente des actifs - Règlement des créanciers → Jugement de clôture

1. Demande d'ouverture de la procédure de liquidation judiciaire

La demande d'ouverture doit être faite par le **débiteur,** dans les 45 jours de la cessation des paiements. En cas de carence de sa part, tout **créancier** dont la créance est exigible peut agir. Peuvent également agir le **procureur** et le **tribunal** (en cas de conversion d'une procédure de conciliation, de sauvegarde ou redressement).
La demande doit être portée devant le **tribunal de commerce** pour toutes les entreprises commerciales et artisanales, et le **tribunal judiciaire** dans les autres cas.

2. Jugement d'ouverture de la procédure de liquidation judiciaire

Le tribunal, après consultation du débiteur et des membres du CSE, le cas échéant, va prononcer un **jugement d'ouverture**.
Ce jugement fixe la date de cessation des paiements, qui peut être :

- la date du jugement d'ouverture ;
- une date antérieure (18 mois au maximum avant le jugement d'ouverture) ;
- la date de l'accord de conciliation homologué.

Le jugement d'ouverture va nommer un **liquidateur** (un mandataire judiciaire), un juge-commissaire et un représentant des salariés.
Le jugement d'ouverture a pour **effet** :

- la suspension du recouvrement des dettes ;
- la suspension des poursuites individuelles ;
- l'arrêt du cours des intérêts (conventionnels, légaux et de retard) et majorations ;
- de rendre immédiatement exigibles les dettes, même non encore échues, mais qui doivent être déclarées au liquidateur dans le délai de deux mois de la publication du jugement d'ouverture au BODACC ;
- la rupture des contrats de travail (dans un délai de 15 jours suivant le jugement ou 21 jours si un plan de sauvegarde de l'emploi [PSE] est mis en place).

Ce jugement fait l'objet de publicité au RCS (ou RM), dans un JAL et au BODACC.
Il va alors être procédé :

- à l'**arrêt de l'activité** (ou au maintien provisoire sur trois mois maximum, renouvelable une fois, décidé par le tribunal) ;
- à la **vente des biens de l'entreprise :** cession des différents biens par le liquidateur sur autorisation du juge-commissaire ou cession totale de l'entreprise à un repreneur (plan de cession) ;
- au **règlement des créanciers** : répartition des fonds entre les créanciers déclarés selon un ordre déterminé :
  - salariés superprivilégiés,
  - créanciers bénéficiant du privilège de conciliation,
  - créanciers postérieurs privilégiés,
  - autres créanciers (au *prorata* de la créance si les fonds sont insuffisants).

3. L'absence de période d'observation

La période d'observation n'existe pas dans la procédure de liquidation judiciaire, dans la mesure où le but de la procédure est la vente des actifs.

D Rôle des principaux acteurs de la procédure de liquidation judiciaire

1. Le débiteur

Le débiteur, ou le **dirigeant**, est dessaisi dès le jugement d'ouverture, au profit du liquidateur.

2. L'administrateur judiciaire

Sauf dans le cas exceptionnel où l'activité se poursuit pendant un temps déterminé par le tribunal, aucun administrateur judiciaire n'est nommé.

3. Le mandataire judiciaire

Le mandataire judiciaire est le **liquidateur**. Il a un rôle central dans la procédure de liquidation judiciaire :

- Il représente le dirigeant dès le jugement d'ouverture (dessaisissement du dirigeant).
- Il accomplit tous les actes d'administration et de disposition (en cas de poursuite provisoire décidée par le tribunal).
- Il dresse l'inventaire des biens de l'entreprise.
- Il reçoit la déclaration des créances (dans les deux mois du jugement) et vérifie si elles sont certaines, liquides et exigibles.
- Il effectue la vente des biens ou de l'entreprise, soit dans le cadre d'une vente globale de l'entreprise (plan de cession), soit par des ventes séparées.
- Il procède aux licenciements des salariés.
- Il recouvre les sommes dues à l'entreprise, si nécessaire en justice.

4. Le représentant des salariés

Le représentant des salariés est chargé de contrôler le **paiement des salaires**.

5. Le juge-commissaire

Le juge-commissaire s'assure du bon déroulement de la procédure et du respect des intérêts en présence.

6. Les créanciers

Les créanciers sont ceux qui ont une créance envers l'entreprise en difficulté. Ils sont différents en fonction de la **date** de naissance de leur créance et de la **nature** de leur créance.
En cas de créance née avant le jugement d'ouverture, chaque créancier doit déclarer sa créance au liquidateur, qui se charge de la vérifier (si elle est certaine, liquide et exigible, et la véracité de son montant).
Le créancier dispose d'un **délai de deux mois** à partir de la publication du jugement d'ouverture pour déclarer sa créance.

E Issues de la procédure de liquidation judiciaire

1. Le prononcé du jugement de clôture

Le **jugement de clôture** de la procédure de liquidation judiciaire doit intervenir dans les **deux ans** du jugement d'ouverture. Il peut être rendu pour extinction du passif ou pour insuffisance d'actif.

a. Le jugement de clôture pour extinction du passif

En cas de **règlement intégral des créanciers** sur le prix de vente des actifs, tous les créanciers sont désintéressés. Ainsi, le patrimoine restant sera partagé entre les associés. Cette situation demeure exceptionnelle.

b. Le jugement de clôture pour insuffisance d'actif

En cas de cession des actifs, mais dont le **montant est inférieur au montant total des créances**, il est alors impossible de régler tous les créanciers. Les créanciers non réglés ne peuvent pas agir contre l'entreprise, mais peuvent agir contre les éventuels codébiteurs ou garants.
Enfin, en cas de faute de gestion, fraude, dissimulation d'actif ou toute autre infraction commise par le dirigeant, celui-ci peut être condamné par le tribunal. Dans ce cas, son patrimoine personnel peut être engagé.

2. Les effets du jugement de clôture

Le jugement de clôture prononcé par le tribunal a pour effet de :

- dissoudre la personne morale ;
- rendre tout recours impossible contre le débiteur.

SYNTHÈSE

Traitement des difficultés

Sauvegarde

Finalités
- Poursuite de l'activité.
- Maintien de l'emploi.
- Règlement des dettes.
- Éviter la cessation des paiements.

Issue de la procédure

Échec :
- Fin du plan de sauvegarde si le débiteur ne respecte pas ses engagements
- Ouverture d'un redressement ou liquidation judiciaire si la situation empire

Succès : si la situation s'améliore, fin de la procédure

Situation de l'entreprise
- Toute entreprise en difficulté.
- Qu'elle ne peut pas surmonter seule.
- Mais dont la situation n'est pas irrémédiablement compromise.

Redressement

Finalités
- Poursuite de l'activité.
- Maintien de l'emploi.
- Règlement des dettes
- Éviter la liquidation.

Issue de la procédure

Échec :
- Cession totale ou partielle de l'entreprise.
- Ouverture d'une liquidation judiciaire si redressement impossible.

Succès :
- Clôture de la procédure si le débiteur a pu régler ses dettes.
- Résolution du plan facultative si le débiteur n'a pas pu régler ses dettes, mais n'est pas en étant de cessation des paiements.

Liquidation

Finalités
- Fin de l'activité.
- Cession des actifs.
- Règlement des dettes.
- Disparition de la société ou cession à un tiers.

Situation de l'entreprise
- Toute entreprise en difficulté dont la situation est irrémédiablement compromise.

Issue de la procédure

Jugement de clôture :
- Pour extinction du passif.
- Pour insuffisance d'actif.

Effets du jugement de clôture :
- Personne morale dissoute et radiée au RCS.
- Aucun recours possible contre le débiteur (sauf exceptions).

Faites le point sur les notions clés :
sauvegarde (p. 345), créance antérieure (p. 347), créance postérieure privilégiée (p. 347), créance postérieure non privilégiée (p. 347), redressement judiciaire (p. 349), liquidation judiciaire (p. 352).

Révisez avec les flashcards
www.lienmini.fr/dcg02-35

QCM

Réponse unique

1 Laquelle de ces procédures permet de traiter les difficultés de l'entreprise ?

- a. Le mandat *ad hoc*.
- b. Le redressement judiciaire.
- c. La conciliation.
- d. Les trois.

QCM interactif

www.lienmini.fr/dcg02-36

2 Une procédure de traitement des difficultés de l'entreprise est aussi appelée :

- a. procédure préventive.
- b. procédure collective.
- c. procédure amiable.
- d. les trois.

3 Dans quelle procédure ne faut-il pas être en cessation des paiements ?

- a. Sauvegarde.
- b. Redressement judiciaire.
- c. Liquidation judiciaire.
- d. Les trois.

4 La procédure de sauvegarde a été prévue par la loi du :

- a. 25 janvier 1985.
- b. 26 juillet 2005.
- c. 23 mai 2019.
- d. 19 juillet 2019.

5 Quelle est la procédure collective qui peut être ouverte à l'initiative du débiteur ?

- a. Sauvegarde.
- b. Redressement judiciaire.
- c. Liquidation judiciaire.
- d. Les trois.

Plusieurs réponses possibles

6 Les objectifs de la sauvegarde sont de :

- a. céder tout l'actif.
- b. poursuivre l'activité.
- c. maintenir l'emploi.
- d. procéder à des licenciements économiques.

7 Dans quelles procédures la période d'observation est-elle ouverte ?

- a. Sauvegarde.
- b. Redressement judiciaire.
- c. Liquidation judiciaire.
- d. Les trois.

8 Quels sont les différents types de créanciers lors d'une procédure collective de sauvegarde ?

- a. Créanciers antérieurs au jugement d'ouverture.
- b. Créanciers postérieurs non privilégiés.
- c. Créanciers postérieurs privilégiés.
- d. Créanciers antérieurs au plan de sauvegarde.

9 Quels sont les acteurs du redressement judiciaire ?

- a. Le débiteur.
- b. Le mandataire judiciaire.
- c. Le liquidateur.
- d. Le juge-commissaire.

10 **Le contenu du plan de redressement peut inclure :**

❍ **a.** des mesures économiques.
❍ **b.** des mesures sociales.
❍ **c.** des mesures d'apurement du passif.
❍ **d.** des mesures de modification du capital social.

● Réponse à justifier

11 **M. Balou, gérant d'une EURL, emploie trois salariés. Cependant, à la suite de diffamations à son égard dans le petit village où est installée l'auto-école, les inscriptions sont en chute libre, de sorte qu'il n'arrive plus, depuis plusieurs semaines, à payer le crédit de ses voitures. Il parvient quand même à payer les salaires et les charges sociales. Il se demande quelle procédure il peut engager pour obtenir de l'aide.**

❍ **a.** Une procédure de sauvegarde.
❍ **b.** Une procédure de redressement judiciaire.
❍ **c.** Une procédure de liquidation judiciaire.
❍ **d.** Aucune des trois.

12 **M. Loupias est entrepreneur individuel. Il a ouvert un garage depuis une dizaine d'années. Aujourd'hui, les factures impayées commencent à se faire de plus en plus nombreuses : il se sent dépassé et ne sait plus comment faire. Il est urgent de réagir. Il se demande alors ce qu'il peut faire.**

❍ **a.** Il peut demander l'ouverture d'une liquidation judiciaire.
❍ **b.** Il peut demander l'ouverture d'un redressement judiciaire.
❍ **c.** Il peut demander l'ouverture d'une sauvegarde.
❍ **d.** Il ne peut rien faire.

13 **Le créancier de la SARL Lou est inquiet : la société ne paie plus ses factures. Il se demande s'il peut demander au juge l'ouverture d'une procédure de sauvegarde pour tenter de se faire payer.**

❍ **a.** Oui, il doit.
❍ **b.** Oui, il peut.
❍ **c.** Oui, il peut, mais uniquement en cas de défaillance du gérant.
❍ **d.** Non, la demande appartient seulement au gérant de la SARL

14 **Après quatre mois d'exécution du plan de redressement judiciaire, la SAS Vitou ne s'en sort pas, elle est toujours en cessation de paiements. Que va-t-il se passer ?**

❍ **a.** Il faut attendre la fin du plan de redressement judiciaire pour prendre une décision.
❍ **b.** Le tribunal va prononcer la résolution du plan et ouvrir une procédure de liquidation judiciaire.
❍ **c.** La société doit être vendue totalement.
❍ **d.** Le dirigeant doit être révoqué judiciairement.

15 **M. Clair, créancier de la SAS Vertois, vient d'apprendre par un de ses amis qu'une procédure de liquidation est ouverte depuis un mois à l'encontre de la SAS. Ayant encore 10 000 € de créances à récupérer sur son débiteur, il se demande ce qu'il doit faire.**

❍ **a.** Il ne peut rien faire.
❍ **b.** Il lui reste deux mois pour déclarer sa créance.
❍ **c.** Il lui reste un mois pour déclarer sa créance.
❍ **d.** Il doit rentrer lui aussi en liquidation judiciaire.

— CAS PRATIQUE GUIDÉ —

LES DIFFICULTÉS DE LA SAS COUETTE

La SAS Couette, créée il y a dix ans, est aujourd'hui en difficulté. Sur le plan national, les ventes ont reculé de 30 % l'an dernier, après une baisse de 20 % l'année précédente. Sa trésorerie a diminué, au point de ne plus permettre le remboursement des emprunts contractés au cours des années précédentes. La SAS accumule également les dettes impayées envers ses fournisseurs. Ainsi, le président de la SAS a demandé l'ouverture d'une procédure de redressement judiciaire. Il y a deux jours, le tribunal de commerce de Marseille a prononcé un jugement d'ouverture. Olivier, un de ses créanciers, entrepreneur individuel, se demande s'il va pouvoir être payé d'une facture émise il y a quatre mois de 3 000 €, exigible 30 jours après. Il vous contacte alors à ce sujet.

Votre mission : déterminer les conséquences des procédures collectives sur les créanciers.

Pour la réaliser, vous devez expliquer au créancier les modalités de recouvrement de sa créance.

CORRIGÉ

☑ **COMPÉTENCE ATTENDUE :**

– **Déterminer les conséquences des procédures collectives sur les créanciers.**

Méthode

Pour résoudre un cas pratique [voir Fiche méthode 2], vous devez respecter quelques règles essentielles :

- **Schématiser, au brouillon, les éléments essentiels nécessaires pour traiter le cas.**
- **Effectuer le travail d'analyse juridique pour identifier le problème juridique posé par le cas pratique.**
- **Rédiger le raisonnement juridique (règle de droit + application de la règle de droit aux faits), appelé aussi le syllogisme.**

TRAVAIL PRÉPARATOIRE

Société en redressement judiciaire

\+

Jugement d'ouverture prononcé il y a 4 jours → **Modalités de recouvrement de sa créance ?**

\+

Un créancier impayé d'une facture de 3 000 € d'il y a 4 mois

Ces faits soulèvent le problème juridique suivant : quelles sont les modalités, pour un créancier, afin de tenter de recouvrer sa créance auprès de son débiteur en redressement judiciaire ?

PRINCIPES JURIDIQUES

> **!** Dans ce cas, vous devez bien différencier les modalités au cours de la période d'observation et à son issue.

Selon la loi, le créancier antérieur, c'est-à-dire celui dont la créance est née avant le jugement d'ouverture, doit déclarer sa créance au mandataire judiciaire dans un délai de deux mois suivant la publication au BODACC du jugement d'ouverture de la procédure de redressement judiciaire.
Au cours de la période d'observation, ce créancier ne pourra pas obtenir paiement, puisque les dettes sont gelées. Il ne pourra pas non plus agir directement et individuellement contre le débiteur.
Ensuite, à l'issue de la période d'observation, un plan de redressement sera prononcé par le tribunal, prévoyant les modalités de remboursement de chaque créance (échéancier de paiement et/ou remises de dettes).

APPLICATION AU CAS

> **!** Dans ce cas, vous devez déterminer si la créance est antérieure ou postérieure.

En l'espèce, il s'agit d'indiquer au créancier les modalités à suivre pour tenter de recouvrer sa créance.
Un jugement d'ouverture de procédure de redressement judiciaire a été prononcé il y a deux jours à l'encontre de la SAS. La créance de l'entrepreneur étant exigible depuis trois mois, il s'agit bien d'une dette antérieure au jugement d'ouverture. Ainsi, l'entrepreneur est un créancier antérieur.
Le créancier devra donc déclarer sa créance de 3 000 € dans le délai de deux mois à compter de la publication au BODACC du jugement d'ouverture au mandataire judiciaire. La créance ne pourra pas être payée au cours de la période d'observation, le créancier ne pourra pas agir directement et individuellement contre le débiteur pour se faire payer en priorité.
Il doit donc attendre l'élaboration du plan de redressement, et voir quelles mesures seront arrêtées par le tribunal. Le créancier sera tout de même consulté lors de la phase de projet de plan sur des propositions de remises de dettes ou de délais de paiement concernant sa créance.

Méthode

Un bon raisonnement par syllogisme doit éviter trois défauts récurrents que l'on retrouve dans de nombreuses copies :
- **Se limiter à rappeler les faits : il faut les qualifier juridiquement.**
- **Entamer le syllogisme en appliquant d'emblée les règles de droit au cas. Cela reviendrait à inverser le raisonnement juridique.**
- **Négliger la partie « règles juridiques » qui représente l'essentiel de la note.**

Il faut lui réserver un traitement rigoureux.

AUTOÉVALUATION

La grille d'autoévaluation ci-dessous vous permet d'évaluer votre niveau et de vérifier si vos réponses correspondent aux attendus de l'examen.

	Niveau 1	Niveau 2	Niveau 3	Niveau 4
	Un premier élément de réponse, mais très incomplet, des erreurs, des contresens.	*Des éléments de réponse isolés, des approximations et/ou de la paraphrase.*	*Question comprise : des éléments de réponse pertinents, mais incomplets au niveau des savoirs et/ ou de l'application.*	*Compétence attendue mobilisée avec mobilisation complète des savoirs associés à la compétence. Application pertinente.*
Expliquer au créancier les modalités de recouvrement de sa créance. *(voir Section II.D.6)*	❒ Vous avez compris qu'il fallait étudier les modalités de recouvrement de créance, mais n'en maîtrisez pas les conditions.	❒ Vous avez compris qu'il fallait étudier les modalités de recouvrement de créance, et connaissez de manière approximative les conditions.	❒ Vous avez compris qu'il fallait étudier les modalités de recouvrement de créance et apportez des éléments de réponse corrects.	❒ Vous avez compris qu'il fallait étudier les modalités de recouvrement de créance et apportez des éléments de réponse corrects et pertinents. La solution apportée correspond à l'application de la règle de droit à la situation.

EXERCICES

1 Le cas de l'EURL Beaulieu

10 min.

☑ **COMPÉTENCE ATTENDUE :**

– Déterminer le rôle des acteurs des procédures collectives.

M. Beaulieu est le gérant de l'EURL Beaulieu. Depuis quelques mois, il fait face à l'impossibilité de régler son passif exigible avec son actif disponible. Il demande donc l'ouverture d'une procédure de redressement judiciaire. Le tribunal a désigné un administrateur judiciaire, mais M. Beaulieu ne sait pas quelle sera sa fonction ; il a très peur d'être dessaisi de ses fonctions.

Votre mission : caractériser le rôle des acteurs des procédures collectives.

Pour la réaliser, vous devez caractériser le rôle de l'administrateur judiciaire de l'EURL Beaulieu.

2 Le cas de l'EI de Mme Dibone

15 min.

☑ **COMPÉTENCE ATTENDUE :**

– Identifier les finalités de la procédure de sauvegarde.

Mme Dibone exerce une activité dans le marketing des PME, par le biais d'une entreprise individuelle. Elle vient d'apprendre que l'un de ses plus gros clients, le restaurant Litaliano, est entré en liquidation judiciaire. Elle déclare sa créance de 14 000 € auprès du liquidateur, celle-ci représentant une part importante dans son chiffre d'affaires. Elle s'inquiète donc des conséquences sur sa trésorerie si elle ne parvient pas à recouvrer cette somme. Elle se demande si cela serait pertinent pour elle de demander l'ouverture d'une procédure de sauvegarde. Vous êtes son comptable et elle se tourne vers vous pour vous exposer la situation.

Votre mission : repérer les finalités de la procédure de sauvegarde.

Pour la réaliser, vous devez montrer les conséquences de l'ouverture d'une procédure de sauvegarde.

3 Le cas de la SNC Ror

15 min.

COMPÉTENCE ATTENDUE :

- **Déterminer la procédure collective applicable en fonction du degré de la difficulté rencontrée.**

La SNC Ror vend des produits cosmétiques faits à base de produits naturels. Son principal client est une grande enseigne nationale de parapharmacie. Cependant, face à la concurrence du « bio », les ventes de la SNC ont chuté auprès de cette grande enseigne. Ainsi, la SNC constate à la fin de l'année que son chiffre d'affaires a baissé de 70 % par rapport à l'exercice de l'année précédente. Elle se demande comment elle va régler ses créanciers. Vous êtes le conseiller juridique de la société et son dirigeant vient vous consulter.

Votre mission : déterminer la procédure collective applicable en fonction du degré de la difficulté rencontrée.

Pour la réaliser, vous devez proposer à la SNC des procédures pouvant lui permettre d'assurer sa pérennité et leurs conditions de mise en œuvre.

CAS DE SYNTHÈSE

LE CAS DE LA SARL VIK

20 min.

COMPÉTENCE ATTENDUE :

- **Différencier les créanciers lors de l'ouverture d'une procédure de redressement judiciaire.**

Mise en situation

La SARL Vik a été placée en redressement judiciaire le 2 mars dernier. Le mois suivant, elle s'est vu confier par une société de transport des opérations d'entreposage de conteneurs de télévisions importés en France par une autre société. Ces téléviseurs ont été volés dans les entrepôts de la SARL. Ainsi, l'importateur a assigné en responsabilité le débiteur. Cependant, il n'a pas déclaré leur créance auprès de l'administrateur judiciaire car, pour lui, cette créance n'est pas antérieure. Il se demande s'il a des chances d'obtenir gain de cause.

Votre mission : qualifier les créanciers dans une procédure de redressement judiciaire

Pour la réaliser, vous avez à votre disposition une base documentaire et vous devez qualifier la créance de l'importateur et ses chances d'obtenir gain de cause.

DOCUMENT

Arrêt de la Cour de cassation, Chambre civile, Chambre commerciale, 17 octobre 2018, n° de pourvoi 17-17.672

Attendu, selon l'arrêt attaqué et les productions, que la société Entreposage havrais, qui était en redressement judiciaire depuis le 28 janvier 2011, s'est vue confier les 8 et 15 avril suivants par la société Transport P. Fatton (la société Fatton) les opérations d'entreposage et de dépotage de cinq conteneurs de téléviseurs importés en France par la société Adméa, assurée par la société Allianz ; que des téléviseurs ayant été volés dans les entrepôts de la société Entreposage havrais, la société Adméa et son assureur ont assigné en responsabilité la société Fatton et la société Entreposage havrais, ainsi que son assureur, la société Groupama transport, aux droits de laquelle est venue la société Gan eurocourtage, devenue la société Helvetia (la société Helvetia), mettant ultérieurement en cause la société Catherine J…, mandataire judiciaire, et M. C..., l'administrateur judiciaire, devenu commissaire à l'exécution du plan ; que MM. D. et F. Y..., B…, Z… et A…, courtiers de la société Adméa (les courtiers) ont désintéressé cette dernière et son assureur et ont été subrogés dans leurs droits ; qu'ils ont à leur tour assigné la société Entreposage havrais et les organes de sa procédure collective ; que la société Entreposage havrais a mis en cause la société Helvetia ; […]

Vu les articles L. 622-17, L. 622-21 et L. 622-24 du Code de commerce, rendus applicables au redressement judiciaire par l'article L. 631-14 du même code ;

Attendu que pour fixer la créance des courtiers à la somme de 91 319,21 euros, l'arrêt retient que, la créance étant née du sinistre survenu au cours de la période d'observation, elle n'est pas une créance antérieure au sens de l'article L. 622-24 du code de commerce et n'avait pas à être déclarée ;

Qu'en se déterminant ainsi, sans préciser si cette créance postérieure réunissait ou non les conditions de son paiement à l'échéance, ce qui aurait justifié, dans le premier cas, la condamnation de la société Entreposage havrais à la régler et, dans le second cas, le prononcé de l'irrecevabilité de la demande formée contre cette dernière, la cour d'appel n'a pas donné de base légale à sa décision ;

PAR CES MOTIFS, et sans qu'il y ait lieu de statuer sur le dernier grief :

CASSE ET ANNULE, mais seulement en ce qu'il fixe la créance chirographaire de MM. Y…, Z…, A… et B…, exerçant sous l'enseigne Chomel, Dumas, Chavane, sur la procédure collective de la société Entreposage havrais à la somme de 91 319,21 euros, l'arrêt rendu le 9 mars 2017, entre les parties, par la cour d'appel de Lyon.

SUJET TYPE D'EXAMEN 5

Le sujet se présente sous la forme de trois dossiers indépendants. 3 h

DOSSIER 1 – Les actions préventives permettant d'assurer la pérennité d'une entreprise en difficulté (9 / 20 points)

DOSSIER 2 – Les conséquences de l'ouverture d'une procédure de sauvegarde (4 / 20 points)

DOSSIER 3 – Les conséquences de la liquidation judiciaire (7 / 20 points)

BASE DOCUMENTAIRE

Document 1 – Arrêt de la Cour de cassation, Chambre sociale, 9 octobre 2019, n° pourvoi 18-15.305
Document 2 – Arrêt de la Cour de cassation, Chambre commerciale, 13 janvier 2015, n° pourvoi 13-21.630

Sauf mention contraire, la méthodologie du cas pratique est attendue pour chaque question.

Sujet : SARL Olivobio

La SARL Olivobio a été constituée par deux amis, passionnés depuis leur enfance à Marseille d'huile d'olive.

Afin de concurrencer les plus grandes marques, ils s'étaient lancé le défi il y a deux ans, à la création de la société, de vendre le plus d'huile d'olive bio sur le marché régional, en ciblant surtout les ventes à des professionnels, comme les restaurateurs.

Victor Calais est gérant associé égalitaire de la SARL depuis l'ouverture. L'autre associé, Marc Tombare, est commercial dans la structure et associé à hauteur de l'autre moitié des parts sociales. Ils emploient 12 personnes, entre le site de production et le site administratif.

Cependant, la situation se complique. En effet, depuis quelques mois, beaucoup de restaurateurs ont fait faillite à cause d'une grave crise sanitaire nationale. Ainsi, l'activité de la SARL Olivobio est au ralenti. Elle a néanmoins eu la chance d'être payée des créances de ses débiteurs en liquidation, mais plusieurs restaurateurs encore en activité ne peuvent plus payer.

Aujourd'hui, les associés ont besoin de conseils pour les accompagner dans cette tourmente. Dans ce cadre, il vous est demandé, en tant que conseil de la société, de réaliser les travaux préparatoires en vue d'assurer la pérennité de la société.

DOSSIER 1 – LES ACTIONS PRÉVENTIVES PERMETTANT D'ASSURER LA PÉRENNITÉ D'UNE ENTREPRISE EN DIFFICULTÉ — 9 points

Pour le moment, les créances impayées de la SARL représentent une somme totale de 3 000 €. Vu le contexte, certains salariés décident de faire grève. Les associés tentent d'engager le dialogue, mais il est rompu. Ils se demandent alors ce qu'ils peuvent faire. Un ami leur a parlé de la possibilité de demander la désignation d'un mandataire *ad hoc*.

Votre mission : analyser cette situation, afin de trouver des moyens d'action à titre préventif.

Pour la réaliser, vous avez à votre disposition une base documentaire (voir Document 1) et vous devez :

1.1 Apprécier si la situation de la SARL lui permet la désignation d'un mandat *ad hoc*.

1.2 Présenter les étapes de la mise en place d'un mandat *ad hoc (la méthodologie du cas pratique n'est pas exigée)*.

1.3 Déterminer si l'expert-comptable de la SARL a le droit d'accès aux documents relatifs à la procédure de mandat *ad hoc*.

1.4 Expliquer les conséquences du succès du mandat *ad hoc*.

1.5 Discuter de la pertinence du choix du mandat *ad hoc* en comparaison avec la procédure de conciliation.

DOSSIER 2 – LES CONSÉQUENCES DE L'OUVERTURE D'UNE PROCÉDURE DE SAUVEGARDE — 4 points

La SARL vient d'apprendre que leur client le plus important, une chaîne de restaurants, vient d'être placé en liquidation judiciaire. La créance présentée par les associés au liquidateur s'élève à 33 000 €. Le mandataire judiciaire leur indique qu'ils ne devraient malheureusement pas pouvoir récupérer cette somme, la situation financière du restaurateur étant très difficile.

Alors qu'ils rencontraient déjà des difficultés financières avec la forte diminution des commandes, les associés s'inquiètent des conséquences futures de cette absence de remboursement sur la trésorerie de la société. Pour le moment, ils peuvent payer les salaires et les factures, mais ils ont peur pour l'avenir. Victor Calais pense engager une procédure de sauvegarde.

Votre mission : analyser la pertinence d'engager une procédure collective de sauvegarde.

Pour la réaliser, vous devez :

2.1 Vérifier si Victor Calais peut demander l'ouverture d'une procédure de sauvegarde.

2.2 Analyser les conséquences de l'ouverture d'une telle procédure.

DOSSIER 3 – LES CONSÉQUENCES DE LA LIQUIDATION JUDICIAIRE — 7 points

Aucune procédure n'a finalement été engagée et les difficultés se sont accumulées, entre le ralentissement de la production à cause de la grève, les commandes qui se sont raréfiées et l'absence de paiement de la créance de 33 000 €. Les associés décident

alors de vendre la plupart de l'actif disponible, afin de pouvoir faire face. Cependant, cela ne suffit pas et ils se retrouvent dans l'impossibilité de régler eux-mêmes leurs créanciers : depuis un mois, les salaires ne sont plus versés, les emprunts ne sont plus remboursés et les fournisseurs ne sont plus réglés.
Victor Calais s'est alors résigné à demander l'ouverture d'une procédure de liquidation judiciaire, ce que le tribunal de commerce de Marseille a accepté.

Votre mission : analyser les conséquences de l'ouverture d'une procédure de liquidation judiciaire.

Pour la réaliser, vous avez à votre disposition une base documentaire (voir Document 2) et vous devez :

3.1 **Qualifier la situation juridique de la SARL qui a permis l'ouverture d'une procédure de liquidation judiciaire.**

3.2 **Présenter les pouvoirs du liquidateur *(la méthodologie du cas pratique n'est pas exigée).***

3.3 **Vérifier si la responsabilité du dirigeant peut être mise en cause pour déclaration tardive de l'état de cessation des paiements.**

3.4 **Schématiser les étapes de la procédure pour les associés et la SARL.**

3.5 **Analyser l'engagement de la responsabilité financière des associés.**

BASE DOCUMENTAIRE

Document 1 – Arrêt de la Cour de cassation, Chambre sociale, 9 octobre 2019, n° pourvoi 18-15.305

Attendu, selon l'arrêt attaqué (Versailles, 15 février 2018), que la société Groupe Flo (la société) a mis en place, par accord collectif de groupe du 12 février 2016, un comité de groupe ; que ce dernier a décidé lors de sa réunion du 8 juin 2016 de recourir à l'assistance d'un cabinet d'expertise comptable pour l'examen des comptes annuels de la société Groupe Flo pour 2015 et désigné le cabinet société Diagoris (l'expert) à cette fin ; que la mission de l'expert a été étendue à l'examen des comptes annuels 2016 par décision du 26 janvier 2017 ; que le comité de groupe et l'expert ont saisi le juge des référés du tribunal de grande instance en février 2017 pour obtenir notamment communication par la société des documents ayant trait à la désignation du mandataire *ad hoc*, à la recherche de possibles repreneurs du groupe et aux cessions d'actifs envisagées ; que suite au rejet de cette demande par le président du tribunal de grande instance, l'expert a interjeté appel ;

Attendu que l'expert fait grief à l'arrêt de le débouter de sa demande de communication d'informations complémentaires alors, selon le moyen :

1°/ que l'article L. 611-3 du Code de commerce dispose que « le président du tribunal peut, à la demande d'un débiteur, désigner un mandataire *ad hoc* dont il détermine la mission. Le débiteur peut proposer le nom d'un mandataire *ad hoc*. La décision nommant le mandataire *ad hoc* est communiquée pour information aux commissaires aux comptes lorsqu'il en a été désigné. Le tribunal compétent est le tribunal de commerce si le débiteur exerce une activité commerciale ou artisanale et le tribunal de grande instance dans les autres cas. Le débiteur n'est pas tenu d'informer le comité d'entreprise ou, à défaut, les délégués du personnel de la désignation d'un mandataire *ad hoc* » ; que l'exception à l'obligation générale de l'employeur d'informer les représentants du personnel et l'expert de tout élément affectant la marche de l'entreprise ne concerne que la seule désignation du mandataire *ad hoc* ; qu'après avoir constaté que le texte mentionnait que la société n'était pas tenue d'aviser le comité d'entreprise ou, à défaut, les délégués du personnel de la « désignation » d'un mandataire *ad hoc*, la cour d'appel a décidé que l'entreprise pouvait, sans qu'il en résulte un trouble manifestement illicite, ne pas déférer aux demandes de l'expert-comptable désigné par le comité de groupe, lesquelles visaient pourtant à obtenir des informations, non pas sur la seule désignation d'un mandataire *ad hoc* déjà rendue publique par la société elle-même, mais des documents ayant trait à la recherche de possibles repreneurs du groupe en difficulté, notamment tout document de nature à les informer sur le déroulement et les suites réservées au mandat *ad hoc*, les cessions d'actifs envisagées, la recherche de possibles repreneurs, à ordonner à la société Groupe Flo de convoquer sous les mêmes conditions un comité de groupe extraordinaire ayant pour objet d'informer/consulter le comité sur ces points, à obtenir la communication à la société Diagoris des documents visés dans sa lettre de mission, les informations concernant le processus de cession en cours, la procédure de mandat *ad hoc* et les pièces visées dans sa demande de communication complémentaire du 1er février 2017 ; qu'elle a ainsi violé les articles L. 611-3 du Code de commerce et 809 du Code de procédure civile ; [...]

Mais attendu qu'ayant constaté que les documents dont la communication était sollicitée par l'expert du comité de groupe dans le courrier adressé le 1er février 2017 par l'expert à la société (marques d'intérêts ou lettre d'intention des acquéreurs potentiels, offres fermes éventuelles, calendrier du processus de cession, Vendor Due Diligence éventuels), avaient trait au mandat *ad hoc* qui avait été mis en œuvre en novembre 2016 par la société, et relevé qu'en application des articles L. 611-3 et L. 611-15 du Code de commerce, doit être respectée une obligation de confidentialité justifiée par la discrétion nécessaire sur la situation de l'entreprise concernée et sur les éventuelles négociations entre dirigeants, actionnaires, créanciers et garants de celle-ci, qu'il résulte tant de ses fondements que de l'objectif même de la procédure que son caractère confidentiel s'attache non seulement à la requête mais également aux documents ayant trait à la procédure mise en œuvre et notamment à la cession envisagée, qui ne mettent pas en cause seulement la société mais également les créanciers et les repreneurs éventuels nécessairement impliqués dans cette procédure, la cour d'appel, qui a constaté par ailleurs que la société avait transmis à l'expert en octobre, novembre 2016 et en janvier 2017 les informations comptables et financières et les informations sociales du groupe pour lui permettre de remplir sa mission, sans que l'expert n'apporte la preuve contraire, ne détaillant pas les éléments qui seraient manquants, a pu en déduire l'absence de trouble manifestement illicite ;

PAR CES MOTIFS :

REJETTE le pourvoi.

Document 2 – Arrêt de la Cour de cassation, Chambre commerciale, 13 janvier 2015, n° pourvoi 13-21.630

Attendu, selon l'arrêt attaqué, qu'à la suite de la mise en liquidation judiciaire, le 9 septembre 2009, de la société SERMAPACK (la société), M. Roussel, désigné liquidateur (le liquidateur), a assigné en paiement de l'insuffisance d'actif M. C, ancien dirigeant ayant cessé ses fonctions le 1er février 2009 ;

Attendu que pour condamner M. C à supporter les dettes de la société à concurrence de 150 000 € pour déclaration tardive de l'état de cessation des paiements et poursuite d'une exploitation déficitaire, l'arrêt retient, pour fixer la date de la cessation des paiements, au 15 novembre 2008, l'ampleur du déficit de la société et les nombreuses dettes exigibles en 2008 demeurées impayées ;

Attendu qu'en se déterminant ainsi, sans préciser l'existence ou le montant de l'actif disponible, au jour retenu comme celui de la cessation des paiements, pour caractériser à l'encontre du dirigeant la déclaration tardive de la cessation des paiements, la cour d'appel, qui a pris cette faute en considération, n'a pas donné de base légale à sa décision ;

PAR CES MOTIFS [...] :

CASSE ET ANNULE, en toutes ses dispositions, l'arrêt rendu le 23 mai 2013, entre les parties, par la cour d'appel de Nîmes ; remet, en conséquence, la cause et les parties dans l'état où elles se trouvaient avant ledit arrêt et, pour être fait droit, les renvoie devant la cour d'appel de Montpellier.

PARTIE 6

DROIT PÉNAL DES **GROUPEMENTS D'AFFAIRES**

CHAPITRE 19

La responsabilité pénale

À l'issue de ce chapitre,

- **vous serez capable :**
  - ❒ d'identifier la personne pénalement responsable, l'auteur et le complice ;
  - ❒ d'associer une peine à une infraction (amende, emprisonnement, etc.) ;
  - ❒ de schématiser les grandes étapes de la procédure pénale ;
  - ❒ de mettre en évidence les grandes règles de la procédure pénale ;
  - ❒ d'identifier la responsabilité pénale du commissaire aux comptes (CAC).
- **vous saurez identifier :**
  - ❒ les éléments constitutifs de l'infraction ;
  - ❒ la classification des infractions : crime, délit, contravention ;
  - ❒ l'identification de la personne responsable : auteur, complice ;
  - ❒ la procédure pénale : action publique et action civile, instruction préparatoire, jugement et voie de recours, principes directeurs d'un procès ;
  - ❒ le statut pénal du CAC.

Mettez-vous en situation

M. Ritoni, président d'une SA produisant du champagne, quitte la société chaque vendredi soir avec plusieurs caisses de champagne. Son directeur général, M. Letemps, est au courant de ces faits et conseille même le président sur la façon de sortir les caisses le plus discrètement possible.

Vous êtes à la tête du service juridique de cette société et un salarié vient vous informer de ce qui s'y passe chaque vendredi soir.... Il se demande si une infraction est commise et, si oui, qui en est responsable pénalement.

I. L'infraction

Le droit pénal détermine et sanctionne les comportements antisociaux par l'engagement de la **responsabilité pénale** de l'auteur.

Définition

La responsabilité pénale est définie comme l'obligation pour une personne de subir les conséquences pénales de ses actes. En ce sens, elle se distingue de la responsabilité civile, qui oblige à réparer le dommage causé.

La responsabilité pénale nécessite une faute spécifique nommée « **infraction** ».

Définition

L'infraction consiste en un non-respect de la loi, qui résulte d'une action ou d'une omission par une personne physique ou par une personne morale.

A Les éléments constitutifs de l'infraction

La commission d'une infraction est le fait générateur de la responsabilité pénale ; l'infraction est constituée par la réunion de trois éléments constitutifs cumulatifs.

Figure 19.1 Les éléments constitutifs de l'infraction

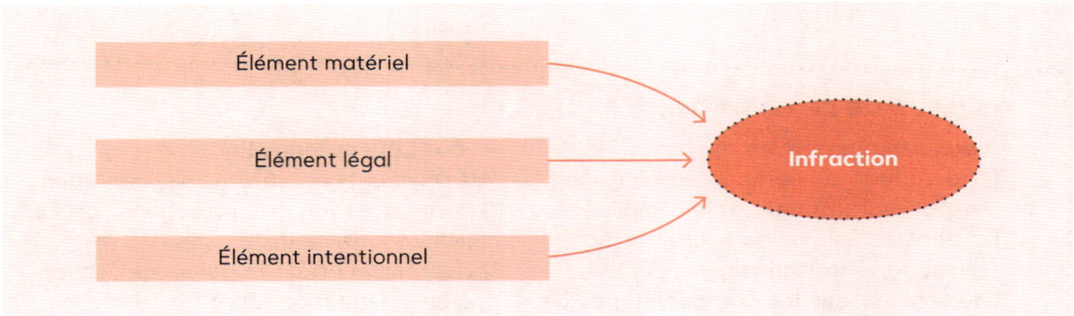

1. L'élément légal de l'infraction

> **!** En droit des sociétés, les peines sont prévues dans le Code de commerce et dans le Code pénal.

Une infraction, pour être constituée, doit être prévue par un texte législatif ou réglementaire décrivant et réprimant l'acte interdit.

Ce principe, à valeur constitutionnelle (article 8 de la Déclaration des droits de l'homme et du citoyen de 1789), a pour but de lutter contre l'arbitraire du pouvoir exécutif et judiciaire, et ainsi de protéger les libertés individuelles : l'individu a connaissance du risque encouru s'il transgresse la règle de droit.

Ce principe a deux conséquences. Tout d'abord, la loi pénale est d'**interprétation stricte**, le juge devant s'en tenir au texte de la loi et ne pas interpréter cette dernière (article 111-4 du Code pénal). Ensuite, l'application de la loi pénale dans le **temps** est particulière. En principe, la loi compétente est celle en vigueur au jour de commission de l'infraction. Mais un conflit de lois peut survenir lorsque plusieurs textes visant les mêmes faits se succèdent dans le temps, alors que le fait incriminé n'a pas été définitivement jugé. Les conflits de lois pénales dans le temps sont réglés par l'article 112-1 du Code pénal, qui pose deux principes :

- **la non-rétroactivité des lois pénales plus sévères** : les lois pénales plus sévères ne s'appliquent pas aux faits commis avant leur entrée en vigueur ;
- **la rétroactivité *in mitius*** : une loi pénale plus douce (plus favorable à l'auteur présumé des faits) rétroagit tant que les faits n'ont pas donné lieu à une condamnation passée en force de chose jugée, c'est-à-dire insusceptible de recours.

> **Exemple :** Une loi du 22 mars 2012 a abrogé le délit de non-convocation de l'assemblée générale extraordinaire lorsque les capitaux propres deviennent inférieurs à plus de la moitié du capital social. Ainsi, les actes commis antérieurement à son entrée en vigueur et non définitivement jugés ne sont plus punissables à partir de l'entrée en vigueur de la loi.

Figure 19.2 **Élément légal de l'infraction**

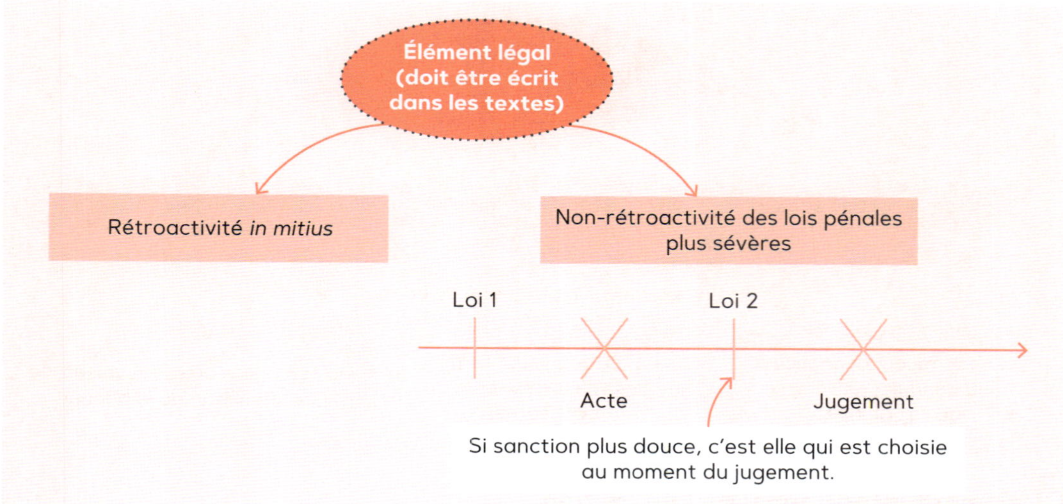

2. L'élément matériel de l'infraction

Pour qu'une infraction soit constituée, il faut que l'acte interdit par un texte soit accompli. Ainsi, l'élément matériel de l'infraction est le **comportement** prévu et réprimé par la loi pénale.

> **Exemple :** Le comportement peut être une **action**, par exemple abuser de biens sociaux, mais aussi une **omission**, par exemple le fait de ne pas révéler des faits délictueux par le commissaire aux comptes.

Le Code pénal réprime les **comportements fautifs**, que l'auteur :

- soit allé jusqu'à la consommation (réalisation du dommage incriminé par la loi) ;
- n'ait pas accompli totalement l'élément matériel ;
- ait simplement tenté de commettre l'infraction.

En effet, l'article 121-4 du Code pénal n'hésite pas à réprimer l'auteur des faits qui n'est pas allé jusqu'au bout de son acte, soit qu'il ait été interrompu, soit que l'infraction réalisée ait été impossible. La **tentative** requiert un commencement d'exécution et une interruption involontaire :

- **un commencement d'exécution** : c'est l'accomplissement d'actes qui tendent directement et immédiatement à l'infraction et qui caractérisent une intention irrévocable de commettre l'infraction (article L. 121-5 du Code pénal) ;
- **une interruption involontaire** : la tentative suppose que l'agent ne soit pas parvenu à la consommation de l'infraction pour des raisons indépendantes de sa volonté.

> **!** La tentative n'est pas retenue dans le cadre des contraventions, est retenue dans certains délits si la loi le prévoit (par exemple, le délit d'abus de biens sociaux) et est toujours retenue en matière criminelle.

Figure 19.3 **Élément matériel de l'infraction**

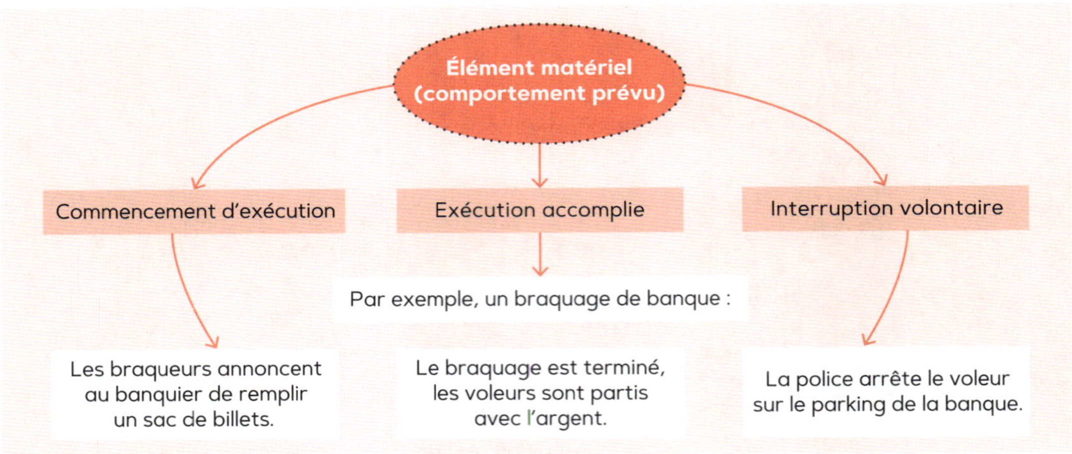

3. L'élément intentionnel de l'infraction

L'élément intentionnel, aussi nommé élément psychologique, est relatif à l'**état d'esprit** de l'auteur des faits : la responsabilité repose sur la **culpabilité** de l'agent. En conséquence, il faut prouver sa **volonté consciente et libre de commettre l'infraction**. Ainsi, aux termes de l'article 121-3 du Code pénal, « *il n'y a point de crime ou de délit sans intention de le commettre.* » Il faut donc une **intention criminelle**.

Toutefois, certains délits peuvent être commis en cas d'**imprudence** ou de **mise en danger** d'autrui. Dans ce cas, il n'y aura pas d'intention criminelle, mais seulement une faute pénale : l'auteur a voulu l'acte, mais non ses conséquences. Cependant, il est possible de s'exonérer de toute responsabilité pénale d'une faute d'imprudence s'il est établi que l'auteur des faits a accompli « *les diligences normales compte tenu, le cas échéant, de la nature de ses missions ou de ses fonctions, de ses compétences ainsi que du pouvoir et des moyens dont il disposait* » (article 121-3 alinéa 3 du Code pénal).

En outre, l'**auteur indirect** personne physique de l'infraction ne sera pénalement responsable que s'il est établi qu'il a « *soit violé de façon manifestement délibérée une obligation particulière de prudence ou de sécurité prévue par la loi ou le règlement, soit commis une faute caractérisée et qui exposait autrui à un risque d'une particulière gravité qu'il ne pouvait ignorer* » (article 121-3 alinéa 4 du Code pénal). La loi exige donc la commission par l'auteur indirect d'une faute lourde, la réalisation d'une simple faute d'imprudence étant insuffisante pour engager sa responsabilité.

Par ailleurs, les **fautes contraventionnelles** ne nécessitent pas d'intention coupable pour être constatées.

Figure 19.4 **Élément intentionnel de l'infraction**

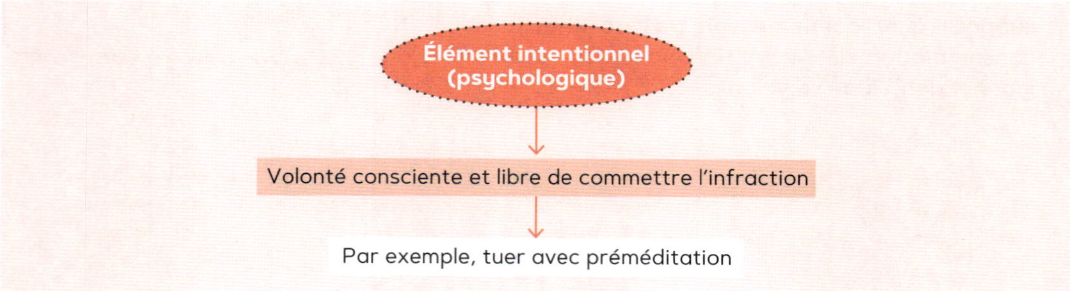

B Les causes de non-responsabilité

Parfois, l'infraction est établie, mais ne sera pas poursuivie : il s'agit de l'existence de **causes de non-imputabilité** et de **faits justificatifs**.

1. Les causes de non-imputabilité

Les causes de non-imputabilité sont **personnelles** et ne permettent pas d'exonérer le complice de sa responsabilité pénale.

a. L'abolition ou l'altération du discernement

Selon l'article 122-1 du Code pénal, une personne qui était atteinte, **au moment des faits**, d'un **trouble psychique** ou **neuropsychique** ayant aboli ou altéré son discernement ou le contrôle de ses actes, n'est pas responsable pleinement pénalement.
Ainsi, une personne dont le discernement a été aboli est déclarée irresponsable totalement.

> **Exemple :** Il peut s'agir d'une personne atteinte de trouble de schizophrénie ou autre démence mentale.

En outre, une personne dont le discernement a été altéré encourt une peine réduite.

> **Exemple :** Il peut s'agir d'une personne qui agit sous l'effet de drogues.

b. La contrainte

Selon l'article 122-2 du Code pénal, une personne qui a agi sous l'empire d'une force ou d'une contrainte à laquelle elle n'a pu résister est irresponsable pénalement.

> **Exemple :** Il peut s'agir d'une personne qui agit sous l'effet de chantages ou menaces.

2. Les faits justificatifs

Définition
Les faits justificatifs sont des circonstances qui justifient le fait personnel dommageable, en font disparaître le caractère fautif et exonèrent l'auteur et le complice de toute responsabilité et d'obligation de réparer.

Il existe quatre types de faits justificatifs : l'ordre de la loi, le commandement de l'autorité légitime, la légitime défense et l'état de nécessité.

Définition
L'ordre de la loi concerne une personne qui accomplit un acte prescrit ou autorisé par des dispositions législatives ou réglementaires (article 122-4 du Code pénal).

> **Exemple :** Un médecin viole le secret professionnel quand il alerte les autorités sanitaires de maladies contagieuses, mais il s'agit d'un ordre de la loi en matière de secret professionnel.

Définition
Le commandement de l'autorité légitime concerne une personne qui accomplit un acte commandé par l'autorité légitime, sauf si cet acte est manifestement illégal (article 122-4 du Code pénal).

> **Exemple :** Un comptable d'une entreprise qui établit des fausses factures sur demande de son supérieur ne peut invoquer le commandement de l'autorité légitime, dans la mesure où l'acte est illégal.

Définitions

La légitime défense concerne une personne qui, devant une atteinte injustifiée envers elle-même ou autrui, accomplit, dans le même temps, un acte commandé par la nécessité de la légitime défense d'elle-même ou d'autrui, sauf s'il y a disproportion entre les moyens de défense employés et la gravité de l'atteinte (article 122-5 du Code pénal).

L'état de nécessité concerne une personne qui, face à un danger actuel ou imminent qui menace elle-même, autrui ou un bien, accomplit un acte nécessaire à la sauvegarde de la personne ou du bien, sauf s'il y a disproportion entre les moyens employés et la gravité de la menace (article 122-7 du Code pénal).

C La classification des infractions

L'infraction, en fonction de sa gravité, est classée dans **une des trois catégories**, afin d'y associer la **sanction** encourue et la **juridiction** compétente.

> Selon l'**article 111-1 du Code pénal**, « *les infractions pénales sont classées, suivant leur gravité, en crimes, délits et contraventions* ».

Selon l'article 111-2 du Code pénal, c'est la **loi** qui détermine les **crimes** et les **délits** et fixe les peines associées, et le **règlement** qui détermine les **contraventions** et fixe les peines associées.

Tableau 19.1 **Ordre de gravité dans les infractions**

Contravention	1re classe
	2e classe
	3e classe
	4e classe
	5e classe
Délit	
Crime	

D Les peines prévues par les textes

En fonction de la catégorie d'infraction, il est possible d'associer une **peine** à cette infraction (amende, emprisonnement, etc.).

> **!** La peine prévue par les textes, ou la peine encourue, est la peine maximale. Ainsi, le juge peut sanctionner l'auteur des faits d'une peine moins sévère (peine prononcée). Enfin, la peine exécutée est celle qui sera réellement réalisée par le condamné. En effet, avec le jeu des remises de peines, il pourra ne pas exécuter la totalité de la peine prononcée.

Les peines seront différentes si elles concernent une personne physique ou une personne morale.

Tableau 19.2 **Peines prévues dans le cadre de l'engagement de la responsabilité d'une personne physique**

Infraction		Amende (maximale)	Peine de prison (maximale)	Peine complémentaire
Contravention	1re classe	38 € maximum	Aucune	– Peines privatives ou restrictives de droit (déchéance de droits, confiscation d'un bien, interdiction d'émettre des chèques, etc.). – Peines de sanction-réparation (remise en état d'un objet détérioré, etc.).
	2e classe	150 € maximum		
	3e classe	450 € maximum		
	4e classe	750 € maximum		
	5e classe	1 500 € maximum (3 000 € maximum en cas de récidive)		
Délit		3 750 € minimum	De 2 mois à 10 ans	– Travail d'intérêt général. – Contraintes diverses (interdictions, confiscations, etc.). – Peines complémentaires (ou alternatives) des contraventions.
Crime		3 750 € minimum	De 15 ans à la perpétuité	Contraintes diverses (interdictions, confiscations, etc.).

Tableau 19.3 **Peines prévues dans le cadre de l'engagement de la responsabilité d'une personne morale**

Infraction	Amende (maximale)	Peine complémentaire
Contravention	5 fois supérieure à celles prévues pour les personnes physiques	– Peines privatives ou restrictives de droit (déchéance de droits, confiscation d'un bien, etc.). – Peines de sanction-réparation (remise en état d'un objet détérioré, etc.).
Délit	5 fois supérieure à celles prévues pour les personnes physiques	– Contraintes diverses (interdictions, confiscations, etc.). – Peines complémentaires (ou alternatives) des contraventions. – Dissolution de la personne morale.
Crime	1 000 000 € maximum	– Contraintes diverses (interdictions, confiscations, etc.). – Dissolution de la personne morale.

II. L'identification de la personne responsable de l'infraction

Le principe, en matière de responsabilité des personnes physiques, est celui de la **personnalité de la responsabilité et des peines**. Le principe est que pénalement, il n'existe pas de responsabilité du fait d'autrui.

D'après l'**article 121 du Code pénal**, « *nul n'est responsable pénalement que de son propre fait* ».

Le droit pénal consacre deux catégories de participants à l'infraction : l'**auteur** et le **complice**.

A L'auteur

L'auteur d'une infraction est celui qui commet les faits incriminés ou tente de les commettre. Si deux ou plusieurs personnes accomplissent les actes matériels constitutifs d'une infraction, elles seront considérées comme des coauteurs.

1. Le cas de la responsabilité pénale du dirigeant

Le dirigeant, par son statut, peut voir sa responsabilité pénale engagée dans le cadre d'infractions commises dans l'exercice de ses fonctions : c'est ce que l'on appelle la **faute de gestion**, caractérisée par des manœuvres frauduleuses, une omission, une négligence, une imprudence, etc.
Le dirigeant est également responsable des **fautes non intentionnelles de ses salariés**, dans le cadre d'un défaut de surveillance.

2. Le cas de la responsabilité pénale de la personne morale

a. L'engagement de la responsabilité de la personne morale

La responsabilité d'une personne morale peut être engagée. L'article 121-2 du Code pénal pose le principe selon lequel « *les personnes morales, à l'exclusion de l'État, sont responsables pénalement, selon les distinctions des articles 121-4 à 121-7, des infractions commises, pour leur compte, par leurs organes ou représentants* ».
Ainsi, toutes les **personnes morales de droit privé** peuvent voir leur responsabilité pénale engagée. Cela comprend les personnes morales à but lucratif, comme celles à but non lucratif (y compris les partis et groupements politiques). Depuis la loi n° 2004-204 du 9 mars 2004 dite Perben, toutes les **infractions** peuvent engager la responsabilité pénale des personnes morales.
Cependant, l'article poursuit : « *la responsabilité pénale des personnes morales n'exclut pas celle des personnes physiques auteurs ou complices des mêmes faits* ». Ainsi, sous réserve du cas particulier des délits non intentionnels, le Code pénal prévoit le **cumul des responsabilités** de la personne physique et de la personne morale. Le principe est donc que l'on doit engager simultanément la responsabilité pénale de la personne morale et de la personne physique organe ou représentant.

b. Les conditions permettant d'engager la responsabilité de la personne morale

Deux conditions cumulatives doivent être remplies pour que la responsabilité pénale de la personne morale puisse être engagée.
L'infraction doit être commise par un organe ou représentant de la personne morale.
La responsabilité pénale des personnes morales est une **responsabilité indirecte** ; en conséquence, l'infraction doit être réalisée par une personne physique. C'est à son encontre que les éléments constitutifs de l'infraction doivent être caractérisés.
En outre, l'infraction doit avoir été réalisée par un **organe** ou un **représentant** de la personne morale :

- Les **organes de droit** : personne physique ou morale, il faut se référer aux **dispositions légales** concernant la personne morale considérée ou aux **dispositions statutaires** de la personne morale pour la trouver (par exemple, gérant, PDG, conseil d'administration, directoire, directeurs généraux, etc.). Aucune distinction n'est faite entre les organes de gestion et de contrôle, ni entre les organes collectifs et les organes individuels, ni entre les organes permanents et non permanents. Tous peuvent engager la responsabilité pénale d'une personne morale s'ils commettent une infraction.
- La **notion de représentant** : il s'agit de personnes physiques ou morales qui participent au processus de décision au sein de la personne morale, ainsi que celles susceptibles d'engager juridiquement cette dernière.

Exemple : Un représentant de la personne morale peut être un salarié titulaire d'une délégation de pouvoirs.

L'infraction doit être commise pour le compte de la personne morale.
La responsabilité pénale de la personne morale ne sera engagée que si l'organe ou le représentant a agi pour le compte de la personne morale. La jurisprudence considère que celle-ci est engagée quand l'infraction est commise dans l'exercice d'activités ayant pour objet d'assurer l'organisation, le fonctionnement ou les objectifs du groupement, et ce même si la personne n'y a trouvé aucun intérêt ou s'il n'en résulte pour elle aucun profit.

B Le complice

Définition
Le complice est défini par l'article 121-7 du Code pénal comme la personne qui, sciemment (élément intentionnel), par aide ou assistance (élément matériel), a facilité la préparation ou la consommation d'un crime ou d'un délit, ou bien celle qui « *par don, promesse, menace, ordre, abus d'autorité ou de pouvoir aura provoqué à une infraction ou donné des instructions pour la commettre* ».
Ainsi, la complicité n'est pas retenue en matière contraventionnelle. L'article L. 121-6 du Code pénal prévoit que le complice est puni comme l'auteur.

Figure 19.5 **Les responsables d'une infraction**

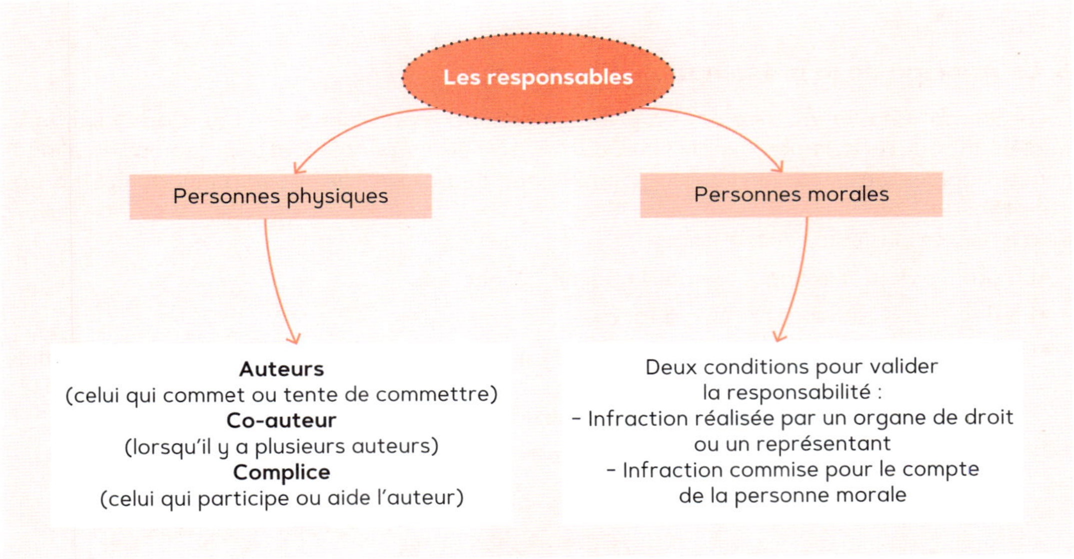

III. La procédure pénale

A Les principes directeurs de l'action pénale

1. Le principe de légalité des délits et des peines

Selon la Constitution et la Convention européenne de sauvegarde des droits de l'homme et des libertés fondamentales (CESDH), le principe de légalité des délits et des peines signifie qu'il n'y a **pas d'infraction sans loi**.

Article 111-3 du Code pénal : « *Nul ne peut être puni pour un crime ou pour un délit dont les éléments ne sont pas définis par la loi, ou pour une contravention dont les éléments ne sont pas définis par le règlement.*

Nul ne peut être puni d'une peine qui n'est pas prévue par la loi, si l'infraction est un crime ou un délit, ou par le règlement, si l'infraction est une contravention. »

Ainsi, une infraction ne peut être sanctionnée que si une loi prévoit celle-ci, ainsi que la peine encourue.

2. Le principe de la séparation des pouvoirs

Le **parquet** est chargé de l'action publique et donc des poursuites, alors que les **magistrats du siège** sont chargés du jugement.

3. Le principe de la liberté et de la légalité de la preuve

Toute preuve est possible. Cependant, il est interdit d'apporter un moyen de preuve déloyal, contraire aux droits de la défense ou au respect de la dignité humaine.

4. Le principe du contradictoire

L'auteur présumé des faits doit pouvoir **se défendre**. Ainsi, les parties doivent communiquer entre elles les pièces et leurs arguments, afin de pouvoir organiser au mieux leur défense. Ce principe en implique un autre : celui du **droit d'être assisté d'un défenseur** pendant toutes les étapes de la procédure.

5. Le principe de la présomption d'innocence

La présomption d'innocence est un principe consacré par l'article 9-1 du Code civil, mais également par l'article préliminaire du Code de procédure pénale. Cette présomption d'innocence signifie que toute personne est présumée innocente tant que sa culpabilité n'a pas été établie.
Cela emporte plusieurs conséquences :

- La preuve doit être apportée par la partie qui accuse.
- Le doute doit toujours profiter à l'accusé.
- La personne accusée a droit à un procès équitable et au respect des droits de la défense.

Figure 19.6 Principes directeurs de l'action pénale

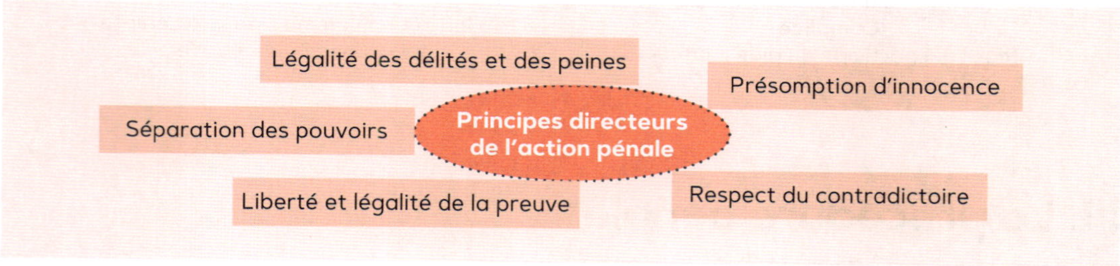

B Le déroulement de la procédure pénale

La procédure pénale doit respecter certaines étapes.

1. La mise en mouvement de l'action publique par le ministère public

L'action publique est déclenchée par le **ministère public**, appelé également **parquet**, dans lequel officie le **procureur** (article 1er du Code de procédure pénale). L'article 40 du Code de procédure pénale indique qu'il a l'**opportunité des poursuites**, c'est-à-dire qu'il a plusieurs choix dès qu'il a connaissance d'une **infraction**, soit par la réception directe d'une plainte, soit par un dossier transmis par la police judiciaire, soit encore par une dénonciation.

a. Le classement sans suite

Le procureur peut décider du **classement sans suite d'une plainte** : il ne poursuivra pas, car il considère que les éléments constitutifs de l'infraction ne sont pas remplis.

b. La décision d'actions alternatives

Le procureur peut décider de ne pas poursuivre, mais décider d'**actions alternatives** : rappel à la loi, stage de sensibilisation, demande de réparation du dommage, composition pénale (obligations substitutives ordonnées par le procureur), etc.

c. La demande d'ouverture d'une enquête

Le procureur peut demander l'engagement d'une **enquête** à la police judiciaire.

d. L'engagement des poursuites

Le procureur peut engager directement les **poursuites**, par plusieurs moyens.

L'ouverture d'une information judiciaire

Le procureur adresse à un **juge d'instruction** un **réquisitoire introductif d'instance**, qui va ouvrir une phase d'instruction et la **mise en examen** de l'auteur présumé des faits.

Tableau 19.4 L'instruction pour chaque infraction

Infraction	Instruction
Contravention	Pas d'instruction
Délit	Instruction facultative
Crime	Instruction obligatoire

Cette instruction sera demandée par le procureur lorsqu'il est nécessaire de poursuivre les investigations nécessaires à la manifestation de la vérité, avant la phase de jugement.

Le juge d'instruction dispose de plusieurs **pouvoirs** pour remplir sa mission, dont les **mandats** (mandat d'amener, mandat d'arrêt, mandat de recherche, etc.), les **auditions**, les **confrontations**, les **perquisitions**, les **expertises**, etc. Cependant, ces pouvoirs sont limités par l'ordonnance du procureur ; le juge d'instruction ne peut pas enquêter sur d'autres faits que ceux mentionnés.

Il peut demander au juge de la liberté et de la détention un placement en **détention provisoire** du mis en examen, en cas de forte présomption de culpabilité, pour plusieurs raisons : empêcher sa fuite, éviter le renouvellement de l'infraction, faire cesser le trouble à l'ordre public généré par l'affaire, empêcher une pression sur les témoins ou les victimes, empêcher une concertation frauduleuse entre le mis en examen et ses coauteurs ou complices, etc.

La durée de la détention est fixée en fonction des faits incriminés (par exemple, quatre mois pour un délit, prolongée deux fois pour une durée de quatre mois à chaque fois).

> **!** Pour être placée en détention provisoire, il faut que la personne soit mise en examen pour une infraction punie d'une peine de prison d'au moins trois ans.

Enfin, le juge d'instruction prend une **ordonnance**, qui prononce un non-lieu (aucune poursuite), un renvoi en cour d'assises (si c'est un crime) ou un renvoi devant le tribunal correctionnel (si c'est un délit).

Un renvoi direct devant la juridiction de jugement

Cette possibilité ne s'applique que pour les contraventions ou les délits. Il n'y aura donc pas de phase d'instruction préalable. L'auteur présumé des faits est déféré au parquet, soit :

- en **citation directe** (entre dix jours et deux mois après l'arrestation), car les preuves sont suffisantes pour qu'il soit jugé ;
- en **comparution immédiate**, s'il est d'accord (pas de délai entre l'arrestation et le jugement).

Une comparution sur reconnaissance préalable de culpabilité (CRPC)

Depuis la loi n° 2004-204 du 9 mars 2004 dite Perben, codifiée aux articles 495-7 à 495-16 du Code de procédure pénale, cette procédure de « **plaider-coupable** » permet une procédure plus rapide, mais implique la **reconnaissance** de la culpabilité du prévenu. Elle peut être proposée par le parquet ou demandée par l'auteur présumé des faits. Elle est possible uniquement pour les **délits** punis d'une peine d'emprisonnement de cinq ans maximum et permettra le prononcé de la peine au plus égale à la moitié de la peine encourue, sans pouvoir dépasser trois ans.

> ! Dans cette procédure de CRPC, le parquet est à la fois accusation et juge.

Figure 19.7 **Mise en mouvement de l'action publique par le ministère public**

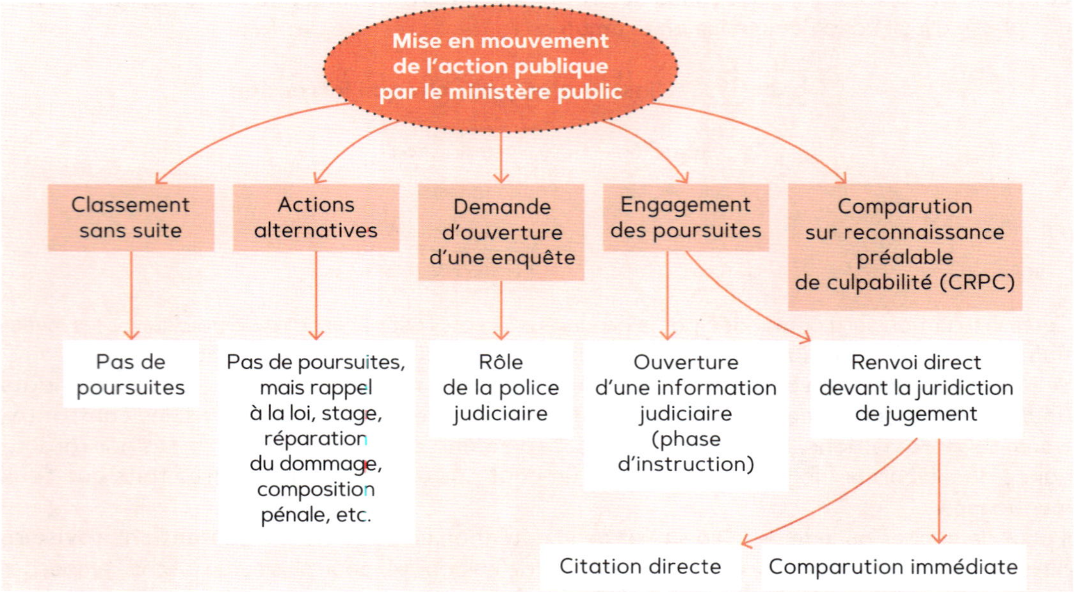

2. La mise en mouvement de l'action publique par la victime

L'**action publique** peut être déclenchée par la victime de l'infraction, faute de l'avoir été par le parquet (article 392 du Code de procédure pénale).

Pour cela, la victime dispose de différentes modalités de déclenchement :

> ! La victime est appelée aussi « partie civile ».

- Elle peut adresser une **plainte avec constitution de partie civile** directement au **juge d'instruction**, qui aura pour effet de déclencher l'instruction.
- Elle peut saisir directement la juridiction de jugement en cas de contravention (tribunal de police) ou de délit (tribunal correctionnel), sans qu'il y ait une enquête, si l'auteur de l'infraction est connu (**citation directe**).

Son effet est donc le **jugement** et l'**éventuelle condamnation pénale** de l'auteur des faits.

Figure 19.8 Mise en mouvement de l'action publique par la victime

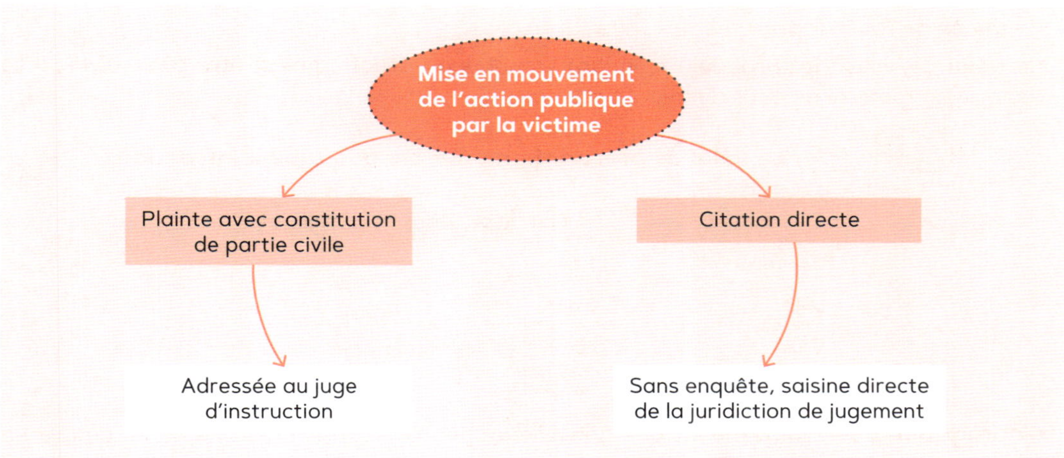

3. La mise en mouvement de l'action civile par la victime

Une victime peut déclencher l'**action civile** (article 2 du Code de procédure pénale). Son effet est de tenter d'obtenir **réparation du dommage subi (attribution de dommages-intérêts)**. Cette action n'est pas obligatoire et ne peut être déclenchée que par la victime. Celle-ci peut être une personne physique ou morale, victime directe de l'infraction ou une association au nom de la victime (avec son accord) ou en cas d'atteinte à l'intérêt collectif qu'elle représente.
Pour cela, la victime dispose de différentes modalités de déclenchement :

- devant les **juridictions pénales** : soit par **voie incidente** (si l'action publique est déjà mise en mouvement par le parquet), soit par **voie principale** (par plainte avec constitution de partie civile au juge d'instruction ou par citation directe) ;
- devant les **juridictions civiles** : sachant que si la victime agit devant les juridictions civiles, il ne sera plus possible ensuite pour elle d'agir devant les juridictions pénales.

Figure 19.9 Mise en mouvement de l'action civile par la victime

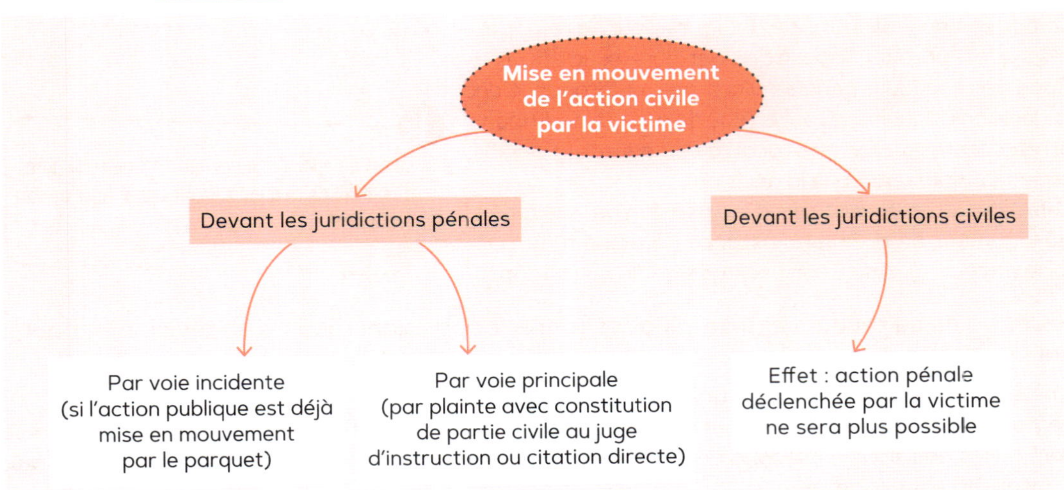

4. Les causes d'extinction de l'action publique

Il existe des causes qui ont pour effet d'éteindre l'action publique, c'est-à-dire que la procédure s'arrête et l'action publique s'éteint :

- le **décès** de l'auteur présumé des faits ;
- le **délai de prescription** : délai pendant lequel une infraction peut être poursuivie ; il se calcule en général à partir de la date des faits.

Tableau 19.5 **Le délai de prescription pour chaque type d'infraction**

Infraction	Délai de prescription (ordinaire)
Contravention	1 an
Délit	6 ans
Crime	20 ans (30 ans pour les crimes considérés comme graves)

- l'**abrogation de la loi pénale :** une nouvelle loi pénale supprime l'ancienne loi pénale en vigueur au moment des faits non encore jugés ;
- la **composition pénale** : transaction, en cas d'aveu et accord de l'auteur de l'infraction, possible pour une contravention ou un délit puni d'une peine d'emprisonnement de moins de cinq ans, possible pour les personnes morales. La peine prononcée sera la remise d'une chose dont la valeur n'excède pas le montant de l'amende prévue, l'exécution d'un travail d'intérêt général, etc.

5. Les voies de recours

Une fois jugé, l'auteur des faits peut exercer plusieurs voies de recours.

a. Les voies de recours ordinaires (appel, opposition, contredit)

Il ne sera présenté ici que l'**appel**.

En vertu du principe du **double degré de juridiction**, l'auteur des faits condamné en première instance ou le parquet peut faire appel, afin de faire **réexaminer et rejuger l'affaire**. L'avocat n'est pas obligatoire pour faire appel.

Le mis en cause dispose de **dix jours** pour faire appel, alors que le parquet dispose de vingt jours (article 505 du Code de procédure pénale), à compter du prononcé de la décision à l'audience (ou, en cas de non-présentation, ni représentation par un avocat, à compter de la signification ou notification de la décision).

L'effet de l'appel consiste en la **suspension** de l'exécution du jugement de première instance (la peine n'est pas mise en œuvre). L'affaire est **rejugée** par la cour d'appel.

> ! La partie civile (victime) ne peut pas faire appel sur la condamnation, mais seulement sur les dommages-intérêts obtenus.

> ! En cas d'appel d'une des parties, l'autre dispose d'un délai de cinq jours de plus pour faire appel également.

b. Les voies de recours extraordinaires (tierce opposition, recours en révision et pourvoi en cassation)

Il ne sera présenté ici que le **pourvoi en cassation.**

Le **pourvoi en cassation** permet de contester les décisions rendues en premier et dernier ressort ou les décisions de second degré (appel). L'assistance par un avocat habilité (« avocats aux Conseils ») est obligatoire.

Contrairement à la cour d'appel, la Cour de cassation ne réexamine pas les faits, mais exerce un **contrôle de légalité** : elle vérifie que les juges du fond (première instance ou en appel) ont fait une application exacte de la loi.

Pour faire un pourvoi en cassation, il faut donc un **cas d'ouverture**, par exemple :

- une violation du droit ou de la procédure ;
- une absence de base légale (absence de citation des articles de loi qui justifient la décision) ;
- une absence de motivation de la décision ;
- une incompétence de juridiction ;
- un excès de pouvoir ;
- la méconnaissance des droits de la défense ;
- une erreur de qualification ;
- l'absence d'audition du parquet.

Le pourvoi en cassation est **suspensif** en matière pénale : la peine n'est pas immédiatement exécutée.

La Cour de cassation peut rendre trois types de décisions :

- **rejeter le pourvoi** (ce qui a pour effet de valider la décision attaquée, qui doit être exécutée) ;
- **casser la décision attaquée sans renvoi** (s'il y a, dans la décision attaquée, une erreur de droit, mais que la cassation n'implique pas qu'il soit à nouveau statué sur le fond) ;
- **casser la décision attaquée avec renvoi** (l'affaire est renvoyée devant une juridiction d'un même degré que celle de la décision attaquée, pour être à nouveau jugée).

C Les juridictions pénales

À chaque infraction est associée sa juridiction compétente pour la juger.

Tableau 19.6 La juridiction pour chaque type d'infraction

Infraction	Juridiction du 1er degré compétente	Recours
Contravention	Tribunal de police	– Chambre des appels de police de la Cour d'appel. – Cour de cassation (chambre criminelle).
Délit	Tribunal correctionnel	– Chambre des appels correctionnels de la Cour d'appel. – Cour de cassation (chambre criminelle).
Crime	Cour d'assises	– Cour d'assises d'appel. – Cour de cassation (chambre criminelle).

IV. Le statut pénal du CAC

Le commissaire aux comptes (CAC), en tant que professionnel diplômé, a pour but de contrôler et de certifier les comptes de la société. Pour exercer sa mission dans de bonnes conditions, la loi indique qu'il est responsable de ses fautes, de manière civile, disciplinaire, administrative, mais également pénale.

En effet, le commissaire aux comptes peut être **auteur** ou **complice d'infractions** et reconnu responsable pénalement.

A Le CAC, auteur ou complice d'infractions de droit commun

Le CAC peut se rendre coupable d'**infractions de droit commun**.

Exemple : Infractions de droit commun pouvant engager la responsabilité pénale du CAC : vol, escroquerie, abus de confiance, usage de faux, délit d'initié, divulgation d'informations financières, etc.

B Le CAC, auteur ou complice d'infractions spécifiques

Le CAC peut se rendre coupable d'infractions spécifiques à sa profession.

Exemple : Infractions spécifiques à sa profession pouvant engager la responsabilité pénale du CAC : violation du secret professionnel, communication d'informations mensongères, non-révélation de faits délictueux, non-révélation d'informations en matière de blanchiment de capitaux, communication d'informations inexactes sur la suppression du droit préférentiel de souscription, etc.

Afin d'engager la responsabilité pénale du CAC, il faut relever les **trois éléments constitutifs** de l'infraction : l'élément légal, l'élément matériel et l'élément intentionnel.

Tableau 19.7 Les infractions spécifiques du CAC

Infraction	Élément légal	Élément matériel	Élément intentionnel	Sanctions
Informations mensongères sur la situation de la société	Article L. 820-7 du Code de commerce	Le délit d'informations mensongères sur la situation de la société suppose une information à caractère mensonger (le fait de donner ou confirmer des informations mensongères sur la situation de la personne morale).	– Le CAC doit agir sciemment. – Il doit être de mauvaise foi. – Il doit réaliser personnellement sa mission et ne peut se décharger de sa responsabilité pénale sur les collaborateurs qui l'assistent.	5 ans d'emprisonnement et/ou amende de 75 000 €
Non-révélation de faits délictueux au procureur	Article L. 820-7 du Code de commerce	Le délit de non-révélation suppose : – l'existence de faits délictueux ; – la connaissance par le CAC de ces faits délictueux ; – le fait de s'abstenir volontairement de les révéler au procureur.	Le CAC doit être de mauvaise foi.	5 ans d'emprisonnement et/ou amende de 75 000 €
Atteinte au secret professionnel	Article 226-13 du Code pénal	Le délit d'atteinte au secret professionnel suppose : – l'existence d'une information ; – une information à caractère secret ; – une information détenue par le CAC du fait de ses fonctions.	Le CAC doit agir sciemment.	1 an d'emprisonnement et/ou amende de 15 000 €
Indications inexactes en cas de suppression du droit préférentiel de souscription	Article L. 242-20 du Code de commerce	Le délit d'indications inexactes suppose : – une SA ; – une décision d'augmenter le capital ; – des informations inexactes données ou confirmées par le CAC dans son rapport présenté à l'AG appelée à décider de la suppression du droit préférentiel de souscription des actionnaires.	Le CAC doit agir sciemment.	2 ans d'emprisonnement et/ou amende de 18 000 €

SYNTHÈSE

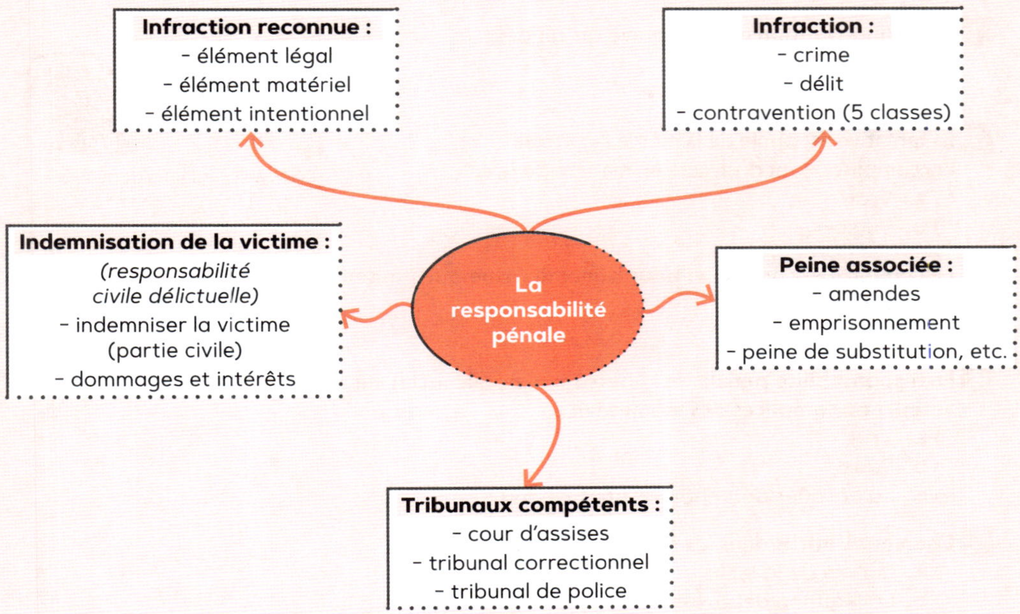

Faites le point sur les notions clés :
responsabilité pénale (p. 369), infraction (p. 369), faits justificatifs (p. 373), ordre de la loi (p. 373), commandement de l'autorité légitime (p. 373), légitime défense (p. 374), état de nécessité (p. 374), complice (p. 377).

Révisez avec les flashcards

www.lienmini.fr/dcg02-38

QCM

Réponse unique

1 Une contravention est plus grave qu'un délit.
- ❍ **a.** Vrai.
- ❍ **b.** Faux.

QCM interactif
www.lienmini.fr/dcg02-39

2 La tentative est punie de la même façon que l'accomplissement d'un acte en matière pénale.
- ❍ **a.** Vrai.
- ❍ **b.** Faux.

3 Le complice est poursuivi pour la même peine que l'auteur des faits.
- ❍ **a.** Vrai.
- ❍ **b.** Faux.

4 La responsabilité pénale de la personne morale inclut celle des personnes physiques auteurs ou complices des mêmes faits.
- ❍ **a.** Vrai.
- ❍ **b.** Faux.
- ❍ **c.** Le parquet doit choisir entre les deux.

5 Cherchez l'intrus dans les faits justificatifs.
- ❍ **a.** L'ordre de la loi.
- ❍ **b.** La légitime défense.
- ❍ **c.** Une cause de non-imputabilité.
- ❍ **d.** L'état de nécessité.

Plusieurs réponses possibles

6 Quels sont les éléments constitutifs de l'infraction ?
- ❍ **a.** L'élément moral.
- ❍ **b.** L'élément matériel.
- ❍ **c.** L'élément intentionnel.
- ❍ **d.** L'élément légal.

7 Quelles sont les infractions prévoyant une peine d'emprisonnement ?
- ❍ **a.** Le crime.
- ❍ **b.** Le délit.
- ❍ **c.** La contravention.
- ❍ **d.** La contravention de 5e classe.

8 Pour engager la responsabilité pénale de la personne morale, il faut que :
- ❍ **a.** l'infraction ait été commise par un organe ou un représentant de la personne morale.
- ❍ **b.** le commissaire aux comptes soit au courant des agissements.
- ❍ **c.** le dirigeant soit l'auteur de cette infraction.
- ❍ **d.** l'infraction ait été commise pour le compte de la personne morale.

9 Quels sont les principes directeurs de l'action pénale ?
- ❍ **a.** L'égalité des peines.
- ❍ **b.** La présomption d'innocence.
- ❍ **c.** Le respect du contradictoire.
- ❍ **d.** La séparation des pouvoirs.

10 **Le parquet peut déclencher l'action publique par plusieurs procédures :**

❍ **a.** la demande d'ouverture d'une enquête.
❍ **b.** l'ouverture d'une information judiciaire.
❍ **c.** un renvoi direct devant la juridiction de jugement.
❍ **d.** une comparution sur reconnaissance préalable de culpabilité.

● Réponse à justifier

11 **Le 2 mars 2007, M. Herbert a filmé et diffusé l'enregistrement d'une agression physique à l'aide de son téléphone mobile. Une loi n° 2007-297 du 5 mars 2007 punit l'enregistrement et la diffusion d'images de violence de cinq ans d'emprisonnement et de 75 000 € d'amende (article 222-33-3 du Code pénal). Il se demande s'il va être jugé sous l'égide de cette loi.**

❍ **a.** Non, le principe de rétroactivité de la loi pénale nouvelle s'applique.
❍ **b.** Oui, le principe de rétroactivité de la loi pénale nouvelle s'applique.
❍ **c.** Non, le principe de non-rétroactivité de la loi pénale nouvelle s'applique.
❍ **d.** Oui, le principe de rétroactivité *in mitius* de la loi pénale ancienne s'applique.

12 **M. Vidal est gérant de SARL. Un soir de la semaine dernière, il a essayé de dérober des ordinateurs de la société, mais un salarié était encore présent dans la société et l'en a empêché. Il se demande s'il peut être poursuivi.**

❍ **a.** Non, la tentative n'est pas punissable, il faut accomplir l'acte pour être poursuivi.
❍ **b.** Oui, la tentative est constituée : un commencement d'exécution et une interruption involontaire.
❍ **c.** Oui, mais seulement pour la moitié de la peine encourue.
❍ **d.** Non, la tentative n'est pas constituée : il manque l'interruption volontaire.

13 **Mme Bouvalor, associée et victime d'une infraction par le dirigeant de la SAS, souhaiterait déclencher elle-même l'action publique, afin de faire juger pénalement l'auteur des faits. Elle se demande comment elle peut faire.**

❍ **a.** En passant obligatoirement par le procureur.
❍ **b.** En portant plainte auprès des forces de police judiciaire.
❍ **c.** En adressant une plainte avec constitution de partie civile directement au juge d'instruction.
❍ **d.** En faisant une citation directe devant la juridiction de jugement.

14 **Mme Bouvalor, victime d'une infraction, se demande comment elle peut obtenir des dommages-intérêts en guise de réparation du préjudice subi.**

❍ **a.** En agissant directement devant les juridictions civiles.
❍ **b.** En agissant devant les juridictions pénales par voie incidente.
❍ **c.** En agissant devant les juridictions pénales par voie principale.
❍ **d.** En passant obligatoirement par le procureur.

15 **M. Rex, gérant de SNC, a été jugé la semaine dernière devant le tribunal correctionnel pour abus de biens sociaux. Il a été condamné à une peine de deux ans de prison avec sursis et 10 000 € d'amende. Il souhaiterait exercer une voie de recours contre cette décision, qu'il estime trop sévère à son égard, sachant qu'il n'a aucune mention à son casier judiciaire.**

❍ **a.** Il peut faire un pourvoi en cassation contre cette décision.
❍ **b.** Il peut faire appel de cette décision.
❍ **c.** Il peut faire opposition à cette décision.
❍ **d.** Il peut faire un recours en révision contre cette décision.

CAS PRATIQUE GUIDÉ

LA RÉVOCATION DE MICHEL DROUEL

Michel Drouel, président du conseil d'administration d'une SA, a été révoqué. Pourtant, il ne comprend pas ce qui lui est reproché, car il avait tout fait pour dresser un bilan bénéficiaire afin de valoriser la gestion de la société, en ajoutant des charges, certaines fictives, afin d'attirer plus d'investisseurs étrangers.

Votre mission : identifier les éléments constitutifs de l'infraction.

Pour la réaliser, vous devez vérifier si les éléments constitutifs de l'infraction sont réunis.

CORRIGÉ

☑ **COMPÉTENCE ATTENDUE :**

- Identifier les éléments constitutifs de l'infraction.

Méthode

Pour résoudre un cas pratique [voir Fiche méthode 2], vous devez respecter quelques règles essentielles :
- Schématiser, au brouillon, les éléments essentiels nécessaires pour traiter le cas.
- Effectuer le travail d'analyse juridique pour identifier le problème juridique posé par le cas pratique.
- Rédiger le raisonnement juridique (règle de droit + application de la règle de droit aux faits), appelé aussi le syllogisme.

TRAVAIL PRÉPARATOIRE

Président du conseil d'administration de SA
+
Ajouts de certaines charges, fictives → **Infraction constituée ?**
+
Dans le but d'établir un meilleur bilan

Ces faits soulèvent le problème juridique suivant : quels sont les éléments constitutifs d'une infraction ?

PRINCIPES JURIDIQUES

> **!** Dans ce cas, vous devez indiquer les éléments constitutifs d'une infraction.

Selon le droit pénal, le non-respect de la loi est constitutif d'une infraction, sanctionnée pénalement. Cependant, pour que l'infraction soit reconnue, il faut qu'elle réponde à trois éléments cumulatifs :

- **un élément légal :** l'infraction doit être décrite et réprimée par un texte législatif ou réglementaire ;
- **un élément matériel :** un comportement, action ou omission, doit être commis par l'auteur des faits ;

- **un élément intentionnel :** l'auteur des faits doit avoir la volonté consciente et libre de commettre l'infraction.

Si les trois éléments constitutifs de l'infraction sont réunis, alors l'infraction peut être poursuivie et sanctionnée pénalement.

APPLICATION AU CAS

En l'espèce, il s'agit de vérifier si les éléments constitutifs de l'infraction sont réunis :

- **un élément légal :** le Code de commerce réprime le fait de procéder à la présentation des comptes alors que ceux-ci ne présentent pas une image fidèle et sincère des comptes de la société ;
- **un élément matériel :** le comportement du président, qui a intégré des charges fictives pour présenter un bilan bénéficiaire ;
- **un élément intentionnel :** la mauvaise foi du président doit être prouvée par le procureur.

> **!** Dans ce cas, vous devez vérifier si les éléments constitutifs d'une infraction sont réunis.

Ainsi, si les trois éléments sont réunis, l'infraction est constituée.

Méthode

Un bon raisonnement par syllogisme doit éviter trois défauts récurrents que l'on retrouve dans de nombreuses copies :
- Se limiter à rappeler les faits : il faut les qualifier juridiquement.
- Entamer le syllogisme en appliquant d'emblée les règles de droit au cas. Cela reviendrait à inverser le raisonnement juridique.
- Négliger la partie « règles juridiques », qui représente l'essentiel de la note.
Il faut lui réserver un traitement rigoureux.

AUTOÉVALUATION

La grille d'autoévaluation ci-dessous vous permet d'évaluer votre niveau et de vérifier si vos réponses correspondent aux attendus de l'examen.

	Niveau 1	Niveau 2	Niveau 3	Niveau 4
	Un premier élément de réponse, mais très incomplet, des erreurs, des contresens.	*Des éléments de réponse isolés, des approximations et/ou de la paraphrase.*	*Question comprise : des éléments de réponse pertinents, mais incomplets au niveau des savoirs et/ou de l'application.*	*Compétence attendue mobilisée avec mobilisation complète des savoirs associés à la compétence. Application pertinente.*
Vérifier si les éléments constitutifs de l'infraction sont réunis. *(voir Section I.A)*	❒ Vous avez compris qu'il fallait étudier les éléments constitutifs de l'infraction, mais vous ne les maîtrisez pas.	❒ Vous avez compris qu'il fallait étudier les éléments constitutifs de l'infraction, mais vous ne les maîtrisez pas tous.	❒ Vous avez compris qu'il fallait étudier les éléments constitutifs de l'infraction, vous les maîtrisez, mais certains ne sont pas bien appliqués au cas.	❒ Vous avez compris qu'il fallait étudier les éléments constitutifs de l'infraction, vous les maîtrisez et les appliquez de façon pertinente au cas.

EXERCICES

1 Le cas de la SA RIB

10 min.

COMPÉTENCE ATTENDUE :

– Appréhender les grandes règles de la procédure pénale.

Il y a sept ans, l'ancien président du conseil d'administration de la SA RIB a dressé un faux bilan, afin de valoriser la gestion de la société. Fabrice est le nouveau président élu et s'en est rendu compte la semaine dernière. Vous êtes l'expert-comptable de la société depuis cinq ans maintenant et Fabrice vient vous faire part de sa découverte.

Votre mission : identifier les délais de déclenchement de l'action publique.

Pour la réaliser, vous devez vérifier si l'action publique pourra être déclenchée contre l'ancien dirigeant.

2 Le cas de M. Crozepierrie

15 min.

COMPÉTENCE ATTENDUE :

– Identifier les conditions de déclenchement de l'action civile.

M. Crozepierrie a créé une SA visant notamment à la recherche sur les maladies infantiles. Il se fait petit à petit une solide réputation, en passant notamment dans des spots télévisés. Un ancien salarié a cependant dénoncé de graves dysfonctionnements et, surtout, que 72 % des sommes versées par les 3,5 millions de donateurs sont consacrées au fonctionnement et à la publicité de la société. Certains donateurs sont furieux d'apprendre cette escroquerie par les médias et veulent agir en réparation du préjudice subi. M. Crozepierrie prend peur et se demande ce qu'il risque. Vous êtes avocat et il fait toujours appel à vous en cas de situation critique.

Votre mission : identifier les conditions de déclenchement de l'action civile.

Pour la réaliser, vous devez montrer comment les victimes de l'escroquerie peuvent déclencher l'action civile.

3 Le cas de la SAS Cairno

15 min.

COMPÉTENCE ATTENDUE :

– Identifier les faits justificatifs permettant d'exonérer l'auteur de l'infraction de responsabilité pénale.

Dans la SAS Cairno, le président a ordonné à Aurélie Durand, la comptable salariée de la société, de falsifier les comptes. Sûrement parce qu'elle regrettait son geste, Aurélie a dénoncé les faits litigieux aux forces de police. Elle se demande si elle sera poursuivie, car elle compte bien invoquer le commandement de l'autorité légitime pour s'exonérer de sa responsabilité pénale.

Votre mission : identifier le fait justificatif permettant d'exonérer Aurélie de l'infraction de responsabilité pénale.

Pour la réaliser, vous devez repérer si Aurélie peut s'exonérer de sa responsabilité pénale en invoquant le commandement de l'autorité légitime comme fait justificatif.

CAS DE SYNTHÈSE

LE CAS DU CAC DE LA SA IRC

20 min.

COMPÉTENCE ATTENDUE :

– Identifier la responsabilité pénale du commissaire aux comptes (CAC).

Mise en situation

La semaine dernière, les méfaits du dirigeant de la très renommée SA IRC ont fait la une de l'actualité. En effet, il aurait commis des malversations ces cinq dernières années, notamment par rapport à la paie des salariés.
Denis Schmidt, le CAC de la SA, informé par cette médiatisation, demande des renseignements à la comptable de la SA, qui lui donne les éléments factuels. Par la suite, Denis délivre à une salariée licenciée une attestation destinée à être produite en Conseil de prud'hommes, qui indique les renseignements obtenus concernant les malversations du dirigeant.
Le dirigeant indique alors à Denis qu'il a violé le secret professionnel. Denis se demande s'il a bien fait…

Votre mission : identifier les conditions de mises en cause de la responsabilité pénale du CAC.

Pour la réaliser, vous avez à votre disposition une base documentaire et vous devez analyser si le CAC s'est rendu coupable d'une infraction et s'il peut être poursuivi.

DOCUMENT

Arrêt de la Cour de cassation, Chambre criminelle, 7 mars 2001, n° de pourvoi 00-84.973

Attendu qu'il résulte de l'arrêt attaqué et des pièces de la procédure que la société Carrières Y… et Michel Y…, parties civiles, ont seuls relevé appel du jugement du 14 décembre 1998 du tribunal correctionnel du Mans qui a relaxé Jacques Z…, commissaire aux comptes de la société Carrières Y…, pour violation du secret professionnel et dénonciation calomnieuse ; […]

En ce que l'arrêt attaqué a, sur les poursuites diligentées contre Jacques Z… du chef de violation du secret professionnel, déclaré l'action publique éteinte et a débouté la société Carrières Y… de ses demandes ;

Aux motifs que, si les commissaires aux comptes étaient, sous réserve des faits délictueux dont ils acquéraient la connaissance, tenus au secret professionnel pour les faits, actes et renseignements dont ils avaient pu avoir connaissance à raison de leur fonction, les renseignements protégés devaient relever de la vie des affaires ; qu'en l'espèce, il s'agissait de la suspicion de faits délictueux que le commissaire aux comptes avait, au contraire, l'obligation de dénoncer ; que ces faits ne pouvaient, par voie de conséquence, demeurer secrets ; que l'indication que la comptable salariée de l'entreprise l'avait, à sa demande, informé de malversations dans une attestation destinée à une procédure prud'homale ne pouvait constituer un secret d'autant que ces renseignements étaient devenus publics à la date de délivrance de l'attestation en cause (24 juin 1998) puisque les personnels de l'entreprise avaient collectivement saisi le président du tribunal de commerce du comportement anormal du dirigeant social, notamment de ses détournements, depuis le 20 février 1998 ;

Alors, d'une part, que le secret professionnel est absolu et que ceux qui y sont tenus ne peuvent en être déliés que dans les cas limitativement prévus par la loi ; qu'un expert-comptable, commissaire aux comptes, n'est tenu de révéler les faits délictueux dont il a eu connaissance sur la situation d'une société anonyme qu'au procureur de la République (article 457 de la loi n° 66-537 du 24 juillet 1966) ; que, dès lors, en délivrant à la secrétaire de la société SA Carrières Y... une attestation destinée à être produite en conseil de prud'hommes et selon laquelle celle-ci l'avait informé de faits de malversations prétendument commis dans le cadre de cette société courant 1997, le commissaire aux comptes Jacques Z... a violé le secret professionnel auquel il était tenu ; qu'en refusant de le déclarer coupable de ce chef, la cour d'appel a violé l'article 226-13 du Code pénal ;

Alors, d'autre part, que la circonstance que les faits délictueux que le commissaire aux comptes a l'obligation de dénoncer au procureur de la République aient déjà prétendument été connus ou dans le domaine public ne peut délier un commissaire aux comptes du secret professionnel auquel il est tenu, la seule exception à cette obligation au secret étant prévue au seul bénéfice du procureur de la République ; que cette énonciation inopérante ne justifie pas légalement la solution de l'arrêt attaqué ;

Attendu qu'en estimant, par les motifs repris au moyen, que le délit de violation du secret professionnel n'était pas caractérisé à l'encontre de Jacques Z..., la cour d'appel a justifié sa décision déboutant la partie civile de ses prétentions ;

D'où il suit que le moyen ne peut être accueilli ;

Et attendu que l'arrêt est régulier en la forme ;

REJETTE le pourvoi.

CHAPITRE 20

Les infractions de droit commun applicables aux affaires et les infractions spécifiques du droit pénal des sociétés et groupements d'affaires

À l'issue de ce chapitre,

- **vous serez capable :**
  - ❐ de repérer et nommer les éléments constitutifs de chaque infraction ;
  - ❐ de distinguer les infractions de droit commun des infractions spécifiques.
- **vous saurez identifier :**
  - ❐ l'abus de confiance ;
  - ❐ l'escroquerie ;
  - ❐ les faux et usage de faux ;
  - ❐ le recel ;
  - ❐ l'abus de biens et du crédit de la société ;
  - ❐ la distribution de dividendes fictifs ;
  - ❐ la présentation ou publication de bilan ne donnant pas une image fidèle ;
  - ❐ la surévaluation des apports ;
  - ❐ les infractions remettant en cause le bon déroulement de la mission de contrôle du CAC.

Mettez-vous en situation

La SA Bro est dirigée par Mme Ano, présidente-directrice générale. Il y a quelques mois, plusieurs actionnaires se sont montrés inquiets de la gestion de la PDG, pensant que ces décisions de gestion n'étaient pas prises dans l'intérêt de la SA. Le commissaire aux comptes avait été alerté, mais les avait rassurés, en leur disant que tout était sous contrôle. Finalement, la semaine dernière, la presse a fait éclater au grand jour que Mme Ano finançait ses voyages privés et d'autres dépenses personnelles par la société. Le commissaire aux comptes, amant de la dirigeante, validait les comptes, tout en connaissant ces pratiques.
Vous êtes l'avocat de l'actionnaire majoritaire de la SA. Ce dernier vous contacte afin de vous faire part de la situation. Il se demande si une infraction est constituée et, si oui, qui en est responsable.

I. Les infractions de droit commun applicables aux affaires

Les infractions de droit commun sont prévues dans le **Code pénal**, mais trouvent à s'appliquer également dans le monde des affaires.

A L'abus de confiance

L'abus de confiance relève de l'article 314-1 du Code pénal (élément légal).

Définition
L'abus de confiance est le fait par une personne de détourner, au préjudice d'autrui, des fonds, des valeurs ou un bien quelconque qui lui ont été remis et qu'elle a acceptés à charge de les rendre, de les représenter ou d'en faire un usage déterminé.

Exemples
– Un comptable détourne une somme d'argent confiée par un client en vue d'un placement.
– Un salarié utilise son véhicule professionnel à des fins privées.
– Un salarié utilise des informations relatives à la clientèle dont il a été destinataire, dans le but d'attirer une partie de celle-ci vers une autre société par des procédés déloyaux (Cour de cassation, Chambre criminelle, 22 mars 2017).

1. Élément matériel

Pour qu'un abus de confiance soit constaté, plusieurs éléments matériels cumulatifs sont nécessaires :

- situation contractuelle ou légale fondée sur la confiance ;
- remise volontaire d'une chose à l'auteur de l'infraction, de façon temporaire (pas de transfert de propriété ou de jouissance) ;
- détournement par l'auteur des faits, qui utilise la chose à des fins différentes de celles prévues dans le contrat ou par la loi (disparition du bien suite à une vente, une consommation ou une donation) ;
- préjudice de la victime (éventuel, possible).

2. Élément intentionnel

Pour qu'un abus de confiance soit constaté, plusieurs éléments intentionnels sont nécessaires :

- conscience de la nature du contrat ou de l'acte légal/réglementaire qui lie l'auteur des faits à la victime ;
- conscience ou volonté d'accomplir un acte illégal, pouvant porter préjudice à la personne à l'égard de qui il est accompli.

3. Sanctions

L'auteur d'un abus de confiance encourt diverses sanctions :

- trois ans d'emprisonnement et/ou amende de 375 000 € ;
- sept ans d'emprisonnement et/ou amende de 750 000 € (commission de l'infraction en bande organisée, par une personne qui fait appel au public afin d'obtenir la remise de fonds) ;
- peine multipliée par cinq quand l'auteur est la personne morale (article 314-12 renvoyant à l'article 131-38 du Code pénal) et peines complémentaires (comme la dissolution) (article 131-39 du Code pénal).

4. Particularités

L'abus de confiance présente plusieurs particularités :

- Il se distingue du vol, car la chose a été remise volontairement par la victime.

- Il ne s'applique qu'aux biens meubles.
- La tentative de l'abus de confiance n'est pas punissable, car le résultat doit être atteint.
- Le complice risque la même peine que l'auteur.
- Il permet d'engager la responsabilité pénale des dirigeants de société à responsabilité illimitée, lorsqu'un abus de biens sociaux est commis (non prévu par la loi pour cette forme de société).

B L'escroquerie

Définition

L'escroquerie correspond au fait, soit par l'usage d'un faux nom ou d'une fausse qualité, soit par l'abus d'une qualité vraie, soit par l'emploi de manœuvres frauduleuses, de tromper une personne physique ou morale et de la déterminer ainsi, à son préjudice ou au préjudice d'un tiers, à remettre des fonds, des valeurs ou un bien quelconque, à fournir un service ou à consentir un acte opérant obligation ou décharge (article 313-1 du Code pénal).

Exemples

– Un dirigeant de société fait appel au public pour obtenir des fonds pour son seul intérêt.
– Un dirigeant présente de faux bilans à la banque de la société, afin d'obtenir un crédit plus important à celui auquel il aurait pu prétendre.
– Un simple salarié se présente comme dirigeant de la société aux yeux de tiers pour soustraire des fonds à son seul profit.

1. Élément matériel

Pour qu'une escroquerie soit constatée, deux éléments matériels cumulatifs sont nécessaires :

- soit usage d'un faux nom / qualité, soit abus d'une qualité vraie, soit manœuvres frauduleuses ;
- remise volontaire d'une chose ou d'un service.

2. Élément intentionnel

Pour qu'une escroquerie soit constatée, il est nécessaire qu'il y ait conscience ou volonté d'accomplir un acte illégal, pouvant porter préjudice à la personne à l'égard de qui il est accompli.

3. Sanctions

L'auteur d'une escroquerie encourt diverses sanctions :

- cinq ans d'emprisonnement et / ou amende de 375 000 € ;
- sept ans d'emprisonnement et / ou amende de 750 000 € (*par une personne qui fait appel au public en vue de l'émission de titres [...] à des fins d'entraide humanitaire ou sociale*) ;
- dix ans d'emprisonnement et / ou amende de 1 000 000 € (*commission de l'infraction en bande organisée*) ;
- peine multipliée par 5 quand l'auteur est la personne morale (article 313-8 renvoyant à l'article 131-38 du Code pénal) + peines complémentaires (comme la dissolution) (article 131-39 du Code pénal).

4. Particularités

L'escroquerie présente plusieurs particularités :

- La tentative de l'escroquerie est punie de la même peine.
- Le complice risque la même peine que l'auteur.

C Le faux et l'usage de faux

Définitions

Le faux correspond à toute altération frauduleuse de la vérité, de nature à causer un préjudice et accomplie par quelque moyen que ce soit, dans un écrit ou tout autre support d'expression de la pensée qui a pour objet ou qui peut avoir pour effet d'établir la preuve d'un droit ou d'un fait ayant des conséquences juridiques (article 441-1 du Code pénal).

L'usage de faux consiste à utiliser ce document pour faire valoir un droit.

> **Exemples**
> – Un salarié imite la signature du dirigeant pour obtenir des fonds à son seul profit.
> – Rédiger de faux procès-verbaux d'assemblées prétendument tenues.

1. Élément matériel

Pour qu'un faux et un usage de faux soient constatés, trois éléments matériels cumulatifs sont nécessaires :

- un document ayant une valeur juridique (écrit, numérique, audio, etc.) ;
- une altération de la vérité dans le document ;
- qui a pour objet ou effet d'établir la preuve d'un droit ou un fait ayant des effets juridiques.

2. Élément intentionnel

Pour qu'un faux et un usage de faux soient constatés, il est nécessaire qu'il y ait conscience ou volonté d'accomplir un acte illégal, dans le but d'obtenir des conséquences juridiques.

3. Sanctions

L'auteur d'un faux et d'un usage de faux encourt diverses sanctions :

- trois ans d'emprisonnement et / ou amende de 45 000 € ;
- cinq ans d'emprisonnement et / ou amende de 75 000 € (faux commis dans un document délivré par une administration publique) ;
- sept ans d'emprisonnement et / ou amende de 100 000 € (par exemple, de manière habituelle) ;
- peine multipliée par cinq quand l'auteur est la personne morale (article 441-12 renvoyant à l'article 131-38 du Code pénal) + peines complémentaires (comme la dissolution) (article 131-39 du Code pénal).

4. Particularités

Le faux et l'usage de faux présentent plusieurs particularités :

- Les infractions de faux et d'usage de faux sont distinctes pénalement, même si dans la pratique, elles sont souvent liées, le faux étant souvent fabriqué pour en faire usage.
- Pour caractériser l'usage de faux, il faut démontrer l'utilisation effective du document falsifié. Peu importe si l'auteur du faux n'est pas connu.
- Il n'est pas nécessaire de caractériser un préjudice.
- La tentative de faux ou usage de faux est punie de la même peine.
- Le complice risque la même peine que l'auteur.

D Le recel

Définition
Le recel correspond au fait de dissimuler, de détenir ou de transmettre une chose, ou de faire office d'intermédiaire afin de la transmettre, en sachant que cette chose provient d'un crime ou d'un délit. Constitue également un recel le fait, en connaissance de cause, de bénéficier, par tout moyen, du produit d'un crime ou d'un délit (article 321-1 du Code pénal).

Exemples
- Dissimuler, détenir, transmettre ou faire transmettre une chose liée à un crime ou un délit.
- Un associé qui profite des dividendes reçus alors qu'il sait que les bénéfices de la société proviennent d'actes illégaux.

1. Élément matériel

Pour qu'un recel soit constaté, plusieurs éléments matériels cumulatifs sont nécessaires :

- soit le receleur détient une chose provenant d'un crime ou d'un délit (détention matérielle) ;
- soit le receleur profite des résultats du crime ou du délit (pas de détention matérielle, simplement un usage).

2. Élément intentionnel

Pour qu'un recel soit constaté, il est nécessaire qu'il y ait conscience de l'origine des biens concernés, sans obligatoirement avoir besoin de connaître l'auteur de l'infraction.

3. Sanctions

L'auteur d'un recel encourt diverses sanctions :

- cinq ans d'emprisonnement et / ou amende de 375 000 € ;
- dix ans d'emprisonnement et / ou amende de 750 000 € (de manière habituelle ou en bande organisée) ;
- peine d'amende pouvant être substituée par une amende représentant jusqu'à la moitié de la valeur des biens recelés ;
- peine multipliée par cinq quand l'auteur est la personne morale (article 321-12 renvoyant à l'article 131-38 du Code pénal) + peines complémentaires (comme la dissolution) (article 131-39 du Code pénal).

4. Particularités

Le recel présente plusieurs particularités :

- Le recel suppose qu'il y ait eu préalablement un crime ou un délit.
- Le receleur ne doit pas être celui qui a commis le crime ou le délit initial.
- Il n'est pas nécessaire de caractériser un préjudice.
- La tentative de recel n'est pas punissable.
- Le complice risque la même peine que l'auteur.

II. Les infractions spécifiques du droit pénal des sociétés et groupements d'affaires

En tant qu'infractions spécifiques du droit pénal des sociétés, elles sont prévues dans le **Code de commerce** et ne trouvent à s'appliquer que dans le monde des affaires.

A L'abus de biens et du crédit de la société

Définitions

Pour la **SA**, l'abus de biens et du crédit de la société correspond au fait, pour *le président, les administrateurs ou les directeurs généraux* d'une société anonyme, de faire, de mauvaise foi, des biens ou du crédit de la société, un usage qu'ils savent contraire à l'intérêt de celle-ci, à des fins personnelles ou pour favoriser une autre société ou entreprise dans laquelle ils sont intéressés directement ou indirectement » *et* « de faire, de mauvaise foi, des pouvoirs qu'ils possèdent ou des voix dont ils disposent, en cette qualité, un usage qu'ils savent contraire aux intérêts de la société, à des fins personnelles ou pour favoriser une autre société ou entreprise dans laquelle ils sont intéressés directement ou indirectement (article L. 242-6 3°) et 4°) du Code de commerce ; article L. 243-1 pour la SCA (renvoyant à l'article sur la SA) ; article L. 244-1 pour la SAS (renvoyant à l'article sur la SA) ; article L. 244-5 pour la société européenne (renvoyant à l'article sur la SA).

Pour la **SARL**, l'abus de biens et du crédit de la société correspond au fait, pour *les gérants*, de faire, de mauvaise foi, des biens ou du crédit de la société, un usage qu'ils savent contraire à l'intérêt de celle-ci, à des fins personnelles ou pour favoriser une autre société ou entreprise dans laquelle ils sont intéressés directement ou indirectement » *et* « de faire, de mauvaise foi, des pouvoirs qu'ils possèdent ou des voix dont ils disposent, en cette qualité, un usage qu'ils savent contraire aux intérêts de la société, à des fins personnelles ou pour favoriser une autre société ou entreprise dans laquelle ils sont intéressés directement ou indirectement (article L. 241-3 4°) et 5°) du Code de commerce).

Exemples

– Utiliser le véhicule de société à des fins privées.
– Engager la société comme caution en lui faisant courir un risque anormal.
– Prêt consenti par la société au dirigeant.

1. Élément matériel

Pour qu'abus de biens et du crédit de la société soit constaté, plusieurs éléments matériels cumulatifs sont nécessaires :

- acte commis par le dirigeant ;
- usage des biens de la société (meubles et immeubles), du crédit ou des pouvoirs ;
- acte contraire à l'intérêt social ;
- acte accompli dans un intérêt personnel (matériel ou moral).

2. Élément intentionnel

Pour qu'un abus de biens et du crédit de la société soit constaté, il faut qu'il y ait volonté frauduleuse d'accomplir un acte contraire à l'intérêt de la société.

3. Sanctions

L'auteur d'un abus de biens et du crédit de la société encourt cinq ans d'emprisonnement et/ou une amende de 375 000 €.

4. Particularités

L'abus de biens et du crédit de la société présente plusieurs particularités :

- Pour les sociétés à responsabilité illimitée (SNC, SCS, société en participation, société créée de fait) et les GIE ou les associations, ce délit n'est pas prévu, mais l'acte est punissable par l'infraction de d'abus de confiance.
- L'approbation de l'assemblée générale de la décision n'exonère pas de responsabilité pénale le dirigeant.
- L'infraction peut être caractérisée par une abstention du dirigeant, dans le but de s'attirer les faveurs personnelles d'un tiers à son propre profit.
- La tentative de ce délit n'est pas punissable.
- Le complice (comptable, commissaire aux comptes, associé, conjoint du dirigeant) risque la même peine que l'auteur.
- La seule victime de l'infraction est la société, et non les associés ou autres personnes physiques ou morales.

B La distribution de dividendes fictifs

Définitions

La distribution de dividendes fictifs pour la SA correspond au fait, pour *le président, les administrateurs ou les directeurs généraux d'une société anonyme*, d'opérer entre les actionnaires la répartition de dividendes fictifs, en l'absence d'inventaire, ou au moyen d'inventaires frauduleux (article L. 242-6 1°) du Code de commerce pour la SA ; article L. 243-1 pour la SCA, renvoyant à l'article sur la SA ; article L. 244-1 pour la SAS, renvoyant à l'article sur la SA ; article L. 244-5 pour la société européenne, renvoyant à l'article sur la SA).

La distribution de dividendes fictifs pour la SARL correspond au fait, pour *les gérants*, d'opérer entre les associés la répartition de dividendes fictifs, en l'absence d'inventaire, ou au moyen d'inventaires frauduleux (article L. 241-3 2°) du Code de Commerce pour la SARL).

> **Exemple :** Distribution de dividendes fictifs décidés par le dirigeant de la société, en l'absence d'inventaire.

1. Élément matériel

Pour qu'une distribution de dividendes fictifs soit constatée, quatre conditions cumulatives sont nécessaires :

- acte commis par le dirigeant ;
- absence d'inventaire ou inventaire frauduleux ;
- caractère fictif des dividendes répartis ;
- mise à disposition effective des dividendes au profit des associés / actionnaires.

2. Élément intentionnel

Pour qu'une distribution de dividendes fictifs soit constatée, il faut qu'il y ait une volonté frauduleuse de répartir des dividendes fictifs (connaissance de l'absence d'inventaire ou d'inventaire frauduleux et connaissance du caractère fictif des dividendes distribués) : la mauvaise foi doit être prouvée

3. Sanctions

L'auteur d'une distribution de dividendes fictifs encourt 5 ans d'emprisonnement et/ou une amende de 375 000 €.

4. Particularités

La distribution de dividendes fictifs présente plusieurs particularités :

- L'article L. 232-12 définit le **dividende réel** et indique que le non-respect de cette règle caractérise le **dividende fictif** (« Après approbation des comptes annuels et constatation de l'existence de sommes distribuables, l'assemblée générale détermine la part attribuée aux associés sous forme de dividendes. Toutefois, lorsqu'un bilan établi au cours ou à la fin de l'exercice et certifié par un commissaire aux comptes fait apparaître que la société, depuis la clôture de l'exercice précédent, après constitution des amortissements et provisions nécessaires, déduction faite s'il y a lieu des pertes antérieures ainsi que des sommes à porter en réserve en application de la loi ou des statuts et compte tenu du report bénéficiaire, a réalisé un bénéfice, il peut être distribué des acomptes sur dividendes avant l'approbation des comptes de l'exercice. Le montant de ces acomptes ne peut excéder le montant du bénéfice défini au présent alinéa. **Tout dividende distribué en violation des règles ci-dessus énoncées est un dividende fictif.** »)
- L'approbation de l'assemblée générale de la décision de répartition n'exonère pas de responsabilité pénale le dirigeant.
- La tentative de ce délit n'est pas punissable.
- Le complice (comptable, commissaire aux comptes, associé) risque la même peine que l'auteur.

C La présentation ou publication de bilan ne donnant pas une image fidèle

Définitions

La présentation ou publication de bilan ne donnant pas une image fidèle pour la SA correspond au fait, pour *le président, les administrateurs ou les directeurs généraux d'une société anonyme*, de publier ou présenter aux actionnaires, même en l'absence de toute distribution de dividendes, des comptes annuels ne donnant pas, pour chaque exercice, une image fidèle du résultat des opérations de l'exercice, de la situation financière et du patrimoine, à l'expiration de cette période, en vue de dissimuler la véritable situation de la société (article L. 242-6 2°) du Code commerce pour la SA ; article L. 243-1 pour la SCA, renvoyant à l'article sur la SA ; article L. 244-1 pour la SAS, renvoyant à l'article sur la SA ; article L. 244-5 pour la société européenne, renvoyant à l'article sur la SA).

La présentation ou publication de bilan ne donnant pas une image fidèle pour la SARL correspond au fait, pour *les gérants*, même en l'absence de toute distribution de dividendes, de présenter aux associés des comptes annuels ne donnant pas, pour chaque exercice, une image fidèle du résultat des opérations de l'exercice, de la situation financière et du patrimoine à l'expiration de cette période en vue de dissimuler la véritable situation de la société (article L. 241-3 3°) du Code de commerce pour la SARL).

Exemples

- Présentation d'un bilan bénéficiaire alors que la société a connu d'importantes pertes financières
- Enregistrement dans la comptabilité de créances ou de plus-values fictives pour présenter ou publier un bilan bénéficiaire.
- Dissimulation de pertes financières ou de moins-values pour présenter ou publier un bilan bénéficiaire.
- Omission de constitution de provisions pour dépréciation des éléments d'actif pour présenter ou publier un bilan bénéficiaire.

1. Élément matériel

Pour qu'une présentation ou publication de bilan ne donnant pas une image fidèle soit constatée, trois conditions cumulatives sont nécessaires :

- manœuvres ou omissions consistant à majorer l'actif ou minorer le passif ;
- action sur le bilan, le compte de résultat ou l'annexe ;
- présentation des comptes aux associés à l'AGO ou publication (écrite ou orale, à destination des tiers).

2. Élément intentionnel

Pour qu'une présentation ou publication de bilan ne donnant pas une image fidèle soit constatée, il est nécessaire qu'il y ait volonté frauduleuse de dissimuler la véritable situation financière de la société : la mauvaise foi doit être prouvée.

3. Sanctions

L'auteur d'une présentation ou publication de bilan ne donnant pas une image fidèle encourt 5 ans d'emprisonnement et/ou amende de 375 000 €.

4. Particularités

La présentation ou publication de bilan ne donnant pas une image fidèle présente plusieurs particularités :

- Il n'est pas nécessaire de caractériser un préjudice ou le mobile.
- La loi n'incrimine que la présentation des comptes inexacts pour la SARL et non leur publication.
- La tentative de ce délit n'est pas punissable.
- Le complice (comptable, commissaire aux comptes, administrateur) risque la même peine que l'auteur.

D La surévaluation des apports en nature

Définition

La surévaluation des apports en nature correspond au fait, pour toute personne, de faire attribuer frauduleusement à un apport en nature une évaluation supérieure à sa valeur réelle (article L. 241-3 1°) du Code de commerce pour la SARL ; article L. 242-2 pour la SA ; article L. 243-1 pour la SCA, renvoyant à l'article sur la SA ; article L. 244-1 pour la SAS, renvoyant à l'article sur la SA ; article L. 244-5 pour la société européenne, renvoyant à l'article sur la SA).

Exemples

- Aucun commissaire aux apports n'a été nommé et les associés ont évalué un véhicule apporté à 15 000 €, alors estimé à 8 000 € sur le marché de l'occasion.
- Les associés ont approuvé l'évaluation d'un ordinateur apporté à 1 000 € par un commissaire aux apports, alors que sa valeur réelle n'est que de 100 €.

1. Élément matériel

Pour qu'une surévaluation des apports en nature soit constatée, trois conditions cumulatives sont nécessaires :

- Acte de faire attribuer une valeur à un apport.

- La valeur attribuée doit être supérieure à la valeur réelle.
- L'auteur doit être un associé, l'apporteur ou le commissaire aux apports.

2. Élément intentionnel

Pour qu'une surévaluation des apports en nature soit constatée, il faut qu'il y ait une volonté frauduleuse de surévaluer l'actif apporté : la mauvaise foi doit être prouvée.

3. Sanctions

L'auteur d'une surévaluation des apports en nature encourt diverses sanctions :
- 5 ans d'emprisonnement et / ou amende de 375 000 € pour la SARL ;
- 5 ans d'emprisonnement et / ou amende de 9 000 € pour la SA, SCA, SAS, société européenne.

4. Particularités

La surévaluation des apports en nature présente plusieurs particularités :
- Ce délit ne concerne que les apports en nature et non les apports en numéraire et en industrie.
- Ce délit concerne « toute personne » : un associé, un dirigeant, un commissaire aux apports, etc.
- La jurisprudence qualifie le délit en cas de surévaluation « manifestement excessive ».
- La tentative de ce délit n'est pas punissable.
- Le complice risque la même peine que l'auteur.

E Les infractions remettant en cause le bon déroulement de la mission de contrôle du CAC

Les infractions remettant en cause le bon déroulement de la mission de contrôle du CAC sont prévues dans une **partie spécifique au CAC (Livre VIII, Titre II)** dans le **Code de commerce**, donc sont applicables à toute forme sociétaire concernée par le CAC.
Elles concernent deux types d'infractions : celle protégeant la profession et celles entravant l'exercice de la mission du CAC.

1. Infractions spécifiques (protégeant la profession de CAC)

a. L'usurpation de la qualité de CAC ou l'exercice illégal de la profession de CAC

Définitions
L'usurpation de la qualité de CAC correspond au fait de faire usage du titre de commissaire aux comptes sans être régulièrement inscrit sur la liste (*établie par le Haut conseil du commissariat aux comptes*) et avoir prêté serment dans les conditions prévues (article L. 820-5 1°) et 2°) du Code de commerce).

L'exercice illégal de la profession de CAC correspond au fait d'exercer illégalement la profession de commissaire aux comptes, en violation d'une mesure d'interdiction ou de suspension temporaire (article L. 820-5 1°) et 2°) du Code de commerce).

Exemples
- Un commissaire aux comptes qui a été suspendu de ses fonctions et qui continue d'exercer la profession.
- Une personne qui n'a pas réussi le diplôme de commissaire aux comptes, mais qui s'installe tout de même dans cette fonction.

Élément matériel

En cas d'usurpation de la qualité de CAC ou d'exercice illégal de la profession de CAC, il existe plusieurs possibilités :

- Exercer la profession de CAC sans être régulièrement inscrit sur la liste.
- Exercer la profession de CAC en violant une mesure de suspension ou d'interdiction personnelle.

Élément intentionnel

Pour qu'une usurpation de la qualité de CAC ou un exercice illégal de la profession de CAC soit constaté, il faut q"il y ait une volonté et une conscience frauduleuse d'exercer la profession de manière illégale.

Sanctions

L'auteur d'une usurpation de la qualité de CAC ou d'un exercice illégal de la profession de CAC encourt 1 an d'emprisonnement et/ou une amende de 15 000 €.

b. La violation des règles d'incompatibilité imposées au CAC

Définition

La violation des règles d'incompatibilité imposées au CAC correspond au fait, pour toute personne d'accepter, d'exercer ou de conserver les fonctions de commissaire aux comptes, nonobstant les incompatibilités légales, soit en son nom personnel, soit au titre d'associé dans une société de commissaires aux comptes ».

Les règles d'incompatibilité sont définies à l'article L. 822-10 du Code de commerce comme :
- « toute activité ou tout acte de nature à porter atteinte à son indépendance ;
- tout emploi salarié ; toutefois, un commissaire aux comptes peut dispenser un enseignement se rattachant à l'exercice de sa profession ou occuper un emploi rémunéré chez un commissaire aux comptes ou chez un expert-comptable ;
- toute activité commerciale, qu'elle soit exercée directement ou par personne interposée, à l'exception, d'une part, des activités commerciales accessoires à la profession d'expert-comptable, exercées dans le respect des règles de déontologie et d'indépendance des commissaires aux comptes [...]. »

> **Exemples**
> - Un commissaire aux comptes qui continue à exercer sa profession, malgré la signature d'un contrat de travail dans une société.
> - Un commissaire aux comptes qui continue à exercer sa profession, malgré l'ouverture de sa société de vente de produits d'accessoires de mode sur Internet.

Élément matériel

Pour qu'une violation des règles d'incompatibilité imposées au CAC soit constatée, Trois conditions cumulatives sont nécessaires :

- Accepter, exercer ou conserver les fonctions de CAC sans être régulièrement inscrit sur la liste.
- Exercer en son nom personnel ou en tant qu'associé.
- Violer une règle d'incompatibilité.

Élément intentionnel

Pour qu'une violation des règles d'incompatibilité imposées au CAC soit constatée, il faut qu'il y ait conscience d'exercer la profession malgré une incompatibilité.

Sanctions
L'auteur d'une violation des règles d'incompatibilité imposées au CAC encourt 6 mois d'emprisonnement et/ou une amende de 7 500 €.

2. Infractions faisant obstacle au contrôle par le CAC

a. L'absence de désignation du CAC

Définition
L'absence de désignation du CAC correspond au fait, pour tout dirigeant de personne ou de l'entité tenue d'avoir un commissaire aux comptes, de ne pas en provoquer la désignation (article L. 820-4 1°) du Code de commerce.

Exemples
– Le dirigeant d'une société qui n'a pas convoqué l'AGO chargé de la nomination du CAC par intention.
– Le dirigeant d'une société qui n'a pas convoqué l'AGO chargé de la nomination du CAC par oubli.

Élément matériel
Pour qu'une absence de désignation du CAC soit constatée, deux conditions cumulatives sont nécessaires :

- action ou omission commise par le dirigeant ;
- absence de convocation de l'AG chargée de nommer le CAC.

Élément intentionnel
Pour qu'une absence de désignation du CAC soit constatée, la négligence suffit, l'élément intentionnel n'étant pas nécessaire.

Sanctions
L'auteur d''une absence de désignation du CAC encourt 2 ans d'emprisonnement et/ou une amende de 30 000 €.

b. L'absence de convocation du CAC aux AG

Définition
L'absence de convocation du CAC aux AG correspond au fait, pour tout dirigeant d'une personne ou entité tenue ayant un commissaire aux comptes de ne pas le convoquer à toute assemblée générale (article L. 820-4 1°) du Code de commerce.

Exemples
– Le dirigeant d'une société qui n'a pas convoqué le CAC à la dernière AG par intention.
– Le dirigeant d'une société qui n'a pas convoqué le CAC à la dernière AG par oubli.

Élément matérie
Pour qu'une absence de convocation du CAC aux AG soit constatée, deux conditions cumulatives sont nécessaires :

- action ou omission commise par le dirigeant ;
- absence de convocation de l'AG chargée de nommer le CAC.

Élément intentionnel
Pour qu'une absence de convocation du CAC aux AG soit constatée, la négligence suffit, l'élément intentionnel n'étant pas nécessaire.

Sanctions

L'auteur d'une absence de convocation du CAC aux AG encourt 2 ans d'emprisonnement et/ou une amende de 30 000 €.

c. Le délit d'entrave aux vérifications et contrôles du CAC

Définition

Le délit d'entrave aux vérifications et contrôles du CAC correspond au fait, pour les dirigeants d'une personne morale ou toute personne ou entité au service d'une personne ou entité ayant un commissaire aux comptes, de mettre obstacle aux vérifications ou contrôles des commissaires aux comptes (…) ou de leur refuser la communication sur place de toutes les pièces utiles à l'exercice de leur mission et, notamment, de tous contrats, livres, documents comptables et registres de procès-verbaux (article L. 820-4 2°) du Code de commerce.

Exemples

– Le dirigeant qui empêche le CAC d'avoir accès aux locaux de la société.
– Le dirigeant qui est réticent à fournir des explications au CAC sur des opérations.
– Le dirigeant qui est réticent à fournir au CAC des documents comptables ou des pièces justificatives.

Élément matériel

Pour qu'un délit d'entrave aux vérifications et contrôles du CAC soit constaté, il existe plusieurs possibilités :

- empêcher la bonne vérification et contrôle par le CAC ;
- refus de communiquer tout document utile.

Élément intentionnel

Pour qu'un délit d'entrave aux vérifications et contrôles du CAC soit constaté, il est nécessaire qu'il y ait une volonté consciente d'empêcher le bon déroulement des vérifications et contrôles.

Sanctions

L'auteur d'un délit d'entrave aux vérifications et contrôles du CAC encourt 5 ans d'emprisonnement et/ou une amende de 75 000 €.

SYNTHÈSE

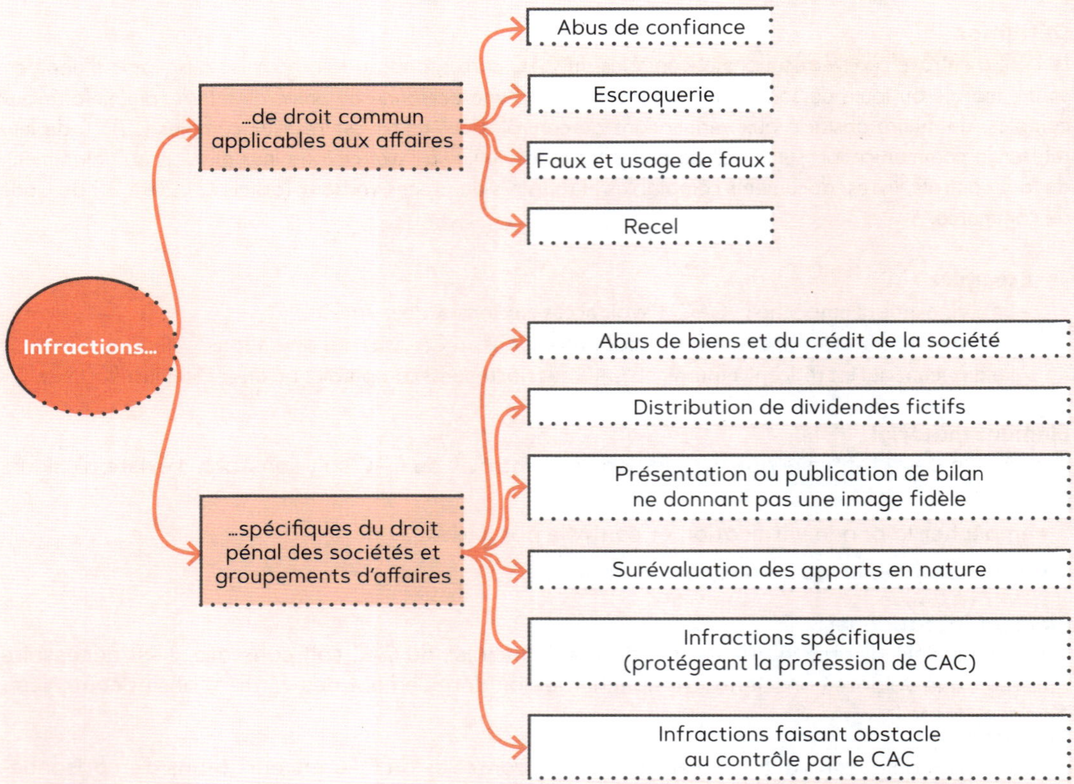

Faites le point sur les notions clés : abus de confiance (p. 394), escroquerie (p. 395), faux (p. 396), usage de faux (p. 396), recel (p. 397), abus de biens et du crédit de la société (p. 398), distribution de dividendes fictifs (p. 399), présentation ou publication de bilan ne donnant pas une image fidèle (p. 400), surévaluation des apports (p. 401), usurpation de la qualité de CAC (p. 402), exercice illégal de la profession de CAC (p. 402), violation des règles d'incompatibilité imposées au CAC (p. 403), absence de désignation du CAC (p. 404), absence de convocation du CAC aux AG (p. 404), délit d'entrave aux vérifications et contrôles du CAC (p. 405).

Révisez avec les flashcards

www.lienmini.fr/dcg02-40

QCM

QCM interactif

www.lienmini.fr/dcg02-41

Réponse unique

1 **Un abus de confiance est un délit spécifique au monde des affaires.**

- a. Vrai.
- b. Faux.

2 **Le délit de surévaluation des apports en nature est puni de la même peine quand il est commis dans une SARL ou une SA.**

- a. Vrai.
- b. Faux.

3 **Pour pouvoir condamner le dirigeant qui n'a pas provoqué la désignation du CAC, il faut démontrer son intention de ne pas le faire.**

- a. Vrai.
- b. Faux.

4 **Pour pouvoir condamner l'apporteur qui a surévalué son apport en nature, il faut démontrer son intention de le faire.**

- a. Vrai.
- b. Faux.

5 **Cherchez l'intrus dans les conditions cumulatives de surévaluation des apports en nature.**

- a. Acte de faire attribuer une valeur à un apport.
- b. La valeur attribuée doit être supérieure à la valeur réelle.
- c. L'auteur doit être le commissaire aux apports.
- d. L'auteur doit être un associé, l'apporteur ou le commissaire aux apports.

Plusieurs réponses possibles

6 **Quelles infractions sont punies de cinq ans d'emprisonnement et 375 000 € d'amende ?**

- a. L'abus de confiance.
- b. L'escroquerie.
- c. Le recel.
- d. Le faux et l'usage de faux.
- e. L'abus de biens et du crédit de la société.

7 **Quelles sont les infractions de droit commun applicables au monde des affaires ?**

- a. L'abus de confiance.
- b. L'escroquerie.
- c. Le recel.
- d. Le faux et l'usage de faux.
- e. L'abus de biens et du crédit de la société.

8 **Quelles sont les infractions qui visent uniquement en tant qu'auteurs les dirigeants de société ?**

- a. La surévaluation des apports en nature.
- b. La présentation ou publication de bilan inexact.
- c. L'absence de désignation du CAC.
- d. L'abus de confiance.

9 **Dans quelles infractions la tentative n'est-elle pas punissable ?**

- a. La présentation ou publication de bilan inexact.
- b. La distribution de dividendes fictifs.
- c. Le faux et usage de faux.
- d. L'escroquerie.
- e. L'abus de confiance.

10 **Quels sont les éléments permettant de caractériser l'abus de confiance ?**

❍ **a.** Une situation contractuelle ou légale fondée sur la confiance.
❍ **b.** La remise volontaire d'une chose à l'auteur de l'infraction, de façon temporaire.
❍ **c.** La remise volontaire d'une chose à l'auteur de l'infraction par transfert de propriété.
❍ **d.** Le préjudice éventuel de la victime.
❍ **e.** Le préjudice certain de la victime.

● Réponse à justifier

11 **Mme Daniel est commerciale dans une SNC ayant pour activité la location de vêtements de luxe par réservation sur Internet. Elle a pris l'habitude, devant la naïveté de sa supérieure qui est très contente de son travail, d'emporter avec elle chaque week-end des vêtements de luxe, qu'elle rapporte le lundi matin, parfois pas toujours en bon état, mais personne ne s'en est aperçu, jusqu'à ce jour. Elle se demande si elle risque d'être poursuivie.**

❍ **a.** Oui, c'est un abus de confiance.
❍ **b.** Non, c'est du vol.

12 ***(même contexte que la question 11)*** **Mme Daniel est persuadée de ne pas être poursuivie, car tous les éléments constitutifs de l'infraction ne sont pas réunis.**

❍ **a.** Oui, elle a raison, il manque des éléments constitutifs de l'infraction.
❍ **b.** Non, elle a tort, tous les éléments constitutifs de l'infraction sont réunis.

13 **Il y a un an, M. Bouvardos a été nommé président de la SA Richade, car les administrateurs ont été séduits par son brillant parcours. En effet, il leur a présenté plusieurs diplômes, notamment un doctorat en droit, un master en finance et des études dans de prestigieuses universités américaines. La semaine dernière, un administrateur, ayant des doutes, et après une recherche approfondie sur le passé du président, apprend la supercherie : M. Bouvardos n'a jamais mis les pieds dans aucune université, il était peintre en bâtiment avant d'intégrer la SA. Il se demande ce qu'il risque.**

❍ **a.** C'est constitutif d'un délit de recel.
❍ **b.** C'est constitutif d'un délit de faux et usage de faux.
❍ **c.** C'est constitutif d'un délit d'abus de confiance.
❍ **d.** C'est constitutif d'un délit d'abus de biens sociaux.

14 **Mme Correia est l'épouse d'un brillant influenceur, qui a fait fortune avec sa société d'aide au placement financier dans l'immobilier. Ils ont déménagé récemment à Dubaï avec leurs cinq enfants. M. Correia a indiqué à sa femme que c'était pour le soleil qu'il souhaitait s'y installer. Cependant, il cache à sa femme ses activités illégales, qui lui permettent de blanchir de l'argent et ne pas déclarer ses impôts en France. La semaine dernière, elle apprend la supercherie par le biais de réseaux sociaux qui dénoncent le comportement de son mari. Elle est furieuse et souhaite divorcer. Elle se demande si elle peut être poursuivie pénalement.**

❍ **a.** Oui, elle est coupable de recel, car elle a profité du train de vie de son époux.
❍ **b.** Non, elle n'est pas coupable de recel, car elle ne connaissait pas les activités illégales de son époux.
❍ **c.** Oui, elle est coupable de blanchiment, car elle a profité du train de vie de son époux.

15 **La semaine dernière, le président de la SAS Luciole, après son divorce, n'était pas en grande forme. Il a empêché le commissaire aux comptes de la SAS de pénétrer dans les locaux de la société. Il se demande s'il sera poursuivi.**

❍ **a.** Oui, il a commis le délit d'entrave aux missions du CAC.
❍ **b.** Non, il n'avait pas la volonté d'entraver les missions du CAC.

CAS PRATIQUE GUIDÉ

LE COMPTE DE LA SARL BARAUD

La SARL Baraud est spécialisée dans la conception d'escaliers dans différents matériaux. Bertrand Durand est gérant-associé. Quatre autres associés constituent la société : Pénélope Espachien (également assistante administrative dans la société), Maggie Thuthos, Margerie Adidog et Mathurin de la Motte.

La semaine dernière a eu lieu l'assemblée générale d'approbation des comptes. Les associés ont voté la répartition de 36 000 € de dividendes. Pénélope Espachien n'a rien dit pendant l'assemblée, mais elle est sceptique ; elle sait que le résultat de la société était en fait en déficit. Après quelques recherches, elle s'est rendu compte que le gérant avait minoré certains éléments du passif et surévalué certains actifs, afin de présenter un bilan bénéficiaire. Vous êtes l'avocat auquel elle avait fait appel lors d'un précédent litige avec son ancien employeur. Aujourd'hui, elle a pris rendez-vous avec vous afin de vous exposer la situation dans la SARL Baraud.

Votre mission : analyser les éléments constitutifs des infractions.

Pour la réaliser, vous devez vérifier quelles infractions peuvent être retenues contre le gérant et si les éléments constitutifs des infractions sont réunis.

CORRIGÉ

COMPÉTENCE ATTENDUE :

– Analyser les éléments constitutifs des infractions.

Méthode

Pour résoudre un cas pratique [voir Fiche méthode 2], vous devez respecter quelques règles essentielles :

- **Schématiser, au brouillon, les éléments essentiels nécessaires pour traiter le cas.**
- **Effectuer le travail d'analyse juridique pour identifier le problème juridique posé par le cas pratique.**
- **Rédiger le raisonnement juridique (règle de droit + application de la règle de droit aux faits), appelé aussi le syllogisme.**

TRAVAIL PRÉPARATOIRE

Gérant SARL
+
Présentation de comptes inexacts
+
Minoration du passif et majoration de l'actif
+
Dans le but d'établir un meilleur bilan pour voter une répartition de dividendes

→ **Infractions constituées ?**

Ces faits soulèvent le problème juridique suivant : quelles sont les infractions constituées et par quels éléments constitutifs ?

PRINCIPES JURIDIQUES

> **!** Dans ce cas, vous devez indiquer les éléments constitutifs de deux infractions.

Selon le Code de commerce, d'une part, le fait pour le gérant de SARL de présenter aux associés des comptes annuels ne donnant pas une image fidèle du résultat des opérations de l'exercice, de la situation financière en vue de dissimuler la véritable situation de la société, est constitutif du délit de présentation de bilan inexact et est puni de cinq ans d'emprisonnement et 375 000 € d'amende (**élément légal**).

Afin qu'il soit constitué, il faut caractériser l'**élément matériel** (des manœuvres consistant à majorer l'actif ou minorer le passif sur les comptes de la société, commises par le gérant, et la présentation des comptes aux associés à l'AGO), ainsi qu'un **élément intentionnel** (la volonté frauduleuse de dissimuler la véritable situation financière de la société).

D'autre part, le fait, pour le gérant de SARL, d'opérer entre les associés la répartition de dividendes fictifs, en l'absence d'inventaire, ou au moyen d'inventaire frauduleux, est constitutif du délit de distribution de dividendes fictifs et est puni de cinq ans d'emprisonnement et 375 000 € d'amende.

Afin qu'il soit constitué, il faut caractériser l'**élément matériel** (un acte commis par le gérant, l'absence d'inventaire ou l'inventaire frauduleux, le caractère fictif des dividendes répartis et la mise à disposition effective des dividendes au profit des associés), ainsi qu'un **élément intentionnel** (la volonté frauduleuse de répartir des dividendes fictifs).

Si les trois éléments constitutifs de chacune de ces infractions sont réunis, alors elles peuvent être poursuivies et sanctionnées pénalement.

APPLICATION AU CAS

> **!** Dans ce cas, vous devez vérifier si les éléments constitutifs des deux infractions sont réunis.

En l'espèce, il s'agit de vérifier si les éléments constitutifs des deux infractions sont réunis.

Concernant la première infraction (présentation de comptes inexacts), l'**élément matériel** peut être constitué par les manœuvres du gérant consistant à majorer l'actif et minorer le passif sur les comptes de la société et la présentation de ces derniers aux associés à l'AGO pour approbation. L'**élément intentionnel** est constitué par la volonté frauduleuse de dissimuler la véritable situation financière de la société. Le délit est donc constitué et punissable de cinq ans d'emprisonnement et 375 000 € d'amende.

Concernant la seconde infraction (distribution de dividendes fictifs), l'**élément matériel** peut être constitué par l'acte commis par le gérant, un inventaire frauduleux, le caractère fictif des dividendes répartis. Cependant, la mise à disposition effective des dividendes au profit des associés n'a pas encore été réalisée, elle a juste été décidée. Ainsi, le délit n'est pas constitué, donc pas punissable.

Méthode

Un bon raisonnement par syllogisme doit éviter trois défauts récurrents que l'on retrouve dans de nombreuses copies :

- **se limiter à rappeler les faits. Vous devez les qualifier juridiquement.**
- **entamer le syllogisme en appliquant d'emblée les règles de droit au cas. Cela reviendrait à inverser le raisonnement juridique.**
- **négliger la partie « règles juridiques » qui représente l'essentiel de la note.**

Il faut lui réserver un traitement rigoureux.

AUTOÉVALUATION

La grille d'autoévaluation ci-dessous vous permet d'évaluer votre niveau et de vérifier si vos réponses correspondent aux attendus de l'examen.

	Niveau 1	Niveau 2	Niveau 3	Niveau 4
	Un premier élément de réponse, mais très incomplet, des erreurs, des contresens.	*Des éléments de réponse isolés, des approximations et/ou de la paraphrase.*	*Question comprise : des éléments de réponse pertinents, mais incomplets au niveau des savoirs et/ou de l'application.*	*Compétence attendue mobilisée avec mobilisation complète des savoirs associés à la compétence. Application pertinente.*
Vérifier quelles infractions peuvent être retenues contre le gérant et si les éléments constitutifs des infractions sont réunis. *(voir Sections II.B et II.C)*	❒ Vous avez compris qu'il fallait étudier les éléments constitutifs des infractions, mais vous ne les maîtrisez pas.	❒ Vous avez compris qu'il fallait étudier les éléments constitutifs des infractions, mais vous n'avez trouvé qu'une infraction et n'avez pas su caractériser tous ses éléments constitutifs.	❒ Vous avez compris qu'il fallait étudier les éléments constitutifs des deux infractions, vous les maîtrisez, mais certains ne sont pas bien appliqués au cas.	❒ Vous avez compris qu'il fallait étudier les éléments constitutifs des deux infractions, vous les maîtrisez, et les appliquez de façon pertinente au cas.

EXERCICES

1 Le cas de la SA Upi

10 min.

COMPÉTENCE ATTENDUE :

– Identifier la qualification de la complicité dans une infraction de faux.

L'ancien président du conseil d'administration de la SA Upi a dressé un faux bilan, afin de valoriser la gestion de la société. Le comptable de la société était au courant de ces méfaits et a même conseillé l'ancien président sur la meilleure façon de falsifier les comptes. L'un des salariés a compris ce qui s'est passé et, maintenant qu'il est au courant, se demande s'il doit agir. Il vient vous consulter en votre qualité de conseiller juridique dans une grande entreprise.

Votre mission : identifier la qualification de la complicité dans une infraction de faux.

Pour la réaliser, vous devez analyser la complicité du comptable de la société et s'il peut être condamné pour délit de faux.

2 Le cas de la SARL Piri

15 min.

COMPÉTENCE ATTENDUE :

– Identifier les sanctions pénales concernant l'infraction commise par une personne morale.

M. Pierre, gérant de la SARL Piri, a falsifié les comptes sociaux, afin d'obtenir un crédit plus important que ce à quoi la société aurait pu prétendre. Daniel, le comptable de la

SARL, vient de se rendre compte de ce qu'a fait le gérant. Vous êtes le conseiller juridique de la société et il vous expose la situation.

Votre mission : identifier les responsabilités pénales et les sanctions attachées.

Pour la réaliser, vous devez indiquer qui est responsable et quelle est la sanction encourue.

3 Le cas de la SARL Uxo

15 min.

☑ **COMPÉTENCE ATTENDUE :**

- **Identifier les éléments constitutifs de l'abus de confiance.**

Mado Garnier, gérante de la SARL Uxo, est partie en voyage en famille la semaine dernière en utilisant la carte bancaire de la société. En établissant les comptes, Thomas, comptable de la SARL, comprend ce qu'il vient de se passer. Vous êtes avocat et Thomas vous fait part de la situation.

Votre mission : identifier les éléments constitutifs de l'abus de confiance.

Pour la réaliser, vous devez vérifier si Mado Garnier peut être condamnée pour abus de confiance.

CAS DE SYNTHÈSE

LE CAS DE LA SA GUADA

20 min.

COMPÉTENCE ATTENDUE :

- **Identifier les infractions remettant en cause le bon déroulement de la mission de contrôle du CAC.**

Mise en situation

M. Guireaud, président de la SA Guada, sait que le directeur général, M. Riton, a commis plusieurs malversations. Il pense même à une complicité du commissaire aux comptes, M. Jacquot. Il informe donc le procureur de ces méfaits et ne veut plus entendre parler de M. Jacquot ! Il ne répond plus à ses appels ni à ses courriels, et a donné l'ordre à tous ses collaborateurs de l'empêcher d'avoir accès aux locaux de la société. La comptable lui indique qu'il se rend coupable d'une infraction. Il se demande alors si c'est vrai.

Vous êtes avocat et il vient vous voir aujourd'hui et vous expose la situation.

Votre mission : identifier les infractions remettant en cause le bon déroulement de la mission de contrôle du CAC.

Pour la réaliser, vous avez à votre disposition une base documentaire et vous devez discuter du possible engagement de la responsabilité pénale du président de la SA Guada.

DOCUMENT

Arrêt de la Cour de cassation, Chambre criminelle, 9 mars 2011, n° de pourvoi 10-83.048

Sur le moyen unique de cassation, pris de la violation des articles L. 820-4, 2°, du Code de commerce, 111-4 et 121-3 du Code pénal, 591 et 593 du Code de procédure pénale ;

En ce que l'arrêt infirmatif a condamné le prévenu sur le fondement du délit d'obstacle aux vérifications ou contrôles de commissaire aux comptes par dirigeant de personne morale ;

Aux motifs qu'en droit, l'article L. 820-4 du Code de commerce punit d'un emprisonnement de cinq ans et d'une amende de 75 000 euros, le fait pour tout dirigeant d'une personne morale tenue d'avoir un commissaire aux comptes, de faire obstacle aux vérifications ou contrôles de celui-ci ou de lui refuser la communication sur place de toutes les pièces utiles à l'exercice de sa mission et, notamment de tous contrats, livres, documents comptables et registres de procès-verbaux ; qu'en l'espèce, il ressort de l'exposé des faits qui précède que dans le contexte particulier de la révélation de malversations imputées à son directeur général, le prévenu se méfiant d'une collusion possible avec le commissaire aux comptes, a, malgré la mise en garde du procureur de la République qu'il avait pris l'initiative de rencontrer, pris des mesures faisant obstacle à la mission du commissaire au compte ; qu'ainsi, après divers refus motivés par l'indisponibilité de Mme Y... pour cause de maladie, puis de son retard à saisir des données, puis des délais nécessaires pour préparer les rendez-vous, les échanges de fax du 6 décembre révèlent une volonté de tergiverser la remise demandée de documents, même à consulter sur place, puis la lettre du 12 décembre demande expressément au commissaire aux comptes de se tenir à l'écart des entreprises du groupe pendant un certain temps, dans l'attente de la décision à intervenir du tribunal de commerce ; qu'il s'en déduit une volonté manifeste d'obstacles aux fonctions de commissaire aux comptes et de refus de communication des pièces qu'il est en droit d'exiger et de consulter à tout moment, étant toutefois relevé que la période pendant laquelle ce délit a été commis est limitée de novembre 2002 au 3 février 2003, époque à partir de laquelle, un deuxième commissaire aux comptes ayant été nommé, ces deux commissaires aux comptes ont pu remplir leur rôle, cette volonté de faire obstacle s'appuyant sur divers prétextes quand bien même l'un d'entre eux ait été un temps réel (maladie de la responsable de la comptabilité) ; que l'épisode controversé de la mise en scène de prétendus travaux de peinture du 13 janvier 2003, reste anecdotique et de peu d'intérêt pour caractériser le délit précédemment consommé, en toute connaissance de cause compte tenu des mises en garde reçues ;

1. alors qu'en entrant en voie de condamnation sans s'expliquer sur la commission à une date précise de l'une au moins des deux variantes de l'infraction reprochée consistant, soit à faire obstacle aux opérations de vérification ou de contrôle du commissaire aux comptes, soit à refuser la communication de pièces ayant fait l'objet d'une demande préalable et entrant dans la mission du commissaire aux comptes, la cour d'appel a violé les textes susvisés ;
2. alors que, l'arrêt de la cour d'appel, en refusant de vérifier que la mise en examen du commissaire aux comptes pour des faits réputés commis au préjudice de la société dans laquelle il devait intervenir constituait un élément de nature à faire craindre une immixtion de ce dernier dans la gestion de ladite société faisant alors obstacle à l'infraction reprochée, la cour d'appel a méconnu les dispositions précitées ;
3. alors qu'en s'abstenant de constater que le prévenu avait agi, à supposer les faits commis, en toute connaissance de cause, la cour d'appel n'a pas caractérisé l'élément moral de l'infraction ;

Attendu que les énonciations de l'arrêt attaqué mettent la Cour de cassation en mesure de s'assurer que la cour d'appel a, sans insuffisance ni contradiction, caractérisé en tous ses éléments, tant matériels qu'intentionnel, le délit dont elle a déclaré le prévenu coupable, et a ainsi justifié l'allocation, au profit des parties civiles, de l'indemnité propre à réparer le préjudice en découlant ;

D'où il suit que le moyen, qui se borne à remettre en question l'appréciation souveraine, par les juges du fond, des faits et circonstances de la cause, ainsi que des éléments de preuve contradictoirement débattus, ne saurait être admis ;

Et attendu que l'arrêt est régulier en la forme ;

REJETTE le pourvoi.

SUJET TYPE D'EXAMEN 6

Le sujet se présente sous la forme de trois dossiers indépendants. 3 h

DOSSIER 1 – L'engagement de la responsabilité pénale du gérant (10 / 20 points)
DOSSIER 2 – L'action civile engagée par les victimes (6 / 20 points)
DOSSIER 3 – La mise en cause du commissaire aux comptes (4 / 20 points)

BASE DOCUMENTAIRE

Document 1 – Article publié sur *L'appel expert*, 20 mai 2019
Document 2 – Arrêt de la Cour de cassation, Chambre criminelle, 30 janvier 2019, n° de pourvoi 17-85.304

Sauf mention contraire, la méthodologie du cas pratique est attendue pour chaque question.

Sujet : SARL Form'Gym

Form' Gym est une SARL créée près de Castres (Tarn), il y a 20 ans, par un passionné, Pierre Baudouin, ancien champion de fitness reconverti en entrepreneur. Au départ, ce n'était qu'une petite salle de sport, dont il assurait lui-même l'organisation des cours collectifs et individuels.

Mais, dès le départ, le gérant a vu les choses en grand : embauche de professionnels du fitness, achat de locaux pour y installer du matériel professionnel haut de gamme et fiable pour ouvrir les gammes d'activités proposées : espaces musculation libre ou guidée, cross training, cours collectifs, électrostimulation, bilan et suivi personnalité, etc. Il y a trois ans, le dirigeant a même innové avec des cours collectifs avec coach en live.

Le concept a tellement bien marché que M. Baudouin en a créé une franchise. On compte aujourd'hui 20 clubs installés partout en France, qui ont fait confiance au réseau inscrit dans le positionnement « haut de gamme à petits prix ».

Pierre Baudouin dirige toujours la SARL, composée désormais de huit associés. Cependant, depuis la semaine dernière, c'est l'effervescence au siège social. En effet, les associés ont eu la fâcheuse surprise de voir arriver les forces de police au siège de la société, afin d'entendre le gérant. Cependant, celui-ci est absent depuis de longues semaines pour un tour du monde en bateau avec son épouse.

Aujourd'hui, les associés ont besoin de conseils pour les accompagner dans cette tourmente. Dans ce cadre, il vous est demandé, en tant que conseil de la société, de réaliser les travaux préparatoires en vue de protéger la SARL face aux possibles condamnations du gérant.

DOSSIER 1 – L'ENGAGEMENT DE LA RESPONSABILITÉ PÉNALE DU GÉRANT
10 points

Tout est en réalité parti d'une plainte déposée par un franchisé. C'est à l'occasion de cette procédure que le tribunal a pu constater que le gérant vivait sur les comptes de la société (location d'appartements à la montagne, frais de repas midi et soir, etc.) et n'hésitait pas à faire usage de la carte bancaire de la SARL pour faire des cadeaux ou remplir sa cave à vin.
La comptable de la société avait plusieurs fois alerté le gérant sur le fait qu'il fallait cesser ces actes, mais rien n'y faisait. Selon lui, ses achats personnels étaient noyés dans la masse des cadeaux faits aux partenaires et clients de la société.
Le tribunal a transmis la plainte au procureur, qui a décidé d'ouvrir une information judiciaire, vu l'ampleur de la situation.

Votre mission : analyser cette situation, afin de comprendre l'étendue de la responsabilité pénale du dirigeant.

Pour la réaliser, vous avez à votre disposition une base documentaire (voir Documents 1 et 2) et vous devez :

1.1 Qualifier l'infraction reprochée au gérant.

1.2 Caractériser les éléments constitutifs de l'infraction reprochée au gérant.

1.3 Déterminer le risque pénal pour le dirigeant.

1.4 Présenter aux associés le déroulé et les acteurs de la procédure d'information judiciaire *(la méthodologie du cas pratique n'est pas exigée).*

1.5 Indiquer si la comptable peut être poursuivie en complicité.

1.6 Vérifier la pertinence de l'argument de défense du dirigeant.

DOSSIER 2 – L'ACTION CIVILE ENGAGÉE PAR LES VICTIMES
6 points

Depuis une semaine, les nouvelles se transmettent rapidement dans la ville tarnaise. Le procureur est alors contacté par plusieurs franchisés qui se disent victimes des agissements du gérant.
En effet, selon eux, Pierre Baudouin aurait abusé de leur confiance en leur présentant les possibilités de bénéfices en devenant franchisé, alors que la réalité est toute autre.

Votre mission : analyser la situation et les recours des victimes.

Pour la réaliser, vous devez :

2.1 Présenter aux associés la procédure à suivre, afin que la société soit indemnisée de son préjudice.

2.2 Indiquer les conséquences de la mise en mouvement de l'action civile par les victimes.

2.3 Analyser les conditions de réparation du préjudice des victimes.

2.4 Discuter des recours possibles des victimes en cas d'absence de condamnation du gérant en matière pénale.

DOSSIER 3 – LA MISE EN CAUSE DU COMMISSAIRE AUX COMPTES
4 points

Chaque mois, Pierre Baudouin organisait des réunions partout en France, afin de rencontrer de potentiels franchisés. Afin d'accréditer son propos, il se faisait accompagner par Rick Tabievu, commissaire aux comptes de la SARL depuis trois ans. Le gérant présentait alors des bilans gonflant artificiellement la situation financière du réseau, qu'il avait lui-même confectionnés sur un logiciel de traitement d'image. Le commissaire aux comptes, s'estimant très bien payé par la SARL, n'avait jamais rien dévoilé de ces agissements.

Votre mission : analyser les conséquences de la poursuite et possible condamnation du commissaire aux comptes.

Pour la réaliser, vous devez :

3.1 Qualifier l'infraction commise par le gérant concernant la modification des bilans.

3.2 Repérer et nommer les éléments constitutifs de l'infraction à l'origine des poursuites engagées par le procureur contre M. Tabievu.

BASE DOCUMENTAIRE

Document 1 – Article publié sur *L'Appel expert*, 20 mai 2019

À côté de l'auteur principal d'un abus de biens sociaux (« *dirigeants qui, de mauvaise foi, auront fait des biens ou du crédit de la société, un usage qu'ils savaient contraire à l'intérêt de celle-ci, à des fins personnelles ou pour favoriser une autre société ou entreprise dans laquelle ils étaient intéressés directement ou indirectement* » – *C. com., art. L. 241-3, 3° pour les SARL, art. L. 242-6, 3° pour les SA et les SAS*), le complice est susceptible d'encourir les mêmes sanctions pénales.

À la différence de l'auteur principal, le complice peut être toute personne, il n'a pas à être l'un des dirigeants visés par les textes (*Répertoire de droit pénal et de procédure pénale Dalloz, Abus de biens sociaux, n° 218 et 219*).

En application des règles de droit commun applicables aux actes de complicité punissables, les complices d'abus de biens sociaux sont les personnes qui ont participé à la commission du délit par aide ou assistance, ou qui l'ont provoqué par don, promesse, menace, ordre, abus d'autorité ou de pouvoir, ou qui ont donné des instructions pour le commettre (*C. pén., art. 121-7*).

Selon la jurisprudence, est complice de l'abus de biens, celui qui a connaissance, au moment de l'opération délictuelle, que celle-ci est contraire à l'intérêt social et qui a commis des actes positifs (*Cass. crim., 12 janv. 1987 : Bull. Joly 1987, n° 209*).

Source : « Conditions de complicité d'abus de biens sociaux », *L'Appel expert*, www.lappelexpert.fr.

Document 2 – Arrêt de la Cour de cassation, Chambre criminelle, 30 janvier 2019, n° de pourvoi 17-85.304

Attendu que, pour confirmer le jugement attaqué en ce qu'il a déclaré M. X... coupable du délit d'abus de biens sociaux, l'arrêt relève notamment que les quatre-vingt-huit achats de bouteilles de champagne pour une somme totale de 131 989 euros, soit entre 8 000 et 9 000 bouteilles sur la période de prévention, ne sauraient être considérés comme des cadeaux à la clientèle, les clients contactés par les enquêteurs ayant déclaré n'avoir jamais bénéficié de tels présents et la défense échouant à rapporter la preuve contraire ; que les juges ajoutent que la consommation de bouteilles de champagne au sein de la société ou leur utilisation comme cadeaux à des salariés ne peut être considérée que comme marginale au vu de l'objet social de la société et des documents produits ; qu'ils en déduisent que ces achats effectués par le gérant de la société avec des fonds de cette dernière doivent être considérés comme ayant été faits non pas dans l'intérêt de la société mais à des fins personnelles ;

Attendu qu'en statuant ainsi, et dès lors qu'en l'absence de justification de leur caractère social, les dépenses de réception et de cadeaux d'affaires engagées en l'espèce par le gérant de la société Cynoprotect, au moyen de fonds sociaux, l'ont nécessairement été dans son intérêt personnel, la cour d'appel a justifié sa décision ; [...]

REJETTE le pourvoi.

—• SUJET TYPE D'EXAMEN 7 •—

Mesurez votre maîtrise globale du programme de l'UE 2
avec ce sujet chronométré à l'image du jour J !

Le sujet se présente sous la forme de trois dossiers indépendants. 3 h

DOSSIER 1 – La direction de la SA (7 / 20 points)

DOSSIER 2 – La présidence de la SA (8 / 20 points)

DOSSIER 3 – Les administrateurs de la SA (5 / 20 points)

BASE DOCUMENTAIRE

Document 1 – Extraits des statuts de la SA ANIMAMOUR
Document 2 – Extrait d'article de la Cour de cassation

Sauf mention contraire, la méthodologie du cas pratique est attendue pour chaque question.

Sujet : SA Animamour

Animamour est une société anonyme dont les titres ne sont pas admis aux négociations sur un marché réglementé. Elle est spécialisée dans la création de parcs zoologiques et parcs à thèmes en France, afin de faire aimer les animaux. Elle a été créée en 2002 par huit actionnaires amis. Le secteur est porteur et les résultats financiers satisfaisants (22 millions € HT l'an dernier). Son siège social est situé à Marseille. Son capital social, entièrement libéré, s'élève à 150 000 €. Elle comporte à ce jour 120 salariés.

Le conseil d'administration de la SA Animamour est composé de cinq administrateurs, dont quatre sont actionnaires de la société et issus de la même famille, les Mirou. Didier Mirou en est le président, aussi salarié de la SA. Le cinquième administrateur est Richard Venere, âgé de 74 ans.

Pour faciliter la création de parcs à thèmes, la société a implanté un établissement à Orléans.

Aujourd'hui, les actionnaires ont besoin de conseils pour les accompagner dans certaines problématiques. Dans ce cadre, il vous est demandé, en tant que conseil des actionnaires de la SA, de réaliser les travaux préparatoires en vue de les aider à répondre à ces problématiques.

DOSSIER 1 – LA DIRECTION DE LA SA — 7 points

Jean Nizard, âgé de 64 ans, est le directeur général. Il souhaiterait compléter cette fonction avec celle de président du conseil d'administration.

Actuellement, Jean Nizard négocie l'acquisition de nouveaux terrains dans le nord de la France, afin d'implanter plusieurs parcs dans cette zone encore non exploitée par la société. Ensuite, il souhaiterait adjoindre à l'activité actuelle une activité complémentaire d'aide aux animaux sauvages en voie de disparition en Afrique. Il souhaiterait devenir directeur commercial salarié pour développer cette branche d'activité.

Votre mission : vérifier la validité des actes entrepris par le directeur général de la SA.

Pour la réaliser, vous avez à votre disposition une base documentaire (voir Document 1) et vous devez :

1.1 Vérifier si le conseil d'administration de la SA est valablement constitué.

1.2 Indiquer si Jean Nizard peut cumuler la fonction de directeur général avec celle de président du conseil d'administration.

1.3 Analyser la validité des actes entrepris par Jean Nizard.

1.4 Démontrer si Jean Nizard peut devenir directeur commercial dans la SA.

DOSSIER 2 – LA PRÉSIDENCE DE LA SA — 8 points

Didier Mirou, président de la SA, souhaite conclure un contrat-cadre d'acquisition de nourriture pour les animaux auprès d'une association de la région marseillaise. Jean Nizard s'y oppose. En effet, son neveu, François, membre du conseil d'administration, fait pression sur lui pour que la SA conclue un contrat-cadre avec la SARL dont il est gérant-associé, consistant à acquérir de la nourriture pour les animaux, à des tarifs qui ne sont pas forcément très avantageux...

Ensuite, depuis quelque temps, Didier Mirou est inquiet. En effet, sa mère l'a contacté, car elle s'est étonnée de ne pas avoir eu de nouvelles de son petit-fils, Emilien Mirou. Elle lui avait prêté la somme de 60 000 € pour l'aider à acquérir sa résidence principale. Didier Mirou a évoqué la question avec son fils, qui lui a répondu qu'il valait mieux qu'il se taise, sinon il pourrait être poursuivi pour recel. En effet, cette somme a été utilisée pour un voyage personnel aux Maldives fait en famille à Noël dernier, auquel Didier Mirou a pris part. Emilien Mirou avait alors indiqué à son père que ce cadeau de Noël était financé grâce aux dividendes de l'an passé, qu'il avait pu retirer grâce aux bons résultats de la SA.

Votre mission : analyser les conséquences des actes entrepris par le président de la SA.

Pour la réaliser, vous avez à votre disposition une base documentaire (voir document 2) et vous devez :

2.1 Indiquer si Didier Mirou peut conclure seul le contrat-cadre.

2.2 Présenter la procédure particulière qu'il faudrait suivre en cas de conclusion du contrat avec François.

2.3 Qualifier l'infraction commise par Emilien Mirou.

2.4 Vérifier si Didier Mirou peut être poursuivi pour recel.

DOSSIER 3 – LES ADMINISTRATEURS DE LA SA — 5 points

Dans un esprit de modernité, Didier Mirou souhaite que sa mère, Germaine Mirou, 84 ans, entre au conseil d'administration.

Votre mission : analyser les conditions pour devenir membre du conseil d'administration de la SA.

Pour la réaliser, vous devez :

3.1 Vérifier si la SA est concernée par l'obligation de mixité au sein de son conseil d'administration.

3.2 Analyser la possibilité pour Germaine Mirou de devenir membre du conseil d'administration de la SA.

BASE DOCUMENTAIRE

Document 1 – Extraits des statuts de la SA Aninamour

Article 4 :

L'objet social est exclusivement la création de parcs à thèmes zoologiques en France.

Article 12 :

Chaque administrateur doit être propriétaire d'au moins cinquante actions de la société.

Document 2 – Extrait d'article de la Cour de cassation

La chambre criminelle de la Cour de cassation a rappelé récemment dans un arrêt important du 5 avril 2018 que cette remise doit avoir été opérée à titre précaire, le transfert de propriété excluant l'abus de confiance (Crim., 5 avril 2018, pourvoi no 17-81.085, *Bull. crim.* 2018, no 62 ; *D.* 2018, p. 930, note G. Beaussonie ; *Gaz. Pal.* 2018, no 19, p. 15, note L. Saenko ; *Dr Pénal* 2018, comm. 101, note P. Conte, *Rapport annuel* 2018 de la Cour de cassation).

La solution n'est certes pas nouvelle. Ainsi, par exemple, la Cour de cassation avait déjà eu l'occasion de censurer une cour d'appel qui, pour déclarer une prévenue coupable d'abus de confiance, avait retenu qu'elle n'avait pas respecté l'obligation contractuelle d'affecter les fonds empruntés, qui lui avaient été remis, à la construction de deux villas sur la parcelle de terrain faisant l'objet du bail emphytéotique. La haute juridiction soulignait qu'en effet l'emprunteuse était devenue propriétaire des fonds prêtés (Crim., 14 février 2007, pourvoi no 06-82.283, *Bull. crim.* 2007, no 48).

Cependant, par plusieurs arrêts postérieurs, elle avait admis une définition plus souple de l'abus de confiance. Ainsi, dans une première affaire, des cuisinistes avaient encaissé des acomptes alors qu'ils savaient, dès l'origine, que les travaux ne pourraient être exécutés en raison de la situation financière totalement obérée de leur entreprise. La chambre criminelle de la Cour de cassation a approuvé la qualification d'abus de confiance retenue au motif que « les prévenus, qui dès l'origine, n'entendaient pas respecter leurs engagements, n'ont pas utilisé les fonds selon l'usage convenu » (Crim., 3 février 2016, pourvoi no 14-83.427). Elle a adopté une solution similaire à l'occasion d'un autre pourvoi concernant des avances versées dans le cadre de contrats de construction de maisons individuelles (Crim., 6 avril 2016, pourvoi no 15-81.272, *Bull. crim.* 2016, no 123 ; *D.* 2016, p. 1409, note N. Balat et F. Safi ; *JCP* 2016, éd. G., II, 854, note N. Catelan ; *Gaz. Pal.* 2016, no 27, p. 55, note S. Detraz ; *Dr Pénal* 2016, comm. 72, note P. Conte ; *AJ Pénal* 2016, p. 382, note G. Royer).

Source : Cour de cassation, « L'appropriation des intangibles »,
www.courdecassation.fr.

INDEX

E

F

G

I

T

U

V

TABLE DES MATIÈRES

Création de la maquette et composition de la couverture : Séverine Tanguy
Composition de l'intérieur : Nord-compo

ISBN : 978-2-311-41079-2

Achevé d'imprimer en mai 2022 en France par l'imprimerie Chirat
Dépôt légal : mai 2022 - N° éditeur : MAGSI20210609

PEFC 10-31-1895